旧石器時代の地域編年的研究

安斎正人・佐藤宏之 編

同成社

序言　構造変動の探究を目標とする編年構築

　相沢忠洋により発見された群馬県の岩宿遺跡が、杉原荘介の指導する明治大学考古学研究室によって1949年に調査され、「ハンドアックスを特徴とする岩宿Ⅰ文化」、「切出形石器を特徴とする岩宿Ⅱ文化」、それ以外の「無土器文化としての岩宿Ⅲ文化」の三つの「文化層」の存在が確認された。杉原はその後も群馬県の武井遺跡の調査で、「原始的なナイフブレイドを特徴とする武井Ⅰ文化」と「未発達なポイントを特徴とする武井Ⅱ文化」を、また東京都の茂呂遺跡の調査で「ナイフブレイドを特徴とする茂呂文化」および長野県の上ノ平遺跡の調査で「成長したポイントを特徴とする上ノ平文化」を認定した。一遺跡・一文化層内の一括遺物を杉原は文化とよんでいる。藤森栄一が調査した長野県茶臼山遺跡の「いままでに見られない成長したブレイドを特徴とする茶臼山文化」をこれらに加えて、まず同一遺跡で得られた文化層の上下、次に石器の組成と石器製作技術および関東ローム層中の出土深度を考慮に入れて、岩宿Ⅰ文化（ハンドアックス）→武井Ⅰ文化（原始的なナイフブレイド）→岩宿Ⅱ文化（切出形石器）→茂呂文化（ナイフブレイド）→茶臼山文化（成長したナイフブレイド）→武井Ⅱ文化（未発達なポイント）→上ノ平文化（成長したポイント）という編年をたてた。そして、それらを長野県矢出川遺跡の細石器文化以前に置いたのである（杉原荘介1956「縄文文化以前の石器文化」『日本考古学講座3　縄文文化』1〜42頁、河出書房）。この杉原編年は彼自身が編者となった『日本の考古学Ⅰ　先土器時代』（河出書房1965）で、敲打器文化・刃器文化・尖頭器文化・細石器文化という形で整理され、全国の範型となり、基本的に現在のパラダイム（石器文化の階梯論）となっている。

　経済開発に伴う行政調査での発掘事例が増えるにつれて、示準石器（ナイフ形石器・槍先形尖頭器・細石刃）による単純羅列的な編年が限界・矛盾を露呈してくる中で、1968〜1970年にかけて調査された神奈川県月見野遺跡群と東京都野川遺跡において、広域的な平面分布と重畳する文化層が明らかとなって、一遺跡あるいは小地域内での石器群間の比較検討が可能となった。その結果、従来の編年が実際の石器群の変遷・変化を取り込むことができなくなった。石器群編年の見直しとその方法の再検討が課題とされて、前者から鈴木次郎と矢島国雄によるいわゆる相模野編年が、そして後者からは小田静夫のいわゆる武蔵野編年が提出され、とくに後者が全国的に参照された。

　ところで、鈴木と矢島は先に稲田孝司が提案していた石器群の構造―①器種（形態）単位と型式単位との関係、②技術基盤としての剥片剥離技術と技術基盤内での素材と調整加工技術の関係、③器種（形態）・型式のあり方と技術基盤との関係―を各地域において明らかにし、相互に比較することからはじめて、全国的な編年の確立に向かうべきである、という編年の方針をたてた。さらに南関東の相模野台地、武蔵野台地、下総台地で細分された立川ローム層がいくつかの鍵層により対比できることを利用して、彼らは石器群の構造的な分析に立脚しながら、南関東の「先土器時代」を相模野台地での出土層準に基づいて、古いほうから第Ⅰ期〜第Ⅴ期の大きく五つの時期に区分し

た。(鈴木次郎・矢島国雄 1988「先土器時代の石器群とその編年」『日本考古学を学ぶ(1)＜新版＞』154～182頁、有斐閣)。

　相模野編年は近年、諏訪間順により12段階に細分され、「相模野旧石器編年の到達点」として誇らしく公表された（平成12年度神奈川県考古学会考古学講座）。しかし同時に私には、この編年案が全国各地域の細別編年の到達目標としては機能しても、相模野編年の適用地域は意外に狭くて、はたして全国編年確立のための基盤となりえるのか懸念された。また、「旧石器文化階梯論」から「旧石器社会構造変動論」への転換を図る私たちにとっては、この諏訪間編年はその素案の時点からすでに改訂対象であって、対案としての編年—列島的規模で連動する構造変動の探究を目標とする編年—づくりが課題となっていた。

　そこで全国各地の地域編年の現状を把握し、構造変動論のための全国編年の可能性を探る目的で、「旧石器時代の地域編年とその比較」と題する公開シンポジウムを、2005年5月4日・5日の両日にわたって東京大学法文2号館1番大教室で開催した。地域区分は便宜的にこれまでの常識的区分に従い、九州山地を挟んでその東南側と西北側、近畿・中四国地方、東海地方、中部地方、関東地方東部（西部は諏訪間編年がある）、東北地方、北海道の8地区とし、発表はその地域の石器群を熟知した宮田栄二、萩原博文、藤野次史、高尾好之、須藤隆司、田村隆、柳田俊雄、寺崎康史の各氏にお願いして、できるだけ隣接地域の遺跡にも言及した編年案の提示を求めた。本著はこのシンポジウムを踏まえてその後に執筆された発表者各氏の論文と、シンポジウムの最後を飾った総合討論の記録からなっている。各地の事情に通じる人はそれほどいないと考えられるので、討論の司会に当たられた佐藤宏之氏の解説を付してある。

　私たち構造変動派を代表した田村論文は、画期的な石材獲得戦略論にもとづいた諏訪間編年への対案である。全国一の優良層位が確認されている石器群を扱った高尾論文は、諏訪間編年との対比とその検証である。近年、大幅に構造変動派の主張を取り入れている須藤氏の論文は、彼自身の新しい石器観・石器群観を組み込んだ編年案である。近年の編年的研究に出遅れている地域を担当した柳田論文は、始良丹沢降下火山灰（AT）層下位の黒色帯相当層の探求を兼ねた編年の基盤づくりである。特異な石材（サヌカイト）環境に適応した瀬戸内沿岸を対象とする藤野論文は、さらにその周辺地域を組み込んでの規範的な編年案である。独自の長い経験に裏打ちされた萩原論文は、独特の細別編年案である。特異な生態的環境にあった地域に根を下ろした宮田論文は、最新の発掘成果を取り入れた新式編年である。日本列島というよりもアジア大陸の半島であった北海道に関する寺崎論文は、本州以南と根本的に異なる別種の編年案である。

　かつて佐藤宏之氏によって試みられたこともある全国編年案が進展をみなかった理由が浮かび上がってきた。ATのような広域降下火山灰層の発見以上に、今後は加速器質量分析（AMS）法による^{14}C年代測定とその較正年代による比較が有効であろうが、私自身は石器の"個体識別法"にもとづいた"異系統石器"の共伴例に注目している。それにつけても、これまでの編年は「ナイフ形石器文化」の変遷を強調しすぎてきた。しかし、ナイフ形石器文化もナイフ形石器もともに実体のあやふやな概念であることが、各地の石器群を比較することで浮彫りとなった。伝統的に使われてきた古い概念・名称は放棄するか再定義するか、いずれにせよ早急な対応に迫られている。もう一つ

重要なことは、各人が直接間接に言及している後期旧石器時代開始期以前の石器（群）の存在である。日本旧石器学会が組織的に取り組まなければならない研究課題であろう。

　ところで、私たちは生業（とくに狩猟）に関連した道具の社会生態学的視点からの変遷観を基盤とした編年—石器の二項的モードの変遷—を考えている。石器の二項的モードは当初、佐藤宏之と田村隆によってナイフ形石器・石刃モードと台形様石器・小型剥片モードの二極構造・二項性として着想された。今日それは田村がいうように着柄型尖頭器と植刃型尖頭器の二項性として捉え直される。すなわち、列島の中央部をモデルとすれば、小口型石刃技法による尖頭形石刃を素材とする基部整形尖頭形石刃（管理・携帯型槍先）と、それを補完する多様な小型不定形剥片剥離技法による端部整形石器（臨機・臨場型植刃）の二項性の確立をもって後期旧石器時代の開始とする。その後、前者は周縁型石刃技法による石刃を素材とする背部整形尖頭形石刃へと進化し、同時に石刃は各種の工具類（彫器・掻器・錐器など）の素材ともなりえた。後者も連続横打剥離技法（典型は米ガ森技法）による定型化した剥片を素材として、台形（様）石器など植刃だけでなく他の機能をもつ石器類の生産へと進展した。良質な頁岩の産地である東北の日本海側では石刃モードへの収斂化が起こったが、他の地域では石材の獲得・消費戦略に応じた二項性のさまざまな表現型が出現した。大きな画期は両面体モードの採用による二項性の解体、すなわち彼らが追求してきた高率的・機能的な着柄型尖頭器のある意味での到達点である両面加工尖頭器（槍先形尖頭器）の出現に求められる（拙著『旧石器社会の構造変動』同成社 2003、拙論「東北日本における『国府系石器群』の展開—槍先形尖頭器石器群出現の前提—」『考古学Ⅱ』2004）。他方で臨機・臨場型であった幾何形小型剥片・小型ナイフ形石器などを植刃とする尖頭器も、細石刃技法の導入により管理・携帯型槍先に変貌した。

　他の地域にこの変遷モデルを直接的に応用することは難しいが、石器モードの二項性モデルは有効であろう。全国を視野に入れた変動論はいまだ着想の段階を越えていないが、たとえば、九州での剥片尖頭器から二稜尖頭器への交替は尖頭形石刃石器から両面加工尖頭器への変換と相同の現象であり、瀬戸内地方の国府型ナイフ形石器と角錐状石器との関係も相似現象として捉えられるであろう。いずれにしても従来ナイフ形石器の範疇で捉えられてきた石器類のこの視点からの腑分けと再編によって、旧石器社会の列島規模での構造変動に関する新規の問題設定が可能になる。

　2006年3月

　　　　　　　　　　　　　　　　　　　　　　　　　　　　　　　　安斎　正人

目　次

序言　構造変動の探究を目標とする編年構築……………………………安斎正人………1

関東地方の地域編年……………………………………………………田村　隆………7

　はじめに　9
　1. 時系列史＝構造変動史という編年的取組み　10
　2. 地理的構造　11
　3. エヴェヌマン・コンジョンクチュールとしての石器群　13
　4. まとめ　51

東海地方の地域編年……………………………………………………高尾好之……61

　1. 編年の方法　63
　2. 愛鷹ローム層の各層準と石器群の画期　65
　3. 石器石材の変遷からみた編年の画期　68
　4. 遺跡の数量的変化からみた愛鷹・箱根編年の画期　70
　5. 静岡県東部（愛鷹山南麓・箱根西麓）の石器群の編年　72
　6. 東海地域中・西部の石器群との比較　88
　7. まとめ　99

中部地方の地域編年……………………………………………………須藤隆司……103

　1. 編年の方法と目的　105
　2. 地域区分　106
　3. 時期区分　107
　4. 石器群の技術構造変動　110
　5. 日本列島における後期旧石器時代の技術構造　133

東北地方の地域編年……………………………………………………柳田俊雄……141

　はじめに　143
　1. 編年の方法—ATと「暗色帯」を基準に—　144
　2. 東北地方の諸相　145
　3. 東北地方の旧石器時代の編年について　165

中・四国地方、近畿地方の地域編年 ………………………… 藤野次史 …… 173

1. はじめに 175
2. 地域区分 176
3. 時期区分 178
4. 層位的検出事例の概要 179
5. 中・四国地方、近畿地方における石器群の変遷 184
6. まとめにかえて 200

九州西北部の地域編年 ……………………………………… 萩原博文 …… 207

1. 編年の方法 209
2. 時期区分 210
3. 層位的事例 212
4. 各期石器群の代表的事例 222
5. 九州西北部における石器群の変遷 234

九州東南部の地域編年 ……………………………………… 宮田栄二 …… 241

はじめに 243
1. 編年の方法 243
2. 九州東南部の石器群変遷 246
3. 各地域の石器群変遷 265
おわりに 269

北海道の地域編年 …………………………………………… 寺崎康史 …… 275

1. はじめに 277
2. 編年の方法 277
3. 後期旧石器時代前半期石器群の概観 279
4. 後期旧石器時代後半期石器群の概観 289
5. 石器群の変遷 302
6. おわりに 309

シンポジウム 旧石器時代の編年的研究 ……………………………………… 315

日本旧石器時代編年研究の進展—シンポジウムを通じて— …………… 佐藤宏之 …… 363

関東地方の地域編年

田村　隆

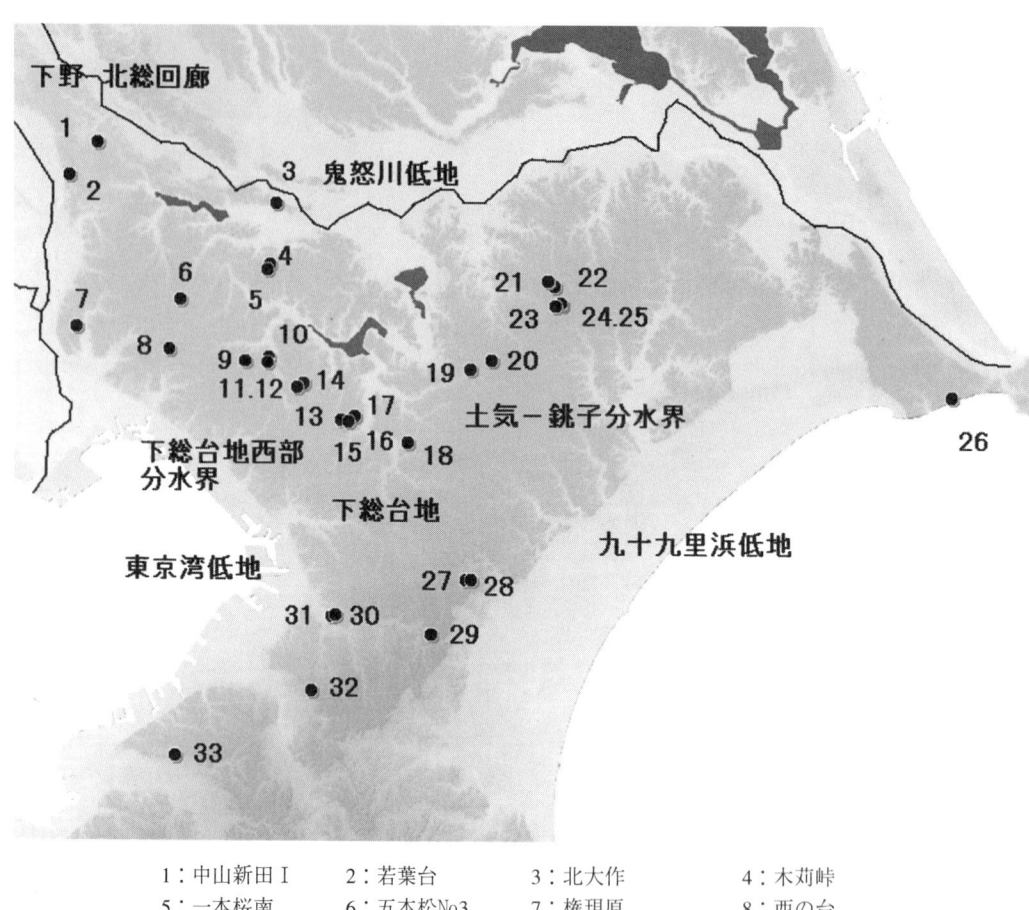

1：中山新田Ⅰ	2：若葉台	3：北大作	4：木苅峠
5：一本桜南	6：五本松No.3	7：権現原	8：西の台
9：仲ノ台	10：権現後	11：北海道	12：坊山
13：大林	14：御塚山	15：池花	16：出口・鐘塚
17：御山	18：木戸場	19：南大溜袋	20：東内野
21：十余三稲荷峰	22：天神峰奥ノ台	23：取香和田戸	24：東峰御幸畑西
25：東峰御幸畑東	26：三崎3丁目	27：大網山田台No.4B	28：大網山田台No.8
29：南河原坂第三	30：草刈	31：草刈六之台	32：武士
33：関畑			

下総台地主要遺跡分布図（本論で議論した遺跡の一部）

はじめに

　関東地方で旧石器時代の研究が発足した当時、そこにはすでに縄文時代の長い研究の蓄積が存在していた。縄文時代の編年的な研究を抜きには旧石器時代の研究もありえないと考えられていたのである。昭和29年に発表された芹沢長介のよく知られた論文に次のような宣言がある。「われわれはまず石器の諸形態の分類をなし、その組合せを知り、さらに各石器群の編年を企図しなければならない。無土器文化の時期及び環境等の問題は、編年の軸に沿ってのみ解明に向かうであろう」（芹沢 1975(1954)）。これは「縄紋土器の文化の動態は、かくの如くして——土器型式の細別、その年代地方による編成、それに準拠した土器自身の変遷史、これによって排列されたあらゆる文化細目の年代的及び分布的編成、その吟味……等の順序と方面によって解明に赴くであろう」（山内 1967(1939)）という山内の発言と正確に対応するものであった。

　それは「研究の現段階は、一つの時代に特徴的な石器の発生、あるいはその存在事実に基礎をおく無土器文化の大別（cultureの概念に近い）の上に立って、それをさらにいくつかの階梯（stage）に細分」（戸沢 1975(1958)）することであるとされた。この大別＝文化主義は杉原荘介の編集に係る『日本の考古学Ⅰ　先土器時代』（1965）によって一応の達成が示されることとなる。しかし、すでに同書においてすら、「文化の階梯がそのまま石器の編年であり、標準化石的な石器の序列が文化の階梯を決めるというかんがえはもはや止揚されるべきである」（戸沢 1965）という認識が示されていることからもわかるように、この段階以降、ようやく石器群の編年的な研究は本格化することになるのである。

　一方、これに先立って、小林達雄は「無土器時代のハンドアックスの終末期から細石刃の発生までの研究は、ナイフ形石器の詳細な研究によって達成される」（小林 1962）として、ナイフ形石器諸型式を全国的に概観したが、以後、編年的な研究はナイフ形石器を基軸としてすすめられていくことになる。ナイフ形石器の変遷については多数の論文があるが、その頂点は今なお佐藤達夫によるナイフ形石器の全国編年をおいてほかにはない（佐藤 1978(1969)）。なぜ、「今なお」なのか、という疑問がただちに提示されそうだが、私たちは70年代以降、精緻化された大別＝文化主義への復古的回帰現象が顕在化したと考えているからである。

　佐藤の編年的な研究については安斎の論評にくわしいが（安斎 2004a：第4章）、その特徴は大別＝文化主義の峻絶としての「個体識別法」にある。このエレガントな考え方は後年もう一歩成熟することになるのだが（佐藤 1974）、要点を概括するとこうなる。まず、①地域的・地方的に累積・醸成された技術的な伝統性がまず想定される。この伝統性は単なる系統ではなく、複数の亜系統を含む複合的な系統であることに注意しなければならない。次に、②地域・地方とは隣接地域間、地域内を切り結ぶさまざまなレヴェルの通交関係という結節環の関係概念と把握される。このレベルで系統が交差するが、これを単純に伝播といってはならない。そして、③各結節環における石器群の態様は、それらの歴史性と相互関係によって決定されるとみなされ、一つの石器に累積された系統が観察されるが、それは顕在的な場合もあるし潜伏的な場合もある。いわば生体のように、個

体発生において系統発生が繰り返される。これが安斎の個体識別法の原理でもある。こうした石器群の編年に関する佐藤の基本的な考え方は、現在でもいささかもその方法論的な有効性を喪失していないので、次項でもう少し現代的な読替えを行うことにしよう。

70年代以降は精緻化された大別＝文化主義の時代となる。武蔵野では多数のcomponentsの産出層準を基準に、四つのphaseが区分された（Oda and Keally 1979）。隣接する相模野ではまず5期区分が提示され（矢島・鈴木 1976）、さらに改訂12段階説が登場する（諏訪間 1988）。この12段階説は編年的な研究の一つの到達点であるかのごとくであるが、諏訪間自身もよく心得ているとおり、単線的な発展段階説と固定的な地域概念を採用する遠近法的な「縦の並び」である。そして、これも彼がいち早く指摘されているように、問題は「段階から次の段階へと移り変わる画期が特定の石材とともにある」（諏訪間 1988:26頁）ということであり、このことが石器群の変化と変異を理解する鍵となるのである。

1. 時系列史＝構造変動史という編年的枠組み

個体識別法においては何が問題とされていたのだろうか。それは時間の重層性という概念ではないだろうか。考察の対象となるのはさしあたり個別石器群あるいは個々の石器であるが、それらはある歴史の中で生成された事件（エヴェヌマン；évenément）であるとみなすことができる。したがって歴史とは連綴されたイベントという立場も成立しうるかもしれない。常識的な意味での歴史、あるいは生徒が教室で習う歴史とはこのような歴史であるということができる。

さて、イベントとは偶発的な事件ということもできるが、ここでは社会・生態学的な（複相的な）条件のもとで生起する特殊な（一般的な事件という意味でなく特定共時における個別的な）事態と考えておく。この条件をフランス経済史学・アナール学派では景況（コンジョンクチュール；conjoncture：イベントとイベントとの結びつき）という（ピーター・バーク／大津訳 2005）。先に指摘した佐藤達夫の結節環における関係概念としての石器群の態様とは、実はこの景況という概念を主題化していたということができる。景況とは、たとえば、波動的な気候変動に伴う社会・生態学史の一局面であり、地域内・間の相対的に安定した関係であり、ある意味で反復的なシステムにまで煮詰められた生産関係である場合もあろう。

イベントが次々に生起し、景況が煮詰められていくが、その背後にはほとんど不動ともいえる、しかし遠近法的には緩慢に変動する歴史の舞台が存在する。この回帰と循環によって特徴づけられる動かない歴史あるいは環境のことをアナール学派では構造（ストリュクチュール；structure）というが、ここでは地理的構造ということにする。あえてブローデルの地中海など引くまでもないが、先史考古学の領域では、私たちによって抽出された下野－北総回廊は地理的構造の典型的な実例である（田村 2005）。

こうして地理的な構造のもとでさまざまな景況が育まれ事件を生起するが、私たちがある事件を考察する場合、相対的に異なった時間軸を明確に区別する必要がある。きわめて短期（courte）のスケールが問題となる場合もあるが、中期的な（moyenne）スケール、さらに長い（longue durée）ス

ケールが必要な場合もあろう。時間的なスケールを間違えることを遠近法的な錯視という。もっとも重要なのは、このスケールによってはかられるものの選択ということになるが、アナール派の場合、さし当たりそれはマンタリテ（mentalité）ということができるが、本論では石器群の基本構造としての二項性とする。

　私たちの目の前にある石器群は、それがいかなる地域の、いかなる層準から産出したものであろうと、ここに述べた複数の時間的スケールの中におくことができる。したがって石器群の編年とは、大別＝文化主義のように等質的な時間軸にその石器群の場所をみつけるのではなく（段階論は遠近法的な錯視である）、まず複数の時間軸—構造史・社会＝生態史・事件史—を識別しながら、相互の関係を考えようとする行為である、ということができる。この過程を安斎正人は構造変動史観とよぶのである（安斎 2003a）。本論においても、大別＝文化主義を排除し時系列史という視点から編年作業をすすめることにしよう（Duke 1996(1992)）。

2. 地理的構造

2.1 東部関東

　はじめに明言しておくが、私たちの構造史的な編年観においては、何々台地などという地域区分はいうまでもなく、「関東地方」などという地域概念ですら先験的に設定することは誤りである。本論では編集の都合によってこの区分を採用しているが便宜的なものである。

　仮に関東地方の地理的な歴史を記述するとすれば、東部関東と西部関東という基本的な枠組みが必要である。東部関東に関する詳細はすでに公表しているので（田村 2005）、ここでは概要をのべるにとどめたい。東部関東の構造は、Ⅰ磐越高地—Ⅱa帝釈山地—Ⅱb鬼怒川低地—Ⅲ下野－北総回廊—Ⅳa下総台地—Ⅳb房総丘陵という南北250kmを超える広がりをもつが、これは図1のように概念化される。

　図ではⅢ下野-北総回廊を大きな結節環としているが、実は、ここで西部関東という構造と接点をもつ。そして、Ⅰ磐越高地も別な地理的構造単位を形成しているのであり、Ⅱaが接点となっている。さらに、常陸台地という地理的構造単位が東接するが、それはⅡaで分岐する単位とみられる。すでに再三ふれているように、東部関東という構造的な枠組みにおける石材産地は表1のとおりである。

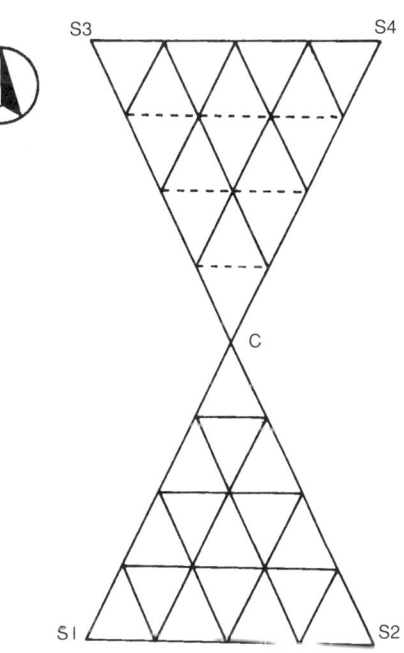

図1　東部関東の地理的構造（S1～S4：石材産地、C：下野－北総回廊、内側の実線：河川システム、破線：道・径、交点：結節環＝遺跡。全体は景観あるいはギャザリング・ゾーンといってもよい）

表1　東部関東の主要石器石材

区分	地　層	主　要　石　材
I	第三紀層	珪質泥岩
IIa	高原火山	黒曜石
	鹿股沢層	珪質泥岩
	寺島累層	珪質泥岩
IIb	下野安山岩ベルト	黒色緻密質安山岩
III	中部内陸火山産黒曜石搬入路	黒曜石
	利根川上流・足尾帯	黒色緻密質安山岩・黒色頁岩・チャート
	西部関東	チャート・珪質頁岩
IVa	下総層群	小型硬質礫（チャートなど）
IVb	万田野・長浜層	硬質円礫
		（黒色緻密質安山岩・ホルンフェルス・泥岩・チャート・玉髄）
	嶺岡層群	珪質頁岩・珪質ノジュール

2.2　西部関東

　西部関東という地理的構造単位については研究がすすんでいないので、したがって構造史的な編年は困難である。概念的には、I a入間台地―I b武蔵野台地―II多摩丘陵―III相模野台地・三浦丘陵という、やはり南北につらなる地理的構造単位から構成されている（図2）。いうまでもないが、これらは中部内陸火山と東部関東と接続する。各地理的構造単位は河川システムによって分

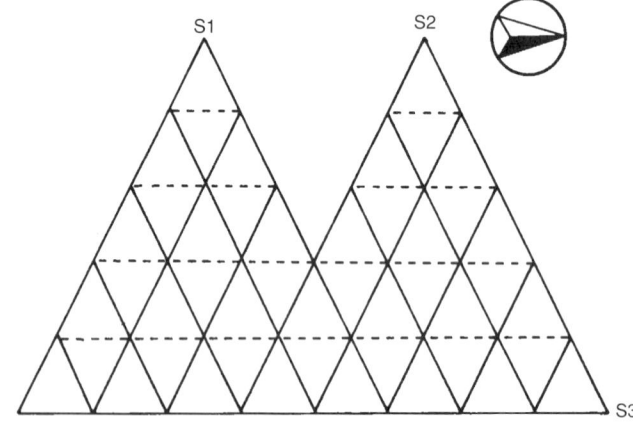

図2　西部関東の地理的構造（S1～S3：石材産地、実線：河川システム、破線：道・径、交点：結節環＝遺跡。全体は景観あるいはギャザリング・ゾーンといってもよい）

割されているようにみえるが、そうではなく、各河川システムと、基本的にこれと直行する道・径とによって網目状の連接構造が形成され、各結節点に遺跡が形成されている。なお、二つの地理的構造単位の重複する部分が野川流域ということができる（国武 2002a）。

　石材産地については、III相模野台地およびその周辺の研究レベルが著しく低く[1]、詳細を述べることができない。ただしIとIIについては、その主要石材であるチャートと珪質頁岩の産地がおおよそ判明している（田村・国武 2006）。従来、この地域のチャートと珪質頁岩の産地については、具体的な原産地調査の成果が公表されておらず、漠然と多摩川流域とされてきたにすぎない（比田井 2005）。

　比田井によれば、チャートの円礫は多摩川流域に広く分布し、その分布は世田谷付近にまで及ぶという（比田井 2005）。たしかに、チャート礫ということであれば、比田井の指摘のとおりなのであろうが、比田井の場合、チャート一般と石器素材としてのきわめて良質なチャートとが区別され

表2　西部関東の主要石器石材

区分	地層	主要石材
I	荒川	チャート（中津川層群）・黒色緻密質安山岩・黒色頁岩
Ia	沢井層	チャート・珪質頁岩
	中部内陸火山産黒曜石搬入路	黒曜石
Ib	海沢層	チャート・珪質頁岩
	五日市町層群	珪質頁岩・珪化凝灰岩
	小仏層群	珪質頁岩

ていないようにみえる。私たちの実地調査によれば、剥片石器をつくることのできる均質である程度大型のチャートの円礫は、世田谷はおろか上流の青梅市付近にもほとんど分布していない。つまり、この地理的構造単位においては、大方の予想に反して、「在地系」の代表選手であるチャートいえども必ずしも簡単には入手できなかったと考えるべきであろう。武蔵野台地も下総台地と同じように、基本的には石器石材の恒常的な欠乏地域であったのである。

　それではチャートや珪質頁岩はどこで補給されたのか。関東山地には膨大な面積のチャート、珪質頁岩岩体があるので、そのすべてを網羅することはできないが、結論的には表2のとおりである。表にはチャート、中生代の珪質頁岩以外のものも含めて表示しているので、ここから構造＝地理的歴史を読み解くことが可能である。ただし、各石器群の消費状況との関係が十分に把握できないため、本論でも多くを語ることができない。

3. エヴェヌマン・コンジョンクチュールとしての石器群

3.1 中期旧石器石器群

　足尾山地山麓に多数の遺跡があるらしいが、栃木県星野遺跡の資料が部分的に報告されているにすぎない（芹沢1982、中村・斎藤2005）。星野遺跡については多くの批判があるが、その大半は杉原荘介の「仮説」なるものに代表されるような、単なる感情的な反発の域を出るものではなかったことは明記されるべきである（田村2002、ただし戸田1988）。なお、古くから著名な不二山や権現山については資料的な要件を満たしていないので、本論における考察の対象とはならない。

　星野遺跡では鹿沼軽石層直下の第5文化層から第13文化層までの石器群が問題となるが、その大半が公表されていない。各層の年代も確定できない。最下層の第13文化層が8万年前とされているらしいが、大半の文化層の帰属時期は、Hk-OPのFT年代から南関東の武蔵野ローム層並行期となろう。わずかに提示されている資料によるかぎり、各文化層とも小型の剥片石器（図3）と大型の打割器によって構成されている。小型剥片石器は、①尖頭器あるいは削器（1～3）と②刃器あるいは削器（4～6）という大きく二つのグループから構成されている。左右非対称のものが多く、しばしば小鋸歯状の加工縁あるいは刃部がつくり出される。芹沢はこれらを後期旧石器時代のナイフ形石器（私たちのいう有背尖頭刃器）や切出型石器の粗形と考えているが、いくつかの媒介項を挿入しなければならないものの、無関係と斥けることはできないかもしれない。

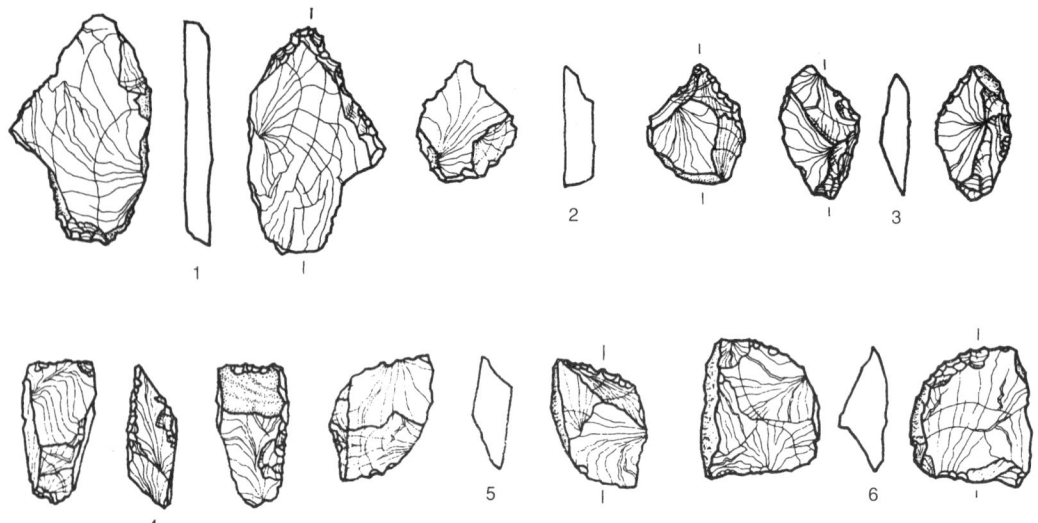

図3 栃木県星野遺跡第7文化層（1・2・4〜6）、第8文化層（3）の剥片製小型石器

　これとは別に、第1次調査第1地点の石器群や地層たんけん館地点採集石器群のように砂岩や安山岩、ホルンフェルスなどを素材とする一群があり、小型剥片石器群の一部に共伴するらしい。安山岩は永野川流域には産出しないのではないか。

　小型剥片石器の素材は珪岩とされているが、これはチャートと珪質頁岩の総称と理解される。チャートと珪質頁岩の原石がどこから搬入されたものか、くわしい検討が行われていない。たしかに、遺跡の周辺には同種石材はふんだんにあることは理解できるが、良質な石器素材との具体的な比較検討が必要である。とくに、台地背後の山地を構成する岩体との比較が重要であるが、ここでは、暫定的に遺跡近傍のいずれかの地点としておく。

3.2　中期旧石器―後期旧石器移行期の石器群

　やはり資料が少なく、実体が把握できない。東部関東では、今のところ市原市草刈遺跡C13-Bブロック武蔵野ローム層最上層出土の石器群およびC77-Bブロック出土立川ローム層最下部出土石器群が報告されているにすぎない[2]（図4〜6、鳥立2003）。前者を本石器群の前半期、後者を後半期とする。前半期の遺跡は西部関東には知られていないが、後半期には神奈川県吉岡遺跡D区B5層下部石器群[3]（白石・加藤1996）、東京都多摩蘭坂遺跡第5地点第1文化層（上敷領1999）などが編入される。

　東部関東の諸例は、いずれも東部関東・地理的構造単位Ⅳb産珪質石材を素材とする小型剥片石器群である。Ⅳb岩体（嶺岡層群白滝層産珪質頁岩礫分布範囲）からの距離はおおよそ50kmとなり、石器群3.1が岩体近傍立地であったのに対して、鎖から解放されたように次第に岩体から離れていく傾向が指摘される。また、C77-Bブロックでは浅い掘込みを伴う炉跡と石材消費・廃棄空間とが無遺物帯を介して空間的に明確に分節化されており、すでに後期旧石器時代に一般的なキャンプ構造が確立していることにも注目したい（図5分布図参照）。

　C13-Bブロックの石器群には2組の接合資料が含まれている。図4-6は剥片2点が接合したもの

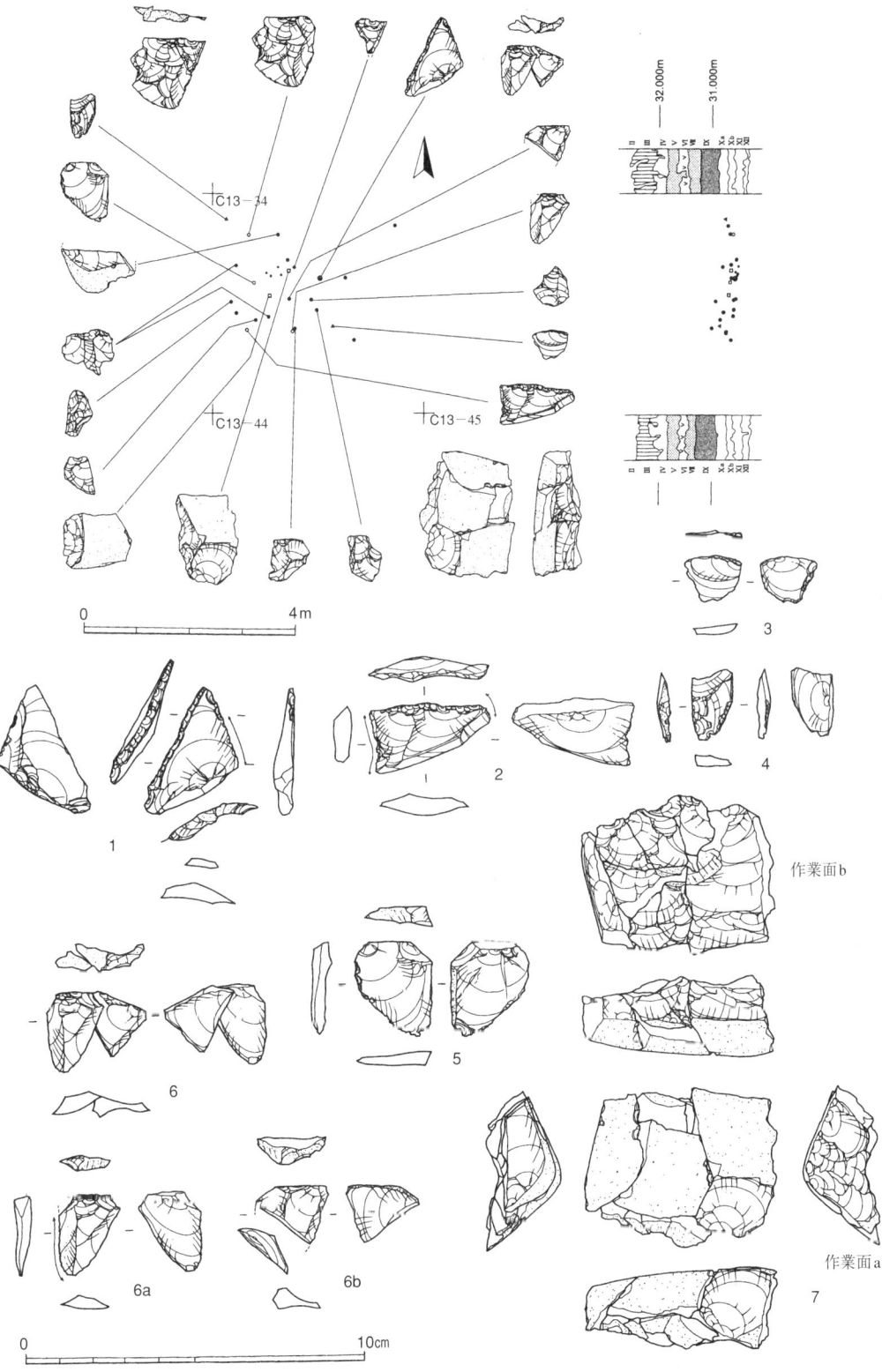

図4　中期〜後期旧石器移行期の石器群(1)（草刈遺跡C13-Bブロック）

で加撃軸が交叉する。図4-7 は石核断片と剥片が10点接合したもので、亜角礫が搬入され限定的に消費されていることを示している。主要作業面は 2 面あり、作業面a（小口面）では相対的に縦長の剥片が連続的に剥離され、次いで作業面b（礫の分割面）からは横長の剥片が剥がされている。作業面aからの連続的な剥片剥離が次第に組織化され、やがて連続的な石刃生産へと展開することになる。

　作業面aからの剥片生産に対応する資料は遺存しないが、同bに対応する剥片が 図4-1～4・5などで、後者が多数を占める。細部加工のある剥片は少ないが、図4-1は腹面剥離による尖頭器あるいは尖頭削器であり、かつて斜軸尖頭器とよばれたものに類似する。図4-5も尖頭器であるが、部分的な細部加工の状況から端部整形尖頭器の祖型と理解される。図4-2・3は刃器であり、図4-3には細かなトリミングがあり端部整形刃器との脈絡を想定させる。このように、尖頭器＋刃器という小型剥片石器の構成は中期旧石器の構成と基本的に一致するが、細部加工の状況から後期旧石器時代初頭石器群との類似性も認められ、ここでは移行期石器群と定義する。大型石器類は残されていなかったが、当然存在したはずである。

　移行期としての性格はC77-Bブロック石器群でいっそう明確なものとなる。図では 5 点の接合資料を示したが、図6-13がC13-Bブロック 7 に対応する。①湾曲した礫面を打面とする横打剥片の生産と、②小口面からの先細り縦長剥片の連続剥離が交互に進められている。図6-14は①の仲間だが、大型剥片の腹面から小型横長剥片をとる独特の手法がはじめて登場する。図6-15は②の変異で、縦長剥片を組織的に量産する手法の萌芽的な様相をうかがうことができる。図6-11と図6-12は挟み割による小型剥片の生産を示しており、この手法もやがて一般的に使われるようになる。

　小型剥片石器は刃器類（図6-1～5）と尖頭器類（図6-6～10）に二分される。細部加工は部分的であり、安定していないものの、折れ面と対向して、あるいは不整な折れ面の修整として加えられている。ただし、尖頭器には基部加工とみられる小鋸歯縁加工が認められる（図6-6・10）。図示していないが、粗粒石材を使った大型石器（両面打製の石斧状の石器）があるらしい。この大型礫石器については、星野遺跡たんけん館地点採集石器などと関連する一群と考えておく。大型石器については多摩蘭坂遺跡から豊富な資料が得られているが、楕円形の大型打製石斧と刃部があまり湾曲しない小型品がある。

3.3　後期旧石器時代初頭の石器群－端部整形石器群

　石器群3.2で萌芽的に観察された小型剥片石器における器種的な分化が固定化され、端部整形石器群が成立する。端部整形石器という範疇についてはすでにくわしくふれた（田村 2001）。本石器群が関東地方ではじめて注目されたのは四街道市御山遺跡であった（図7、矢本 1994a）。すなわち御山遺跡第 2 ブロックの石器群がそれであるが、この石器群の産出層準はⅩ層上部であり、いわゆる環状ブロック群を形成していた。西部関東では多摩蘭坂遺跡第 8 地点第 1 文化層（中村 2003）を代表させておく。北関東では三和工業団地Ⅰ遺跡第 4 文化層環状ブロック群形成石器群（津島ほか 1999）が該当する[4]。茨城方面では十万原遺跡をあげておく（皆川 2001）。

　本石器群からは、完全に二項的な構造を（田村 1989a）が抽出可能であることから、後期旧石

関東地方の地域編年 17

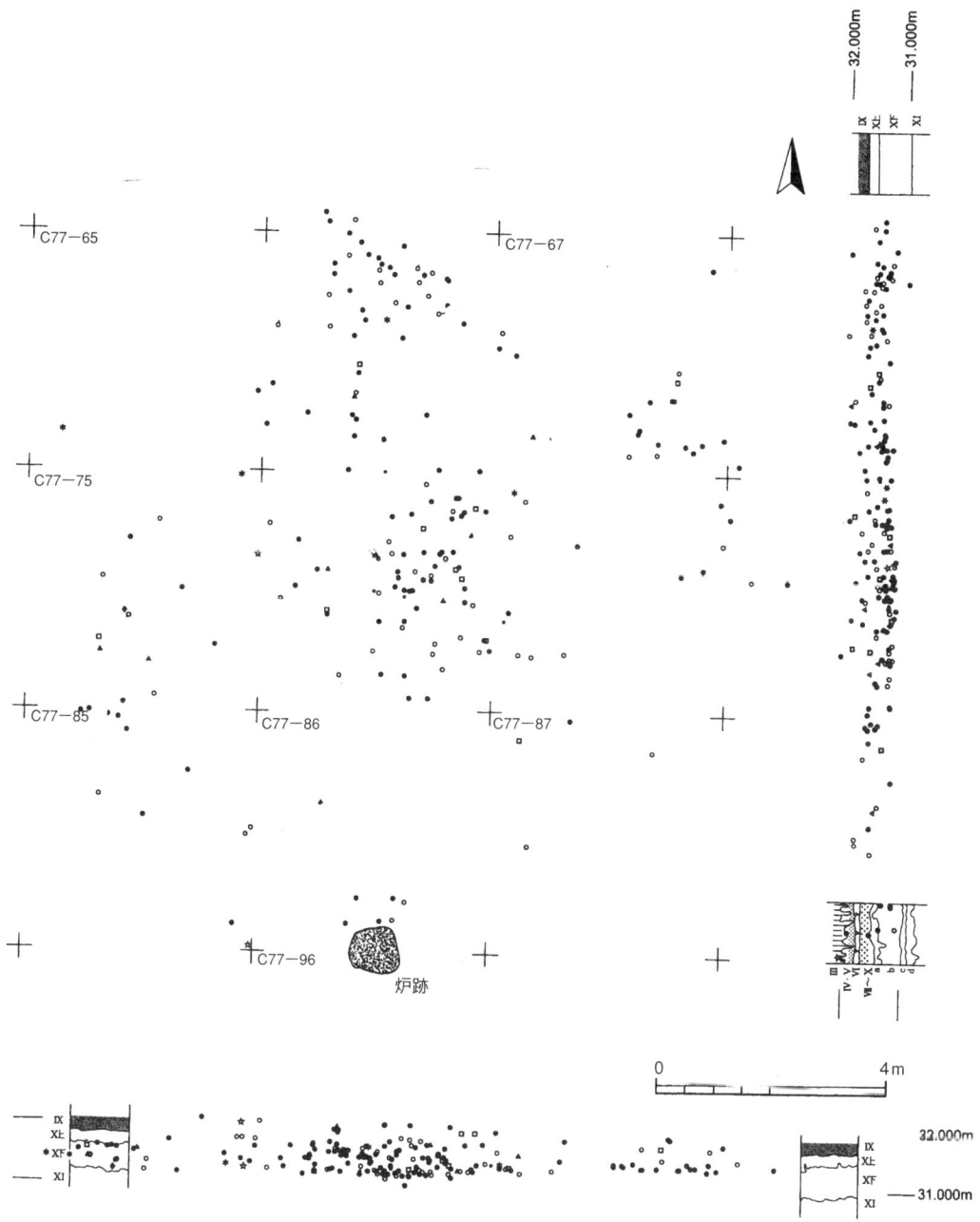

ナイフ形石器（Kn ☆），台形石器（Tr ▲），角錐状石器（Ka ◉），槍先形石器（Po ◉），
掻器（Es ●），削器（Ss ○），彫器（Gr ○），錐状石器（Dr ○），楔形石器（Pi ○），
加工痕ある剥片（Rf ○），使用痕ある剥片（Uf ○），石刃（Bl ▲），小石刃（Bls ▲），
敲石類（Ha ■），台石（Anb ■），礫器（Pb ■），石斧（Ax ◆），その他の石器（○），
剥片（B ●），削片（Sp ●），砕片（C ●），石核（D □），細石刃核（Mc □），
原石（E ◑），礫（＊）

図5　中期〜後期旧石器移行期の石器群(2)（草刈遺跡C77-8ブロック遺物出土状況：炉を中心に構造化されるキャンプ）

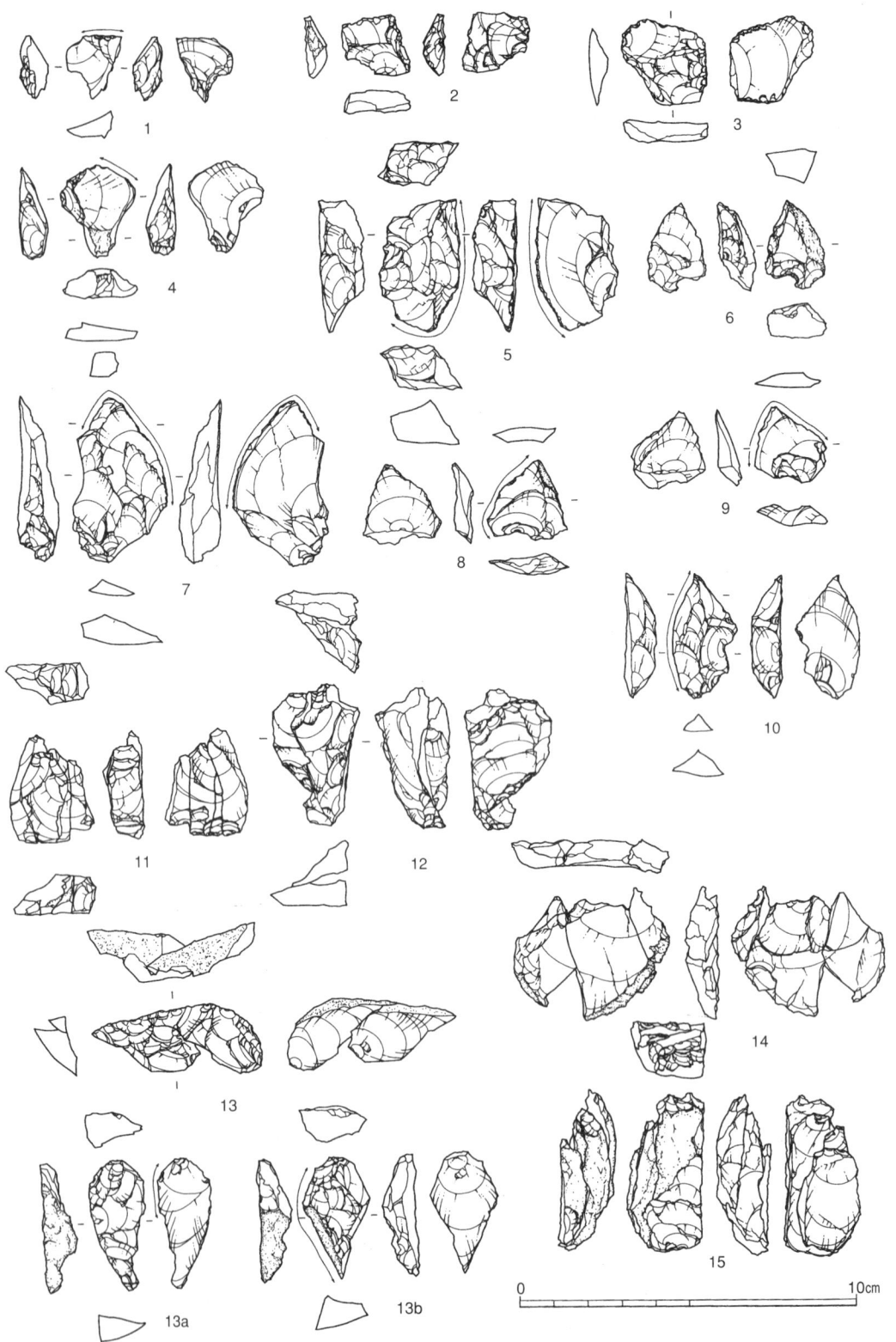

図 6 中期〜後期旧石器移行期の石器群(3)（草刈遺跡C77-8ブロック：萌芽的な縦長剥片生産技法）

時代初頭の石器群として明確に位置づけることが可能である。すなわち、

① 石器群は一般的剥片の生産・消費体系と石刃生産・消費体系という二項的モードによって特徴づけられていること
② 石器石材は東部関東地理的構造単位Ⅱaによって構成されており、すでに広域的な遊動戦略による石材移動が観察されること
③ 遺跡は典型的な環状ブロック群であり（図7 分布状況）、複数の集団の関与する社会的な情報交換網が成立していたこと

こうした後期旧石器時代という社会・技術的な枠組みが初めて成立する。

図7に端部整形石器とその生産過程を示した。一般的剥片生産の方法は移行期石器群である草刈東部C77-Bブロック石器群と類似し、①回転系多打面型（図7-7・9）と 図7-7 に接合する②腹面剥離によるもの（図7-8）の両者があり、①には小口面を作業面とする縦長剥片生産を企図するものが含まれることも石器群3.2に類似する。これらから得られる剥片を素材に端部整形尖頭器（図7-1・2）と端部整形刃器（図7-3～6）が生産される。なお、端部整形刃器には台形のものと矩形のものがあり、基部加工の著明な台形石器の母体となった石器群である考えることもできる。さらに、植刃—細石器の出現が後期旧石器時代成立期にさかのぼることも明らかである。

これとは別に、泥岩製の石刃が生産されているが、いずれもSchifferのsistemic contexstにおける広義のrecycling（外部サイクルへの編入・二次使用・狭義のリサイクル等）に組み入れられており、前記一般的剥片生産とは異なるサイクルが抽出される（Schiffer 1976）。このことから、本石器群は初源的な石刃石器群と共伴関係にあるといえる。

端部整形石器群の分布については、すでに指摘したとおりである（田村 2005）。最近報告された袖ケ浦市関畑遺跡（地理的構造単位Ⅳb）第Ⅰa文化層Aユニットでは、単一の環状ブロック群内で端部整形石器群と台形石器群とが相対的に独立しながら並存していた（新田 2004）。本石器群の産出層準はⅩ層上半からⅨ層下部であるが、関畑例を含めてⅩ層上部に帰属するものが多いことから、その発生は時間的に台形石器群にかなり先行するものの、相当期間並存していたこともうかがわれる。その理由はかならずしも分明でないが、端部整形尖頭器は台形石器群においては基部加工剥片尖頭器に変化するが、この過程と同一歩調で、斜刃あるいは水平刃をもつ槍先としての台形石器から刃器的な機能を荷担する一群が分離していった過程を反映するものと考えている（生産地点における端部整形石器と台形石器のつくり分けについては矢本（1997）に重要な資料が掲載されている）。

3.4 台形石器石器群・剥片製小型有背尖頭刃器石器群

台形石器に関する用語法の混乱についてはすでに指摘したとおりであるが（田村 2001）、その後も一向に改善されていない。本論では、前項でも指摘したように、基部加工幾何形刃器（狭義の台形石器）と基部加工剥片尖頭器（蝶形の尖頭器で、誤って台形石器と分類されることが多い）を台形石器群に含めておく。いうまでもなく、これらは端部整形石器群の変換体である（図8）。剥片製小型有背尖頭刃器石器群は、台形石器群、正確には基部加工剥片尖頭器の変換された石器群と考えられるが、石刃素材の有背尖頭刃器とほぼ並行しながら推移した。

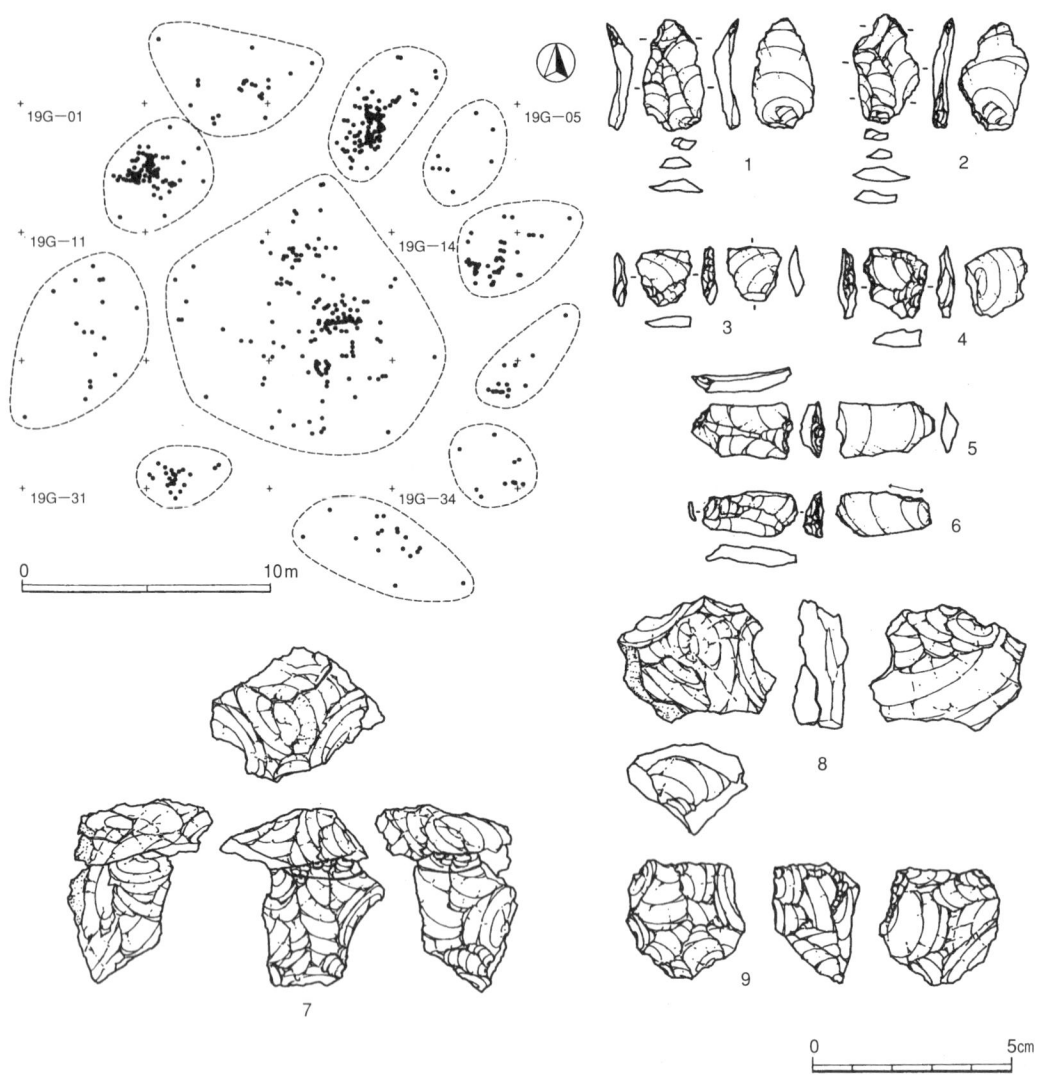

図7　後期旧石器時代初頭の石器群（御山遺跡第2ブロック：端部整形石器群）

3.4.1　台形石器石器群

　図9に東峰御幸畑西遺跡エリア2の石器群を掲載した。東峰御幸畑西遺跡の立川ローム層下部第1文化層にはエリア1～エリア3という3ヵ所の大規模な遺物集中地点がある。報告者は「微妙な時間差」としかいっていないが、文意からはエリア3→エリア2→エリア1という序列を想定したいようである（永塚2000）。エリア3は石器群3.3から構成される環状石器集中群（この用語については永塚前掲書）、エリア1は有背尖頭刃器と片刃石斧によって特徴づけられる重扇状石器集中群（同）であり、近接分布する各エリアにおいて端部整形石器群、台形石器石器群そして出現期有背尖頭刃器石器群という変遷過程が確認される。

　図9には4点の石器を示したが、1～3が基部加工剥片尖頭器、4が台形石器（基部加工幾何形刃器）である。黒色緻密質安山岩の小型扁平礫が多用される。形態的な特徴から原石採集場所は東部関東・地理的構造単位Ⅱbではなく Ⅳbである可能性が高い。東部関東下総台地にはこの石器群は

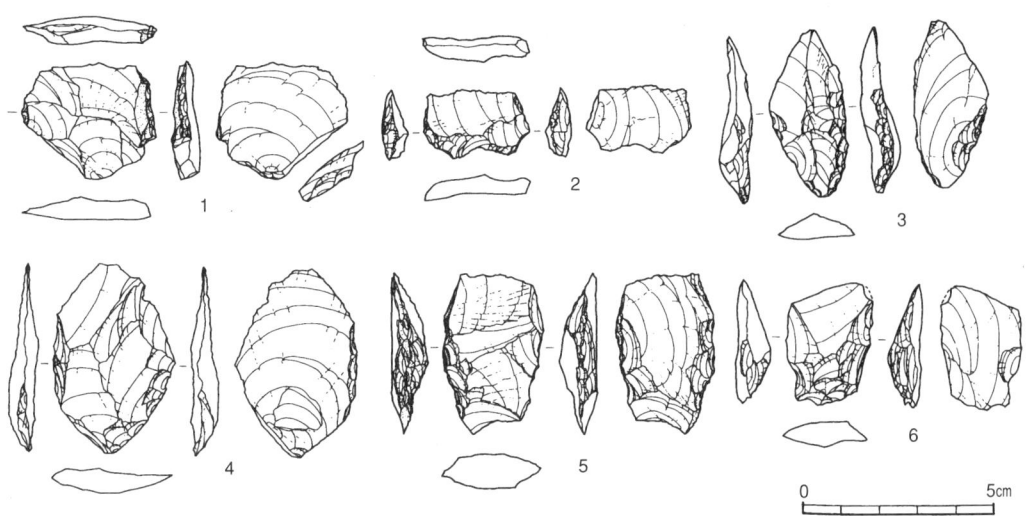

1・2：端部整形刃器、3・4：基部加工剥片尖頭器、5・6：台形石器＝基部加工幾何形刃器
図8　台形石器群の標準資料（天神峰奥之台遺跡）

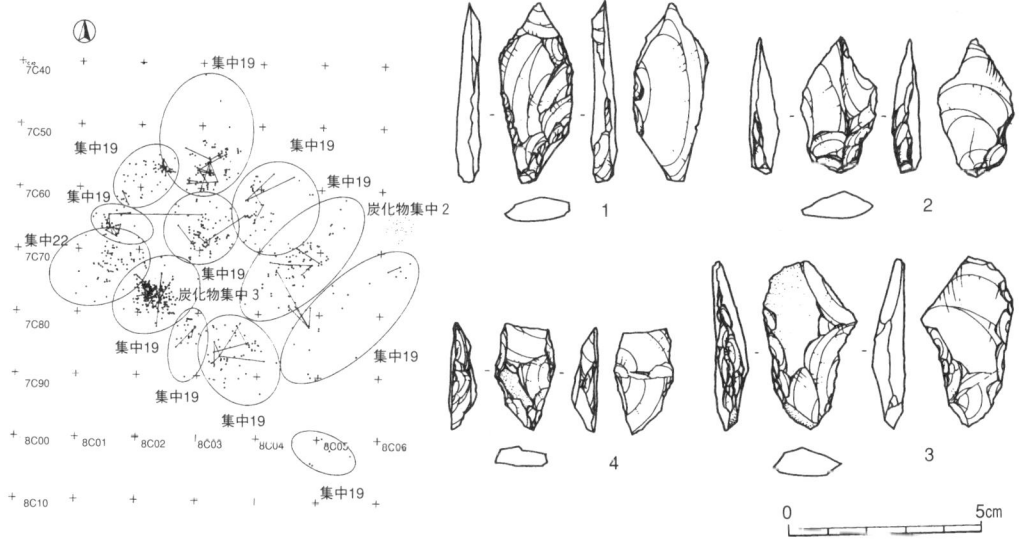

図9　環状ブロック群を形成する台形石器石器群（東峰御幸畑西遺跡エリア2）

きわめて濃密に分布するが、地理的構造単位Ⅳbをギャザリング・ゾーンとする石器群が多い。地理的構造単位Ⅱaについては下野－北総回廊南部に散在する状況である（田村 2005：表7 参照）。この現象については次項以下で解説を加える。

西部関東にも多数の遺跡があるが、学史的に東京都高井戸東遺跡Ⅸ層石器群（小田ほか 1977）がよく知られているが、詳細は不明である。多くの遺跡が報告されているが、ここでとくにふれるべきことはない。北関東でも少なからぬ遺跡が報告されているが、下触牛伏遺跡第Ⅱ文化層（岩崎泰一 1986）が過不足なく資料を網羅している。

3.4.2　剥片製小型有背尖頭刃器石器群

東部関東では、中部内陸火山の黒曜石を使う一群と、主として西部関東地理的構造単位Ⅰbや、

東部関東地理的構造単位Ⅲb・Ⅳbの珪質な石材を選択する一群がある。前者の代表として千葉市荒久遺跡（田村 1989c）、後者には白井市復山谷遺跡E区Ⅸ層石器群（田村 1982）をあげておく。これらの産出層準はⅨ層中部〜上部であり、重扇状石器集中群を形成する場合がある（四街道市出口鐘塚遺跡など）。有背尖頭刃器は剥片を斜めに切断するもの、サポート基部周辺に細部加工を集中するもの、類台形状のものなど変化に富む。

　西部関東では東京都田無南町遺跡旧石器文化1とされた石器群がもっとも充実している（小田・小日置 1992）。ここでは環状ブロック群が形成されているが、不規則に重帯化するなどやや企画性が崩れ、栃木県上林遺跡や印西市泉北側第3遺跡例のように、環状ブロック群終末期（重扇状移行期）の様相を呈する。粗製の石刃を共伴するが、海沢層産のチャートと珪質頁岩を多用する一般的な剥片剥離を基盤としている。

3.5　初期石刃石器群

　石刃石器群（基本的な問題構制は安斎（2003b）参照。また国武（2004a）も参考にした）の成立過程に関してはすでに解説したが、本格的な石刃石器群は東部関東・地理的構造単位ⅡaとⅣaとの間を集団が往還を反復することによって成立したと考えられる。地理的構造単位Ⅱaには豊富な珪質泥岩と黒曜石があり、これらの存在が石刃生産を促進したのである。西部関東では多数の遺跡が知られているが断片的な資料が多い。ここでは、武蔵台遺跡Ⅹa層（横山 1984）の黒曜石製石刃石器群、下山遺跡第4文化層（Ⅹ層）（坂入 1982）の珪質頁岩や不詳石材の石刃石器群によって代表させておく。北部関東には多数の遺跡の存在が予測されるが、今のところ確実な報告例はない。なお、末野遺跡C区石器群（西井 1999）の石刃は足もとを流れる荒川に露出する泥岩であることを確認している。

　東部関東における初期石刃石器群の標準資料として東峰御幸畑東遺跡第1文化層をあげておく（図10、永塚 2004a）。産出層準はⅨ層とⅩ層の境界付近である。石刃は高原火山産黒曜石を素材とし、角礫を分割したものがサポートとなる。石刃生産は、石器群3.2に萌芽する縦長剥片生産指向の基本である小口面を作業面とするものであるが、①石刃生産に先行する石核の側面調整が介在すること（図10-3）、②打面の180°転移による作業面管理が開始されること（図10-1・2）、③生産された石刃の一部が各種石器のサポートとして使われること（図10-4）、など技術的な面での革新が著しい。ただし、打面再生や打面修整などによる打面の管理は未発達であり、後続する成立期石刃石器群との違いといえる。

　石刃4は基部加工尖頭石刃の典型的なものである。同種石刃に加えられるノッチ状の基部加工は素材石刃片側に集中する場合が多い。すでに指摘したように（田村 2001）、この種の石刃は端部整形尖頭器・基部加工剥片尖頭器と系譜をたどることが可能であり、素材が一般的な剥片から石刃へと変化したことによって成立したものであり、さらに各種の有背尖頭刃器へと変換されていくことになる。私たちはこの現象（モード間の属性変換）を交差変換とよんでいる。

　現状では、本石器群の時間的な上限は不明であるが、石器群3.3および3.4と並存する。図11に典型的な二項性を示す柏市中山新田Ⅰ遺跡の石器群を示した。この石器群は石器群3.4と3.5の交叉を示

関東地方の地域編年 23

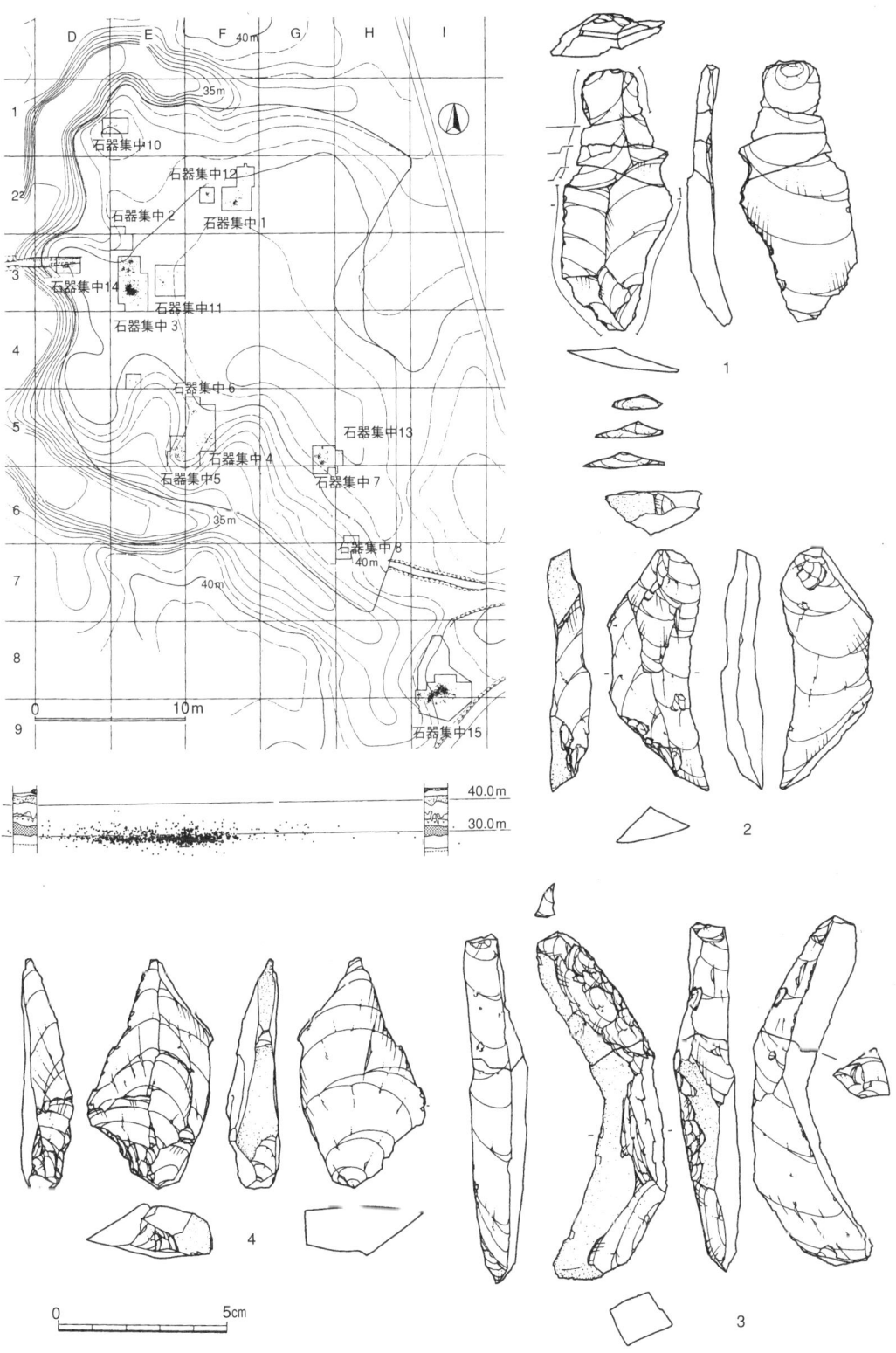

図10 初期石刃石器群（東峰御幸畑東遺跡第1文化層：高原山産黒曜石の消費）

すが、基部加工尖頭石刃の一部では（図11-2）、側縁細部加工はすでに片側側縁部全縁に及んでおり、通例の基部加工尖頭石刃のように石刃長軸と石器長軸と一致しているものの、斜め整形二側縁型有背尖頭刃器への移行をうかがわせる。

3.6 確立期石刃石器群

周縁形の石刃生産技法の確立をもって本石器群を定義する。今のところ、その出現期は基部加工尖頭石刃を共伴する八千代市仲ノ台遺跡と考えられ、その産出層準はIX層中位とされている（落合1989）。初期石刃技法においては、石刃剥取開始後の石核管理は主に打面転移であったが、本石器群においては、むしろ打面修整剥離による打面管理を徹底することによって打面転移頻度が逓減するとともに、石刃生産作業面面積の増加により石核消費効率が著しく好転する。また、生産される石刃の形態についても、①石核形態が小口面型から周縁形の転換することによって、石刃は幅の狭い作業面に規制された先細りの形態から（尖頭石刃：図12）、複数の背稜を取り込むことにより末端

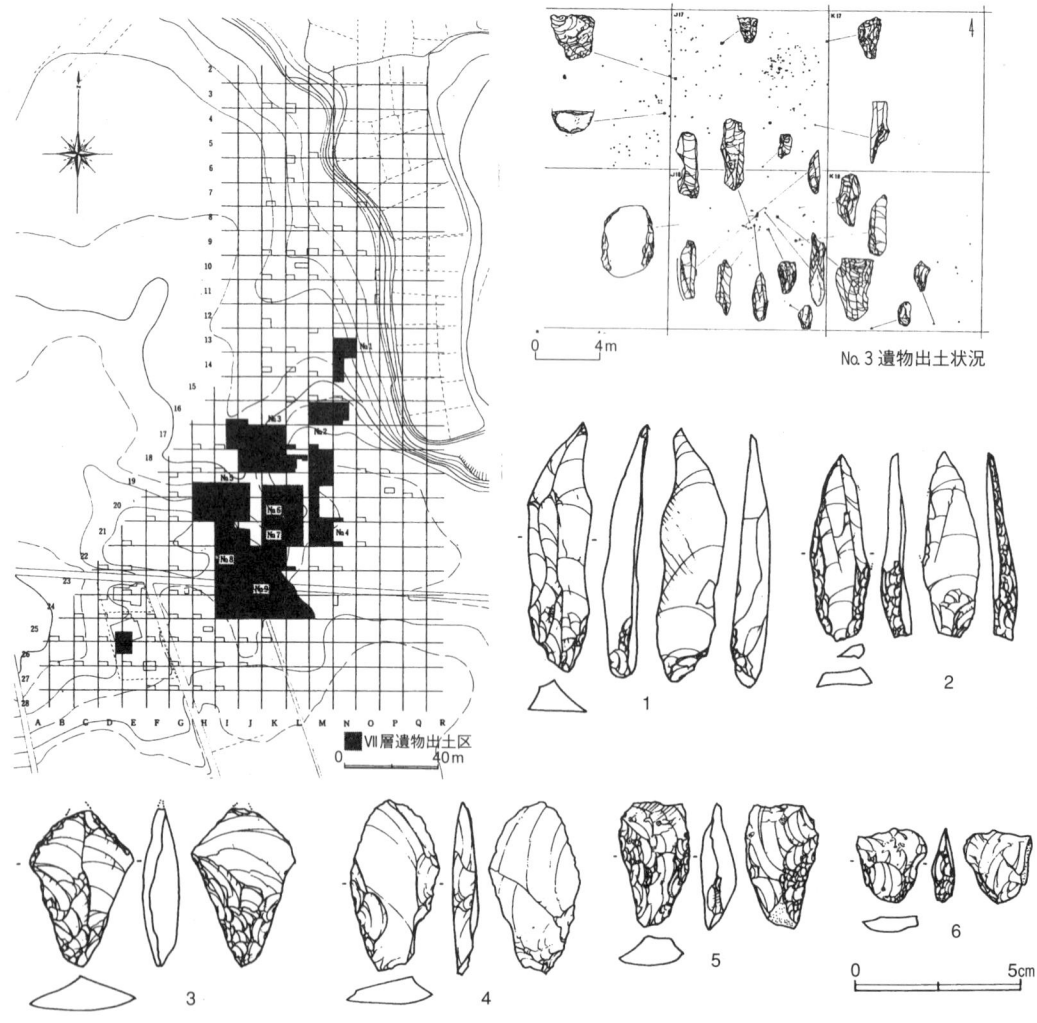

図11 はじめて発見された後期旧石器時代の基本構造：二項性（中山新田I遺跡）

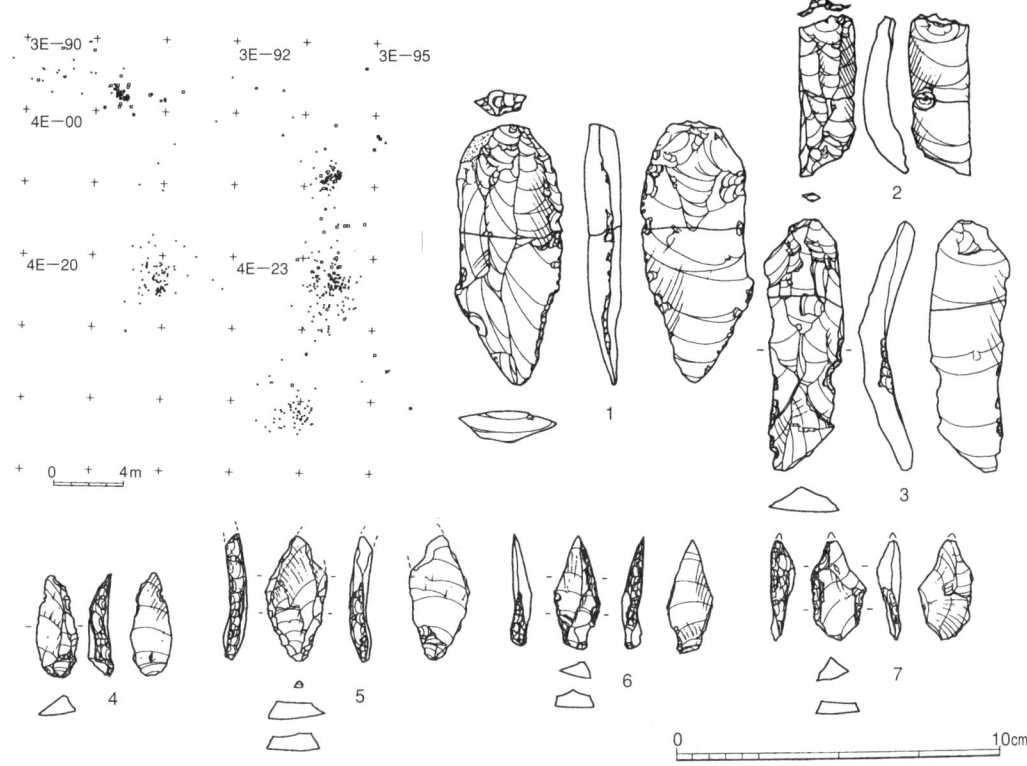

図12　確立期石刃石器群(1)：古い部分（草刈六之台遺跡第3文化層）

が斜めに残置される形態へと移行し（尾部斜行石刃：図12-2・3）、②石核打面の修正による石核高の減少に伴う石刃サイズの多様化が生じることとなる（図12-2＜3）。

実は斜め整形による有背尖頭刃器（図12-4～7）の出現は、この石刃形態の多様化と尾部斜行石刃の顕在化に対応したものであった。すなわち、尾部斜行石刃をサポートとして尖頭器を製作するためには、切取り（トランケーション）による整形が介在しなければならず、切取りのための細部加工技術としてブランティングが一般化したのであろう。それは機能的にはそれまでの台形石器や基部加工剥片尖頭器、基部加工石刃の一部などと密接に関連し、これら諸形態を統合するものとして有背尖頭刃器が完成したとみられる。

この石器群は石材消費パターンによって大きく3群に分離される。

3.6.1　黒曜石製石刃石器群

東部関東・地理的構造単位Ⅲaを経由し、主に中部内陸火山をギャザリング・ゾーンとする石器群である。図13に標準資料として流山市若葉台遺跡第6ブロック（田村 1986b）の有背尖頭刃器を示した。一般に二側縁加工のナイフ形石器と分類されるものであるが、その側縁構成は発生史的にみて側縁A｛基部加工＋切取り｝＋側縁B｛基部加工＋刃縁｝と理解すべきである（ただし＋記号は先端部A・B収斂を意味する）。今のところ、石刃を集中的に生産した遺跡は知られていない。産出層準はⅥ層を中心とするが、我孫子市鹿島前遺跡第3次第1ユニット（西沢 1981）のようにハードローム層波状帯付近（Ⅳ～Ⅴ層）を産出層準とする石器群もある。産出層準からみて、佐倉市栗

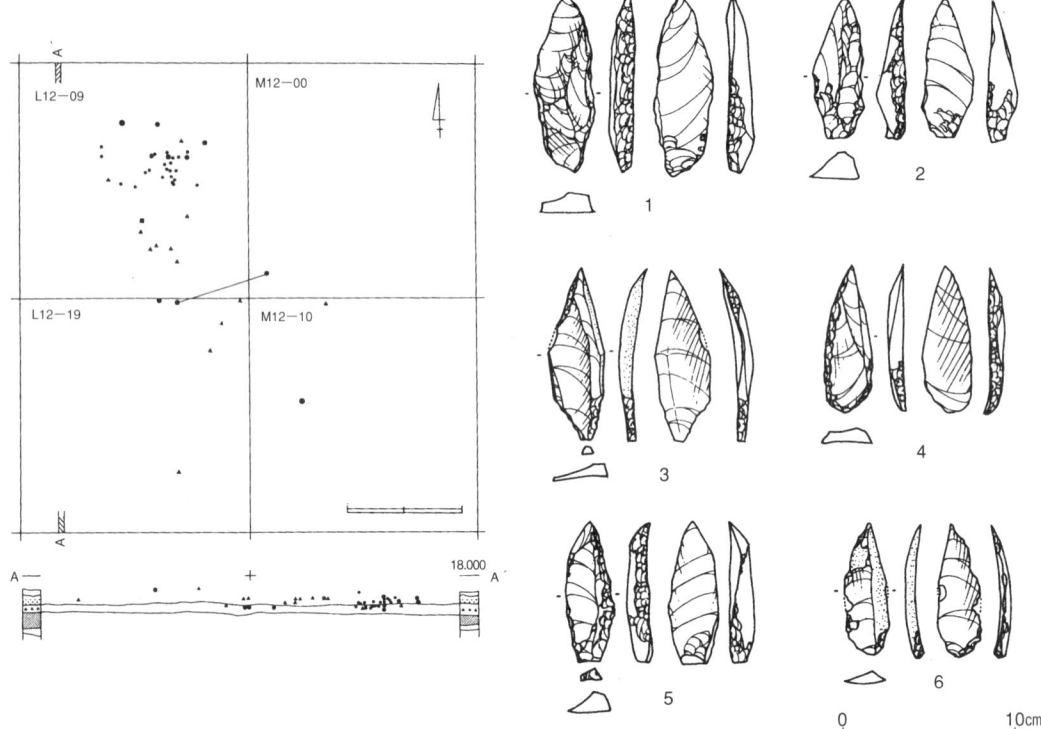

図13 確立期石刃石器群(2)：黒曜石の石刃を使った有背尖頭刃器 （若葉台遺跡第6ブロック）

野遺跡の豊富な石器群は若葉台遺跡石器群と鹿島前遺跡石器群の中間に編入されるのであろう（田島1991）。

　西部関東では鈴木遺跡Ⅵ層（織笠1978）で注目され、瀬田遺跡第6文化層（高杉ほか1997）、堂ヶ谷戸遺跡第4文化層（生田2001）の資料が追加された。なお、鈴木遺跡石器群には底面付き横打剥片生産を示す接合資料が2例ある。1例は珪質頁岩製（od91＋od113）であるが、もう1例は黒曜石製の石刃を含む接合資料に含まれるもので（od133）、いわゆる殿山技法とも何らかの関係があると考えられる。安易な「技法」設定に走らず、黒曜石を素材とするプリズム状石核による石刃生産というchaîne opératoireの精密な構成が必要である。

　殿山技法に関連して標準石器群である埼玉県殿山遺跡石器群についてふれておく（織笠編2004）。殿山遺跡第1次調査石器群は中部内陸火山から搬入された黒曜石角礫の消費過程：石刃生産過程と対応し、石刃素材の小型尖頭器類が多くつくられている。これらの尖頭器類は型式学的に長野県茶臼山遺跡の例と対応し、茶臼山遺跡が武蔵野Ⅵ層〜Ⅴ層に対応することがほぼ定まった。つまり、殿山石器群においては、中部内陸火山黒曜石を素材とする石刃石器群に国府型を含む各種横打剥片製石器が共伴しているのであり、中部地方北半の政治的・社会的状況が集約的に現れているとみなければならない。

3.6.2 黒色緻密質安山岩・黒色頁岩製石刃石器群

　東部関東・地理的構造単位Ⅲbをギャザリング・ゾーンとする石器群である。利根川上流域に石刃の専業的な生産地点が継起的に形成されている。有背尖頭刃器は基本的に黒曜石製石刃石器群と

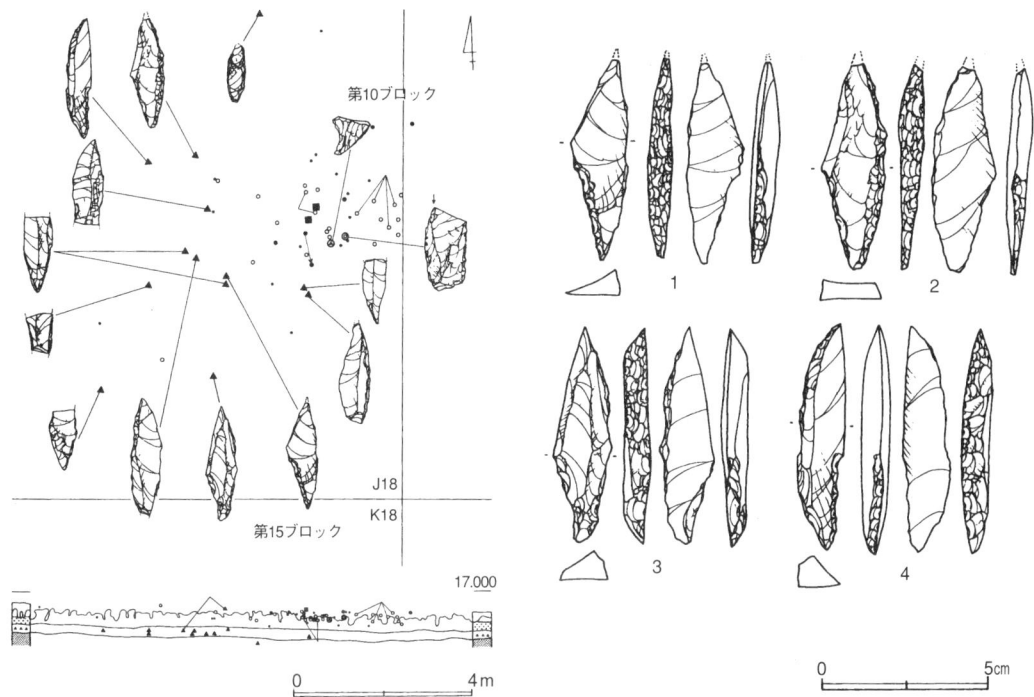

図14　確立期石刃石器群(3)：黒色頁岩の石刃を使った有背尖頭刃器（聖人塚遺跡第15ブロック）

差はなく、側縁A ｜基部加工＋切取り｜ ＋側縁B ｜基部加工＋刃縁｜ という構造となる（図14）。下総台地では石刃生産の痕跡はほとんど知られていないが、鎌ヶ谷市五本松№3遺跡第Ⅲ文化層では小型の黒色緻密質安山岩円礫から集中的に石刃が生産されており（矢本 2003）、特定地域内での大型石刃生産と相補的な関係におかれる。石器群の産出層準はⅦ層からⅥ層と報告されている事例が多いが、実際はさらに下降し、ハードローム層波状帯付近（Ⅳ～Ⅴ層）を産出層準とする石器群もある（後述）。

本石器群は関東平野内部における珪質塊状岩を消費するパターンに拡張することが可能であり、西部関東においては，東京都野川遺跡ではじめて確認され（小林ほか 1971）、その後西之台遺跡B地点Ⅶ層（小田 1980）で良好な資料が追加された。武蔵野台地の北部には打越、栗谷ツなど少なからぬ遺跡があり、埼玉Ⅱ期、Ⅲ期とされているが（加藤 1997）、段階区分の根拠は必ずしも明確ではない。

3.6.3　火砕泥岩製石刃石器群

東部関東・地理的構造単位Ⅰをギャザリング・ゾーンとする石器群である。下総台地にはⅥ層を中心に多数の遺跡が分布する。図15に・鍬田甚兵山西遺跡の石刃を示した（永塚 2003）。この石器群の大きな特徴は前二者と異なり、*Nitta effect* による石刃の再分割が顕著なことである。有背尖頭刃器にはいわゆる二側縁加工のナイフ形石器と分類されるものもあるが、基部加工尖頭石刃が少なからず製作されていることに注意したい。

産出層準についてはすでに一般的傾向を指摘したが、ハードローム層波状帯付近（Ⅳ～Ⅴ層）を産出層準とする石器群もある。その一事例として我孫子市北大作遺跡の石器群をあげておく[5]（図

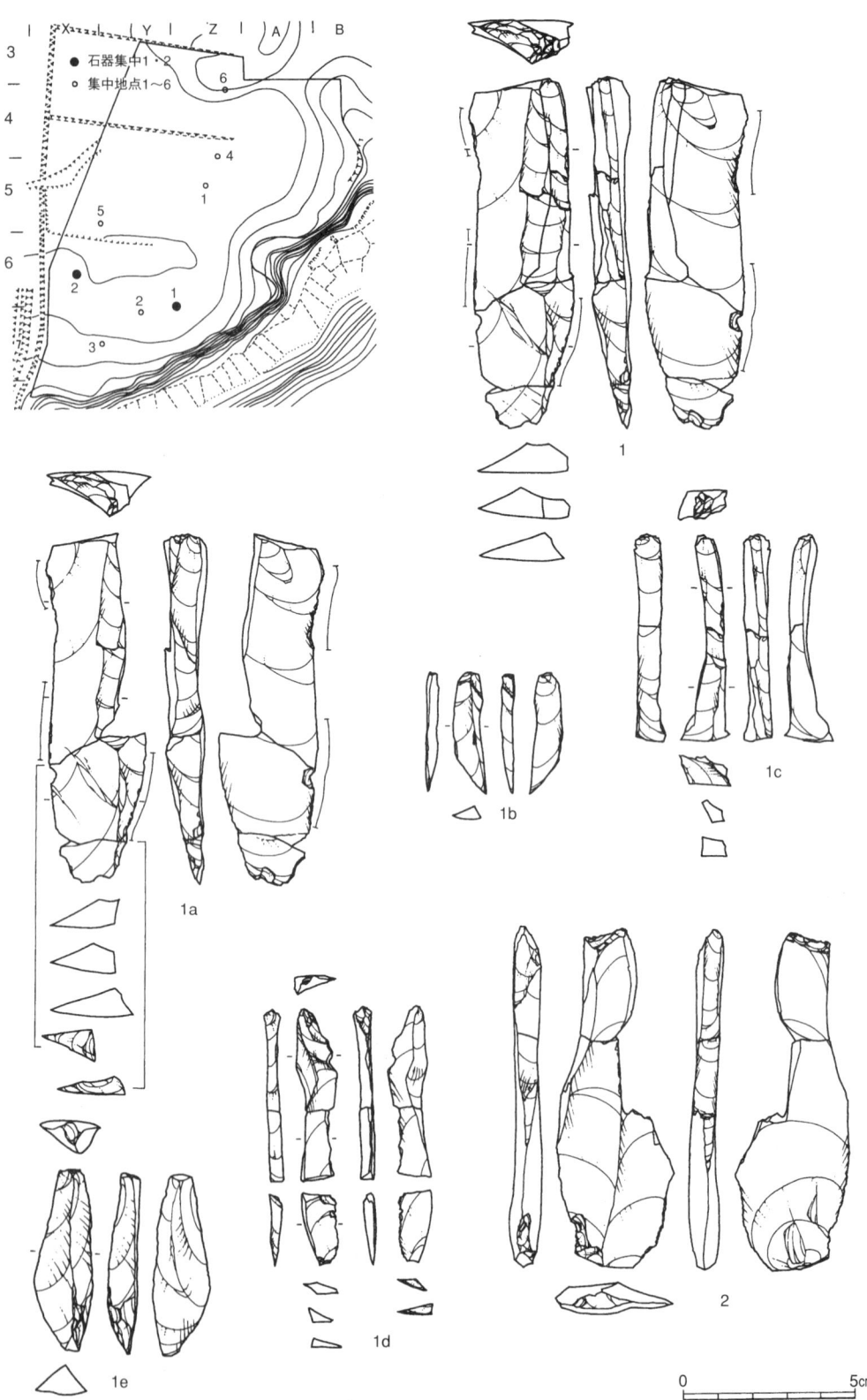

図15 確立期石刃石器群：火砕泥岩製の石刃とNitta effect（一鍬田甚兵山西遺跡）

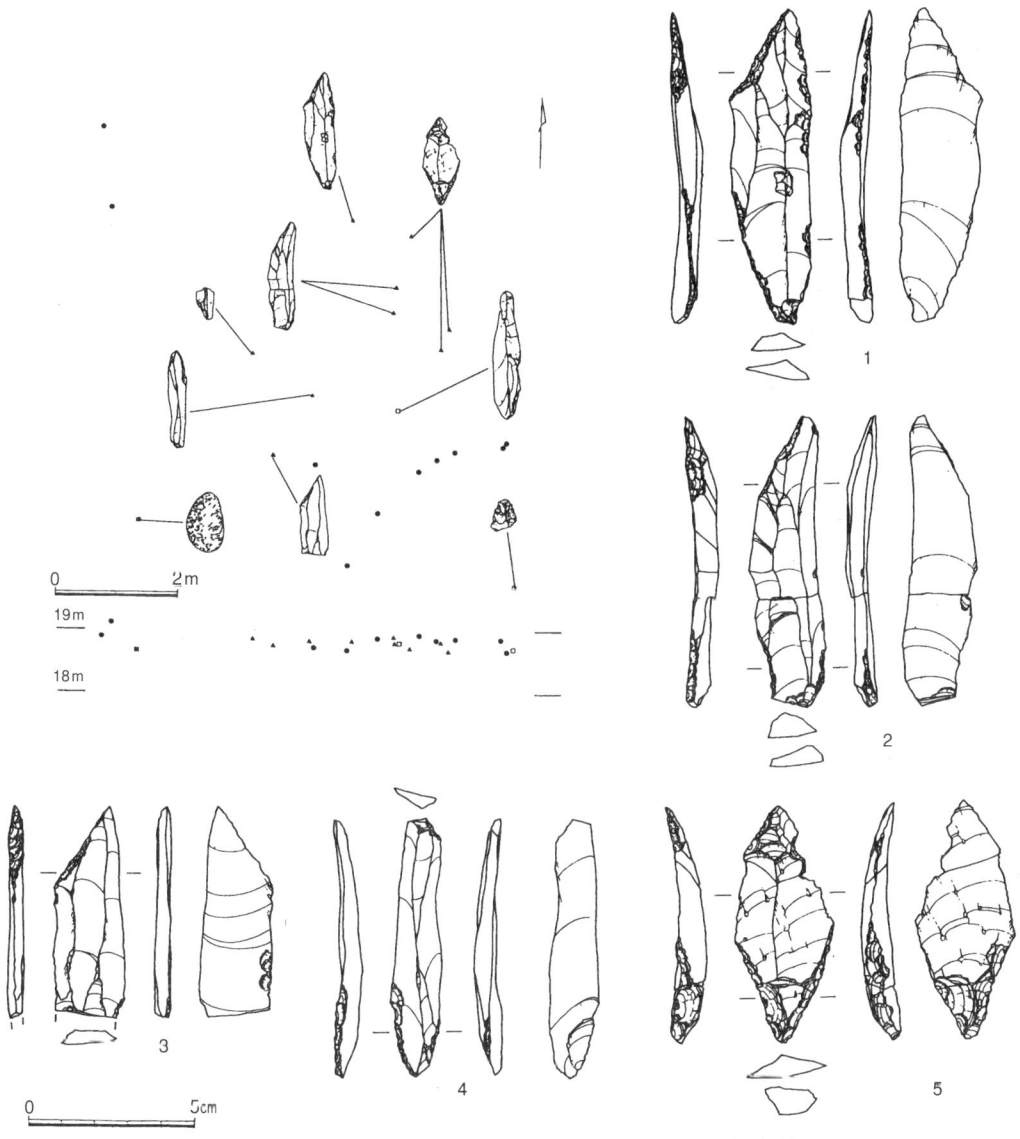

図16 関東地方「Ⅳ・Ⅴ層段階の杉久保ナイフ」(北大作遺跡)

16、西沢1995)。有背尖頭刃器を5例掲げたが、図16-5は高原火山産黒曜石と考えられるが、他は全例火砕泥岩(かつてチョコレート頁岩と分類していた石材)製である。いずれも石刃をサポートとし、基部側にある打面は除去される。また、尖頭部片側に特徴ある斜断剥離が観察される(佐藤前掲論文)。これらの尖頭刃器類は、その形態的な特徴から杉久保型尖頭器に分類され(森先2004)、南関東における杉久保型の産出層準の一基準を提供するものである。図19-3は八千代市北海道遺跡第24ブロックの石刃の接合例で典型的な石刃製端削器がみられるが、産出層準はハードローム層波状帯付近(報告書Ⅴ層)と報告されている(橋本1985)。

前記栗野遺跡第Ⅱ文化層では、本石器群が客体的に黒曜石製石刃石器群に付加されているが、このような現象は他の多くの石器群でも確認されており、両石器群荷担集団間の密接な交通関係をう

かがわせる。一方、黒色緻密質安山岩・黒色頁岩製石刃石器群は楔形石器や一般的な剥片の卓越する石器群と交叉する場合が多く、石刃生産は周年的な石器製作のスケジュール内に限定的に組み込まれていたことが多かったらしい。一方、大網白里町大網山田台№8地点文化層Ⅳでは、火砕泥岩製石刃石器群は東部関東・地理的構造単位Ⅳbをギャザリング・ゾーンとする集団に完全に回収されており、三者が相互に巡回していたことを示唆している（田村1994a）。

　従来、西部関東では断片的な資料が少数知られていたにすぎなかったが、東京都菅原神社台地上遺跡の調査により、武蔵野台地東縁部が下野－北総回廊から分岐する道・径によって直接結ばれていたことが明確になった（比田井ほか1997）。中部内陸火山の黒曜石の逆ベクトルとなる。

3.7　楔形石器石器群

　挟み割による石材消費を主体とする石器群が相当数分布している。これらは地域的に大きく二つのグループに分類されるので個別に記載しよう。なお、挟み割という剥離手法は移行期石器群に広く認められもので、楔形石器の生産＝消費に使われるほか（図6-12）、台形石器の基部加工といった細部加工技術にも採用されている（図8-5）。

3.7.1　小型硬質円礫素材楔形石器群

　九十九里平野に沿った土気－銚子分水界沿いに分布する石器群である。産出層準はⅨ層上部～Ⅵ層と報告されている場合が多い。基本的には、かつて遠山技法とした石材消費過程（田村1989b）によるものとしてよいが、最近報告された松尾町赤羽根遺跡の石器群（田島2003）によって全貌が明らかになった（図17）。赤羽根遺跡の石器群は相当長期間に形成されたものらしいが、産出層準と共伴石器（台形石器、有背尖頭刃器、尾部斜行石刃、石斧など）からその主部はⅨ層中部～上部にあるとみられる。

　石器群の素材は下総層群産小型硬質円礫であり、東部関東・地理的構造単位Ⅳaをギャザリング・ゾーンとする集団が形成した石器群である。小型の円礫を消費するさまざまな段階で挟み割が駆使されている。報告された資料をみる限り、多量の接合資料の多くは挟み割の素材となるサポートの獲得過程のもので、サポートの挟み割による消費過程（＝楔形石器の生成過程）に帰属する資料の大半が欠落している。これには調査精度も大きく影響していると考えられるが、遺跡から搬出された小剥片・細剥片も少なからず存在したのであろう。結論的に、この石器群は石材消費過程から細石器石器群であると認定される。

3.7.2　一般的剥片素材楔形石器石器群

　小型円礫ではなく一般的な剥片生産過程による剥片をサポートとする石器群である。遺跡数が限られ、分布傾向が把握できない。佐倉市大林遺跡第40ブロック（Ⅸ層上部）、同芋窪遺跡（Ⅶ層）が代表的な石器群である。石材構成から、前者は東部関東・地理的構造単位Ⅱb、後者はⅣbをギャザリング・ゾーンとする集団によって形成されたものと判断される。両石器群は、一般的剥片剥離による多量の剥片があり、その一部が挟み割で消費されている。これらの剥片類以外にほとんど細部加工のある石器を含んでいないことも大きな特徴で、基本的には、①挟み割による細石器の生産（狩猟具と加工具の一部のサポート供給）と②相対的に大型の剥片（大半の加工具のサポート供給）

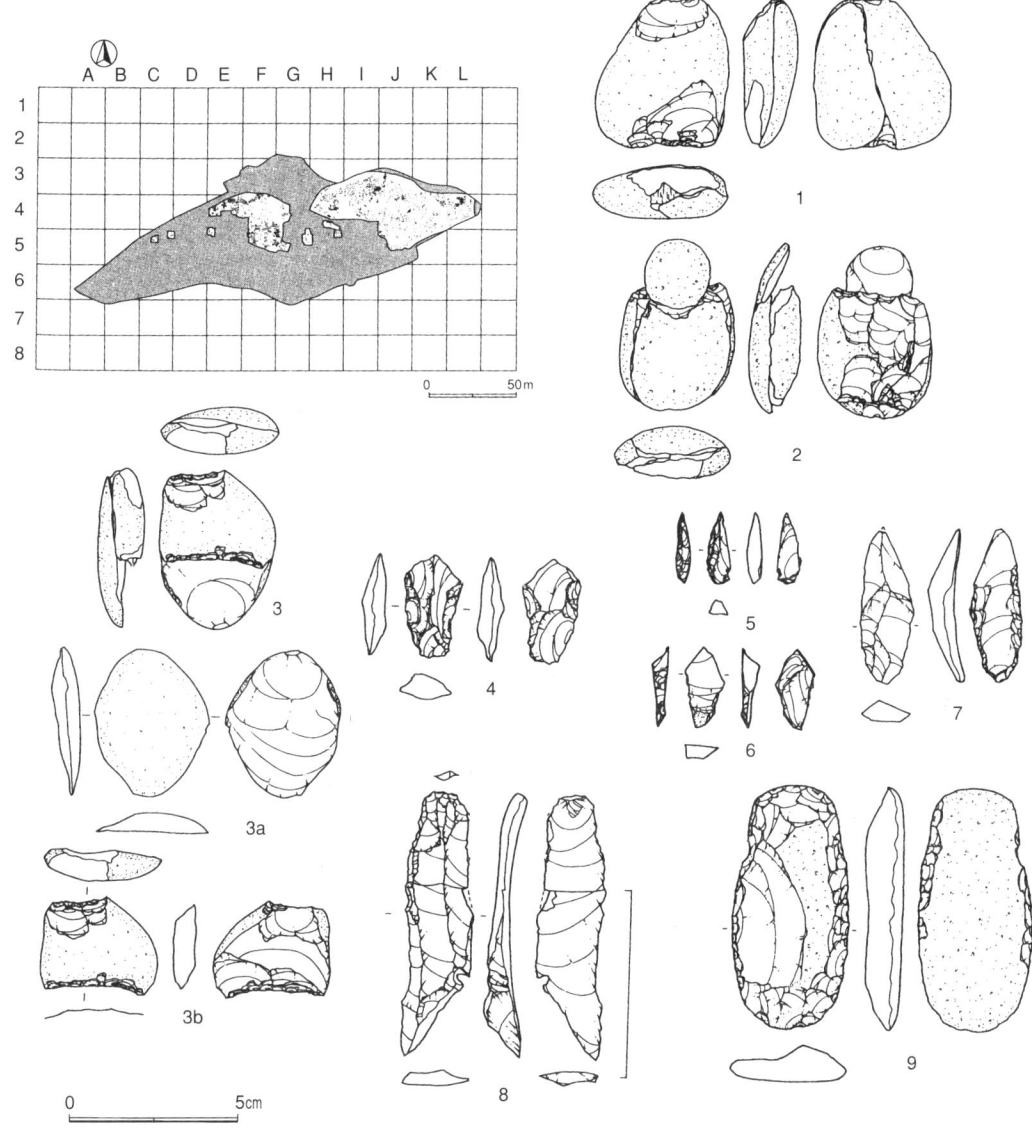

図17 楔形石器群と共伴する石器（赤羽根遺跡）

という組合わせになっている。これは野辺山型細石器石器群の石材消費の基本構成とも一致する。

すでに指摘したように、三和工業団地Ⅰ遺跡第4文化層弧状部は成立期石刃石器群後半期と理解すべきであるが、これには楔形石器群を主体的に含む集中地点が含まれている。下総台地の北海道遺跡Ⅶ層石器群は、一般的剥片素材楔形石器石器群といえるが、これに少量の石刃が共伴する構成である。これは石刃生産に偏る三和工業団地Ⅰ遺跡とはちょうど逆の関係になっており、両石器群が相補的な関係におかれていたことを示唆している。また、三和工業団地Ⅰ遺跡弧状部石器群が下総台地Ⅶ層石器群と並行すること、したがって、繰り返すが、環状部分を構成する石器群とは編年的に明確に分離されることをも示している。

茨城県では古く鹿野場遺跡の例が知られていたが（舘野 1979）、下郷古墳群の例が追加された

（平石 2000）。相模野では吉岡遺跡C区B4層中部石器群に多量の楔形石器が含まれている（白石・加藤 1996）。報告者の指摘するように、この石器群は東部関東一般的剥片素材楔形石器石器群と対応すると考えられるので、本層は下総台地のⅨ層上部〜Ⅶ層と対応するのであろう。

3.8 横打剥片製石器群

先に後期旧石器時代初頭の石器群の成立条件が3点あることを指摘したが、そこでは石器群成立与件として、一般的な剥片剥離を基調とする石器群であることをあげておいた。そして、この第1項ともいうべき剥片剥離剥離手法が、いつもすでに石刃生産という第2項を潜在的に、あるいは顕在的に前提とすることも併せて抽出した。本石器群はこうした基本構造における第1項を主体とする石器群の、①独特な横打剥片生産技術を発達させ、②独特な細部加工技術による工具類と尖頭器・刃器類の生産技術を体系化した石器群をいうが、その基盤には③固有のギャザリング・ゾーンの開発戦略が存在した。そして、この石器群から後期旧石器時代を前半期と後半期に分かつ指標の一つである第3項としてのバイフェース・リダクション戦略が派生することになる（安斎 2004b、田村 2003a、国武 2003）。

はじめに該期石器群の基準として図18に白井市一本桜南遺跡第11ブロックの資料を示した（落合 2000）。石器群の産出層準は報告書ではⅤ層付近とされているが、ハードローム層波状帯直下であるらしい。あまり注目されていないが、この文化層のすぐ下（報告書Ⅵ層）には第11ブロックがあり、ここからは北大作遺跡の項で指摘した杉久保型尖頭器が出土している。ただし、先後関係はともかく、報告書で推定されている各ブロック石器群の産出層準に関しては保留しておく。図18-1はいわゆる国府型ナイフ形石器、図18-2は厚型複刃・収斂削器（角錐状石器）、図18-5も錐状の先頭部をもつ複刃・収斂削器、図18-3・4は斜刃の有背刃器である。したがって、この遺跡は同一遺跡内において杉久保型と国府型が層位的に出土するという、関東地方では稀有な事例としてきわめて重要である。

本石器群の石器石材構成に関しては、すでに一般的な傾向を把握している（田村 2005：第32図参照）。ギャザリング・ゾーンは大きく南北に二分され、房総半島南部では東部関東・地理的構造単位Ⅳbを、北部ではⅡaおよびⅡbをギャザリング・ゾーンとする遊動パターンが抽出されているが、下総台地で両者が交差する。ここでとくに注意したいのは、地理的構造単位Ⅱaに位置する高原火山産黒曜石の使用頻度が著しく拡大する傾向であり、この山域が南関東の諸集団の遊動経路に安定的に組み込まれ、また一般化したことを示唆している。なお、高原火山産黒曜石に関しては石器石材研究会による調査が進捗している（田村・国武 2005）。

これ以外に、中部内陸火山と磐越高地の石材が少しずつ搬入されている。すでに3.6でもふれたが、これらの一部は石刃石器群を構成する（図19に同一遺跡における石器群の交差を示す。なお、図19-4〜6は高原火山産黒曜石製）。こうした交差関係から、関東地方において横打剥片製石器群が成立した頃、東北地方日本海岸では磐越高地産火砕泥岩を素材とする杉久保型尖頭器が、中部内陸高地では黒曜石を素材とする別な石刃石器群が定着していたと推定される。国府型ナイフ形石器については日本海沿岸の山麓沿いに分布が広がる傾向が指摘されているが、これは北陸－羽前回廊と

関東地方の地域編年 33

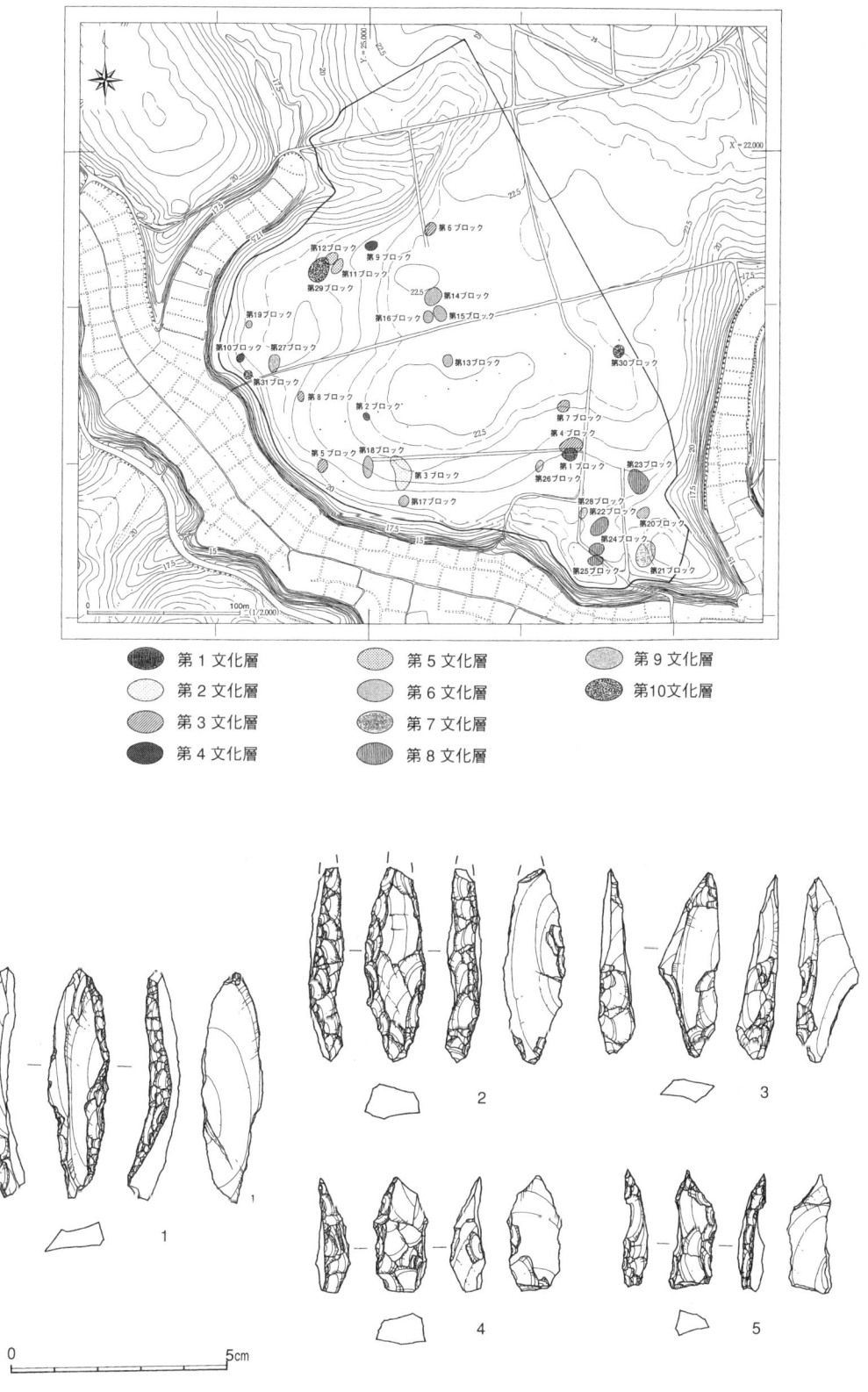

第1文化層	第5文化層	第9文化層
第2文化層	第6文化層	第10文化層
第3文化層	第7文化層	
第4文化層	第8文化層	

図18 「国府型ナイフ形石器」と共伴石器類（一本桜南遺跡第11ブロック）

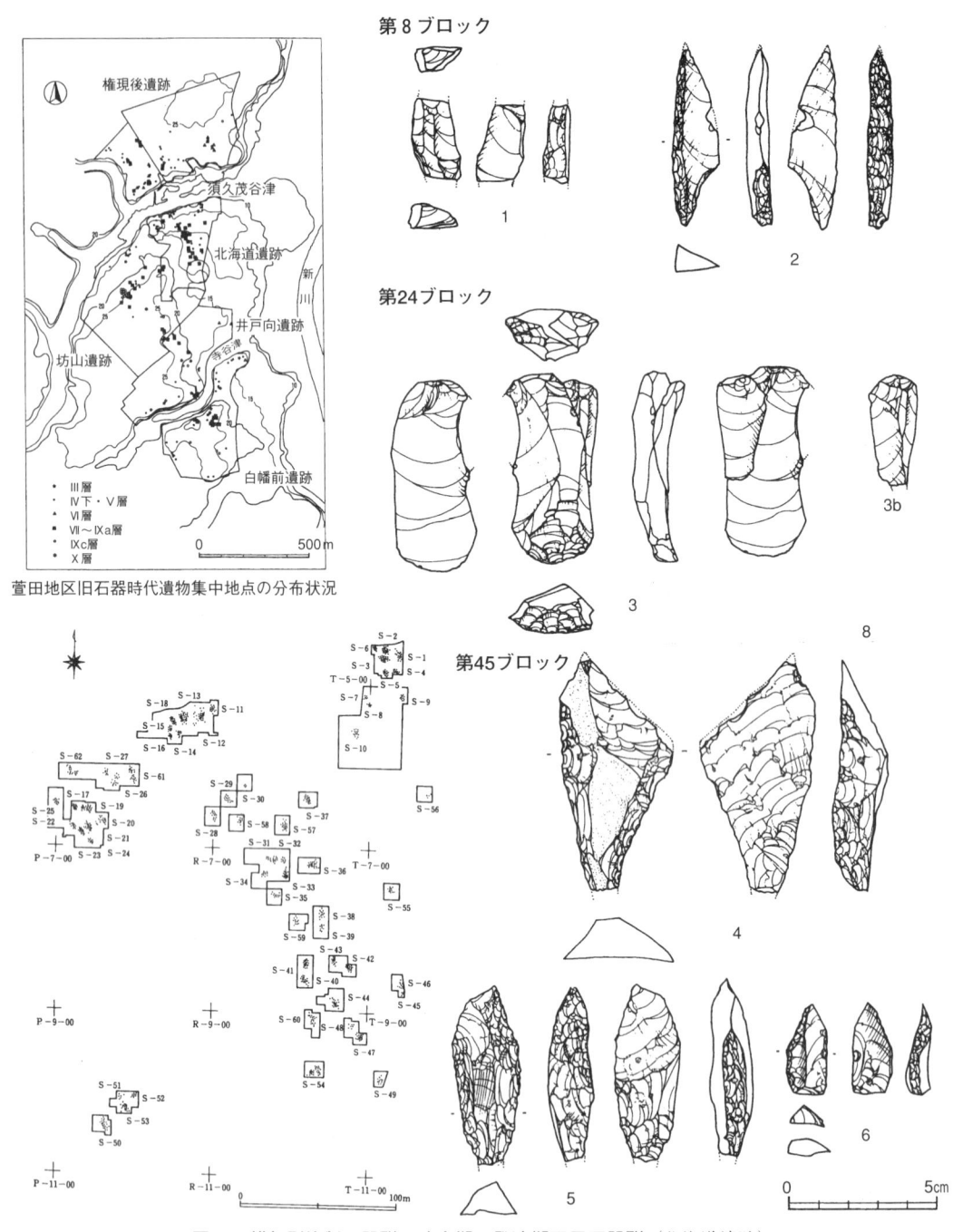

図19 横打剥片製石器群と確立期―発達期石刃石器群（北海道遺跡）

でもいうべき往還路（いうまでもないが、主要河川に沿う分岐路が内陸に延ばされている）が後期旧石器時代開始期には成立しており、この回廊にそった人と情報の流れ、さらにその地理的な累積を物語るものと理解すべきであろう[6]。こうした歴史性抜きに一方的な集団移動を想定することは誤り（これを分布図読解のas if問題という。田村（2005）参照）である。

次に、小型石槍＝両面体石器の出現について簡単にふれておこう。この問題について、安斎は従

来のさまざま短絡的な見解を斥け、小型石槍の成立とは、たとえば国府系石器群荷担者との交流によって、各地域で情報の選択的な受容が行われうるまでに成熟した社会が成立したことを示す一つの歴史的現象であると看破している（安斎 2004b）。もしこれにつけ加えることがあるとすれば、高原火山が関東平野各地域の諸集団の遊動経路内に確固たる位置を獲得することによって、黒曜石原産地において浪費家的な割出し系石器、つまり両面体石器の製作が日常的なサイクルに組み入れられたことがあげられる。

ところが、これには二つのたいせつな前提をつけ加えなければならない。まず、黒曜石という石材がそれ以外の石材とはまったく異なった価値意識のもとで扱われ、管理されていたことである。これは良質の黒曜石製石器が個人装備として常に携帯されていたことや、黒曜石原石の消費過程などから誰でも想像することである。そしてもう一つ。それは尖頭器という狩猟具のもつジェンダー的な意味である。多くの民族誌が示唆するように、狩猟社会におけるジェンダー形成にとって狩猟行動は要の位置にあり、そこでは槍・槍先などはそうしたsexを基軸として編まれた社会的な諸関係を象徴する物質文化であった。狩猟社会の象徴である特別なモノである槍先をやはり特別なモノである黒曜石を惜しげもなく浪費して製作すること、この二重の象徴的な行為によって、黒曜石原産地における小型石槍の生産を説明することができる[7]。

図20は千葉市南河原坂第3遺跡B地点の黒曜石製小型尖頭器石器群である（島田 1996a）。この石器群は横打剥片製石器群の後半期に編入される石器群であるが、図20-2や図20-5のような小型の尖頭器が図20-3・4など幾何形の有背刃器に共伴する。図20-1はこの間問題としてきた杉久保型尖頭器であり、その時間的な幅の広さを物語る資料である。やはり火砕泥岩製である。

3.9 発達期石刃石器群

この石刃石器群の成立によって、これまで特定岩体との強い結びつきによって展開されてきた石刃石器群は、各地域社会内部の、あるいは近接地域の石器石材を素材とするものへと変化することになる。地域社会の資源利用にしっかりと根ざした、という意味で発達期石刃石器群と呼称する。したがって、技法的な発達という意味はもたないことを注記しておく。また、この石器群は砂川並行期とされてきた石器群といいかえてもいいが、これは本来、佐藤達夫の編年観に負うものであったことを付言しておく（佐藤 1978）。文献引用は厳密に行いたい。

東部関東では地理的構造単位Ⅰ・ⅡaとⅣbにギャザリング・ゾーンが二極化する。すなわち、東部関東では、特定石材産地を含むエリアが稠密に開発される一方、下野−北総回廊以北に集中的な石材管理・消費遺跡が継起的に形成され（代表として下記遺跡をあげておく。斎藤 1996、山口 1999）、そこから間歇的に下野−北総回廊以南へ兵站ラインが延ばされた（田村 1989b）。この傾向は西部関東も同様であり、入間川流域では西部関東・地理的構造単位Ⅰaに沢井層の珪質頁岩を集中的・定期的に消費する集団が存在した一方（栗島 2005）、武蔵野台地では特定の場所において特定岩体の石材が集中管理・集中消費され、その周辺に兵站ラインが累積的に形成されていった（国武 2003・2004b）。

このような居住パターンは、やや乱暴ないい方をすれば、residential movementからlogistic move-

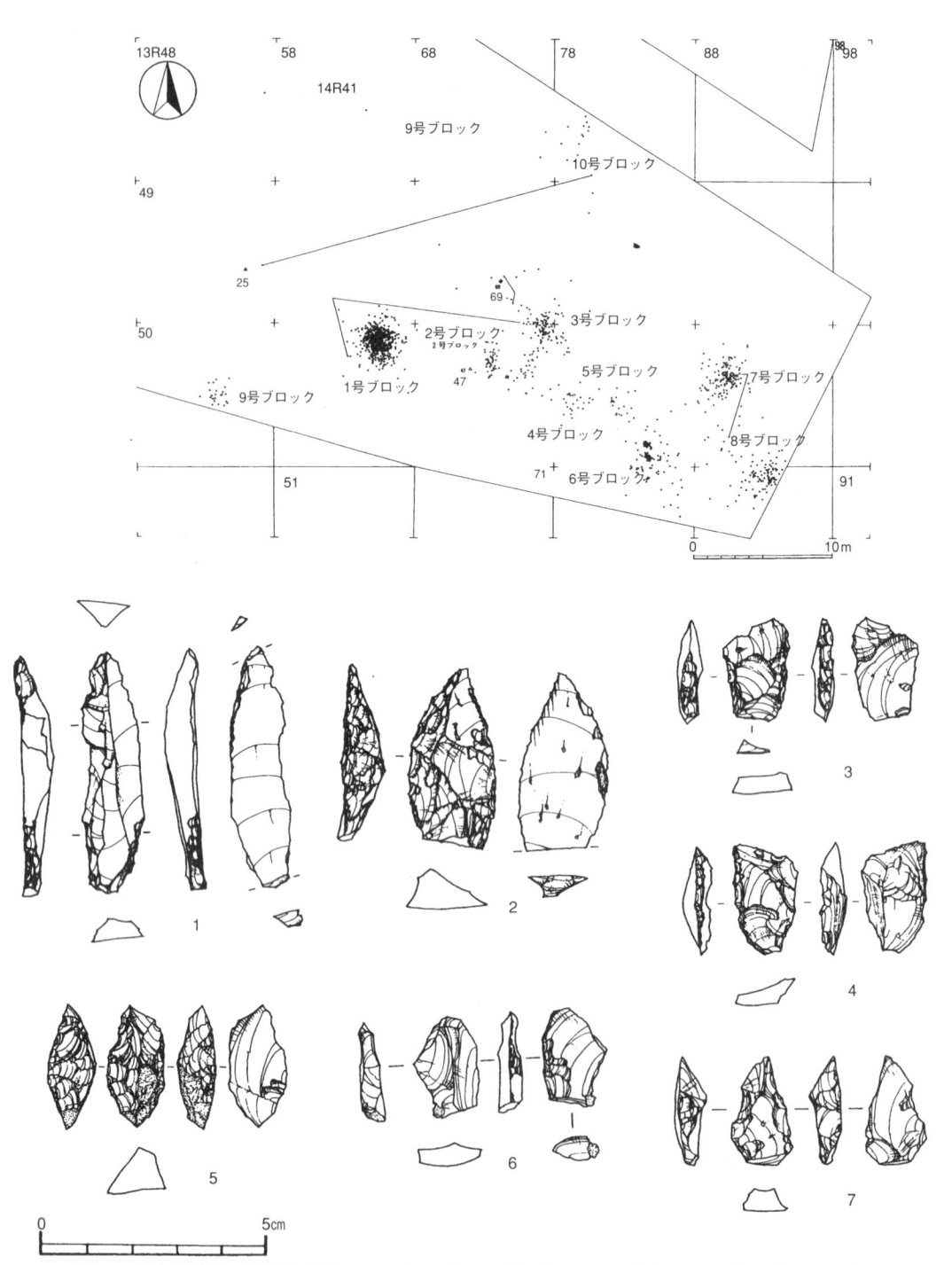

図20 横打剥片製石器群終末期の石器群に共伴した「杉久保ナイフ」(南河原坂第三遺跡B地点)

mentへの変化とみなしうるが(Binford 1982)、後者の基幹的生業を荷担する社会的(性的分業の制度化・権力化がバンド社会のメルクマールとなることに注意)に認知された男性による狩猟パーティー形成が、山岳部=黒曜石原産地での両面体石器の製作と、平野部=限定的なギャザリング・ゾーンでの石刃生産という狩猟具=男性のextractive toolsを中心とした両極的な石器製作体系を二つ

ながら形成したのであり（前項参照。また次項以下の記述も参照）、本石器群はこれを平野側で観察することによって抽出されたものである。

本石器群の成立過程は市原市武士遺跡における第5、第6、第7文化層石器群の層位的出土状況によって知ることができる（田村1996）。第5文化層石器群は典型的な横打剥片製石器群であるが、嶺岡層群白滝層珪質頁岩の集中的な消費が顕在化する第6文化層石器群において同種石材を素材とする石刃生産が開始される。各種の彫器、とくに一種の示準化石である側抉横断刻面彫器が出現する。第7文化層は発達期石刃石器群である（図21）。第6文化層石器群の類例は多くないが、下野－北総回廊南部には市川市権現原遺跡第3文化層（宇田川2000）、佐倉市御塚山遺跡第Ⅰ文化層（田村1989b）、同第7地点第2文化層（渡辺1993）南河原坂第三遺跡A地点など（島田1996b）がある。なお、西部関東では東京都荒牧遺跡第4文化層がこれに並行するが、これには国武のコメントがある（国武2002b）。

3.10　剥片製幾何形刃器石器群

この石器群は、佐藤達夫による市場坂から月見野へのナイフ形石器の型式学的な変遷に対応して設定される（佐藤1978）。佐藤は月見野並行期を「関東におけるナイフ形石器の終末期」と位置づけ、市場坂に後続するものと考えた。両面体石器の製作が黒曜石原産地を離れ、発達期石刃石器群の荷担集団が長い時間をかけて開発してきたギャザリング・ゾーンに製作拠点を移動し、その生産がresidenntial campの周辺で反復されることによる石刃の価値意識の相対的な低下を与件として生成された石器群である。両面体石器＝小型石槍と相補的な関係におかれる石器と評価される。

東部関東では東内野遺跡の調査によってはじめて出土し（篠原・戸田・並木1977）、当初は溜淵・坂下石器群と小型石槍石器群の間に編入されたが、現在ではその後相次いだ多数の出土例から小型石槍石器群と併行すると考えられている。図22は八千代市坊山遺跡S95・96地点の石器群で（大野1993）、小型石槍（図22-1～3）、石刃製有背尖頭刃器（図22-4）を共伴しているが、主体は剥片製の小型有背尖頭刃器・幾何形刃器である（図22-5～17）。有背尖頭刃器には珪質泥岩が、常識的に幾何形刃器は細石器の一種と考えるべきであるが、その素材には黒色緻密質安山岩が多く使われている。同様の傾向は東内野遺跡でも確認されているが、黒色緻密質安山岩の産地については現在検討中であり、確定的なことを述べることはできないが、東部関東・地理的構造単位Ⅳbの可能性が高い。

3.11　小型石槍石器群

本石器群の起源についてはすでにふれたとおりである。一口に小型石槍石器群といっても、そこには複数の石材消費パターンが識別されるが、本論ではこれを5群に大別しておく。なお、小型石槍については、礫あるいはそれに準じた塊状のサポートを使う割出し系と、剥片あるいは薄板状の礫片をサポートとする割取り系という2系統があるが、いずれも素材変形度、とくにサポート厚の縮減度が高いため魚鱗状剥離が採用されている。魚鱗状剥離はすでに分厚いサポートを素材とする削器の刃部作出に使われていたので、この種の剥離手法の尖頭器への応用とみられる。すなわち、

38

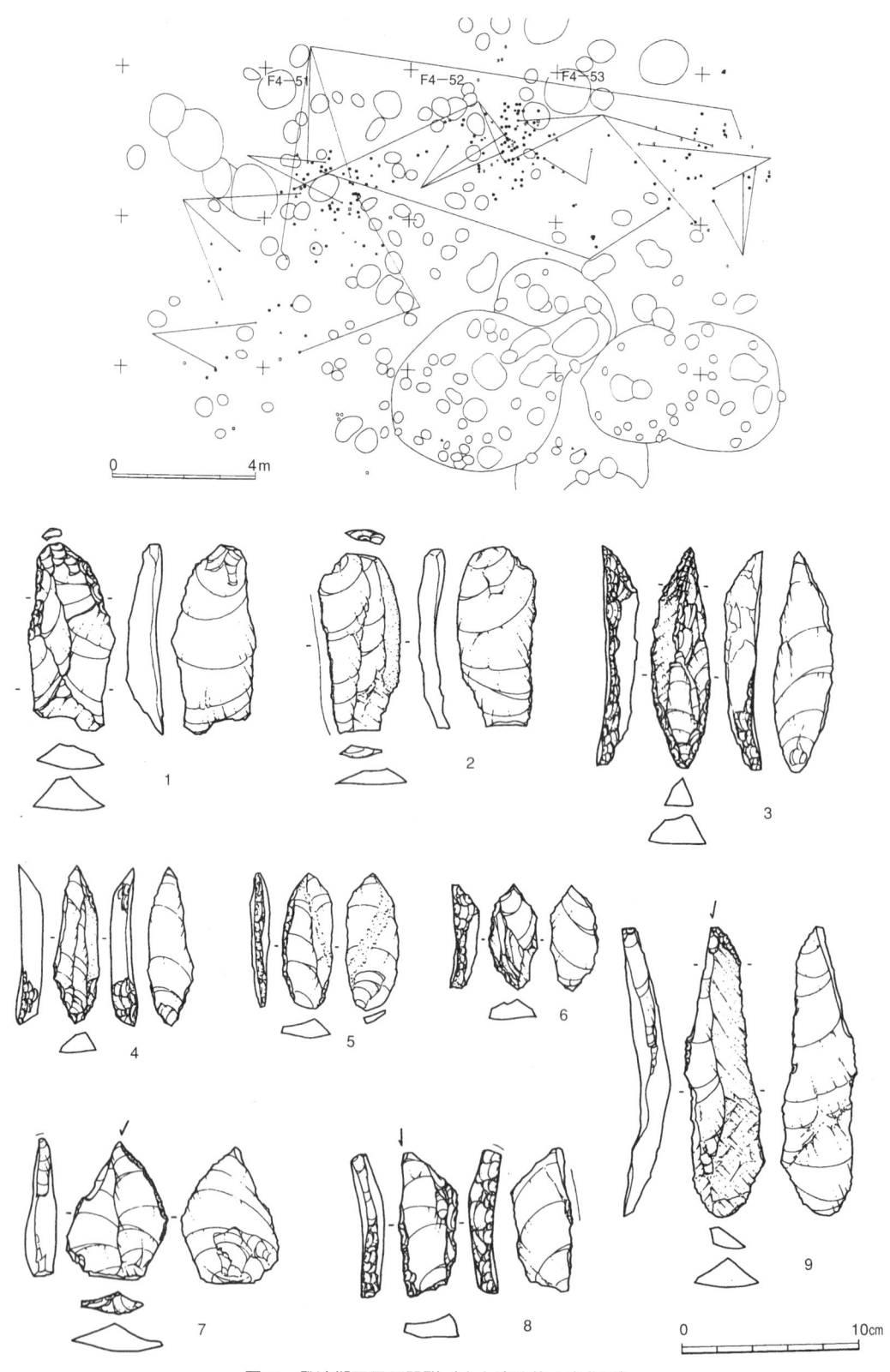

図21　発達期石刃石器群（武士遺跡第6文化層）

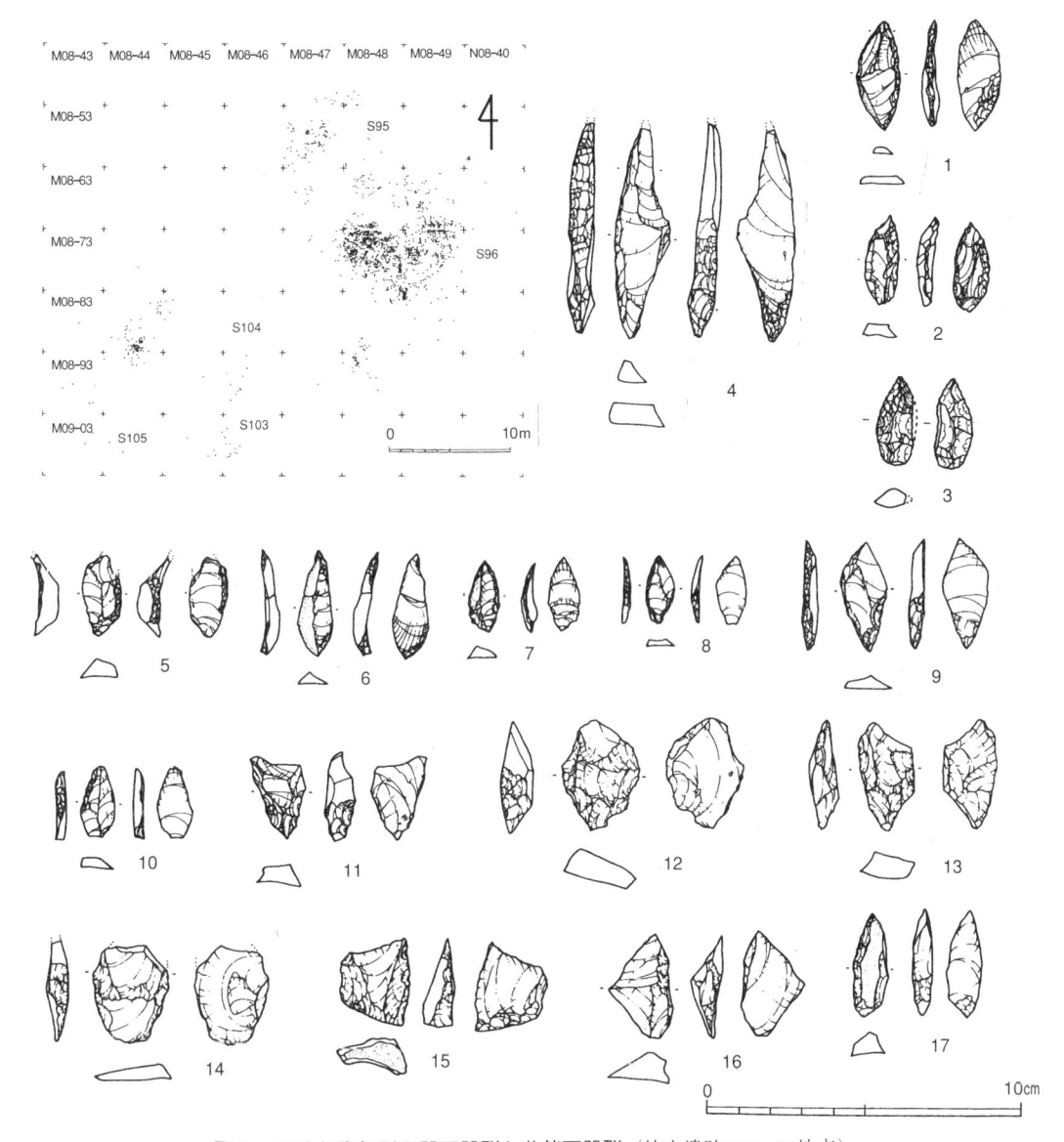

図22 剥片製幾何形刃器石器群と共伴石器群（坊山遺跡S95・96地点）

魚鱗状剥離によって調整された尖頭器を小型石槍と定義しておく。

3・11.1 発生期小型石槍石器群

　黒曜石原産地と分かちがたく結びついた小型石槍の一群である。横打剥片製石器群の一部として少数の遺跡で定義により小型石槍と分類される石器が出土している。この石器群の位置づけについては3.8で指摘したとおりである。八千代市萱田地区の権現後遺跡第12・14ブロック（橋本 1984）や井戸向遺跡S-3ブロック（田村 1987）などの石器群がこれに該当する。

3.11.2 男女倉型面取り石槍石器群

　面取り石槍とは、有樋尖頭器という用語が技術形態学的にまた学史的にも不適切であるばかりか誤りなので、これにかえて提唱した用語である（田村 2000a）。ここでいう面取りとは、きわめて

特殊化した両面体石器の消費過程をいい、石器としては分割両面体の一種である。かつて示された「男女倉技法」については（森嶋 1975）、森嶋の指摘した技法自体の検証がほとんど行われていないため、ここで議論することは不可能であるが、これに賛同するものは少ないようにみえる。ただし、面取り石槍については堤の見解にしたがって、これを便宜的にいわゆる男女倉型と東内野型に二分しておく（堤 1988・1989。その是非については次項でふれる）。

　男女倉型面取り石槍は、先に指摘した武士遺跡第6文化層併行期の遺跡に客体的に存在する場合と、あまり規模の大きくない限定的な消費遺跡から出土する場合がある。後者の例として図23に大林遺跡第9・10ブロックの例を掲げた（田村 1989b）。面取り石槍は第Ⅱ文化層bとしたが、発達期石刃石器群である文化層Ⅲとは同一層準（ソフトローム層下半）からの出土であり、両者間にほとんど時間差は認められない。石槍は高原火山産の黒曜石であり、円形端削器（4）や横打剥片製斜刃有背刃器（8）が共伴する。一方、御山遺跡では（矢本 1994a）、男女倉型面取り石槍の出土した

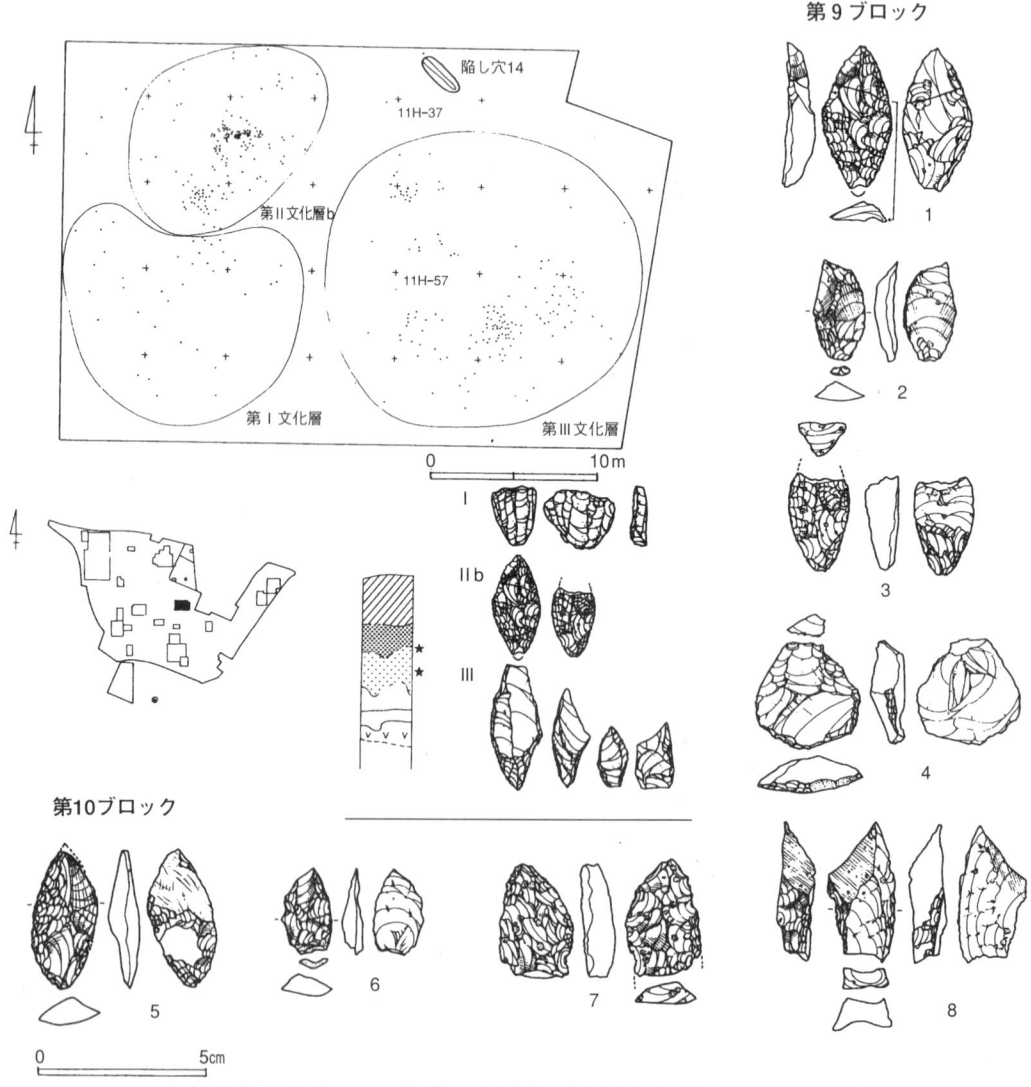

図23　高原火山産黒曜石製「男女倉型尖頭器」（大林遺跡第9・10ブロック）

集中地点は発達期石刃石器群よりも明らかに下層に位置し、小型石槍石器群の時間的先行性を示唆している。

男女倉型面取り石槍の時期的下限については、印西市木苅峠遺跡の例から（田村 2000a）剥片製幾何形刃器石器群併行期としかいえないが、木苅峠遺跡例も高原火山産の黒曜石が使われており、東内野型との関係は今後の課題である。また、鎌ヶ谷市五本松№3遺跡のように黒曜石の男女倉型面取り石槍と非黒曜石のそれがつくりわけられている場合があるが（矢本 2003）、西部関東の府中市№29遺跡第Ⅰ文化層（比田井・五十嵐 1996）が同様の内容を示すが、大和市№210遺跡L2上面では黒色緻密質安山岩製のもの（左右非対称型を含む）が製作されており（小池・田村 1999）、平野部でも非黒曜石製の面取り石槍が量産される場合があること、すなわち、いわゆる砂川型ナイフが該期石器群の一変異体であることが明確になった。

3.11.3　東内野型面取り石槍石器群

東内野遺跡の発掘調査によって注目されるにいたった石器群である。その出現期がどれくらい遡行するものなのかはよくわからないが、御山遺跡第21ブロックに東内野型面取り石槍の形態的な特徴とされる左右非対称の例があり（矢本 2003）、これが東内野型と関連づけられれば、両者が必ずしも時間差をもたなかった可能性がある。東内野型面取り石槍は一般的には発達期石刃石器群よりも古くはならないと理解されているらしいが、銚子市三崎3丁目遺跡では、東内野型面取り石槍石器群の上層から剥片製幾何形刃器石器群が出土しており、東内野型面取り石槍は男女倉型面取り石槍とある期間並存していたと考えざるをえない（道澤 2000）。

東内野型には黒曜石製のものも少数知られており、その大半に中部内陸火山産の原石が使われていることが判明している（二宮・島立 2001）。このことから、房総半島で非黒曜石製の東内野型が盛んに製作されていた頃、中部内陸高地では黒曜石製の小型石槍が生産されていた可能性が高くなったが、中部内陸高地からの黒曜石製東内野型面取り石槍の搬入は限定的であり、房総半島での主たる使用石材の原産地は東部関東・地理的構造単位ⅠとⅣbであることから、磐梯高地と房総丘陵を両極とするギャザリング・ゾーンが想定されることになる。このパターンは発達期石刃石器群のギャザリング・ゾーンと類似しており、相対的に安定した地域社会の形成が着実に進展したことをうかがわせる。

図24に東内野遺跡の石器群を示した。1～4は剥片製小型有背刃器と小型複刃・収斂削器、5・6が東内野型面取り石槍の接合資料となる。両石器群が交叉することはすでに述べたとおりである。東内野型面取り石槍と再生剥片の接合状況からうかがわれるように、この種の小型石槍においては、①男女倉型面取り石槍と同様に、再生剥片の剥離後にこの剥離面によって切られる側縁部を中心とする調整剥離によって器体は縮減・変形されるばかりでなく（図24-5・7）、②再生剥片の剥離は1回のみではなく、数回にわたって繰り返されるというステージが付加され、最終的なサイズ・形態は当初のそれと大きく異なったものとなる場合がある（図24-6、なお、図が小さくてわかりにくいが図24-5と7に接合する刃部再生剥片の背面構成から、それらもseconnd spallあるいはthird spallであることがわかる）。このような東内野型面取り石槍というchaîne opératoire：動作の連鎖の特殊性（reduction効果）は、男女倉型面取り石槍とは多少異なり、東内野型面取り石槍の著しい特徴とみな

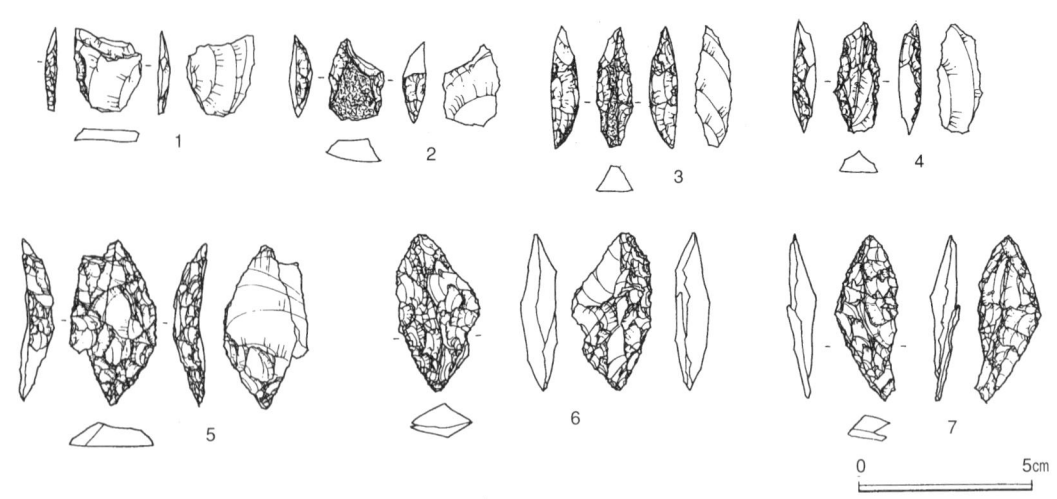

図24 東内野遺跡石器群を支える二つの石器群（東内野遺跡）

される。そこで、先に便宜的というただし書きを付したうえで、男女倉型面取り石槍と東内野型面取り石槍とを形態的に区別しておいたが、chaîne opératoireという視点からは、単なる形態的な違いをこえた両者の異差性は際立ったものとなる。ただし、この問題については、肝心の男女倉型面取り石槍というchaîne opératoireが不鮮明であるため、ここでは立ち入らないことにする。

このように、男女倉型面取り石槍あるいは東内野型面取り石槍の識別は、何よりもchaîne opératoireの厳密な検討を要するため、かならずしも容易ではない。これを発生史的にみれば、当初は面取り石槍石器群における形態的な変異としてつくり分けられていたものの一部が、特殊なchaîne opératoireに変化した可能性が考えることができよう。その要因についてはすでにくわしく議論したとおりである（田村 1992）。

3.11.4 中部内陸火山および磐越高地産石材による小型石槍石器群

中部内陸火山産の良質な黒曜石を素材とする石器群が小数知られている。これらの多くは面取り石槍石器群以降に編入される可能性が高い。また、やはり多くはないが東部関東・地理的構造単位Ⅰの火砕泥岩製の石器群が知られている。この石器群については小型石槍という範疇を逸脱する大型品が含まれるが、便宜的にここに入れておく（この点は後述）。この石器群の詳しい編年的な位置づけが困難であるが、かならずしも面取り石槍石器群以降とはいえず、間歇的に長期間磐越高地から南下してきた集団によって形成されたものである。たとえば、池花遺跡第3文化層石器群（渡辺 1991）の有背尖頭刃器は発達期石刃石器群に編入されるので、その時期は面取り石槍石器群の古い部分と併行する。

図25に両石器群が同一遺跡から発見された船橋市西の台遺跡の石器群を示した（道澤 1985）。1〜10は小深沢産黒曜石製で、端削器2例が含まれている以外は（9、10）、長幅指数の小さな石槍類である。11〜16は火砕泥岩製でやや大型のものが多い。本遺跡例では判然としないが、池花遺跡例には再加工によって著しく変形したものが少なからずあり、移動途中における石材補給状況とあいまって、長距離移動の状況をつぶさにうかがうことができる。ここに大型サポートの選択という東内野型面取り石槍とは異なるreduction戦略が抽出される。この大型サポートの消費過程は次期の

関東地方の地域編年　43

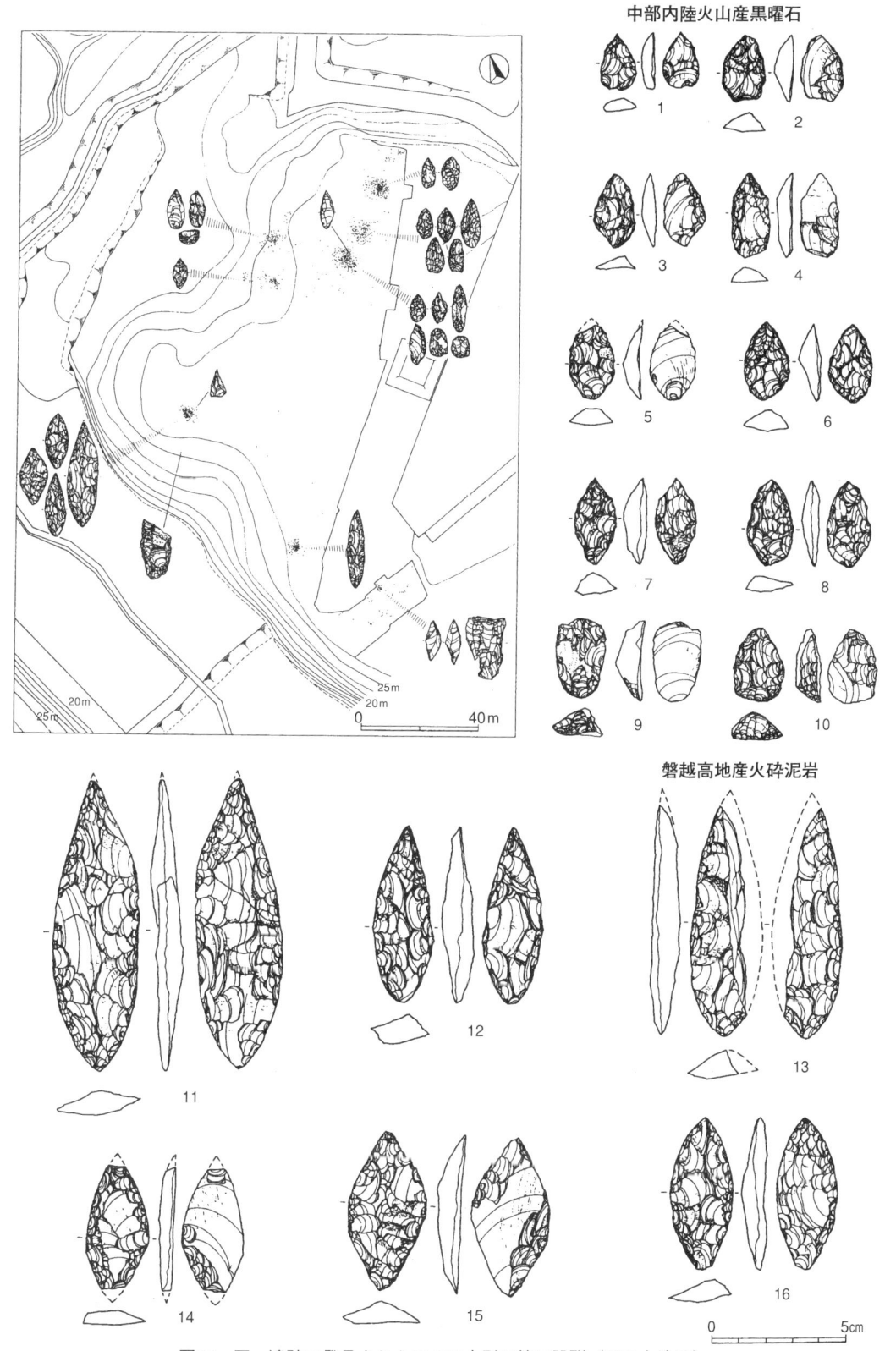

中部内陸火山産黒曜石

磐越高地産火砕泥岩

図25　同一遺跡で発見された二つの小型石槍石器群（西の台遺跡）

分割両面体（札滑型細石核＋荒屋型彫器）へと戦略的につながっていくことに注意したい。

3.11.5　各種珪化岩製小型石槍石器群

基本的に面取り石槍石器群以降に編入される頁岩や泥岩を素材とする石器群を一括する。いうまでもなく両者が截然と区分されるわけではないが、多くの報告書記載による限りソフトローム層上部が産出層準とされる場合が多い。図26は木苅峠遺跡第18ユニットの石器群で、全例嶺岡層群白滝層産珪質頁岩製である（田村 2000）。こうした東部関東・地理的構造単位Ⅳbのギャザリング・ゾーンとしての集約的な利用は、すでに面取り石槍石器群において顕在化していたが、先に指摘したように、発達期石刃石器群の地域開発戦略を承継する地域社会の成熟と密接不可分の現象であった。

3.12　大型石槍石器群

小型石槍石器群において、面取り石槍石器群を除外すると、そこには東部関東・地理的構造単位

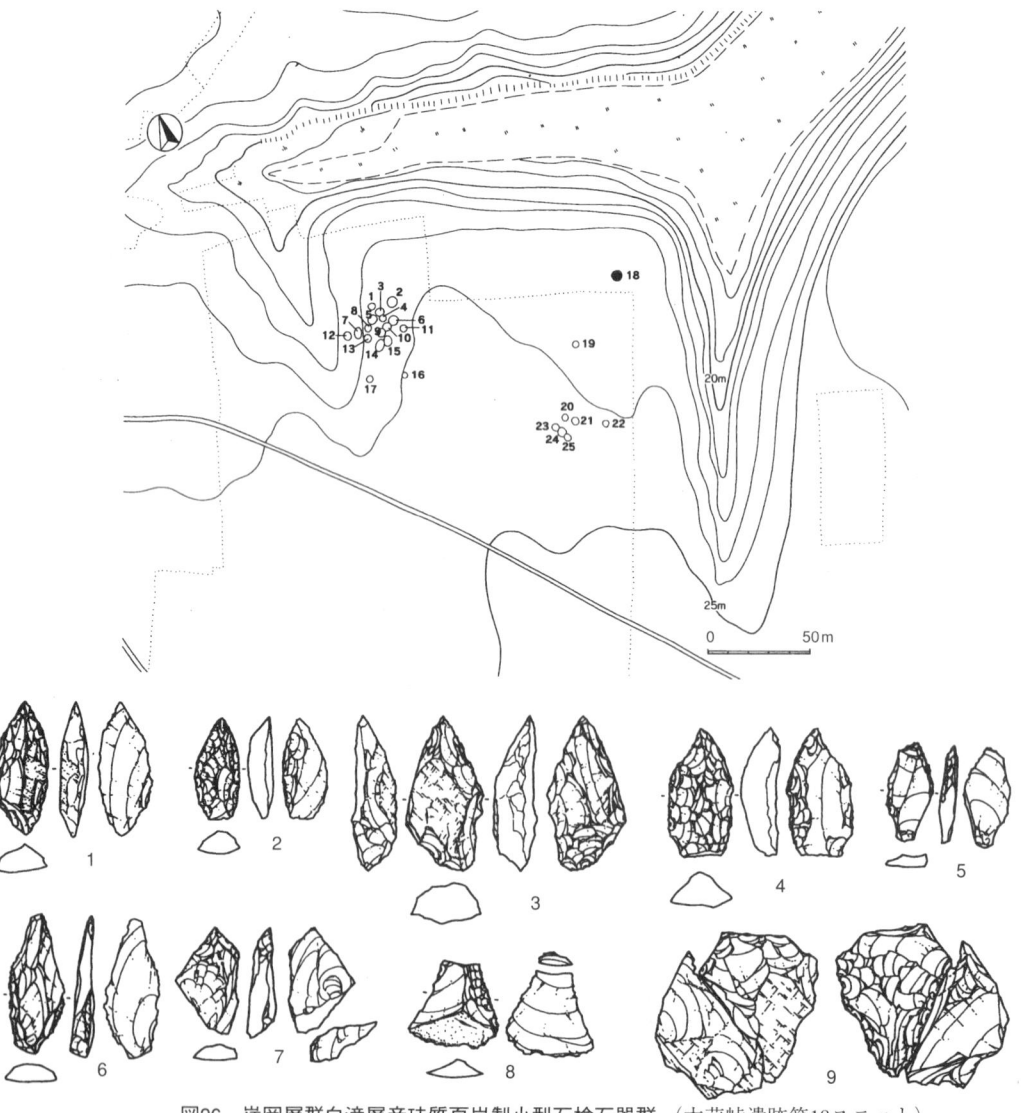

図26　嶺岡層群白滝層産珪質頁岩製小型石槍石器群　（木苅峠遺跡第18ユニット）

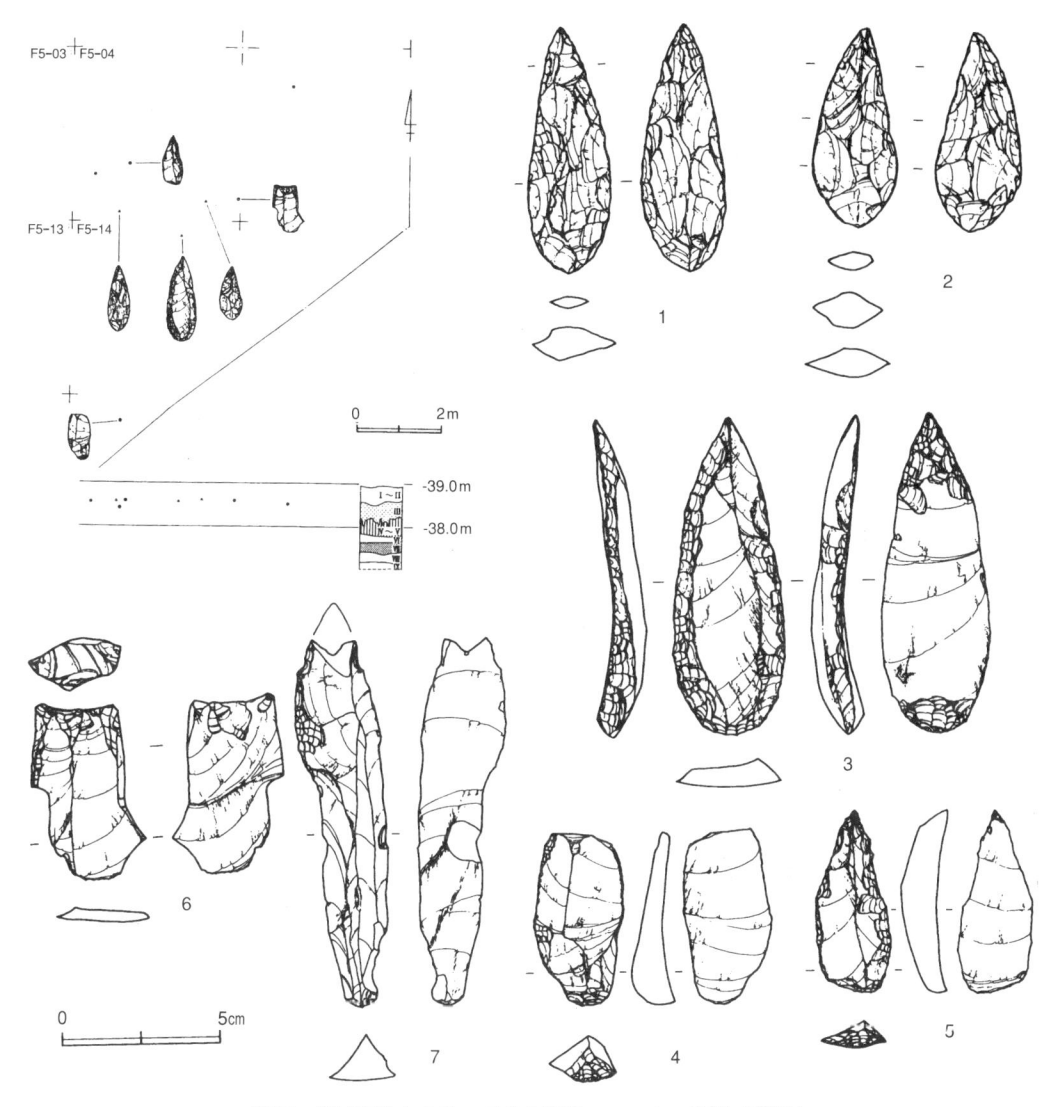

図27 磐越高地からやってきた石器ユニット（円妙寺遺跡）

IとIVbという二つのギャザリング・ゾーンが設定された。東部関東・地理的構造単位Iに居住する地域集団が間歇的・反復的にギャザリング・ゾーンを拡大しており、この結果、下野－北総回廊以南に関する地理情報はこの地域内に累積されていくことになる。また、同時に、下野－北総回廊以南の地域集団とも社会的なネットワークによって結ばれていった。一方、下野－北総回廊以南の地域集団は東部関東・地理的構造単位IVbの豊富な石材資源への依存度を深めていった。このような地域社会の歴史的水準に対応していくつかの石器群が残されることになるが、まず各種珪化岩製小型石槍石器群は終末期大型石槍石器群へと変化する一方で、東部関東・地理的構造単位Iの地域集団によって、分割両面体石器群と、いわゆる長者久保－神子柴石器群が形成されることになる。

3.12.1 長者久保－神子柴石器群

一般に、長者久保－神子柴石器群は両面体石器、石刃、片刃石斧などによって定義されてきたが、

東部関東では断片的な資料が知られているにすぎなかった（図27）。この理由の一端は、従来、示準化石ともいえる両面体石器や石斧が欠落する場合、石器群の位置づけが著しく困難になることにあるが、そもそも、いわゆる渡来石器なるものを基準にその範囲を限定しようと試みた長者久保－神子柴石器群自体の定義自体に問題があったのである（田村2003b）。まずは、諸地域における一般的な石材消費という視点からの再検討を要請しておく。

3.12.2 終末期大型石槍石器群

東部関東では地理的構造単位Ⅳbを結節環とする石器群である。この石器群は富里市南大溜袋遺跡（戸田2000）ではじめて注意された。縄文時代草創期という位置づけがされているが、東部関東では無土器であり、移行期石器群としての理解が妥当である。図28に主な石器を掲げたが、大小の石槍類が中心で、これに複刃収斂削器（図28-15）や特徴ある凹削器が伴う。凹削器には磐越高地産泥岩が選択的に使用される傾向があり、ここには出自系統や社会的関係にまつわる、何らかの象徴的な意味が隠されているらしい。

図28-1～3は伝統的に「植刃」と分類されているが、図からもわかるように幅厚指数が著しく小さく、形態的にはとても植刃されたとは考えられないし、わざわざ折断を前提として、製作がとても困難な大型両面体を装備に加えることなど常識ではとても理解できない。折断については、それを意図的なものとする根拠は何もなく、極端に細長いため折れやすかったと考えるのが自然である（芹沢1965）。このような分厚く狭長な両面体が製作された理由はよくわからないが、私たちは骨角製植刃槍（もちろん植刃ナイフも含まれる）の「丸ごと模倣品」であると理解している。これらの「植刃」はシャフトとそれに嵌挿された植刃（細石器）を模倣したものであり、これが長柄に装着される槍先として使用されたものと解釈したい。これ以外の木葉形両面体に関しては、それらの一部が同様の槍先であることは否定できないが、多種多彩な別機能を荷担していたのであろう。ともかく、尖頭器＝槍先という図式があまりにも短絡的であることは国外の多数の使用痕観察から明示されている。

君津市向郷菩提遺跡の調査によって（石川2005）、本石器群が地理的構造単位Ⅳb、とくに万田野・長浜層の円礫を素材とするものであったことが確認された。円礫の豊富に産出する河川沿いの低位段丘などで石器製作が行われていたのであり、そこで製作された石器類はユニットとして北総台地各地に搬出された。石器ユニットが搬出された場所には細部の仕上げや、修理の際に生じる細かい剥片が集中する場合と、ユニットの一部が少数分散する場合とがあり、logisticな開発・居住戦略が採用されていたことは明らかである。こうした立地条件は東京都前田耕地遺跡にも該当する（東京都教育委員会2002）。

3.13 細石刃石器群

細石刃石器群についてはプリズム状あるいは舟底型の細石核から連続的に剥離された小型石刃によって定義する。本質的に、小型の有背刃器や挟み割による小石刃の生産なども細石器として位置づける必要があるが、ここでは便宜的に特殊化した細石刃のみを解説する。細石刃石器群の産出層準はソフトローム層下部から上部に及ぶ。細石核の形態によって分類するのが一般的であるので、

関東地方の地域編年 47

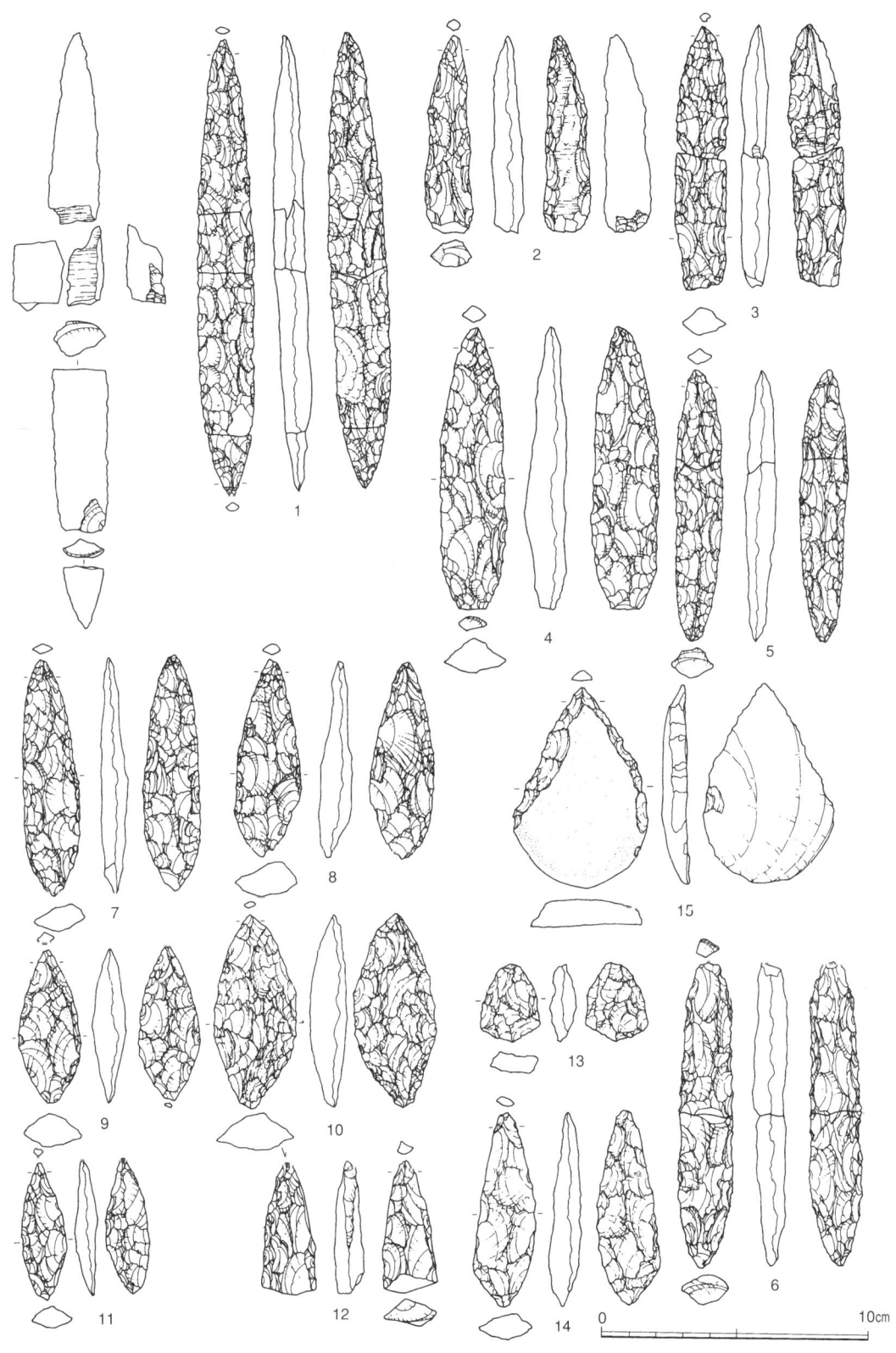

図28 万田野・長浜層産各種硬質岩類を使った終末期大型石槍石器群

これに従う。

3.13.1　野辺山型細石刃石器群

　佐藤達夫による野辺山型を基準にする（佐藤1973）。出現期はよくわからないが、大網山田台№4B地点第2ブロック（田村 1994a）、地国穴台遺跡E01地点（田村 2000a）の例から、横打剥片製石器群後半期にまで遡行することは確実である。図29に基本的な石器群構成を示したが、①細石刃生産（図29-1～10）、②一般的剥片剥離による刃器、削器生産（図29-11）、③チョッパー・コアによる打割器と大型剥片の生産（図29-12）という三部構成になっている。③は大型石槍石器群においては石斧に、①および②の一部は石槍類に変換される。

　本石器群は石材構成によって大きく二分される。

(1)　中部内陸火山産黒曜石製細石刃石器群

　従来小規模な廃棄地点しか知られていなかったが、成田市十余三稲荷峰遺跡の調査によって常識は一挙に覆った（永塚 2004a）。特定の場所に複数の地域集団からリクルートされた特殊作業班によって大量の黒曜石原石が搬入され、短期間内に集中的に膨大な量の細石刃・細石核が生産され、さらにそれらが一定の領域内に搬出されていったことが明確になったのである。このような戦略は、地域内の諸集団の緊密な同盟関係が前提となるのであり、後期旧石器時代の長い道のりの中でようやく達成された地域社会の水準を如実に物語ると同時に、終末期大型石槍石器群における石器ユニット（一揃いの石器をいう）の地域循環の先行条件を構成していたと考えられる。

(2)　各種珪化岩製細石刃石器群

　主にチャートと珪質頁岩を細石刃生産の素材とする石器群であり、房総半島各地域に分散する。東部関東・地理的構造単位ⅣbとⅡaという双分的なパターンが踏襲される。先に本石器群が三部構成であることを指摘したが、構成単位②については、技術形態学にみて剥片製幾何形刃器刃器石器群の削器類と共通すること（例として大野（1993）におけるS95・96石器群参照）、また、本石器群に幾何形有背刃器が共伴することなどから（永塚 2004a参照）、少なくとも小型石槍後半期までは、これと細石刃石器群が並存していたことを疑うことはできない。

3.13.2　磐越高地産火砕泥岩製細石刃石器群

　この石器群の産出層準はソフトローム層の最上部付近であるらしいが、詳しい検討は行われていない。本石器群は「削片系」という技術論的な視点からの分類もされているが、ここでは生態学的な視座からこの呼称はとらない。また、一時流行のように内水面漁労との関係が取りざたされたが（橋本 1998）、ようやく近年沈静化に向かいつつある。本石器群のみにそのような特殊な季節的生業を対応させる根拠は何一つないことを指摘しておく。

　本石器群の代表として図30に、はじめてまとまった量の資料が出土した佐倉市木戸場遺跡の石器群を掲載した。これから、ほぼ完全な両面体石器消費戦略をうかがうことが可能である。石器石材は図30-9以外はすべて磐越高地産の火砕泥岩であり、確立期石刃石器群や小型石槍石器群における火砕泥岩製石器群と同じように完成したユニットが磐越高地からもち出されていることに注意したい。このように、何回にもわたって反復的に磐越高地から狩猟パーティーが旅立ったわけであり、そのつど入念に旅支度（これをcurationというのである）が整えられたとみるべきである。この要

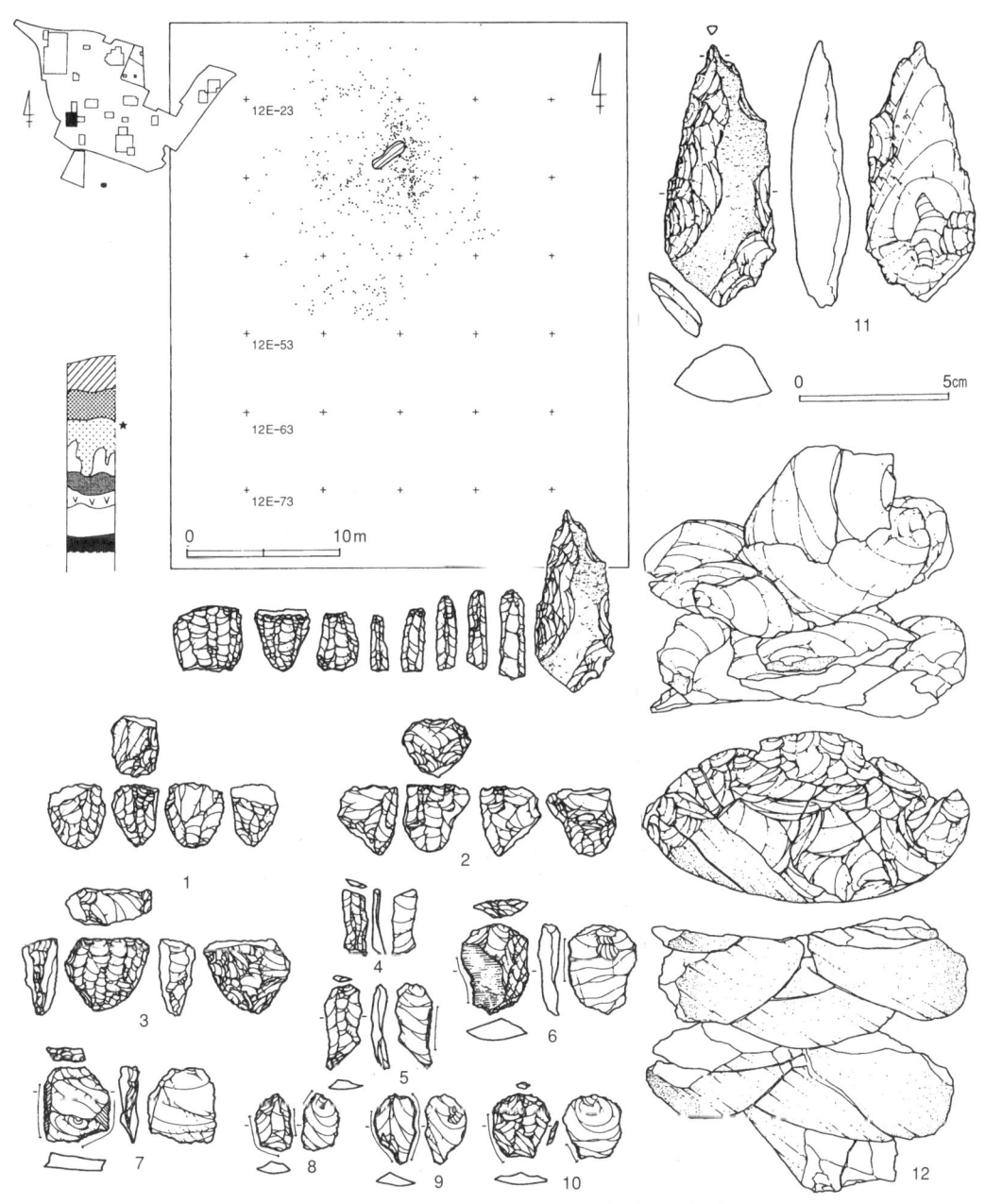

図29 野辺山型細石器石器群の基本構成（大林遺跡）

因についてはよくわからないが、気候の波動的な変動や生態系接譲地帯における植生・地理的変化（気候変動とのタイムラグに注意）などといった、種々の古生態学的な条件による遠距離移動の活発化というシナリオが用意される。同種石器群は下総台地にもっとも集中するが、埼玉、群馬、栃木、茨城県などにも散在する。

3.13.3 その他の細石刃石器群

上記石器群以外に、いくつかの石器群が分離され記述されている。まず、ホロカ型というタイプ

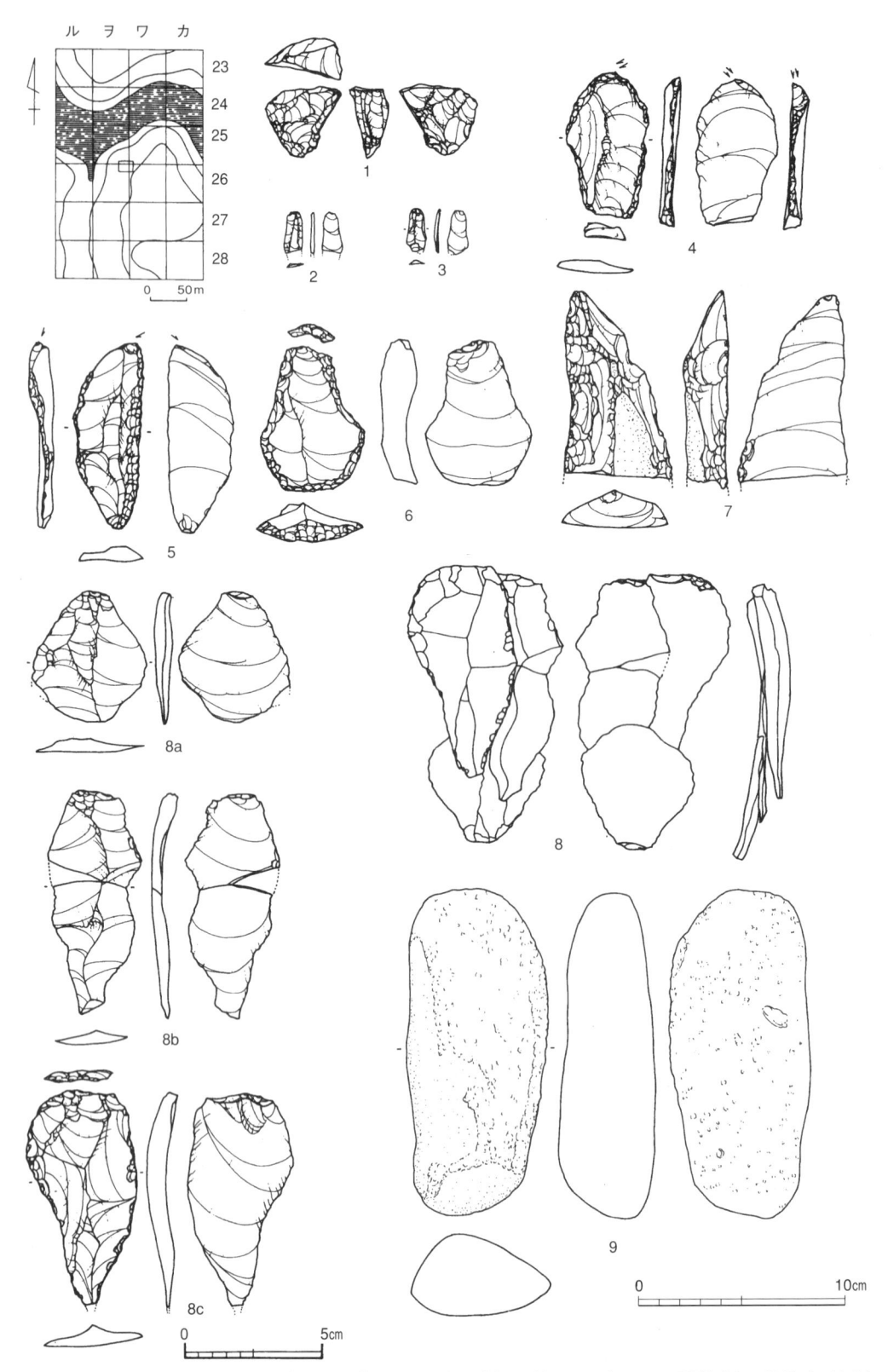

図30 南関東ではじめて発見された磐越高地産火砕泥岩製分割両面体による細石刃石器群（木戸場遺跡A地点）

が認定されている。この石器群は基本的に大型石刃石器群であり、関東地方におけるいわゆる長者久保－神子柴石器群に相当する可能性を指摘しておく（旧石器時代末期の大型石刃石器群を長者久保－神子柴石器群と定義する立場は十分に成立しうると考える）。なお、相模野以西に分布する海老山型（相模野段階Ⅹの諸例）をホロカ型や船野型などに含めることがあるが、きわめて不適切である。海老山型は野辺山型の地域的一変異にすぎない。ホロカ型の編年的な位置づけに関しては岡本の案があり（岡本 1993）、個別石器群の編年としては妥当ではあるが、本来別系統の野辺山型や札滑型の継続年代を考慮する必要がある。個別石器群の新旧は系統関係とは無関係である。

次に、火砕泥岩によらない分割両面体石器群がある。この種の石器群の分布は月見野上野遺跡（相田・小池 1986）、長堀北遺跡（小池 1991）勝坂遺跡第45次調査（相模原市市道磯部上出口改良事業地内遺跡調査団 1993）など、西部関東の一部に限定される。磐越高地産火砕泥岩製細石刃石器群（いわゆる札滑型）が地域化したものと考えられるが、両面体石器消費戦略として両者は同型的である。共伴する尖頭器類には遺跡による違いがある。長堀北遺跡例は幅広で、勝坂遺跡例が終末期大型石槍石器群の狭長な例に比較され、両者の時間差を示唆しよう。ここでも系統としての中期的持続とイベントとが短絡されている。

これら以外に、厚手の板状剥片端部の端部から細石刃を剥離する一群がある。前記長堀北や勝坂の諸遺跡で分割両面体に共伴したが、東部関東の向郷菩提遺跡では野辺山型と終末期大型石槍石器群に共伴した。ここではexpedientな細石核と理解しておく。

4. まとめ

本当の編年とは無縁な段階論が各地域ではびこる中で、私たちにとっては、佐藤達夫によって一つの頂点に到達した編年的な考察をいかに刷新しうるのか、という問題系が長い間切実な課題となっていた。苦しい模索期間を経て、議論の主軸はモノとしての石器群の編年から大きく離陸し、むしろモノを媒介とする人間の行動の歴史（これを 1. で時系列史＝構造変動史とよんだ）という地平に降り立つこととなった。このためには、石器群をめぐる地理的構造にかんする詳細な情報がどうしても必要であったが、その一部はすでに達成した。しかし残念なことに、こうした条件がある程度整備されているのは今のところ東部関東しかないため、この地域をモデルとする時系列史しか展開できなかった。また、後期旧石器時代という、きわめて長期わたる時系列史を編むに当たって必要とされる構造として二項性概念を使用した。この構造の変換・変動過程として編年を考えたわけであるが、改めてその理論的有効性を確認することになった。

本論は、まず後期旧石器時代を厳密に定義することから開始された（3.3）。これ以前の移行期および中期旧石器時代については不十分な記述しかできなかったが（3.1および3.2）、これは資料的な制約によるものである。次に構造的展開として、剥片製石器の展開過程（3.3、3.4、3.8）と、前後3段階に大別した石刃石器群（3.5、3.6、3.9）の共時的な関係を詳しく観察した。さらに、両面体石器群の出現過程に関しては、地域開発戦略と居住様式から類推される社会的諸関係の水準からするまったく新しい解釈枠を導入した（3.8）。両面体石器群の展開過程（3.11）は関東地方

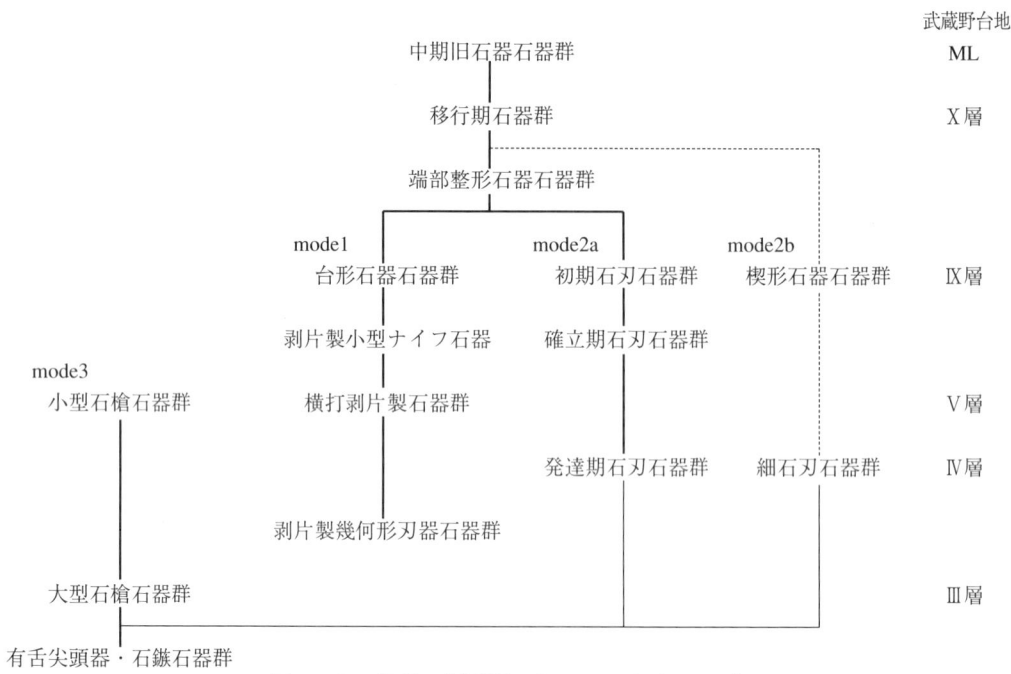

```
                            中期旧石器石器群                          武蔵野台地
                                                                    ML
                              移行期石器群                           X層
                            端部整形石器石器群
                      mode1      mode2a      mode2b
                     台形石器石器群  初期石刃石器群  楔形石器石器群   IX層
                    剥片製小型ナイフ石器  確立期石刃石器群
         mode3
        小型石槍石器群   横打剥片製石器群                             V層
                                 発達期石刃石器群  細石刃石器群   IV層
                    剥片製幾何形刃器石器群
        大型石槍石器群                                               III層
       有舌尖頭器・石鏃石器群
                    図31　各石器群の変遷過程（mode 1 は縄文へ継続）
```

後期旧石器時代の社会をつぶさに物語る手引きとなることが判明した。

　図31がこれまでの観察結果をまとめた諸石器群の時系列史の概要である。段階論のように特定層準の石器を横並びにして、その見かけの特徴を抽出するのではなく、後期旧石器時代の草創期から晩期までを基本的な石材消費モードの変異と変動によって系統的に理解し、さらに系統相互の関係の究明へと歩をすすめることを企図したものである（これを構造論的な見方という）。いうまでもないが、この方法は佐藤達夫の石刃ナイフと横打ナイフ、そして小型石槍という基本系統の剔抉と各系統の内在的な変遷過程の型式学的な考究、そして各系統の相互関係の抽出というナイフ形石器の編年的な研究の衣鉢を継ぐものである。

　このような研究動向はわが国に限られたことではない。主に中部旧石器が対象とされているが、長らくボルドらの型式学と解釈枠にしばられていた西欧でも、ここ20年ほど石器石材研究（Mellars 1996に詳細な要約がある）と結合されたchaîne opératoireという方法による石器群の再検討がすすめられているが、石器群の詳しい分析が進捗するにつれて、単一石器群に複数のchaîne opératoireが共存する事実が多く報告されてきた（たとえばJaubert et al. 1995）。そして、このような異なるchaîne opératoire並存現象や、単一分析ユニットにおける複数のchaîne opératoireの共存については、小環境の変化や石器石材の分布、その利用可能性、生業や居住パターンなどといった社会生態学的な解釈が試みられつつある（Kuhn 1995, Delagnes et al.2006）。

　図32では、試みに 2 面の時間軸の輪切り面を設定した。ステージAは武蔵野IX層下半のある面ということができるが、この面では主に台形石器や石刃などが石器群に含まれていることがわかる。両方が含まれる場合もあるし、片方だけの場合もある。両方ない場合もたくさんある。次に、より上層のステージBという輪切り面をみると、ここには主に横打剥片製石器が認められるが、少数とはい

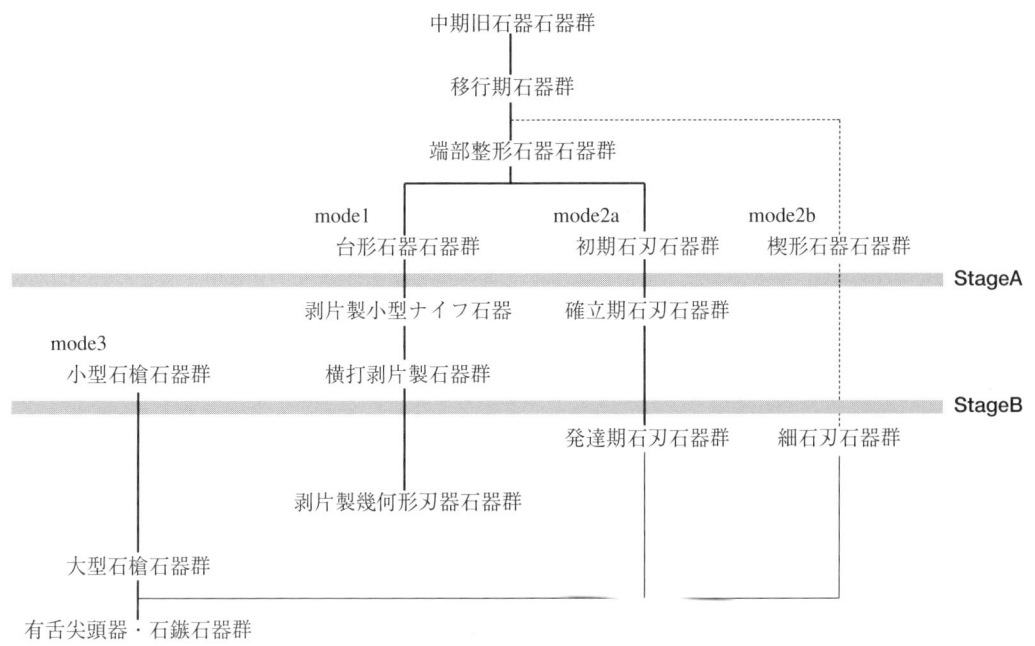

```
                        中期旧石器石器群
                             │
                        移行期石器群
                             │
                        端部整形石器群
              ┌──────────────┼──────────────┐
           mode1          mode2a         mode2b
         台形石器石器群    初期石刃石器群   楔形石器石器群
━━━━━━━━━━━━━━━━━━━━━━━━━━━━━━━━━━━━━━━━━━━━━━  StageA
         剥片製小型ナイフ石器  確立期石刃石器群
  mode3
 小型石槍石器群  横打剥片製石器群
━━━━━━━━━━━━━━━━━━━━━━━━━━━━━━━━━━━━━━━━━━━━━━  StageB
                        発達期石刃石器群  細石刃石器群
         剥片製幾何形刃器石器群

  大型石槍石器群

有舌尖頭器・石鏃石器群
```

図32　時系列の輪切り

え石刃石器群や源所的な小型石槍なども共時態として存在する。実際には、これら諸要素の複雑な組合わせが観察されるが、そのような石器群間変異の背後には社会生態学なパラメータが伏在しており、さらにその一端についてふれたが、マンタリテやジェンダーといった幻想的な領域が広がっている。このような視野は陳腐かつ愚劣な段階論では不可能であり、新しい編年のための新しい視座が求められるゆえんである。

　　ステージAに観察される石器群間変異：（　）内は本論で図示した標準的な石器群
　　　A1 台形石器を主体とする石器群（天神峰奥之台）
　　　A2 石刃を主体とする石器群（東峰御幸畑東）
　　　A3 台形石器群と石刃石器群の共存する石器群（中山新田Ⅰ）
　　　A4 台形石器や石刃を含まない一般的な剥片を主体とする石器群
　　ステージBに観察される石器群間変異
　　　B1 小型石槍を含む石器群（大林）
　　　B2 横打剥片製石器群（一本桜南）
　　　B3 小型石槍を含む横打剥片製石器群（南河原坂第3）
　　　B4 石刃を含む石器群（北大作）
　　　B5 一般的な剥片を主体とする石器群

　最後に、長期的な地域集団の動向にも新しい視点を導き入れた点にも注意を喚起しておく。それは北陸－羽前回廊の発見と表裏一体のものであり、地域集団の関係項の変動に伴う境界問題を取り扱う視座からする新しい石器群解釈の方法を提示するものである。さらに、mode3とジェンダーとの密通構造をはじめて抽出した。このように、本論においてはこれまでにない行動論的な編年論構築のための方法や概念装置を多数埋め込んでおいたが、すでに大幅に予定の紙数を超過しており、

十分に展開できていないところも多い。最後に、本論の理解のためには、安斎の総合的な研究（安斎 2003a）の併読が必要であることを付言しておく。

註

1) たとえば「かながわ考古学財団」という機関では、特定のアマチュア鑑定家に石材鑑定を丸投げにしてきた。石材鑑定を依頼することは結構だが、依頼者はきちんとその鑑定結果を評価しなければならない。また、特定の個人に鑑定を集中することは、誤った鑑定結果の再生産を助長する危険性がある。こうした丸投げ方式をとる以上、この財団は問題意識が著しく欠如しているといわれてもしかたがないだろう。

　　ここではその弊害の顕著な一例をあげておこう。吉岡遺跡B区（岩田・木村 2003）と用田鳥居前遺跡（栗原 2002）の遺跡間接合資料（およびこれに伴う「硬質細粒凝灰岩」などと判定された石器群）を虚心坦懐に観察すれば、それらが一般の細粒凝灰岩とは顔つきを異にし、むしろ打木原遺跡長井台地Ⅴa層（佐藤 2002、報告書によれば吉岡遺跡等と同一鑑定者が石器をみているらしい）の石器石材と酷似していることに気づくはずである。そこから探索の網をさらに広げてみれば、それらの石材が相模川に分布するといわれる（どこに？）いわゆる細粒凝灰岩ではなく、三浦半島に分布する森戸層（江藤 1986、江藤ほか 1998）に挟まれる硬質頁岩であることがわかるであろう（有名な森戸層のことも知らない鑑定家がいること自体驚きである）。相模野台地においては、南からも石材が補給されていたのであり、せっかくの栗原のシナリオ（報告書214頁）も見直しが必要になる。

2) 両ブロックとも筆者が直接調査を担当した。調査の翌年（1982年）に簡単な速報を書いたが（文化財センター年報№8）、誰からも注目されなかった。C13-Bブロックは狭長な台地の斜面肩口にあり、斜面側で立川ローム層堆積段階以降の土壌の浸食が広範囲に観察されたが、ブロックの周辺はローム層が厚く保存されていた。C77-Bブロックは埋積のすすんだ小支谷谷頭に張り出した小舌状部に立地していた。この谷は武蔵野ローム層堆積期以前から下刻が始まり、立川ローム層堆積期に一気に埋没したものである。このため、ローム層の一部がチョコレート色軟質の水漬けロームとなっていたが、ノーマルな堆積が観察された台地上から長く斜面トラバース・トレンチを伸ばして、石器を含む水漬けロームが立川ローム層最下部以下であることを確認した。石器群の産出層準は炉跡の掘込み面から、立川ローム層最下部（X層下部）と判定した。

3) 白石浩之は吉岡遺跡D区B5層の石器群を「台形様石器とナイフ状刃器」によって特徴づけられる「台形様」石器群とし、これを中期旧石器時代に位置づけて、続くB4層石器群を移行期、B3層石器群を初頭期とした（白石 1999）。白石の文章は最近とみに難しくなっているので、文意を誤解しているかもしれないが、台形様石器からナイフ形石器というおおざっぱな流れを想定し、台形様石器群に新旧を設定したわけである。これだけみるとかならずしも特別のことを述べているわけではないが、一歩細部に踏み込むとにわかに理解が難しくなる。そもそも、こうした仮説を検討するには、前提条件として、台形様石器やナイフ状刃器、そしてナイフ形石器等々と分類される石器のきちんとした定義が必要であり、そこから必要最小限の対話可能性が確保されることとなる。私たちは、そのような基本的な問題が議論されてこなかったことを真剣に反省すべきである。ナイフ形石器という基礎用語一つをとってみても、基部加工のある石刃から尖頭器、折断石器、幾何形細石器まで何でもありといった混乱ぶりで、こうした安易かつ無批判な拡大解釈によってほとんど共通のイメージすら結ばない異常な事態になっている。

4) 三和工業団地Ⅰ遺跡第4文化層は環状ブロック群と近傍の弧状ブロック群とから構成されている。両者の産出層準には微妙な差があり、また石器群の違いも際だっている。報告者にとっても両ブロック群の時間的な前後関係は大きな問題であったらしく、種々の検討を行い、同時存在という結論に到達した。その最大の根拠は、両者間に少数認められた接合関係や母岩の共有関係であり、多少産出層準に違いがあってもそれは

許容範囲である、と判断されたらしい（接合は層位に優先する!）。しかしながら、このような推論は、居住地の近傍にそれ以前に別の集団が形成したキャンプ跡あり、彼らが廃棄した貴重な石器が地表に散乱していても、それを再利用してはならない、という強い社会的規制や禁忌が存在したという前提なくしては成立しない。民族誌的にそのような禁忌は報告されていないし、むしろ石器散布地は第二次原産地としての積極的な活用が想定されてしかるべきである。とくに特定地域の反復居住というセトルメントパターンの場合、以前のキャンプの石器は多少の時間差をおいて再利用される確率が高い。土壌の侵食によって古い石器が露出することもあるだろう。礫群構成礫も同様である。したがって、接合関係の多くはまったく同時性の証拠にはならないことになる。石器は廃棄された後も幽霊のように地域内を彷徨するのである（Binford 1983）。そもそも考古学の常識として、遺跡が無傷なまま堆積土層中に埋没しているというのはまったくの幻想ではなかったか（Sciffer 1976）。

5) 北大作遺跡の石器群については、我孫子市教育委員会石田守一氏のご好意で産出層準を確認させていただいた。その際の記録では、産出層準はハードローム層波状部からその下15cmほどの部分であり、包含層の下にはほぼ水平に始良Tn火山灰を含むⅥ層が堆積していた。ここではⅣ層とⅤ層とは区別できなかったが、あえて産出層準を特定すればⅤ層となろう。

6) 長期にわたって北陸－羽前回廊が維持されていた日本海岸と異なり、地理的な制約から、中部地方以西と直接連結される回廊が形成されることのなかった関東平野では、独自の構造－地理的歴史を背景として固有の時系列史が生成していった。すなわち、横打剥片製石器群に顕在化する関東平野内部における稠密な人口のパッキングによる地域社会（これは明らかにバンド社会である）の成立は、中部以西、そして北陸－羽前回廊の人口との一定の緊張関係を生み出した。この境界意識の発生こそが国府型ナイフ形石器（一般的には国府スタイル）のもつ社会的な意味である。

7) マーサイ族男子のイニシエーションと槍との関係については、大分昔ににラリックの研究を紹介したことがある（田村 1994b、Larick 1985）。また、ホークスは性的な分業がバンドの男性構成員の婚姻可能性の増加に伴って促進されることを実証的に明らかにしているが（Hawks 1996）、これは、後期旧石器時代後半期におけるバンド社会の形成と狩猟具の洗練化に象徴されるジェンダー形成との密接な関係を示唆するものである。

参考文献（報告書著者名は引用参考箇所執筆者名）

相田薫・小池聰　1986　『月見野遺跡群上野遺跡第1地点』大和市教育委員会。
安斎正人　2003a『旧石器社会の構造変動』同成社。
安斎正人　2003b「石器から見た人の行動的進化」『考古学Ⅰ』78～128頁。
安斎正人　2004a「旧石器社会の構造変動」『理論考古学入門』167～211頁、柏書房。
安斎正人　2004b「東北日本における「国府系石器群」の展開―槍先形尖頭器石器群出現期の前提―」『考古学Ⅱ』1～40頁。
生田哲郎　2001　『堂ヶ谷戸遺跡 東京都世田谷区岡本3丁目1番の発掘調査記録』世田谷区教育委員会。
石川誠　2000　『国道道路改築委託（久留里）埋蔵文化財調査報告書―君津市冨田田面遺跡・向郷菩提遺跡―』㈶千葉県文化財センター。
岩崎泰一　1986　『下触牛伏遺跡―身体障害者スポーツセンター建設予定地内埋蔵文化財発掘調査報告書―』㈶群馬県埋蔵文化財調査事業団。
岩田直樹・木村吉行　2003　『吉岡遺跡群ⅩB区第2次調査 綾瀬浄水場建設（第2期工事）に伴う発掘調査』㈶かながわ考古学財団。
江藤哲人　1986　「三浦半島葉山層群の層位学的研究」『横浜国立大学理科紀要』第2類生物学地学第33輯、68

〜105頁。

江藤哲人・矢崎清貴・卜部厚志・磯部一洋　1998　『5万分の1地質図幅横須賀地域の地質』地質調査所。

宇田川浩一　2000　「権現原遺跡」『千葉県の歴史資料編考古1（旧石器・縄文時代）』22〜23頁、千葉県。

岡本東三　1993　「縄文式文化移行期石器群の諸問題」『環日本海における土器出現期の様相』37〜52頁、日本考古学協会新潟大会実行委員会。

小田静夫　1980　『西之台遺跡B地点　東京都埋蔵文化財調査報告第7集』東京都。

小田静夫・伊藤富治夫・キーリー・重住豊編　1977　『高井戸東遺跡』高井戸東遺跡調査会。

小田静夫・小日置春展　1992　『田無南町遺跡』東京都学校遺跡調査会。

落合章雄　1989　『八千代市仲ノ台遺跡・芝山遺跡―東葉高速鉄道引込み線および車庫用地内埋蔵文化財調査報告書―』㈶千葉県文化財センター。

落合章雄　2000　『千葉ニュータウン埋蔵文化財調査報告書ⅩⅡ―白井町一本桜南遺跡―』㈶千葉県文化財センター。

大野康男　1993　『八千代市坊山遺跡―萱田地区埋蔵文化財調査報告書Ⅵ―』㈶千葉県文化財センター。

織笠明子・吉田直哉・井関文明・藤田健一・山崎広幸　2004　『殿山遺跡―先土器時代石器群の保管・活用のための整理報告書―』上尾市教育委員会。

織笠　明　1978　「鈴木遺跡Ⅵ層出土石器群についての一考察」『鈴木遺跡Ⅰ』278〜328頁、鈴木遺跡刊行会。

加藤秀之　1997　「武蔵野台地北東縁部・入間台地の概要」『埼玉考古』別冊第5号、14〜21頁。

上敷領久　1999　『多摩蘭坂遺跡Ⅲ―都営内藤1丁目第4団地建設に伴う事前調査―』国分寺市遺跡調査会。

栗島義明　2005　「ナイフ形石器「砂川類型」の分布」『埼玉川の博物館紀要』5号、27〜38頁。

国武貞克　2002a「旧石器時代の領域分析―特定共時における戦略束―」『東京大学考古学研究室研究紀要』第17号、209〜234頁。

国武貞克　2002b『東京都小金井市荒牧遺跡―野川整備工事に伴う埋蔵文化財発掘調査報告―』小金井市荒牧遺跡調査会。

国武貞克　2003　「両面体石器群の由来―関東地方Ⅴ層・Ⅳ層下部段階から砂川期にかけての石材消費戦略の連続性―」『考古学Ⅰ』52〜77頁。

国武貞克　2004a「石刃生産技術の適応論的考察―房総半島Ⅸ層の石刃生産技術の変遷―」『考古学Ⅱ』76〜92頁。

国武貞克　2004b「複数空間スケールを利用した領域分析の試み」『第10回石器文化交流会―発表要旨―』79〜87頁。

栗原伸好　2002　『用田鳥居前遺跡　県道22号（横浜伊勢原）線道路改良事業（用田バイパス建設）に伴う発掘調査』㈶かながわ考古学財団。

小林達雄　1962　「解説　無土器文化から縄文文化確立まで」『創立80周年記念若木祭展示目録無土器文化から縄文文化の確立まで』6〜11頁。

小林達雄・小田静夫・羽鳥謙三・鈴木正男　1971　「野川先土器時代遺跡の研究」『第四紀研究』第10巻4号231〜252頁。

小池　聰　1991　『長堀北遺跡』大和市教育委員会。

小池聰・田村大器　1999　『大和市№210遺跡―神奈川県大和市つる舞の里歴史資料館用地内地点の発掘調査―』盤古堂考古学研究所。

相模原市市道磯部上出口改良事業地内遺跡調査団　1993　『勝坂遺跡第45次調査―相模原市市道磯部上出口改良事業に伴う埋蔵文化財調査―』相模原市市道磯部上出口改良事業地内遺跡調査団。

斎藤　弘　1996　『八幡根東遺跡――一般国道4号（新4号国道）改築に伴う埋蔵文化財発掘調査―』㈶栃木県文化振興事業団。

坂入民子　1982　「先土器時代の遺構と遺物」『下山遺跡Ⅰ』14〜54頁、世田谷区遺跡調査会。

佐藤明生　2002　『打木原遺跡「（仮称）長井海の手公園」整備計画に伴う埋蔵文化財発掘調査』横須賀市教育委員会。

佐藤達夫　1973　「旧石器・無土器（先土器）時代」『日本考古学の視点』24〜63頁。

佐藤達夫　1974　「縄紋式土器」『日本考古学の現状と課題』60〜102頁、吉川弘文館。

佐藤達夫　1978(1969)　「ナイフ形石器の編年的一考察」『日本の先史文化』102〜156頁、河出書房新社。

篠原正・戸田哲也・並木隆　1977　『東内野遺跡発掘調査概報』東内野遺跡発掘調査団。

島田和高　1996a　「B地点の旧石器時代石器群」『土気南遺跡群Ⅴ南河原坂第3遺跡』42〜73頁、㈶千葉市文化財協会。

島田和高　1996b　「A地点の旧石器時代石器群」『土気南遺跡群Ⅴ南河原坂第3遺跡』11〜41頁、㈶千葉市文化財協会。

島立　桂　2003　『千原台ニュータウンⅩ―市原市草刈遺跡（東部地区旧石器時代）―』㈶千葉県文化財センター。

白石浩之　1999　「相模野最古の石器文化」『吉岡遺跡群―Ⅸ考察編・自然科学分析編　綾瀬浄水場建設にともなう発掘調査』1〜6頁、㈶かながわ考古学財団。

白石浩之・加藤千恵子　1996　『吉岡遺跡群Ⅱ旧石器時代1　AT降灰以前の石器文化　綾瀬浄水場建設にともなう発掘調査』㈶かながわ考古学財団。

諏訪間順　1988　「相模野台地における石器群の変遷について」『神奈川考古』第24号、1〜30頁。

芹沢長介　1965　「周辺文化との関連」『日本考古学Ⅱ　縄文時代』418〜442頁、河出書房。

芹沢長介　1975(1954)　「関東及中部地方に於ける無土器文化の終末と縄文文化の発生とに関する予察」『駿台考古学論集1』24〜65頁。

芹沢長介　1982　「星野遺跡の全貌」『栃木市史資料編自然・原始』188〜369頁、栃木市。

高杉尚宏・生田哲朗・田中勝之・森本隆史　1997　『瀬田遺跡Ⅱ』世田谷区教育委員会。

田島　新　1991　『佐倉市栗野Ⅰ・Ⅱ遺跡―佐倉第三工業団地造成にともなう埋蔵文化財発掘調査報告書Ⅷ―』㈶千葉県文化財センター。

田島　新　2003　『千葉東金道路（二期）埋蔵文化財調査報告書12―松尾町赤羽根遺跡―』㈶千葉県文化財センター。

舘野　孝　1979　『日立市鹿野場遺跡発掘調査報告書』日立市教育委員会。

田村　隆　1982　『千葉ニュータウン埋蔵文化財発掘調査報告書Ⅶ』㈶千葉県文化財センター。

田村　隆　1986a　『常磐自動車道埋蔵文化財調査報告書Ⅳ―元割・聖人塚・中山新田Ⅰ―』㈶千葉県文化財センター。

田村　隆　1986b　『常磐自動車道埋蔵文化財調査報告書Ⅴ―谷・上貝塚・若葉台・塚(1)・(2)・馬土手(1)・(2)・(3)―』㈶千葉県文化財センター。

田村　隆　1987　『八千代市井戸向遺跡―萱田地区埋蔵文化財調査報告書Ⅳ―』㈶千葉県文化財センター。

田村　隆　1989a　「二項的モードの推移と巡回―東北日本におけるナイフ形石器群成立期の様相―」『先史考古学研究』第2号、1〜52頁。

田村　隆　1989b　『佐倉市南志津地区埋蔵文化財発掘調査報告書1―佐倉市御塚山・大林・大堀・西野・芋窪遺跡―』㈶千葉県文化財センター。

田村　隆　1989c『千葉市荒久遺跡⑴―千葉県立中央博物館野外観察地建設に伴う埋蔵文化財発掘調査報告書―』㈶千葉県文化財センター。

田村　隆　1992「遠い山・黒い石―武蔵野Ⅱ期石器群の社会生態学的一考察―」『先史考古学論集』第2集、1～46頁。

田村　隆　1994a『大網山田台遺跡群Ⅰ―旧石器時代篇―』㈶山武郡市文化財センター。

田村　隆　1994b「型式学・様式論・記号学」『古代文化』第46巻第9号、1～18頁。

田村　隆　1996『市原市武士遺跡1―福増浄水場埋蔵文化財調査報告書―第1分冊』㈶千葉文化財センター。

田村　隆　2000a「木苅峠遺跡再訪―房総半島小型石槍の変遷―」『千葉県史研究』第8号、84～113頁、千葉県。

田村　隆　2000b「地国穴台遺跡」『千葉県の歴史資料編考古1（旧石器・縄文時代）』190～191頁、千葉県。

田村　隆　2001「重層的2項性と交差変換」『先史考古学論集』第10集、1～50頁。

田村　隆　2002「見果てぬ夢―前記旧石器の存否をめぐって―」『Science of Humanity日本旧石器学の再出発』42～45頁、勉誠出版。

田村　隆　2003a「尖頭器石器群の石材消費戦略―石器群の構造変動と第三項効果―」『千葉県文化財センター研究紀要』22、49～63頁。

田村　隆　2003b「林小原子台再訪―東部関東における長者久保-神子柴石器群―」『考古学Ⅰ』1～51頁。

田村　隆　2005「この石はどこからきたか―関東地方東部後期旧石器時代古民族誌の叙述に向けて―」『考古学Ⅲ』1～72頁。

田村隆・国武貞克　2005「高原火山剣ヶ峰東方遺跡群の発見」『考古学ジャーナル』No.537、22～25頁。

田村隆・国武貞克　2006「下総―北総・回廊外線部の石器石材（第3報）―関東山地のチャート・珪質頁岩の産出層について」『千葉県史研究』第14号、156～165頁、㈶千葉県史料研究財団。

津島秀章・飯島静男・井上昌美・桜井美枝　1999『三和工業団地Ⅰ遺跡（1）―旧石器時代編―三和工業団地造成事業に伴う三和工業団地Ⅰ遺跡埋蔵文化財発掘調査報告書第1集』㈶群馬県埋蔵文化財事業団。

堤　隆　1988「樋状剥離痕を有する石器の再認識（上）―男女倉型・東内野型と呼称されるある種の石器をめぐって―」『信濃』第40巻第4号　24～45頁。

堤　隆　1989「樋状剥離痕を有する石器の再認識（下）―男女倉型・東内野型と呼称されるある種の石器をめぐって―」『信濃』第41巻第5号、38～64頁。

東京都教育委員会　2002『前田耕地遺跡―縄文時代草創期資料集―』東京都教育委員会。

戸沢充則　1965「関東地方の先土器時代」『日本の考古学Ⅰ先土器時代』222～241頁、河出書房。

戸沢充則　1975(1958)「長野県八島遺跡における石器群の研究―古い様相をもつポイントのインダストリー―」『駿台考古学論集1』82～113頁。

戸田哲也　2000「南大溜袋遺跡」『千葉県の歴史資料編考古1（旧石器・縄文時代）』258～268頁、千葉県。

戸田正勝　1988「北関東前期旧石器の諸問題」『太平臺史窓』第8号、1～44頁。

永塚俊司　2000『新東京国際空港埋蔵文化財発掘調査報告書Ⅻ―東峰御幸畑西遺跡（空港№61遺跡）―』㈶千葉県文化財センター。

永塚俊司　2003『新東京国際空港埋蔵文化財発掘調査報告書ⅩⅣ―一鍬田甚兵山西遺跡（空港№16遺跡）―』㈶千葉県文化財センター。

永塚俊司　2004a『新東京国際空港埋蔵文化財発掘調査報告書ⅩⅨ―東峰御幸畑東遺跡（空港№62遺跡）―』㈶千葉県文化財センター。

永塚俊司　2004b『新東京国際空港埋蔵文化財発掘調査報告書ⅩⅩ―十余三稲荷峰遺跡（空港№67遺跡）―』㈶千葉県文化財センター。

中村真理　2003　『多摩蘭坂遺跡Ⅳ―東京建物株式会社共同住宅建設に伴う事前調査―』国分寺市遺跡調査会。
中村真理・斎藤恒民　2005　「栃木市星野遺跡第7次調査概報（付星野遺跡群・S地点）」『考古学Ⅲ』135～165頁。
西井幸雄　1999　『城見上/末野Ⅲ/花園城跡/箱石　県道広木折原線関係埋蔵文化財発掘調査報告書―Ⅴ―』㈶埼玉県埋蔵文化財調査事業団。
西沢隆治　1981　『鹿島前遺跡第3次発掘調査概報』我孫子市教育委員会。
西沢隆治　1995　『北大作遺跡発掘調査概報』我孫子市教育委員会。
新田浩三　2004　『東関東自動車道（千葉・富津線）埋蔵文化財調査報告書13―袖ケ浦市関畑遺跡―』㈶千葉県文化財センター。
二宮修治・島立桂　2001　「自然科学的手法による分析―蛍光X線による房総半島出土尖頭器石器群の黒曜石原産地推定―」『千葉県文化財センター研究紀要22』65～100頁、㈶千葉県文化財センター。
橋本勝雄　1984　『八千代市権現後遺跡―萱田地区埋蔵文化財調査報告書Ⅰ―』㈶千葉県文化財センター。
橋本勝雄　1985　『八千代市北海道遺跡―萱田地区埋蔵文化財調査報告書Ⅱ―』㈶千葉県文化財センター。
橋本勝雄　1998　「関東細石器考」『千葉県立中央博物館研究報告人文科学』第5巻第2号、89～135頁。
ピーター・バーク（大津真作訳）　2005　『フランス歴史学革命　アナール学派1929-89年』岩波書店。
比田井民子　2003　「武蔵野台地のチャート製石器」『石器石材Ⅲ―在地系石材としてのチャート―』49～54頁、岩宿フォーラム実行委員会。
比田井民子・五十嵐彰　1996　『府中市No29遺跡』㈶東京都埋蔵文化財センター。
比田井民子・鶴間正昭・小松眞名・伊藤健　1997　『菅原神社台地上遺跡』㈶東京都埋蔵文化財センター。
平石尚和　2000　『下郷古墳群――一般国道354号国道改築事業埋蔵文化財調査報告書―』㈶茨城県教育財団。
道澤明　1985　『西の台（第2次）―船橋市西の台遺跡発掘調査報告書―』船橋市遺跡調査会。
道澤明　2000　「三崎3丁目遺跡」『千葉県の歴史資料編考古1（旧石器・縄文時代）』86～91頁、千葉県。
皆川修　2001　『十万遺跡Ⅰ―十万原地区市街地開発事業埋蔵文化財調査報告書―』㈶茨城県教育財団。
森先一貴　2004　「杉久保型尖頭器の成立とその背景―東北日本日本海側石器群の批判的検討―」『考古学Ⅱ』41～75頁。
森嶋稔　1975　「旧石器文化の中から―特に男女倉技法をめぐって―」『男女倉―国道142号新和田トンネル有料道路事業地内緊急発掘調査報告書―』169～173頁。
矢島國雄・鈴木次郎　1976　「相模野台地における先土器時代研究の現状」『神奈川考古』第1号、1～30頁。
山口耕一　1999　『多功南原遺跡―住宅・都市整備公団宇都宮都市計画事業多功南原地区埋蔵文化財発掘調査―（旧石器・縄文編）』㈶栃木県文化振興事業団。
山内清男　1967(1939)　『山内清男・先史考古学論文集・第1冊　日本遠古の文化　補註付・新版』
矢本節朗　1994a　『四街道市御山遺跡（1）』第1分冊、㈶千葉県文化財センター。
矢本節朗　1997　『新東京国際空港埋蔵文化財発掘調査報告書Ⅹ―天神峰奥之台（空港No65遺跡）―』㈶千葉県文化財センター。
矢本節朗　2003　『新鎌ヶ谷地区埋蔵文化財調査報告書Ⅰ―鎌ヶ谷市五本松遺跡―』㈶千葉県文化財センター。
横山祐平　1984　「Ⅹa文化層」『武蔵台遺跡Ⅰ　武蔵国分寺跡西方地区の調査』29～37頁、都立府中病院内遺跡調査会。
渡辺修一　1991　『四街道市内黒田遺跡群―内黒田特定土地区画整理事業地内埋蔵文化財発掘調査報告書―』㈶千葉県文化財センター。
渡辺修一　1993　『佐倉市南志津地区埋蔵文化財発掘調査報告書2―御塚山遺跡第7地点の調査―』㈶千葉県文化財センター。

Binford, L. 1982 Archaeology of Place. *Journal of Anthropological Archaeology* 1-1 : 5-31.

Binford, L. 1982 *In Pursuit of the Past : Decoding the Archaeological Record*, Academic Press.

Delagnes, A and L.Meignen 2006 Diversity of Lithic Production Systems During the Middle Paleolithic in France, In Hovers, E. and S.L.Kuhn(eds)*Transitions before the Transition* : 85-107, Springer.

Duke, P. 1996(1992) Braudel and North American Archaeology : An Example from Northern Plains, In Preucel, R.W. and Hodder,I. (eds) *Contemporary Archaeoligy in Theory* : 240-257,Blackwell.

Hawks, K. 1996 The Sexual Division of Labou, In Steele, J.and Shennan, S.(eds) *The Archaeology of Human Ancestry, Power, Sex and Tradition* : 283-305, Routledge.

Jaubert, J and C.Farizy 1995 Levallois Debitage : Exclusivity,Absence or Coexistence with Other Operative Schimes in the Garonne Basin,Southwestern France, In Dibble, H.L and O.Bar-Yosef(eds)*The Difinition and Interpretation of Levallois Technology* : 227-248,Prehistory Press.

Kuhn, S.L. 1995 *Mousterian Lithic Technology,An Ecological Perspective*, Princeton University Press.

Larick, R. 1985 Spears, Style and Time among Maa-Speaking Pastralists, *Journal of Anthropological Archaeology* 5 : 206-220.

Mellars, P. 1996 The Neanderthal Legacy : *An Archaeological Perspective from Western Europe*, Princeton University Press.

Oda, S.and C.E.Keally 1979 Japanese Paleolithic Cultural Chronology, Paper Presented to the IVth Pacific Congress.

Sciffer, M.B. 1976 *Behavioral Archaeology*, Academic Press.

東海地方の地域編年

高尾　好之

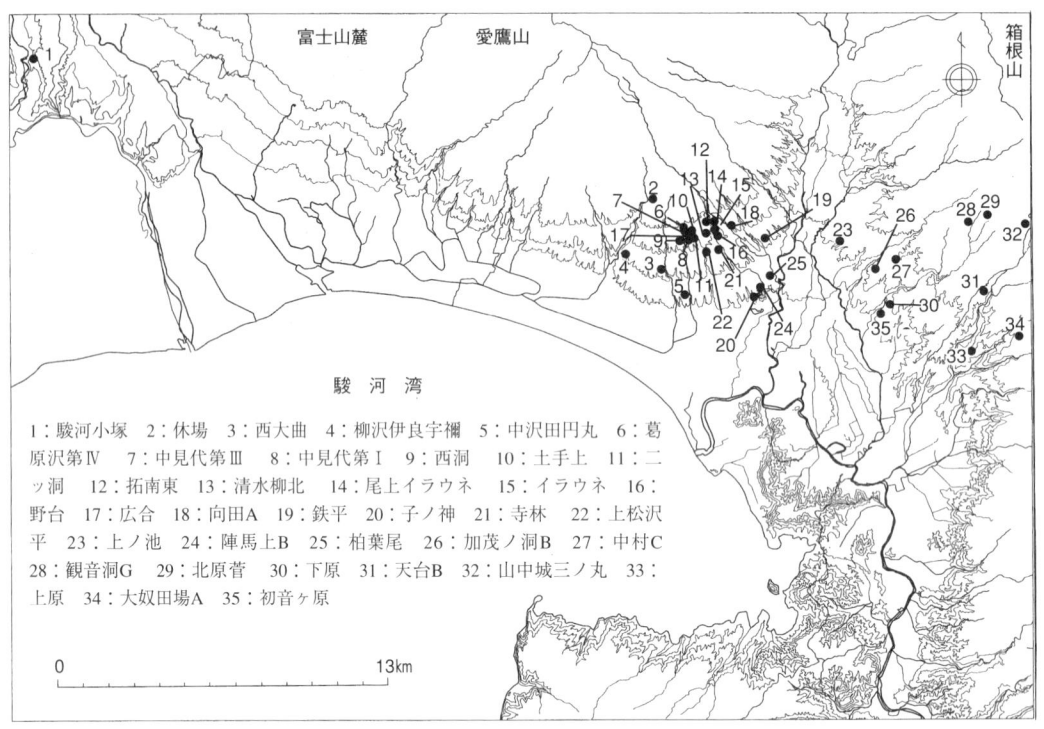

1：駿河小塚 2：休場 3：西大曲 4：柳沢伊良宇褥 5：中沢田円丸 6：葛原沢第Ⅳ 7：中見代第Ⅲ 8：中見代第Ⅰ 9：西洞 10：土手上 11：二ッ洞 12：拓南東 13：清水柳北 14：尾上イラウネ 15：イラウネ 16：野台 17：広合 18：向田A 19：鉄平 20：子ノ神 21：寺林 22：上松沢平 23：上ノ池 24：陣馬上B 25：柏葉尾 26：加茂ノ洞B 27：中村C 28：観音洞G 29：北原菅 30：下原 31：天台B 32：山中城三ノ丸 33：上原 34：大奴田場A 35：初音ヶ原

東海東部地域の遺跡分布図

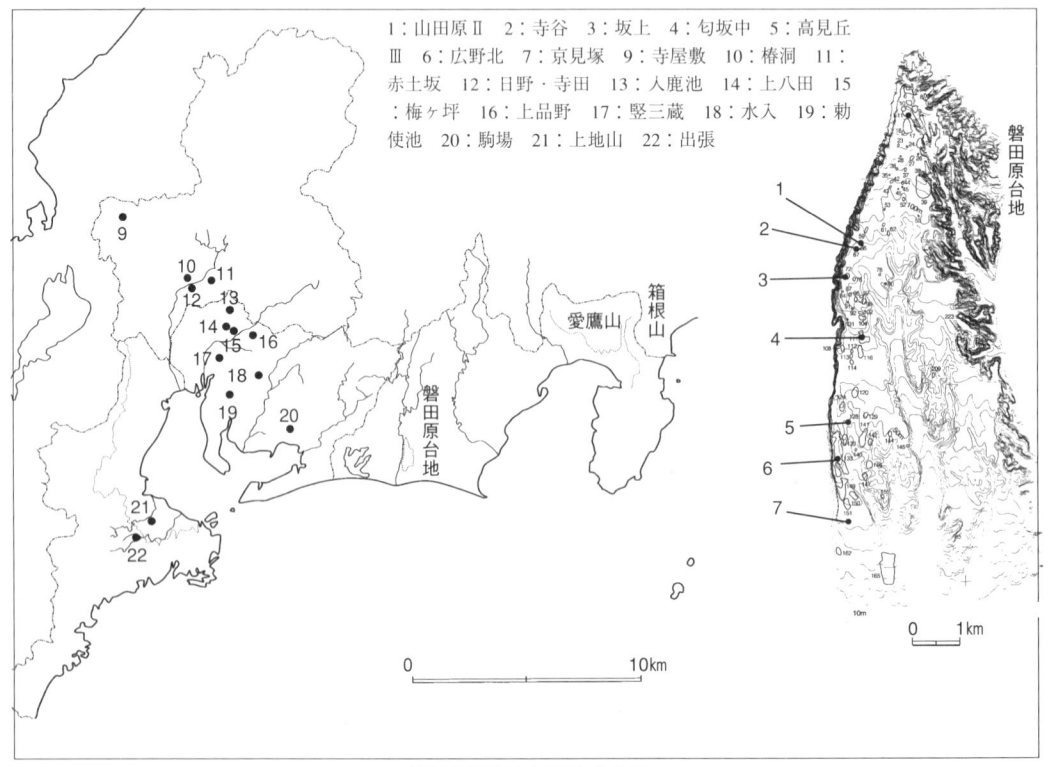

1：山田原Ⅱ 2：寺谷 3：坂上 4：匂坂中 5：高見丘Ⅲ 6：広野北 7：京見塚 9：寺屋敷 10：椿洞 11：赤土坂 12：日野・寺田 13：入鹿池 14：上八田 15：梅ヶ坪 16：上品野 17：堅三蔵 18：水入 19：勅使池 20：駒場 21：上地山 22：出張

東海西部地域の遺跡分布図

1. 編年の方法

　今回、筆者に与えられた課題は「東海地方の編年」である。筆者には過大なテーマではあるが、行政職員として発掘調査を担当し、研究のフィールドとしてきた愛鷹南麓とその近隣の箱根西麓地域の層位的な裏づけにもとづいた石器編年観で東海地方の石器群とその編年案を比較検討することでその責を全うしたい。

　愛鷹南麓・箱根西麓における編年研究の初期は、層位的な優位性に助けられて行われた。筆者は、1982年から愛鷹山南麓の愛鷹運動公園遺跡群の調査を担当する中で、地層の細分化とそこから検出される石器群の層位的な把握に専念した。その結果、10枚の黒色帯と 2 枚の黄褐色土中に残された後期旧石器時代の時期の異なる石器群を検出することができた。

　また、同時期に調査された清水柳北遺跡や平沼吹上遺跡で、その堆積状況が愛鷹山南麓一帯で普遍的に観察できることも確認された。近隣の箱根西麓でもこの層準で対比できることが次第に明らかとなった。それまでの地質学や土壌学の視点では愛鷹ローム層はスコリア層と乾燥するとクラックが入りやすい性質の腐植土層は一つの降下ユニットをなすもので、道路建設では地盤改良が必要な土壌といった認識であったが、愛鷹運動公園遺跡群の調査以降、考古学的には限りなく細分可能な時間軸として認識されるようになった。

　筆者は、愛鷹運動公園遺跡群の調査を通して細分化した地層ごとに石器群の検出を重ね、それ以前の調査で層位的に検証可能な調査例も加えて集成したのが、1994年の「地域と考古学」の編年試案である。これを叩き台として、1995年に静岡県考古学会として愛鷹・箱根山麓の旧石器時代編年（以下1995編年とする）を提示した。その後、笹原芳郎氏により 2 期 c 段階の石器群を 3 期初頭におく修正的見解が示された。また、4 期の石器群については、重複が指摘されながらも軟質な包含層の性質と石器石材の制約により個体別資料にもとづく同時性の証明や分別が進まず、拓南東遺跡のように条件の揃ったいくつかの場合を除いてはこの課題を克服できていない。一方、集団の石器石材の獲得や消費の形態によっては、「個体別資料の分別は、同一時期の石器群を別時期に振り分けてしまう可能性もある」と警鐘を鳴らす見解もある。（笹原 2001）また、同じ黒曜石であっても「信州産と箱根産は意図的に使い分けられ……両者は異なる機能・用途を担っていた可能性を指摘」（池谷 2001）する研究者もあり、あえて進化論的な編年観による分別を行ってこなかったことも事実である。相模野第Ⅳ期の砂川期に後続する月見野期についても、近年の研究ではその中にみられるいくつかの石器組成の違いを時間差のあるものとする見解（白石 2001）と一部を除いて時間差をおかない活動の差異とする見解（鈴木 2005）、石材消費戦略の差異とする見解（国武 1999）に分かれる状況となっている。

　愛鷹・箱根地域では、1995編年提示以後、拓南東遺跡（高尾 1998）で接合資料と個体別資料に裏づけられた相模野第Ⅳ期後半に対比できる良好な石器群を検出した。その後、天台B（寺田 1998a・b）と鉄平遺跡（笹原ほか 2003）でも同様の石器群を検出し、後半段階の資料が増加して様相が明らかになってきている。しかし、前半段階については1995編年で前島秀張氏が設定したa段階とb段階

表1　東海地方の旧石器時代編年表

大別	細別	静岡県東部			静岡県西部(磐田原台地)		大別	愛知県	岐阜	三重
		愛鷹南麓	箱根西麓	愛鷹・箱根編年 進藤編年	富樫編年		別	斉藤編年 西村編年		櫛田・宮川流域
先1期		第二東名No.25〜No.27 迫平B		Gr			Ⅰ期			
第1期	前半	第二東名(富士石) 中見代第ⅠBBⅥ 西洞B区BBⅥ								
	後半	清水柳北中央尾根 中見代第ⅠBBⅤ 二ツ洞BBⅣ	生姜沢 初音ヶ原A第1地点	道東下層				上品野	寺田	
第2期	a段階	葛原沢第ⅣSCⅢb2 第二東名(向田A) 中見代第ⅡSCⅢb1	初音ヶ原A第1地点 下原SCⅢc1				Ⅱ期			
	b段階	中見代第Ⅰ・ⅡBBⅢ 柏原尾根BBⅢ	初音ヶ原A第3地点 初音ヶ原A第2地点 加茂ノ洞B BBⅢ							
	c段階	西洞B区BBⅡ 清水柳北東尾根BBⅡ 清水柳北東尾根NL	初音ヶ原GBBⅡ 上原第ⅢK3	広野北K3	広野北K3			堅三蔵通8・9次 堅三蔵通5次	椿洞KⅢ 寺屋敷	
第3期	a段階	子ノ神第Ⅱ文化層 陣馬上B第Ⅰ文化層	観音洞G-BBⅠ	京見塚(下層)		AT	Ⅲ期	堅三蔵通8・9次 勅使池		
	b段階	尾上イラウネBBⅠ 西大洞BBⅠ 中見代第ⅠBBⅠ直上	上ノ池第Ⅲ文化層 加茂ノ洞B-BBⅠ 観音洞G第2地点BBⅠ	広野 広野北K2期Ⅰ群	広野 広野北K2期Ⅰ群 匂坂中K2期			堅三蔵通5次 天間 駒場	日野1KⅡ	
	c段階	子ノ神第Ⅳ文化層 西大洞BQ 寺林第Ⅲ文化層	上ノ池第Ⅲ文化層 観音洞G第2地点YLL	京見塚(上層) 匂坂中K2期	京見塚 匂坂中K2期				椿洞KⅡ	
第4期	前半	上松沢平第Ⅳ文化層 下長窪上野 二ツ洞a区	南山D第Ⅱ文化層 初音ヶ原エリアS6B16 中林山	高見丘Ⅳエリア1 匂坂中K3期第1群 山田原Ⅱ	高見丘Ⅳエリア1 匂坂中K3期第1群 山田原Ⅱ			水入 駒場 上八田 梅ヶ坪南	宮塚Ⅱ 赤土坂 椿洞KⅠ 寺田K3 海老山	出張A地区Ⅲ層 出張C地区Ⅲ層
	後半	尾上イラウネ 野台・ハ分平B 柳沢伊良平幣	北宮 初音ヶ原A第1地点-Ⅰ	山田原(上層) 高見丘Ⅲエリア3	山田原Ⅱ 高見丘Ⅲエリア3			玉本松 入鹿池A・H 山路		上池山
		拓南東 観音ヶ原第2地点YLM 鉄平YL上位	観音ヶ原第2地点YLL 天合平YLM 山中城三ノ丸第Ⅲ	広野北K2期Ⅱ・Ⅲ群 匂坂中K3期第3群	広野北K2期Ⅱ・Ⅲ群+尖北 匂坂中K3期第3群			名古屋城三ノ丸 牛尾松 梅坪 駒場	寺田M 海老山	
第5期		野台 中見代第Ⅲ・休場 駿河小塚(船発型) 土手上・西洞b区	中村C 大奴田場A第1 山中城三ノ丸第Ⅲ	広野北尖頭器文化 広野北(細石器) 寺谷	広野北K2期Ⅲ群+尖北 広野北尖頭器文化南群 広野北(細石器) 寺谷(細石器)		Ⅴ期			出張C地区Ⅲ層 (細石器)

の細別は、今日「当地域の砂川式期として捉える方向」で検討されている（前島2001）。また、c段階についても石器石材研究からのアプローチにより再考を余儀なくされている。今回、筆者は私見により1995編年に変更を加えたが、石器群の層位的な認定については、1995編年にもとづいている。

時期の大別は従前どおりの5期とするが、細別については1期と4期はそれぞれ前半と後半に、2期と3期は3段階に細別する。4期前半段階には、時間差をもちつつも段階差としては捉えきれない石器群をa群・b群・c群とする。細別の表記は、2段階の場合は前半と後半、3段階の細別はa段階・b段階・c段階とし、石材構成比やリダクションによる石器群の変異が想定され、時間的な関係として捉えきれない4期前半の石器群については前記のとおりである。

また今回の編年を提示するに当たり、この10年来著しい研究成果をあげている黒曜石原産地同定結果からの視点と、筆者が市史編纂事業に関わる中で集成した当該地域の層位ごとにみられる遺跡の数量的変化からの視点でも画期の検証を行った。なお石器群の変遷は、層位的検出例にもとづき新出形態の出現をもってその画期とした。

近年、調査例が増えている愛鷹上部ローム層BBⅦ層の石器群はほとんどが未発表資料であるため、本文では出土遺跡の紹介に留めた。

2．愛鷹ローム層の各層準と石器群の画期

愛鷹ロームの標準土層は図1に示すとおりである。愛鷹火山は、約10万年前に活動を停止した後は、約8万年前に活動を開始した「古富士火山」のテフラを堆積させている。この間に形成されたローム層は、下位から堆積順に下部ローム・中部ローム・上部ロームと命名されている（愛鷹ローム団研グループ1969）。上部ローム層は、スコリア層と土壌化が進んだ黒色帯の互層を特徴とする。その最下層に近い黒色帯でAMS法^{14}C年代（暦年未更正）32,060±170yrBP（IAAA-10714）の値が与えられ（笹原2005a）、ほぼ関東の立川ローム層に対応するものと考えられている。

最下層に近い第Ⅶ黒色帯（BBⅦ）は層厚が30cm前後あり、漆黒色を呈し非常に粘性が強い。第二東名関連調査で、この層準または相当層とされる層準から異相な二つの石器群が相次いで発見されている。その一つの石器群は、1期の石器群として系統をたどれる黒曜石を多用した石器群であるが、もう一つの石器群は在地系石材とされるホルンフェルス製の礫器と大形剥片石器を主体とする石器群である。いわば一つは「黒曜石産地を知り尽くした石器群」と「在地系の石材しか知らない（あるいは使わない）石器群」であり、笹原芳郎氏が指摘しているように、「礫器類の有無や剥片剥離技術と作出される剥片類等に差異があると思われ、武蔵野Ⅹ層や相模野B5層のチャート製石器群の問題と同じく、同時期異相と一概に言えるかどうかは今後の検討課題」である（笹原2005a）。第Ⅵ黒色帯（BBⅥ）～第Ⅳ黒色帯（BBⅣ）は、層厚10～13cmで乾くと硬く締まりクラックが入りやすく脱色する。それぞれ上下にスコリアが介在するが、明確な境界を示しにくいところもある。とくに東方に位置する箱根西麓は、この傾向が強い。この上位に第Ⅲスコリア帯が厚く堆積しているが、その下底部に堆積する3枚のスコリア層は、硫黄色を呈する溶結した非常に硬い層厚30cm前後の地層である。箱根西麓でも明瞭に識別できるため、愛鷹南麓と対比する鍵層の一つとなってい

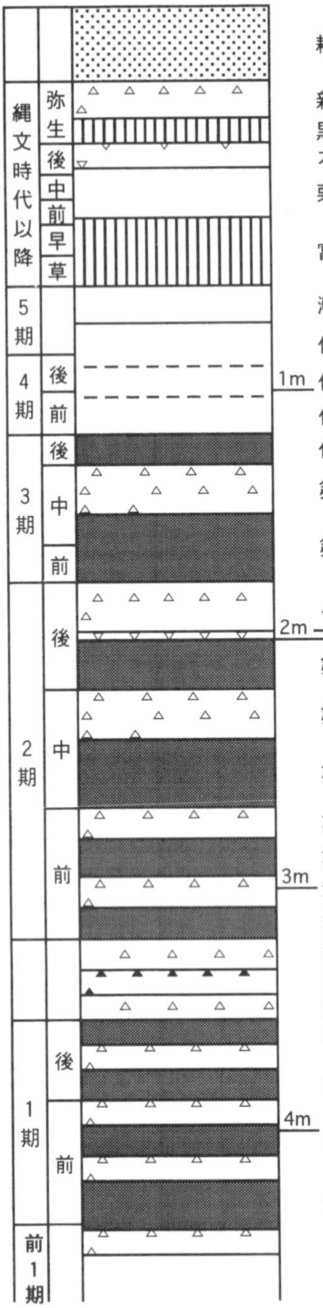

時期		〈柱状図〉	層名		C14年代(暦年未較正)	〈色調〉
縄文時代以降	弥生		耕作土			10YR1.7/1
			新規スコリア	新規SC		7.5YR2/1
			黒色土			7.5YR1.7/
	後		カワゴ平パミス			
	中前早草		栗色土層	KU		7.5YR2/1
			富士黒土層	FB	11390±50BP (Beta-167672)	7.5YR3/1
5期			漸移層	ZN		7.5YR3/3
			休場層上位	YLU	14,300±700BP (Gak-604)	7.5YR4/4
4期	後	1m	休場層中位	YLM		7.5YR5/6
	前		休場層下位	YLL		7.5YR4/6
3期	後		休場層直下黒色帯	BB 0		7.5YR4/3
	中		第Ⅰスコリア層	SCⅠ		5YR5/6
	前		第Ⅰ黒色帯	BBⅠ	20,890±600BP (Gak-16296)	5YR4/2
2期	後	2m	ニセローム	NL		5YR5/4
				AT		
			第Ⅱ黒色帯	BBⅡ	25,920±1000BP (Gak-16297)	5YR4/2
	中		第Ⅱスコリア層	SCⅡ		5YR3/2
			第Ⅲ黒色帯	BBⅢ	27,200±2,200BP (Gak-1928)	2.5YR3/1
	前		第Ⅲスコリア帯スコリア1	SCⅢs1		5YR3/2
			第Ⅲスコリア帯黒色帯1	SCⅢb1		5YR2/2
		3m	第Ⅲスコリア帯スコリア2	SCⅢs2		7.5YR3/4
			第Ⅲスコリア帯黒色帯2	SCⅢb2	27,860±1,710BP (Gak-13713)	7.5YR3/2
			第Ⅲスコリア帯スコリア3	SCⅢs3		5YR4/4
			第Ⅲスコリア帯スコリア4	SCⅢs4		7.5YR3/3
			第Ⅲスコリア帯スコリア5	SCⅢs5		7.5YR3/4
1期	後		第Ⅳ黒色帯	BBⅣ	28,100±400BP (Gak-1929)	5YR2/2
			スコリア層			7.5YR3/3
			第Ⅴ黒色帯	BBⅤ	29,590±300BP (Beta-156809)	5YR3/2
		4m	スコリア層			5YR3/2
	前		第Ⅵ黒色帯	BBⅥ	30,200±360BP (Beta-122043)	5YR2/2
			スコリア層			5YR2/2
			第Ⅶ黒色帯	BBⅦ	32060±170BP (IAAA-10714)	7.5YR2/2
前1期			スコリア層			
			中部ローム			10YR4/4

図1 土層模式図（上松沢平遺跡報告書第4図模式図を一部変更して転載）

る。古富士テフラのフォールユニットの単位ではY-109に対比され、その下位のY-108との間には大規模な斜交関係が認められている。(上杉ほか 1983) 愛鷹・箱根地域の石器群の区分でも1期と2期が区分される層であり、石器と地質的な変化の相互関係が注目される（池谷 2001）。BBⅦ～BBⅣ層は、武蔵野Ⅹ層～Ⅸ下層に対比される。

第Ⅲスコリア帯（SCⅢ）はBBⅣ層の上位層で、溶結した3枚のスコリア層を含む層厚1mほどのスコリア帯であるが、このスコリア帯中には層厚10cm程度の黒色帯が2枚介在する。上位のものをb1、下位のものをb2と呼称する。両層準ともにスコリアの含有量が多く、黒味が弱い。とくにb2層はその傾向が強い。2期前段階の石器群を包蔵し、武蔵野Ⅸ上層・Ⅶ下層に対比できると考えられる。

　第Ⅲ黒色帯（BBⅢ）は、SCⅢの上にのる層厚25cm程度の土壌化が進んだ地層で漆黒を呈し、その下部ではスコリアの含まれる量がやや多くなるが、SCⅢとの境界は比較的明瞭である。2期b段階の石器群を包蔵し、武蔵野Ⅶ層段階に対比される。

　第Ⅱ黒色帯（BBⅡ）は、第Ⅱスコリア層（SCⅡ）を挟んで上位に堆積する層厚20cm程度の土壌化した層である。BBⅦやBBⅢに比べて黒味が少ないため、SCⅡの堆積が悪い場所でも境界は比較的明瞭である。

　ニセローム層（NL）は、黄褐色の20cm前後の層厚をもつ風化の進んだスコリアと火山ガラスからなる層である。一見ローム層にみえることからニセロームとよばれた。NL層中には、ATが含まれるが、その位置は「（ATの）パッチがNL層のまん中からBBⅠ層最上部にかけてさまざまな位置に出現する」ことから「その真の層準はNL層の過半部のどこかにある」（加藤・佐瀬1989）とする見解と「NLの基底をATの降灰層準と考えて問題はない」（パリノ・サーヴェイ株式会社1989）とする見解がある。両者の見解を採れば、清水柳北で検出された石囲炉はAT降灰前後に残されたものといえる。またNL層上半部は、径数mm以下の比較的細かい風化の進んだスコリアが主体をなし、下半の火山ガラスが主体となる部分と分層することも可能である（池谷2001）。愛鷹・箱根の2期と3期の画期は、NL層中の石器群で設定されている。BBⅡ～NL層は、武蔵野Ⅵ層に対比できる。

　第Ⅰ黒色帯（BBⅠ）は25cm前後の層厚を有し、乾くと脱色してクラックが入りやすい。上半部は、風化の進んだ細かいスコリアが多く含まれる。

　休場層下部の黒色帯は、愛鷹ローム団研によって「休場層下部黒色帯」とよばれていたが、休場層と必ずしも同じ成因によるものではないことから、簡略化して「BB0」という名称に変更された。層厚は10cm前後で暗褐色を呈し、赤褐色・橙色のスコリアを比較的多く含む。石器群の様相は武蔵野Ⅴ層・Ⅳ下層に対比でき、BBⅠ層下底部とBBⅠ層中位～SCⅠ直上・BB0層で愛鷹・箱根の3期は3段階に細別できる。

　休場層（YL）は、愛鷹山麓では20～60cmの層厚をもつが、東に位置する箱根西麓では1mを超え、3～5枚のスコリア層が介在するところもある。検出される石器群は、相模野編年4期から5期のものまであることから、色調やスコリアの含有量等により3層に細分する試みがなされているが、分層と石器群の細分は必ずしも対応しない。終末期の石器群は、上層の漸移層（ZN）や富士黒土層（FB）にまで及ぶ場合がある。

　富士黒土層（FB）は、丘陵上では50～60cm程度であるが、埋没谷などでは1m以上の層厚になることがある。こういった場所のFB層では、黄褐色土を基質としたスコリアを多量に含む層（FBsc）が介在することがある。このFBsc層は縄文時代草創期の隆帯文土器・押圧縄文土器の包含層となっており、その直上からは草創期の表裏縄文土器が出土している（池谷1995）。

3. 石器石材の変遷からみた編年の画期

　産地が特定できる石器石材は、石材受給システムやそれに関わる集団の移動、領域、地域性や集団関係などの社会構造を知る有力な手がかりと考えられている。一定地域で、使用される石材の産地組成に大きな変化があった場合、その時点で社会構造上の画期があったと推測することができる。

　愛鷹・箱根山麓では、黒曜石の「全点分析」を提唱した望月明彦氏と池谷信之氏の研究により、黒曜石原産地組成の時期ごとの変化が明らかにされてきている。

　当該地域の遺跡に残された黒曜石の原産地は、神津島系・天城系・箱根系・信州系に大別される。この大別産地にもとづく遺跡ごとの層位的な原産地組成図を図2に示した。また石材組成中の、黒曜石比率は図3に示した。なお、石材組成における頁岩・珪質頁岩の石材名は、学史的な背景から当該地域の報告書の記載に合わせている。近年、前島秀張氏によりその大半が富士川流域と海岸部で採取できるホルンフェルスである可能性が指摘されているが、これらを包括した形で広義の頁岩系という意味で使用している。本文中はすべて頁岩系と表記する。

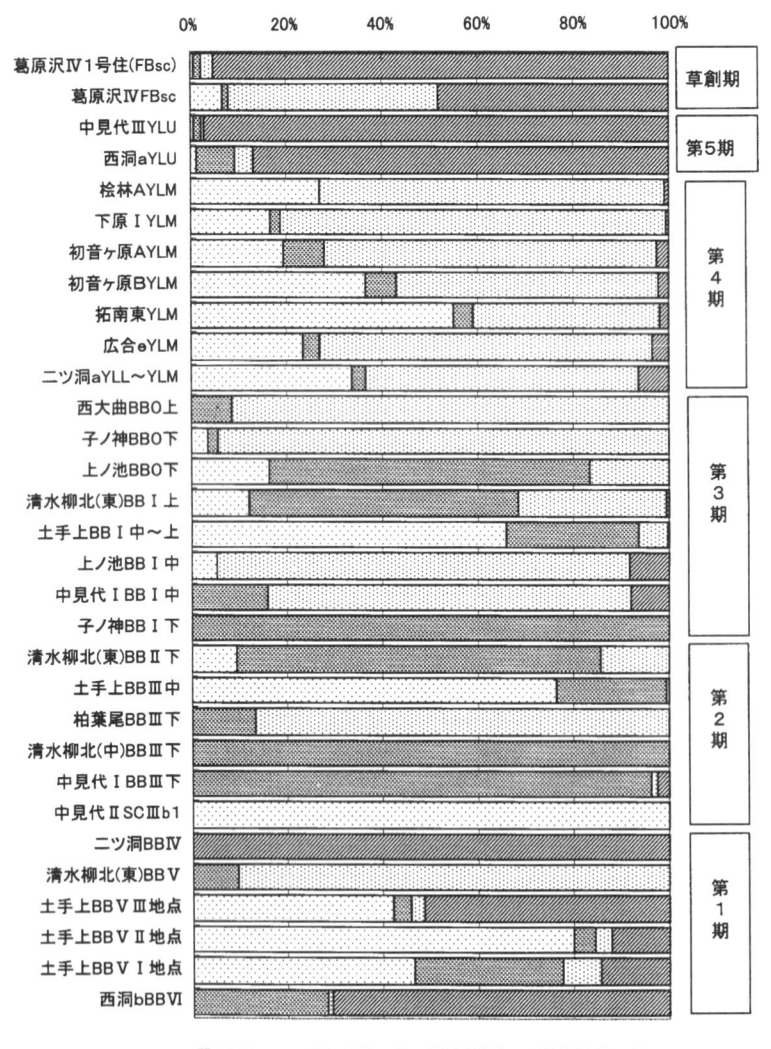

　図2に示された原産地の組成変化をみると、それぞれの産地の占有率に時期的に異なる傾向がみられる。

　第1期と第5期は神津島系の組成率が高く、とくに第5期の細石器から縄文草創期にかけては、神津島系以外の黒曜石はほとんど組成されていない。その前の第4期の組成が、信州系と箱根系の黒曜石で占められる状況

図2　黒曜石原産地組成の変遷

と比較すると、一変する状況がみて取れる。第1期も総体的に神津島系の組成率が高いが、遺跡ごとの変異が大きい。天城系と箱根系の比率も高く、箱根以南の黒曜石で大半が構成されている。清水柳北BBV層の石器群は、比率のうえでは信州系が高いが、図3に示すとおり石材組成に占める黒曜石自体の比率が低いため、量的にはきわめて少ない。このように信州系もわずかではあるが安定的に組成されており、既に後期旧石器時代初期には主要なすべての黒曜石資源を開発していたと考えられる。

2期は、1期に組成率が高かった神津島系は激減し、組成される遺跡自体もきわめて減少する。

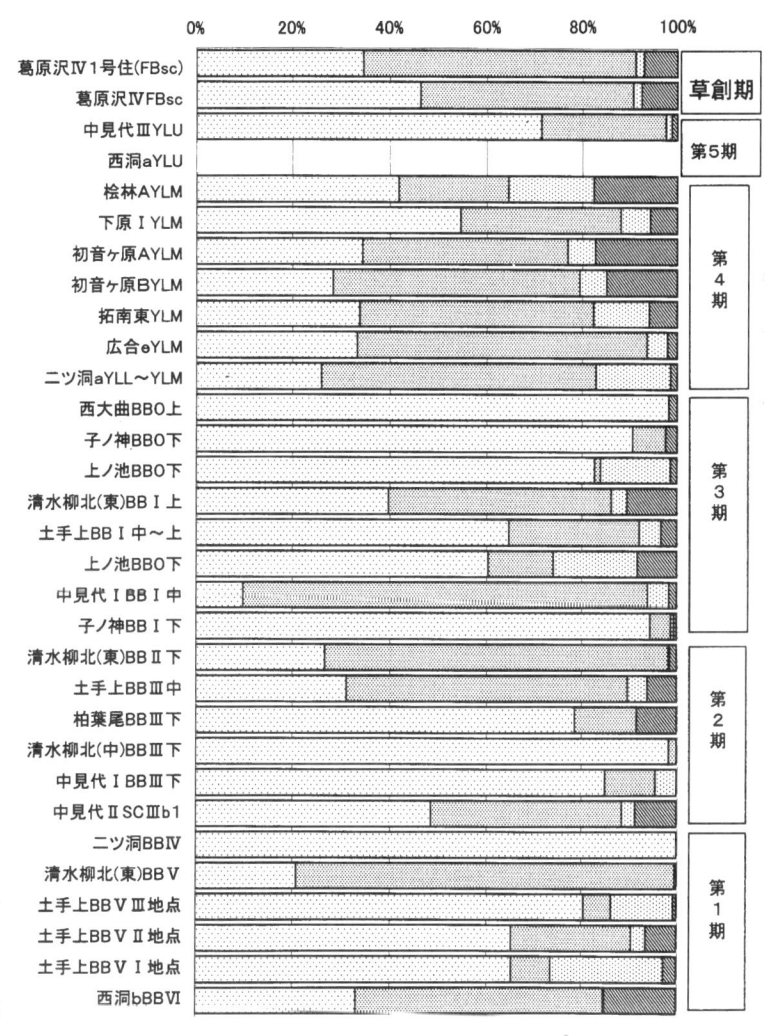

図3　石材組成の変遷

1期と2期を分けるSCⅢε3～5は高温で溶結した層厚30cmほどの堅いスコリア帯である。

2期から3期にかけての黒曜石産地組成は、柏葉尾や子ノ神第Ⅲ文化層（BB0下）・西大曲BB0のように信州系の組成率が極端に高い遺跡と土手上BBⅠや清水柳北BBⅢのように天城系や箱根系の黒曜石が大半を占める石器群が遺跡ごとに様相を違えて存在する。総体的には、2期で天城系と箱根系の近在黒曜石が3期で信州系の遠方黒曜石が多用される傾向がうかがえる。2期と3期の画期とした3期a段階子ノ神第Ⅱ文化層は（BBⅠ下）、黒曜石が石材組成の90％以上を占め、産地組成は2期で主体的な天城系が100％を占める。3期b段階とc段階になって信州系が組成比率や出現頻度を高め、c段階子ノ神第Ⅲ文化層は、石材比率90％以上を占める黒曜石の90％以上を信州系が占めている。西大曲BB0層では、石材の95％以上を占める黒曜石の90％以上が信州系（蓼科産）である。黒曜石産地系では、2期の傾向を有する子ノ神第Ⅱ文化層は石材組成の傾向でみると、2期c段階から黒曜石が減少し在地頁岩系が増加する傾向の中で、黒曜石組成率が突出した特異な石器群

として映る。石器群の評価もそうした石材上の傾向と同じく、位置づけにも見解の相違がみられる。

4期の黒曜石比率自体は3期c段階より下がるが、3期b段階とc段階でほとんど姿を消していた神津島系が少量組成されるようになる。黒曜石産地組成では、信州系が突出した3期c段階とは大きく変化し、信州系に加えて箱根系も20〜50％程度が安定的に組成されるようになる。ガラス質黒色安山岩の比率も高まるが、1期と3期b段階にも同様の傾向がみられることから、箱根系黒曜石の組成率が高まったこととの関連が考えられる（池谷・望月1998）。4期の黒曜石の組成比率は3期c段階と比べて下がる傾向にあるが、逆にナイフ形石器などの製品に占める組成率は、剥片類と比べてきわめて高くなることが指摘されている（池谷・望月1998）。池谷信之氏は、このことと信州系黒曜石の原産地遺跡の一つである鷹山遺跡群の製品率の低さを関連づけて、第4期に信州の黒曜石産地と愛鷹・箱根山麓を領域として、遊動する大きなヒトの動きが繰返しあったことを想定している。そして3期と4期の画期には、石材消費のあり方に大きな変化が起こったことが推定されている。

以上のように、黒曜石原産地組成と石材組成変化は、2期と3期の画期を除いては1995編年の画期と同調するものである。

4. 遺跡の数量的変化からみた愛鷹・箱根編年の画期

静岡県東部の旧石器時代遺跡は、愛鷹山南麓と箱根山西麓という地形的に限定された地域に集中している。この地域は都市計画上の市街化調整区域にあるため、調査原因となる開発行為は主に高速道路や工業団地などの大型公共工事である。このため、調査規模は面積的にも深さ的にも大きく、遺跡全域に及ぶものが多い。今日までに知られている旧石器時代遺跡は、愛鷹山麓だけで84遺跡331文化層を超える。筆者は、限定された地形空間でこれだけの資料があれば、接合資料や個体別資料の操作により厳密に同時性が検証されたものばかりではないという問題点があるにしても、層位ごと時期ごとの遺跡規模の変化が統計的な処理により、ある程度信頼できる数値として傾向が捉えられると考えた。

図4を作成した初期の目的は、第2期に大形土坑群を残した集団と遺跡の関係を他の時期と比較することであった。試みとして、遺跡規模の変化を数値化することで視覚的に2期を捉えようとしたものである。

第2期の愛鷹・箱根山麓には、突如として大形の土坑群が出現する。土坑群は、同じ規格でいくつかの配列パターンのようなものがある。これまでに186基（笹原2005a）以上が検出されているが、密集する場合でも土坑同士が切り合うことはない。このため、増設があったとしても土坑が埋まりきらないうちに為されたと考えられる。掘り込まれた地層の堅さや当時の道具の性能を考えると、短期間であれば相当の人数がこの地域に集結したと思われる。また、その配列と規格性の高さは、組織的な土木工事であったことを示唆していると思われる。したがって、これを残した集団の遺跡規模に変化が起こると推測された。しかし、その存続期間はBBⅢ層中で、BBⅡ以降にはつくられていないため、そこでの変化も予測された。

図4　愛鷹・箱根山麓の遺跡の変遷

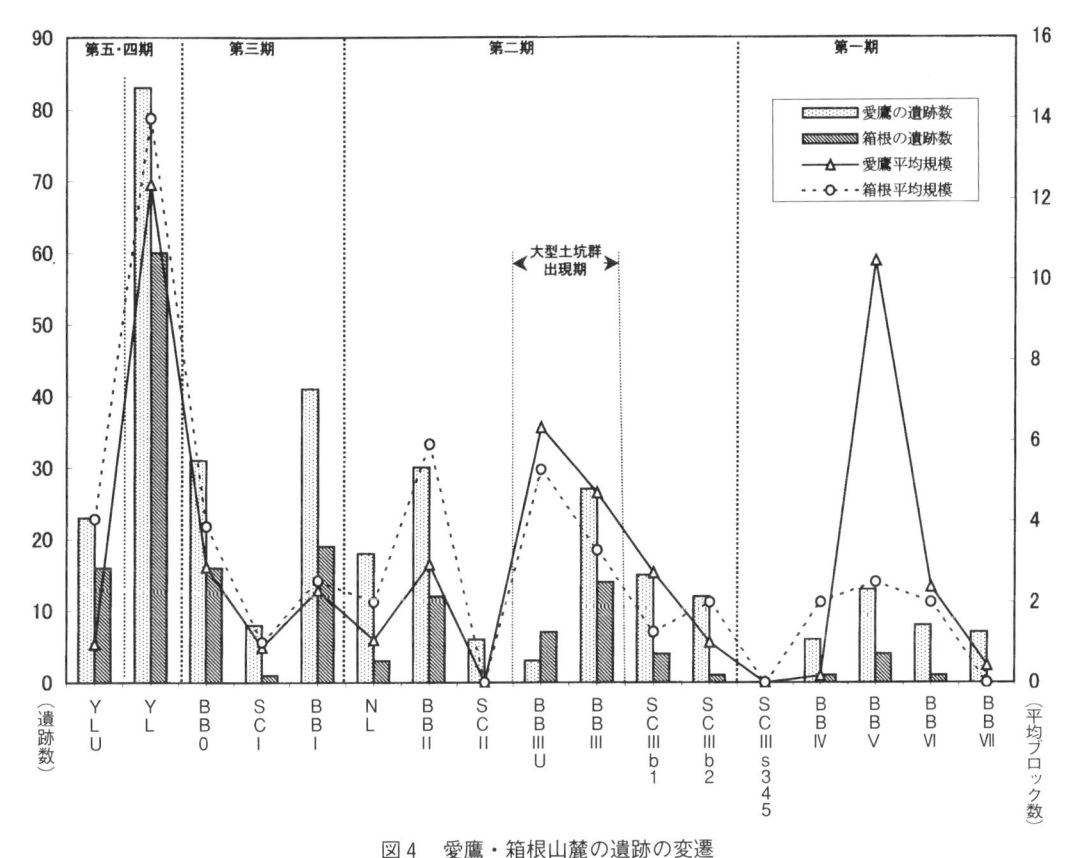

　遺跡規模は、構成するブロック数の平均値で表す。堆積期間が異なる層を単位とするため、同一層準の遺跡数変化だけでは単なる時間幅による差となるおそれがある。そのため、構成ブロック数で比較することによってなるべく時間幅には影響されない数値とする。また、遺跡数変化のグラフと組み合わせることにより人口の変化も捉えられると予測した。さらに、愛鷹と箱根の両地域を別々に数値化して比較することにより、その変化が地域ごとの様相なのか、より広域の様相なのかを知ることができるものと考えた。その結果が図4のグラフである。

　棒グラフは、層位ごとの単純な遺跡数変化を表す。折れ線グラフは1遺跡を構成するブロック数で、遺跡の規模を表す。大規模遺跡とは、折れ線グラフが棒グラフを大きく上回る遺跡と考えられる。この状況を示す層準は、愛鷹山南麓と箱根西麓ともに第1期後半（BBⅤ層）と第2期b段階（BBⅢ層）の遺跡である。第1期後半は武蔵野Ⅸ下層段階に対比される時期で、環状ブロック群の出現により大規模遺跡が形成される時期として知られている。愛鷹山南麓でも、土手上遺跡で大形の環状ブロック群や中見代第Ⅰ遺跡で小形の環状ブロック群が形成されている。大形土坑群が残されたBBⅢ層上部の遺跡でも同様の大規模化が起きている。該当する大規模遺跡は、愛鷹山南麓の西大曲遺跡と三明寺遺跡、箱根西麓の初音ヶ原遺跡がある。この傾向は両地域に共通してみられる状況で、土坑の分布とも一致する。

　一方、棒グラフが折線グラフを上回る時期もある。このグラフ形状は、遺跡の小規模・分散化を

表している。層位的にはNL層からBB0層にかけてみられ、その状況が両地域で一致していることから広域現象と考えられる。この傾向がはじまるNL層は、AT降灰直後に堆積した風化の進んだスコリア層で、編年的には第3期石器群が出現する直前にあたる。気候的には最終氷期極相期に向かう時期にあたる。つまり、石器群の変化より少し早く遺跡の小規模化がはじまったことを示すものである。

棒グラフと折線グラフがともに大きく跳ね上がる時期は第4期である。第4期は、石器群の累積や混在が指摘されるYL層中の石器群であるが、層の堆積期間は大規模化があったBBⅤやBBⅢと比べても、その層厚から2倍を超えることはないと思われる。堆積期間を考慮してもYL中の遺跡は多く、同じYL層準の5期と比較しても突出している。時間幅のわりに多く繰り返し遺跡が残された状況は、「ほぼ同様の地点・地形が回帰的に利用された結果であり、居住パターンにおける位置付け・機能の異なる遺跡が次々と形成された状況」（中村2005）であり、計画的に利用された場所とも考えられる。そうした関連性のある一連の石器群を重複とみるか共伴とみるかは見解の分かれるところである。このグラフでは、有意な関係をもつという意味で共伴する石器群として取り扱った。

以上のように遺跡規模の推移を概観すると、1期の環状ブロック群に代表される大規模遺跡は、同期終末の二ッ洞遺跡BBⅣではみられない。極相期との関連が想定される3期の遺跡は、小規模化・分散化の傾向が2期c段階からみられる。4期の遺跡の増大傾向は、3期c段階にその兆候が現れている。このように、第1期から第5期のグラフの推移は、石器変化にもとづく編年の画期（大別）とおおむね一致し、石材のうえでは明瞭でなかった2期と3期には遺跡構造上に大きな変化があったことが看取された。しかし、微視的にはそれぞれの画期の直前の段階（細別）にも既に変化の兆候があり、石器変化に先行して遺跡構造に変化が起きる適応のメカニズムがあるとすれば、編年の画期と同調しているといえる。

5. 静岡県東部（愛鷹山南麓・箱根西麓）の石器群の編年

編年の画期は、層位的に検出された石器群を指標として新しい器種の出現をもって大別の根拠とし、主体的な石器の発展段階やナイフ形石器の形態組成の変化により細別を行った。ナイフ形石器の大きさは、5㎝以上のものを大形、3㎝以上5㎝未満のものを中形、2㎝以上3㎝未満のものを小形、2㎝未満のものを極小形と表記する。以下その大別・細別ごとの指標となる石器群について記載する。指標とした石器群の出土遺跡の位置については分布図（62頁）を参照されたい。

第1期（図5）は、台形様石器を主体に局部磨製石斧を特徴的に組成する段階である。石器群を包蔵する層位はBBⅦ～BBⅣ層である。この段階は、台形様石器の組成率で時間差のある2段階に細別できる。前半に位置づけられる石器群は、BBⅦ～BBⅣ層上面で検出される中見代第ⅠBBⅥ（図5-37～41）と西洞遺跡b区BBⅥ層上面（図5-22～36）の石器群を指標とする。石器組成は、打製と刃部磨製の石斧、へら形石器、台形様石器、ナイフ状石器、ナイフ形石器、削器、楔形石器、敲石などである。このほか、中見代第Ⅰ遺跡BBⅥでは彫器（図5-39）状の石器が伴っている。石斧（図5-35）の石材は、緑色凝灰岩の扁平な円礫が用いられる。中見代第Ⅰのナイフ状石器（図5-

東海地方の地域編年 73

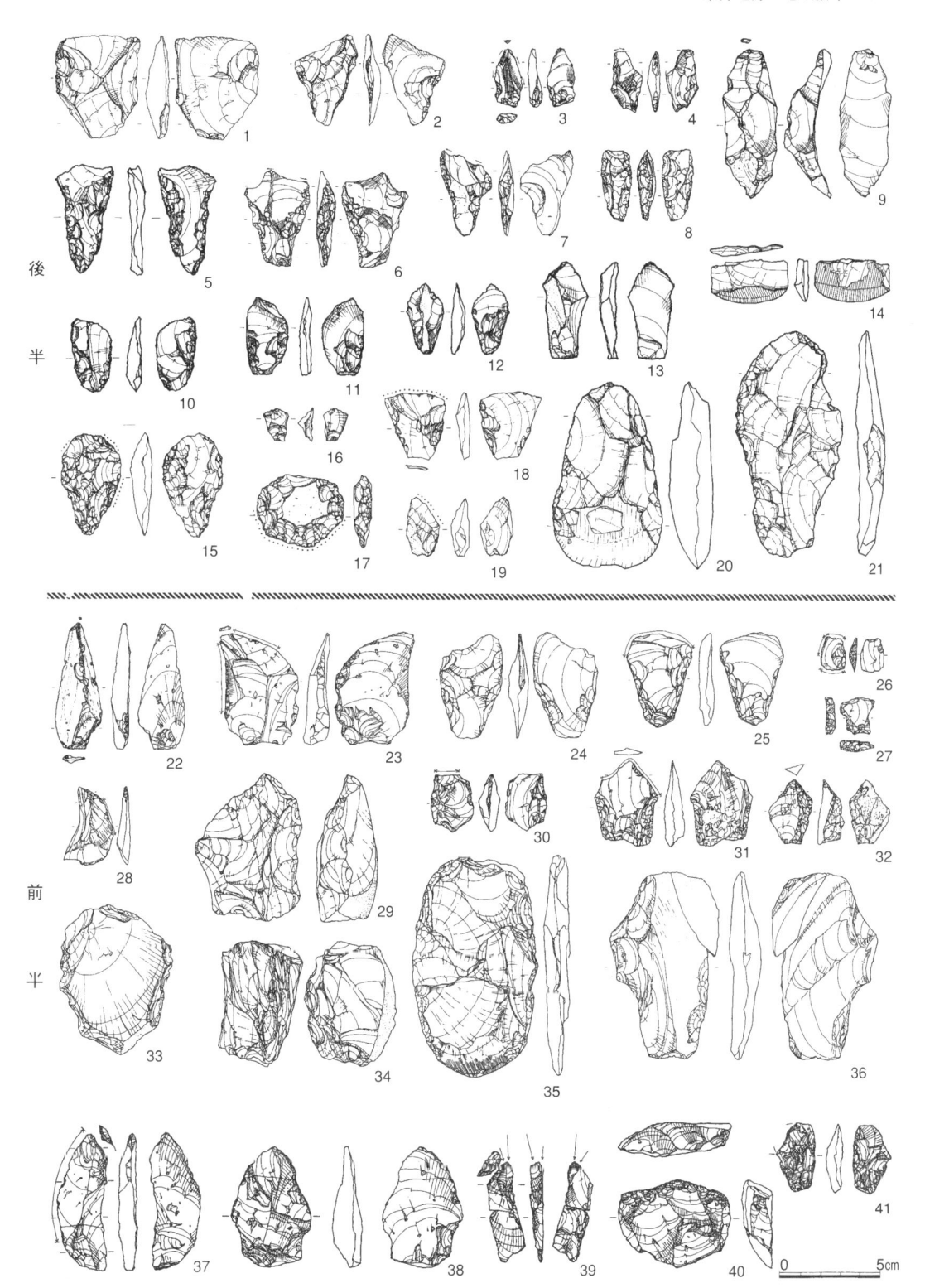

後半

前半

1・2：二ッ洞BBⅣ　3・4・6～8：土手上BBⅤ　5・9～14：中見代第ⅠBBⅤ　15～19：生姜沢BBⅥU
20・21：清水柳北BBⅤ　22～36：西洞b-1区BBⅥU　37～41：中見代第ⅠBBⅥ

図5　第1期

37）は、縦長指向剥片の端部と基部に微細な平坦加工が施されている。削器は、鋸歯縁（図5-33）のものと尖頭状（図5-32）のものが含まれる。台形様石器は、基部に平坦剥離による面的な調整を施したものとブランティング状の急斜度剥離を施したもの、折断の断口面のまま残されるものがあり、刃部形状も尖刃・平刃・斜刃・円刃の形態がある。黒曜石の原産地は、神津島系と天城系を主体に信州系も共伴するが、近隣の箱根系は組成されない。最近の調査例では、第二東名№142地点（富士石）遺跡でBBⅦ相当層の層準から、面的調整が施された信州系黒曜石製の台形様石器と緑色凝灰岩の扁平な円礫の剥片を組成する石器群が検出されている。

　剥片剥離技術は、台形様石器の素材となる横長幅広剥片剥離技術とナイフ状石器の素材となる縦指向の剥片剥離技術がある。横長幅広剥片は、盤状剥片の主剥離面を作業面として、周縁から求心的に剥離する残核が多くみられる。縦指向の剥片は、中見代第Ⅰ遺跡の接合資料の観察から作業面と打面を交互に入れ替える打割器状の石核の存在が想定される。

　後半段階は、台形様石器の組成比率が飛躍的に高まる段階で、環状ブロック群に代表される大規模遺跡が形成される段階でもある。この段階の石器群を包蔵する層位は、BBⅥ上～BBⅣ層である。代表する石器群としては、土手上BBⅤ（図5-3・4・6～8）や中見代第ⅠBBⅤ（図5-5・9～14）、生姜沢BBⅥ上層（図5-15～19）、清水柳北（図5-20・21）、二ッ洞BBⅣ（図5-1・2）がある。黒曜石原産地組成は、前段階では少なかった箱根系が大量に使用されるようになるとともに、当該地の旧石器時代を通して使用されるすべての原産地が出揃う。箱根系が主体的な石材となると、土手上遺跡のような大型の環状ブロック群が出現する。

　石器組成は台形様石器、ナイフ形石器、打製・刃部磨製の石斧、掻器、削器などである。台形様石器は、形態組成的には前段階と変わらない。生姜沢BBⅥ上（図5-15）や中見代第ⅠBBⅤ（図5-5）にある基部から胴部にかけて面的調整剥離に覆われた、いわば「精製石器」ともよびうるような（佐藤1992）形態が特徴的に組成される。ナイフ形石器は縦指向の剥片を素材とした端部加工と基部加工の形態があるが、安定的に組成される器種ではない。削器は、前段階にみられた鋸歯縁のものや尖頭状の形態が姿を消す。掻器は直線的な刃部を有するものが多いが、生姜沢の資料には全周に調整加工が及ぶ第3期の円形掻器に類似するもの（図5-17）が存在する。当該期では異色な資料である（笹原1999）。

　剥片剥離技術は、台形様石器の素材剥片となる横長幅広剥片剥離技術が主体である。残核形状は、盤状剥片の主剥離面を作業面としたものや打面転位を繰り返す賽子状のものが主体である。単設打面で縦指向の剥片を剥離する接合資料も散見される。石刃状の剥片は、三明寺遺跡BBⅤで確認されているが、当該地ではなじみが少ない安山岩系の石材で、搬入品と考えられている。これまでのところ当地域では石刃技法を内在する石器群は確認されていない。

　前節でふれたが、BBⅦでは第1期前半段階に位置づけられる富士石遺跡石器群（BBⅦ相当層）とは異質な石器群が下底部で検出されている。礫器状の石器と大形剥片石器で組成され、主石材が在地系の頁岩系で構成される石器群である。この石器群は、第二東名№25（秋葉林）遺跡や同№26・同№27、長泉町追平B遺跡のBBⅦ下底部で検出されている。追平B遺跡は富士石遺跡と同じ尾根上の隣接地にあり、富士石の台形様石器精製品を組成する石器群の検出レベルでも、現地でみた

かぎり層位的な上下関係は認められない。富士石の石器群が信州系を含む黒曜石を多用し、凝灰岩や在地系の石材資源も十分に活用しているのに対して、追平Bなどの頁岩系石器群は在地系のみの単純な石材組成である点で、異相といえる。

　第2期（図6）は、二側縁加工のナイフ形石器（茂呂形）が出現し、発展を遂げる段階である。ナイフ形石器の発展段階により、出現期のa段階、発展期のb段階、小形化のc段階の3段階に細別される。ナイフ形石器は、石刃素材の大形・中形のものと、横長幅広剥片または小形石刃、不定形剥片を素材とする小形のものが二極構造を成す。

　a段階（初期）は、葛原沢第ⅣSCⅢb2（図6-69）や向田ASCⅢb2、中見代第ⅠSCⅢb1（図6-66・67）の精緻な石刃素材のナイフ形石器と、横長幅広の剥片を素材とした中見代第ⅡSCⅢb1（図6-59〜65）の弧状背のナイフ形石器・小形のナイフ形石器の石器群を指標とする。ナイフ形石器の形態組成は基部加工、一側縁加工、二側縁加工（茂呂形・切出形・台形状）である。石器組成はきわめて単純で、ナイフ形石器・楔形石器・削器などである。

　剥片剥離技術は葛原沢第Ⅳ遺跡において、この地域では最古の石刃技法の剥片剥離作業が確認された。作出された石刃は、ナイフ形石器とその素材の関係として捉えられる。横長・幅広剥片素材のナイフ形石器は、中見代第Ⅱの弧状背形態（図6-65）が瑪瑙製、小形幾何形の形態（図6-60・61）がチャート製で本地域では希少石材が使用されている。残核は遺跡内に残されていないが、チャート製のものは一条稜の縦長剥片もしくは石刃状剥片が用いられている。背面と主剥離面の方向から両設打面石核の存在が考えられる。中見代第ⅠSCⅢb1の大形のナイフ形石器は石刃素材である。

　b段階（前期）は、中見代第ⅠBBⅢ（図6-49〜58）、柏葉尾BBⅢ（図6-40〜48）、清水柳北BBⅢ（図6-33〜39）の縦長剥片素材の小形ナイフ形石器と西大曲第Ⅲ文化層（BBⅢ上面）（図6-29）と初音ヶ原A第3地点（図6-30〜32）の中形石刃を素材とした柳葉形のナイフ形石器の石器群を指標とする。ナイフ形石器の形態組成は基部加工、一側縁加工、二側縁加工（茂呂形・切出形・台形状）、端部加工である。石器組成はa段階と同様に単純で、ナイフ形石器、楔形石器、削器、掻器である。

　剥片剥離技術は、中形と小形のナイフ形石器の素材となる端部の曲がった縦長剥片を作出するものと石刃技法（図6-54）がある。円盤状石核（図6-49）から求心的な剥離や、単設打面または節理面打面からの連続剥離により先細りの小形剥片が作出される。石材には、天城系の黒曜石が多用される遺跡がある。弧状背を呈する小形のナイフ形石器は、この天城系の黒曜石原石の形状に規制されたものとの見方もあったが、信州系を主石材とする柏葉尾のナイフ形石器もこの形状を呈することから、原石形状の規制によるものではないと考えられる。石刃技法には3形態がみられる。第1形態はナイフ形石器の素材となる打面が小さく、胴部に最大幅をもつ精緻な石刃を作出するものである。打面は入念な調整打面が一般的である。第2形態は、ナイフ形石器の素材とはならない大形の石刃を作出するものである。打面が大きな石刃で、最大幅が打面近くにある。打面は単設で単剥離打面が多く、頭部調整は多用されるが、打面調整が施されることは少ない。清水柳北に打面再生剥片が石核に接合した接合資料が1点あるだけである。第3の形態は、厚手の剥片の小口面を作業面として小形の石刃を作出するものである。西洞BBⅡの資料（図6-25〜28）は、備讃瀬戸型石刃技法に関連する資料と思われる。後続する段階の清水柳NL層石器群には極小形のナイフ形石器が

76

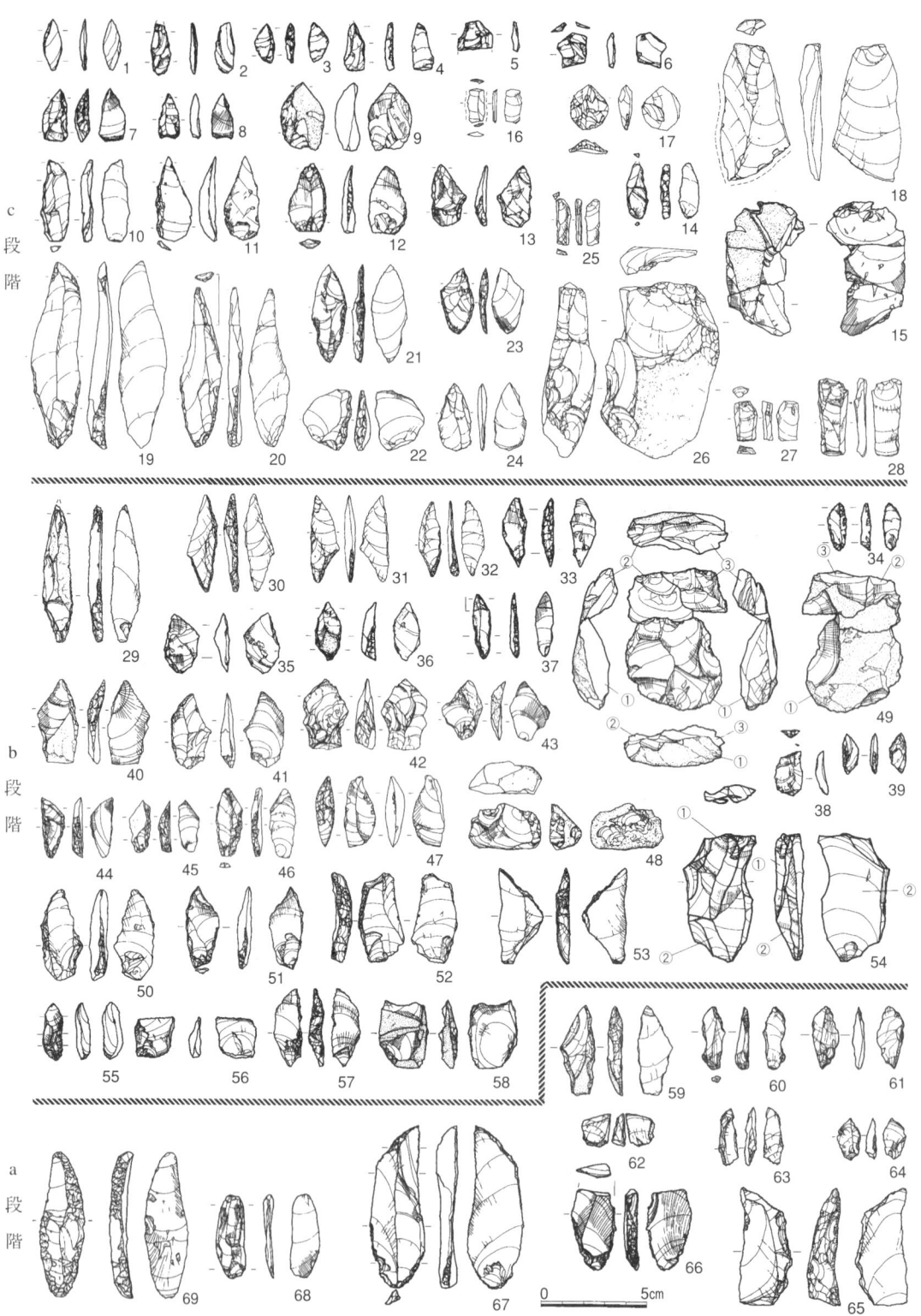

c段階

b段階

a段階

1～6：清水柳北NL　7～15：清水柳北BBⅡ　16～18：下原NL　19～28：西洞b-1区BBⅡU　29：西大曲BBⅡU　30～32：初音ヶ原A第3地点　33～39：清水柳北BBⅢ　40～48：柏葉尾BBⅢ　49～58：中見代第ⅠBBⅢ　59～65：中見代第ⅠSCⅢb1　66・67：中見代第ⅠSCⅢb1　68：清水柳北SCⅢb1　69：葛原沢第ⅣSCⅢb2

図6　第2期

組成されるが、その一部は同型の石核から作出された素材を用いた可能性がある。図6-15は石刃を折断分割した石器である。遺構としては大型の土坑群がある。

　c段階は、縦長剥片のナイフ形石器が小形化する段階である。西洞b-1区BBⅡ（図6-19～28）や清水柳北（東尾根BBⅡ・図6-7～15、NL層・図6-1～6）・下原（図6-16～18）の石器群を指標とする。清水柳北東尾根BBⅡやNLの2㎝前後の極小形のナイフ形石器に粗製の大形石刃を安定的に組成する石器群と、西洞b-1区BBⅡのような石刃系のナイフ形石器群が併存する。大形粗製石刃は頁岩系の円礫から作出されることが多い。石刃はb段階にみられたような折断分割されるものがある。

　剥片剥離技術は、粗製石刃を作出する石刃技法と小形ナイフ形石器の素材となる横長・幅広剥片剥離技術が併存する。

　この段階の特筆すべき遺構としては、清水柳北と向田AのNLで検出された石囲炉がある。当該地域では、この石囲炉が初現となる。また、礫群の形成もこの段階から安定的になる。

　第3期（図7・8）は、尖頭状石器・角錐状石器の出現と円形掻器の安定的な組成をもって画期とした。検出層準はNL直上～BB0である。3期の石刃系の二側縁加工ナイフ形石器（茂呂形）は、第2期からBBⅠ層中までナイフ形石器の小形化という推移の中で理解しうる（須藤1996）との指摘もあるが、石刃系ナイフ形石器は子ノ神第Ⅲ文化層（BB0）にもあり、さらに砂川期に繋がっていくものであることから、石刃系ナイフ形石器の視点では画期を見出せないと思われる。当該期は、角錐状石器の消長により3段階に細別できる。

　a段階（初期）は、角錐状石器をほとんど組成しない段階である。子ノ神遺跡第Ⅱ文化層（NL直上）（図7-52～66）や陣馬上Bの石器群を指標とする。石器組成はナイフ形石器、尖頭器、円形掻器、削器、楔形石器、敲石である。子ノ神では角錐状石器の先端部らしき資料（図7-59）が組成されている。新出形態として尖頭状石器（図7-52・55）が組成される。ナイフ形石器の形態組成は基部加工、二側縁加工（茂呂形・切出形・台形状）である。二側縁加工のナイフ形石器は、薄手の縦長剥片素材の打面を基部に残置するものと調整加工により除去されるものがある。打面再生剥片を素材とした円形や拇指状の掻器・削器の組成率が前段階と比べて高い。陣馬上Bで円形掻器から楔形石器への転用が指摘されている（笹原1995）あり方は、慶應義塾湘南藤沢キャンパス内遺跡第Ⅴ文化層に共通するあり方である（須藤1996）との指摘がある。

　剥片剥離技術は、石刃技法・縦長剥片剥離技術と横長剥片剥離技術が共伴する。縦長剥片剥離技術は、ナイフ形石器の素材表裏から90°方向の打面転位と打面調整がみてとれ、打面再生剥片素材の掻器の存在から打面再生が確認できる。横長剥片剥離技術は、ガラス質黒色安山岩製の横長剥片があり、切出状ナイフ形石器（図7-57）の素材正面に横長の剥離面を残すことなどから、その存在が推定できる。

　b段階（前期）は、角錐状石器と頁岩系石刃状剥片を素材とした基部に打面を残置する基部加工の大形ナイフ形石器（殿山型類似）が組成される段階である。遺跡ごとに黒曜石と頁岩系の石材組成比率の変異が大きい。層位的には、BBⅠ中位からBBⅠ上面で検出される石器群である。この段階の石器群の調整加工技術は厚形・鋸歯状調整加工を特徴とする。

　石器群は、中見代第ⅠBBⅠ（図7-26～37）や中見代第ⅡSCⅠ直上（図7-22～25）、尾上イラウネ

78

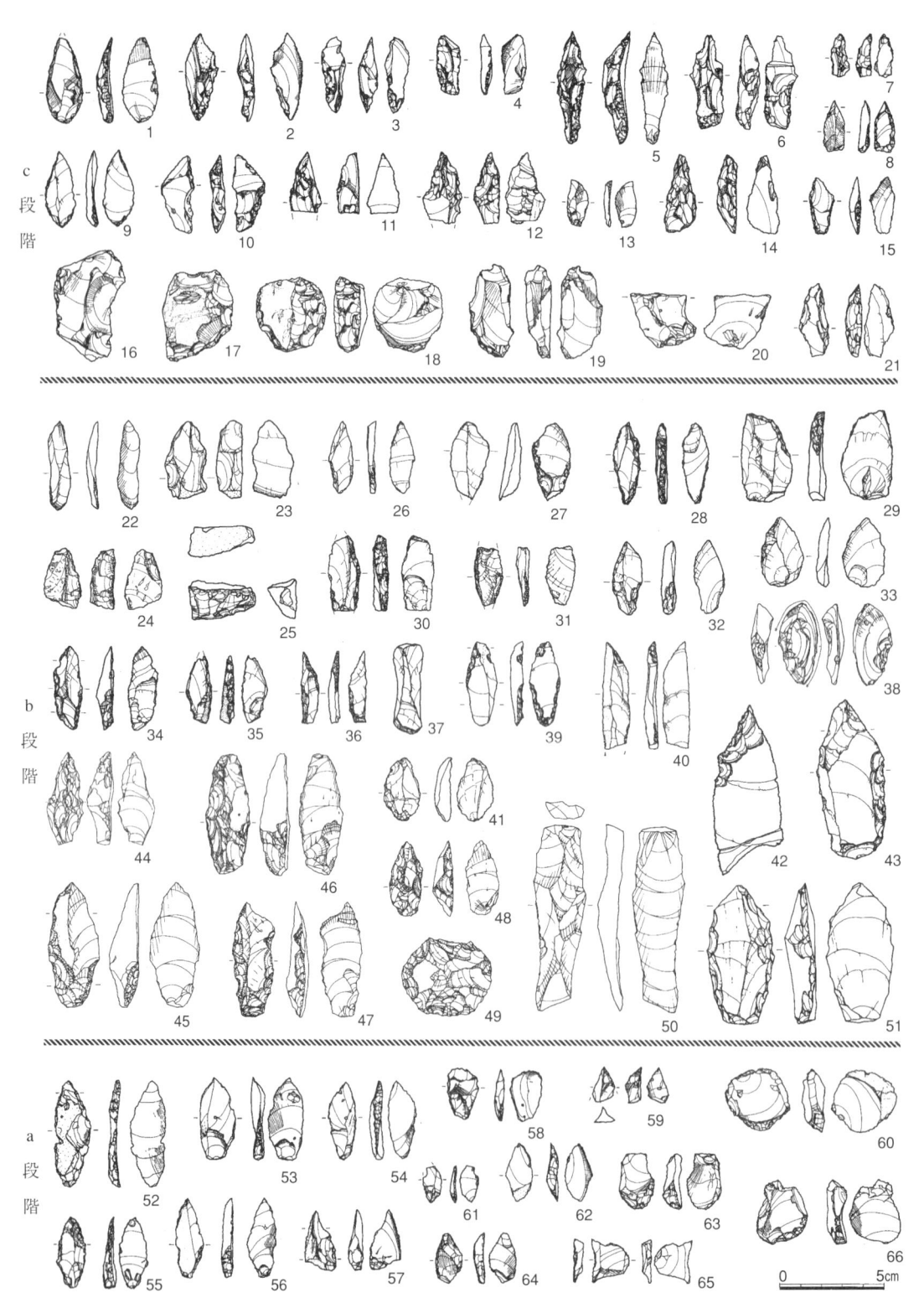

c段階

b段階

a段階

1〜21：子ノ神第Ⅲ文化層　22〜25：中見代第ⅡSCⅠ直上　26〜37：中見代第ⅠBBⅠ直上　38：西洞b-1区BBⅠ　39〜43：西大曲BBⅠ上部　44：観音洞G－BBⅠ　45〜50：上ノ池第Ⅲ文化層BBⅠ中　51：加茂ノ洞B－BBⅠ　52〜66：子ノ神第Ⅱ文化層

図7　第3期

北BBⅠ、清水柳北東尾根BBⅠ、西大曲BBⅠ上部（図7-39〜43）、上ノ池第Ⅲ文化層（BBⅠ中・図7-45〜50）、観音洞G-BBⅠ（図7-44）、加茂ノ洞B（図7-51）、西洞b-1区BBⅠ上部（図7-38）を指標とする。

　石器組成はナイフ形石器、角錐状石器、尖頭状石器、掻器、削器、彫器、抉入石器、楔形石器、大形石刃、敲石である。ナイフ形石器は基部加工、二側縁加工（茂呂形・台形状）、端部加工の形態が組成される。厚手の縦長剥片素材の打面を残置する基部加工形態が新たに加わるが、茂呂系はⅥ層段階の形態が存在する。基部整形は、背面から腹面に平坦剥離を施すもの（図7-27）や錯向するもの（図7-36）、腹面から鋸歯状の調整剥離を施すものと多様である。二側縁加工の資料にも胴部中央から先端部と胴部中央から基部にかけての調整加工が表裏で違えるもの（図7-39）があり、基部断面形を菱形や平行四辺形に整形する意図がうかがえる。この基部整形の特徴は、当該地域の前段階にもわずかに散見されるが、中段階にもっとも多くみられる。西洞のナイフ形石器（図7-38）は、蓼科産黒曜石製の連続的に剥がされた横長剥片を素材としたナイフ形石器であるが、素材の打面調整は山形ではなく、国府系ナイフ形石器とは認定できない。

　剥片剥離技術は、粗製の石刃技法と縦長剥片剥離技術、横長幅広剥片剥離技術がみられる。横長幅広剥片剥離は、背面に礫面を残す盤状剥片の主剥離面を作業面とするものがある。石刃技法は、単剥離の大きな打面を残す大形粗製石刃を作出する。縦長剥片剥離技術は単設打面石核から先細りの石刃状剥片を作出する。石刃状剥片は基部加工ナイフ形石器の素材として用いられる。

　c段階（後期）は、角錐状石器がもっとも発達する段階である。石器石材は黒曜石が多用され、信州系の比率がとくに高い石器群がある。代表的な石器群には、子ノ神第Ⅲ文化層（図7-1〜21）と上ノ池第Ⅱ文化層、笹原後Fがある。石器組成はナイフ形石器、角錐状石器、尖頭状石器、掻器、削器、石錐、彫器、楔形石器、敲石である。ナイフ形石器を凌ぐ点数の掻器と多様な形状の削器と多量の角錐状石器を有することが、器種組成上の特徴である。ナイフ形石器は基部加工、一側縁加工、二側縁加工（茂呂形・切出形・台形状）、部分加工の形態が組成される。切出形が顕著ではない当該地域にあっては、比較的多く組成される石器群である。

　技術形態学的特徴は、中段階から引き続く角錐状石器や削器にみられる厚形・鋸歯状調整加工である。削器には、刃部加工が素材縁辺の一角で錯向する形態が特徴的に含まれる。

　剥片剥離技術は、縦長剥片剥離技術と横長幅広剥片剥離技術がある。縦長剥片剥離技術は、単剥離単設打面石核から幅広の縦長剥片を作出するものである。横長幅広剥片剥離技術は、厚手の剥片素材の背面を打面として腹面を剥がすものが散見される。後段階の概観で少しふれたが、西大曲（BB0）石器群（図8-67〜78）は、角錐状石器との器種分類が難しい特徴的なナイフ形石器（図8-73・74）を有する。形態的特徴は、厚手で先細りの縦長剥片を素材として、素材打面は基部に残置し、面的な調整加工で整形している。先端部に面的な微細剥離が集中するもの（図8-67・68・70）を含む。近年、西大曲（BB0）石器群の特徴を一部に残す石器群が寺林第Ⅲ文化層（YLL）で確認された（図8-42〜66）。石器群は、BB0上部からZNにかけて約45cmのレベル差をもって石器ブロック18基礫群22基の構成で検出されているが、礫群の検出レベルからBB0上面からYLL下部に生活面があると考えられている。石器はナイフ形石器30点、尖頭器2点、彫器1点、掻器6点、削器5点、

楔形石器1点、石核14点などが検出されている。石器の分布は図9のとおりである。ナイフ形石器の形態組成は基部加工、二側縁加工（茂呂形・切出形・台形状）、先端加工で、小形のものが多い。基部加工形態は石刃状剥片の打面を基部に残置するもの（図8-42）である。茂呂形には、男女倉遺跡B・J地点の円基木葉形ナイフ形石器のような基部を円丸く整形した資料（図8-61）が含まれる。ナイフ形石器基部の調整加工技術は、b段階で発達したやや角度の緩やかな面的調整もみられる。また、先端部を欠損した2点の柳葉形半両面調整尖頭器（図8-47・48）と上ヶ屋型彫器（図8-66）も検出されている（笹原2003）。笹原は、報文の中で「半両面加工の小形の尖頭器が該期に含まれてくるのか、検討の余地が残る」としながらも、「個体別分類作業の結果、各母岩の分布状況がこれ（2枚の文化層の重複）を反映していない」として1枚の文化層と結論づけている。形状は異なるが県営高座渋谷団地内遺跡と下九沢山谷遺跡で尖頭器の検出例があり、この石器群に両面加工の尖頭器が伴う可能性は高い。円基木葉形のナイフ形石器は、西井幸雄氏によって新屋敷や明花向の資料が砂川期の直前段階（武蔵野台地Ⅳ下層段階でも新しい段階）に位置づけされている（西井2001）。男女倉B・J地点の円基木葉形ナイフ形石器については、須藤隆司氏によりⅣ中層砂川期の前段階に位置づけられている（須藤2005）。笹原千賀子氏は、寺林第Ⅲ文化層と西大曲BB0の石器群を1995編年3期c段階の最新段階としてc′段階を設定し、4期への移行期に位置づけている。また同時に、この石器群の石材利用のあり方が石材搬入から石器製作までの一連の作業を遺跡内で行うc段階以前とは異なり、黒曜石製のナイフ形石器が製品単体として搬入される「当地の砂川期の石材利用の様相」であることも指摘している（笹原2004b）。石材消費のあり方は、既に当地域の砂川期の遺跡構造に移行していることがうかがえる。寺林石器群のこの位置づけに不可欠な石器群が上松沢平遺跡で検出されている。上松沢平遺跡は、東名沼津インターのある尾根筋の東西に寺林遺跡と600m離れて位置する。上松沢平第Ⅳ文化層は、寺林第Ⅲ文化層より上位のYLL～YLMの層準で8基の礫群を伴って7基の石器ブロックを構成して検出されている。その分布は、図10のとおりである。石器組成は、尖頭器5点、ナイフ形石器41点、削器2点、石核4点などである。ナイフ形石器の形態組成は基部加工、一側縁加工、二側縁加工（茂呂形・切出形・台形状）である。二側縁加工形態には、石刃を素材として打面を折断した茂呂形のナイフ形石器とリダクションにより切出形となった資料が含まれる。ナイフ形石器のほとんどがブロック外の出土であるが、器種の分布は均一で1枚の文化層として報告されている。製品として搬入された石器が多く、当該地域の典型的な砂川期の石材利用の様相を示す。石器組成において特筆すべき点は、石刃状剥片を素材とする大形・中形のナイフ形石器がその形態差に拘わらず打面を残置する傾向が強いことである。この特徴は、いわゆる東海型の流れを汲むもので3期に顕著な形態である。また、上松沢平石器群には多くの小形ナイフ形石器が組成されている。この小形ナイフ形石器は、終末期ナイフ形石器の概観の中で小形化・幾何形化という現象として捉えられてきた一群であるが、上松沢平では砂川期の石器群として捉えられている。この小形ナイフ形石器は、先行する寺林石器群中にも組成されており、二極構造の一極としてその系統を追うことができる。仮に、上松沢平第Ⅳ文化層の石器組成から基部加工形態を消し茂呂形の形態を加えると、4期b群の尾上イラウネや北原菅上層の石器群となり、茂呂形の形態を円基木葉形の形態にして尖頭器の組成率を高めれば4期後半の石器群になる。

東海地方の地域編年 81

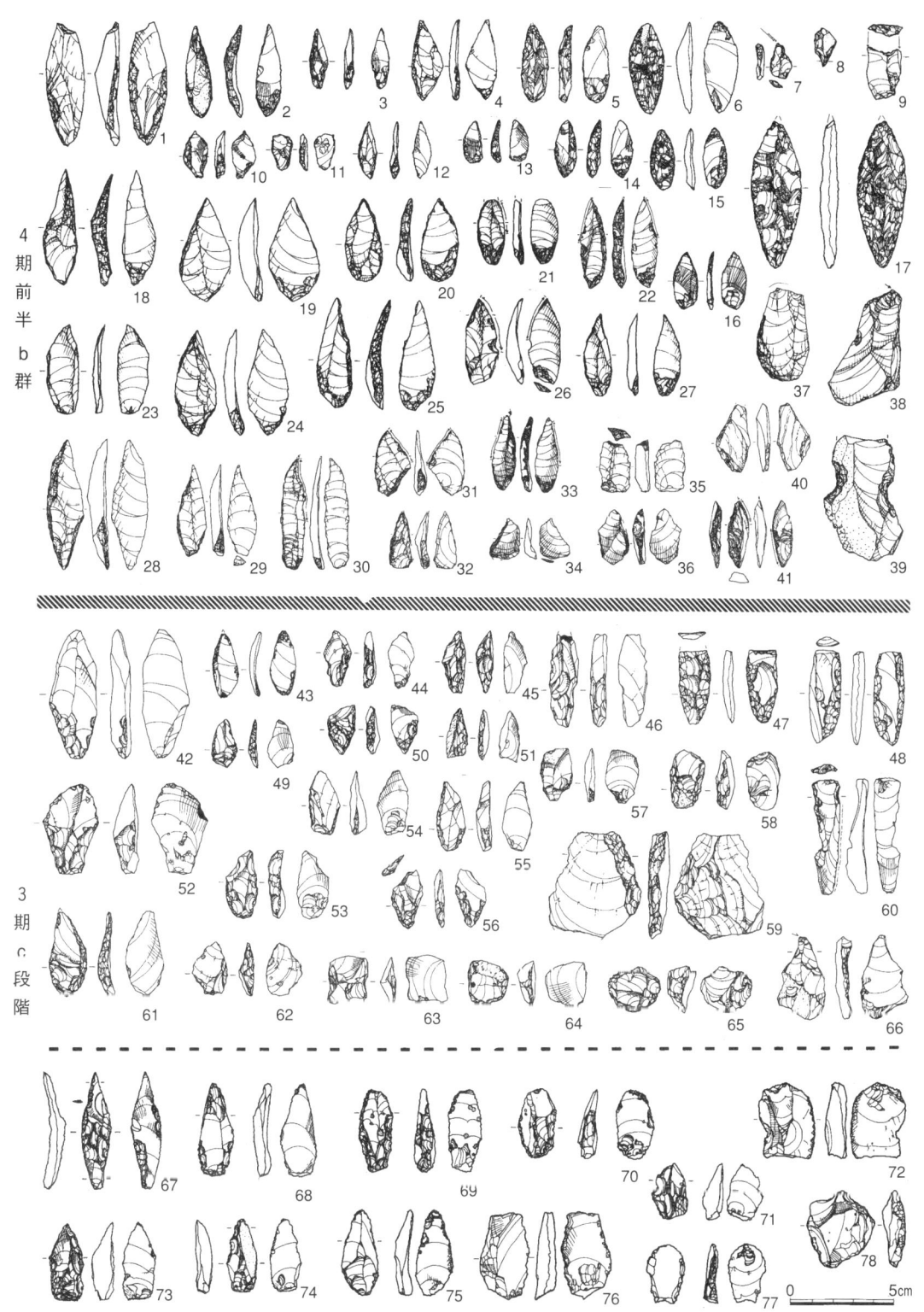

4期前半b群

3期c段階

1：北原菅A　2〜17：広合　18〜21・23〜27・38・39：初音ヶ原B第1地点　22・28〜37：南山D第Ⅱ文化層
40：二ッ洞　41：中林山　42〜66：寺林第Ⅲ文化層　67〜78：西大曲BB0

図8　第3・4期

西大曲BB0と寺林第Ⅲ文化層・上松沢平第Ⅳ文化層の石器群は、関東のⅣ下層～Ⅳ上層の石器群に対比され、層位的にも型式的にも子ノ神第Ⅲ文化層→西大曲BB0→寺林第Ⅲ文化層→上松沢平第Ⅳ文化層に推移したとする解釈に異論はないと思われる。武蔵野Ⅳ下層からⅣ上層の間には編年上の画期があり、西大曲BB0→寺林第Ⅲ文化層→上松沢平第Ⅳ文化層の間にもその画期が想定される。第3期は、その初期段階である前段階を除き厚形・鋸歯状調整加工技術基盤にもとづいている。寺林石器群の一部や西大曲BB0にみられる厚形・鋸歯状調整加工技術が姿を消して、薄手の剥片に代わった上松沢平石器群は4期の石器群としての位置づけが可能であろう。子ノ神石器群は、角錐状石器と切出形を比較的多く組成し、関東のⅤ層・Ⅳ下層の様相が同等にみられる石器群である。寺林第Ⅲ文化層は、一部に厚形・鋸歯状加工技術を残すが、大半は薄形・通常の調整加工の器種に代わり、石材消費のあり方も当該地「砂川期」の様相に変化したことがうかがわれる。西大曲石器群は断片的な資料ではあるが、信州系（蓼科産）の黒曜石が遺跡内にもち込まれ、剥片剥離から石器製作までの工程が残されている。石器群は厚形・鋸歯状調整加工を残し、角錐状石器との判別が難しい特徴的なナイフ形石器を有する。尖頭器とされる資料は、黒曜石製で角錐状石器にその系統が追えそうな形態であり、寺林の尖頭器とは異なる。各器種の類似形態を多く組成する状況から西大曲と寺林は時間的に近いことは推察されるが、石材消費のあり方や薄手素材が多くなる様相から西大曲より後段階の石器群と考えられる。笹原千賀子氏は、寺林石器群がc段階の様相を個別の石器に多く止めていることから、3期内における4期への移行期との評価に止めている。筆者も本稿においては他地域との比較上その見解に従うが、石材消費戦略の変化は3期から4期への社会構造の変化を示すものと考えられる。個別の石器に古い様相が残ることは、適応の初期段階では当然あることと思われる。むしろ新器種の出現が意味をもつものと考えられ、半量面加工柳葉形尖頭器や上ヶ屋型彫器の組成が第4期への位置づけを示唆しているように思える。笹原芳郎氏は「西大曲遺跡BB0直上文化層のような石器群が、愛鷹・箱根第4期に通期的に存在したならばその起源とも捉えられようし、『砂川期』併行にイラウネ遺跡のような石器群（東内野型有樋尖頭器とⅣ下層的な石器群）が存在するとしたら、尖頭器石器群とナイフ形石器群との関連やⅤ層・Ⅳ下層石器群と『砂川期石器群』の断続性を解決できる可能性を秘めている」と指摘している（笹原2001）。寺林第Ⅲ文化層が砂川期直前段階にあり、上松沢平第Ⅳ文化層が砂川期にあれば、石刃系ナイフ形石器は3期c段階の一時期に不明瞭となるが、2期から4期まで繋がることになる。

　第4期の石器群は、愛鷹上部ローム層最上層のYL層中に包蔵される。前半段階の石器群は、両面加工の中・大形木葉形尖頭器の出現や茂呂形ナイフ形石器と小形ナイフ形石器の組成変化が遺跡ごとにみられる段階である（図8）。上松沢平第Ⅳ文化層（図10）、二ッ洞（図8-40）、南山D第Ⅱ文化層（図8-22・28～37）、初音ヶ原B第1地点（18～21・23～27・38・39）、中林山（図8-41）、下長窪上野、上原第Ⅱ文化層、尾上イラウネ、広合（図8-2～17）、北原菅（図8-1）石器群などを指標とする。このうち、第3期的な様相を個別の石器に残す石器群〈a群〉と砂川型の石刃石器群が併存したと考えられる石器群を〈b群〉とする。a群の指標とされる石器群は、今のところ上松沢平第Ⅳ文化層だけである。b群の指標とされる初音ヶ原B第3地点、南山D第Ⅱ文化層、二ッ洞（図8-40）、中林山（図8-41）、下長窪上野、上原第Ⅱ文化層は、砂川遺跡にみられるナイフ形石器の典型

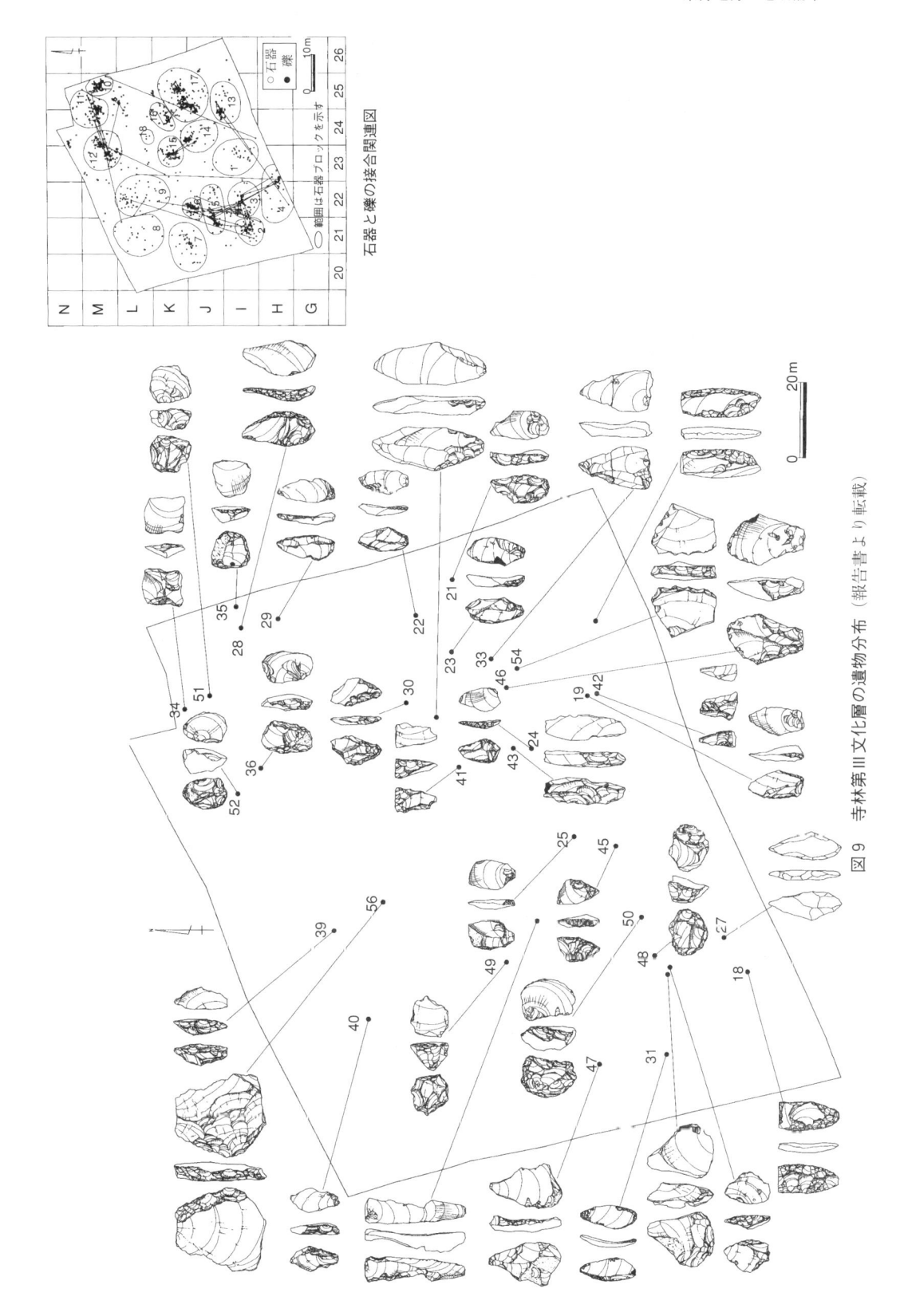

図 9　寺林第Ⅲ文化層の遺物分布（報告書より転載）

石器と礫の接合関連図

○ 石器
● 礫

範囲は石器ブロックを示す

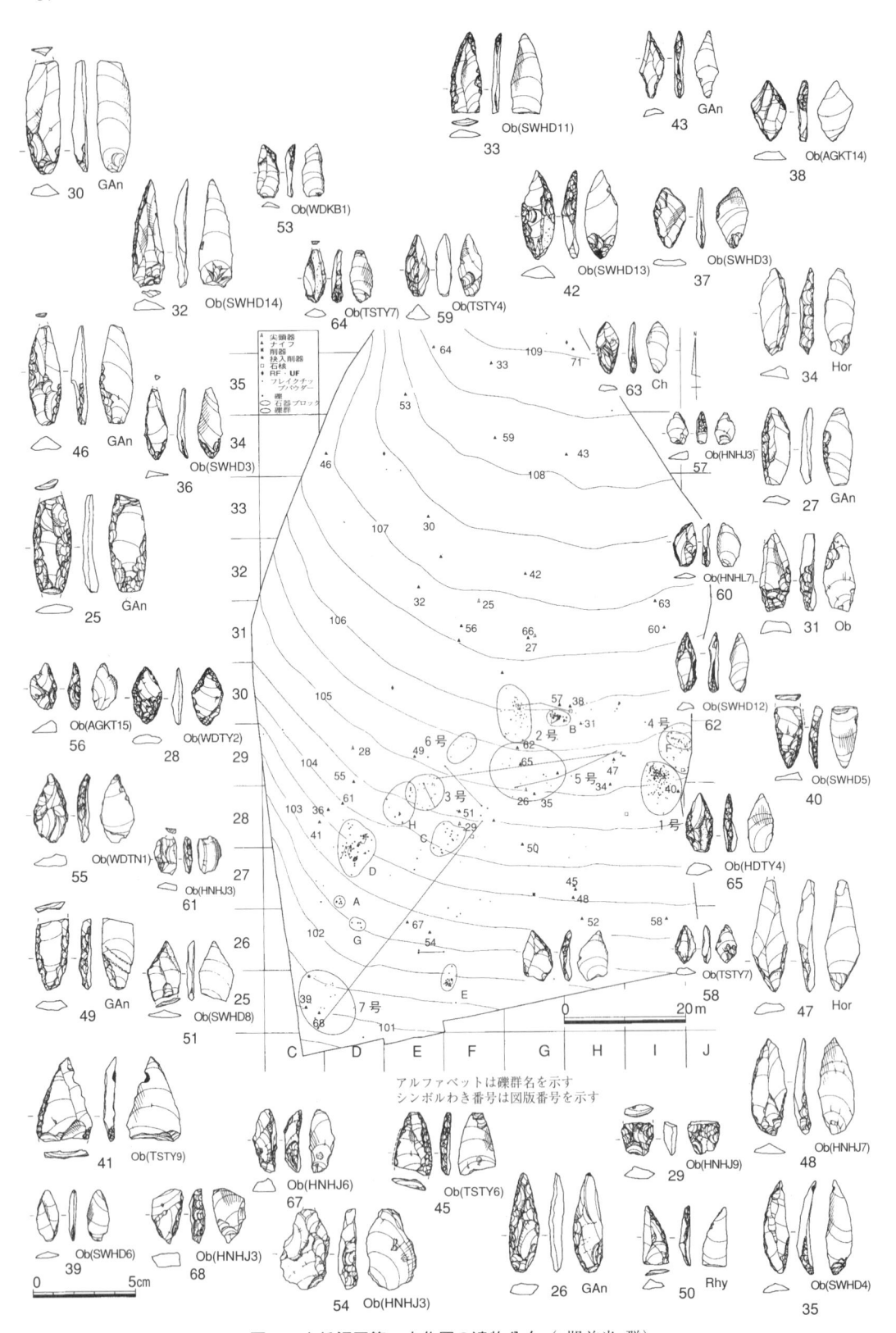

図10 上松沢平第Ⅳ文化層の遺物分布 (4期前半a群)

的な形態組成を示す石器群である。小形・幾何形のナイフ形石器が組成される石器群を c 群とする。尾上イラウネや広合、初音ヶ原B第1地点、北原菅の石器群を指標とする。c 群には小型片面加工の尖頭器が比較的多く伴う。

　b 群の石器組成はナイフ形石器、尖頭器、掻器、削器、彫器、楔形石器、礫器、敲石、石皿、石刃などである。ナイフ形石器は製品として搬入される場合が多く、その組成率は80%以上になる遺跡がある。ナイフ形石器の形態は二側縁加工（茂呂形）を主体に部分加工がこれに次ぎ、基部加工と二側縁加工（台形状）は散見される程度であるため、単純な形態組成にみえる。尖頭器は、定型石器の1～3%程度の組成率である。小形片面加工形態は安定的に組成されるが、中・大形形態はブロック外での検出が多い。当該地域では、有樋尖頭器の検出例はきわめて少ない。彫器は上ヶ屋型が安定的に伴うが、点数は少ない。掻器や削器は石刃素材が多く、掻器は所謂先刃式の形態、削器は両側縁に抉入状刃部形態が特徴的にある。二ッ洞（図8-40）と中林山（図8-41）では、国府系ナイフ形石器が検出されているが、その共伴関係については再検討を促す見解（鈴木 2002）もある。だが、3 期に瀬戸内技法や国府系ナイフ形石器を伴う石器群が見られない当地域では、これらの混在の可能性は低いと考えられる。2 点の資料はいずれも単品で遺跡内に残されていることから、この段階に他地域から搬入された石器と考えてもよさそうである。

　剥片剥離技術は、石刃技法・縦長剥片剥離技術と横長・幅広剥片剥離技術がある。石刃は、石器群の主体である茂呂形ナイフ形石器の素材となる。横長・幅広剥片は、主に切出形や台形状のナイフ形石器の素材となる。二つの技術は、上原第Ⅱ文化層では共伴している。この段階の石器群に伴う遺構としては石囲炉があり、下長窪上野（1 基）と野台（2 基）が確認されている。

　c 群の石器組成は b 群と基本的に変わるところはないが、小形ナイフ形石器と尖頭器の組成率が高い点で異なる。ナイフ形石器の形態組成は二側縁加工（茂呂形）を主体とするが、二側縁加工（切出形・台形状）の幾何形形態が比率を高める一方で部分加工形態が減少し、b 群の石器群と様相を異にする。掻器は、先刃型が減少し拇指状のものが多く組成される傾向がある。尖頭器は、若干量の中形木葉形形態に加えて、小形片面加工形態が数量を増す傾向がある。小形片面加工形態は、ときとして八分平Bや柳沢伊良宇禰のようにナイフ形石器に迫る量、もしくは上回る量が検出される遺跡がある。八分平石器群の層準は、休場層細分の試みが成される以前の調査であるため、明確な層準の特定は難しいが、スコリアが増加する傾向が報文記載にうかがえることからYLLとする見解がある。砂川期石器群がおおむねYLM下底部の検出例が多いことから、これまでも砂川期に先行する可能性が指摘されてきた（笹原 2001）。寺林第Ⅲ文化層が尖頭器を伴って砂川期の直前段階にあることは確かであり、小形尖頭器が砂川期石器群に散見されることも理解できた。また、小形尖頭器は、それが主体となる八分平や同等量のナイフ形石器を有する柳沢伊良宇禰（表採資料）など、組成に多様性もうかがえる。後期段階では、中形木葉形尖頭器やティアドロップ形のナイフ形石器とともに組成される。このように多様な 4 期の石器群の変化は、石刃技法の崩壊という一方向的な視点では説明できない。これらの状況を鑑みると、笹原の指摘（2001・2005b）はきわめて有意義であると評価できる。

　この段階の石器群に伴う特筆すべき遺構は石囲炉で、第二東名№27-2地点（銭神遺跡）で 4 基が

検出されている。

　4期後半段階は、ティアドロップ形のナイフ形石器とそれに迫る量の尖頭器を有する石器群の段階である（図11）。拓南東（図11-39～72）、鉄平YL上位（図11-19～38）、観音洞G第2地点などの石器群を指標とする。石器組成はナイフ形石器、尖頭器、掻器、削器、抉入石器、石錐、楔形石器、石刃などである。ナイフ形石器の形態は基部加工、一側縁加工、二側縁加工（茂呂形・切出形・台形状）、先端加工のすべてが揃う。二側縁形態では切出形・台形状の比率が高い。茂呂形のナイフ形石器は、尖基の形態に代わり円基のティアドロップ形態が主体となる。尖頭器は、周縁加工と小形片面加工形態に小～中型の半両面加工形態を組成する。掻器・削器も多く組成し、掻器は石刃を素材とした先刃型が姿を消して拇指状のみとなる。彫器の組成は不安定で、その比率は前半段階に比べてきわめて低い。

　剥片剥離技術は、石刃技法と縦長剥片剥離技術・横長幅広剥片剥離技術の存在が確認できるが、遺跡ごとにあり方が異なる。鉄平遺跡では石刃を組成せず、観音洞Gでは石刃と石刃石核（残核）・石刃素材の尖頭器を出土し、拓南東は石刃のみを客体的に組成する。

　当地域の第5期は、相模野台地第V期前半のような尖頭器石器群の類例がきわめて少なく、山中城三ノ丸第1地点が指標となるが、段階として設定できる石器群なのか、その評価は定まっていない。山中城三ノ丸第1地点は、地形的な制約がないところでありながら重複するとされる黒曜石とガラス質黒色安山岩を主石材とする石器群で、個体別資料操作によって分離したとする石器群である。山中城三ノ丸第1地点で抽出された尖頭器文化段階については、類例の増加により段階設定が可能になった段階で再検討したい。したがって、当該地域の5期は細石器を主体とする石器段階とした。

　休場、野台、中尾、中見代第Ⅲ（図11-7～13・16～18）、中沢田円丸（図11-14・15）、中村C（図11-2～6）、柳沢B、大奴田場AⅠ文化層、駿河小塚（図11-1）の細石器を指標とする。石器組成は細石刃、細石核、礫器、削器、掻器、尖頭器である。まれに石斧が伴う。

　細石核は野岳・休場型と船野型が確認されている。細石核は層厚約60～30cmのYL中に包蔵されるが、4期の石器群と混在する遺跡が多い。編年的な評価には、層位的な検出例に恵まれた近隣の相模野台地の調査成果と比較することが、現在もっとも有効な方法である。船野型は、野岳休場型より新しい段階の細石核であることが葛原沢第Ⅳ遺跡で層位的に確認されている。石材は野岳休場型のほとんどが黒曜石で、わずかにガラス質黒色安山岩を使用する例がある。船野型はホルンフェルスと凝灰岩にほぼ限定される。

　相模野の編年観によれば、天城系の板状の黒曜石原礫面をそのまま打面とした細石核を一部含み、小口面を作業面として細身小型でやや不揃いの細石刃を作出している中村Cが当該地域でもっとも古い資料とされる。大奴田場A遺跡も細身で長大な細石刃を保有しているが、打面調整が頻繁に行われることや細石刃に高い斉一性がある点で、やや新しい段階に位置づけられる。山中城三ノ丸と中尾・中見代第Ⅲ・柳沢Bは、打面調整や打面再生・打面転位が頻繁にみられる点で相模野BB0層の段階に対比できる。小口面のみならず横口に作業面を広げた石核から幅広の細石刃を作出している点で、さらに後出の石器群と考えられる休場の細石核は、船底形の石核ブランクが表採資料で存

東海地方の地域編年 87

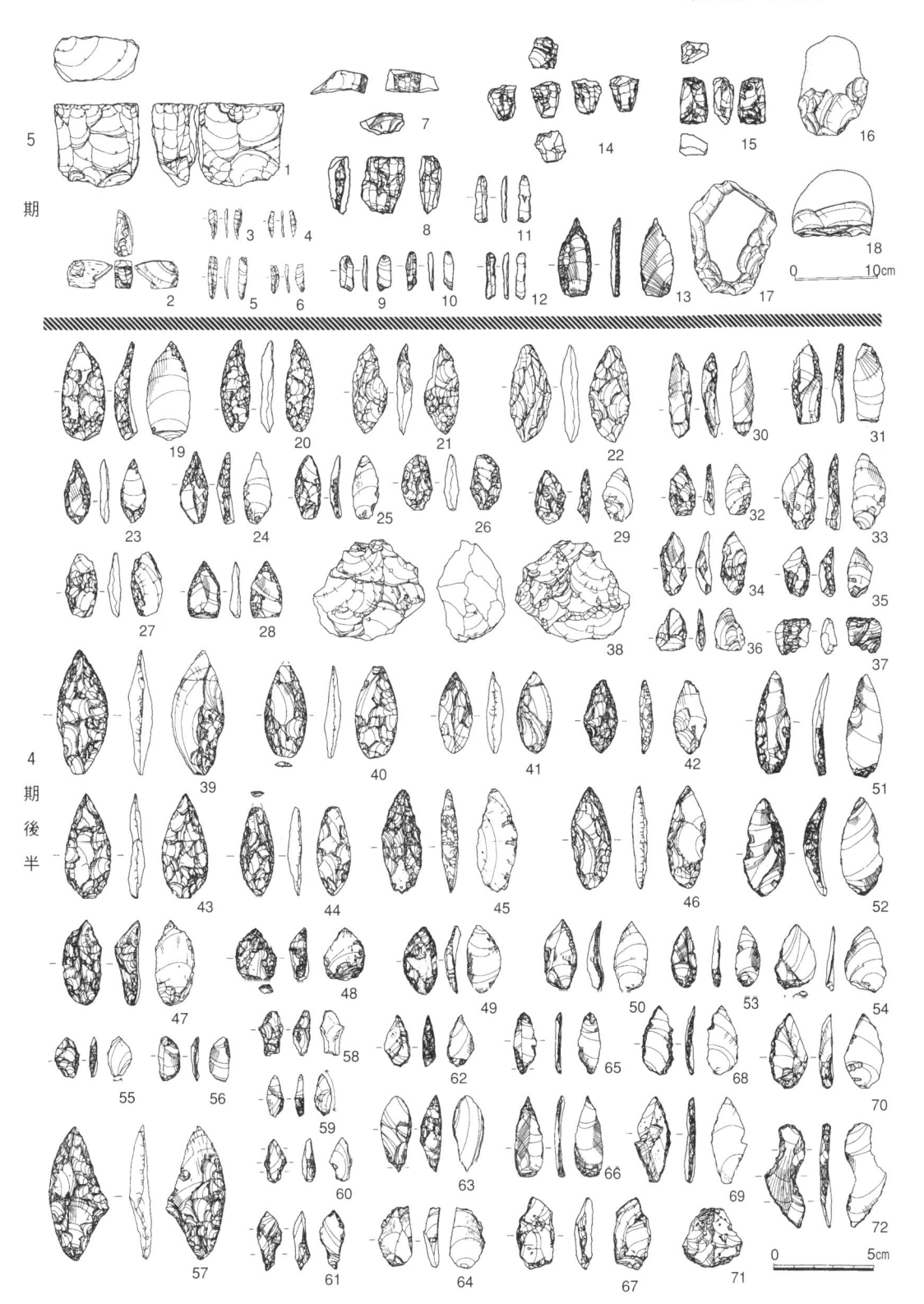

5期

4期後半

1：駿河小塚　2～6：中村C　7～13・16～18：中見代第Ⅲ　14・15：中沢田円丸　19～38：鉄平第Ⅴ文化層　39～72：拓南東

図11　第4・5期

在し、これを積極的に評価すれば前記の一群より新しい一群とすることができる。駿河小塚の船野型細石核は、葛原沢第Ⅳで野岳休場型の文化層より上層のZNで検出されている。

遺構としては、礫群はほとんど形成されなくなり、砂川期以来散見される石囲炉が休場遺跡で検出されている。

6. 東海地域中・西部の石器群との比較

ここでは、静岡県東部の編年と他の東海地域で提示されている編年を対比する形で東海地域の様相を捉えてみたい。

東海地方の中・西部にも、愛鷹山南麓・箱根山西麓のような旧石器時代遺跡が集中する地域がある（分布図参照）。静岡県内では、天竜川西岸に位置する磐田原台地で83ヵ所の遺跡が確認されている。隣の愛知県では、豊川中下流域と矢作川中流域・尾張東部丘陵に遺跡集中部があり、全県下で140ヵ所が確認されている。岐阜県では、木曽川中流域の丘陵や山間地の谷部や盆地に遺跡が点在する。三重県では、鈴鹿山脈に源を発し伊勢湾に注ぐ河川の流域に遺跡が点在するが、とくに櫛田川と宮川の流域は遺跡が集中する地域である。これらの地域は、黒曜石以外の在地系石材をもっぱら使用し、石材組成上では地域色の強い石器文化を形成している。この石材組成の様相は、天竜川で黒曜石原産地（信州系）と繋がる磐田原台地でも顕著であり、県東部の愛鷹・箱根地域の遠隔地石材を管理的に組成する様相（笹原 1996）とは大きく異なる。しかしながら、石器型式においては、とくに小形のナイフ形石器を数多く組成する共通点があり、素材剥片を縦に用いる傾向をもつ「東海型ナイフ形石器文化圏」（伊藤 1996）として位置づけられている。

この地域での近年の研究動向は、愛知県では齊藤基生氏（2000）と川合剛氏（2001a・b）により「層位に基づく編年には不向きな土地」のため、南関東の編年を援用しながら資料の抽出と型式学的検討によって編年研究が立ち上げられている。岐阜県では、西村勝広氏により椿洞遺跡などの層位的に確認された石器群を機軸に、南関東の相模野編年に対比する形で編年案（西村 2003・2005）が提示されている。

磐田原台地の編年研究は、発掘調査資料をもとに松井一明氏・高野由美子氏（1994）と進藤貴和子氏（1995）によって編年案が提示されている。ナイフ形石器文化終末期に関しては、富樫孝志氏がエリアの概念で個体別資料操作に型式学的・統計的検討を加えた視点による時期差を認めた段階設定（細別）を行っている（富樫 2005）。

磐田原台地の地層は、「遠州の空っ風」と呼ばれる猛烈な季節風によって運ばれた砂塵が堆積した風成層（富樫 1998）であるため、ATを含む各層準の堆積状況は安定的ではない。鍵層となる暗褐色土（黒色帯）が、2層の場合の「寺谷型」と1層の場合の「広野型」がある（加藤 1988）。ATとされる火山ガラスの極大と黒色帯との位置関係が、起伏の多い地形で遺跡ごと地点ごとに状況が異なるため、石器群の層位的な把握や比較が困難な地域である。こうした状況下で提示された編年案は、関東編年・相模野編年の編年観を拠としている。

松井・高野編年は、広野北の石器群を標準資料として武蔵野編年に対応させ、進藤編年は静岡県

東部と相模野の編年に対比されている。両編年は、広野北遺跡の尖頭器を主体とする石器群をナイフ形石器終末期4期後半とは分離し、武蔵野Ⅲ期と相模野Ⅴ期前半、愛鷹・箱根第5期にそれぞれ対比している点で一致している。

愛鷹・箱根第1期に対比できる石器群は、道東遺跡下層の石器群である（図12-50・51）。検出された資料はわずかに2点であるが、出土状況から2点は共伴すると考えられる。1点は幅広剥片の打面側と端部側で錯向するやや平坦な剥離を施した台形様石器である。全体の整形は、折断・ブランティング・平坦剥離によってなされている。もう1点は小形幅広剥片の端部に平坦剥離がある剥片で、台形様石器群によくみられ、器種認定では見解が分かれる資料である。この資料の検出層位は、ATと目される極大層準より下位の層準から出土したとされている。2点の資料がともに横長幅広剥片剥離技術による台形様石器とその剥片であることから、台形様石器の発達した愛鷹・箱根第1期に位置づけたい。

2期に対比できる石器群の検出例もきわめて少なく、現時点では広野北K3期石器群のみが指標とされる（図12-29～49）。K3期石器群は、同遺跡K2期石器群とは明瞭な間層を挟んで分離される。（山下1985）。ATと目される火山ガラスの極大層準直上で検出され、当該地のナイフ形石器文化ではもっとも層位的に古い石器群とされる。石器組成はナイフ形石器、彫器、削器、掻器、敲石などである。ナイフ形石器の形態は石刃素材の二側縁加工（茂呂形）、先端加工を主体に基部加工の形態が伴う単純な組成である。掻器には定型的な形態がない。遺跡内で確認できる剥片剥離技術は石刃技法、縦長剥片剥離技術、横長幅広剥片剥離がある。ナイフ形石器の形態組成の単純さや掻器・削器の組成率の低さ、層位的な所見から、愛鷹・箱根第2期c段階に対比できる。

3期に対比される石器群（図12・図13）は広野、京見塚、匂坂中K2、広野北K2-Ⅰなどである。磐田原の3期は、2期から続く石刃技法や縦長剥片剥離技術に加えて、新たに角錐状石器と瀬戸内技法に関連する横長剥片剥離技術が加わる。

京見塚は未報告のため詳細を知りえないが、1995編年で進藤氏が集成した資料にもとづくと、おおむね2枚の文化層に分離できそうである。これを本文では仮に下層と上層と呼称する。上層の石器群は角錐状石器と尖頭状石器、ナイフ形石器、円形掻器、石錐を組成する（図13-35～47）。大形～小形の角錐状石器が質量ともに揃っていることから、角錐状石器がもっとも発達した段階と考えられる。図13-43は、厚手の縦長剥片素材に鋸歯状調整加工を施した基部を残置する形態で、西大曲BB0の厚形鋸歯状調整のナイフ形石器にきわめて類似する。

匂坂中K2（図13-1～31）のナイフ形石器は厚手の横長・幅広剥片を素材として、その基部を丸く整形した小形木葉形の形態である。この特徴的なナイフ形石器に角錐状石器と先刃型掻器と円形掻器、彫器、尖頭器（周縁加工）、両面調整石器（尖頭器の未製品？）が伴う。小形ナイフ形石器に面的調整が多用されることや素材を横位に用いることなどが、小形片面加工尖頭器と技術形態学的に共通点がある。同様の形態を組成する西大曲BB0や尖頭器を組成する寺林第Ⅲ文化層の石器群と様相が近似する。このことから、京見塚上層の直後段階辺りに位置づけ、愛鷹・箱根3期c段階終末から4期への移行期と考えたい。

京見塚下層（図12-18～28）のナイフ形石器は、石刃素材の二側縁加工（茂呂形・切出形）を主

90

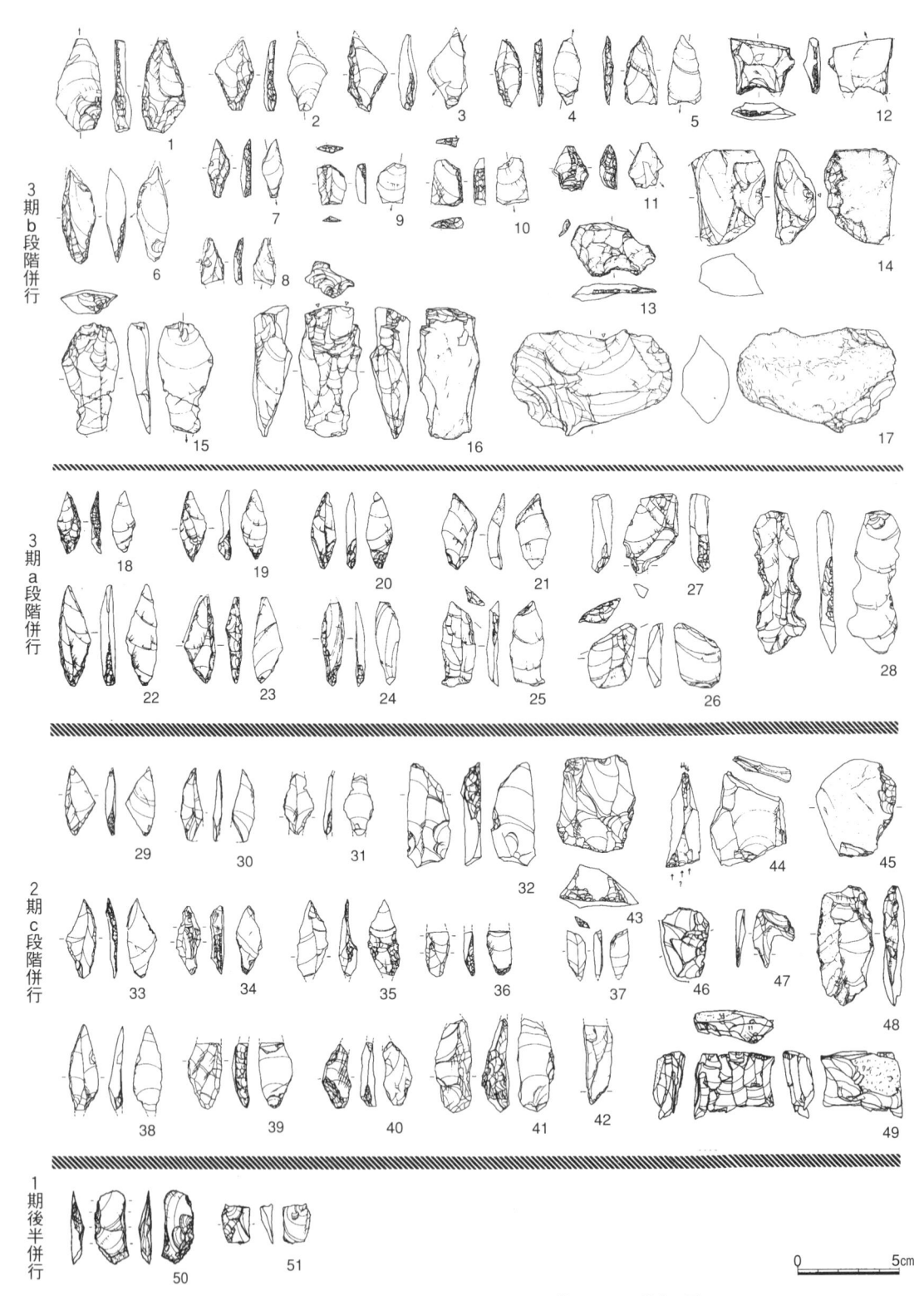

3期b段階併行

3期a段階併行

2期c段階併行

1期後半併行

1〜17：広野　18〜28：京見塚　29〜49：広野北K3期　50・51：道東下層

図12　第1〜3期

東海地方の地域編年 91

3期c段階寺林併行

3期c段階併行

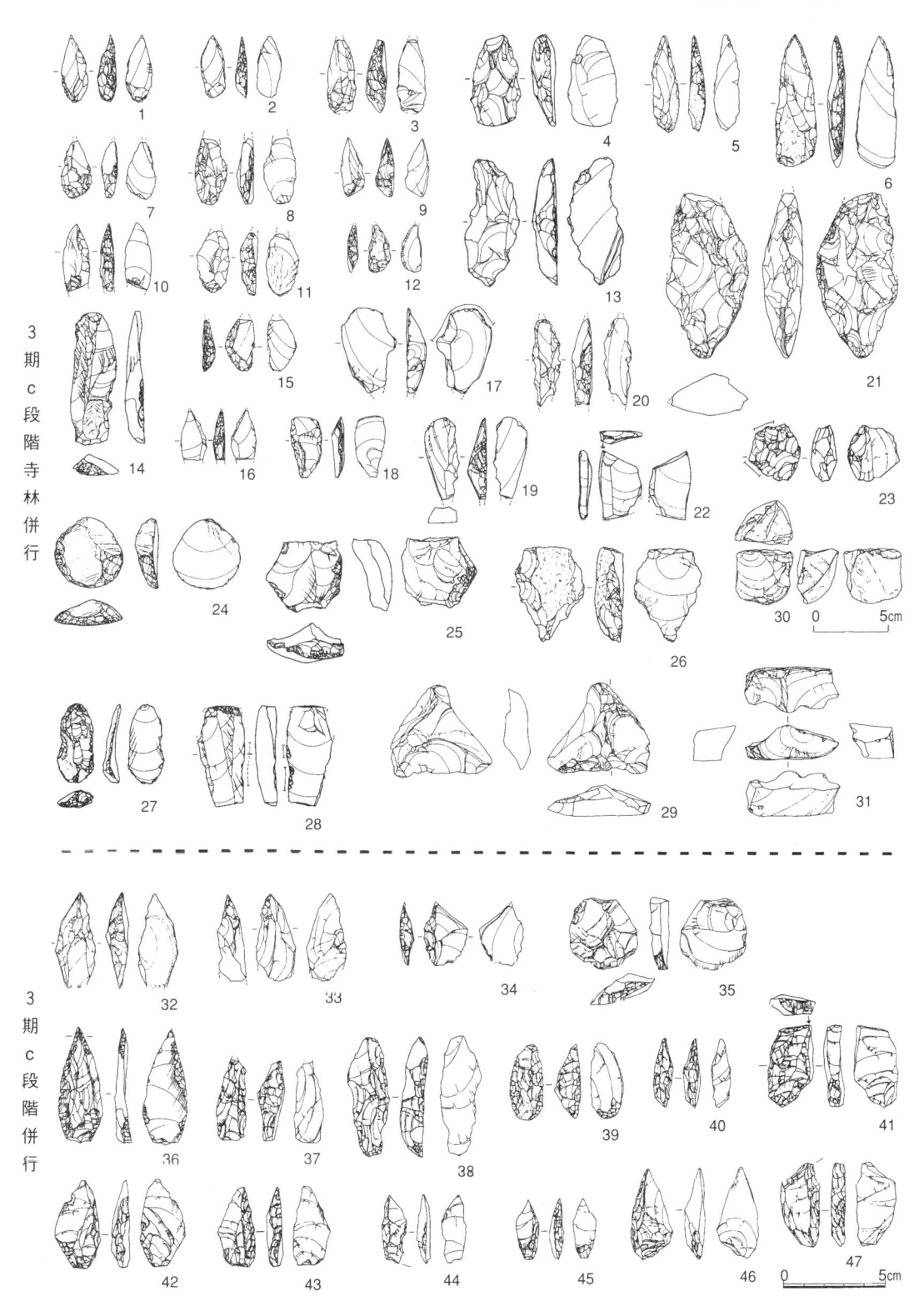

1～31：匂坂中K2期-Ⅱ・Ⅲ群　32～34：広野北K2期-Ⅰ群　35～47：京見塚

図13　第3期

体とし、石刃素材の先端加工と基部加工の形態を組成する。図12-24のような翼状剥片類似素材のナイフ形石器もみられる。層位的には暗色帯より下層でATと目される火山ガラスの極大層準より上で検出されている。ナイフ形石器の型式的には 2 期に位置づけた広野北K3期と差異がなく、近い位置づけが妥当であろう。国府系ナイフ形石器の共伴を積極的に評価し、その編年観にもとづいて3期段階の石器群として捉え、広野北K3期直後のa段階に位置づけたい。

　広野（図12-1～17）の石器組成は単純な組成で、ナイフ形石器14点、削器 9 点、敲石 8 点、石核10点、剥片類21点、尖頭器 2 点、両面加工石器 2 点と報告されている。尖頭器と未製品と思われる両面加工石器について、報文では「垂直分布を見る限り、二時期あるとは考えられない」としながらも「石器からは二時期以上有ることが想定される」として、共伴関係を認めていない（竹内1996）。ナイフ形石器の形態組成は一側縁加工、二側縁加工（茂呂形・切出形・台形状）、先端加工である。切出形は、やや鋸歯状の粗いブランティングが施されている。図12-6は横長剥片を素材としたナイフ形石器である。図12-1のナイフ形石器は、素材打面を基部に残置し、刃部側に連続する微細な剥離が残されている。剥片剥離技術としては石刃技法、瀬戸内技法、不定形の剥片剥離技術が認められる。瀬戸内技法に関連する資料は、図12-6のナイフ形石器のほか図12-14と図12-17の石核である。図12-17はサヌカイト製であるが、これに接合する剥片は検出されていない。正面右端に残る剥離痕は翼状剥片を剥がした可能性を示すが、その他の剥離はうまく剥がされたものではない。削器は抉入状削器で、14点のナイフ形石器に対して 9 点と多い。茂呂形のナイフ形石器の形態が 2 期の広野北K3期に類似し、これに縦素材ではあるが切出形が組成される。この点を評価すれば関東Ⅳ下層に対比でき、愛鷹でも切出形が組成される 3 期c段階に対比できる。しかし、c段階は角錐状石器が多く組成される段階であり、角錐状石器が組成されない本石器群の評価は今後も検討の余地が残る。

　4 期前半に対比できる石器群は、匂坂中K3期 1 群と寺谷上層、高見丘Ⅲエリア 1、匂坂中下 4、匂坂中Kエリア 6 ブロックB16を指標とする。これらは、いわゆる砂川期の石器群である（図14）石器組成はナイフ形石器、削器、搔器、彫器、石錐、敲石、局部磨製礫・石刃である。匂坂中Kエリア 6 ブロックB16では、36点のナイフ形石器に対して27点の彫器が組成される（図14-47・48・50・51・53～70）。彫器は小坂型を多く組成する。搔器は少なく、先刃型 1 点と拇指状 1 点を組成する。

　剥片剥離技術は、石刃技法と縦長剥片剥離技術である。ナイフ形石器と彫器には遺跡内で剥離された石刃が使用されている。

　両編年で位置づけが異なる山田原Ⅱの小形のナイフ形石器群（図14-71～74）は、一条稜と二条稜の整った石刃または石刃状剥片を素材としている。尖鋭な基部を有している点は、愛鷹・箱根の砂川期のナイフ形石器と類似点が多い。大形品をもたない小形品のみの組成を評価すれば、愛鷹・箱根 4 期前半のb群に対比できる。ティアドロップ形のナイフ形石器を主体とする広野北K2期Ⅱ・Ⅲ群より前段階の石器群と考えられる。

　磐田原台地の二側縁加工（茂呂形）ナイフ形石器の比較では、2 期と 4 期前半で石刃を素材とする点では同じであるが、基部の形状に違いが認められる。2 期の形態の基部は、石刃を斜めに断ち

東海地方の地域編年　93

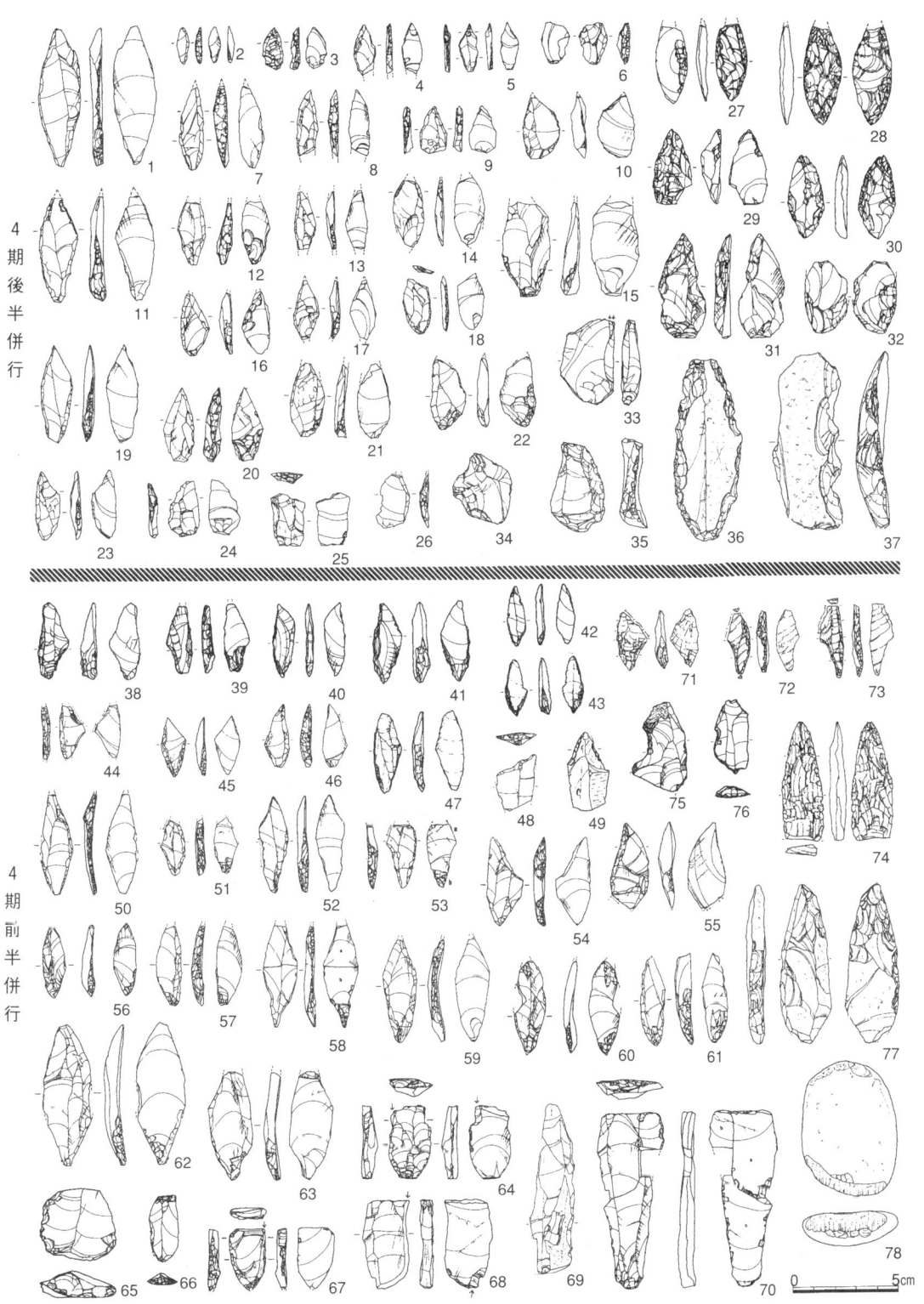

4期後半併行

4期前半併行

1～37：広野北K2期－Ⅱ・Ⅲ群　38～43・75・76：高見丘Ⅲエリア1　44～46・49・52・77・78：寺谷上層
47・48・50・51・53～70：匂坂中K－S6－B16　71～74：山田原Ⅱ

図14　第4期

切ったままの形でブランティングが施されるが、当該地域の4期のナイフ形石器の基部は側刃部がノッチ状に細く絞るものが多い。この点で、山田原Ⅱのナイフ形石器は4期前半の特徴を備えており、尖頭器が伴ったとしても愛鷹・箱根4期b段階のあり方として捉えられる。

広野K2期Ⅱ・Ⅲ群は、ティアドロップ形のナイフ形石器を主体とし、半両面加工の中形・小形尖頭器を多く組成する石器群である（図14-1～37）。組成はナイフ形石器58点、尖頭器21点、彫器2点、掻器9点、削器3点、敲石、礫器などである。尖頭器と掻器の比率が高く、掻器の形態は拇指状である。尖頭器の組成率の高さやナイフ形石器の形態は、愛鷹・箱根第4期後半に対比できる。

5期は広野北尖頭器文化を指標とする（図15-37～56）。石器組成は尖頭器、ナイフ形石器、彫器、敲石などである。尖頭器65点に対して、ナイフ形石器はわずかに3点である。1点のナイフ形石器は石刃状剥片の基部に傾斜の緩やかな加工があるもので、2点は薄い横長剥片素材の形状をあまり変えない二側縁加工形態であるが、規格性はない。尖頭器は3点の未製品を含み、総体的に細身で厚形である。当該地域の編年では相模野Ⅴ期前半に対比されている。広野北尖頭器石器群が尖頭器文化段階としてあったとすれば、広野北（図15-13～36）や寺谷（図15-1～12）の細石器文化は後半段階となるのであろうか。広野北遺跡における尖頭器石器群と細石器文化の平面分布は、ブロックの東西で数量的に分かれるとされるが、ほとんど同心円内に重なる状況であり、垂直分布のピークもほぼ同レベルに分布し、わずかに地形が傾斜している下側（西側）で細石刃文化段階の遺物が浮いているようにみえる。技術構造的にはまったく異なる石器群であり、結果的には拠とする編年観に従って分離されている。このような重複状況は、山中城三ノ丸第1地点ときわめて類似するが、これも「偶然の結果がもたらした見せかけ」であろうか。

磐田原台地の石器群は、AT下位ではこれまでのところ1期後半段階と想定される道東下層以外に検出例はなく、調査実績からも後期旧石器時代前半は総じて分布が希薄であったと考えられる。所在が確認されている83遺跡は、AT降灰直後から形成されているものがほとんどである。このことは、汎日本的に等質な文化性の前半期が終わりAT降灰以降の地域性が形成される後半期に、特定の集団が台地内の本格的な資源開発をはじめたことを示すものである。その集団は、石器石材の利用状況から台地内のきわめて狭い範囲を回帰し、特殊進化していったと考えられる。このことは、信州系黒曜石原産地との距離では関東と変わらない位置にありながら、旧石器時代全期を通じて黒曜石の利用がきわめて少なく、もっぱら在地系頁岩やシルト岩を使用した石材上の閉鎖性からも推察される。また、掻器の組成率が比較的低いことや彫器の組成率の高さ、サヌカイト製石器の保有などは、東海地域西部の石器群に共通してみられる特徴であることから、磐田原台地を領域とした集団が東海地域西部の集団と近い関係にあったことも推察される。AT降灰頃から極相期にかけて九州の角錐状石器や瀬戸内技法、国府系ナイフ形石器の拡散が指摘されているが、このことと当該地域の遺跡の展開は同調するものである。

愛知・岐阜の石器編年は、ATを挟んで層位的に3枚の文化層が確認された椿洞遺跡の成果を機軸として、南関東の編年をもとに5期の大別を行っている（西村2005）。さらに齊藤基雄氏は、第Ⅳ期をナイフ形石器の形態差から2時期に細別している。後期旧石器最古の段階とするⅠ期は、岐阜県の寺田遺跡と愛知県の上品野の資料にもとづいて設定されている。寺田の石器組成は、断片的

東海地方の地域編年 95

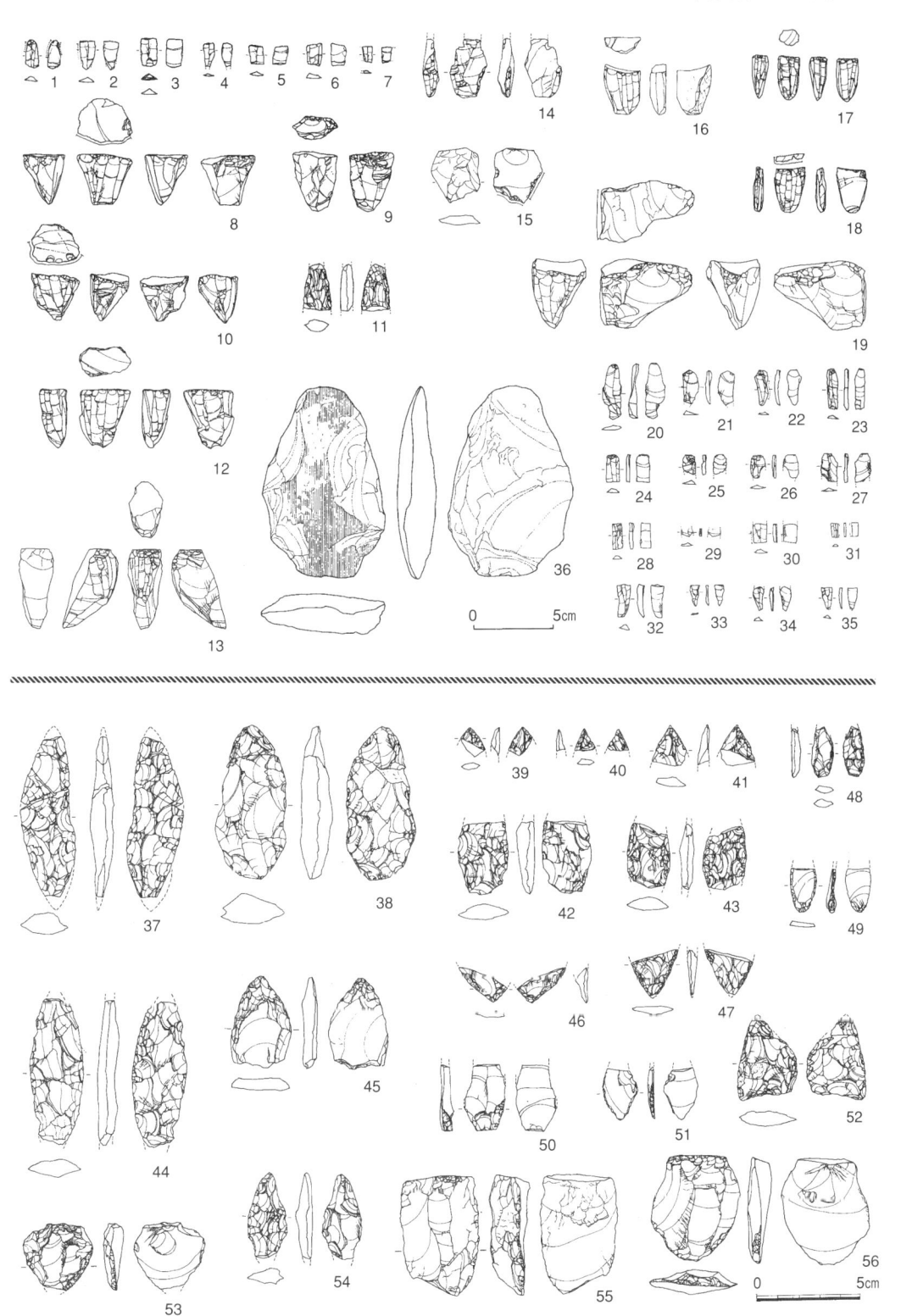

1～12：寺谷　13～36：広野北細石器文化　37～56：広野北尖頭器文化

図15　第5期

なブロック外遺物の抽出資料であるため、台形様石器と刃部磨製石斧以外の組成は明らかではない。上品野では、ナイフ形石器も検出されている。寺田の台形様石器は、チャート製のペン先形を呈するもので、基部は表裏で錯向する平坦剥離で整形されている。このほかにも台形状のものが散見されるが、Ⅳ下段階の石器なども混在しているため、該期の資料としては抽出されていない。石斧は、ホルンフェルスの節理で板状に割れた素材を用いたもので、入念に磨かれた刃部が検出されている。上品野の台形様石器は、横長幅広剥片を横位に用いて、両側縁に平坦剥離に近い緩やかな角度の整形が行われている。ナイフ形石器は、縦長剥片の一側縁にやや角度の緩やかなブランティングが施されている。小形で入念に磨かれた刃部の石斧と精製の台形様石器・一側縁加工ナイフ形石器の組成は、愛鷹・箱根第1期後半段階の様相に類似し、南関東Ⅸ下層段階の石器群に対比される。

　美濃・尾張・三河編年第Ⅱ期の石器群として、AT下位で検出された椿洞KⅢ期・寺屋敷と層位的には確認できていないが石刃素材のナイフ形石器の形態から竪三蔵通5次、同8・9次の石器群が指標とされている。当該期の石器組成は、ナイフ形石器、掻器、彫器、敲石である。

　椿洞の石器組成はナイフ形石器5点、削器1点、掻器1点、石核2点などである。ナイフ形石器の形態組成は、基部加工・二側縁加工（茂呂形・切出形）・部分加工である。寺屋敷では4点のナイフ形石器に対してスクレイパーが28点組成されている。この中には、厚手の剥片に急角度の刃部を設けた円形掻器が認められる。この石器群は武蔵野のⅥ層段階に比定されている（長屋 2003）。剥片剥離技術は石刃技法、縦長剥片剥離技術、横長剥片剥離技術、幅広剥片剥離技術がある。

　この石器群の中では、寺屋敷の石器群は異質である。①翼状剥片に似た横長剥片が伴うこと、②ナイフ形石器の刃潰し調整に鋸歯状の加工があること、③スクレイパーの組成率の高さと円形掻器の組成、④細石核に似た小形の石核の存在、⑤ナイフ形石器の未製品とされる角錐状石器の欠損品が存在する点で、愛鷹・箱根3期の石器群に近い様相を呈している。

　Ⅲ期の石器群としては日野1KⅡ、寺田K2、椿洞KⅡ文化層、水入、駒場、天間、縦三蔵通5次・勅使池などの石器群が基準資料とされている。

　石器組成は角錐状石器、ナイフ形石器、尖頭器、掻器、削器である。日野遺跡では、翼状剥片が組成されている（西村 2005）。日野の横長剥片剥離技術は、瀬戸内技法のような盤状剥片を石核として横長剥片を剥離するものであるが、素材腹面側への剥離だけでなく腹面を打面として礫面側への剥離が連続的に行われた資料を含む。また、打点の位置も「ジグザグ状」に移動させる点で、打面上をほぼ一直線に後退する瀬戸内技法とは異なる（吉田ほか 1987）。また、石材がサヌカイトではなく、頁岩であることが注意される。また、典型的な国府型ナイフ形石器も豊明市勅使池遺跡や名古屋市竪三蔵通遺跡5次で出土している（齊藤 2000）ようである。

　ナイフ形石器の形態組成は基部加工、二側縁加工（茂呂形・切出形）である。ナイフ形石器の素材には横長剥片が多用されるようになる。横長剥片は角錐状石器にも多用されている。また、2期に引き続き縦長剥片を素材としたナイフ形石器も組成されているが、素材剥片は厚くなり、基部は平坦剥離に近い調整で丸く整形される特徴をもつ。尖頭器は、ナイフ形石器と素材共通の周縁加工の形態である。駒場の石器群に組成される3cm前後の片面加工の小形木葉形尖頭器と小形ナイフ形石器は、磐田原台地のものと素材の用い方に若干の違いがあるものの、形態はきわめて類似する。

石器石材は、東三河地域に多くみられる白色に風化する石材（頁岩、凝灰質泥岩、松脂岩、流紋岩の一部、ガラス質結晶質凝灰岩）が多用され、磐田原台地の白色に風化する頁岩やシルト岩とよく似た石質の石材が使用されている。

剥片剥離技術は、前段階より引き続き縦長剥片剥離技術や石刃技法が残存するほかに、瀬戸内技法そのものではないが、打点の位置をジグザグにずらす横長剥片剥離技術がある。この地域は、第2期の寺屋敷石器群中にも横長剥片素材のナイフ形石器があり、AT降灰以前にも横長剥片剥離技術の存在が確認されている。

Ⅳ期の石器群は、Ⅲ期で盛行した横長剥片剥離技術が減少し、石刃や縦長剥片を素材とした二側縁加工のナイフ形石器が卓越する。それとともに小形のナイフ形石器が多く組成されるようになる。小形のナイフ形石器は、西村が指摘するように「基部を細く絞ったもの」が特徴的にみられる。代表的な石器群は、愛知県の上八田・駒場・天間・入鹿池A・入鹿池H・梅ヶ坪南・五本松、岐阜県の宮塚Ⅱ・赤土坂・椿洞K1などがある。これらの石器群は、「ナイフ形石器の大きさから前後二段階に分けられる可能性がある」（齊藤2000）とされている。

前半段階の石器群には上八田・駒場・天間・宮塚Ⅱ・赤土坂石器群の抽出資料が該当する。長身の石刃を用いたナイフ形石器は少ないとされるが、抽出資料ということもあり砂川期併行期らしいよく整った石刃素材のナイフ形石器が散見される。ナイフ形石器の形態組成は二側縁加工（茂呂形・切出形）、先端加工がある。茂呂形の基部は、大形のものが側刃部にブランティング加工される。岐阜の寺田K3や椿洞K1の中形と小形の二側縁加工ナイフ形石器には、側刃部だけでなく背部側にも抉入状の調整加工が施された「基部を細く絞った」形状のものがある。全体の形状がペン先形を呈するため、西村氏は「中形のものにペン先状の形態があることが特徴的である」（西村2003）と述べている。

宮塚Ⅱや赤土坂には、大形の茂呂形ナイフ形石器があるが、総じてこの地域のナイフ形石は小形である。上八田石器群の資料は、この段階の良好な共伴資料と思われるが、ナイフ形石器は4㎝以下の中形と3㎝以下の小形品で構成される。とくに2㎝前後の極小形品が主体を占めている。この段階の石器組成は、素材の特徴や特別な検出状況など条件に恵まれた抽出資料のみであるため、削器、掻器、尖頭器（中形半量面加工・小形片面加工）、彫器なども組成されているようであるが、器種構成比率はわからない。水入遺跡の小形尖頭器の中には、横長剥片を素材とした周縁加工の資料がある。

後半段階の石器群は入鹿池A、入鹿池H、五本松、梅ヶ坪南などに代表される石器群である。石器組成はナイフ形石器、尖頭器、彫器、削器、掻器、石錐である。ナイフ形石器の形態組成は一側縁加工、二側縁加工（茂呂形・切出形・台形状）があるが、前段階にあった先端加工はほとんどない。ナイフ形石器の形状として、基部を丸く整形したものが多く見受けられ、小形片面加工尖頭器との技術構造的な親和性がうかがえる。大形木葉形の両面加工尖頭器が一緒に検出されることが多いが、共伴関係については南関東の編年観にもとづいて想定されている。また、彫器については、その組成率の高さが近隣の磐田原台地の状況に近く、愛鷹・箱根の1遺跡1～3点程度の組成率とは異なる。彫器とは対照的に掻器や削器の組成率は、磐田原台地ほどではないが、愛鷹・箱根地域

に比べてかなり少ないように見受けられる。彫器とスクレイパーのこうした対立的なあり方には、生業の違いや石器の機能的に重複する問題があるのだろうか。

5期は、細石器文化段階とされている。標準資料としては、愛知県の駒場・梅坪・牛ノ松・名古屋城三ノ丸、岐阜県の海老山・寺田・日野1などがあげられている。

細石核の形状は、大きく柱状・錐状と船底形の2群に分けられる。船底形細石核は、石核整形の初期段階から船底形に整形する海老山型（船野型）である。

なお、当該地域に尖頭器文化の段階が存在するかどうかについては、縄文時代草創期の尖頭器や細石器が混在する遺跡が多い。現段階ではこれらを分離して把握できるような状況になく、両者の編年試案にも設定されていない。

三重県では鈴鹿山麓から伊勢湾に流れ込む河川流域に多くの旧石器時代遺跡が残されている。とくに宮川と櫛田川流域の遺跡密度は濃く、明確な集中地域を形成している。しかしながら、発掘調査された資料がきわめて少なく、出張遺跡と上地山・カリコ遺跡の3調査例が知られているにすぎない。ここでは、報告書が刊行されている出張と上地山の石器群を取り扱うが、河岸段丘上に形成された遺跡であるためか、堆積状況は不安定であるという。現時点で取り扱える資料が少なく、三重県内だけで体系的な編年を組めないので、近隣の愛知岐阜の編年に対比させることとする。

出張A地区第Ⅲ層の石器組成はナイフ形石器、掻器、削器、角錐状石器（報文では尖頭状石器）などである。掻器はいわゆる円形掻器で、削器は尖頭状の形態が組成される。ナイフ形石器の形態組成は基部加工、一側縁加工、二側縁加工（茂呂形・切出形）、先端加工であるが、切出形が主体を成す。1点の資料を除いてはすべて在地のチャート製で、2～3cmの小形の形態で占められている。ブランティングは鋸歯状の粗い調整である。茂呂形は石刃素材のものが多く、切出形には幅広剥片が多用されている。また、二側縁加工形態には裏面基部を平坦剥離により整形された資料が多く含まれる。剥片剥離技術は、残核形状からも石刃技法と幅広剥片剥離技術があったことがうかがえる。鋸歯状調整の切出形の組成率が高く、共伴する石刃素材の茂呂形ナイフ形石器の基部加工形態などから推察して、砂川期石器群に対する明花向石器群の位置づけに準えられ、東海編年Ⅳ期初頭もしくはⅢ期の最新段階の石器群と位置づけたい。出張C地区Ⅲ層の石器組成はナイフ形石器、掻器、削器、角錐状石器である。ナイフ形石器の形態組成は基部加工、一側縁加工、二側縁加工（茂呂形・切出形・台形状）、先端加工形態である。A区のナイフ形石器と異なる点は、頁岩を主石材とし、5cm以上の大形品を組成することである。掻器は、円形掻器が多く組成されている。掲載資料中には、よく整った小形の石刃がある。鋸歯状の調整はみられない。円形掻器の組成率が高い状況は石刃石器群としては異質であるが、ナイフ形石器の形態から東海編年Ⅳ期前半の石器群と位置づけられる。上地山の石器組成はナイフ形石器、掻器、楔形石器、小形周縁加工尖頭器、小形片面加工の尖頭器（報文では船底形石器）などである。ナイフ形石器の形態組成は一側縁加工、二側縁加工（茂呂形・切出形・幾何形）である。茂呂形は石刃状剥片を素材とし、裏面基部に平坦剥離が施されるものが含まれている。また、いわゆる幾何形の極小形ナイフ形石器が伴っている。これらの特徴は、愛鷹4期前半のb群ときわめて類似することから出張C区Ⅲ層の石器群とは異相の石器群と考えたい。

7. まとめ

　愛知・岐阜・三重の旧石器編年からうかがえることは、AT降灰以前の遺跡の分布がきわめて希薄であることで、近隣の磐田原台地の状況とよく似ている。AT降灰以前の第1期～2期は、汎日本的に等質の石器群が分布し、地域性がほとんどない時代とされている。愛知・岐阜と磐田原台地の断片的な資料からも、その状況がうかがえる。AT降灰直後の段階になって遺跡が増加する状況もよく似ている。在地石材を多用する傾向やスクレイパーの組成率の低さと彫器の組成率が高いあり方、国府系石器群の出現頻度など類似点が多い。これらの様相は最終氷期極相期に向かう中で、ほぼ同時期にこの地域に進出した集団には強い結びつきがあり、それぞれの生態系への高度な適応特殊化が進化した状況が「東海型ナイフ形石器文化地域圏」を形成したことを示唆するものと考えられる。小形～極小形ナイフ形石器を主体とする石器群も発達している。AT降灰直前段階辺りからみられるナイフ形石器の小形化と東海地域の遺跡展開も時期的に一致し、何らかの関連性が予測される。愛鷹・箱根地域は、AT降灰以前から開発が進んでいた地域であり、第3期のこうした集団の移動の影響を受けた地域圏の東域である。型式学的には関東の石器群と変わらない発展を遂げながらも、東海型の縦素材指向を堅持し、ときとして小形のナイフ形石器を多量に組成することを特徴とする石器文化が残された。中部地域の黒曜石産地の集団や伊豆・箱根系黒曜石産地における南関東の集団との情報交換により、複雑な変遷を起こした地域と考えられる。

　本文は、平成17年5月4日と5日に東京大学で行われた公開シンポジウム「旧石器時代の地域編年とその比較」の予稿集を骨子としてまとめたものである。執筆に当たって多くの課題をいただいていたが、課題にはふれられず対比作業に終始してしまった。取り扱う資料の制限もあったが、偏に筆者の力量によるものである。

参考文献

芦川忠利ほか　1994　『五輪・観音洞・元山中・陰洞遺跡』三島市教育委員会。
愛鷹ローム団研グループ　1969　「愛鷹山麓のローム層」『第四紀研究』8。
池谷信之　1995　『土手上遺跡発掘調査報告書』沼津市教育委員会。
池谷信之　2001　「石器石材とナイフ形石器の製作地」『第7回石器文化研究交流会―発表要旨―』
池谷信之・望月明彦　1998　「愛鷹山麓における石材組成の変遷」『静岡県考古学研究』30。
石川治夫　1982　『子ノ神・大谷津・山崎Ⅱ・丸尾Ⅱ』沼津市文化財調査報告書第27集、沼津市教育委員会。
伊藤　健　1996　「列島内対比」『石器文化研究5　シンポジウムAT降灰以降のナイフ形石器文化』
伊藤恒彦ほか　2001　『上原遺跡』函南町教育委員会。
伊藤恒彦ほか　2004　『南山D遺跡　東山遺跡　香音Ⅱ-D遺跡　奥山遺跡』三島市教育委員会。
上杉陽・米澤宏・千葉達朗・宮地直道・森慎一　1983　「テフラからみた関東平野」『アーバンクボタ』21、2～27頁。
奥　義次　1976　「三重県の遺跡」『日本の旧石器文化』3　遺跡と遺物〈下〉、56～76頁、雄山閣。
奥　義次　1979　『出張遺跡調査報告』三重県度会郡大台町遺跡調査会。

奥　義次　　1985　『上山地遺跡発掘調査報告書』三重県度会郡玉城町教育委員会。
加藤芳朗　　1988　『坂上遺跡・藤上原3遺跡』発掘調査報告書、磐田市教育委員会。
加藤芳朗・佐瀬隆　1989　「清水柳北遺跡におけるAT層準付近の炉址土層の自然科学的分析」『清水柳北遺跡発掘調査報告書　その1』沼津市文化財調査報告第47集、428～436頁。
川合　剛　　2001a「尾張（愛知県西部）の旧石器」『東海石器研究』第1号、14～15頁。
川合　剛　　2001b「春日井市梅ヶ坪遺跡・梅ヶ坪南遺跡の石器群について」『名古屋市博物館研究紀要』第25巻、15～26頁。
川合　剛　　2003a「駒場遺跡と豊川市内の旧石器」『東海石器研究』第2号、4～7頁
川合　剛　　2003b「名古屋市見晴台考古資料館の旧石器」『東海石器研究』第2号、10～12頁。
川添和暁　　2001　「水入遺跡出土石器群の検討について」『東海石器研究』第1号、18～19頁。
絹川一徳　　2000　『長原遺跡東部地区発掘調査報告Ⅲ』㈶大阪市文化財協会。
国武貞克　　1999　「石材消費と石器製作、廃棄による遺跡の類別―行動論的理解に向けた分析法の試み―」『考古学研究』第46巻第3号、35～55頁。
久保勝正ほか　1992　『道東古墳群』磐田市教育委員会。
齊藤基生　　2000　「愛知県内における後期旧石器の変遷」『東海石器研究』第1号、4～5頁。
齊藤基生　　2005　「東海地域の特徴」『東海石器研究』第3号、3～16頁。
齊藤基生ほか　2003　『愛知県史』愛知県史編さん委員会。
佐川正敏ほか　2003　『平城京左京二条二坊十四坪発掘調査報告』旧石器時代編（法華寺南遺跡）、（独）奈良文化財研究所。
笹原千賀子　1999　『生姜沢遺跡発掘調査報告書』東駿河湾環状道路建設工事に伴う埋蔵文化財発掘調査報告書、㈶静岡県埋蔵文化財調査研究所。
笹原千賀子　2003　『寺林遺跡・虎杖原古墳発掘調査報告書』㈶静岡県埋蔵文化財調査研究所。
笹原千賀子　2004a『上松沢平遺跡』東駿河湾環状道路建設工事に伴う埋蔵文化財発掘調査報告書、㈶静岡県埋蔵文化財調査研究所。
笹原千賀子　2004b「愛鷹・箱根山麓第3期の石器群―第3期から第4期へ、寺林遺跡の編年的位置―」『㈶静岡県埋蔵文化財調査研究所設立20周年記念論文集』73～86頁。
笹原千賀子ほか　2003　『鉄平遺跡』東駿河湾環状道路建設工事に伴う埋蔵文化財発掘調査報告書、㈶静岡県埋蔵文化財調査研究所。
笹原芳郎　　1995　「2期・3期の石器群」『愛鷹・箱根山麓の旧石器時代編年　予稿集』静岡県考古学会シンポジウムⅨ、20～27頁。
笹原芳郎　　1996　「第2・3期の石器群をめぐって」『愛鷹・箱根山麓の旧石器時代編年　収録集』静岡県考古学会シンポジウムⅨ、45～48頁。
笹原芳郎　　1999　『西洞遺跡（b区－1）発掘調査報告書』沼津市埋蔵文化財調査報告第69集、沼津市教育委員会。
笹原芳郎　　2001　「愛鷹・箱根第4期の分別について」『第7回石器文化研究交流会―発表要旨―』61～62頁。
笹原芳郎　　2005a「最近の愛鷹山麓旧石器時代調査状況―第二東名関連を中心として―」『日本旧石器学会ニュースレター』第4号、1～3頁。
笹原芳郎　　2005b「愛鷹・箱根4期、砂川、月見野―変異と付加と欠如―」『石器文化研究』12　シンポジウム「ナイフ形石器文化終末期」再考、113～120頁。
笹原芳郎ほか　1992　「旧石器時代の炉跡・焚火跡」『考古学ジャーナル』351、8～13頁。

佐藤宏之　1992　『日本旧石器文化の構造と進化』柏書房。
佐藤宏之　1996　「社会構造」『石器文化研究』5、石器文化研究会、329～340頁。
佐藤良二　1995　「静岡県匂坂中遺跡群における瀬戸内技法小考」『旧石器考古学』50、旧石器文化談話会、16～22頁。
沢田伊一郎　1995　「瀬戸内技法の発生要因とその拡散についての一試論」『旧石器考古学』51、旧石器文化談話会、47～56頁。
白石浩之　2001　『石槍の研究』ミュゼ。
進藤貴和子　1995　「磐田原台地の岩宿時代遺跡と石器群の編年」『愛鷹・箱根山麓の旧石器時代編年 予稿集』静岡県考古学会シンポジウムⅨ、293～332頁。
鈴木敏仲　2002　「中林山遺跡」『三島市埋蔵文化財発掘調査報告Ⅶ』。
鈴木裕篤　1980　『西大曲遺跡発掘調査概報』沼津市教育委員会。
鈴木美保　2005　「槍先形尖頭器石器群の展開—南関東地方におけるナイフ形石器と槍先形尖頭器—」『石器文化研究』12、209～214頁。
須藤隆司　1996　「中部・東海・北陸地方におけるⅤ・Ⅳ下層段階の石器群—列島内対比の視点から—」『石器文化研究』5、石器文化研究会、451～464頁。
須藤隆司　2005　「杉久保型・砂川型ナイフ形石器と男女倉型有樋尖頭器—基部・側縁加工尖頭器と両面加工尖頭器の技術構造論的考察—」『考古学』Ⅲ、73～100頁。
関野哲夫　1990　『清水柳北遺跡発掘調査報告書』沼津市教育委員会。
高尾好之　1987　『広合遺跡発掘調査報告書』沼津市埋蔵文化財調査報告書第41集、沼津市教育委員会。
高尾好之　1988　『土手上・中見代第Ⅱ・中見代第Ⅲ遺跡発掘調査報告書』沼津市教育委員会。
高尾好之　1989　『中見代第Ⅰ遺跡発掘調査報告書』沼津市文化財調査報告書第50集、沼津市教育委員会。
高尾好之　1994　「愛鷹山南麓・箱根西麓の後期旧石器時代編年試案」『地域と考古学』向坂鋼二先生還暦記念論集。
高尾好之　1998　『拓南東遺跡発掘調査報告書』沼津市埋蔵文化財調査報告書第65集、沼津市教育委員会。
竹内直文　1996　『広野遺跡 第1次』磐田郡豊田町教育委員会（現在：磐田市教育委員会）。
寺田光一郎　1998a『中村分遺跡 天台B遺跡 台崎C遺跡 試掘調査』三島市教育委員会。
寺田光一郎　1998b『中村分遺跡 天台B遺跡 台崎C遺跡』三島市教育委員会。
富樫孝志　1998　「旧石器時代における遺跡形成過程—高見丘Ⅲ遺跡エリア1の解釈—」『静岡県考古学研究』30、3～20頁。
富樫孝志　2005　「東海地方におけるナイフ形石器文化終末期石器群の変動」『石器文化研究』12 シンポジウム「ナイフ形石器文化終末期」再考、65～90頁。
中村雄紀　2005　「愛鷹・箱根山麓における『ナイフ形石器終末期』の遺跡群」『石器文化研究』12 シンポジウム「ナイフ形石器文化終末期」再考、121～146頁。
長屋幸二　1995　「濃尾平野北部における横長剥片剥離技術—岐阜市内3遺跡の検討—」『旧石器考古学50』旧石器文化談話会、47～54頁。
長屋幸二　2003　「東海地方西部のAT下位の資料について」『東海石器研究』第1号、12～13頁。
長屋幸二　2005　「東海地域の集団～石材から見た集団～」『東海石器研究』第3号、16～20頁。
西井幸雄　2001　「新屋敷遺跡出土石器の再検討」『第7回石器文化研究交流会—発表要旨—』31～38頁。
西村勝広　2003　「濃尾平野北部の旧石器編年」『東海石器研究』第1号、8～9頁。
西村勝広　2005　「編年案」『東海石器研究』第3号、10～13頁。

野口　淳　2005　「他地域から見た東海」『東海石器研究』第3号、20～26頁。
林　弘之ほか　1996　『駒場遺跡』豊川市教育委員会。
パリノ・サーヴェイ　1989　「鉱物分析、炭化材同定及び礫のX線回折について」『清水柳北遺跡発掘調査報告書その1』沼津市文化財調査報告第47集、409～424頁。
堀　正人ほか　1989　『椿洞遺跡―岐阜市民公園整備関連事業―』岐阜市教育委員会。
前島秀張　1995　『愛鷹・箱根山麓の旧石器時代編年　予稿集』「第4期・第5期の石器群」静岡県考古学会シンポジウムⅨ、28～34頁。
前島秀張　2001　「『愛鷹・箱根の旧石器時代編年』第4期について」『第7回石器文化研究交流会―発表要旨―』59～60頁。
前島秀張ほか　1998　『上ノ池遺跡』東駿河湾環状道路建設工事に伴う埋蔵文化財発掘調査報告書、㈶静岡県埋蔵文化財調査研究所。
前島秀張ほか　2003　「ホルンフェルスの入手先を明らかにする」『静岡県考古学研究』35、静岡県考古学会。
松井一明ほか　1994　『山田原遺跡群Ⅱ』袋井市教育委員会。
水野裕之　2003　「入鹿池遺跡群の旧石器」『東海石器研究』第1号、6～7頁。
望月明彦ほか　1998　「愛鷹山麓における石材組成の変遷」『静岡県考古学研究』30、静岡県考古学会。
山下秀樹　1985　『広野北遺跡』磐田市教育委員会。
山本恵一ほか　1995　『土手上遺跡（b・c区）発掘調査報告書』沼津市埋蔵文化財調査報告書第56集、沼津市教育委員会。
吉田英敏ほか　1987　『寺田・日野1―一般国道156号岐阜東バイパス建設に伴う緊急発掘調査―』岐阜市教育委員会。

中部地方の地域編年

須藤　隆司

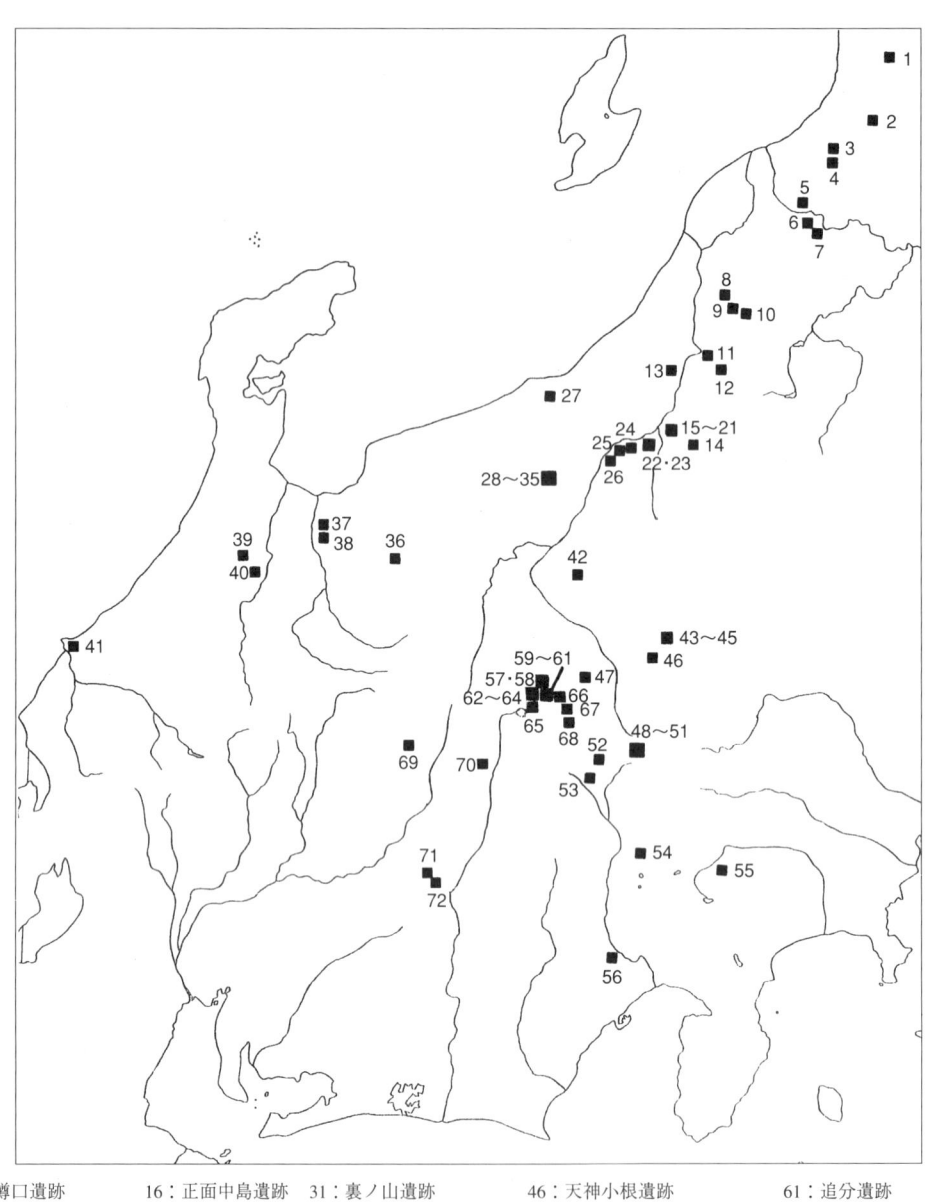

1：樽口遺跡	16：正面中島遺跡	31：裏ノ山遺跡	46：天神小根遺跡	61：追分遺跡
2：荒川台遺跡	17：下モ原Ⅰ遺跡	32：東裏遺跡	47：立科F遺跡	62：雪不知遺跡
3：坂ノ沢C遺跡	18：道下遺跡	33：上ノ原遺跡	48：柏垂遺跡	63：池のくるみ遺跡
4：上新田B遺跡	19：居尻A・B遺跡	34：西岡A遺跡	49：馬場平遺跡	64：ジャコッパラ12遺跡
5：円山遺跡	20：大原北Ⅰ遺跡	35：向新田遺跡	50：矢出川Ⅰ遺跡	65：茶臼山遺跡
6：吉ヶ沢B遺跡	21：上原E遺跡	36：白岩藪ノ上遺跡	51：中ッ原5B・1G遺跡	66：御小屋之久保遺跡
7：上ノ平A・B遺跡	22：すぐね遺跡	37：野沢A遺跡	52：丘の公園第2遺跡	67：渋川遺跡
8：荒沢遺跡	23：胴抜原A遺跡	38：直坂Ⅰ・Ⅱ遺跡	53：横針前久保遺跡	68：弓振日向遺跡
9：中土遺跡	24：横倉遺跡	39：立美遺跡	54：立石遺跡	69：柳又遺跡
10：御淵上遺跡	25：日焼遺跡	40：ウワダイラⅠ・L遺跡	55：一杯窪遺跡	70：神子柴遺跡
11：荒屋遺跡	26：太子林遺跡	41：西下向遺跡	56：天神堂遺跡	71：石子原遺跡
12：月岡遺跡	27：蛇谷遺跡	42：唐沢B遺跡	57：男女倉遺跡	72：竹佐中原遺跡
13：真人原遺跡	28：日向林B遺跡	43：八風山Ⅰ遺跡	58：唐沢ヘイゴロゴーロ遺跡	
14：大刈野遺跡	29：貫ノ木遺跡	44：八風山Ⅵ遺跡	59：鷹山ⅠS遺跡	
15：正面ヶ原D遺跡	30：大久保南遺跡	45：下茂内遺跡	60：星糞峠遺跡	

中部地方の後期旧石器時代の主な遺跡分布図

1．編年の方法と目的

「いつまで編年をやるか」（藤森 1969）。この言葉は藤森栄一が歴史研究不在の縄文土器編年研究に発した警告である。その内容を当時どれほど理解していたのかは憶えていないが、私が中学生のときに学びはじめた考古学研究の方向性として鮮烈に脳裏に焼きつけられた言葉である。以後、それなりに考古学研究に携わってきたが、編年と題した論文は書いたことがなかった。それは、歴史学からかけ離れた研究のための研究に陥ることを嫌ったためである。

「土器は言語であり、石器は音楽である」（杉原 1965）。この言葉は土器研究と石器研究における方法論の異なりを的確に表現した杉原荘介の名言である。私が明治大学で本格的に旧石器研究を学びはじめたときから、「石器に型式は存在するか」という自問とともに、現在も旧石器研究の指針とする言葉である。石器は「中学生くらいの少年が、……編年体制の上での土器の顔を呑みこんで、……小破片にいたるまで、何々式何々式を当てる」（藤森 1969）というわけにはいかないのである。

「層位は型式に優先する」「型式は層位に優先する」。あのあってはならぬ前期旧石器ねつ造事件で、改めて議論された編年研究のテーゼである。この議論で「石器型式研究」がないがしろにされていたことも事実であるが、杉原が発した「石器は音楽である」という本質と、旧石器は厚い降下火山灰の整然とした層順で検出できるという特性を根本的に評価しなければならない。

東京都鈴木遺跡の立川ロームⅥ層から検出された「茂呂型ナイフ形石器」は、Ⅳ層から検出されていた「茂呂型ナイフ形石器」と同じ形をしていた。標識遺跡である茂呂遺跡のナイフ形石器はⅣ層ではなくⅥ層のナイフ形石器では？と議論されたほどである。つまり、石器個々のかたちは時間的に繰り返して出現した。型式学の正道である一定方向の変化では把握しきれないのである。そして、「Ⅳ層」と「Ⅵ層」のみた目の同じ石器から、確実に変化した歴史の変動を読み解かなければならないのである。

さて、冒頭から長々と回顧談を述べたが、以上に旧石器時代編年研究方法の本質がある。現状でもっとも客観的な方法は、厚い降下火山灰の整然とした堆積順序に整合して摘出した「石器群」を時間軸に配列することである。また、広域火山灰・層位的裏づけのある放射性炭素年代測定値が地域間編年の客観的基準とされよう。ただし、厚い降下火山灰から数多くの石器群を時間的前後関係で摘出し、層位を単位として編年細分に成功したとしても、それだけでは歴史学のない縄文土器細分編年の方向性に陥る可能性が大である。編年研究の目的は細分を到達点とする傾向にあるが、数万年に及ぶ旧石器時代、年代を単位とすれば数百に及ぶ段階設定が方法的に可能である。目的は細分することではなくて、細分した段階からいかに歴史が学べるかということであり、その歴史概念を整備することである。それでは、歴史学、現代社会のあるべき姿を追求する学問としての旧石器時代編年方法とは。それは、石器が有する本質を理解した型式研究にほかならないと考える。

最近、長野県佐久市駒込地方で珪質頁岩の原産地を確認し、それを「駒込頁岩」（須藤編 2006）と命名した。その確認の端緒となった天神小根遺跡では、エオリスとよばれる石器状剥離面から構成される多量の原石が採取された。そのきわめて均質な石材におけるエオリスでは、旧石器研究者

が技術・技法とよぶ個々の剥離構成を、自然界が形成した剥離面に見出すことができた。石と石がぶつかり合って生じた剥離面は、自然でも人が行っても現象としては同じということである。石器製作技術とは、石器石材が個別に有する割れの法則を有効に活用する技術適応といえよう。

　石器の形は土器に文様を描くような意志表現ではなく、その石器に用いられた石材にまずは規制されているということである。単純な例では、大型の石器をつくるためには大型の原石が必要とされ、小型の石器をつくるためにはその細工を可能とする良質の原石が必要なのである。こうした表現をとると、石材決定論という単一的な評価で研究上はつまらないという意見を聞くが、研究主対象が石器しか存在しないのであるから、それを科学と称するには石の物理学に客観性を求めるべきである。ただし、自由意志が表現できる技術として「押圧剥離技術」の存在を指摘することは可能である。その技術は縄文時代の異形石器、さらには古代マヤ文明でエキセントリックと呼ばれた造形美術にまで発展した。後期旧石器時代では、細石刃技法の歴史的評価においてその説明の大半に費やされた細石刃核整形技術より、剥離具の改変による「押圧剥離技術」の開発を革命的技術革新と評価すべきである。

　ともあれ、後期旧石器時代の石材に適応した石器製作技術には、石刃技法と両面調整技術という両極的技術構造が存在し、それぞれに適応させた調整加工技術とともに、両者間においてもさらに構造化するという複雑な変動を示した。とくに変化の多様性は時間的枠組みよりも空間的枠組み、地域が有する石材環境に適応した伝統的製作技術の表現型として存在した。

　以上の後期旧石器時代石器製作技術構造（以下、技術構造）の枠組みから、編年の方法は技術構造の変化を基準とし、その表現型である石器個々の形と石器群の総体を、分析方法における型式として時空間に配列する。なお、聞き慣れない用語を乱造するが、用語としての適正より、その背後にある概念を理解していただきたい。また技術構造の変動は、単に石器の製作技術的な問題に止まらず、地域社会を形成した集団関係、社会組織の変動を示す。その検証は遺跡の形成過程における構造論的研究が主体とされるため、小論ではその関連事項を補足的にしか扱えないが、歴史的変動の評価として編年研究の目的に取り入れたい。本来ならば、石器群の詳細な分類から、個別石器技術適応と型式・構造の関係を説明しなければならないが、紙数の関係もあるので、むしろ今後の展望として大胆に論を進めることをお許しいただきたい。

2．地域区分

　中部地方として割り当てられた地域は、新潟・富山・石川・福井・長野・山梨県である。また南北に長くいくつもの盆地で構成された長野県は、北信・中信・東信・南信という地域に区分されている。以上を大きく三つの地域に区分したい（遺跡分布図参照）。

　第一は新潟・富山・石川・福井県の北陸と北信の地域で、日本海沿岸地域と称する。石材環境として珪質頁岩・玉髄・鉄石英・ガラス質黒色安山岩の産地を有する地域である。北信は野尻湖遺跡群を代表とし第二の地域との接触地域でもある。黒曜石は信州産とともに、青森県深浦産・秋田県男鹿産・山形県月山産が用いられる。最近次々に発見された石器群は、本地域が日本列島の旧石器

社会変動や列島内の地域社会の成立・再編において重要な地域であることを主張している。小論の主軸となる地域である。

　第二は長野県の東信西部、中・南信地域で、中部高地と称する。石材環境は黒曜石原産地（東信西部）を有することを最大の特徴とする。また、南信地方には下呂石が搬入される。

　第三は長野県の東信地域（佐久地方）・山梨県で、東部高地と称する。石材環境は、ガラス質黒色安山岩・チャート・珪質頁岩・水晶の産地を特徴とする。黒曜石は、信州産とともに箱根産・神津島産が用いられる。関東・東海地方との接触地域である。

　なお、第二・三の地域には学史上重要な遺跡が多く、研究当初から編年表に組み込まれた多くの遺跡があるが、それらの多くは層位的位置づけや石器群の一活性における課題が多く、今回の編年表からその多くをあえて除外した（一部を（　）付きで示した）。それらの石器群に関しては、型式学的研究の有効性がみえてきた段階で再び挑戦しよう。

3．時期区分

　日本海沿岸地域で石器群が層位的前後関係で検出された遺跡は、新潟県樽口遺跡（立木 1996）と長野県野尻湖遺跡群である。樽口遺跡では始良Tn火山灰（AT）下位から端部整形石器群、石刃石器群、AT上位・浅間草津黄色軽石（As-YPk、後述するAs-YPと同等、13,000年前）下位から国府型石器群、乱馬堂型石器群、杉久保型石器群、白滝型石器群・ホロカ型石器群が捉えられている。層厚の薄さや石器群単位の捉え方に検討の余地があるが、本地域の変遷基準としたい。

　長野県野尻湖遺跡群では、下位からⅤb層、Ⅴa層（上部がAT層準）、Ⅳ層、Ⅲ層に分層され、貫ノ木遺跡などでは各層から間断なく多くの石器群が検出されている。それらの石器群が整然と配列できたならば、本地域さらには列島の後期旧石器時代における編年基準を設定できることとなる。しかしながら、各層厚が薄いのに対して同一地点での石器群の重なりが激しく、石器群単位の把握に支障を来している。石器個々の形には地域社会を示唆する特徴的な「型式」があり、明確な石器群の配列としては提示できないが、これからの展望として積極的に提示したい。

　野尻湖遺跡群の代表的な石器群は、Ⅴb層に長野県日向林B遺跡（谷 2000a）・貫ノ木遺跡（大竹憲 2000）の台形石器群、大久保南遺跡（谷 2000b）の石刃・台形石器群、Ⅴa層に貫ノ木遺跡個人住宅地点（中村由 1995）の後田型石器群、裏ノ山遺跡（谷 2000b）の寺尾Ⅵ型石器群、AT上位のⅣ層に東裏遺跡（谷 2000b）の国府型石器群・池のくるみ型石器群、貫ノ木遺跡（大竹憲 2000）の杉久保型石器群・直坂Ⅱ型石器群、上ノ原遺跡（中村由 2004）の杉久保型石器群・真人原型石器群、西岡A遺跡（大竹憲 2000）の直坂Ⅱ型石器群・鷹山S型石器群、Ⅲ層に向新田遺跡（野尻湖人類考古グループ 1978）の石刃を特徴的に有する矢出川型石器群がある。

　上記以外で広域火山灰であるATとAs-YPkとの層位的関係が確認された石器群には、AT下位の新潟県正面ヶ原D遺跡（佐藤ほか 2001）の初期石刃石器群、富山県ウワダイラ遺跡（橋本 1974）・白岩藪ノ上遺跡（松島 1982）の端部整形石器群、富山県直坂Ⅰ遺跡（橋本 1973）・新潟県蛇谷遺跡（土橋 2005）・新潟県胴抜原A遺跡（佐藤雅 2002）・新潟県大原北Ⅰ遺跡（新田 2002）の石刃石器

群がある。AT上位では長野県太子林遺跡第Ⅱ地点（望月1999）・富山県野沢遺跡A地点（鈴木ほか1982）の乱馬堂型石器群があり、AT上位As-YPk下位に新潟県上ノ平遺跡A・C地点（沢田1994・1996）・吉ヶ沢遺跡B地点（沢田2004）・荒川台遺跡（阿部2002）・下モ原Ⅰ遺跡（山本2000）・荒沢遺跡（小熊1994）の杉久保型石器群、新潟県すぐね遺跡（佐藤雅2002）の男女倉型石器群、新潟県真人原遺跡（小野編1992・1997・2002）・道下遺跡（佐藤雅2002）の真人原型石器群、長野県日焼遺跡（望月1989）の幾何形刃器石器群、荒川台遺跡の荒川台型石器群、新潟県荒屋遺跡（芹沢・須藤編2003）・中土遺跡（新潟石器研究会1996）・月岡遺跡（中村・小林1975）の荒屋型石器群、新潟県上原E遺跡（佐藤雅2002）の白滝型石器群がある。また、As-YPk前後の位置として新潟県正面中島遺跡（佐藤・佐野2002）の荒屋型石器群と神子柴型石器群、新潟県大刈野遺跡（佐藤雅1988）の神子柴型石器群が検討されている。

放射性炭素年代測定では、日向林B遺跡の台形石器群が29,000年前、新潟県居尻A・B遺跡（工藤2005）の杉久保型石器群が19,000年前、荒屋遺跡の湧別（荒屋）型石器群が14,000年前である。

中部高地における石器群の重層位的出土例は、黒曜石原産地の長野県追分遺跡（大竹幸編2001）と下呂石の分布圏にある長野県柳又遺跡C地点（青木ほか編1993）がある。追分遺跡ではAT下位で第5文化層の台形石器群、上位で第4文化層の石刃石器群、第3文化層の砂川型石器群、第2文化層の幾何形刃器石器群？、第1文化層の鷹山S型石器群が確認されている。また第1文化層上位層で湧別型石器群が捉えられている。

柳又遺跡C地点ではAT下位の石器群は確認されていないが、AT上位で五つの文化層が設定されている。AT直上から、第Ⅴ文化層の国府型石器群、第Ⅳ文化層の砂川型石器群、第Ⅲ文化層の鷹山S型石器群、第Ⅱ文化層の矢出川型石器群、第Ⅰ文化層の湧別型石器群である。

上記以外でATとの位置関係が確認された石器群には、AT下位に長野県弓振日向遺跡（大竹幸1989）の台形石器群がある。

放射性炭素年代測定では、追分遺跡第5文化層の台形石器群が30,000年前、同第3文化層の砂川型石器群が19,000年前、同第1文化層の鷹山S型石器群が17,000年前である。

東部高地では各段階にわたる重層位遺跡は存在しないが、AT、八ヶ岳新期第Ⅳ軽石（Y-PmⅣ、30,000年前？）、浅間板鼻褐色軽石群（As-BP、18,000～22,000年前）、浅間大窪沢第2軽石（As-Ok2、16,000年前）、浅間板鼻黄色軽石（As-YP、13,000年前）をキーテフラとして、その前後関係で石器群の配列が可能である。

Y-PmⅣ下位に、長野県八風山Ⅱ遺跡（須藤編1999）の初期石刃石器群、長野県立科F遺跡（須藤編1991）の端部整形石器群があり、AT下位に山梨県一杯窪遺跡（小林ほか1982）の初期石刃石器群、山梨県横針前久保遺跡（村石ほか2000）・立石遺跡（保坂1990）の台形石器群がある。AT・As-YP間では山梨県丘の公園第2遺跡（保坂1989・2002）・天神堂遺跡（伊藤1979）の砂川型石器群があり、As-BP・As-Ok2間に長野県下茂内遺跡第Ⅱ文化層（近藤1992）の神子柴型石器群、As-Ok2・As-YP間に長野県天神小根遺跡（須藤編2006）のホロカ型石器群、As-YP前後に中ッ原第5遺跡B地点・第1遺跡G地点（八ヶ岳旧石器研究グループ1991・1996）の黒曜石を用いた湧別型石器群、As-YP上位に八風山Ⅵ遺跡B地点（須藤編1999）の神子柴型石器群がある。

表1 中部地方の後期旧石器時代編年表

	日本海沿岸地域	中部高地	東部高地
第Ⅰ期	正面ヶ原D　ウワダイラⅠ・L　日向林B 　　樽口A-KATD　　貫ノ木 　　白岩藪ノ上　　　坂ノ沢C 大久保南Ib　　　　大久保南Ia	竹佐中原 追分5文 弓振日向 ジャッコバラ12	八風山Ⅱ　立科F　横針前久保 一杯窪　　　　　　立石
第Ⅱ期	蛇谷　　貫ノ木個人 　　　　　太子林 樽口A-KH 　直坂Ⅰ　　裏ノ山Ⅱ 　胴抜原A　大原北Ⅰ	(茶臼山) (池のくるみ)	
第Ⅲ期	太子林Ⅱ　東裏H1・2　御淵上 　円山　　　　　　　坂ノ沢C 　樽口B-KH　　　　樽口A-KSE 　野沢A　　　　　　西下向	追分4文　　　柳又CⅤ文	
第Ⅳ期	荒川台　貫ノ木　すぐね 上ノ平A・C　上ノ原　立美 吉ヶ沢B　居尻A・B　直坂Ⅱ 下モ原Ⅰ　荒沢	追分3文　渋川　　男女倉 雪不知　星糞峠　ヘイゴロゴーロ 御小屋之久保 柳又CⅣ文	丘の公園第2
	樽口B-KSU 　真人原　西岡A 　上新田B 　道下　　日焼	鷹山ⅠS 追分1文 柳又CⅢ文	天神堂 　　　(柏垂) 　　　(馬場平)
第Ⅴ期	荒川台　荒屋 向新田　月岡・中土　正面中島 樽口A-MH　樽口A-MS　大刈野 　　　　上原E　　　横倉	柳又CⅡ文　　　　神子柴 　　柳又CⅠ文 　　追分上位層	矢出川Ⅰ　柏垂　ト茂内Ⅱ文 天神小根　中ッ原5B・1G　唐沢B 　　　　　　　　八風山ⅥB 　　　　　　　　下茂内Ⅰ文

　放射性炭素年代測定では、八風山Ⅱ遺跡の初期石刃石器群が32,000年前、一杯窪遺跡の初期石刃石器群が31,000年以上前、下茂内遺跡第Ⅱ文化層の神子柴型石器群が16,000年前、天神小根遺跡のホロカ型石器群が14,000年前、八風山Ⅵ遺跡B地点の神子柴型石器群が12,000年前である。

　以上の層位・放射性炭素年代における前後関係を基準として石器群を配列したものが、表1とした中部地方の後期旧石器時代編年表である。そして、時期区分は最古段階である第Ⅰ期から最新段階である第Ⅴ期に区分した。

　最古段階の第Ⅰ期は、初期石刃石器群と台形石器群を特徴とし、その石器群構造は初期石刃技法・初期両面調整技術構造である。南関東地方のⅩ・Ⅸ層段階に対比する。

　第Ⅱ期は、石刃石器群で石刃技法構造の発展期である。Ⅶ・Ⅵ層段階に対比する。

第Ⅲ期は、AT降灰以降で後期旧石器時代を前半期と後半期に画する製作技術構造の変革期である。国府型石器群・乱馬堂型石器群といった地域社会を象徴する石器群が確立する。構造的特徴は、側面調整技術構造の進入と石刃技法構造の再適応化と表現できる。Ⅴ・Ⅳ下層段階に対比する。

第Ⅳ期は、両面調整技術構造の成立・確立期であり、前半段階と後半段階に細別される。前半段階は男女倉型石器群・杉久保型石器群・砂川型石器群を特徴とし、両面調整技術構造の成立（進入）と石刃技法構造の再開発段階である。Ⅳ中・Ⅳ上層前半段階（砂川期）に対比する。後半段階は片面・周辺調整石槍石器群を特徴とする両面調整技術構造の地域開発が行われた段階である。Ⅳ上層後半段階（月見野期）に対比する。

第Ⅴ期は、細石刃石器群（湧別型・ホロカ型・矢出川型）と大型両面調整石槍石器群（神子柴型）を特徴とする。両面調整技術構造において細石刃技法・石槍技法・石刃技法が構造化された時期で、その表現型が地域的枠組みで異なる。時間的枠組みの配列は石材環境を背景とした地域伝統技術適応の推移として、地域を単位とした多元的な変遷として示される。

なお中部高地（南信地域）では、竹佐中原遺跡（大竹憲 2005）・石子原遺跡（岡村 1973）の石器群が後期旧石器時代を遡る石器群として話題をよんでいる。小論では後期旧石器時代の製作技術構造の枠組みとその変動を明確にすることに目的があり、竹佐中原遺跡・石子原遺跡がその枠組みとは異なる石器群かどうかを分析過程的な結論として提示したい。また、その一部あるいは全部が縄文時代草創期（山内 1969）・移行期（谷口 2002）・原土器時代（杉原 1967・1973）とされる第Ⅴ期の枠組みも分析一過程的結論であるが、神子柴型石器群の枠組みとして提示する。以下、唐突に記述した型式を解説しながら各時期における石器群の技術構造を説明する。

4. 石器群の技術構造変動

4.1 第Ⅰ期の技術構造

東部高地の八風山Ⅱ遺跡に初期石刃技法構造の基準石器群がある。また、日本海沿岸地域では正面ヶ原D遺跡の石器群が同段階、野尻湖遺跡群にある大久保南遺跡の石器群が後続段階として検討できる（図1）。

初期石刃技法は「小口型石刃技法」（安斎 2003）と定義できる。八風山Ⅱ遺跡の膨大な接合資料が示すその剥離過程は、ガラス質黒色安山岩の分割角礫を石核とし、その小口面から断面三角形の一稜石刃を特徴的に剥離する（図1-17）。石刃生産の主目的は石槍[1]製作である。石槍の特徴は、先端の尖鋭な一稜石刃を素材とした基部加工形態（図1-1〜4）である。その調整加工には、微細・平坦・急角度加工と後期旧石器時代に展開した調整加工技術の大半が用いられる。それは選択素材の対処法として部分的に発現され、調整加工範囲がわずかであることが基本である。かつて岩宿型ナイフ形石器（須藤 1986）とよんだその形態を八風山Ⅱ型石槍[2]とよぶ。新潟県正面ヶ原D遺跡の珪質頁岩を用いた石刃技法は、搬入製品が主体とされるためその剥離過程全体が復元できず、第Ⅱ期の「周縁型石刃技法」を視野に入れる必要もあろうが、石槍の素材とされた石刃の特徴は、複数剥離稜が末端にまで達せず先端形状が多様である（図1-6）。それを調整加工で修正していない点や

中部地方の地域編年 111

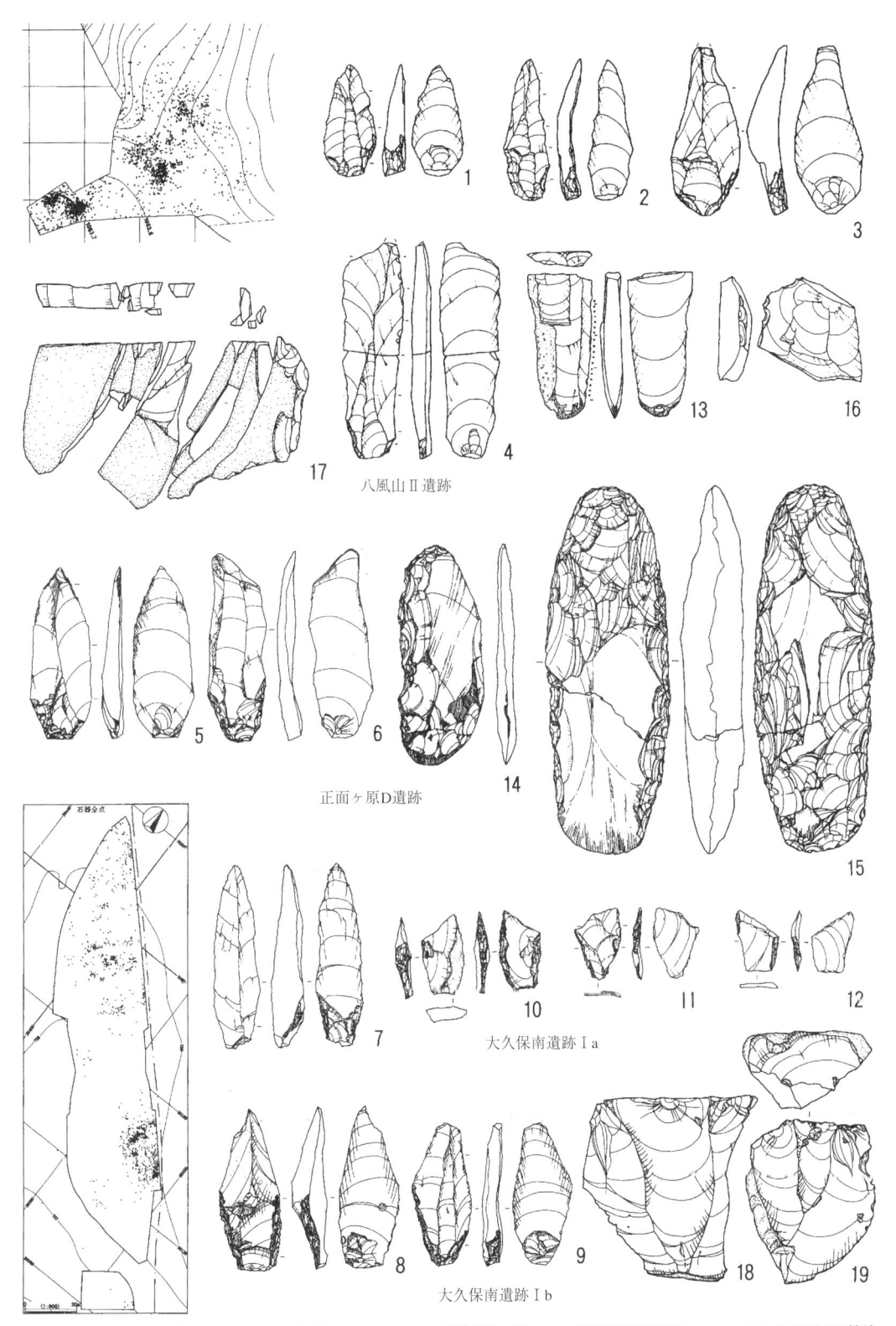

1～9：石槍 10～12：台形石器 13：刃部磨製石刃 14・15：刃部磨製石斧 16：鋸歯状裏面削器 17・18・19：小口型石刃技法
図1　第Ⅰ期の初期石刃技法構造（縮尺1/3）

調整加工範囲の限定は、八風山Ⅱ型石槍の範疇にある。それに対して大久保南遺跡の基部加工形態は、急角度加工による切断手法の部分的適応が示され、製作技術構造の変異を指摘できる。

大久保南遺跡Ⅰb文化では、信州産黒曜石の亜角礫原石を遺跡に搬入し、分割礫を石核とする石刃生産を行っている（図1-18・19）。基本的には石核整形のない「小口型石刃技法」である。それを可能としたのは大型黒曜石原石の採取であるが、黒曜石はガラス質黒色安山岩のように流理構造は発達せず、粘質なため剥離面が延びない。大型品を求めれば、結果として幅広い石刃剥離に終始することとなる。したがって、石槍の基部をつくり出すためには、余分なより多くの部分を調整加工で取り除く必要がある。それが上述の調整加工技術適応の背景と考えられる。素材改変の調整加工技術の適応という点を型式的特徴と評価すれば、大久保南型石槍（図1-8・9）とよべよう。

第Ⅰ期前半の遺跡間連鎖における石刃消費過程を一般化すれば、ガラス質黒色安山岩・珪質頁岩原産地製作遺跡での石刃生産と広域遊動生業地遺跡での石槍・石刃製品の搬出入による消費と規定できる。現状では黒曜石原産地（中部高地）に製作遺跡は存在しない（背景は上述した黒曜石のサイズ・質によると考えられる）。また詳細は不明であるが、山梨県一杯窪遺跡は細粒ガラス質凝灰岩の原産地製作遺跡と推定される。その一方で、大久保南遺跡は黒曜石原石搬入から開始された石刃生産を示す。調整加工技術の発達による多様な素材対応の現れと石刃生産の量産化の過程的段階が示され、第Ⅰ期後半段階の特徴といえる。

次に、初期両面技術構造の典型石器群を野尻湖遺跡群日向林B遺跡の台形石器石器群と日本海沿岸地域ウワダイラⅠ・L遺跡の端部整形石器石器群を中心に概説しよう（図2）。

剥片剥離技術は黒曜石・玉髄・鉄石英・ガラス質黒色安山岩の円礫を石材として、その分割礫（剥片）を石核とする。目的石器のサイズから大型原石にはこだわらず、遊動生業地遺跡に各種の原石が運ばれる。分割礫の石核としての利用は石刃技法とは対照的に表裏面に打面・作業面が設けられ、側面も表裏面を打面とした作業面として活用される。板状分割礫を素材とした場合は、両面調整石器の製作初期段階と同等である（図2-55）。分割面・主要剥離面を作業面とする石核（図2-54）が特徴的に存在し、剥離された貝殻状剥片は表面に広く残された主要剥離面の存在から識別が容易である。また、サイコロ状の分割礫を素材とした場合は、打面・作業面の頻繁な転移で剥離が進行される。主に横長・矩形剥片の生産であるが、剥離面に形成された直線稜で行われた剥離では、結果として縦長剥片や石刃が得られる。

台形石器は、それらの貝殻状・横長・縦長剥片を素材とする。調整加工は側縁・基部の整形を目的として行われ、両面調整加工を特徴とする。ただし、表裏とも調整面で覆われる資料は少なく、打瘤部を除去する裏面加工に集中する。また、縁辺部のみの両面調整（周辺調整）が多く、両面調整技術の基礎型である錯交調整（一辺が表面加工、対辺が裏面加工での両面調整）が特徴といえる。それらの適応法は素材選択を背景とする。また、両面調整石槍の様に鋭い縁辺はつくり出さない。

刃部形状は台形と称するように平刃が基本であるが、現実は斜刃、偏尖刃（中央からずれた位置に鈍角の先端部がある）、尖刃と多様である。また、基部も下方に収束する尖基・円基をモデルとするが、端部に調整加工が施されない平基も多い。サイズは3cm大の小型品と4cm大の中型品がある。

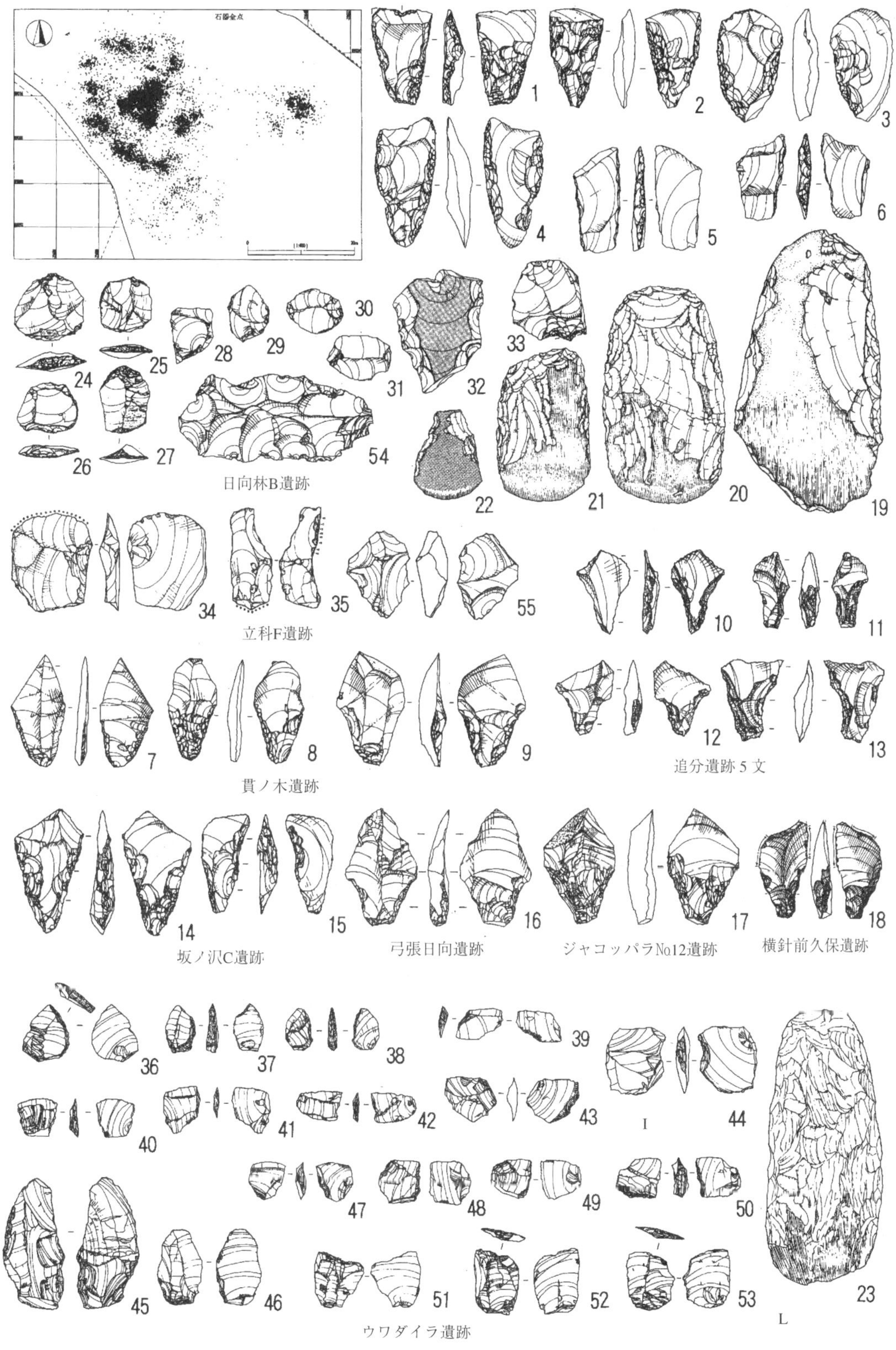

中部地方の地域編年 113

日向林B遺跡
立科F遺跡
貫ノ木遺跡
追分遺跡5文
坂ノ沢C遺跡
弓張日向遺跡
ジャコッパラNo12遺跡
横針前久保遺跡
ウワダイラ遺跡

1〜18：台形石器　19〜23：刃部磨製石斧　24〜27：掻器状石器　28〜31：貝殻状刃器
32：鋸歯状裏面削器　33：鋸歯状削器　34〜53：端部整形石器、54・55：石核
図2　第Ⅰ期の初期両面調整技術構造（縮尺1/3）

日向林B遺跡における優品には、刃部水平・斜刃、基部尖基・円基で両面調整面が広い狭長（長幅比1.5～2）な中型品が存在する。主に横長剥片を素材として両面調整加工で整形された中型台形石器を日向林B型（図2-1～4）とする。また、周辺調整・錯交調整を主体とした平刃・偏尖刃の小型品が中部高地の追分遺跡第5文化層（図2-10～13）で特徴的に得られている。

　一方、野尻湖遺跡群の貫ノ木遺跡第3地点Ⅴb層の台形石器（図2-7～9）には、石器中軸に一稜を配した中型尖刃形態が特徴的に存在する。その素材は縦長剥片も多く用いられ基部に打面が残される。石刃を素材とする八風山Ⅱ型石槍と比較すれば、幅が広く小形で先端も鈍いが、八風山Ⅱ型石槍の基部加工に両面調整技術（錯交調整等）が見出せる点とあわせて、両者が同じ製作技術構造のもとにつくり分けられた石器であることが理解される。ペン先形ナイフ形石器ともよばれ、かつて藪塚型ナイフ形石器（須藤 1986）と呼んだその形態を藪塚型台形石器とする。なお、八風山Ⅱ型石槍の代用品的なあり方を強調すれば、藪塚型石槍とも称せよう。ただし、日向林B型と藪塚型の中間形態である斜刃・偏尖刃形態が同一石器群の多様性として存在し、両者は分析の基準となるが道具の分類としては扱えない。ともあれ、基部・側縁が両面調整で覆われた型式的特徴の強い藪塚型・日向林B型台形石器の広域存在が指摘できる。日本海沿岸地域では新潟県坂ノ沢C遺跡（鈴木 1999）、中部高地では弓振日向遺跡・ジャコッパラNo.12遺跡（田中 1994）、東部高地では横針前久保遺跡・立石遺跡にそれらを見出すことができる（図2-14～18）。

　以上に両面調整技術による台形石器を説明してきたが、日向林B遺跡の台形石器には急角度調整加工によって整形された形態（図2-5・6）が存在する。両面調整技術を併用しない特徴的な形態は、薄い素材で基部に平縁な素材縁辺を残し、折面を活用したものがある。つまり、急角度調整加工の特徴は、第Ⅱ期の側縁加工技術における素材を斜断する切断手法には至らず、折断手法を用いた段階的なあり方を示すと理解できる。

　両面調整技術による剥片剥離技術は、両面調整石槍の製作初期工程と構成的に同等であると述べたが、両者の剥離面の状態は対照的で石槍の剥片が薄く内湾するのに対して、台形石器の素材は打瘤が厚く外反する。その厚い打瘤を除去し整形するめには両面調整加工を適応せざるを得なかったものと考えられる。逆にいえば、薄い素材の場合は側縁を断ち折る加工で十分だということだ。それが、素材の対処法として多様性を示した第Ⅰ期の調整加工技術構造の背景であろう。

　ところで、側縁加工技術の確立過程を示唆する事例として大久保南型石槍を検討したが、大久保南遺跡にはその石刃石器群からなる南側の環状ブロック群以外に、台形石器群からなる北側の環状ブロック群が存在した（図1）。そして、その台形石器（図1-10～12）にも石刃製石槍と同様に側縁加工技術への収斂過程が見出せ段階差が示される。ただし、その打面や端部を断ち切る形態は端部整形石器としての検討が必要とされる。

　富山県ウワダイラⅠ・L遺跡の石器群は在地石材である鉄石英・玉髄を石材として、両面調整技術構造における上記二様の剥片剥離技術で得られた貝殻状・矩形・縦長剥片を素材とする。特徴的な石器形態は立野ヶ原型ナイフ形石器（麻柄 1986）とよばれ、田村隆が端部整形石器（田村 2001）と呼称したものである（図2-36～53）。

　調整加工技術の特徴は、剥片端部に部分的に施される調整加工である。そのあり方は、折断を伴

う急角度加工を主体として、裏面加工・鋸歯状加工の多様性を内在する。打面の活用とともにそれを側縁整形と捉えると、平刃・平基の台形石器となり端部整形刃器とよばれた。また、調整加工で基部が整形された形態（図2-45・46）が存在し、端部整形尖頭器とよばれた。それは、調整加工に錯交調整を特徴とする両面調整技術が適応されており、藪塚型台形石器と八風山Ⅱ型石槍の中間的形態と理解される。問題は端部整形刃器である。ウワダイラⅠ遺跡の報告で橋本正はその特徴的な石器を「性格的には植刃を目的とした石器」（橋本 1974）と理解し、田村隆はそれを再評価した。植刃、組合わせ道具は後期旧石器時代開始期から存在していたのだろうか。

　日向林B遺跡には「環状集落」が形成され、この時期の遊動生業地遺跡としては異例の9,000点に及ぶ石器群が検出された。その石器には先の台形石器59点、後述する石斧60点のほかに、報告者の谷和隆が意欲的に分類設定した掻器状石器276点、貝殻状刃器1,176点（図2-24～31）が存在した。簡単に述べれば、掻器状石器が調整加工の明確な端部整形刃器、貝殻状刃器が調整加工が簡略な端部整形刃器といえる。掻器状石器は調整加工が工具としての刃部足りうるからであるが、同時に刃部となる鋭い剥片縁辺を有することが重要な要素として指摘されている。翻るに、ウワダイラ遺跡の調整加工に裏面加工や鋸歯状加工が存在することを指摘したが、それらには工具としての刃部と判断できるもの（図2-44）が内在していた。鋸歯状裏面削器（図2-32）は、石刃石器群である八風山Ⅱ遺跡にも存在（図1-16）し、後期旧石器時代開始期の型式的な存在である。

　東部高地の立科F遺跡では黒曜石を石材とした貝殻・台形状剥片の端部に簡略な調整加工が施された端部整形刃器が確認された。その鋭利な刃部の使用痕分析を行った結果、獣皮を「切断」する作業に用いられていたことが判明した（図2-34）。同様に、湾曲する厚型の端部で行った使用痕分析では皮・木・角を「掻き削る」作業に用いられたことが推定された（図2-35）。さらに立科F遺跡では、その他の剥片や残核においても有効な刃部があれば「切断」に使用されていた。このことは、端部整形石器が多目的に便宜的に使用された石器であることを示唆した。組合わせ道具の証明は今後の課題であるが、端部整形石器に推定される使用技術の多様性は、台形石器においても同等に想定され、後期旧石器時代開始期を象徴する技術革新と評価できようか。そして、そのもっとも象徴的な石器として、刃部磨製石斧が広域に存在する。

　刃部磨製（打製）石斧は、蛇紋岩や凝灰岩などの衝撃に耐えうる石材を用い、ガラス質で鋭い縁辺を形成する石材を用いた台形石器とは異なるが、着柄を意図した基部整形に同等な両面調整技術が適応され広域（坂ノ沢C遺跡、正面ヶ原D遺跡、ウワダイラ遺跡、貫ノ木遺跡、大久保南遺跡、弓振日向遺跡、ジャコッパラNo.12遺跡、横針前久保遺跡、一杯窪遺跡）に存在する形態である。両面調整加工が施される範囲は、台形石器と同様に側縁部両面、裏面（主要剥離面）を主体とし、表面の礫面は研磨され刃部として活用されることが多い。その面的調整加工が両面の大半を覆った資料は製作当初の形態よりも再製作が実施された資料が多い（須藤 2002）。また、剥片素材の偏平小型形態は明確な側縁加工が存在しないものが多く、八風山Ⅱ遺跡では石刃端部の両面を研磨して蛤刃をつくり出した特徴的な石器（図1-13）が存在する。

　日向林B遺跡の驚異的な点数の背景は、大型重厚なものから小型薄手形態の多様性（図2-19～22）が存在する点である。そこには、使用（破損）による再製作過程が示されるのと同時に、伐採斧や

鑿などの一連の工具が存在したと推定される（東京都武蔵台遺跡Ⅹb層と同等なリダクションを示す正面ヶ原D遺跡の石斧類においても同様なあり方が指摘できる。図1-14・15）。

　日向林B遺跡の「環状集落」（図2）が、資源開発範囲が競合し緊張関係にあった広域移動集団の「同盟関係の確認行為」（佐藤2005）として形成されたとき、分散居住に必要な木・骨・角・牙・皮などの各種の生活資材が共同で製作共有されたのに違いない。八風山Ⅱ型石槍が普遍的な狩猟具として存在していない第Ⅰ期では、台形石器・端部整形石器・刃部磨製石斧に発現された製作技術構造の背景として、台形石器の石槍としての使用や木製あるいは骨角製槍の存在、さらに端部整形刃器の植刃槍の存在が想定されようか。実資料が発見されない限り不毛な想定といえるが、技術構造研究の射程として方法論の進化が期待される。

4.2　第Ⅱ期の技術構造

　層位的な検出例（AT下位）で考察できる第Ⅱ期の石器群は、日本海沿岸地域の樽口遺跡A-KH文化層・蛇谷遺跡・直坂Ⅰ遺跡・胴抜原A遺跡・大原北Ⅰ遺跡・貫ノ木遺跡個人住宅地点・裏ノ山遺跡の石刃石器群（図3）に限定される。また、検討資料として刃部磨製石斧を伴う長野県太子林遺跡（望月1981）の石刃石器群、中部高地の学史的に著名な遺跡である茶臼山遺跡（藤森・戸沢1962）の石刃石器群、池のくるみ遺跡（金井ほか1969、高見1995）の石刃・台形石器石器群がある。

　第Ⅱ期の製作技術構造の特徴は石刃技法構造の確立・発展である。その石刃剥離過程を具体的に知ることができる資料に蛇谷遺跡の豊富な接合資料がある。蛇谷遺跡では珪質頁岩・凝灰質頁岩の円礫・亜角礫を用いた石刃生産が行われていた。その特徴は、打面が平坦打面で石核整形を伴わないが、作業面が石核側面におよび半周縁での打点移動によって、末端まで複数稜が達した断面台形の石刃が剥離されている点である（図3-25）。

　そうした石刃技法は「周縁型石刃技法」（安斎2003）と定義された。大型石材困窮地域の下総台地では、打面調整や作業面稜形成で整形された石核による周縁型の石刃剥離が第Ⅰ期後半から出現したことが確認されている（国武2004）。蛇谷遺跡で石核整形が行われていない点は、段階的位置を示すとともに、石材が豊富に存在する地域での技術適応を端的に表現した事例と考えられる。ともあれ、原産地ではない場所（原産地までは近くて12km、可能性の高いのが35km）に石刃の集中的な製作遺跡が残されたことは、周縁型による生産効率の高まりを示唆する現象と想定される。

　石刃で製作された石器形態の特記事項は、石槍に限定されていた第Ⅰ期のあり方から、掻器の安定的な生産（図3-21）に象徴される彫器・削器などの工具に拡大された点である。また、石槍の素材選択は一稜石刃から二（複数）稜石刃に拡大された。その調整加工技術は、関東地方で整形石核による周縁型石刃技法とともに発達した、急角度加工によって素材を大きく切り取る切断手法である。樽口遺跡の基部加工形態にその型式的特徴をみよう。

　樽口遺跡では長さ20cmの大型形態から5cmの中型形態（図3-1〜4）がある。両側縁の切断で打面は切り取られ尖鋭な基部が整形される。先端は尖鋭な一稜部が選択されているので調整の必要がないが、平刃の場合は斜断されて尖刃とされた。その形態が直坂Ⅰ遺跡・胴抜原A遺跡（図3-9.10）に存在する。また、胴抜原A遺跡の基部加工には両面調整技術（錯交調整）が存在し、石刃製石槍

中部地方の地域編年 117

蛇谷遺跡

樽口遺跡A-KH

大原北Ⅰ遺跡

貫ノ木遺跡

直坂Ⅰ遺跡

裏ノ山遺跡

胴抜原A遺跡

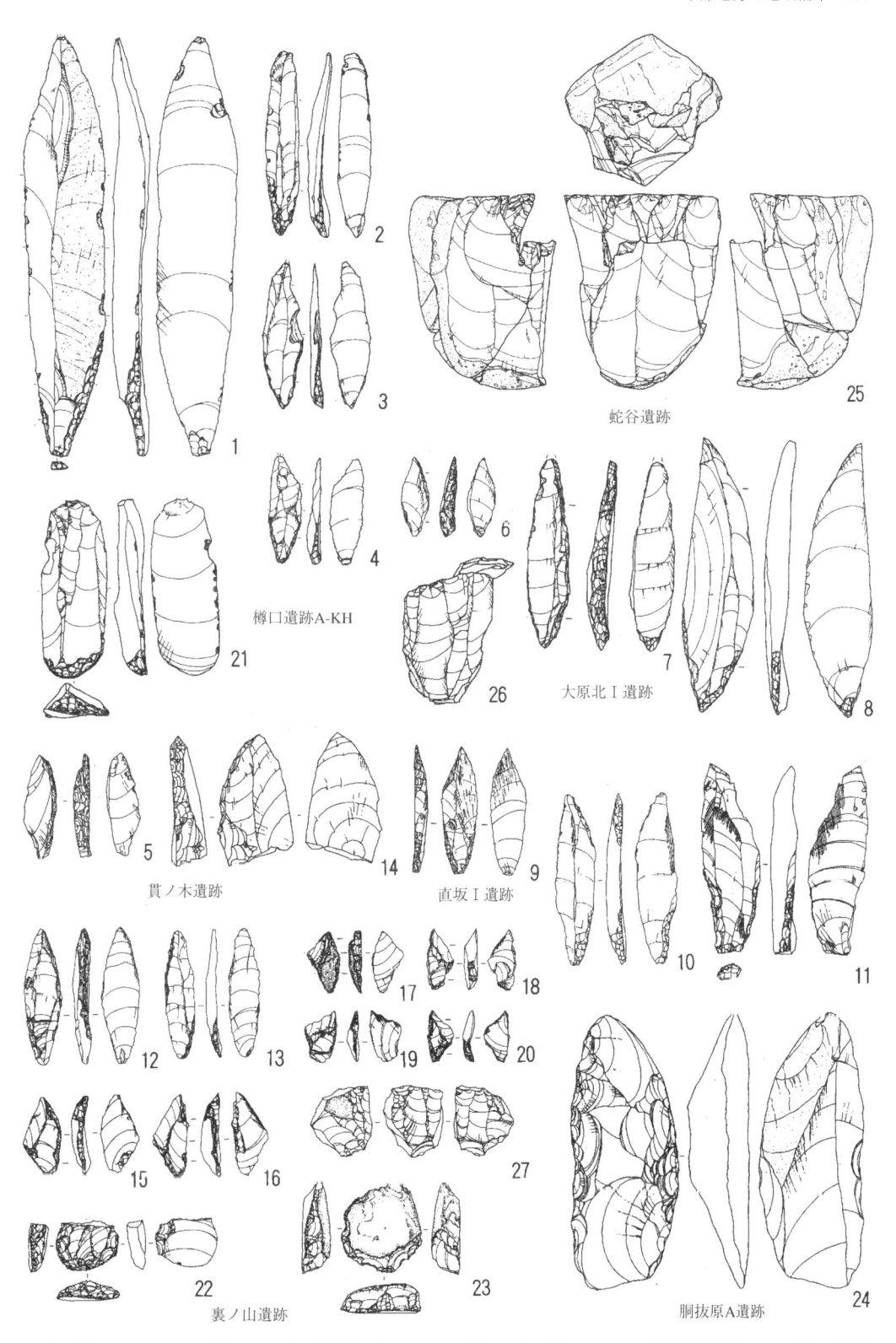

1～13：石槍　14：ナイフ形石器　15～20：幾何形刃器　21～23：掻器　24：石斧　25・26：周縁型石刃技法　27：並列剥離技法

図3　第Ⅱ期の石刃技法構造（縮尺1/3）

の基部加工における両面調整技術適応の継続と発展（調整加工範囲の拡大）が示される。さらに、関東地方の地域的特徴である側縁加工形態が野尻湖遺跡群・津南段丘遺跡群に存在する。

貫ノ木遺跡個人住宅地点の珪質頁岩製中型側縁加工形態は、先端部に位置する打面や側縁部が大きく切り取られ（表面の剥離稜を消去）、尖鋭な先端を有する柳葉形に整形された。その側縁加工には厚さに対処した対向調整が適応され、基部は抉入状調整で尖基とされた（図3-5）。

以上の製作技術は関東地方のⅦ層段階を示準する型式的特徴である（須藤 1986・2005b）。群馬県後田遺跡を指標とする後田型石槍とよべる。さらに、貫ノ木遺跡には側縁が弧状に整形された厚型の特徴的な刃器（図3-14）が存在する。この形態は、第Ⅱ期の側縁加工技術の確立により中型端部整形刃器とともに出現した形態である。打面を基部に広く残し尖鋭な先端の整形もないことから、石槍とは峻別される。Ⅶ層からⅥ層下部の示準的石器で、弧状一側縁背部加工ナイフ形石器（佐藤 1992）とよばれた石器である。この石器に対してはナイフ形石器という用語が妥当であろう。また、大原北Ⅰ遺跡ではAT以後も想定されるAT降灰層から大・厚型石刃を用いた後田型石槍（基部加工・側縁加工形態、図3-7・8）が検出され、それらの継続段階が検討される。

裏ノ山遺跡の石器群（Ⅱ石器文化）はⅣ下層からⅤa層（AT降灰前後）で検出され、報告者の谷和隆は関東地方のⅥ層段階に対比した。中部高地の黒曜石・側縁加工形態の石槍を主体とすることから、その対比は妥当であり中部高地における第Ⅱ期後半段階石器群の存在と日本海沿岸地域での地域相が検討できる点で重要である。

石刃技法を具体的に示す接合資料や石核が検出されていないため不明な点が多いが、石槍素材の状況から判断すると、頁岩やガラス質黒色安山岩では大型狭長な石刃が生産され、黒曜石では中型幅広な石刃が生産されたと考えられる。その結果、頁岩・ガラス質黒色安山岩では側縁加工が部分的に省略された大・中型形態（図3-12・13）が存在し、黒曜石では基部にあることが原則とされていた打面位置を先端部に転じた中・小型の典型的な側縁加工形態を製作した。さらに並列剥離（図3-27）で量産された縦長剥片から、基部整形の明確ではない神奈川県寺尾遺跡第Ⅵ文化層と同等な小型幾何形刃器（図3-15～20）が量産された。その形態は端部整形刃器と同様に組合わせ道具である可能性を指摘した（須藤 2005b、その証明は今回もできないが、東北地方日本海沿岸の同段階に存在が想定される端部整形刃器（米ヶ森型台形石器）との関連も課題である）。

工具では石刃ではなくて厚手剥片を素材とした円形掻器（図3-22・23）が特徴的に存在する。第Ⅲ期に発達する形態であり、その出現背景が議論される形態である。また、石斧は存在しない。その石斧の継続性で問題とされるのが胴抜原A遺跡である。

野尻湖遺跡群のⅤa層から検出された石器群として吹野原A遺跡（谷 2002）がある。そこでは裏ノ山遺跡と同等な石器群に蛇紋岩製の刃部磨製石斧1点と緑色凝灰岩製の刃部磨製石斧1点が存在する。報告者の谷和隆は、後者の精巧な作りを新しい特徴とみて他地域とは異なる石斧の継続性を指摘する。ただし、それは石材から受ける印象とリダクションによる調整加工の重複を要因としており、蛇紋岩製の石斧は第Ⅰ期と変わらない。石斧の出土層位を冷静に評価するとともに下層のⅤb層である。貫ノ木遺跡ではⅢ層から検出された石斧も多い。野尻湖遺跡群の層厚と累積的石器群の課題は、石器個々の単位では層位的判断の基準がないということである。さらに本質的な問題は、

日本海沿岸地域に石斧が存続するとしたならば、それはいかなる環境適応であるかを説明する方法である。第Ⅰ期は温暖期で大型獣・広葉樹の存在が想定されている。その後、寒冷期への変動の中で同形態の石斧が日本海沿岸地域で存続するという背景とは何か。胴抜原A遺跡では、驚異的な大きさ（長さ40㎝以上）の石刃を素材とした特殊な石器（図3-24）が検出されている。その形態が石斧であるならば、明らかに第Ⅰ期とは異なる形態であり上記課題の展望となろう。報告書刊行を期待したい。

4.3 第Ⅲ期の技術構造

第Ⅲ期の石器群構造は、最寒冷期の技術適応として列島規模で大変動した製作技術構造である。この時期は遺跡群形成の革新期（安蒜 1986）であり、地域集団の遊動生活領域の固定化、地域社会の形成が開始された時代の変革期である。その製作技術構造における変動要因の第1点は、西南日本から日本海沿岸地域に進入した国府型石器群（技術構造）である。そして第2点は、第Ⅱ期後半から形成されていた石刃石器群における地域社会としての特質が明確化されたことである。

日本海沿岸地域の新潟県御淵上遺跡（中村 1971）・樽口遺跡A-KSE文化層・坂ノ沢C遺跡（ブロック3）で瀬戸内技法による国府型石槍[3]が検出されている。また、野尻湖遺跡群東裏遺跡H2地点の石器群（谷 2000b）から瀬戸内技法による国府型石槍を摘出することができる（図4-1・2・6〜9）。瀬戸内技法は、同一作業面から連続して規格剥片である翼状剥片を剥離する。その構成は石刃技法と縦横の関係で対照的であるが、打面・作業面の関係を固定した剥離技術は小口型石刃技法と同等な技術構造と理解でき、同時に素材表裏面を作業面とする両面調整技術構造とは区分される。福井県西下向遺跡（平口ほか 1983・1984）で設定された三国技法（図4-30）は、瀬戸内技法の変異として打点の左右への後退が問題とされるが、構造的には同等であり同一時間軸で理解可能な範囲である。国府型石器群が与えた影響とは、その素材生産技術よりも調整加工技術の変異である。

第Ⅰ期前半から後期旧石器時代における調整加工技術の大半が出現したと記述したが、その段階で唯一明確でなく第Ⅲ期に出現（消滅）した調整加工技術として鋸歯状厚型調整技術がある。小論では、それを「側面調整技術構造」とよぼう。

樽口遺跡では、鋸歯状厚型調整加工技術によって国府型石槍・切出形石器・角錐状石器・鋸歯状削器が製作されている（図4）。これらは厚型の珪質頁岩素材を厚く切り取る鋸歯状急角度加工で整形される。形状・調整加工位置で分類されるが中間形態も多い。また形態変更も容易であり、その頻度が高かった場合は旧石器研究者の分類はあまり意味をなさない。また、大・厚型石刃製石槍や厚型石刃製掻器・厚型円形掻器（図4-4・5・26〜28）が特徴的に存在する。

切出形石器は、背部・基部が鋸歯状厚型調整で整形され、刃部が斜刃であることを特徴とする。また、刃部側基部形状に抉入状を呈する型式的特徴が存在する（図4-14・15）。これは九州島の「狸谷型ナイフ形石器」と比較でき、山形県上ミ野A遺跡（羽石ほか編 2004）に同型式の形態が存在する。また刃部斜刃と記したが、これらには尖鋭な先端部を有し石槍と称せる形態（図4-14）が存在する。このことは台形石器を石槍の一形態と理解するのと同様な構造が、切出形石器に存在することを意味する。また、東裏遺跡H2地点では、基部両側縁に抉入状に施された厚型調整加工で舌状

樽口遺跡A-KSE

坂ノ沢C遺跡

西下向遺跡

東裏遺跡

池のくるみ遺跡

柳又遺跡C地点Ⅴ文

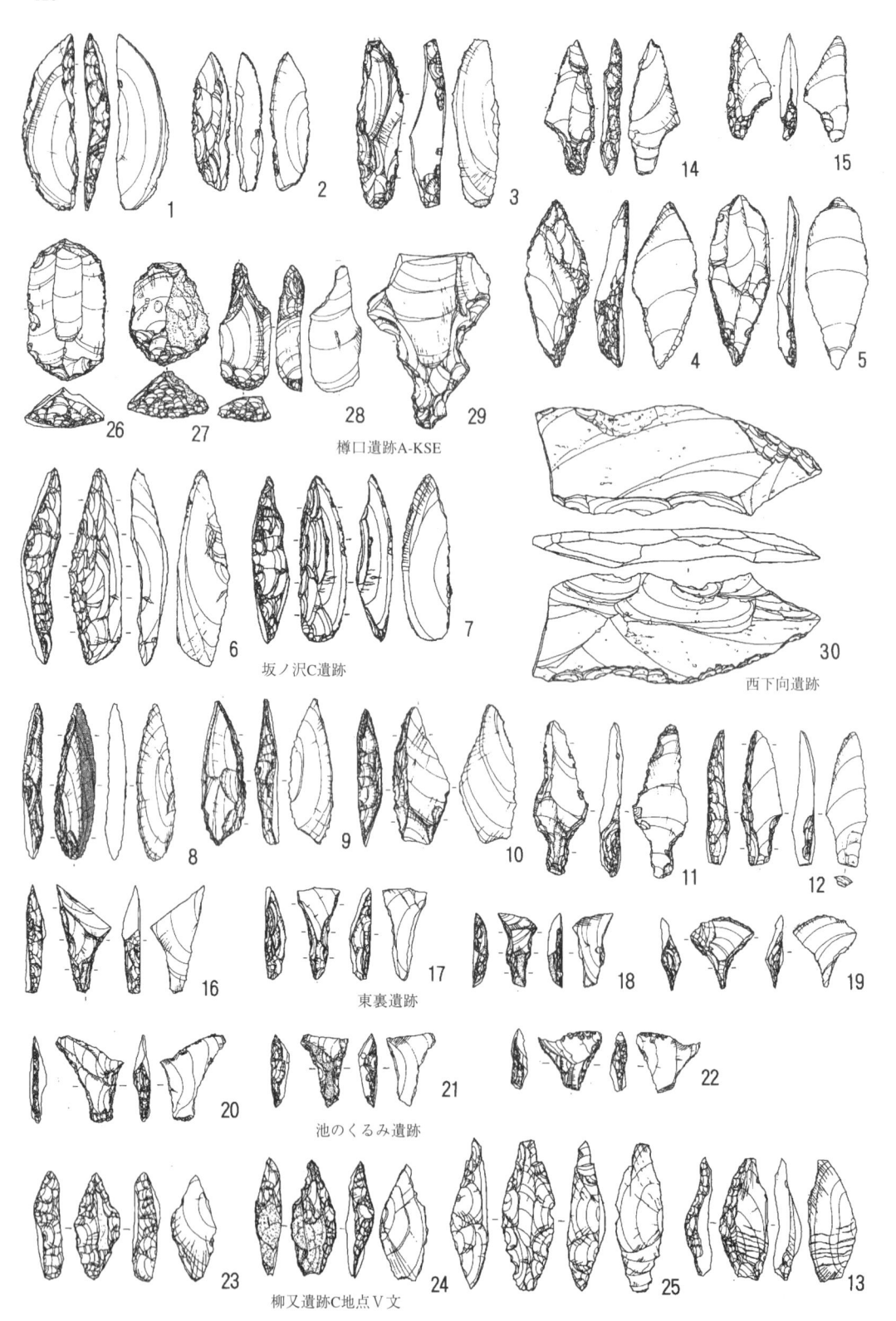

1～13：石槍　14・15：切出形石器　16～22：台形石器　23～25：角錐状石器　26～28：掻器　29：鋸歯状削器　30：三国技法

図4　第Ⅲ期の側面調整技術構造（縮尺1/3）

の基部が整形された形態、九州島の剥片尖頭器に類似した形態（図4-11）が検出されている。

　角錐状石器の典型形態は本地域ではほとんど検出例がない。樽口遺跡で角錐状石器と分類された石器は、国府型石槍の刃部先端に加工を施した形態（図4-3）である。一方、中部高地では柳又遺跡C地点第Ⅴ文化層に、下呂石・黒曜石を用いた大・中型の角錐状石器（図4-23～25）が存在する。側面調整技術構造の典型形態であり、その柳葉形状を基準とすると石槍の一形態と判断できる資料群である。石刃製石槍製作技術伝統による地域受容の変異を示唆した事例と考えられる。

　樽口遺跡A-KSE文化層の大・厚型石刃製石槍（図4-4・5）は、両設打面周縁型石刃技法の幅広石刃を素材とする。幅広石刃に対して側縁加工を施さないので、調整加工で整形された基部・先端の尖鋭さはない。基部整形は厚型調整加工で打面を切り取り、その範囲は両側縁とも器体中央に及ぶ。

　さて樽口遺跡では、A-KSE文化層上位のB-KH文化層においても大・厚型石刃製石槍が検出されている。従来「東山型ナイフ形石器」とされていたもので、最近「乱馬堂型尖頭形石器」（森先2004）と再定義された形態である。ここでは「乱馬堂型石槍」としてその特徴を整理してみよう。検討石器群には太子林遺跡Ⅱ地点・新潟県円山遺跡・野沢遺跡A地点がある。

　樽口遺跡B-KH文化層の石槍（図5-12～15）は、大・厚型幅広石刃を素材とし、基部整形が行われるが打面が基部に残され、先端形状も調整加工で整形されることなく、尖刃・斜刃がそのまま利用されている。AT降灰直後とされる太子林遺跡Ⅱ地点の石器群では、両設打面周縁型石刃技法（図5-21）で生産された大・厚型幅広石刃を素材とした石槍（図5-1～5）が検出されている。そこには打面残置平基形態と打面除去尖基形態の2者が存在し、両者には素材適応として切断手法による先端整形が用いられる（先端打面除去形態が特徴的に存在する）。また、野沢遺跡A地点では流紋岩を用いた打面残置平基形態が存在する。円山遺跡ではATが確認されていないが、その直後と考えられた石器群（土橋2003）が検出され、そこには太子林遺跡Ⅱ地点に存在した大・厚型石刃製石槍の2者が存在する（図5-6～11）。

　以上、「乱馬堂型石槍」の射程は、大・厚型幅広石刃を素材とした打面残置平基形態と打面除去尖基形態の2形態である。両者の相対的関係が段階変遷や地域相を示す型式差に関わる可能性もあるが、形態レベルの説明では素材石刃の幅広が除去形態、比較的細身が残置形態という指摘も可能である。そして、中部高地黒曜石原産地においても厚型石刃生産による石槍製作が指摘できる。

　追分遺跡第4文化層は、AT以後「砂川型石器群」以前の石器群である。型式的に検討できる石刃製石槍は少ないが、単設・両設周縁型石刃技法で得られた厚型幅広素材の打面基部残置形態や打面先端除去形態が存在する。また、折断面と急角度調整加工で両側縁が整形された平刃・平基の小型台形石器（あるいは端部整形石器）が存在する。そこで問題とされるのは、池のくるみ遺跡の厚型素材打面基部残置形態、池のくるみ型台形石器（図4 20～22、佐藤1992）の位置づけである。その点で重要となるのが東裏遺跡H1Ⅱ石器文化の石器群である。

　AT上位に位置づけられたその石器群では、国府型石槍と両側縁が急角度調整加工で抉入状に整形された平刃・斜刃の池のくるみ型台形石器（図4.16～19）が得られている。そこには調整加工技術を異とするが、切出形石器と同一の形態が存在する。両者が同時期とすると、調整技術構造の異相を問わなければならない。この点は秋田県狸崎B遺跡（菅原・石川1993）における池のくるみ型

122

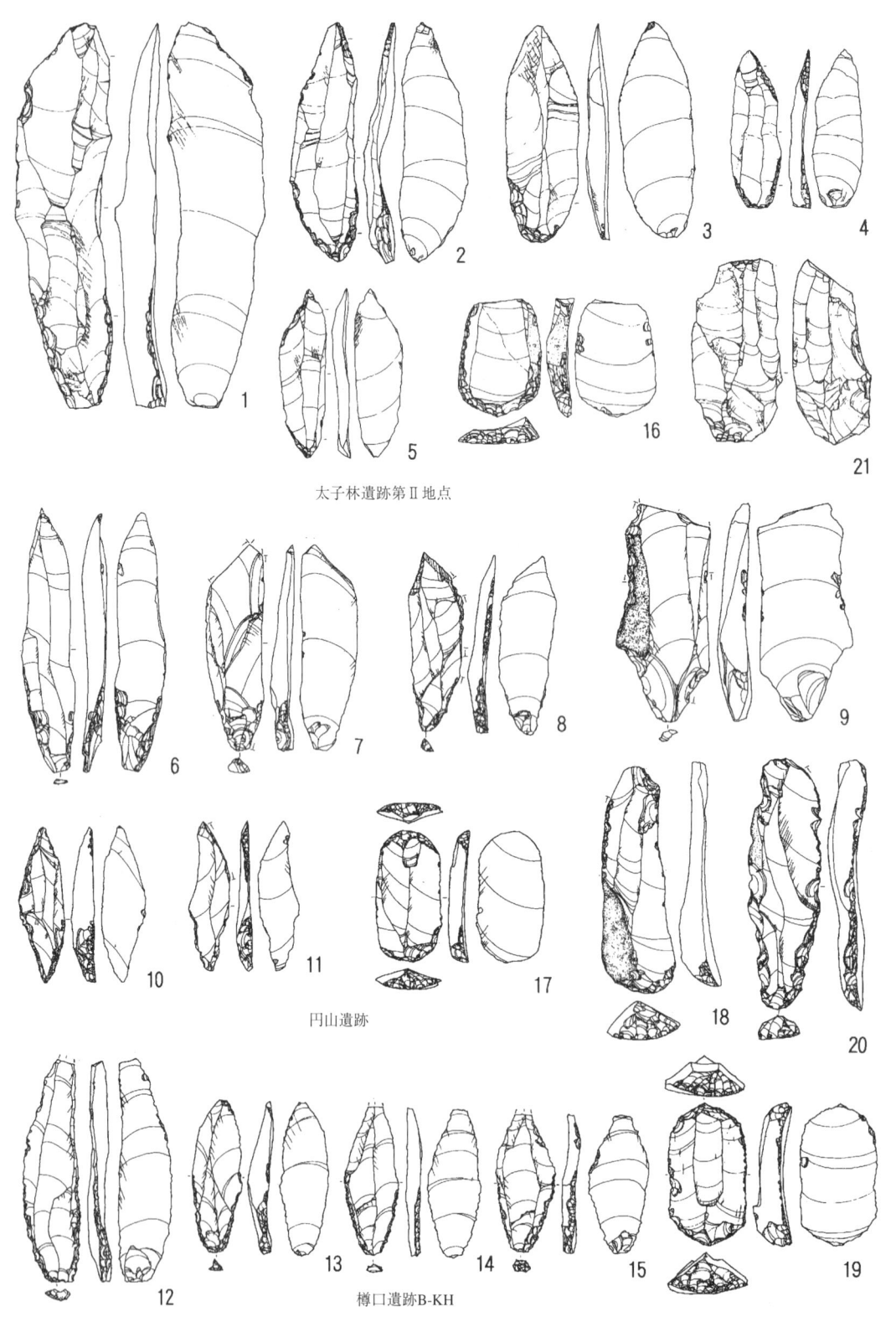

太子林遺跡第Ⅱ地点

円山遺跡

樽口遺跡B-KH

1〜15：石槍　16〜19：掻器　20：鋸歯状削器　21：両設打面周縁型石刃技法

図5　第Ⅲ期の石刃技法構造、乱馬堂型石器群（縮尺1/3）

台形石器の位置づけとしてシンポジウムで議論した点である。

　以上にある石器群の多様性は、第Ⅱ期後半に形成された地域社会が国府型石器群（集団）の進入による技術変異と地域伝統での技術再適応（集団内・集団間双方）を繰り返しながらが、第Ⅳ期の確立した地域社会に推移する過程的段階を示唆しようか。たとえば、在地適応変異（太子林Ⅱ・円山）、在地接触適応変異（東裏）、進入集団接触適応変異（御淵上・樽口A-KSE）、在地再適応変異（樽口B-KH）といった混然とした変動である。記述方法として段階細分は可能であるが、段階細分の動態を説明する歴史概念が課題である。

4.4　第Ⅳ期の技術構造

　第Ⅳ期の変動における特質は明確な地域社会が確立したことであり、その背景として両面調整技術構造が成立（進入）し、石刃技法が地域的に再開発されたことである。また、その成立期である前半段階と両面調整技術が地域社会ごとに開発された後半段階に区分される。

　前半段階は、日本海沿岸地域に杉久保型石器群（新潟－北信）・直坂Ⅱ型石器群（富山－北信）に示される地域社会、中部高地に男女倉型石器群、東部高地に砂川型石器群を代表とする地域社会が確立した（須藤2005a）。

　第Ⅳ期前半段階の最重要課題は、中部高地における男女倉型石器群の成立である。男女倉遺跡（信州ローム研究会1972、森嶋ほか1975）・唐沢ヘイゴロゴーロ遺跡（川上ほか1976）に代表される男女倉型有樋尖頭器は、大型で厚く「ごつい」形をなし、面取り加工で尖鋭な先端とそれに続く鋭い側縁を形成した出現期の両面調整石槍であり、その特徴的な石槍を両面調整石槍の「試作品」とよんだ（須藤2005a）。男女倉型石槍とするその歴史的見方は上記拙稿を参照していただくとして、ここではその拙稿で課題とした両面調整技術構造北方起源説の展望を、日本海沿岸地域のすぐね遺跡、富山県立美遺跡（西井1975、西井・上野1975）と中部高地の渋川遺跡（宮坂1962、守矢・斉藤1986）、星糞峠遺跡（安蒜ほか2003）の石器群に求めよう。

　すぐね遺跡は、報告書が未刊であり全貌は知りえないが、黒曜石を用いた大・厚型幅広の典型的な男女倉型石槍（図6-1）が検出されている。その石器群で注目されるのは、周辺から片面が面的調整で整形された特徴的な彫器（図6-10～12）が存在する点である。その彫器は鈴木次郎によって細原型彫器と定義された形態である（鈴木1997・2000）。その典型形態は黒曜石よりも珪質頁岩を主体とし、東関東・北関東以北の分布圏が想定されている。群馬県下触牛伏遺跡（岩崎1986）では細原型彫器・砂川型石槍とともに斜刃に面取りされた「渋川型石槍」[4]が存在する。そして東内野型石槍の主要分布域にある平賀一ノ台遺跡（道沢1985）で細原型彫器が集中して検出されている。さらに、黒曜石原産地遺跡にある渋川遺跡・星糞峠遺跡では当然のごとく用いられた石材は黒曜石であるが、そこに渋川型石槍と細原型彫器が存在する。

　星糞峠遺跡の石器群には、鋭い斜刃部が面取り加工ではなくて縁辺の細部加工で整形された形態が特徴的に存在する（図6-5～8）。そうした形態の存在は、渋川型石槍・細原型彫器（図6-9・14）・片面調整掻器などとともに、両面調整技術構造による工具類の製作技術変異を示唆したものと考えられる。その点で、立美遺跡の黒曜石製両面調整石器群（図6-2～4・13）は、未製品ではな

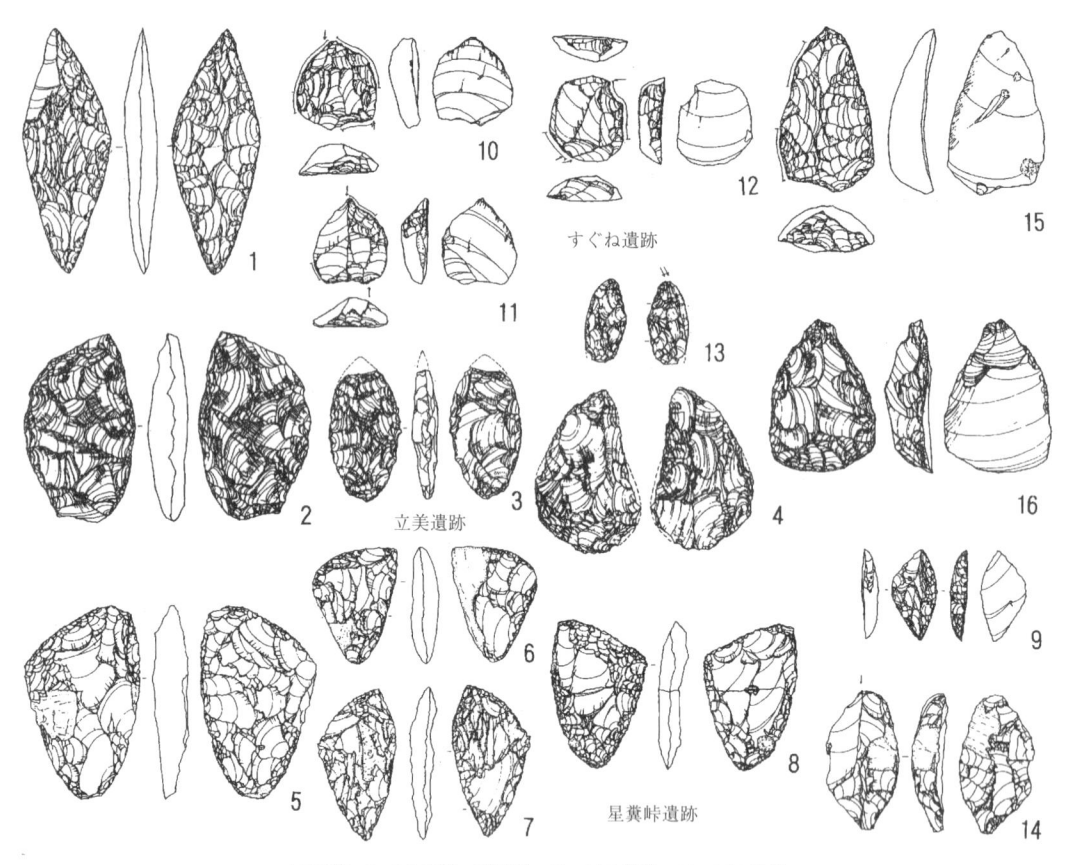

1：石槍　2〜9：石槍・工具類　10〜14：彫器　15・16：掻器
図6　第Ⅳ期の両面調整技術構造、男女倉型・「渋川型」石器群（縮尺1/3）

くて調整加工の粗さに示される段階的位置と工具類の多様性を示唆するものと考えられる。さらに興味深いことは、利用された黒曜石が青森県深浦産であることである（藁科・東村 1985）。

以上の石器群は、これまでに第Ⅳ期後半さらには第Ⅴ期までの時間幅で検討されてきたが、第Ⅳ期前半段階の両面調整技術構造の出現という視点で、後に湧別技法による両面調整技術構造の分布圏となる東北日本の地域的な枠組みの中で検討したいと考えている（須藤 2006b）。

中部高地に男女倉型石器群が成立したとき、地域社会の象徴として一気に両面調整石槍が広がったわけではない。黒曜石原産地においても、追分遺跡第3文化層を典型とした砂川型石槍を主体とする石器群（図7-13〜16）が存在する。それは雪不知遺跡（藤森・中村 1964）・御小屋之久保遺跡（守矢・斉藤 1986）でも確認された事実である。両面調整技術が普遍化しなかった前半段階の評価として、砂川型石槍の経済性を歴史的に評価すべきである。

東部高地では、男女倉型石器群の追求は今後の課題とされるが、砂川型石器群の典型が丘の公園第2遺跡、天神堂遺跡で検出されている。丘の公園第2遺跡では信州産に加えて柏峠産の黒曜石が判別され（保坂 2002）、南関東地方への具体的な移動が示されている。砂川型石槍には、基部整形に両面調整技術が適応された形態が特徴的に存在する（図7-17〜20）。そして、両面調整技術を先端部にまで適応させた砂川型石槍や周辺調整石槍を天神堂遺跡に認めることができる（図7-21〜

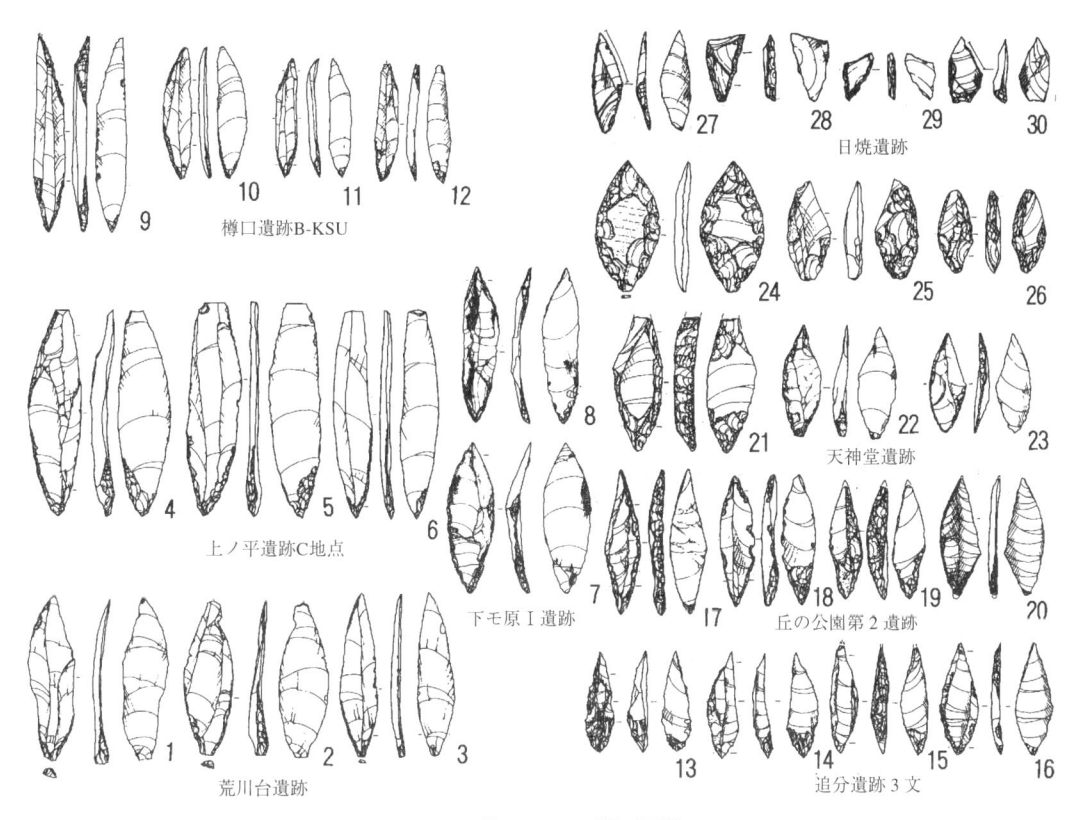

1～26：石槍　27～30：幾何形刃器
図7　第Ⅳ期の石刃技法構造、杉久保型・砂川型石器群、幾何形刃器石器群（縮尺1/3）

24）。このあり方は、ナイフ形石器から槍先形尖頭器への発展的形態変化として評価されてきたところであるが、両面調整技術の受容による石刃技法の再開発が砂川型石槍を成立させたと考えるので、天神堂遺跡の評価は新視点からも興味深い。製作技術構造の主体は石刃技法にあり、その調整加工技術適応の不安定さは、石刃技法の再開発初期段階（前半段階）ないし両面調整技術の地域開発（後半段階）における移行期的なあり方を示唆するのか。天神堂遺跡の位置は、東海地方の地域社会を単位とした両面調整石槍の開発過程を射程とする点で重要である。

　杉久保型石器群の代表的な遺跡は、上ノ平遺跡A・C地点、吉ヶ沢遺跡B地点、荒川台遺跡、下モ原Ⅰ遺跡、荒沢遺跡、樽口遺跡B-KSU文化層である。杉久保型石槍は、一稜石刃や狭長二稜石刃を素材とし、尖鋭な基部と尖鋭な先端が整形された尖基柳葉形尖頭器である。その素材特質から側縁加工を必要とせず、調整加工位置は基部を主体とした基部加工形態である。その基部加工には錯交調整を基本とする両面調整技術が指摘できる（須藤 2005a）。また、吉ヶ沢遺跡B地点・荒沢遺跡・下モ原Ⅰ遺跡には側縁加工形態（図7-7）が含まれるが、それらは選択した石材を背景とする技術適応と考えられる。杉久保型石器群の段階細分（森先 2004）は、杉久保型石槍における打面残置大型形態（荒川台遺跡）、打面除去大型形態（上ノ平遺跡C地点）、打面除去小型形態（樽口遺跡B-KSU）という製作技術の洗練に示される発展段階（図7-1～12）で把握された。その型式変化を証明できる層位的検出例は今後も望めそうにないが、第Ⅳ期の安定した地域社会において地域にある

石材環境をもとに連続的に技術改良が行われたとするならば、型式学の正道として杉久保型石槍の型式変遷を設定することができるであろう。ただし、相対的な歴史評価において。

ところで、樽口遺跡B-KSU文化層における杉久保型石槍の素材石刃には小型狭長二稜石刃があり、それらは小口面から連続剥離されたものと想定され、技術構成は細石刃技法を示す。両者の差は押圧剥離技術を用いたか否かという点である。このことは、杉久保型石器群が示す地域社会の第IV期後半段階として地域開発された両面調整石槍が存在するが、杉久保型石槍の継続性という視点では上記型式段階が示す時間枠として後半段階を検討する必要性を示唆する。それも細石刃技法との関連において。

その両面調整石槍地域開発として日本海沿岸地域を代表するのが真人原遺跡・上新田B遺跡・道下遺跡である。杉久保型石器群（地域集団）と男女倉型石器群（進入集団）の接触は、有樋尖頭器と技術構造の一部を共有する神山型彫器の出現にも示唆されるが、基本的に両面調整石槍を受け入れなかった背景は、石刃製の大型石槍が製作できたことにあると考えられる。

その段階的な受容として後半段階の地域開発が想定できるが、そこでも石刃を素材としている点に珪質頁岩に適応した地域伝統技術構造が示される。細身柳葉形両面調整石槍の素材として大型厚手石刃が、半両面・片面・周辺調整石槍の素材としてより薄手小型な石刃が用いられる（図8-1～6）。周辺調整は表裏両面に面的調整加工が施された両面調整石槍として杉久保型石槍と区別されるが、上新田B遺跡のように素材縁辺が残される形態（図8-7・8）の存在は、杉久保型石槍が石槍の一定要件を満たしていたことの現れであろう。重要なことは、両面調整加工の適応範囲が拡大した原因に、石刃技法が両面調整技術構造に組み込まれるという一大変革があった点である。

上記3遺跡の接合資料は、両面調整技術で整形された両面調整体を石核とする石刃の剥離過程を示している。これは第V期に完成された長野県神子柴遺跡（藤沢・林 1961）の両面調整技術型石刃技法（図10-7.8）である。地域伝統技術としての段階変異を究明することが重要な課題となろう。

両面調整体から剥離された石刃の特徴は、打面が石槍調整剥片と同様に点・線化する反面で、湾曲の激しい素材となる。後述する神子柴遺跡ではその湾曲を掻器として巧みに利用するが、石槍製作では不向きである。そこで、不要な部分を大きく取り除いた結果として、周辺調整や片面調整さらには両面調整へと調整加工技術の適応範囲が拡大したと考えられる。そもそも、ともに両面調整技術構造における同一の身振りによる表現型であるから、石刃生産と調整加工技術の一体化した変動の背景を追求する必要がある。仮にそれらの石槍を真人原型石槍・石器群とよぶと、そこには両面調整技術構造が有する経済性の地域的受容が想定され、その背後には受容されなかった両面調整技術構造における細石刃技法がみえ隠れしているのである。

中部高地では、黒曜石原産地の鷹山I遺跡S地点（戸沢・安蒜編 1991）、追分遺跡第1文化層が後半段階の基準資料となろう。また学史上で著名な八島遺跡の両面調整石槍石器群（戸沢 1958）もこの段階で理解されようか。南信地方の柳又遺跡C地点第III文化層の黒曜石製両面調整石槍石器群もその広がりを示そう（図8-16～18）。

仮に鷹山S型石槍とよぶ両面調整石槍群の特徴は、中・小型品を主体として、両面調整形態以外に半両面調整・片面調整・周辺調整の形態が特徴的に存在している点である（図8-9～18）。これは

真人原遺跡

上新田B遺跡

鷹山Ⅰ遺跡S地点

柳又遺跡C地点Ⅲ文

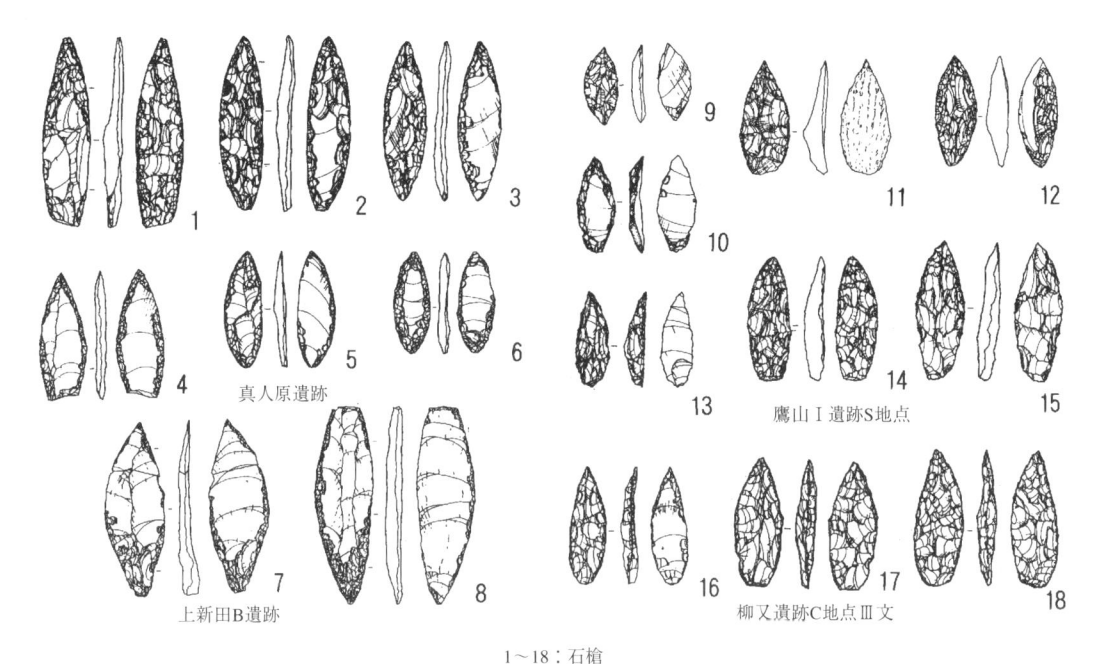

1～18：石槍

図8　第Ⅳ期の両面調整技術構造、真人原型・鷹山S型石器群（縮尺1/3）

日本海沿岸地域における技術開発の方向と一致し、さらにその特徴は黒曜石原石を安定的にもち運こび集中的な製作遺跡を形成した関東地方の地域開発（須藤 2004）と同等である。それらは密接にリンクした地域集団関係ないし地域集団行動を示唆する。ここで重要なことは、黒曜石原産地では大型石槍をつくり出す両面調整技術が発展的に展開していないということである。それは黒曜石原石のサイズと質に限定された結果である。小型品に関しては3cm以下の形態まで存在するという現象が、いかにもその適応法の必然を物語る。

東部高地では、両面調整石槍石器群として学史上で著名な馬場平遺跡・柏垂遺跡（芹沢・柳沢 1982、川上村誌刊行会 1992）がある。これらの石器群には思いのほか黒曜石を石材とする小型両面調整石槍が多いが、在地石材であるチャート・珪質粘板岩を用いた中・大型両面調整石槍の製作技術変動が興味深い。上記遺跡に代表される川上村の野辺山原遺跡群・馬場平遺跡群（川上村誌刊行会 1992）では、黒曜石以外の在地石材に適応した第Ⅳ期の両面調整石槍の発展的技術適応が想定できる。大半が表面採集資料であり現状ではその分析方法が困難であるが、石材環境的には相模野台地における変遷を一つのモデルとして借用できる可能性が高く、今後、型式的に上記石槍石器群を検討したいと考えている。馬場平遺跡の一段階が第Ⅴ期に及ぶとしたら、矢出川遺跡群の黒曜石の細石刃技法適応と安山岩の大型両面調整技術適応の差は、時間差ではなくて地域集団差を視野に入れざるをえないであろう。

ところで、前半段階に富山―北信地域を地域社会とする直坂Ⅱ型石器群が存在すると指摘した。想定としては富山・石川・福井を主体とする地域社会が考えられるが、調査によって全容がわかる石器群は野尻湖遺跡群であり、その地域社会そのものが存在するのか、その時間軸が前半に止まるかどうかは今後の課題である。直坂Ⅱ型石槍（須藤 2005a）とその石器群は、国府型石槍・石器群

西岡A遺跡

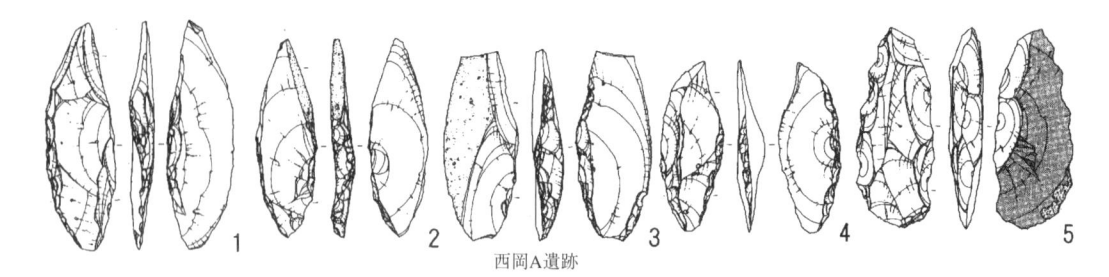

1～4：石槍　5：石核

図9　第Ⅳ期の両面調整技術構造、直坂Ⅱ型石器群（縮尺1/3）

が両面調整技術構造に推移した石器群と定義できる。剥片剥離技術は櫃石島技法とよばれた石核両面を作業面とした剥離技術（図9-5）であり、調整加工は錯交調整・裏面調整を主体とする両面調整技術（図9-1～4）である。これらは、野尻湖遺跡群では層位的に杉久保型石器群と同等という指摘があるので、立美遺跡が示唆する男女倉型石器群（集団）との接触で両面調整技術を一部受容し、国府型石器群が変異した段階と想定することが可能である。またその一方で、西岡A遺跡の鷹山S型石槍石器群や上ノ原遺跡の真人原型石槍石器群との層位的関係も同じといえば同じであるから、後半段階であっても問題はない。最近、近畿地方では唯一の大型狩猟具である国府型石槍が第Ⅳ期段階まで存続するという意見を聞くが、道具の変遷からすればごく自然な判断といえよう。すると、その状況を変えたのは、Ⅳ期後半の地域開発段階までに降るのかもしれない。この問題は、分析可能な該当地域での石器群検出の増加を待つしかすべがない。

第Ⅳ期後半の問題として最後にふれておかなければならないのは、南関東地方で両面調整石槍の開発が進行する中で、その存在が明確化してきた幾何形刃器の課題である。それが組合わせ道具であるとすると、第Ⅴ期で生じた細石刃技法の背景を石器製作技術の課題のみならず、道具製作の技術革新として検討しなければならない。もっとも、その課題は第Ⅰ期の端部整形刃器、第Ⅱ期の幾何形刃器の課題であり、後期旧石器時代全体を通じてその分析方法を創始しなければならないのであるが、型式学研究を適用することはまず不可能なことから、いまだに進展できない分野である。

ともあれ、日本海沿岸地域の長野県日焼遺跡では、黒曜石製の幾何形刃器と円形搔器を特徴的にもつ石器群（図7-27～30）が存在し、ガラス質黒色安山岩製の大型両面調整石槍の共伴が議論される。その素材剥離技術は打面転移型であり、構造的には第Ⅰ期の端部整形刃器、第Ⅱ期の幾何形刃器に通じるところがあるが、樽口遺跡と同様に小口作業面に集中する狭長剥片剥離が細石刃技法として議論されるところでもある。

4.5　第Ⅴ期の技術構造

結論からいうと、両面調整技術構造における細石刃技法・石槍技法、さらにはその構造に取り込まれた石刃技法が、地域社会の形成・再編の中でいかなる時間的変異を示したかを理解することが第Ⅴ期の歴史的編年作業である。少なくとも中型石槍から細石刃、そして大型石槍という単線的な段階変遷の想定は不可能な状況にある。この課題について小論で全容にふれることは不可能であるから、結果よりも今後の展望として試論を述べてみたい。

まず、列島内の地域社会の再編として、北海道島から両面調整技術構造（湧別技法）の細石刃技法が日本海沿岸地帯に進入（集団移動）したことを、第V期変動の確固たる基盤とすることが可能であろう。北海道島では、千歳市柏台1遺跡の蘭越型細石刃石器群が2万年前に成立していることが確定した（福井 1999）。いまだ石刃技法と両面調整技術による細石刃技法が分立的段階ではあるが、両面調整技術構造の成立段階を示す石器群である。その後の北海道島における湧別技法の変動は、本書で寺崎康史が詳述するところであるが、津軽海峡を越えた本州島日本海沿岸地域への進入が1回ではなく北海道島の段階ごとに生じた可能性が想定される。国府型石器群の影響が短期間であったことと比べ、より長期間、すなわち柏台1遺跡の年代に相当する第IV期前半から「アウト・オブ・エゾ」が現実に何度生じたかを分析的背景に考えたいと思っている。また、第IV期では明確な地域社会が形成され伝統的な技術構造が確立されていた可能性を上記に指摘したが、そうした地域集団、具体的には両面調整技術による石槍製作集団と北海道島からの進入集団、すなわち両面調整技術による植刃槍（細石刃）製作集団の接触による技術構造の受容・再適応化は、第Ⅲ期以上に複雑であったことは論を待たないであろう。

日本海沿岸地帯の両面調整技術構造による細石刃技法（湧別技法）を示す標識遺跡として、荒屋遺跡が存在する。その技術構造の重要性は、その細石刃核整形過程における個別の技術適応よりも、荒屋型彫器の素材生産が一連の製作過程に組み込まれている事実である（図10-1）。それは、石刃技法ほどに規格的ではないが、両面調整石器生産過程に生じた鱗状剥片の便宜的な使用よりはるかに規格的な剥離方法であった。その点で神子柴遺跡の石刃技法を評価すると、第IV期後半でみた上新田B遺跡の両面調整技術構造に組み込まれた石刃技法をより洗練された技術として運用している（図10-8）。その両面調整体の更新が湧別技法では細石刃とされたのに対して、両面調整石槍とされたのか、石槍とは別立ての両面調整石器として使用されたのかは今後の課題であるが、神子柴遺跡では造形美術と称することが可能な大型石槍を両面調整技術構造の主生産物としてつくり出した。完成された石器が有する経済性（細石刃の生産・使用効率、大型両面調整石槍の再加工・調整剥片利用による生産・使用効率性）とその形（大型植刃槍・大型両面調整石槍のサイズと象徴性）は同等である。神子柴遺跡の技術適応と湧別技法の差は押圧剥離技術の運用方法であり、神子柴型石槍にその一部適応が指摘できるのであれば、ともに革命的な技術革新で生産された石器として歴史的に評価できる。

それでは、両者が共存する石器群が存在するのか。正面中島遺跡の湧別型石器群と神子柴型石器群を集団関係で読み解くことができれば、その展望が得られよう。ただ、大型狩猟具の植刃槍と大型両面調整石槍を両方とも装備する必然性はない。同一石器群で両者の組成を確認しようとするのは研究者の都合で、歴史に反することを認識しておく必要があろう。

その点で、樽口遺跡A-MS文化層の白滝型石器群にある大型両面調整石槍のあり方は示唆的である。まず、珪質頁岩利用で広域分布を示す荒屋型石器群に対して、黒曜石利用の白滝型石器群の日本海沿岸地域の分布（新潟県上原E遺跡、さらに中部高地の追分遺跡上位層、東部高地の中ッ原第5遺跡B地点・第1遺跡G地点における黒曜石に適応した湧別技法の広がり）としての段階と地域社会相を示唆する。そこで、大型両面調整石槍の主体がむしろ大型片面調整石槍（図10-5.6）にあ

荒屋遺跡

八風山Ⅵ遺跡B地点

唐沢B遺跡

樽口遺跡A-MS

荒川台遺跡

神子柴遺跡

上新田B遺跡

天神小根遺跡

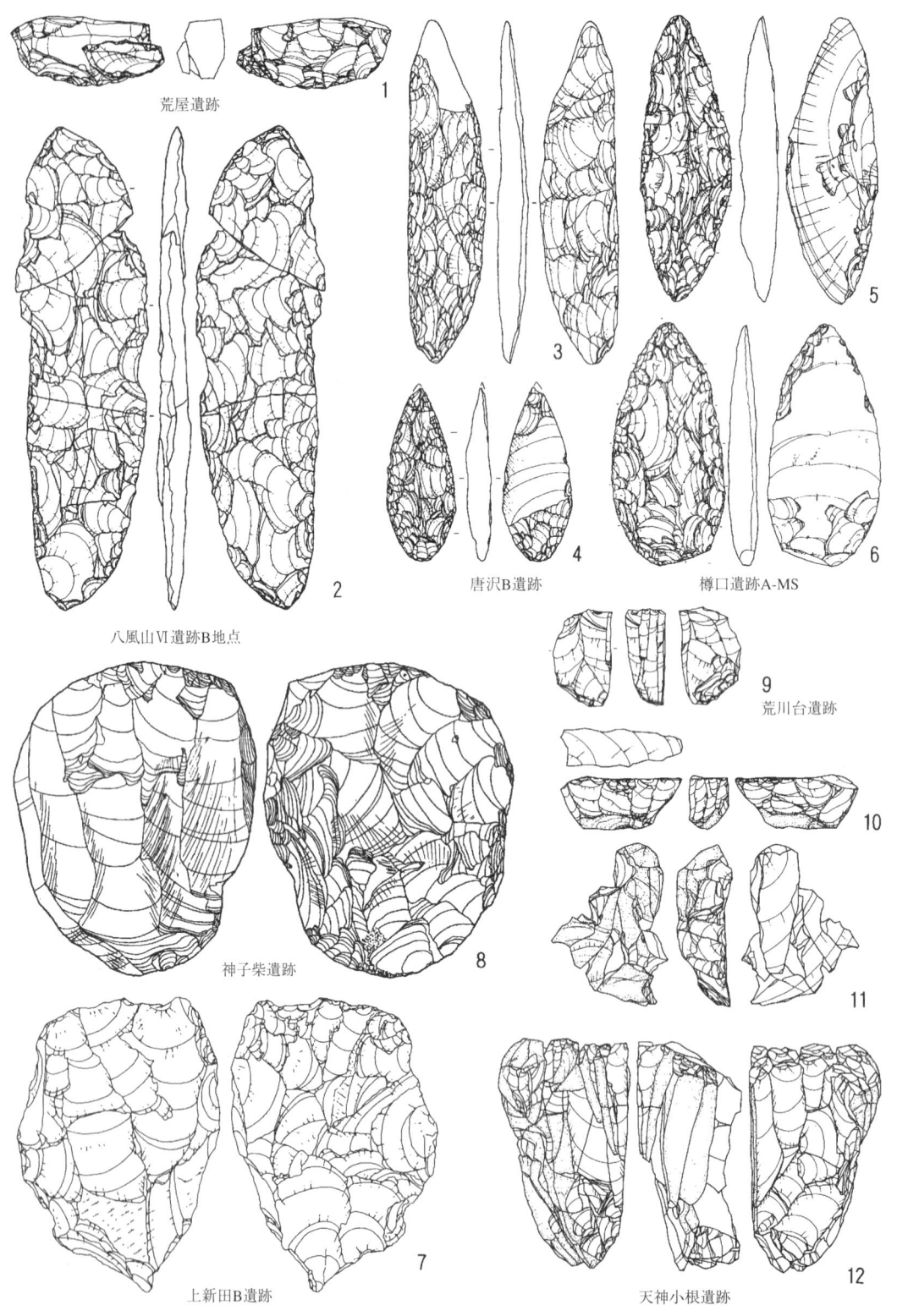

1：湧別技法　2：大型両面調整石槍技術　3〜6：大型両面調整石槍　7・8：両面調整体石刃技法
9：荒川台技法　10〜12：ホロカ技法と石刃技法の接合例

図10　第Ⅴ期の両面調整技術・石刃技法構造（縮尺1/3）

る点が興味深い。石刃製石槍をナイフ形石器とよび、両面調整石槍を槍先形尖頭器とよんできたが、刃物として長期的に有効な石器は、再生の利かないナイフ形石器よりも両面調整石槍の方がより優れたナイフといえる。樽口遺跡A-MS文化層の大型片面調整石槍はその視点で、大型狩猟具の植刃槍とは別立ての工具として道具箱に納めることができるのである。両面調整石器を石槍とするか細石刃核とするかナイフとするかは、地域集団の事情如何である。

　樽口遺跡A-MH文化層のホロカ型細石刃石器群が示す地域社会相の理解も重要である。その課題を東部高地の天神小根遺跡に求めてみよう。天神小根遺跡の降下火山灰・放射性炭素年代測定から知れる年代はほぼ荒屋遺跡と同等である。しかしそこにあるホロカ技法は、両面調整技術構造よりもむしろ石刃技術構造に内在する細石刃技法であった。天神小根遺跡では、在地にある珪質頁岩（駒込頁岩）を用いて集中的に大・中型石刃を生産し、その石刃は刃器・搔器・削器として利用された。細石刃核は両面調整体ではなく、石刃核の打面形成で生じた分厚い剝片を素材として、側面調整技術で細石刃核に整形した（図10-10～12）。同様な石器群を東部高地には見出せないが、北関東地方に求めると、関東山地北部を取り巻くように存在する在地珪質頁岩・黒色頁岩・ガラス質黒色安山岩の原産地を背景として、細石刃とともに集中的に石刃生産を行った地域集団（群馬県柏倉芳見沢・桝形遺跡、茨城県額田大宮・沖餅遺跡）の存在が浮かび上がった（須藤編2006）。それが、原産地遺跡を背景とした技術適応なのか、地域集団そのものを示すのか。その回答は課題であるが、ホロカ技法と湧別技法の時間的位置関係を二転三転させるよりも、そこから学ばなければならない未解決な課題が存在するのである。第Ⅴ期は基本的に両面調整技術構造にあるのに、ホロカ型細石刃石器群は石刃技法構造による石器群であるのだから。また、矢出川技法にある日本海沿岸地域の向新田遺跡に大型石刃石器群が存在する点も重要な課題である。

　東部高地の下茂内遺跡第Ⅱ文化層は、浅間大窪沢第2軽石より下位で放射性炭素年代16,000年前を示し、神子柴型石槍の成立が予想以上に遡る事実を認めることに苦慮していた。しかし、最近の相模野台地におけるガラス質黒色安山岩を用いた大型両面調整石槍製作技術構造の出現は、それ以前の層位的位置や年代を示しはじめた（用田南原遺跡・宮ヶ瀬ザザランケ遺跡、工藤2005）。これらの事例は、第Ⅳ期後半に開始された両面調整石槍の地域的技術開発が、ガラス質黒色安山岩という原産地（露頭近傍）開発と石材適用により大型化の方向に着々と進行していた過程を示す事例として興味深い。湧別技法（集団）との接触により神子柴型石槍が確立したというシナリオ（安斎2003）は、石槍地域集団がその前夜の段階に至っていなければ成立せず、湧別技法はより多くの地域集団に受容されたであろう。しかし、良質大型石材（珪質頁岩）欠乏圏にある関東・中部地方は、地域伝統的な技術的適応方法を常に創始していたのである（須藤2006a）。

　下茂内遺跡第Ⅱ文化層の年代が示すもう一つの課題は、それが相模野台地における矢出川型細石刃石器群の出現年代（砂田1999）と同等である点である。細石刃技法の要件は押圧剝離技術にあり、湧別技法が示す両面調整技術による石核整形の意義は、細石刃生産以外の石材消費過程にあるといっても過言ではない。西南日本においても日本海側で広域的な分布を示した湧別技法が、全体に広がらなかったのはそれを可能とした（経済性の追求において）石材環境になかったからである。再び、東部シベリアから端を発した押圧剝離技術（西秋2002）の最終的な到達地における技術適

応として、矢出川技法を評価する必要があろう。矢出川技法における石核整形は、押圧剥離具・石核固定具との対処方法と考えられる。その点で、小口型石刃技法を伝統とする日本海沿岸地域に出現した荒川台技法（阿部 1993、図10-9）は地域伝統技術として発現され、その地域社会での押圧剥離技術の受容と適用の段階的位置が課題となろう。中部高地（南信）の柳又遺跡C地点第Ⅰ・Ⅱ文化層で示された矢出川技法から湧別技法への段階変化は、押圧剥離技術と両面調整技術構造の受容における段階変遷を示す。第Ⅲ文化層に第Ⅳ期後半、第Ⅳ文化層に第Ⅳ期前半の石器群が存在するので、柳又遺跡ではやみくもに押圧剥離技術の適応を古くできないが、理論的には柏台1遺跡の存在により、第Ⅳ期前半に最初の「アウト・オブ・エゾ」が生じていたならば、両面調整技術と押圧剥離技術の情報がいち早く日本海沿岸地帯には到着していたことになる。議論は円錐が先か船底が先かという段階から、歴史の大きなうねりの中でいかに地域が石器の形を選んだか、という社会存続の根幹に関わる問題までに発展している。

東部高地には矢出川技法の標識遺跡である矢出川遺跡（戸沢 1964）がある。矢出川Ⅰ遺跡で問題としたい点は製作技術の構造ではなく、堤隆が提唱する季節的標高移動説（堤 2004）である。矢出川Ⅰ遺跡に想像をはるかに超える神津島産の黒曜石がもち込まれていることがそもそもの疑問のはじまりであるが、相模野台地と野辺山高原の同一地域集団の季節的移動生活を想定する。この課題は、男女倉型石器群が中部高地（黒曜石原産地周辺）の地域集団を示すのかという問いでもある。日本海沿岸地域が固定的な地域社会と捉えられる一方で、高地に存在した原産地や優秀な狩り場を廻る地域社会の理解には、より柔軟な多元的な説明が必要ということである。

さて、後期旧石器時代の編年を神子柴型石槍（石器群）で閉じるとしたが、現状での神子柴型石槍の構造的理解を提示しておこう。神子柴遺跡の大型両面調整石槍は未使用段階を示す希有な例であり、下呂石・玉髄・珪質頁岩では大型素材から計画的に入念に行われた製作過程により、基部側に最大値のある両側縁のカーブと断面形の薄からず厚からずのカーブを創造した美術品と評価されよう。その社会的意義はここでは論じないが、その形は使用・再生の過程で縮小し、小型柳葉形に変化するのが通常の遺跡であり、その段階の異なる廃棄形態が遺跡に残された神子柴型石槍の形態である。長野県唐沢B遺跡（千曲川水系古代文化研究所 1998）の石槍（図10-3.4）・横倉遺跡（永峯 1982）の石槍はその状態にある。それは、八風山Ⅵ遺跡B地点の接合資料が示す製作過程で更新される段階的な形態それぞに対応する（図10-2）。また、神子柴遺跡の黒曜石製石槍には先端基部が明確でない木葉形石槍が存在する。その存在意義は、黒曜石という大きさの限られた原石で一定の薄さまで仕上げられた両面調整形態の最大限の大きさを維持した優品と評価されるが、その一方で鋭い側縁刃部を有する幅広木葉形ナイフとしての神子柴型石槍の姿を示唆する。通常の遺跡ではその形態も小型柳葉形へと変化する。その廃棄形態の多様性を示すのが神奈川県寺尾遺跡第Ⅰ文化層（白石 1980）であろう。

そこで、神奈川県吉岡遺跡群C区（白石 1999）の縄文時代草創期とされた狭長な両面調整石槍・植刃の存在を評価すると、そこには使用・再生過程で生じた石槍形態とは別に、明らかに最初からつくり分けられた形態が存在する。押圧剥離技術による有茎石槍、そして石鏃の出現もその脈絡である。今、個々の石器群での具体的分析を別として技術構造レベルで規定するならば、形態更新の

ために大型両面調整石槍が製作された段階が神子柴型石槍の範疇であり、別立ての石槍形態がつくり分けられた段階がそれ以降、すなわち縄文型技術構造となろうか。また、神子柴型石器群の成立を規定する重要な技術構造は、再び特殊化した磨製技術と石斧の出現背景である。

5. 日本列島における後期旧石器時代の技術構造

　竹佐中原遺跡における2005年のC・D地点の調査（長野県埋蔵文化財センター 2006）は、2001年に調査されたA地点（大竹 2005）とともに、日本列島における後期旧石器時代の成立と時代的枠組みを考えるうえで実に重要な情報を提示した。層位や理化学的年代測定からその古さを確定することは期待薄ではあるが、だからこそ歴史学者としての見識が問われるのである。詳細は今後の意欲的な分析を待つとして、現状で得られた問いの立て方は以下の要点である。

　A地点の石器は後期旧石器時代の剥片石器では見慣れないホルンヘルスを用い、調整加工技術を分類基準とした石器の認識方法では証明が困難であるが、石器個々は単なる剥片ではなくて各種の工具として利用された可能性がある（大竹 2005）。B地点はそれらの石器に端部整形刃器、緑色凝灰岩を用いた石斧初期形態が加わり、D地点には砥石と刃部磨製石斧、黒曜石の剥片が加わる。この状態は、あたかもD地点が第Ⅰ期前半期、C地点がそれ以前の移行期、そしてA地点がさらに古い時代という段階的変異をモデル的に示す。はたしてそうであろうか。同一遺跡の同一層位、A・D地点は製品廃棄的な場、C地点は礫群を伴う製作の場所という遺跡の形成過程の差を表現していると考えることもできる。ともあれ、確認できた要点は刃部磨製石斧、端部整形刃器、石材に適応した各種工具の存在である。つまり、後期旧石器時代の枠組みで十分に認識が可能ということである。そのうえで段階的位置の古相を想定すれば、数点とはいえC・D地点における黒曜石利用の目的が気になるが、石刃製石槍・台形石器成立以前となり、第Ⅰ期の最古相に位置づけられる。

　前期旧石器がねつ造発覚で消滅した現在、その存在を検討する石器群がまったくなくなったわけではないが、原人の技術構造を具体的に知るすべは今後の課題である。また、古代型新人（旧人）の存在を想定するとしたならば、乱暴にいえばマンモスのいた北海道島の可能性が高いが、現状では明確な報告がない。今，日本列島で誰もが認識できる後期旧石器時代の最初のすがた（おそらく現代型新人の進入によって）は、奄美大島から東北地方に広がる刃部磨製を象徴とする石斧の列島規模の分布圏である。それを、日本列島における後期旧石器時代の地域社会と把握し、岩宿型石器群（岩宿時代）とよべば、その技術構造は初期両面調整技術・磨製技術を基盤とした石材ごとの個別的製作技術と使用技術の運用といえよう。そして、その段階の旧石器社会をイメージすれば、おそらく石斧で切り倒せる広葉樹が存在した地域において、在地の石材で技術適応できるもの（たとえば種子島横峯C遺跡の砂岩（中村2005）、竹佐中原遺跡のホルンヘルス、石子原遺跡のチャート（竹岡 2005））は工具として利用し、木製槍を含む各種木製品あるいは骨・角・牙・皮などを用いた生活資材をつくり出したものと考えられる。その地域的石材（フロンティアの石）に適応した個別的な技術適応の開発的蓄積（石材の物理を技術に変更、石材の経済的有効利用）が、八風山Ⅱ遺跡の小口型石刃技法構造を生み、黒曜石への調整加工技術適応が台形石器の両面調整技術構造を導

いたものと考えられる。また、この段階に端部整形刃器を組合わせ道具とする使用技術構造が成立していたとするならば、第Ⅰ期前半において後期旧石器時代の基本構造は確立していたといえるのである。

したがって、後期旧石器時代の技術構造として第一に追求すべき課題は、磨製技術と石斧がどこまで古くなるかということである。今回の竹佐中原遺跡C地点で検出された緑色凝灰岩の棒状原石を用いた斧形石器、同様な形態を示す宮崎県後牟田遺跡第Ⅲ文化層（橘ほか編 2002）のホルンヘルス製斧形石器、さらには金取遺跡第Ⅲ文化層（金取遺跡調査団 1986）のホルンヘルス製斧形石器も後期旧石器時代石斧の射程と捉えて構造的に評価したいと考えている。逆にいえば、それらに示された個別石器の適応技術差以外に、上記に示した技術構造の枠組みと根本的に異なる点があるのか（遺跡形成・行動論的視点も含めて）、という点が時代を画する基準となろう。それは近いうちに「石斧革命」として世に問う予定である。

第Ⅱ期は、相対的に地域で安定した技術構造の発展段階と捉えられる。石材環境に適応した地域伝統的技術構造が確立した時期といえるであろう。

第Ⅲ期の構造変動は、最寒冷期という時代背景が正しければ、西南日本における技術適応の変動と九州島をポンプの原動力（AT災害）とする西南日本集団の北進が最大要因となろう。この段階の技術構造は、針葉樹の加工にも耐えうる鋸歯状厚型調整加工を基本とする。また国府型石槍の成立は、近畿・瀬戸内地域における本格的な大型狩猟具の出現を意味する。集団の移動は西からであるが、寒冷適応技術の流れは北からである。次なる課題は、九州島を含めた西南日本による技術構造一大変革の追求である。

第Ⅳ期以降の構造変動は押圧剥離技術を内在した両面調整技術構造の北方（シベリア）から北海道島・本州島への進入であり、その地域社会における受容・再編技術構造の変動である。技術の伝播とは同形の普及ではなく、異形における構造の普及である。その東北日本における展開の第一段は近日中に論じる予定であるが、西南日本・九州島への普及は、別の北方（韓半島）によるものか。それとも立美遺跡・岡山県恩原遺跡（稲田編 1996）のあり方が方向性を示すのか。本書で展開される高尾・藤野・萩原・宮田論文を真摯に受け止めて、今後の西南日本・九州島における構造変動の理解に備えたい。

註

1) 従来、ナイフ形石器とよばれてきた石器を、本論では石槍（石刃製石槍：須藤 2006a）、切出形石器、台形石器、端部整形石器、幾何形刃器、背部整形刃器（ナイフ形石器）とよぶ。ナイフ形石器の分類において学史上もっとも注目できる分類は、戸沢充則の砂川遺跡で行った形態・型式分類（戸沢 1968）と学位論文「先土器時代文化の構造」（戸沢 1967・1990）の形態・型式分類である。

砂川遺跡では、刺突を主要な機能とする第Ⅰ形態、切る削る機能をより大きな目的とした第Ⅱ形態、切裁を主要な機能とする第Ⅲ形態に区分し、ナイフ形石器とよばれる石器が機能的にはけっして単純ではないことを明確に指摘した。また、同時に第Ⅰ形態を「刺突具」として尖頭器とよばなかった理由は、槍先形尖頭器をもつ文化とナイフ形石器をもつ文化という先土器時代文化の段階的発展過程を明確に提示する背景があり、単に分類の問題ではなく歴史学としての概念が負荷されていた。学位論文では砂川という一遺跡の石器

群に止まらず、列島全体の石器群におけるナイフ形石器を分類し、歴史学の概念としての形態・型式分類がより明確な形で提示された。砂川遺跡で示した基本的な三形態を基軸として時空間に型式を配した。第1形態である杉久保型ナイフ形石器と茂呂型ナイフ形石器が同一の道具で、その形の差、型式を歴史的に評価する。同様に第2・3形態は別立ての道具として型式の歴史的意味を問う。さらに各形態の型式関係、すなわち構造を歴史的動態として問う。という旧石器研究における普遍的方法論が提示されていたのである。

　残念ながらその学位論文（戸沢1967）が一般に公表されたのは後日（戸沢1990）で、その間に発表されたもっとも影響力の強い論文として安蒜政雄の形態分類（安蒜1979）がある。その分類で問題となる点は戸沢が型式分類として提示した基部加工・二側縁加工・一側縁加工を同一の「刺突具」としながらも、形態分類として明確に提示した点である。分類上は明確であり、開発の波で急激に増大した石器群を報告書で記述整理する分類基準となった。しかし、安蒜本人の意思とは裏腹に、歴史学のない処理分類の傾向を示した。そして、日本一ナイフ形石器の概念を広げた須藤隆司の型式論（須藤1991）が登場する。その試みの背景は、歴史学としての型式を再構築することにあったが、杉久保・茂呂・藪塚系ナイフ形石器という形態が錯綜した枠組みから開始した型式分類は、とうてい歴史学概念の型式に止揚できるはずがなかった。

　そして、今回打って変わって、ナイフ形石器という用語を消滅させるほどに改変した。ただし、その形態・型式分類方法は戸沢学位論文と何ら変わることはない。用語をあえて変えた理由は、ナイフ形石器文化から槍先形尖頭器文化への文化発展論ではなくて、戸沢が同時に提示した地域文化という歴史概念、資源を異とする日本列島内、さらには地球規模の地域集団が激動した環境変動の中でいかに地域社会・地域社会組織を維持発展させてきたのか、槍先形尖頭器の製作を受け入れた地域とそうでない地域がなぜ存在していたのか、という点に歴史学の目的を変更せざるをえない状況を現代社会がつくり出しているからである。石刃製石槍や砂川型石槍といった用語が適切であるとはいえ、その点を強調するつもりはないが、研究方法の歴史的枠組み・概念の変更を主張するためにあえて提示する。

2）今回の型式は主に時間的配列による分析単位で、空間的には広域型式を主とする。また、杉久保型などの地域社会の分析単位としての型式を一部提示するが、そららの整備は今後の課題である。

3）国府型石槍の範疇を簡単に整理すれば、厚型横長剥片を素材とし、鋸歯状厚型側面調整で整形された尖基柳葉形尖頭器である。今回は広域型式として扱い、地域を特定する限定型式の扱いではないため、従来の厳密な国府型ナイフ形石器の分類枠よりは広い。

4）有肩形の面取り加工石槍を渋川型石槍・東内野型石槍と把握する。また、渋川型石器群にある多様な両面調整石器を渋川型両面調整石器とし、そこに石槍・彫器・削器を見出す。星糞峠遺跡の特徴的な形態は渋川型削器とも表現できようか。詳細は須藤（2006b）を参照されたい。

参考文献

阿部朝衛　1993　「新潟県荒川台遺跡の細石刃生産技術の実体―荒川台技法の提唱―」『法政考古学』第20集、1～22頁、法政考古学会。

阿部朝衛編　2002　『荒川台遺跡―1989年度調査―』帝京大学文学部史学科。

安斎正人　2003　『旧石器社会の構造変動』同成社。

安蒜政雄　1979　「石器の形態と機能」『日本考古学を学ぶ』(2)、17～39頁、有斐閣。

安蒜政雄　1986　「先土器時代における遺跡の群集的な成り立ちと遺跡群の構造」『論集日本原史』193～216頁、吉川弘文館。

安蒜政雄ほか　2003　「鷹山遺跡群星糞峠における旧石器時代遺跡の発掘調査（予報）」『黒耀石文化研究』第2号、47～77頁、明治大学黒耀石研究センター。

伊藤恒彦　1979　「天神堂遺跡石器群の再検討」『甲斐考古』16巻2号、1～18頁、山梨県考古学会。
稲田孝司編　1996　『恩原2遺跡』恩原遺跡発掘調査団。
岩崎泰一　1986　『下触牛伏遺跡』㈶群馬県埋蔵文化財調査事業団。
大竹幸恵　1989　「原村弓振日向遺跡の石器群」『第二回長野県旧石器文化研究交流会発表要旨』
大竹幸恵編　2001　『県道男女倉長門線改良工事に伴う発掘調査報告書―鷹山遺跡群第Ⅰ遺跡および追分遺跡群発掘調査―』長門町教育委員会。
大竹憲昭　2000　『上信越自動車道埋蔵文化財発掘調査報告書15―信濃町その1―貫ノ木遺跡・西岡A遺跡 旧石器時代』長野県埋蔵文化財センター。
大竹憲昭　2005　『長野県竹佐中原遺跡における旧石器時代の石器文化』国土交通省中部地方整備局・長野県埋蔵文化財センター。
岡村道雄　1973　「石子原遺跡出土石器群」『長野県中央道埋蔵文化財包蔵地発掘調査報告書―飯田市地内 その3―』28～71頁、長野県教育委員会。
小熊博史　1994　『荒沢遺跡』下田村文化財調査報告書第32号、下田村教育委員会。
小野昭編　1992・1997・2002　『新潟県小千谷市真人原遺跡Ⅰ・Ⅱ・Ⅲ』真人原遺跡発掘調査団。
金井典美・石井則孝・大脇潔　1969　「長野県霧ヶ峯池のくるみ先土器文化遺跡調査報告（第1次・第2次）」『考古学雑誌』55-2、1～19頁、日本考古学会。
金取遺跡調査団　1956　『金取遺跡』官守村教育委員会。
川上元・神村透・森山公一　1976　「長野県小県郡和田村唐沢ヘイゴロゴーロの旧石器文化資料」『長野県考古学会誌』26、1～28頁、長野県考古学会。
川上村誌刊行会　1992　「馬場平遺跡」「柏垂遺跡」『川上村誌 先土器時代編』川上村教育委員会。
工藤雄一郎　2005　「『ナイフ形石器文化終末期』の放射性炭素年代について」『石器文化研究』12、237～244頁、石器文化研究会。
国武貞克　2004　「石刃生産技術の適応論的考察―房総半島Ⅸ層の石刃生産技術の変遷―」『考古学Ⅱ』76～92頁、安斎正人編集。
小林達雄・青木豊編　1993　『長野県木曽郡開田村柳又遺跡C地点』開田村教育委員会・柳又遺跡C地点発掘調査団。
小林広和・里村晃一・上杉陽　1982　「桂川支流菅野川一杯窪で発見された旧石器とその火山灰層」『日本第四紀学会講演要旨』12。
近藤尚義　1992　『上信越自動車道埋蔵文化財発掘調査報告書1―佐久市内 その1―下茂内遺跡』㈶長野県埋蔵文化財センター発掘調査報告書11。
佐藤宏之　1992　『日本旧石器文化の構造と進化』柏書房。
佐藤宏之　2005　「環状集落をめぐる地域行動論―環状集落の社会生態学―」『環状集落―その機能と展開をめぐって』46～48頁、日本旧石器学会。
佐藤雅一　1988　『大刈野遺跡』湯沢町埋蔵文化財報告第9輯、湯沢町教育委員会。
佐藤雅一　2002　「新潟県津南段丘における石器群研究の現状と展望―後期旧石器時代から縄文時代草創期に残された活動痕跡―」『先史考古学論集』第11集、1～52頁。
佐藤雅一・佐野勝宏　2002　『正面中島遺跡』津南町文化財調査報告第37輯、津南町教育委員会。
佐藤雅一・古谷雅彦・中村真理　2001　『正面ヶ原D遺跡』津南町文化財調査報告書第34輯、新潟県中魚沼郡津南町教育委員会。
沢田敦　1994　『盤越自動車道関係発掘調査報告書 上ノ平遺跡A地点』新潟県埋蔵文化財調査報告書第64集、

　　　　　　　新潟県教育委員会・㈶新潟県埋蔵文化財調査事業団。
沢田　敦　1996　『磐越自動車道関係発掘調査報告書　上ノ平遺跡C地点』新潟県埋蔵文化財調査報告書第73集、
　　　　　　　新潟県教育委員会・㈶新潟県埋蔵文化財調査事業団。
沢田　敦　2004　『磐越自動車道関係発掘調査報告書　吉ヶ沢遺跡B地点』新潟県埋蔵文化財調査報告書第132集、
　　　　　　　新潟県教育委員会・㈶新潟県埋蔵文化財調査事業団。
白石浩之　1980　『神奈川県埋蔵文化財調査報告18　寺尾遺跡』神奈川県教育委員会。
白石浩之　1999　『かながわ考古学財団調査報告48　吉岡遺跡群Ⅶ』㈶かながわ考古学財団。
信州ローム研究会　1972　『男女倉　黒耀石原産地地帯における先土器文化石器群』
菅原俊行・石川恵美子　1993　『狸崎B遺跡　地蔵田A遺跡』秋田県教育委員会。
杉原荘介　1965　「先土器時代の日本」『日本の考古学Ⅰ　先土器時代』1～24頁、河出書房。
杉原荘介　1967　「日本先土器時代の新編年に関する試案」『信濃』19巻4号、1～4頁。
杉原荘介　1973　『長野県上ノ平の尖頭器文化』明治大学文学部研究報告　考古学　第三冊。
鈴木　暁　1999　「新潟県新発田市坂ノ沢C遺跡」『第12回東北日本の旧石器文化を語る会予稿集』
鈴木　暁　2004　『上新田B遺跡発掘調査報告書』新発田市埋蔵文化財調査報告第29、新発田市教育委員会。
鈴木次郎　1997　「南関東におけるナイフ形石器文化の彫器(3)―いわゆる「細原型彫器」について―」『神奈川
　　　　　　　考古』第33号、1～32頁、神奈川考古同人会。
鈴木次郎　2000　「ナイフ形石器文化の彫器」『大塚初重先生頌寿記念考古学論集』517～532頁、東京堂出版。
鈴木忠司ほか　1982　『富山県大沢野町野沢遺跡発掘調査報告書〈A地点〉』平安博物館。
須藤隆司　1986　「群馬県藪塚遺跡における石器文化―ナイフ形石器の型式学的考察―」『明治大学考古学博物館
　　　　　　　館報』No.2、35～50頁、明治大学考古学博物館。
須藤隆司　1989　「AT降灰以前の石器文化―池のくるみ下層文化と茶臼山石器文化をめぐって―」『第2回長野
　　　　　　　県旧石器文化研究交流会発表要旨』
須藤隆司　1991　「ナイフ形石器の型式論（1）」『旧石器考古学』42、55～66頁、旧石器文化談話会。
須藤隆司　2002　「AT降灰以前の斧形石器」『石斧の系譜』―打製斧形石器の出現から終焉を追う―予稿集、40
　　　　　　　～49頁、笠懸町岩宿文化資料館・岩宿フォーラム実行委員会。
須藤隆司　2004　「黒耀石製槍先形尖頭器の形態」『武井遺跡の槍先形尖頭器』予稿集、35～39頁、笠懸町教育
　　　　　　　委員会・新里村教育委員会・岩宿フォーラム実行委員会。
須藤隆司　2005a「杉久保型・砂川型ナイフ形石器と男女倉型有樋尖頭器―基部・側縁加工尖頭器と両面加工尖
　　　　　　　頭器の技術構造論的考察―」『考古学Ⅲ』73～100頁、安斎正人編集。
須藤隆司　2005b「基部着柄尖頭具としてのナイフ形石器―東北日本後期旧石器時代前半期におけるナイフ形
　　　　　　　石器の形態的考察―」『旧石器研究』第1号、57～72頁、日本旧石器学会。
須藤隆司　2006a『石槍革命―八風山遺跡群―』シリーズ「遺跡を学ぶ」026、新泉社。
須藤隆司　2006b「両面調整技術構造による石槍の変動」『石器文化研究13』石器文化研究会（印刷中）。
須藤隆司編　1991　『立科F遺跡　ナイフ形石器文化成立期の集落研究』佐久市埋蔵文化財調査報告第5集。
須藤隆司編　1999　『ガラス質黒色女山岩原産地遺跡　八風山遺跡群』佐久市埋蔵文化財調査報告第75集。
須藤隆司編　2006　『細石器石器群・駒込貝岩原産地遺跡　天神小根遺跡』佐久市埋蔵文化財調査報告第136集。
砂田佳弘　1999　「相模野細石器の暦年補正年代」『吉岡遺跡群Ⅸ』25～30頁、㈶かながわ考古学財団。
芹沢長介・柳沢和明　1982　「馬場平遺跡・柏垂遺跡」『長野県史　考古資料編　主要遺跡（北・東信）』
芹沢長介・須藤隆編　2003　『荒屋遺跡　第2・3次発掘調査報告書』東北大学大学院文学研究科考古学研究室
　　　　　　　川口町教育委員会。

高見俊樹　1995　「第一章 旧石器時代の諏訪」『諏訪市史 原始編』9～154頁、諏訪市。
竹岡俊樹　2005　「長野県飯田市石子原遺跡A地点」『前期旧石器時代の型式学』120～124頁、学生社。
橘昌信・佐藤宏之・山田哲編　2002　『後牟田遺跡―宮崎県川南町後牟田遺跡における旧石器時代の研究―』後牟田遺跡調査団・川南町教育委員会。
田中　総　1994　「諏訪市ジャコッパラNo.12遺跡の調査」『第六回長野県旧石器文化研究交流会発表要旨』39～43頁、長野県旧石器文化研究交流会。
谷　和隆　2000a『上信越自動車道埋蔵文化財発掘調査報告書15―信濃町その1― 日向林B遺跡・日向林A遺跡・七ツ栗遺跡・大平遺跡 旧石器時代』長野県埋蔵文化財センター。
谷　和隆　2000b『上信越自動車道埋蔵文化財発掘調査報告書15―信濃町その1― 裏ノ山遺跡・東裏遺跡・大久保南遺跡・上ノ原遺跡 旧石器時代』長野県埋蔵文化財センター。
谷　和隆　2002　『県単道路改良（一）古間（停）線埋蔵文化財発掘調査報告書―信濃町内― 吹野原A遺跡』長野県埋蔵文化財センター。
谷口康浩　2002　「縄文早期のはじまる頃」『異貌』20、2～36頁。
田村　隆　1989　「二項モードの推移と巡回―東北日本におけるナイフ形石器群成立期の様相―」『先史考古学研究』第2号、1～52頁。
田村　隆　2001　「重層的二項性と交差変換―端部整形石器範疇の検出と東北日本旧石器石器群の生成―」『先史考古学論集』第10集、1～50頁。
千曲川水系古代文化研究所　1998　『唐沢B遺跡』。
立木宏明　1996　『奥三面ダム関連遺跡発掘調査報告書 樽口遺跡』朝日村文化財報告書第11集、新潟県朝日村教育委員会。
土橋由美子　2003　『北陸自動車安田土取場関係発掘調査報告書 円山遺跡』新潟県埋蔵文化財調査報告書第121集、新潟県教育委員会・㈶新潟県埋蔵文化財調査事業団。
土橋由美子　2005　『上信越自動車道関係発掘調査報告書ⅩⅦ 蛇谷遺跡・炭山遺跡』新潟県埋蔵文化財調査報告書第151集、新潟県教育委員会・㈶新潟県埋蔵文化財調査事業団。
堤　　隆　2004　『氷河期を生きぬいた狩人―矢出川遺跡―』シリーズ「遺跡を学ぶ」009、新泉社。
戸沢充則　1958　「長野県八島遺跡における石器群の研究」『駿台史学』8号、66～97頁、駿台史学会。
戸沢充則　1964　「矢出川遺跡」『考古学集刊』第2巻第3号、1～35頁、東京考古学会。
戸沢充則　1967　「北海道置戸安住遺跡の調査とその石器群」『考古学集刊』第3巻第3号、1～44頁。
戸沢充則　1968　「埼玉県砂川遺跡の石器文化」『考古学集刊』第4巻第1号、1～42頁、東京考古学会。
戸沢充則　1990　『先土器時代文化の構造』同朋舎。
戸沢充則・安蒜政雄編　1991　『長野県小県郡長門町鷹山遺跡群Ⅱ』長門町教育委員会・鷹山遺跡群調査団。
長野県埋蔵文化財センター 2006　『飯田市竹佐中原遺跡調査報告・シンポジウム資料』
永峯光一　1982　「横倉遺跡」『長野県史 考古資料編 主要遺跡（北・東信）』
中村孝三郎　1971　『御淵上遺跡』長岡市科学博物館。
中村孝三郎・小林達雄　1979　「月岡遺跡」『日本の旧石器文化』第2巻〈上〉、242～254頁、雄山閣。
中村真理　2005　『横峯C遺跡』南種子町文化財調査報告書（12）、鹿児島県南種子町教育委員会。
中村由克　1995　『貫ノ木・日向林B遺跡（個人住宅地点）発掘調査報告書』信濃町の埋蔵文化財第2集。
中村由克　2004　「信濃町上ノ原遺跡の杉久保系石器群」『第16回長野県旧石器文化研究交流会 シンポジウム「杉久保遺跡の石器群をめぐる諸問題―発表資料―」』15～27頁、長野県旧石器文化研究交流会。
新潟石器研究会　1966　「新潟県中土遺跡出土遺物の再検討」『長岡市立科学博物館研究報告』第31号、123～

158頁。
西秋良宏　2002　「細石刃生産用押圧剥離の発生とその背景」『内蒙古細石器文化の研究』160～177頁。
西井龍儀　1975　「立美遺跡」『日本の旧石器文化』第 2 巻〈上〉、255～280頁、雄山閣。
西井龍儀・上野章　1975　『富山県福光町・城端町立野ヶ原遺跡群第三次緊急発掘調査概要』富山県教育委員会。
新田康則　2002　『大原北遺跡群』津南町文化財調査報告書第38輯、新潟県中魚沼郡津南町教育委員会。
野尻湖人類考古グループ　1987　「向新田遺跡」『野尻湖遺跡群の旧石器文化Ⅰ』
橋本　正　1973　『富山県大沢野町直坂遺跡発掘調査概要』富山県教育委員会。
橋本　正　1974　『富山県福光町・城端町立野ヶ原遺跡群第二次緊急発掘調査概要』富山県教育委員会。
羽石智冶・会田容弘・須藤隆編　2004　『最上川流域の後期旧石器文化の研究 1　上ミ野 A 遺跡　第 1・2 次発掘調査報告書』東北大学大学院文学研究科考古学研究室。
福井淳一　1999　『千歳市柏台 1 遺跡』㈶北海道埋蔵文化財センター調査報告書第138集。
平口哲夫編　1983　『西下向遺跡』三国町教育委員会。
平口哲夫・松井政信・樫田誠　1984　「福井県三国町西下向遺跡の横剥ぎ技法―主要石器類の定性分析を中心に―」『旧石器考古学』28、5～18頁、旧石器文化研究会。
藤沢宗平・林茂樹　1961　「神子柴遺跡　第一次発掘調査概報」『古代學』第 9 巻第 3 号、142～158頁、㈶古代学協会。
藤森栄一　1969　「いつまで編年をやるか」『考古学ジャーナル』No35、1 頁、ニューサイエンス社。
藤森栄一・戸沢充則　1962　「茶臼山石器文化」『考古学集刊』第 4 冊、1～20頁、東京考古学会。
藤森栄一・中村竜雄　1964　「霧ヶ峰雪不知の石器文化」『考古学雑誌』50-2、21～47頁、日本考古学会。
保坂康夫　1989　『丘の公園第 2 遺跡発掘調査報告書』山梨県埋蔵文化財センター調査報告第46集、山梨県教育委員会・山梨県企業局。
保坂康夫　1990　「立石遺跡発掘調査報告―1989年国道358号線拡幅等に伴う調査―」『研究紀要 6』31～46頁、山梨県立考古博物館・山梨県埋蔵文化財センター。
保坂康夫　2002　「丘の公園第 2 遺跡における黒曜石利用―原産地分析の結果から―」『MICRO BLADE』2、35～47頁、八ヶ岳旧石器研究グループ。
麻柄一志　1986　「いわゆる立野ヶ原型ナイフ形石器の基礎整理」『旧石器考古学』33、49～58頁、旧石器文化談話会。
松島吉信　1982　『富山県立山町白岩藪ノ上遺跡調査概要⑵』立山町教育委員会。
道沢　明　1985　『平賀』平賀遺跡群発掘調査会。
宮坂英弌　1962　『渋川』尖石考古館研究報告書　第 1 冊、尖石考古館。
村石眞澄・小林稔・保坂康夫ほか　2000　『横針前久保遺跡・米山遺跡・横針中山遺跡』山梨県教育委員会。
望月静雄　1981　『太子林・関沢遺跡』飯山市埋蔵文化財調査報告第 7 集、飯山市教育委員会。
望月静雄　1989　『小沼湯滝バイパス関係遺跡発掘調査報告書Ⅰ　日焼遺跡・南原遺跡・屋株遺跡・大倉崎館』飯山市埋蔵文化財調査報告第19集、飯山市教育委員会。
望月静雄　1999　『太子林遺跡第Ⅱ地点　概要報告書』長野県飯山市教育委員会。
森先一貴　2004　「杉久保型尖頭形器の成立とその背景―東北日本日本海側石器群の批判的再検討―」『考古学Ⅱ』41～75頁、安斎正人編集。
森島稔ほか　1975　『男女倉』長野県道路公社・和田村教育委員会。
守矢昌文・斉藤幸恵　1986　「先土器時代の茅野」『茅野市史　第一編　原始』22～127頁。
八ヶ岳石器研究グループ　1991　『中ッ原第 5 遺跡 B 地点の研究』

八ヶ岳石器研究グループ　1996　『中ッ原第1遺跡G地点の研究Ⅱ』
山内清男　1969　「縄紋草創期の諸問題」『Museum』224号、4～22頁。
山本　克　2000　『下モ原Ⅰ遺跡』津南町文化財調査報告書第32輯、新潟県中魚沼郡津南町教育委員会。
藁科哲男・東村武信　1985　「富山県下遺跡出土の黒曜石遺物の石材産地分析」『大境』第9号、7～20頁、富山県考古学会。

東北地方の地域編年

柳田　俊雄

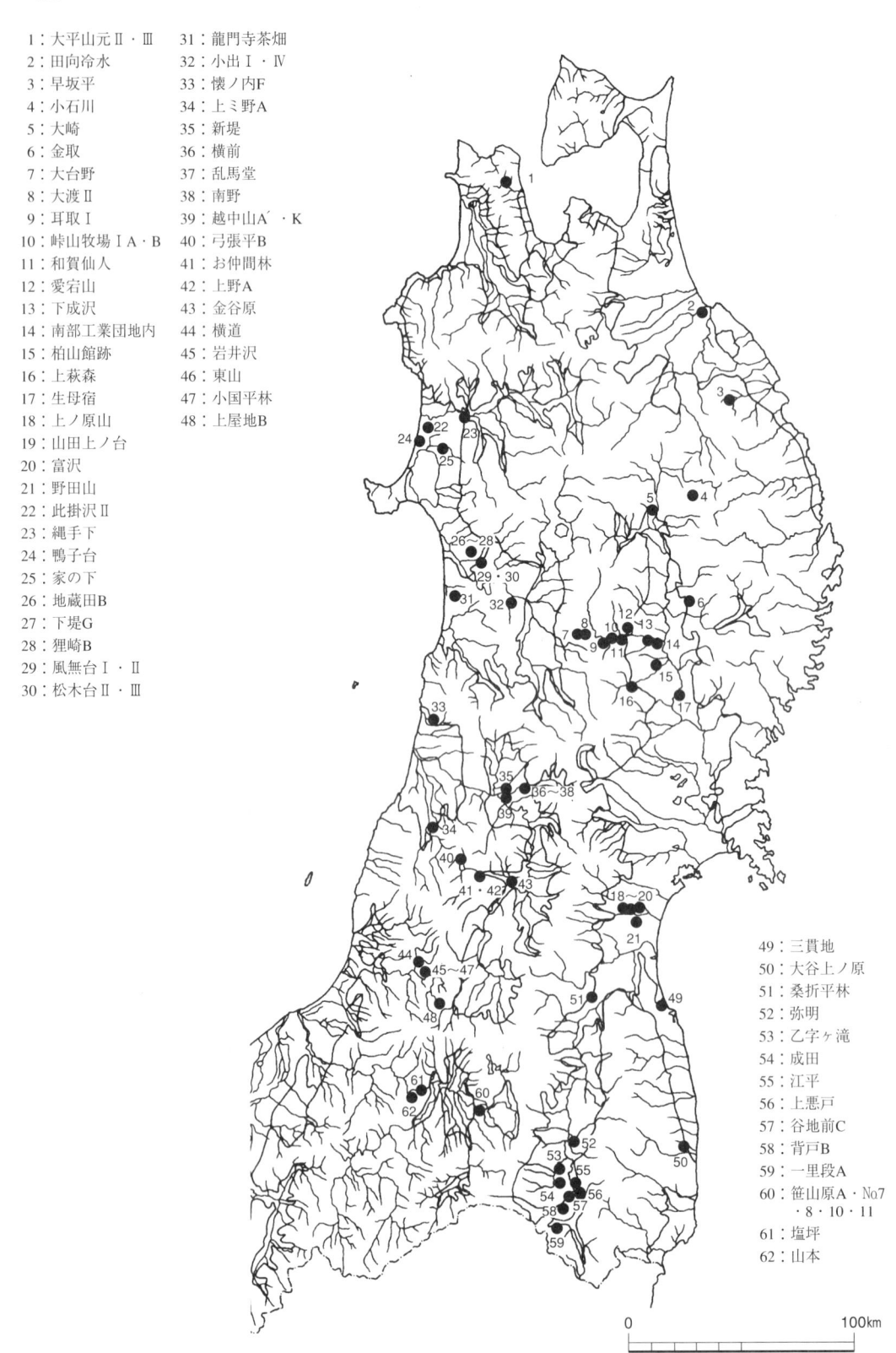

1：大平山元Ⅱ・Ⅲ
2：田向冷水
3：早坂平
4：小石川
5：大崎
6：金取
7：大台野
8：大渡Ⅱ
9：耳取Ⅰ
10：峠山牧場ⅠA・B
11：和賀仙人
12：愛宕山
13：下成沢
14：南部工業団地内
15：柏山館跡
16：上萩森
17：生母宿
18：上ノ原山
19：山田上ノ台
20：富沢
21：野田山
22：此掛沢Ⅱ
23：縄手下
24：鴨子台
25：家の下
26：地蔵田B
27：下堤G
28：狸崎B
29：風無台Ⅰ・Ⅱ
30：松木台Ⅱ・Ⅲ
31：龍門寺茶畑
32：小出Ⅰ・Ⅳ
33：懐ノ内F
34：上ミ野A
35：新堤
36：横前
37：乱馬堂
38：南野
39：越中山A´・K
40：弓張平B
41：お仲間林
42：上野A
43：金谷原
44：横道
45：岩井沢
46：東山
47：小国平林
48：上屋地B

49：三貫地
50：大谷上ノ原
51：桑折平林
52：弥明
53：乙字ヶ滝
54：成田
55：江平
56：上悪戸
57：谷地前C
58：背戸B
59：一里段A
60：笹山原A・No7・8・10・11
61：塩坪
62：山本

東北地方の遺跡分布図

はじめに

　1960年代、東北地方の旧石器文化の編年研究を精力的に推し進めたのは加藤稔氏である。加藤氏は、この研究で日本列島内で示された大枠編年、すなわち石刃技法を主体とするナイフ形石器文化から尖頭器を主体とする石器文化へ、そして細石刃文化へと変遷する考えにもとづき、山形県内で自ら調査した資料を中心に提示し、当地方の旧石器文化の様相と編年の枠組みを示した。とくに、ナイフ形石器文化の基盤となる石刃技法に「真正なもの」と「真正でないもの」があることを指摘し、福島県成田遺跡の一群を「調整技術が未発達なもの」として関東地方の岩宿、磯山遺跡にその類似性を求め、古手の時期に位置づけた。また、真正な石刃技法から剥離された石刃を素材としたナイフ形石器の形態差に注目され、中部地方の一部から東北地方にかけて分布する「杉久保型」と比較しながら「金谷原型」や「東山型」を新たに設定し、そこに時期的な相違を見出そうとした。さらに、ナイフ形石器の型式差にとどまらず、これらの石器群が石器組成上、エンド・スクレイパーや彫刻刀形石器などの有無に違いがみられることにも着目し、類型化への基準づくりを模索した（加藤 1965）。以来、加藤氏からナイフ形石器を中心とした編年案が幾度も提示されたが、これらを裏づける石器群の層位的な発掘事例は確認されなかった。

　その後、渋谷孝雄氏による山形県金谷原遺跡の石刃技法の分析（渋谷 1976）、藤原妃敏氏による石刃石器群の編年（藤原 1983）の研究があり、この研究では石器群を総体的かつ技術的視点に立って検討することの重要性が指摘された。加藤氏の仮説に一つの見通しが得られたのは、1980年代に入って秋田県下で古手の石器群が多量に発掘されたことからである。この石器群は、石刃技法を保持しない台形様石器を主体とする石器群や、調整技術の未発達な石刃技法と米ヶ森技法を保持する一群である。ここからは調整技術の発達した石刃石器群やそれに伴うエンド・スクレイパー、各種の彫刻刀、さらに新しい時期の尖頭器類が検出されなかった（大野 1984、大野ほか 1986）。その後、秋田県下の古い石器群の細分をめぐっては佐藤宏之氏、田村隆氏から新たな解釈が提示されている（佐藤 1988、田村 1992）。

　一方、編年基準となる層位的な事例は、1970年代に岩手県大台野、上萩森の各遺跡で報告がなされたが、資料の部分的な公表と考古学的なアプローチの仕方に理解が得られなかったため、残念ながらこの成果が編年的な根拠として定着しなかった。また、1970年代の後半に始良Tn火山灰（以下、ATと呼称する）が日本列島の各地で分布することがあきらかになり、東北地方の南部（福島県桑折町）でも確認されたが（町田・新井 1976）、しばらく、ATと石器群の関係を示す遺跡は発見されなかった。1988年の福島県笹山原A遺跡の調査ではATの下位から、未発達な調整技術をもつ石刃石器群が検出され、その年代観に一つの手がかりが得られるようになった（柳田 1995）。さらに1990年代には岩手県湯田町峠山牧場Ⅰ遺跡Aの調査ではATを挟んで層位的に6枚の後期旧石器時代の石器群が検出され、編年研究に重要な知見がもたらされている（高橋・菊池 1999）。

　以上、ここでは東北地方の資料をもとに、ATや「暗色帯」を基準に石器群を層位的に整理し、大小の画期を設定しながら編年案を提出したい。

1. 編年の方法—ATと「暗色帯」を基準に—

　東北地方南部の福島県側には、AT層準下位のローム層中に「暗色帯」が発達する。「暗色帯」は、上位にある黄褐色ローム層に比べるとやや明度が低く、ややうっすらと黒味が増してみえ、北関東に発達する「黒色帯」や「暗色帯」に相当する層と考えられる。これらは会津盆地、阿武隈川上・中流域、浜通り地方の各地域で観察される。その形成・発達した年代は、下限が鹿沼軽石、安達太良第1軽石などの降下年代観から判断すると約3万年前頃に、上限がAT降下期の約2.4～2.5万年前頃と予想される。

　次に、仙台平野の広瀬・名取川流域、岩手県の北上川中流域において、「暗色帯」に類似する層は縄文時代以降の遺物を包含する層の下位にあって、色調が「黄褐色」「褐色」「明黄褐色」を呈するローム層中に、上・下の層に比べて「明度が低い」「くすんでいる」として記載された層がこれに対応しよう。各遺跡内の層序区分では、色調名が「淡黄褐色」「にぶい黄橙色土層」などと呼称されている。これらの層は、色調や濃淡の相違にそれぞれ異なった記載がみられることから、一括して「暗色帯」と呼称する方法には問題が残されよう。これらの層は、地域によっては上部や直上に広域テフラのATが確認されており、東北地方南部の「暗色帯」と位置的な関係が符合し、時期的に整合性をもつ。

　一方、山形・秋田県下の奥羽脊梁山脈西側に位置する地域では、石器群とATの関係が把握されている遺跡として、山形県北部の新庄盆地の上ミ野A遺跡がある（羽石ほか 2005）。検出された石器群の下位の層にはATが発見されている。その下位には「暗色帯」がみられる。また、秋田県側にも色調の土層記載に注目される遺跡がある。日本海側に流れる雄物川流域の七曲台や御所野の各遺跡付近では、縄文時代の黒色土層直下の上位の層には明るく黄色味のある層が存在し、中位の層では漸移的に「明度」が下がりはじめ、その下部で灰色味を帯びる層がある。さらに、その下位の層では再び色調が明るくなるという記載がみられる。この記載から勘案すると、相対的に「明度」が下がりはじめる中位の層が「暗色帯」に対応するのではなかろうか。この雄物川流域の土層観察の結果は、岩手県北上川中流域でみられたような「黄褐色」「明黄褐色」を呈するローム層中に「明度が低い」と指摘された層に類似する。東北地方の北部地域でも濃淡の違いがみられるものの、「暗色帯」の存在が予想される。

　筆者は、福島県側を除く東北各地域で、「黄褐色土」「褐色土」中に「明度が低い」「くすんでいる」との指摘がある層を「暗色帯」と呼称する。そして、これらの層を南東北南部（福島県側）で確認された「暗色帯」と対比させ、東北地方の共時的層として認識し、後期旧石器時代の石器群の編年研究の一つの層位的な根拠と考えたい。

2. 東北地方の諸相

2.1 南東北地方南部の基本層序と石器群（福島県）

2.1.1 会津盆地東縁

会津笹山原周辺（AS）の4遺跡を取り上げてその基本層序と石器群の位置について整理してみると、以下のようになろう（図1-1）。

- AS-Ⅰ層は表土層。
- AS-Ⅱ層は黒色土と黄褐色土層の沼沢軽石層（Nm-1）を含む層。沼沢軽石層（約5,000年前）が存在し、遺跡によっては一つの層を形成する。
- AS-Ⅲ層は黄色味を帯びた黒褐色土層。褐色のローム層への漸移層でソフト化している。この層中に二口火山灰（FtA）《浅間板鼻黄色軽石（As-YP）》に同定される（約1.3～1.4万年前）テフラも存在する。
- AS-Ⅳ層は褐色ローム層。この層中に始良Tn火山灰（AT）（約2.4～2.5万年前）を含むが、下位の暗色帯に近い位置で検出される場合が多い。
- AS-Ⅴ層は暗褐色土層。「暗色帯」に相当する。
- AS-Ⅵ層は明褐色ローム層。
- AS-Ⅶ層は明褐色ローム層。小礫を全体に含むようになる。この下位に磐梯山起源の頭無火砕流石がみられる。

当周辺地域でもっとも古く位置づけられる石器群は笹山原№7遺跡の石器群であろう（図3-24～33）。石器群は、AS-Ⅴ～Ⅵ層に相当する層から出土しており、その中心が「暗色帯」にあるものの、その下位にある明褐色ローム層中からも量的に検出されている。明確に縦長剥片を剥離するような石刃技法が存在しない石器群である。次に古い石器群は、同A遺跡（図3-34～42）、同№10遺跡、同№8遺跡（図3-43～49）の石器群であろう。これらは、AS-Ⅴ層の暗褐色土層の「暗色帯」に相当する層から出土しており、ATの下位から検出される石器群である。上述したように、3石器群の中で同A遺跡と同№10遺跡は、石刃技法の特徴が類似することから同じ時期のものと推定される。また、層位的には細分できないが、石器組成・石器製作技術の様相・石刃技法の相違から勘案して、同A遺跡→同№8遺跡の流れが予想される。さらに新しい石器群としては、AS-Ⅲ下～Ⅳ上部層から出土した同№11遺跡があげらる。これはATの上位で検出されたものである。この石器群には調整技術の発達した石刃技法が存在する。会津笹山原周辺の各遺跡の石器群の変遷観を示せば、古い順から、№7遺跡→A遺跡・№10遺跡→№8遺跡→№11遺跡の石器群となろう。

2.1.2 阿武隈川上・中流域

福島県中通り地方の阿武隈川上・中流域を更新世火山灰の堆積状況を整理すると、以下のような基本層序と石器群の出土位置とが整理できよう（図1-2）。

- AU-Ⅰ層は縄文時代以降の遺物が包含される層である。
- AU-Ⅱ層はⅠ層の黒色土層のため汚染された層である。

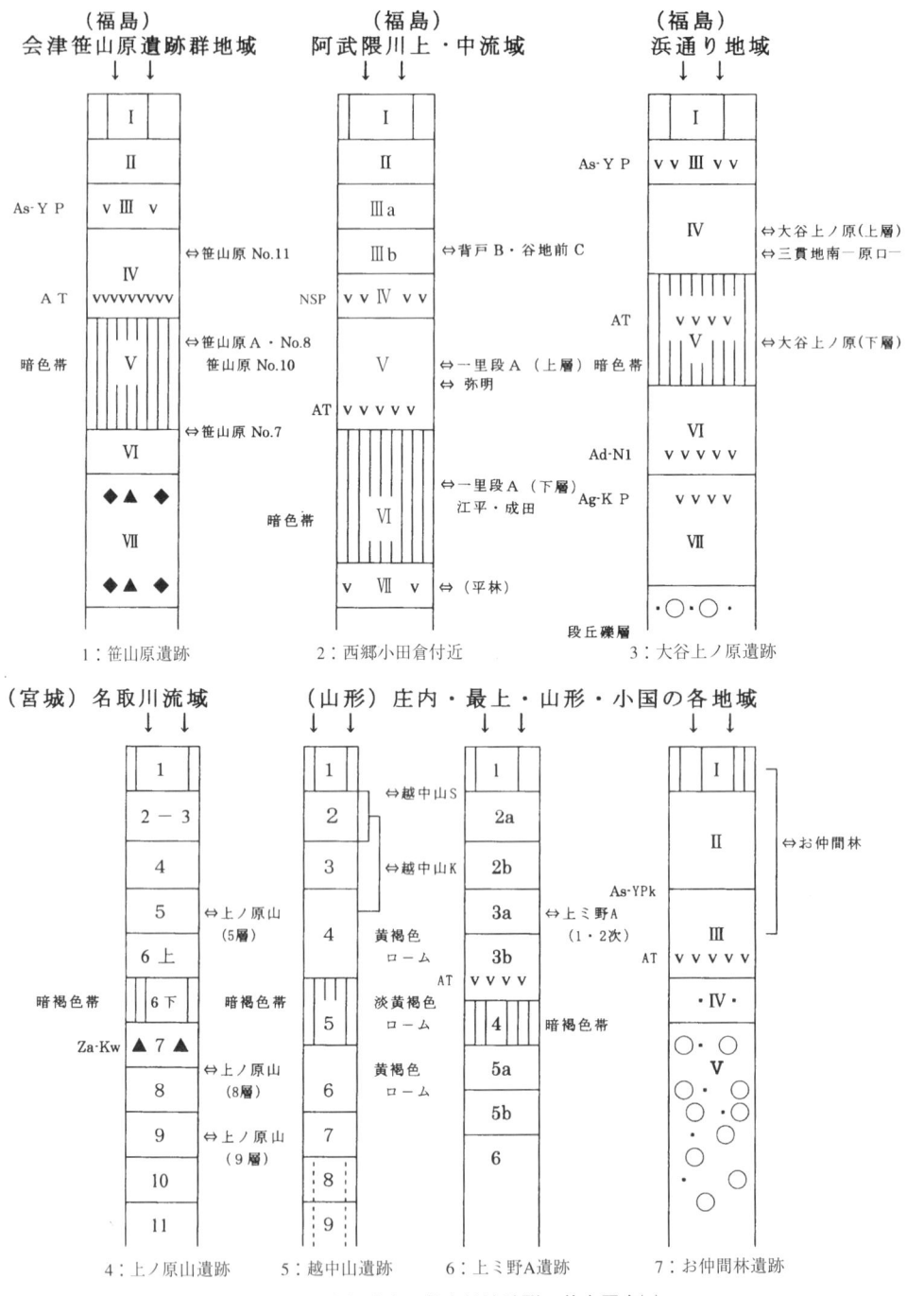

図1　東北地方の代表的遺跡群の基本層序(1)

AU-Ⅲ層は黄褐色を呈するローム層である。上部の軟質化（ソフト）した層をⅢa・下部の硬質化（ハード）した層をⅢbとした。谷地前C遺跡、背戸B遺跡ではⅢa層から石器が出土しはじめ、Ⅲb層で多量となる。

AU-Ⅳ層は黄白色のパミス層である。この層は「那須スコリア・パミス層」（NSP）とよばれるもので、1.6〜1.7万年前に降下したものといわれている。

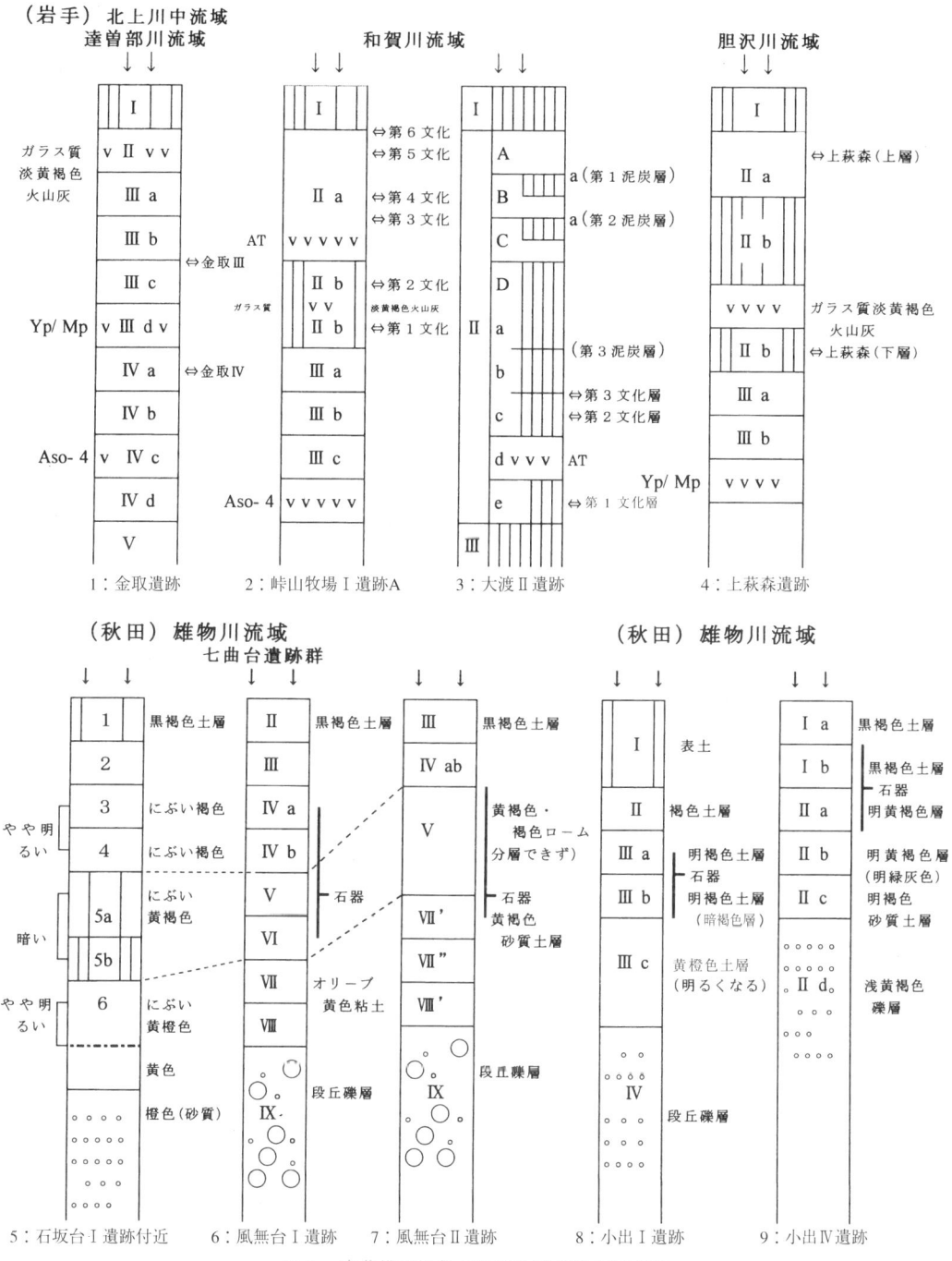

図2 東北地方の代表的遺跡群の基本層序(2)

1：金取遺跡　2：峠山牧場Ⅰ遺跡A　3：大渡Ⅱ遺跡　4：上萩森遺跡
5：石坂台Ⅰ遺跡付近　6：風無台Ⅰ遺跡　7：風無台Ⅱ遺跡　8：小出Ⅰ遺跡　9：小出Ⅳ遺跡

AU-Ⅴ層は硬質の黄褐色のローム層である。

AU-Ⅵ層は暗褐色のローム層である。「暗色帯」に相当する。この層の最上部のあたりに広域テフラのATが存在するといわれている。「暗色帯」は西郷村小田倉で厚さ20cmを測り、色調も黒味が強い。東村付近でも「暗色帯」が明確に認められ、この阿武隈川上流域の基本序層の下位に群馬県赤城山起源の鹿沼パミス（KP）がみられるという。当上流域では「暗色帯」

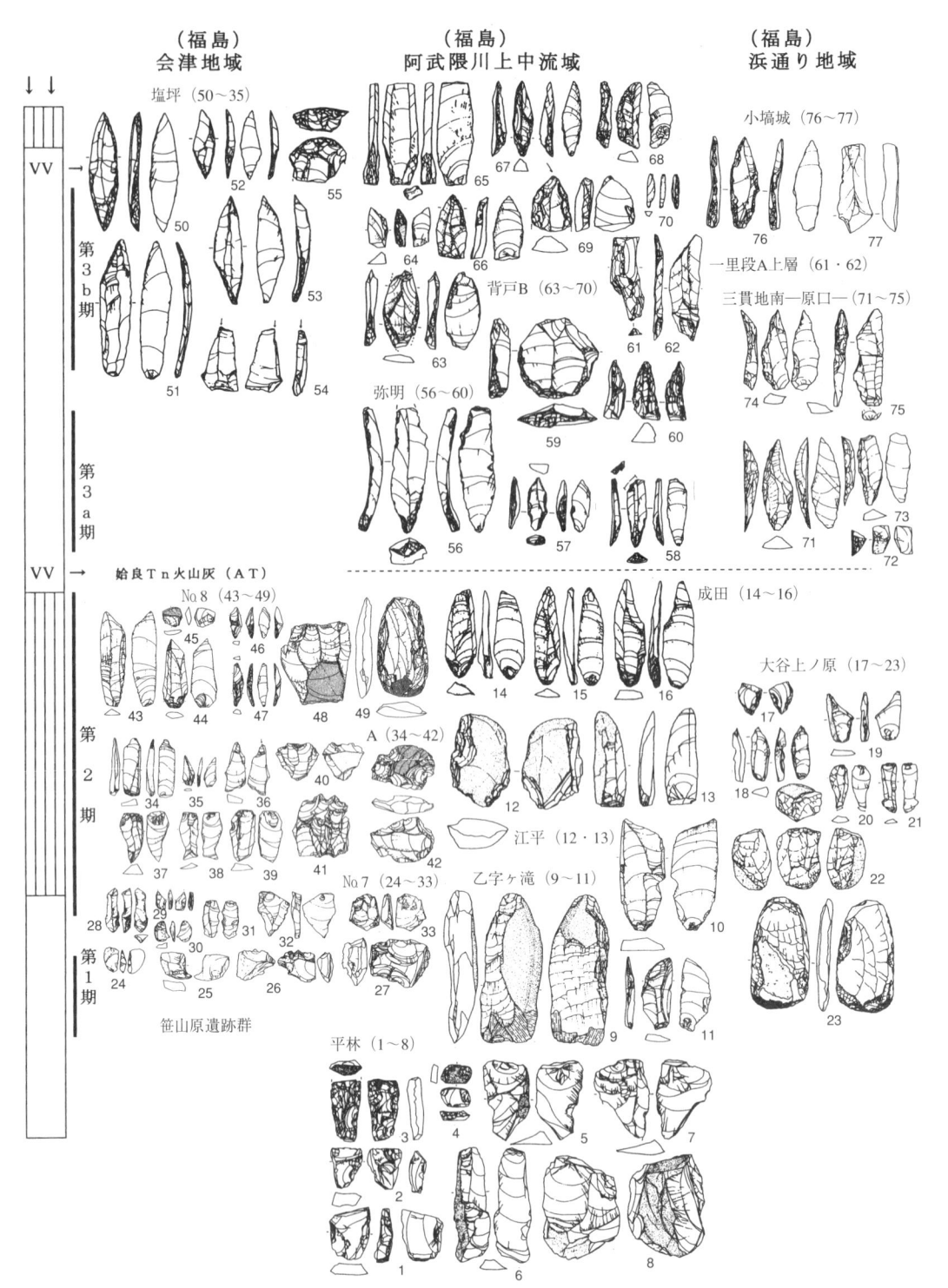

図3 東北地方の旧石器時代の編年(1)

は阿武隈川と社川が合流する地点の北側 4 kmのところにある石川町上悪戸遺跡や薬師堂遺跡、さらには須賀川市乙字ケ滝遺跡や郡山市弥明遺跡まで確認できる。中流域では桑折町平林遺跡もこの層が存在する。

AU-Ⅶ層は黄褐色のローム層である。上流域ではこの層からスコリアが徐々に入りはじめる。

以下、省略。

当上・中流域にはAU-Ⅵ層の「暗色帯」の最上部にATの存在が指摘されている。「暗色帯」を共時的な基準層として考えると、平林（図3-1～8）、上悪戸、乙字ヶ滝（図3-9～11）の各石器群は「暗色帯」が抜けた黄色粘土層から発見されたものである。これらの石器群は、本来は生活面が「暗色帯」より下位にあったものと考えられる。上悪戸遺跡は「暗色帯」に相当する層中、さらに、その下位の層にかけて石器が検出されている。ここからは石英を素材とした、いわゆるペン先形のナイフ形石器が発見されており、未発達な石刃技法も発見されていない。乙字ヶ滝遺跡では刃部磨製石斧が出土している。平林遺跡の石器群については、広義の台形様石器、形の不揃いな祖型石刃や大形の幅広剥片が共存することから、石器群中でもっとも古く位置づけられ、後期旧石器時代前半期の初頭、あるいはそれに先行する前期から後期への移行期のものと考えたい。また、江平遺跡（図3-12・13）、一里段A遺跡下層の石器群は、「暗色帯」中から石器が発見されている。石器組成は、ナイフ形石器、彫刻刀形石器、台形様石器で構成されており、その素材には未発達の石刃技法から剥離された石刃が供されている。ナイフ形石器は石刃の基部と先端部に調整加工が施されている。このほか、当流域では研究の初期段階に発見された成田遺跡があげられる。石器類は比較的大形の石刃を素材とするナイフ形石器が発見されている。打面を残し、その周辺に調整加工を施して、逆「ハ」の字状の形態を呈するナイフ形石器が多く、その素材が未発達な調整技術の石刃技法から供されたものである（図3-14～16）。会津地方の笹山原№ 8 遺跡のナイフ形石器に類似する。「暗色帯」中から出土したものであろう。

次に、「暗色帯」の上位で検出された石器群は、弥明（図3-56～60）、谷地前C、背戸B（図3-63 - 70）、一里段A上層の各石器群である。一里段A上層では調整技術の発達した石刃技法から供された石刃を素材としたナイフ形石器、エンド・スクレイパー、彫刻刀形石器が発見されている（図3-61・62）。NSPとの層位的関係は不明。背戸B遺跡では、斜め整形の二側辺加工、一側辺や部分加工したナイフ形石器、さらには石刃を素材とした基部側に二次加工したナイフ形石器も共伴している。これらに周縁加工の尖頭器や彫刻刀形石器もみられ、背戸B遺跡の石器群はより新しい様相を呈する。このほかに、浜通地方の大谷上ノ原遺跡下層の石器群は、「暗色帯」の中位に包含され（図1-3）、一里段A遺跡下層と同様な未発達な石刃技法を保持する一群であり、ここからは刃部磨製石斧が出土している（図3-17～23）。

2.2 南東北地方中部の基本層序と石器群
2.2.1 奥羽脊梁山脈東側（宮城県）

仙台市内には奥羽脊梁山脈から流れ出るいくつもの中小河川がみられる。仙台平野の中心部を流れる七北田川・広瀬川・名取川は河岸段丘を発達させている。河岸段丘は高位から青葉山段丘、台

ノ原段丘、上町・中町段丘、下町段丘に大別されており、段丘面によっては愛島軽石、川崎スコリアのテフラのほかに、広域テフラのAT、阿蘇4の存在が確認されている。ここでは、ローム層中より旧石器時代の資料が発見されている仙台市南西部にある名取川流域の上ノ原山遺跡を取り上げる（図1-4）。

遺跡は仙台市太白区茂庭字上ノ原山にあり、名取川の左岸標高約88mに位置する。中町面に相当する段丘に遺跡が立地している。1989～91年に仙台市教育委員会によって約8,000m²の面積が発掘調査された。第5～10層にかけて旧石器時代の石器群が層位的に出土している。この遺跡では第7層上部に川崎スコリアのブロックが存在する。蔵王起源の川崎スコリアは通称「バンバン」と呼称され、約2.6～3.1万年前に降下したものと推定されている。本遺跡では第6層が色調によって二層に細分されており、下層は上層よりも明度が低い。その明度の様子から推定すると第6層の下層が「暗色帯」に相当しよう。この層からは42点の石器類が発見されているが、その様相が不明である。しかし、この層の上位に位置する第5層の軟質ローム層からは珪質頁岩製の石刃を素材とした彫刻刀形石器、エンド・スクレイパーを中心とする石器が発見されている。石器群の様相から調整技術の発達した石刃技法の存在が推定できる（図4-29～32）。さらに、下位に位置する8層からも僅少ながらペン先形のナイフ形石器、スクレイパー、やや縦長となる剥片類が数点出土している（図4-3～6）。また、川崎スコリアより下位の第9層からは求心的な剥離による三角・台形状剥片2点と礫石器が出土している（図4-1・2）。

2.2.2 奥羽脊梁山脈西側（山形県）

山形県内では、加藤稔氏がは古くから小国・山形・新庄の各盆地や庄内平野南部で発掘調査をすすめてきた。ここでは学史的に重要な遺跡、ATや「暗色帯」に対応するような層が指摘されている遺跡を取り上げてみた。

(1) 荒川流域の周辺遺跡（小国盆地）

山形県南西の端部に所在する小国盆地は朝日山地と飯豊山地に囲まれた南北に細長い小盆地である。小国町西側に位置する山形・新潟の県境付近では、朝日岳より南下した荒川が宇津峰峠より西流する横川や飯豊山系より流れ出る玉川と合流し、日本海へ向けてに西走する。荒川や横川沿いには河岸段丘が発達し、五つの地形面に区分されるという。そのうち高い方から順に、高位の上位を平林面（海抜160～168m）、下位を横道面（海抜140～150m）と命名されており、旧石器時代の遺跡はこの上位二面の段丘上から発見されている。平林面には、調整技術の発達した石刃技法をもつ「東山型ナイフ形石器」を標識とする小国東山遺跡（図4-40～42）、ナイフ形石器、尖頭器、エンド・スクレイパーが組成し、石刃技法を基盤とする平林遺跡（図4-46・47）、両面加工尖頭器、片刃石斧が出土した東山・紺野遺跡、細石刃や同石核が発見された湯ノ花遺跡、有舌尖頭器が発見されている鳥谷沢遺跡がある。また、横道面には「杉久保型ナイフ形石器と神山型彫刻刀」が検出された横道遺跡（図4-43～45）、調整技術の未発達な石刃技法を主体とする岩井沢遺跡がある（図4-11～17）。加藤氏は、平林遺跡や横道遺跡の発掘所見で、小国東山、横道、平林遺跡で石器の出土状況がいずれも表土層直下、黄褐色粘土層中マイナス10cmまでの範囲内で検出されることから、小国盆地内では層位的事例として「岩井沢→横道」の関係を指摘している。近年の調査事例から「杉

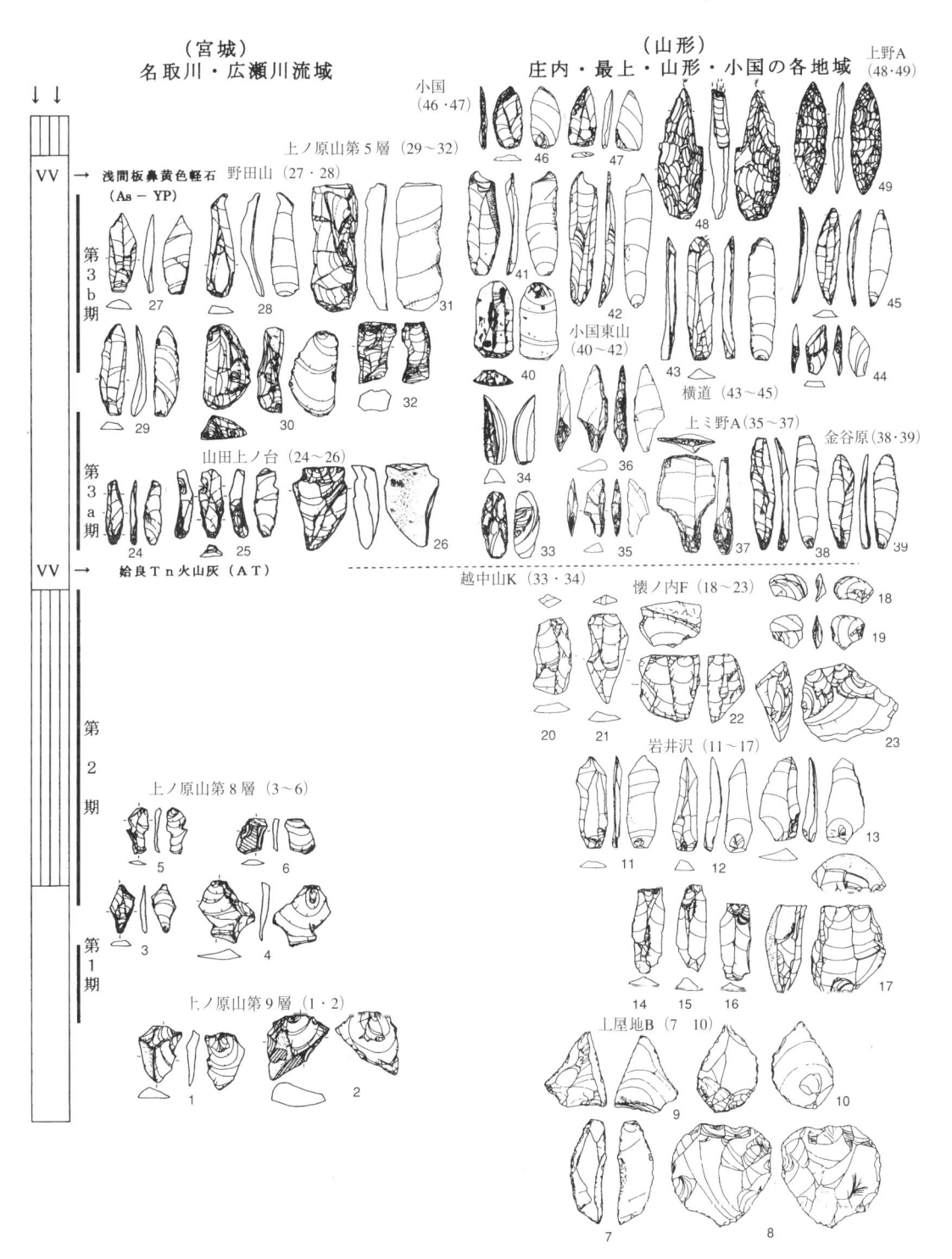

図4 東北地方の旧石器時代の編年(2)

久保型ナイフ形石器と神山型彫刻刀」保持する石器群は、長野・新潟県方面ではATや「暗色帯」の上位から検出されていることから、横道遺跡の石器群は後期後半の時期に位置づけることが可能であろう。

(2) 最上川流域の周辺遺跡（山形盆地周縁）

①お仲間林遺跡

遺跡は山形県西村山郡西川町入間に所在する。山形盆地の西側にある朝日山地から流れ出た最上川の支流となる寒河江川中流域に位置する。お仲間林遺跡は寒河江川によって形成された標高約282m前後の河岸段丘上に立地している。寒河江川の支流となる大入間川を挟んで西側には遺跡の性格が異なるが、同時期に形成されたと推定される上野A遺跡が対峙する（図4-48・49）。1986年に慶応大学民族学・考古学研究室によって発掘調査が行われ（80㎡）、石器・礫総数が6,863点が検出された。石器群はⅠ層からⅢ層上部まで出土する（図1-7）。したがって、お仲間林遺跡はATの上位から検出されたことになる。石器組成はナイフ形石器、彫刻刀形石器、エンド・スクレイパー、スクレイパー、尖頭器で構成されている。石器群の特徴は、ナイフ形石器が「石刃」を素材とし、打面周辺の二側辺と先端に調整加工を施すものと、基部側周辺にのみ加工するものとが存在する。基部側は打面を大きく残すものが多く、尖っている形態が少ない。彫刻刀形石器は「石刃」を素材とし、彫刻刀面が身に対して垂直になされるものが多い。エンド・スクレイパーが多量に存在する。石刃の先端に刃部を形成するものが多い。周縁加工の尖頭器が存在する。断面が分厚いが、石刃を素材としている。三面体をもつ、断面が三角形を呈する船底状の石器が出土している。完形品と思われる石器はエンド・スクレイパーのような急峻な刃部をもつ。これらは石刃の素材面を残し、稜からの調整剥離がなされていることから、両設打面を主体とする調整技術の発達した石刃技法と考えられる。石材は頁岩を主体とする。尖頭器を組成する石刃石器群がATより上位で確認されている。

(3) 最上川流域の周辺遺跡（新庄盆地）

西側を出羽山地、東側を奥羽山脈で囲まれた新庄盆地は山形県北部の最上地方に位置している。この盆地の南側には山形盆地から北上し、西へ大きく折れ曲がった最上川がある。この後、最上川は出羽山地を越え、庄内平野を経て日本海へ流れ込む。新庄盆地では古くから、山屋、横前、乱馬堂、新堤、南野の各遺跡で旧石器時代の調査が行われ、多くの後期旧石器時代の石刃石器群が検出されている（柏倉編1964）。また、当地域から出土した豊富な資料をもとに、加藤稔、長沢正機、会田容弘らの各氏によって東山系石刃石器群の分析が進められている。ここでは同盆地内で東北大学が行った上ミ野A遺跡の調査結果を紹介したい。

①上ミ野A遺跡

遺跡は山形県新庄市大字飛田1098-40に所在する。新庄盆地の西縁に位置する上ミ野A遺跡は桝形川によって形成された標高約88m前後の河岸段丘上に立地している。遺跡周辺の河岸段丘は高位・中位・低位の三つに分けられるが、遺跡は中位段丘上に位置している。1987・1991・2000年に東北大学考古学研究室によって3回の発掘調査が行われ、第1・2次（発掘面積135㎡）では、石器・礫の総数が2,936点が検出された。第3次（72㎡）では、同一層中から約820点の石器が出土した（図

4-35〜37)。上ミ野A遺跡の石器群はいずれも第3a層から出土した。第3b層の下部にはATが存在し、さらにその下位の第4層に暗い「褐色層」がみられる。出土した石器群はATよりも上位になる(図1-6)。第1・2次と第3次の調査区では、出土した石器群は隣接するものの、その集中地区が異なり、それぞれ別なブロックを形成する。また、石器組成上にも相違がみられる。第1・2次調査区のブロックは二側辺を加工したナイフ形石器や(図4-36)、基部側を柄のようにつくり出した形態のエンド・スクレイパー(図4-37)、彫刻刀形石器、鋸歯縁石器、ノッチなどが組成する。一方、第3次調査区のブロックは、石刃を素材とした基部加工のナイフ形石器、彫刻刀形石器、エンド・スクレイパー、三面加工の尖頭器で構成されている。二側辺を加工した形態や基部を柄のようにつくり出した形態のナイフ形石器は発見されなかった。両ブロックからは調整技術の発達した石刃技法が発見されている。とくに、第3次調査区のブロックには両設打面の石核から剥離された石刃類が多く発見されており、その長さが10cm以上の長大なものが存在する。石材は頁岩が多く使用されており、玉髄等もわずかにみられる。第1・2次のブロックは西南日本にみられる「剥片尖頭器」や「狸谷型のナイフ」の石器群(図4-35)に、第3次調査区のブロックは従来、新庄盆地で検出されてきた調整技術の発達した石刃石器群に類似する。

(4) 赤川上流域の周辺遺跡(庄内平野)

①越中山遺跡群

遺跡群は山形県東田川郡朝日村大字越中山字中山入に所在する。庄内平野の南端部に位置する越中山遺跡群は、赤川が形成する右岸の河岸段丘上にある。この段丘群は「立岩台地」と総称され、上位から上野山面、越中山開拓地面、大鳥苗畑面、松根面と呼称されている(米地 1964)。越中山遺跡群は海抜約130mの越中山開拓地面と約100mの大鳥苗畑面に立地する。加藤稔氏によって発掘調査が1958〜1974年まで継続的に行われた(加藤 1972)。道路を挟んで北側にA′、A、E、南側にS、Kの各遺跡がある。K地点では深掘が行われ、石器群とローム層についての報告がある(酒井・加藤 1976)。土層記載で注目されるのは、越中山K遺跡で色調が黄褐色を呈する第4層と第6層に挟まれた淡黄褐色を呈する第5層が存在することである。この層が上下の両層に比べて色調が灰色を呈するものとして観察されており、やや明度が落ちる。第5層が「暗色帯」に相当しよう(図1-5)。本遺跡群からは、A′、A遺跡の尖頭器を主体とする石器群、E、S遺跡の細石刃を中心とした石器群、K遺跡のナイフ形石器を保持する石器群が発見されている(図4-33・34)。とくに越中山K遺跡では、近畿地方で発見される国府石器群の特徴を有する石器群が検出されている。細石刃を中心としたS遺跡の石器群は主として第1〜2層中に、尖頭器を主体とするA′、A遺跡石器群は第2〜3層中に、ナイフ形石器を保持するK遺跡の石器群は第2層〜第4層上部中からそれぞれ発見されている。したがって、越中山遺跡で出土した各石器群は「暗色帯」よりも上位にあることになる。

2.3 北東北地方の基本層序と石器群

2.3.1 奥羽脊梁山脈東側(岩手県)

北上川中流域の奥羽山脈東麓では古くから中川久夫氏らによって地形・地質学的な研究が進められている(中川ほか 1963)。北上川の支流となる和賀川、胆沢川などが奥羽山脈の東麓より流れ出て、

多くの河岸段丘や扇状地を発達させている。この地域では高位から順に西根段丘、村崎野段丘、金ヶ崎段丘が発達する。後者の二つ段丘面は黒沢尻火山灰でおおわれ、下部に焼石－村崎野軽石・山形軽石がみられ、その上位に褐色のロームが堆積する。黒沢尻火山灰層中にはATや東北地方南部でみられた「暗色帯」に対応する層が存在する（柳田 2004）。旧石器時代の石器群が集中して発掘されているのは花巻～金ヶ崎間の地域である。和賀川流域では和賀仙人、大台野、愛宕山、峠山牧場ⅠA、耳取Ⅰ、大渡Ⅱ、南部工業団地内などの遺跡、胆沢川流域では上萩森、柏山館などの遺跡が発掘調査され、旧石器時代の石器群が多数発見されている。この流域では、火山灰層の基本層序と石器群との関係が菊池強一氏によって整理されており、層位にもとづいた石器群の様相が明らかにされている（菊池 1995）。

①峠山牧場Ⅰ遺跡A地区

遺跡は、岩手県和賀郡湯田町第46地割125－25に所在する。奥羽山脈の中央に位置する峠山牧場Ⅰ遺跡A地区は、和賀川中流域右岸の中位段丘大荒沢面に立地する。1993・1994年に岩手県埋蔵文化財センターによって約43,000m²の面積が発掘調査がなされ、7枚の旧石器時代の石器群が発見された（高橋・菊池 1999）。旧石器時代の遺物はⅠ層下部から出はじめ、Ⅱb層まで出土する。その中に6枚の後期旧石器時代の石器群が発見された（図2-2）。Ⅱa層下半部にATが集中する。Ⅱb層の色調が明褐色土層を呈し、「黄色味」が抜け、上部のⅡa層と下部のⅢa層よりも明度の低下が記載されていることから、この層を「暗色帯」と呼称したい。この層が東北地方南部で確認された「暗色帯」に対応する層と考えられる。Ⅱb層から出土した石器群は第1・2文化層の2枚の石器群である。また、Ⅱa層から出土した石器群は第3・4・5・6・7文化層の5枚の石器群である。層位的に第3文化層がⅡa層のより下半部に、第4・5文化層がさらにその上位にあるといわれている。Ⅱa層下半部にATが集中することから、第1・2文化層がATの下位に、第3・4・5・6・7文化層が上位の時期にそれぞれ位置づけられよう。第1文化層はⅡb層のより下半部にあって、起源が確定されていないが、地元産出と想定されているガラス質淡黄褐色火山灰のさらに下位にある。第1文化層の石器は8点と僅少であるが、ナイフ形石器と台形様石器が検出されている。石刃技法は未確認。石材には流紋岩、珪質細粒凝灰岩が使用されている（図5-28～31）。第2文化層はⅡb層の最上部に生活面があり、AT層準に近い。265点の石器が出土している（図5-32～37）。石器組成は、ナイフ形石器、錐形石器、スクレイパーである。寸詰まりの石刃類は調整技術の未発達な石刃技法から剥離されている。石材は珪質凝灰質泥岩が主体である。第3文化層の石器群は、Ⅱa層の中部に発達し、その生活面がⅡa層下部上面にある。時期的にはATに近い層準にある。石器総数は1,138点である（図5-38～41）。石器組成は、ナイフ形石器、彫刻刀形石器、エンド・スクレイパー、磨石、砥石である。特筆されることは、ビーナス像と推定されるもの、ペンダントのような垂飾品などが発見されている。ナイフ形石器は打面側の周辺に円みをもつように基部加工した形態を呈するものが多い。これらの多くは打面をわずかに残すのが特徴的である。また、石刃の二側辺にも浅い調整痕がみられる。彫刻刀形石器は組成するが、特徴的な形態がなく量的に少ない。エンド・スクレイパーが多量に存在する。石刃の先端に刃部を形成するが、素材の二側辺、基部側にも調整剥離を施し形態を整えている。石斧2点が検出されているが、刃部は磨かれていない。緑色凝灰岩製。石刃

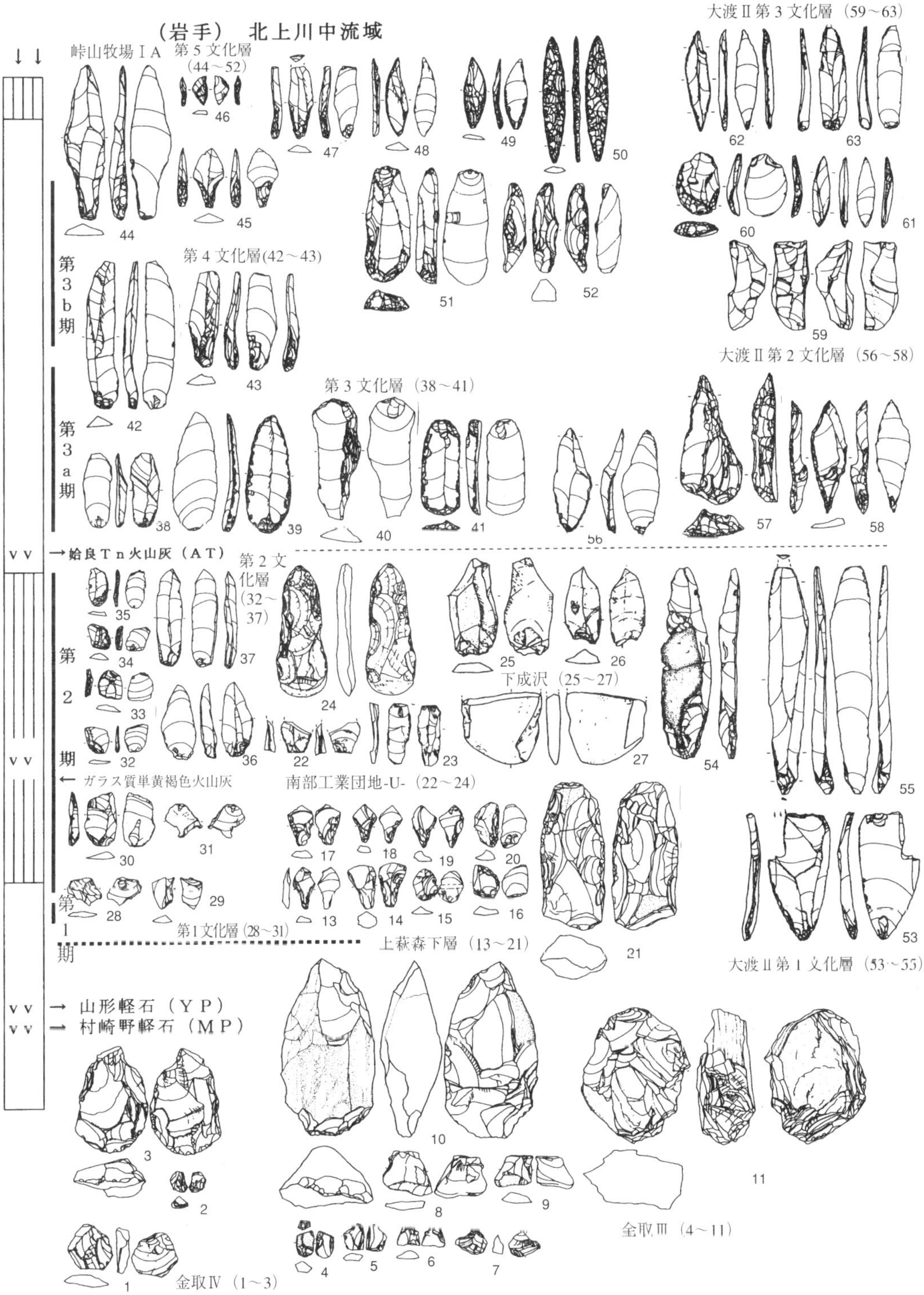

図5 東北地方の旧石器時代の編年(3)

技法によって石器類の素材が供されている。両設打面を主体とする調整技術の発達した石刃技法といえる。石材は頁岩を主体とする。第4文化層の石器群は、Ⅱa層上位の最下部からに下半部に発達する。時期的にはATの上位にあり、層位的には第3文化層と第5文化層に挟まれていたことになる。2ヵ所のブロックが発見されている。石器の総数は662点である（図5-42・43）。石器組成はナイフ形石器、スクレイパーである。ナイフ形石器は打面側の周辺に浅く基部加工したものが多い。これらの多くは打面をわずかに残すのが特徴的である。彫刻刀形石器、エンド・スクレイパーはない。両設打面を主体とする石刃技法は、頭部調整がみられるものの、打面や横位からの作業面に対する調整が頻繁にはみられない。石刃は両側辺が平行に走る整った形状をしている。石材は頁岩を主体とする。第5文化層の石器群はⅡa層上半部から17ヵ所のブロック、総数4,953点の資料が出土した（図5-44～52）。2,455点が検出された第18ブロックを中心にいくつかのブロックが散在する。これらのブロックは、「石刃」を素材としたナイフ形石器が多く出土するものと、それに尖頭器を保有する一群があり、組成上に違いがあるものの石器製作の技術基盤に大きな相違はみられない。量的にもっとも多く検出された第18ブロックの石器群を第5文化層の代表とみなし紹介する。ナイフ形石器、尖頭器、彫刻刀形石器、エンド・スクレイパー、スクレイパー、船底状石器が組成する。石器群の特徴は、ナイフ形石器が「石刃」を素材とし、打面周辺の二側辺と先端に調整加工を施すものと、打面周辺のみに調整加工するものとがある。基部側の加工が強く奥に入るため、「柄」をつくり出したようなものと、身部と基部側を「く」の字状に区切る程度のものとの2形態が存在する。これらの多くはバルブがていねいに除去される。打面は残さない。素材には調整技術の発達した石刃技法から先端部が徐々に細くなる石刃が供されている。このほかに、二側辺加工のナイフ形石器がみられる。また、3点の彫刻刀形石器と両面に石刃の素材面を多く残した周辺加工の尖頭器が1点存在する。石刃の先端に刃部を形成するエンド・スクレイパーも多量に発見されており、先端部が尖らない船底状石器が1点検出されている。石材は頁岩を主体とする。第5文化層では第7、8ブロックから両面加工や周辺加工の尖頭器、小形の切出し型ナイフ形石器が検出されており、それらの石器群も第18ブロックと石器製作の技術基盤上に大きな相違がみられない。

　以上、峠山牧場Ⅰ遺跡A地区のAT下位の2枚、上位の5枚の石器群は、編年的に質・量ともに貴重な資料である。大枠としては、第3文化層から第5文化層への層位的な流れは、組成上、石刃を技術基盤とした基部調整のナイフ形石器文化に各種の尖頭器類がそこに加わる様相をここにみることができる。

②大渡Ⅱ遺跡

　遺跡は、北上市湯田町第57地割12-1に所在する。和賀川の支流となる鬼ヶ瀬川が形成する川尻段丘上の小荒沢面にある。標高約260～280mに立地する。1991・1992・1994年に岩手県埋蔵文化財センターによって約6,000㎡の面積が発掘調査された（中川・吉田1993）。ここでは泥炭層が三枚検出され、そこから後期旧石器時代の石器群が発見された（図2-3）。第Ⅰ層は表土層。第Ⅱ層はA、B、C、D層に細分される。B層（第1泥炭層－1.1～1.3万年前）、C層（第2泥炭層－1.8～2.0万年前）、D層（第3泥炭層－2.1～2.5万年前）には泥炭層が検出されている。D層（第3泥炭層）は、a・b・c・d・e層とにさらに細分されている。d層からATのテフラが確認されている。d層（AT）を挟ん

で上位のc層（第2文化層）と下位のe層（第1文化層）から石器群が発見されている。また、地点が離れるものの、b層からも石器群（第3文化層）が検出されている。層位的に古い順から第1文化層→第2文化層→第3文化層の流れが設定できる。

　第1文化層の石器群は4ヵ所のブロックがAT直下で発見されている。石器の総数は2,388点である（図5-53～55）。ナイフ形石器は、その形状が石刃を素材として基部と先端に調整加工を施しているものと（図5-55）、一側辺加工したものとがある。基部側の加工は尖るものと、打面周辺の側辺をわずかに加工するもの（図5-54）とがある。いずれも打面が残っている。彫刻刀形石器は、石刃の末端側を直線的に調整加工し、そこからほぼ垂直に樋状剝離がなされている（図5-53）。樋状剝離を施す前に調整加工されない例もある。エンド・スクレイパーは、石刃の末端側に角度の急峻な調整加工よって刃部が形成されている。彫刻刀とエンド・スクレイパーとの複合する石器も存在する。台形様石器は、小形剝片の両側縁に加工した形状が台形を呈するものと、小形剝片の端部に数回の調整加工されたものとがある。後者は側辺にポジティヴな剝離痕がみられる。素材となった剝片生産技術をみると、石器類や石刃には背面側に横位からの剝離痕が観察され、稜を形成する石刃や打面を調整する調整技術の発達した石刃技法が存在する。また、ナイフ形石器、彫刻刀形石器、エンド・スクレイパーの素材は両設打面の石刃核から剝離されている。調整技術の発達した石刃技法を技術基盤とする第1文化層の石器群がAT降灰以前に確認されたことの意義は大きい。また、この石器群は局部磨製石斧類が欠如するものの、ポジティヴな剝離痕を有する台形様石器が組成しており、後期旧石器時代の前半期と後半期を繋ぐ一群として注目される。第2文化層の石器群はAT直上から8ヵ所のブロックが発見されている。石器総数は5,920点である（図5-56～58）。ナイフ形石器は、基部側の加工が尖るもの（図5-56）と打面周辺を加工するものがあり、いずれも打面が残っている。また、石刃を斜め整形した二側辺加工の形態も存在する（図5-58）。エンド・スクレイパーは稜形成の石刃が素材に供されている。ここでも、調整技術の発達した石刃技法が用いられており、これらを技術基盤とする点も第1文化層と類似する。第1文化層と第2文化層の出土状況を観察すると、層位的にみて上・下差があるものの、時間差がないものと推定され、比較的短期間にこの2石器群が存在していることが予想される。第3文化層の石器群は第2文化層の上位の層から検出されたAT上位の石器群である。4ヵ所のブロックが発見されているが、集中区以外からも石器が出土している。第3文化層は攪乱層から出土したものを含み、細石刃文化期とナイフ形石器文化期の遺物を含むといわれている。石器総数は464点である（図5-59～63）。62のナイフ形石器は形状が細身を呈し、石刃を素材として急峻な剝離が基部と先端に調整加工が施されている。ただ、他の縁辺部にも浅い剝離痕が石器全体にみられる。基部側は尖っており、打面が残っていない（図5-62）。また、石刃の打面側や末端部を斜めに切り取るような部分加工する形態も存在する（図5-61）。石器組成に、エンド・スクレイパー（図5-60）、彫刻刀形石器がみられる点では下部の石器文化とは変化がみられない。第3文化層は調整技術の発達した石刃技法がみられる。石刃は素材の背面に多くのポジティブな剝離痕があり、剝片素材の石核から剝離されている（図5-59）。この点で下部の石器文化とは異なる様相を呈する。第3文化層は第3泥炭層のb層から検出されており、その上部に当たる層から発見されたことになる。この層の年代観は約2.5～2万年前の後葉頃に比定さ

このほかに、北上川支流の胆沢川が形成する扇状地面の扇頂部に立地する上萩遺跡では、1975・1976年に菊池強一氏を中心とした調査団によって発掘が行われ、第Ⅱ層から旧石器時代の石器群が2枚発見されている（図2-4）。Ⅱ層は約80cmの厚さをもち、色調が褐色から淡黄褐色に変化する位置に細分のラインが引かれ、この線がa・b層の境界として示されている。Ⅱa文化層の石器群はa層下部に位置し、Ⅱb文化層の石器群はb層の最下部にあるという。b層の色調が淡黄褐色を呈し、明度が低くなることから、Ⅱb層は「暗色帯」に相当し、東北地方南部で観察された「暗色帯」に対応するものと考えられる。菊池氏からは、峠山牧場ⅠA遺跡同様、Ⅱb文化層の石器群は、地元産出と想定されているガラス質淡黄褐色火山灰のさらに下位にあることが指摘されている。下層の531点の石器が出土したⅡb文化層の石器群は基部加工した小型の石器類、刃部の尖るペン先形のナイフ形石器、刃部の直線的な台形様石器が発見されている。さらに、刃部磨製石斧も1点検出されている（図5-13～21）。また、剥片素材の石核から剥離された剥片類、剥片の側辺にポジティブな剥離痕を付着させるものが多量に出土している。これらの剥片を素材とし、その末端に二次加工を施した米ヶ森型台形石器も存在する。上萩遺跡では、「暗色帯」の上位に調整技術の発達した石刃技法を技術基盤とする石器群、この下部にペン先形のナイフ形石器、台形様石器、刃部磨製石斧を組成する石器群が層位的に確認できる。

　③早坂平遺跡

　遺跡は、九戸郡山形村大字川井沼袋第4地割37-5に所在する。早坂平遺跡は太平洋側に流れる久慈川上流域の支流となる川井川と遠別川の合流点の河岸丘上にある。標高約220～240mに立地する。第1次調査は、1989年に安斎正人氏を中心とした調査団によって約50㎡の面積が発掘された。この調査では上層（第2文化層）に尖頭器を含む石器群と下層（第1文化層）から調整技術の発達した石刃技法を主体とする石器群が層位的に検出された。第2次調査は、2001・2002年に岩手県埋蔵文化財センターによって2,137㎡の面積が発掘された（北村ほか2004）。この調査では約2万点の後期旧石器時代の石器群が検出され、上層（第Ⅱ文化層）からは細石刃や荒屋型彫刻刀が伴う石器群、下層（第Ⅰ文化層）からは調整技術の発達した石刃技法を主体とする石器群が検出された（図6-51～55）。下層の第Ⅰ文化層は先に発掘された第1文化層に相当し、第Ⅱ文化層の細石刃石器群は尖頭器を含む石器群（第2文化層）に後出することが指摘されている。早坂平遺跡の石器群をテフラとの関係で整理すれば、石刃石器群の文化層は十和田大不動テフラ（To-Of）と十和田八戸テフラ（To-H）に挟まれて発見され、細石刃石器群の文化層が八戸テフラ（To-H）の直下付近にあったものと考えられている。第Ⅰ文化層はC14年代で19,380±90BP, 20,880±130BPの年代観が示されている。下層の第Ⅰ文化層は扁平な原石が選択され、細長い「石刃」が生産されている。打面と横位からの作業面に対する稜状の調整がみられ、調整技術の発達した両設打面を主体とする石刃技法の存在が考えられる。石器組成はナイフ形石器、彫刻刀形石器、エンド・スクレイパー、スクレイパー、敲石で構成されている。「神山型」に類似する彫刻刀が存在するが、「杉久保型」ナイフ形石器はみられない。石器群の様相とC14年代の年代観が約2万年前後の時期を示すことから、報告者は大渡Ⅱの第3文化層に対応するものと考えている。この遺跡は東北地方北部の尖頭器を組成しない

石刃石器群の様相を知るうえで貴重である。

2.3.2 奥羽脊梁山脈西側（秋田県）

(1) 雄物川流域の周辺遺跡

①七曲台遺跡群

　秋田市の南東部に位置する七曲台遺跡群は秋田県秋田市河辺町に所在する。日本海側に北流する雄物川の支流の岩見川によって形成された河岸段丘上に立地し、旧石器時代の遺跡群は低位段丘に相当する七曲台面（標高35〜40m）にあって、その段丘崖の南、約10〜20m平坦な地区で発見されている。東側から西側にかけて風無台Ⅰ、沢を挟んで風無台Ⅱ、松木台Ⅱ、さらに沢を挟んで松木台Ⅲの各遺跡が存在する。

　ⅰ）七曲台遺跡群の基本層序の整理

　図2-6・7は風無台Ⅰ、風無台Ⅱの各遺跡の地層断面図である。各遺跡での地層の堆積状況とその観察記載が微妙に異なる。大野憲司氏よれば「同一段丘上にあっても地点が異なれば、土色の違い、厚さの違いはもとより、確認できない土層もあったりする」との指摘がなされている（大野他1986）。ここでは、私たちが2003年に七曲台遺跡群付近を探訪しており、石坂台Ⅰ遺跡付近（図2-5）で地表が残存した露頭面を観察した結果にもとづいて、「暗色帯」の存在の可能性を指摘し、各石器群の特徴と層序関係について検討してみたい。石坂台Ⅰ遺跡付近（以下、Ⅰ地点と呼称する）と風無台Ⅰ遺跡の層序を比較してみることにする。まず、上部の層からの対比を進めると、Ⅰ地点の第1〜3層までの色調が黒色を呈し、これらは表土層や漸移的な層である。風無台Ⅰ遺跡ではこれらの層が黒褐色を呈し、Ⅰ〜Ⅲ層やⅣa層に相当しよう。風無台Ⅰ遺跡のⅣ層は、色調が褐色〜暗褐色土層とされ、褐色ローム層の混じり具合によってⅣa層とⅣb層とに細分されている。風無台Ⅰ遺跡のⅣa層とⅠ地点の第3層がやや汚れており、これらは漸移層的な土層と推定される。Ⅰ地点の第4層と風無台Ⅰ遺跡Ⅳb層から色調が褐色ローム層となり、上からの汚れがなくなる。次に、Ⅰ地点で観察された第5a層と第5b層が風無台Ⅰ遺跡のⅤ層に対比できよう。Ⅴ層がⅠ地点で2枚に細分されたことになる。第5層は全体的に色調が「暗い」が、濃淡にその差がみられ、上部の第5a層が淡く、下部の第5b層が濃い。さらに、Ⅰ地点の下位の第6層になると色調がにぶい黄橙色（7.5YR7/4）のローム層となり、土色が明るくなる。この層が風無台Ⅰ遺跡のⅥ層に対応できよう。以下、第7層は色調が灰黄色（2.5YR6/2）となり、土色がさらに明るく砂質土層となる。

　以上、Ⅰ地点で観察された結果にもとづけば、第5層は明度が低く、この層を挟んで第4層と第6層がやや明るいことになる。「明度が低い」と観察された第5層は「暗色帯」に相当し、奥羽山脈東側で観察された福島県側の「暗色帯」に対応しよう。風無台Ⅰ遺跡、松木台Ⅲ遺跡の石器群は、Ⅰ地点の第5層中から出土し、風無台Ⅱ遺跡、松木台Ⅱ遺跡の石器群は、第5層の下位から中頃にかけて出土することになる。すなわち、これらの石器群は「暗色帯」に相当する層から抜けた層から一部検出されたことになり、風無台Ⅰ遺跡、松木台Ⅲ遺跡の石器群よりも古く位置づけられよう。

　ⅱ）七曲台遺跡群の石器群の整理

　風無台Ⅰ遺跡の石器群は6,212点の石器類が出土している（図6-10〜15）。石材は頁岩が主体で黒耀石、玉髄なども使用されている。石器組成はナイフ形石器、台形様石器、石斧などである。ナイ

フ形石器は石刃の打面側を基部として、基部側の二側辺、さらに先端の一部に二次加工を施す形態のものが多い。平坦打面を大きく残す。剥片生産技術は調整技術をもたない石刃技法と、打面と作業面を頻繁に入れ替えながら幅広剥片を剥離するグループとがある。後者は得られた剥片が台形様石器の素材に供されている。台形様石器は比較的小形で、幅広剥片の打面側と末端部にやや急角度の二次加工を施すものと末端のみに施すものがある。石刃技法のグループが圧倒的に多い。局部磨製石斧が発見されている。

　風無台Ⅱ遺跡の石器群は第Ⅳ層の漸移層中からⅤ層、Ⅶ′層まで発見されており、5,064点の資料が出土している（図6-1～4）。Ⅶ′層の上部まで石器が確実に検出されている。石材は頁岩が主体で、黒耀石、チャートも使用されている。石器組成は台形様石器、いわゆるペン先形のナイフ形石器、スクレイパーなどである。台形様石器は撲形と卵形を呈するものとがある。台形様石器は二側辺を急峻あるいは面的に調整加工すものとがある。剥片生産技術は、打面と作業面を頻繁に移動させながら幅広の剥片を剥離する技術がある。石刃を素材とした石器や石斧などは風無台Ⅱ遺跡に存在しない。

　松木台Ⅱ遺跡の石器群は、第Ⅳ層の明褐色土層中から発見されており、約1,200点の石器類が出土している。石材はすべて頁岩である。石器組成は台形様石器、スクレイパーなどである。台形様石器には面的な二次加工を施すものが多い。また、台形様石器の中には小形の剥片の末端に二次加工したナイフ形石器もみられる。剥片生産技術は、打面と作業面を頻繁に移動させながら幅広な剥片を剥離する技術がみられる。石刃技法やそれを素材とした石器や石斧などはここには存在しない。

　松木台Ⅲ遺跡の石器群は主として第Ⅲ層の黄褐色土層中から発見されており、3,250点の石器類が出土している。石材は頁岩が主体となっている。石器組成はナイフ形石器、彫刻刀形石器、台形様石器、スクレイパーからなる。ナイフ形石器は石刃の打面側を基部として、基部側の二側辺、さらに先端の一部に二次加工を施す形態を呈する。平坦打面を大きく残す。台形様石器は2種類あり、比較的大形で、幅広の剥片の末端部にやや急角度の二次加工を施したものと、石刃の末端に調整加工したものとがある。このほかに彫刻刀石器が2点発見されている。彫刻刀面が単打型と交差型とがある。剥片生産技術は2種類ある。一つは単設打面や両設打面の石核から石刃を剥離する、調整技術をもたない石刃技法である。いま一つは、打面と作業面を頻繁に替えながら幅広の剥片を剥離する技術である。剥片は台形様石器の素材に供給されている。この剥片生産技術は量的に少ない。なお、松木台Ⅲ遺跡では木炭が[14]C年代で測定され、22,750±620BPという測定値が得られている。

②小出Ⅰ・Ⅳ遺跡

　遺跡は秋田県仙北郡南外村字小出443外に所在する。出羽丘陵に囲まれた南外村は雄物川沿いにあり、横手盆地のある大曲市の西側に位置する。小出遺跡群は、楢岡川が雄物川と合流する南へ約3kmにあって、楢岡川によって形成された河岸段丘上に立地している。Ⅰ～Ⅳに区切られた各遺跡群は秋田県埋蔵文化財センターによって調査され、旧石器時代～平安時代までの遺構や遺物が発見されている。河岸段丘は三段の地形面が認められ、南から北側へかけて徐々に標高が低くなる。標高60～70mの高位段丘面（大畑面）に小出Ⅰ遺跡、同40～50mの中位段丘面（上野台面）にⅢ遺跡、同30mの低位段丘面（長根面）にⅣ遺跡が位置する。旧石器時代の遺跡はⅠとⅣである。

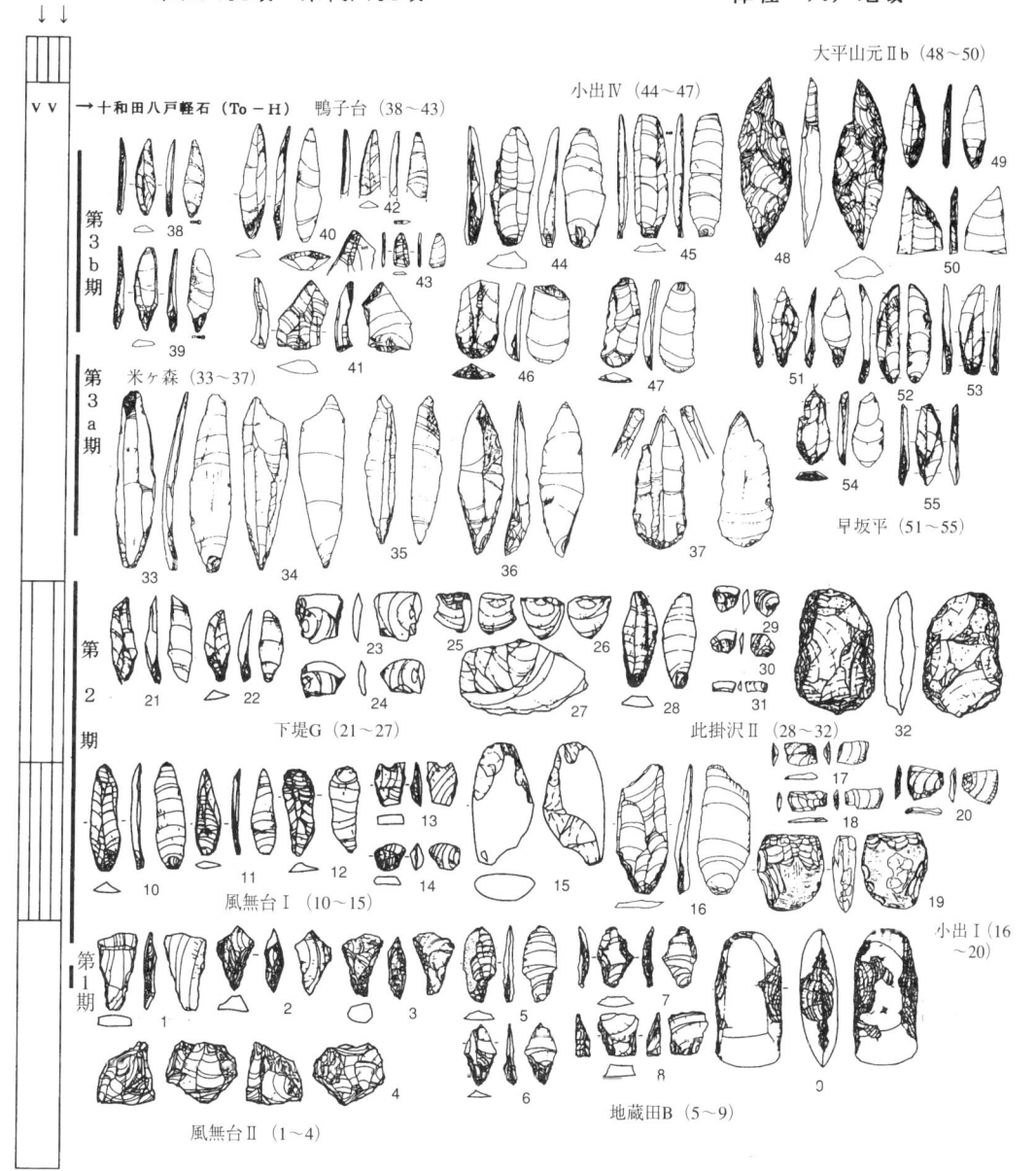

図6　東北地方の旧石器時代の編年(4)

　小出Ⅰ遺跡は、標準土色帳によれば、Ⅲa層とⅢb層は明度が同じ数値を示すのに対し、彩度が異なっている（図2-8）。Ⅲb層の色調が濃いと判断される。下位のⅢc層は色調が徐々に明るくなる。したがって、Ⅲb層が「暗色帯」に相当する層と推定される。テフラ分析によれば、Ⅲb層の直上に「薄いバブル型の透明ガラス」が認められ、ATの可能性がわずかながら考えられるという。この様相は白河〜盛岡低地帯の層位的な状況に類似する。小出Ⅰ遺跡のA・B地区から出土した2,089点の石器類は、主としてⅢb層からⅢc層上面にかけてもっとも多く検出されており、石器群は、「暗色帯」に相当する層中から出土したことになる（図6-16〜20）。石材は硬質頁岩が主体となっている。

石器組成はナイフ形石器、彫刻刀形石器、台形様石器、スクレイパー、局部磨製石斧からなる。ナイフ形石器は調整技術をもたない、単設・両設の石刃技法から剥離された石刃を素材としたもので、平坦な1枚の打面を大きく残し、その周縁に調整加工が施されている形態、剥片の末端と打面部側に部分的な細かい調整加工が施されるものがみられる。長さは7cm前後のものと、10cm前後のものとがある。また、この遺跡の石器組成の特色の一つに「台形様石器」がある。この石器は小形縦長剥片を素材とし、打面とそれに相対する側に急斜度の二次加工をする形態である。寸詰まりの形態は端部加工の台形様石器に類似する。このほかに、彫刻刀形石器や刃部磨製石斧も存在する。剥片生産技術は、盤状剥片、分割礫といった板状の礫を素材として、単設・両設の石核から縦長剥片を剥離するもの、石核を求心状に一周して剥離するもの、打面と作業面を交互に入れ替えながら剥離する技術などである。縦長剥片を連続剥離する技術は調整技術が未発達な石刃技法に相当しよう。

一方、小出Ⅳ遺跡からは321点の石器が出土している（図6-44～47）。ここでは「暗色帯」に相当する層は色調の記載からは読みとることができない（図2-9）。ただし、石器群はⅠb層（黒褐色）～Ⅱa層（明黄褐色土層）にかけて出土しており、比較的浅いところから発見されている。石材は硬質頁岩が主体で、一部黒耀石も利用されている。ナイフ形石器は石刃を素材とし、基部側の両側辺や一側辺に急峻な調整加工を施す形態や、石刃の打面側や末端側に部分的な細かい調整加工が施されるものもみられる。長さは10cmを超えるものがある。これに彫刻刀形石器やエンド・スクレイパーが組成し、後者が10点出土しているのが特筆される。素材は両設打面をもつ調整技術の発達した石刃技法から剥離されている。

以上、小出Ⅳの石器群は、上述した小出Ⅰとは石器組成上の違いや石刃技法の技術的な相違を指摘することができる。報告者は、これらの相違から小出Ⅳ石器群を小出Ⅰ石器群より後出するものとし、後期旧石器時代の後半期に位置づけている（石川ほか1992）。

③米ヶ森遺跡

遺跡は、仙北郡協和町荒川字新田表に所在する。雄物川の支流荒川の河岸段丘上にあって、標高約220～240mに立地する。1969～1971年（第1～5次）に協和町、秋田県教育委員会によって富樫泰時氏を中心に発掘調査が行われ、約1,500点の後期旧石器時代の石器群が発見された（富樫他1977）。秋田県にとって旧石器時代の発掘調査が最初に行われ、しかも米ヶ森技法研究の発端にもなった遺跡である。ナイフ形石器（米ヶ森型、杉久保型、東山型）、エンド・スクレイパー、彫刻刀形石器（荒屋型）、米ヶ森型台形石器、尖頭器などが発見されており、剥片生産技術に石刃技法や細石刃技術がみられる。後期旧石器時代の石器は、第Ⅱ層と第Ⅲ層で、第Ⅱ層下部と第Ⅲ層上部を中心に出土する。米ヶ森遺跡では平面的に二つのブロックが検出され。Aブロックからはナイフ形石器（米ヶ森型、杉久保型）、エンド・スクレイパー、彫刻刀形石器、それに第4・5次に調査では「米ヶ森技法」や米ヶ森型台形石器が発見された。Bブロックは、縄文時代中期の竪穴住居跡によって一部破壊されているものの、彫刻刀形石器（荒屋型）、ナイフ形石器、石刃技法や細石刃技術などの石器群が検出された。当時、両ブロックの解釈をめぐっては時期差や同時性が指摘されたり、その判断が不可能といった慎重論もあった。また、1980年代に入って秋田県下で古手の石器群が多量に発掘され、米ヶ森技法によって製作される石器類と調整技術の未発達な石刃技法の石器群

が共伴することが明らかになり、さらにAブロック内で米ヶ森技法によって製作される石器類と接合する未調整の石刃技法が一つのセットとなり、ナイフ形石器（米ヶ森型、杉久保型）、エンド・スクレイパー、彫刻刀形石器などとは分離が可能ではないかという新たな見解も示された。秋田県内の増加した調査事例から勘案すると、Aブロック内で石器群をその様相の違いから2時期に分離することの妥当性も考えられるが、筆者は以下のような理由から、Aブロック内の出土資料を1時期とみなし、後期旧石器時代の前半期から後半期の移行期の石器群と位置づけたい。まずここでは、報告書から米ヶ森遺跡のAブロックの石器群、1969・1970年（第1・2次調査）で出土した調整技術の発達した「石刃技法」の技術基盤をもつナイフ形石器、彫刻刀形石器、エンド・スクレイパーなどの石器類の特徴についてまとめてみることにする。ナイフ形石器は「石刃」を素材とし、打面周辺のみに調整加工するものが多い（図6-33～35）。先端部が加工されない形態は、幅広なものと尖るものとがある。打面周辺の加工は、わずかに打面を残すものとバルブをていねいに除去して打面を残さないものとがある。これらは「米ヶ森型ナイフ形石器」と呼称され、「東山型」と「杉久保型」の折衷型とされたものである。このほかに1点ではあるが、打面周辺の二側辺と先端に調整加工を施すものも存在する（図6-36）。エンド・スクレイパーが多く存在し、彫刻刀形石器とエンド・スクレイパーと複合する形態がある（図6-37）。さらに、エンド・スクレイパーは石刃の先端に刃部を形成するが、素材の一側辺にも調整剥離を施し、形態を整えているものもある。素材に供される石刃技法は2種類存在する。一つは打面と横位からの作業面に対する調整を施すような調整技術の発達した石刃技法。いま一つは、打面と作業面に対する調整を一切加えず、単設打面から石刃を剥離するものである。石材は頁岩を主体とするが、黒耀石や玉髄も一部に使用されている。

　以上、米ヶ森遺跡から発見された石器群を近隣遺跡にその類似性を求めれば、調整技術の発達した石刃技法から供された「米ヶ森型」と呼称されたナイフ形石器や彫刻刀形石器、エンド・スクレイパー類は、大渡Ⅱ遺跡第1文化層に類似するものではなかろうか。この石器群は時期的にAT降灰期に位置づけられ、調整技術の発達した石刃技法が成立する時期としては古い時期と考えられる一群である。したがって、これらの石器群は先行する調整技術の未発達な石刃技法と共伴する「米ヶ森技法」や米ヶ森型台形石器の一群ときわめて近い時期の石器群と推定される。移行期の様相は両者の共伴が予想される。

　このほかに、能代市周辺の米代川の南に位置する山本郡八竜町鴨子台遺跡では、湧別技法を保持する細石刃を中心としたⅠ群（12点）と石刃石器群を主体としたⅡ群（965点）が発掘されている。Ⅱ群の石刃石器群は第Ⅱb層下部～第Ⅲb層上部で出土しており、量的にはⅢa層がもっとも多く発見されている。ナイフ形石器は「石刃」を素材とし、斜めに整形する二側辺加工した形態と、尖った基部側の二側辺と先端の一部に加工した形態が検出されたことから、調査者は「杉久保型」ナイフや「神山型」彫刻刀の存在を指摘している。これらの素材は両設打面を主体とする調整技術の発達した石刃技法から作出された石刃である。「石刃」の長さは6～10cm大で、形状が細身である。石材は頁岩が主体である。石器群の様相から時期的に新しく位置づけられよう（図6-38～43）。

2.4 北東北地方の基本層序と石器群——奥羽脊梁山脈北部（青森県）——

2.4.1 大平山元遺跡群

　大平山元遺跡群は、大平山元Ⅰ遺跡、同Ⅱ遺跡、同Ⅲ遺跡からなる。津軽半島の中央部に位置する遺跡群は青森県東津軽郡蟹田町大字大平字山元に所在し、陸奥湾に流れ出る蟹田川が形成した大平段丘上（関東地方の立川・武蔵野面相当）に立地する。Ⅰ遺跡とⅡ遺跡は、東西方向に約120m離れており、Ⅲ遺跡は両者から北へ約220〜280mのところにある。標高はⅠ遺跡が約26m、Ⅱ遺跡が約30m、Ⅲ遺跡が約25mに位置する。1975〜1979年（Ⅰ・Ⅱ・Ⅲ遺跡）に青森県立郷土館によって三宅徹也氏を中心に発掘調査が行われた（三宅・横山 1980）。

　後期旧石器時代後半の石器群の出土層はⅠ〜Ⅲ層までである。大平山元Ⅱ遺跡では3枚の石器文化が発見されたことになる。大平山元Ⅱa石器文化はⅡ層の最上層から発見されたといわれ、ホロカ型細石刃石核が伴う石器群である。次に、大平山元Ⅱb石器文化はⅡ層上部から発見された石器群である（図6-48〜50）。薄身の両面加工尖頭器、片面加工尖頭器、ナイフ形石器、彫刻刀形石器、エンド・スクレイパーが伴う石器群である。さらに調整技術の発達した石刃技法がそれに伴う。薄身の両面加工尖頭器、片面加工尖頭器を特徴とする。さらに、下位にある大平山元Ⅱc石器文化は、樋状剥離を有する尖頭器、薄身の柳葉形を呈する尖頭器、ナイフ形石器、彫刻刀形石器、エンド・スクレイパーを伴う石器群である。三宅氏はこの石器群の中に大平山元A技法、同B技法の存在を提唱し、同Ⅱc石器文化の特徴としている。A技法は両面加工尖頭器を製作し、先端部に樋状剥離を行う「有樋尖頭器」の制作過程を示すもの。B技法は両面加工尖頭器の先端部から削片を作出し、半割した後、その面から細石刃を剥離していく工程を想定するものである。

　別な遺跡となる大平山元Ⅲ遺跡の調査では、野岳・休場型の西南日本的な細石刃石核が表面採集され（大平山元Ⅲa石器文化）、「有樋尖頭器」（大平山元A技法）が伴う同Ⅲb石器群（同Ⅱb石器文化）が検出され、この最下層から新たに大平山元Ⅲc石器文化が発見された。杉久保型ナイフ形石器、小坂型彫刻刀形石器、尖頭状スクレイパーが伴う石器群である。さらに調整技術の発達した石刃技法がそれに伴う。大平山元Ⅲb石器文化は杉久保型ナイフ形石器を特徴とする。

　以上、大平山元Ⅱ・Ⅲ遺跡の調査から、次のような編年観が示されている。

　　　Ⅲc石器文化 → Ⅱc石器文化・Ⅲb石器文化 → Ⅱb石器文化 → Ⅱa石器文化

　下位の石器群は、調整技術の発達した石刃技法によって石器類の素材が供され、ナイフ形石器、彫刻刀形石器、尖頭状スクレイパーが伴っている。中位の石器群は大平山元A技法と呼称された「有樋尖頭器」を特徴とする一群である。その上位は調整技術の発達した石刃技法から剥離された石刃を素材とし、薄身の両面加工尖頭器、片面加工尖頭器、ナイフ形石器、彫刻刀形石器、エンド・スクレイパーが製作されている石器群である。そして、後続期にホロカの細石刃製作技術が出現する。ただし、大平山元Ⅲ遺跡で発見された野岳・休場型の西日本的な細石刃石核の位置づけは不明である。大平山元遺跡群の様相は、北東北地方北部の後期旧石器時代ナイフ形石器や石刃石器群の終末期を知るうえで貴重である。とくに、遺跡が青森県津軽半島に位置することから、北海道地方の南西部の石器群と本州の東北的な石器群との関連を知るうえでも重要な地域と考えられる。すなわち、北方的な要素を示すといわれる両面加工尖頭器を素材に、先端部から稜付き削片、スキ

一状削片などを作出する方法は、湧別技法の特徴に、また円錐形の細石刃石核は西南日本的な野岳・休場型の細石刃製作技術に、それぞれの類似性が指摘される。さらに、極寒冷期1.5～2万年前に津軽海峡を挟んで、北方文化の南下あるいは東北、西南日本文化の北上といった両地域間の交流問題を解く鍵として、この遺跡群は重要な位置を占めるものと考えられる。

3. 東北地方の旧石器時代の編年について（図7・8）

3.1 前期旧石器時代

後期旧石器時代以前の石器群である。ここでは前期と中期は大別しない。一括して前期旧石器時代と呼称したい。現在のところ、東北地方では発掘調査で確認されている遺跡は、岩手県北上川中流域の「暗色帯」に相当する層の下位から発見されている金取遺跡、柏山舘遺跡の各石器群である。これらは、山形（YP）、村崎野軽石層（MP）前後から検出されている。金取遺跡の石器群はⅢb層中からⅢc層上面（金取Ⅲ層石器群）とⅣa層中からⅣb層上面（金取Ⅳ層石器群）で、2枚の文化層が発見されている。テフラとの関係で整理すると、Ⅱ層中に起源が未確定である地元産出のガラス質淡黄褐色火山灰の存在が指摘されている。このテフラは近年の地形・地質学的調査事例からAT層準より下位に位置していることが明らかになっている。したがって、金取Ⅲ石器群はAT層準や「暗褐色帯」より下位から検出されたことになる。一方、金取Ⅳ石器群は村崎野軽石層の下位から出土しており、この石器群の下位に阿蘇4火山灰（Aso-4）、北原火山灰（Kt）があるといわれている。村崎野軽石層は、北上川中流域では地形・地質学的な視点から、その年代観が5～5.5万年前に位置づけられており、金取Ⅳ石器群はそれよりもさらに遡ることになる。金取Ⅲ石器群はチョパー、スクレイパー、石斧を組成し、大形の台形・三角形状の剥片や円盤形の石核が発見されている。また、これに小形剥片を素材とした石器が伴う。石材は砂岩やホルンフェルス化した砂質粘板岩などが使用されている（図5-4～11）。金取Ⅳ石器群は大形のチョパー、チョピング・トゥール、スクレイパー、石斧を組成する（図5-1～3）。石材はチャートやホルンフェルス化した粘板岩などが使用されている。柏山舘跡遺跡では、山形、村崎野軽石層の下位で小形の石器が1点（柏山舘跡Ⅳ）発見されているが、その様相は不明である。また、同軽石の上位でも検出されており（柏山舘跡Ⅱb）、これらは出土層位、石器類の特徴からから金取Ⅲ石器群に対応できよう。このほか、上屋地B遺跡、上ノ原山遺跡9層も当該期に位置づけられよう（図4-7～10）。

3.2 後期旧石器時代

後期旧石器時代は第1から4期に大別し、第3期をa、bに細別する。第1・2期を前半期、第3期を後半期、第4期を終末期とし細石刃期とする。ここでは第4期について詳述しない。

3.2.1 後期旧石器時代（第1期）

「暗色帯」の下位から発見される石器群で、福島県桑折町平林遺跡に代表される。石器群は第Ⅱ層（灰白色粘土質褐土層）と第Ⅲ（黄色粘土層）から発見されている。第Ⅱ層が「暗色帯」に相当することから、石器群はこの層の下位からも多量に出土したことになる。石材には流紋岩が使用さ

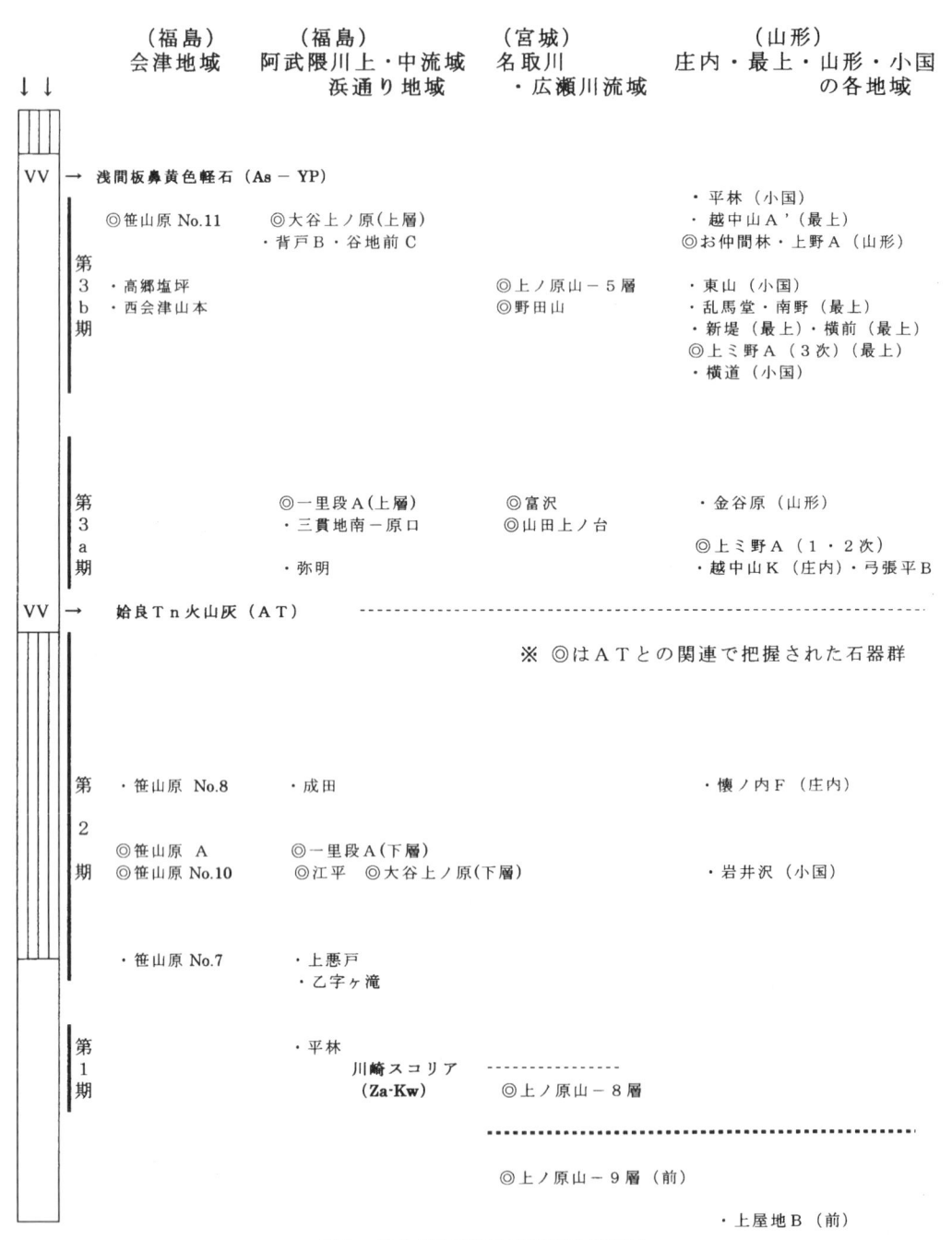

		（福島） 会津地域	（福島） 阿武隈川上・中流域 浜通り地域	（宮城） 名取川 ・広瀬川流域	（山形） 庄内・最上・山形・小国 の各地域
VV	→		浅間板鼻黄色軽石（As－YP）		
第3b期		◎笹山原 No.11 ・高郷塩坪 ・西会津山本	◎大谷上ノ原（上層） ・背戸B・谷地前C	◎上ノ原山－5層 ◎野田山	・平林（小国） ・越中山A'（最上） ◎お仲間林・上野A（山形） ・東山（小国） ・乱馬堂・南野（最上） ・新堤（最上）・横前（最上） ◎上ミ野A（3次）（最上） ・横道（小国）
第3a期			◎一里段A（上層） ・三貫地南－原口 ・弥明	◎富沢 ◎山田上ノ台	・金谷原（山形） ◎上ミ野A（1・2次） ・越中山K（庄内）・弓張平B
VV	→		姶良Tn火山灰（AT）	----------	
				※ ◎はATとの関連で把握された石器群	
第2期		・笹山原 No.8 ◎笹山原 A ◎笹山原 No.10 ・笹山原 No.7	・成田 ◎一里段A（下層） ◎江平 ◎大谷上ノ原（下層） ・上悪戸 ・乙字ヶ滝		・懐ノ内F（庄内） ・岩井沢（小国）
第1期			・平林 川崎スコリア （Za-Kw）	--------- ◎上ノ原山－8層 ------------ ◎上ノ原山－9層（前）	 ・上屋地B（前）

図7 東北地方の旧石器時代の編年(5)

れている。石器組成は粗雑な切出し形のナイフ形石器、スクレイパー類、いわゆるプティ・トランシエ、ピエス・エスキーユ、チョピング・トゥールなどからなる。剥片生産技術には打面と作業面を明確に区分し、連続して祖型の石刃を剥離するもの、周辺から放射状に剥離がなされ石核が円盤形になるもの、打面と作業面が交互に入れ替わりながら剥離作業が進行し、石核がチョピング・トゥール状になるものなどがある。本石器群については後期旧石器時代の始源期、初頭期、前・中

東北地方の地域編年　167

```
　　　　　　　（岩手）　　　　　　　　　　（秋田）　　　　　　　（青森）
　　　　　　北上川中流域　　　　　　　　雄物川流域　　　　　津軽・八戸地域
　　　　　　和賀川流域　　　　　　　　　米代川流域
　　　　　　胆沢川流域
　　　　　　↓↓　　　　　　　　　　　　↓↓
```

（岩手）北上川中流域・和賀川流域・胆沢川流域	（秋田）雄物川流域・米代川流域	（青森）津軽・八戸地域

v v → 十和田八戸軽石（To-H）　　　　　v v → 十和田八戸軽石（To-H）

　　　　・耳取ⅠB　　　　　　　　　　　　　　　　　　　　　　　　　・大平山元Ⅱc＝Ⅲb
　　　　◎峠山牧場ⅠA－第5文化層　　　　　　　　　　　　　　　　・大平山元Ⅲc
　　　　・大崎・小石川・和賀仙人　　　　　　　　　　　　　　　　　・田向冷水
第　　　・早坂平（1次）－1文化　　　　第
3　　　　　　　　　　　　　　　　　　3
b　　　　　　　　　　　　　　　　　　b　・小出Ⅳ
期　　　・峠山牧場ⅠB・上萩森（上層）　期　・鴨子台
　　　　・大台野Ⅱa

　　　　◎大渡Ⅱ-3
　　　　・生母宿第2文化層　　　　　　　第
第　　　・早坂平（2次）－1文化　　　　3
3　　　◎峠山牧場ⅠA－第4文化層　　　a　・龍門寺茶畑
a　　　◎峠山牧場ⅠA－第3文化層　　　期
期　　　◎大渡Ⅱ－第2文化層　　　　　　　　・米ケ森（1次）

v v →姶良Tn火山灰（AT）
　　　　◎大渡Ⅱ－第1文化層
　　　　　　　　　　　　　　　　　　　　　・狸崎B

　　　　・愛宕山　　　　　　　　　　　　　　・米ケ森（2次）
第　　　・南部工業団地内　　　　　　　　　　・此掛沢Ⅱ
　　　　・下成沢　　　　　　　　　　　　第　・下堤G
2　　　◎峠山牧場ⅠA－第2文化層　　　2　・松木台Ⅲ
　　　　　　　　　　　　　　　　　　　　　・家ノ下
期　　　・大台野Ⅱb　　　　　　　　　　期　・風無台Ⅰ
v v　　　　　　　　　　　　　　　　　　　◎小出Ⅰ・縄手下
　　　←ガラス質淡黄褐色火山灰

　　　　◎峠山牧場ⅠA－第1文化層　　　　　　・地蔵田B
　　　　・上萩森（下層）　　　　　　　　　　　・風無台Ⅱ・松木台Ⅱ

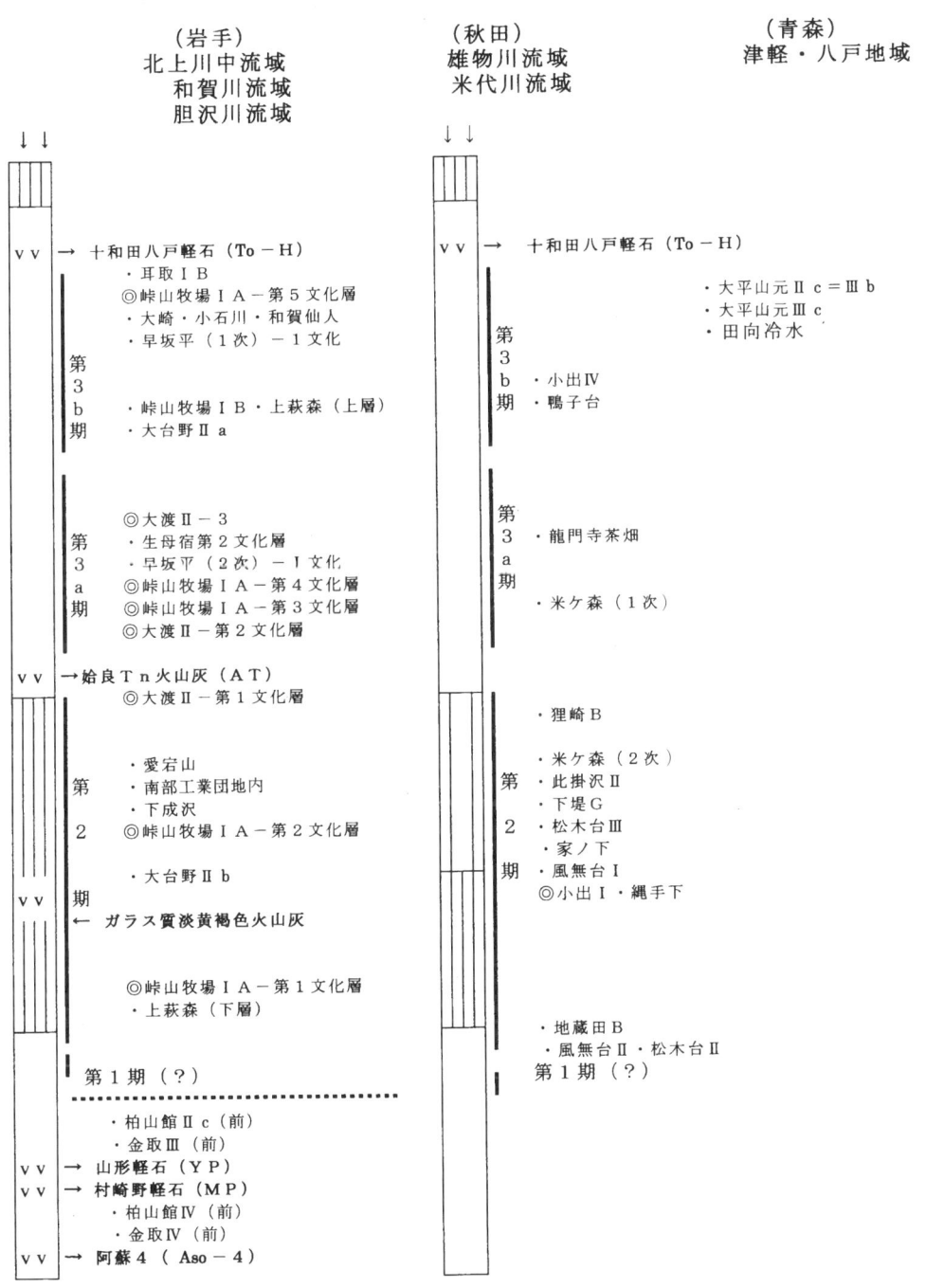

　　　　第1期（？）　　　　　　　　　　　第1期（？）
　　　　‥‥‥‥‥‥‥‥‥‥‥‥‥
　　　　・柏山館Ⅱc（前）
　　　　・金取Ⅲ（前）
v v →山形軽石（YP）
v v →村崎野軽石（MP）
　　　　・柏山館Ⅳ（前）
　　　　・金取Ⅳ（前）
v v →阿蘇4（Aso-4）

図8　東北地方の旧石器時代の編年(6)

期／後期旧石器時代の移行期などの位置づけがなされている。類例を待ちたい。

3.2.2　後期旧石器時代（第2期）

「暗色帯」の中から発見される石器群である。三つのグループに分けられる。第一グループは、石器組成に刃部磨製石斧、不定形の剝片に部分的に二次加工した粗雑なナイフ形石器、ペン先形のナイフ形石器や台形様石器がみられる。二次加工技術は面的に施すものが多い。剝片生産技術には

打面と作業面を頻繁に移動させながら、幅広な剥片を剥離するもの。一部に剥片を素材とし、打点を横位に移動した石核や円盤状の石核もみられる。剥片は幅広で不定形を呈し、背面にポジ面を有するものもある。縦長剥片があるものの、連続的に石刃を剥離するような技法的なものではない。笹山原№7遺跡、乙字ヶ滝遺跡、上悪戸遺跡、峠山牧場Ⅰ遺跡A－第1文化層、上萩森遺跡Ⅱb層、風無台Ⅱ遺跡、松木台Ⅱ遺跡、地蔵田B遺跡などの石器群があげられる。笹山原№7遺跡、乙字ヶ滝遺跡、風無台Ⅱ遺跡、松木台Ⅱ遺跡は「暗色帯」の下位から石器が一部発見されている。 第二グループは、石器組成に刃部磨製石斧、台形様石器、ペン先形のナイフ形石器、石刃の基部の両側辺、先端部の一部に二次加工を施すナイフ形石器を保有する石器群である。ナイフ形石器の二次加工技術は面的な加工がみられる。台形様石器の一群は、打面と作業面を頻繁に移動させながら幅広な剥片を剥離するものであり、中には剥片素材の石核から作出されるものも存在するが、米ヶ森技法のような定型化したものは存在しない。ナイフ形石器の一群は、調整技術が発達しない、単設打面や両設打面の石核から石刃を剥離するような石刃技法が存在する。単設打面石核から剥離された石刃は形状が先細りになるのに対し、両設打面のものは幅広になる傾向がある。板状の原石の稜を巧みに利用して石刃を剥離する技術もみられる。笹山原A遺跡、同№10遺跡、一里段A遺跡下層、大谷上ノ原遺跡下層、峠山牧場Ⅰ遺跡A－第2文化層、南部工業団地内遺跡、風無台Ⅰ遺跡、小出Ⅰ遺跡の石器群があげられる。第三グループは、石器組成に磨製石斧、石刃の基部の両側辺、先端部の一部に二次加工を施すナイフ形石器、米ヶ森型台形様石器を保有する石器群である。ナイフ形石器にみられる二次加工技術は急峻な加工である。剥片生産技術には調整技術が未発達で、単設打面の石核から石刃を剥離する石刃技法がみられる。第二グループに比べ、第三グループの石刃の方が長い。また米ヶ森技法と呼称される、剥片を素材として、その背面側を打面、腹面側を作業面と固定しながら、台形・扇形の小形の剥片を連続剥離する技術が存在する。これらは米ヶ森型台形様石器に供されている。このほかに打面と作業面を頻繁に移動させながら、幅広な剥片を剥離する剥片生産技術も存在する。笹山原№8遺跡、成田遺跡、米ヶ森遺跡（2次）、此掛沢Ⅱ遺跡、下堤G遺跡、家ノ下遺跡の石器群などがあげられる。

　第2期においては、時期的に第一グループから第三グループへの変遷が考えられる。第一グループの風無台Ⅱ、松木台Ⅱ、笹山原№7、上悪戸、乙字ヶ滝の各遺跡では、石器群が「暗色帯」の下位からも一部発見されており、層位的に第1期に近い一群となろう。第2期は台形様石器の一群に、調整技術の未発達な石刃技法が出現する様相がみられ、東北地方の石刃技法の出自を知るうえで重要な時期である。

3.2.3　後期旧石器時代（第3期）

「暗色帯」の上位から発見される石器群である。ATはそれらの上位にあるか、遺跡によってはその上部に存在する場合がある。この時期を第3期とし、古（a）、新（b）に細別する。当該期の石器群は技術基盤に調整技術の発達した石刃技法が主体となる[1]。

（1）　第3a期

北東北の岩手県和賀川流域では大渡Ⅱ遺跡の第1・2・3文化層や峠山牧場Ⅰ遺跡Aの第3・4文化層で当該期の石器群が層位的に発見されている。大渡Ⅱ遺跡の第1文化層は、調整技術の発達し

た石刃技法を技術基盤とし、石刃を素材として基部や先端に二次加工したナイフ形石器、エンド・スクレイパー、彫刻刀形石器が組成する。ここでは調整技術の発達した石刃技法の出現がAT降灰以前の時期に看取できる。ナイフ形石器の形態は、打面をわずかに残し①基部が尖るもの、②基部が円みをもつもの、③基部の周辺部を逆「ハ」の字状に整形するものがある。とくに、峠山牧場Ⅰ遺跡Aの第3・4文化層のものは②基部に円みをもつのが特徴的である。一方、南東北の福島県弥明遺跡では、「暗色帯」の上位の黄褐色ローム層中から関東地方の武蔵野台地の「Ⅳ下」の石器群に類似する角錐状石器、切出状のナイフ形石器、ラウンド・スクレイパーが発見されている。そこに、石刃を素材とした打面を点状に残した細身の①の形態のナイフ形石器が共伴する。また、ATの上位から発見された宮城県山田上ノ台、富沢の各遺跡では打面を点状に残した石刃製の小形で細身の基部加工ナイフ形石器が検出されている。前遺跡では技術基盤に調整技術の発達した石刃技法の存在がみられる。以上、上述したようなナイフ形石器の形態①は「金谷原型」に、③は先行する時期の笹山原№8遺跡、成田遺跡の形態にそれぞれが類似する。層位的には不明であるが、基部加工のナイフ形石器は打面を点状に残し、基部側を細身にする形態が多い秋田県米ヶ森遺跡（1次）、山形県金谷原遺跡も当該石器群に含まれる。このほかに、山形県上ミ野A遺跡（1・2次）、越中山遺跡K地点、三貫地南－原口－の各遺跡も同時期に位置づけたい。越中山遺跡K地点は西日本に分布する典型的な瀬戸内技法を保有する国府系石器群である。同地点の深掘区の層序区分では、淡黄褐色ローム層（第5層）を挟んで上層（第4層）と下層（第6層）に黄褐色ローム層がみられることから、第5層が「暗色帯」に類似する層と推定される。国府系石器群の出土する層は第4層の上部までと考えられている。したがって、国府系石器群はこの層の上位から出土したことになる。また、上ミ野A（1・2次）では一部に瀬戸内技法の存在がみられ、さらに九州地方に多く分布する、抉りの入った「狸谷型」のナイフ形石器や基部を明瞭につくり出した「剥片尖頭器」に類似する石器が、石刃技法やエンド・スクレイパーと共伴して検出されている。この石器群も西南日本から影響を受けたものと考えられる。また、切出状のナイフ形石器が多く発見される山形県弓張平Bの石器群も、武蔵野台地の「Ⅳ下」の石器群に類似することから当該石器群に位置づけたい。

(2) 第3b期

この時期は、調整技術の発達した石刃技法が継続して石器群の技術基盤となる。従来同様に石器組成上、石刃の基部や先端部に二次加工したナイフ形石器、彫刻刀形石器、エンド・スクレイパーがみられ、さらにその様相は2グループに分けられる。一つは、上述した石器組成に槍先形尖頭器が伴出しないグループと伴出するグループである。前者のグループは、この時期も石刃の基部や先端部に二次加工したナイフ形石器が多く供伴する。その形態は、④打面を残さず尖る形態のもの、⑤基部を残し打面周辺をわずかに加工を施すもの、⑥基部側の加工が未加工の平行する両側辺とは明瞭に区分され、「く」の字状の段がみられるものがある。宮城県上ノ原山5層、野田山、山形県小国地域の東山、最上地域の乱馬堂、南野、上ミ野A（3次）、新堤、横前、秋田県小出Ⅳ、岩手県早坂平（2次）、青森県大平山元Ⅱ遺跡Ⅱc文化層、福島県谷地前C遺跡の各石器群が当該期に位置づけられよう。山形県お仲間林遺跡では、ATや浅間－草津黄色軽石（As－YPk）の間で石器群が確認されている。これらの石器群は、⑤や⑥の形態をしたナイフ形石器が多く発見されている。

従来、東山系といわれた形態に類似する。また、山形県横道遺跡を代表とする石刃製で細身の基部側が尖る④の形態を保持し、これに神山型彫刻刀形石器が加わる、いわゆる杉久保系の石器群も存在する[2]。この一群は、北は青森県物見台遺跡までも発見されたが、会津地方に隣接する新潟県上ノ平遺跡、樽口遺跡で確認でき、現在はその分布が東北地方南西部で多く検出されている。北東北では神山型彫刻刀形石器は秋田県鴨子台遺跡でも検出されているが、石刃製のナイフ形石器は基部側が尖るものの二側辺に加工がなされ、形態がやや異なる。ここでは槍先形尖頭器が共伴しない。この石器群は南東北の塩坪遺跡の石器群との関連が考えられる。いま一つの槍先形尖頭器を伴出する後者のグループは、北東北では岩手県峠山牧場ⅠA第5文化層、和賀仙人、小石川、槍先形尖頭器を主体とする早坂平（1次－上層）、青森県大平山元Ⅱの各遺跡の石器群があげられる。峠山牧場ⅠAでは第3・4文化層（第3a期）の上位で第5文化層が層位的に確認されている。ここからは槍先形尖頭器が多量に検出されている。槍先形尖頭器は形態が細身で、両面加工・周辺加工によって形が整えられている。とくに基部側が尖る。この石器群が第3b期の指標となろう。石刃の基部や先端部に二次加工するナイフ形石器の形態は、⑤基部を残し打面周辺をわずかに加工を施すもの、⑥基部側の加工が未加工の平行する両側辺とは明瞭に区分され、「く」の字状の段がみられるものがある。また、「舌」部をもつような特徴的な形態もある。このほかに、二側辺加工の形態、切出し形を呈する形態もみられる。青森県大平山元Ⅱでは「有樋尖頭器」もみられる。南東北の背戸Bの石器群では、周辺加工の槍先形尖頭器とナイフ形石器が伴出し、後者は関東地方の武蔵野台地の「Ⅳ上」から出土するナイフ形石器の形態に類似するものと、石刃を素材とした⑥のような形態を呈するものが供伴する。今後、「東山系石器群」の吟味が重要課題となる。

3.2.4　後期旧石器時代（第4期）

　第4期は細石刃が出現し盛行する時期である。南東北の山形県角二山遺跡では湧別技法や荒屋型彫刻刀形石器を保有する石器群、青森県大平山元や山形県越中山、福島県笹山原の各遺跡群では「ホロカ型」の細石刃核が発見されている。これらは分布に濃淡がみられるものの、当地方の全域で確認することができる。このことから、東北地方の細石刃文化は北海道の関連で北方系からの強い影響があることが指摘されている。したがって、「湧別技法」や「ホロカ型」に先行するような「峠下型」の細石刃核が、調整技術の発達した石刃石器群と共存する様相を示す石器群が第4期の古い時期に出現することが予測されるが、まだそれは確認されていない。新潟県北部の荒川台遺跡で、阿部朝衛氏によって明らかにされている荒川台技法が石刃石器群との関係で追求されており、今後の資料分析の動向結果に期待がかかる（阿部2002）。このほかに、青森県大平山元Ⅲ遺跡の「野岳・休場型」の細刃石核発見されているが、その様相や編年的な位置づけはあきらかにされていない。以上、編年表を図7・8に示す。

註
1) 研究当初から加藤稔氏は石刃を素材としたナイフ形石器の形態に注目し、「東山型」「杉久保型」「金谷原型」などの型式を設定し、この時期の細分を試みた。ここでは近年の発掘調査で増加した資料がどの型式に類似するのかを探ってみたい。

2）以前、筆者は東北地方での杉久保系石器群の位置づけをAT降灰期の近くに考えたが、近年の調査事例から勘案すると第3b期とすることが妥当かと考えられる。

参考文献（ここでは主要なものを取り上げる）

秋田市教育委員会　1986　『秋田市秋田新都市整備事業関係文化財発掘調査報告書 ―地蔵田B遺跡他』

阿部朝衛　2002　『荒川台遺跡―1989年度の調査―』帝京大学文学部史学科。

安斎正人　2003　『旧石器社会の構造変動』同成社。

石川恵美子ほか　1991　『東北横断自動車道秋田線発掘調査報告書Ⅷ―小出Ⅰ・Ⅱ・Ⅲ・Ⅳ遺跡―』秋田県文化財調査報告書第206集。

石本　弘ほか　2000　『福島県文化財センター白河館（仮称）遺跡発掘調査報告書―一里段A遺跡―』福島県文化財センター。

岩手県教育委員会　1985　「下成沢遺跡」『東北縦貫自動車道関係埋蔵文化財調査報告書―ⅩⅦ―（北上地区）』日本道路公団・岩手県教育委員会。

大野憲司　1984　『此掛沢Ⅱ遺跡・上の山遺跡』秋田県埋蔵文化財調査報告書第114集。

大野憲司ほか　1986　『七曲台遺跡群』秋田県埋蔵文化財調査報告書第125集。

柏倉亮吉編　1964　『山形県の無土器文化』山形県文化財調査報告書 第14集、山形県教育委員会。

加藤　稔　1965　「東北地方の先土器時代」『日本の考古学1 先土器時代』198～221頁。

加藤　稔　1972　「越中山S遺跡の細石刃発掘」『庄内考古学』11、1～5頁。

加藤　稔　1975　「越中山遺跡」『日本の旧石器文化』雄山閣。

菊池強一　1988　『上萩森遺跡―調査報告書―』胆沢町埋蔵文化財調査報告書第19集、胆沢町教育委員会。

菊池強一　1996　「1994年度に注目された発掘調査の概要　岩手県北上中流域の旧石器時代遺跡群―特に金ケ崎町柏山館跡・湯田町峠山牧場Ⅰ遺跡・湯田町大渡Ⅱ遺跡・宮守村金取遺跡について―」日本考古学年報、478～481頁。

北村忠昭・米田寛・長村克稔　2004　「早坂平遺跡発掘調査報告書」㈶岩手県文化振興事業団埋蔵文化財センター。

木元元治・岡村道雄・千葉英一　1975　「第Ⅰ編　平林遺跡」『東北自動車道遺跡調査報告』福島県教育委員会。

酒井忠一・加藤稔編著　1976　『越中山遺跡』致道博物館。

佐藤宏之　1988　「台形様石器序論」『考古学雑誌』第73巻第4号、1～37頁。

渋谷孝雄　1976　「金谷原遺跡の石刃技法の分析」『山形考古』2-4、15～38頁。

主浜光朗　1995　『上ノ原山遺跡―国道286号線（茂庭工区）改良工事関係発掘調査報告書―』仙台市文化財調査報告書第198集。

杉本良・高橋香里　1997　『南部工業団地内遺跡Ⅲ』北上市埋蔵文化財調査報告第27集、北上市立埋蔵文化財センター。

高橋義介・菊池強一　1999　『峠山牧場Ⅰ遺跡A地区発掘調査報告書―東北横断自動車道秋田線関連遺跡発掘調査―』（第1分冊）（第2分冊）岩手県文化振興事業団埋蔵文化財調査報告書第291集、岩手県文化振興事業団埋蔵文化財センター。

田村　隆　1989　「二項モードの推移と巡回―東北日本におけるナイフ形石器群成立期の様相―」『先史考古学研究』第2号、1～52頁。

富樫泰時・白石建雄・村岡百合子・藤原妃敏　1977　『米ヶ森遺跡発掘調査報告書』秋田考古学協会。

中川重紀・吉田充　1993　『大渡Ⅱ遺跡の発掘調査報告書』岩手県文化振興事業団埋蔵文化財調査報告書 第15集。

羽石智治・会田容弘・須藤隆　2005　『山形県新庄市上ミ野A遺跡発掘調査報告書』東北大学大学院文学研究科考古学研究室。

藤原妃敏　1983　「東北地方における後期旧石器時代石器群の技術基盤―石刃石器群を中心として―」『考古学論叢Ⅰ』62～90頁。

藤原妃敏　1999　「福島県における後期旧石器時代研究の現状と課題」『福島県の旧石器時代遺跡』福島県立博物館、61～71頁。

藤原妃敏・柳田俊雄　1991　「北海道・東北地方の様相―東北地方を中心として―」石器文化研究3　シンポジウム『AT降灰以前の石器文化―関東地方における変遷と列島対比―』（石器文化研究編）、63～91頁。

堀金靖・藤原妃敏　1990　『笹山原遺跡群発掘調査報告書1・2―笹山原No.7遺跡発掘調査』福島県会津若松市教育委員会。

町田洋・新井房夫　1976　「広域に分布する火山灰―姶良Tn火山灰の発見とその意義」『科学』第46巻、339～347頁。

松藤和人　1992　「南九州における姶良Tn火山灰降灰直後の石器群の評価をめぐって」『考古学と生活文化』同志社大学考古学シリーズⅤ、21～36頁。

三宅徹也・横山裕平　1980　『大平山元Ⅱ遺跡発掘調査報告書』青森県立郷土館調査報告書第8集　考古-4。

柳田俊雄　1987　「阿武隈川流域における旧石器時代の研究1―福島県石川町背戸B遺跡の発掘調査報告（Ⅰ）」『福島考古』第28号、1～32頁。

柳田俊雄　1995　「会津笹山原遺跡の旧石器時代石器群の研究-石刃技法を主体とする石器群を中心に」『郡山女子大学紀要』第31集　第2号。

柳田俊雄　2003　「東北地方中南部地域の『暗色帯』とそれに対応する層から出土する石器群の特徴について」『Bulletion of the Tohoku University Museum』No.3、69～89頁。

柳田俊雄・早田勉　1996　「福島県須賀川市乙字ケ滝遺跡の発掘調査報告」『福島考古』第37号、1～22頁。

山内幹夫・小野忠大・荒川裕・山元出・伊藤典子　2001　『常磐自動車道遺跡調査報告26―大谷上ノ原遺跡（1次調査）・新堤入遺跡―』福島県教育委員会・㈶福島県文化財センター。

米地文夫　1964　「地形各論」『湯殿山5万分の1地形分類図ならびに説明図』

中・四国地方、近畿地方の地域編年

藤野　次史

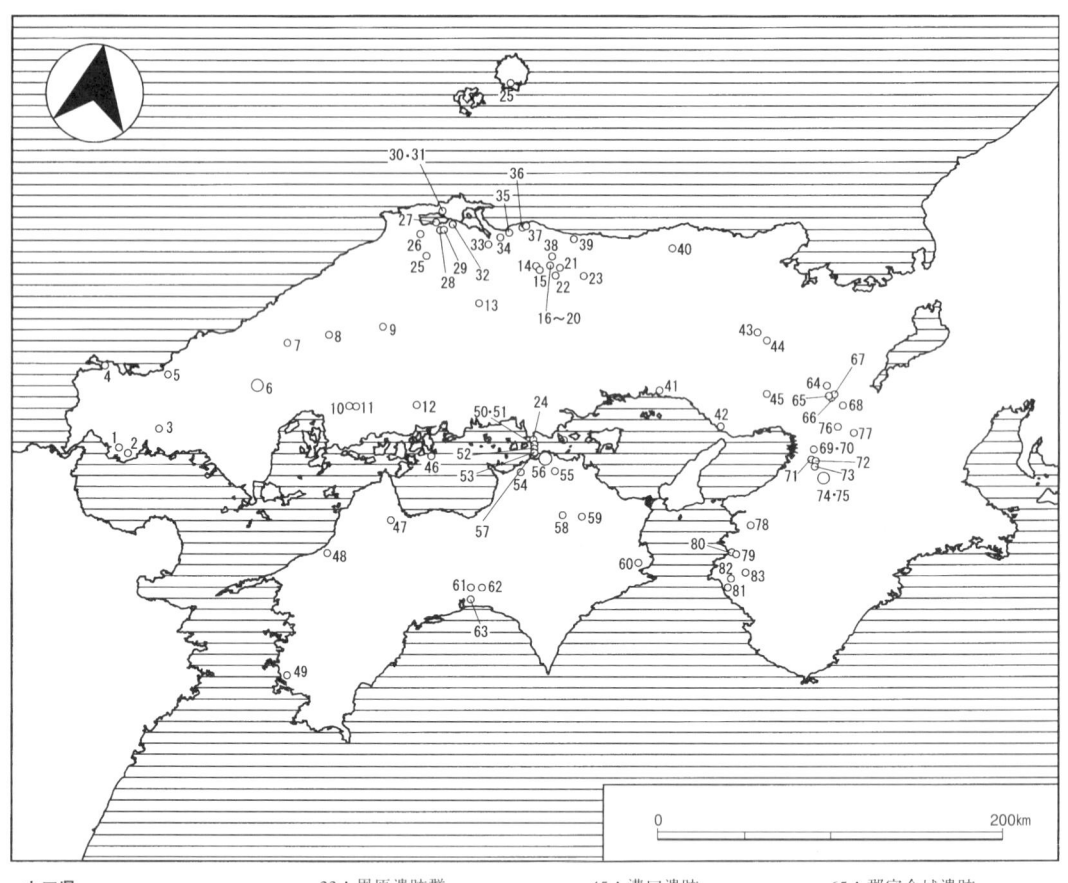

山口県	23：恩原遺跡群	45：溝口遺跡	65：郡家今城遺跡
1：川津遺跡	24：鷲羽山遺跡	愛媛県	66：津之江南遺跡
2：南方遺跡	島根県	46：金ヶ崎遺跡	67：郡家川西遺跡
3：毛割遺跡	25：原田遺跡	47：宝ヶ口Ⅰ遺跡	68：楠葉東遺跡
4：雨乞台遺跡	26：首谷遺跡	48：東峰遺跡第4地点	69：長原遺跡群
5：福ヶ森遺跡	27：鳥ヶ崎遺跡	49：和口遺跡群	70：八尾南遺跡群
広島県	28：正源寺原遺跡	香川県	71：誉田白鳥遺跡
6：冠遺跡群	29：杉谷遺跡	50：花見山遺跡	72：翠鳥園遺跡
7：樽床遺跡群	30：古曽志清水遺跡	51：大浦遺跡	73：国府遺跡群
8：地宗寺遺跡	31：古曽志平廻田遺跡	52：羽佐島遺跡	奈良県
9：下本谷遺跡	32：下黒田遺跡・市場遺跡	53：与島西方遺跡	74：桜ヶ丘遺跡群
10：鴻の巣遺跡	33：カンボウ遺跡	54：三条黒島遺跡	75：鶴峯荘遺跡群
11：西ガガラ遺跡群	鳥取県	55：中間西井坪遺跡	76：峯ノ阪遺跡
12：莇原垣内遺跡	34：原畑遺跡	56：国分台遺跡群	77：法華寺南遺跡
岡山県	35：諏訪西山ノ後遺跡	57：井島遺跡	和歌山県
13：野原遺跡群早風A地点遺跡	36：押平尾無遺跡	徳島県	78：山東大池遺跡
14：中山西遺跡	37：門前第2遺跡	58：僧坊遺跡	79：土生池遺跡
15：下郷原田代No2地点遺跡	38：野津三第1遺跡	59：日吉谷遺跡	80：藤並遺跡群
16：戸谷遺跡群	39：上神51号墳下層	60：廿枝遺跡	81：壁川崎遺跡
17：牧野遺跡群	兵庫県	高知県	82：松瀬遺跡
18：東遺跡	40：氷ノ山遺跡群	61：奥谷南遺跡	83：古垣内（高津尾）遺跡
19：笹畝遺跡群	41：碇岩南山遺跡	62：新改西谷遺跡	
20：竜頭遺跡	42：西脇遺跡	63：高間原古墳墳丘	
21：フコウ原遺跡	43：板井寺ヶ谷遺跡	大阪府	
22：小林河原遺跡	44：七日市遺跡	64：粟生間谷遺跡	

遺跡分布図（本稿関連遺跡のみ）

1. はじめに

　中・四国地方および近畿地方における旧石器時代の編年研究は、研究史初期においては備讃瀬戸地域を中心に鎌木義昌氏らによって進められた（鎌木・高橋 1965）。発掘調査による層位的出土例と型式学的研究にもとづく編年は、全国的にもっとも整備された編年の一つと評価され、旧石器時代研究に多大な影響を及ぼした。しかし、その後、備讃瀬戸地域の遺跡の多くは堆積状況がきわめて悪く、層位的な石器群の抽出は困難であり、ナイフ形石器の型式設定にも問題があることが指摘された（柳田 1977）。備讃瀬戸地域の遺跡において一時期の石器群を抽出することの困難さは、1970年代半ばにはじまる瀬戸大橋関連の大規模な発掘調査で改めて確認されるところとなった。研究史初期の頃に提出された鎌木氏らの編年は、現在に至るまで層位的事例によって証明されていないが、ナイフ形石器の編年については、瀬戸内技法の崩壊過程とナイフ形石器の小形化という型式学的視点として、その後も長い間当該地域の編年研究に影を落とすこととなる。
　1970年頃から全国的に開発に伴って大規模な発掘調査が顕著となり、とくに関東地方では層位的な上下関係にもとづく編年研究が大きく進展した。当該地域においても例外ではなく、緊急調査の成果として編年研究が進展したことは否めないが、一方では1970年代後半〜1980年代は学術調査によっても重要な成果が得られた時期でもあった。この時期、当該地域における編年研究は近畿地方西部と中国山地を中心として進められた。近畿地方西部では、大阪平野を中心として重要な調査が相次いでいる。層位的上位関係の認められる調査例は基本的に認められないものの、一時期の石器群が多く検出された。また、同志社大学旧石器文化談話会を中心とする活動によって二上山北麓の原産地遺跡の解明が大きく進展し、原産地との関わりで編年研究を考える状況が整備されていった。こうした状況を反映して、いくつかの重要な編年案が提出されている（久保 1989・1994、佐藤 1989、松藤 1980、山口 1983など）。これらの編年は、出土層や火山灰分析などを考慮しながらも、基本的には石器群の型式論・技術論にもとづくものであり、層位的な調査にもとづく検証を必要としている。その状況は基本的に現在も変化がないといえよう。一方、中国山地における本格的な発掘調査は、1970年代の終わり頃の岡山県野原遺跡群早風A地点遺跡や広島県冠遺跡群などが初期のものであり、近畿地方の本格的な調査から少し遅れて開始された。1980年代からは岡山理科大学による蒜山高原の調査、恩原遺跡調査団による恩原遺跡の調査が継続的に実施され、行政調査の成果と相俟って、編年研究が大きく進展した。中国山地の遺跡は火山灰の一次堆積層をはじめとして、多くの遺跡で良好な堆積状態を示しており、石器群の型式学的検討のみならず、層位的上下関係や広域火山灰にもとづく編年を可能とした。これにもとづいて、いくつかの重要な編年案が提出された（稲田 1990・1996、鎌木・小林 1987、藤野 1989・1992・1999、松藤 1978）。しかし、中国山地においても、姶良Tn火山灰（以下、ATと略す）下位の石器群については層位的上下関係で捉えられる例が基本的になく、型式学的な編年を行わざるを得ない状況であり、これについては現在でも解決されていない。
　1990年代後半以降の編年研究については、重要な調査や報告書の刊行、シンポジウムなどがあっ

表1　中・四国地方

		日本海沿岸地域	中国山地地域			瀬戸内西部
			西部	東部		
先第Ⅰ期			戸谷1最下層			
			下本谷西丘陵			
第Ⅰ期	第Ⅰa期		冠D-Ⅲ　鴻の巣			東峰4
			地宗寺　西ガガラ2第1a期	中山西	七日市Ⅰ・ⅡB区、C区、G・H区	
	第Ⅰb期	古曽志清水　下黒田	西ガガラ1第1b期	小林河原　野原Ⅰ期・Ⅱ期	七日市ⅡS・T区	
				下郷原田代　戸谷1・4・5	板井下位文化層　七日市Ⅲ・Ⅳ	
第Ⅱ期	第Ⅱa期	門前第2	西ガガラ1・2第2期　毛割	恩原1R文化層		
			(冠スキー場Ⅲa)			
	第Ⅱb期	(鳥ヶ崎)　原畑	冠D-Ⅱ　冠B　　　原田5	フコウ原　恩原1・O文化層	板井上位文化層	
			西ガガラ1第3期			
			西ガガラ2第3期			宝ヶ口Ⅰ
第Ⅲ期		古曽志平廻田	冠A　　　　樽床G	恩原2S文化層　笹畝2		
		野津三第1		牧野5		
第Ⅳ期		杉谷　神上51　市場	冠10　冠C	恩原1・2M文化層　東		川津　南方　金ヶ崎
			冠D-Ⅰ			

※大山系火山灰と石器群の層位的関係は必ずしも明確でない場合が多く、あくまでも目安として示している。また、大山系火山灰は弥山火山灰、上の...い場合もあることから、このように表現した。したがって、第Ⅱb期後半と大山系火山灰降灰期の時間的関係は微妙で、フコウ原遺跡、恩原Ⅰ遺跡O文...

たものの、必ずしも活発な状況にあるとはいえず、編年の大枠について大きな変更点はない。それは、新たな遺跡の調査事例が少なく、資料蓄積の微増傾向に変化がないこと、中国山地を除くと、複数石器群の重層的な出土例がきわめて少なく、型式学的な編年研究を層位的に検証することが相変わらず困難であることに尽きよう。

　ここでは、これまでの成果を踏まえながら当該地域の資料を概観し、責を果たすこととしたい。石器群の編年は、まず層位的な事例を基本としながら、石器の型式、石器組成、素材の生産技術、使用石材の様相などを勘案しながら行うこととする。また、当該地域はいくつかの地形単位に区分することができ、それに対応するように石器群の様相もおおむね異なることから、地域区分を行って地域ごとに石器群の変遷を説明する。

2. 地域区分

　中・四国地方は、中央部に瀬戸内海を挟んで、北側の中国地方に中国山地、南側の四国地方に四

近畿地方の編年表

瀬戸内海地域		太平洋沿岸地域	近畿中央部		紀伊半島
瀬戸内東部	吉野川中・下流域		大阪平野	二上山・奈良盆地	
DKP					
					松瀬 古垣内
				峯ノ阪	
			長原96-62	法華寺南	
AT					
			(長原89-37)		
中間西井坪3a区エリア1・2			国府6 国府3	桜ヶ丘1	
三条黒島 中間西井坪3c区・3b区		和口	粟生間谷-6B 翠鳥園		
中間西井坪5区・1b区・3aエリア3	日吉谷	奥谷南XII	郡家今城	鶴峯荘2 鶴峯荘1	(東大池)
羽佐島					
大山系火山灰					
大浦 碇岩南山	僧坊		津之江南 八尾南3		土生池 藤並
			八尾南2		
井島I 西脇	金蔵・上井	奥谷南X 新改西谷	粟生間谷-1B 八尾南6		
花見山 井島II		奥谷南VIII	誉田白鳥		壁川崎
羽佐島					

ホーキ火山灰、オドリ火山灰、下のホーキなど近接した時期の火山灰をまとめて総称しており、一定の時間幅をもっているが、明確に給源が同定されていな
　など明確に大山系火山灰降灰期にあたっているものがあり、第Ⅱb期後半の一部が大山系火山灰降灰期と重複する可能性が高い。

国山地が位置しており、東西に細長い地形単位に区分することができる。すなわち、北側から日本海沿岸地域（地域1）、中国山地地域（地域2）、瀬戸内海地域（地域3）、四国山地地域（地域4）、太平洋沿岸地域（地域5）である。中国山地東部は北側が壁状に急激に日本海側に下る地形で、日本海沿岸地域との境界はかなり明確であるが、中国山地西部は比較的漸移的に日本海沿岸地域に移行し、両者の境界は不明瞭である。日本海沿岸地域（地域1）は日本海沿いに松江平野などの小規模な低地が点々と存在し、低地に向かってのびる低丘陵地帯が形成されている。低地相互は分断されているが、東西への移動は一部を除きさほど困難ではなかったと予想される。旧石器時代では現在の日本海にどれほどの陸地が存在したかは明確にできないが、現在の海底地形を参考にすれば、広大な面積の陸地部が存在したことを想定するのは困難である。中国山地地域（地域2）は北端側に脊梁山地が東西に連なり、その南側には標高600～800mの高原地形が各所に認められる。また、岡山県～広島県中央部付近まで標高200～400m前後の比較的平坦な地形（吉備高原面）が広がっており、広範な地域に平坦な丘陵地形が分布し、大小の山間盆地が点在している。この標高200～400m前後の高原状地形から瀬戸内海沿岸部への地形移行はかなり急激である。瀬戸内海地域（地域3）

は現在の瀬戸内海およびその沿岸部の低地である。ここで対象とする時期には陸地であったと想定され、現在の島嶼部は東西にのびる回廊状地形に点在する山塊と考えられる。この地域では多くの遺跡が発見されているが、復元される地形的特徴からみて、とくに島部における遺跡はかなり特定の機能を担った遺跡が多く含まれている可能性がある。また、吉野川中下流域（主として北岸）は地形的に瀬戸内海沿岸部から独立しているが、石器群の様相から瀬戸内海沿岸地域（地域3）に含めて説明する。四国山地地域（地域4）は中国山地に比べて安定した平坦地が少ない。現状では遺跡の発見数もきわめて少なく、一地域として独立させて説明できる状況にはない。暫定的に地域として設定しておくが、一地域として成立しうるかの検討は今後に委ねることとして、ここでは個別の石器群については説明を割愛する。太平洋側沿岸地域（地域5）は主に低丘陵地帯や平野部などの低地で構成されている。

　近畿地方は、西部は中国山地を境とする東西方向の地形単位、中央部〜東部は大阪平野から京都盆地・琵琶湖へと連なる低地とその東側に鈴鹿山地などの山地帯による南北の地形単位が認められ、さらに紀伊半島北端部を東西に横断する中央構造線から南側は紀伊山地が南北方向に連なって広く山地帯を形成していることから、大きくは四つの地形単位に区分することができる。近畿地方西部は中国地方に連続する地域で、中国地方で区分した日本海地域、中国山地地域、瀬戸内海地域という地形単位が基本的にそのまま連続している。地域1〜地域3のいずれかに含めて説明する。近畿地方中央部（地域6）は大阪平野、京都盆地、琵琶湖と南西〜北東に低地が連なり、瀬戸内海から日本海へと回廊状の低地を形成している。大阪平野の南側には瀬戸内海沿岸沿いに和歌山県紀ノ川付近まで低地がのびている。奈良盆地は生駒山地で大阪平野と隔てられているが、基本的にこの低地帯の派生地形と捉えることができる。小地域ごとで石器群の様相が異なると予想されるが、検討できる状況にないことから、ここでは暫定的に一地域として扱う。近畿地方東部は鈴鹿山地を境として東側は伊勢湾に面した伊勢平野から志摩半島の低地で、石器群の様相からみても東海地域に直接連なる地域であり、ここでは扱わない。紀ノ川以南の紀伊半島（地域7）は沿岸部に低地部を形成しているほかは山地帯である。現状では紀北地域を除くとほとんど遺跡が知られておらず、多くを語ることはできない。

3. 時期区分

　当該地域で検出されている石器群は後期旧石器時代に位置づけられる資料がほとんどであり、現状で検討可能なものは基本的に後期旧石器時代のものに限られる。後期旧石器時代は大きく4時期に区分する。第I期は列島的に共通した石器群が認められる時期で、地域的特徴が不明瞭である。しかし、中・四国地方、近畿地方という単位でみると、小型ナイフ形石器が卓越するなどの地域的特徴をすでに認めることができる。大規模原産地を有する黒曜石、安山岩が遠隔地まで一定量搬出されている例も散見されるが、地域石材の利用を基本とする。第II期は前節で設定した地域区分ごとに地域的特徴が明らかとなる時期で、一方では列島的に共通した様相も一部に残している。石材利用の様相は第I期に近いが、とくに後半期では大規模原産地石材の搬出範囲が拡大する様相が認

められる。第Ⅱ期は第Ⅰ期と第Ⅲ期の中間的様相を示す時期である。第Ⅲ期は地域単位の特徴が明確になるとともに、各地域内でさらに小単位に細分が可能となる時期である。石材利用においては石器群の様相とは逆に地域的な石材の利用の割合が減少し、安山岩、黒曜石などの大規模産地を有する石材が広範な地域に使用されている。第Ⅳ期はナイフ形石器石器群にかわって、細石刃石器群や槍先形尖頭器石器群が成立・展開する時期である。なお、第Ⅰ期に先行すると考えられる石器群が少数ながら知られている。これらの石器群は後期旧石器時代以前に位置づけられる可能性があるが、未公表資料もしくは表面採集資料が大半で十分な検討ができない。ここでは、第Ⅰ期に先行する資料として一括し、先第Ⅰ期としておく。

第Ⅰ期・第Ⅱ期は時期細分が可能である。第Ⅰ期は大きく2時期に細分することができ、第Ⅰa期、第Ⅰb期とする。第Ⅰa期は台形様石器を組成の主体とする時期で、ナイフ形石器は組成に占める割合が少ない。ナイフ形石器は小型品が卓越する。そのほかの特徴的な器種として、石斧（局部磨製）、尖頭器様石器、石錐、掻器などがある。第Ⅰb期はナイフ形石器を主体とする石器群の成立期である。しかし、一方では台形様石器を主体とする石器群も共存している。特徴的な器種として、石斧（局部磨製）、掻器がある。安山岩を主要石材とする石器群では剥片素材の石核が安定して認められるようになり、石核素材剥片の組織的な生産が広範な地域で開始された時期と想定される。また、横長剥片や縦長剥片の安定した生産が認められるようになり、ある程度の地域的特徴が発現され始める時期でもある。第Ⅱ期は2時期に細分でき、前半を第Ⅱa期、後半を第Ⅱb期とする。第Ⅱa期は縦長剥片剥離技術あるいは石刃技法を基盤とした石器群、第Ⅱb期は角錐状石器を指標とする時期で、広範な地域に分布している。

なお、AT降灰期と時期区分の関連は必ずしも明らかではないが、第Ⅱa期末頃に当たるものと想定しており、第Ⅱa期の石器群はAT降灰後も暫時継続していた可能性が高い。また、最寒冷期については第Ⅱb期前半に想定している。

4. 層位的検出事例の概要（図1・2）

当該地域の堆積条件は中国山地東部などを除くとあまり良好とはいえない状況であり、層位によって列島的な石器群対比を行うには必ずしも十分な状況を備えていない。しかし、現在では広域火山灰の検出事例も一定量蓄積されており、同一遺跡における複数石器群の層位的検出例も少数ながら知られていることから、ここでは層位的な事例をまとめておきたい。

まず、同一遺跡における複数石器群の層位的検出例であるが、主要なものをみると、地域2（中国山地地域）の広島県冠遺跡D地点、島根県原田遺跡、岡山県野原遺跡群早風A地点遺跡、戸谷遺跡第1地点、恩原1遺跡、恩原2遺跡、兵庫県板井寺ヶ谷遺跡、七日市遺跡の7例、地域3（瀬戸内海地域）の香川県中間西井坪遺跡3a区、地域5（太平洋沿岸地域）の高知県奥谷南遺跡、地域6（近畿地方中央部）の奈良県峯ノ阪遺跡を挙げることができる。

地域2の冠遺跡D地点ではAT直下の第Ⅴ層から台形様石器を主体とする石器群（第Ⅲ文化層）、AT直上の第Ⅲ層から横長剥片素材のナイフ形石器、角錐状石器を主体とする石器群（第Ⅱ文化層）、

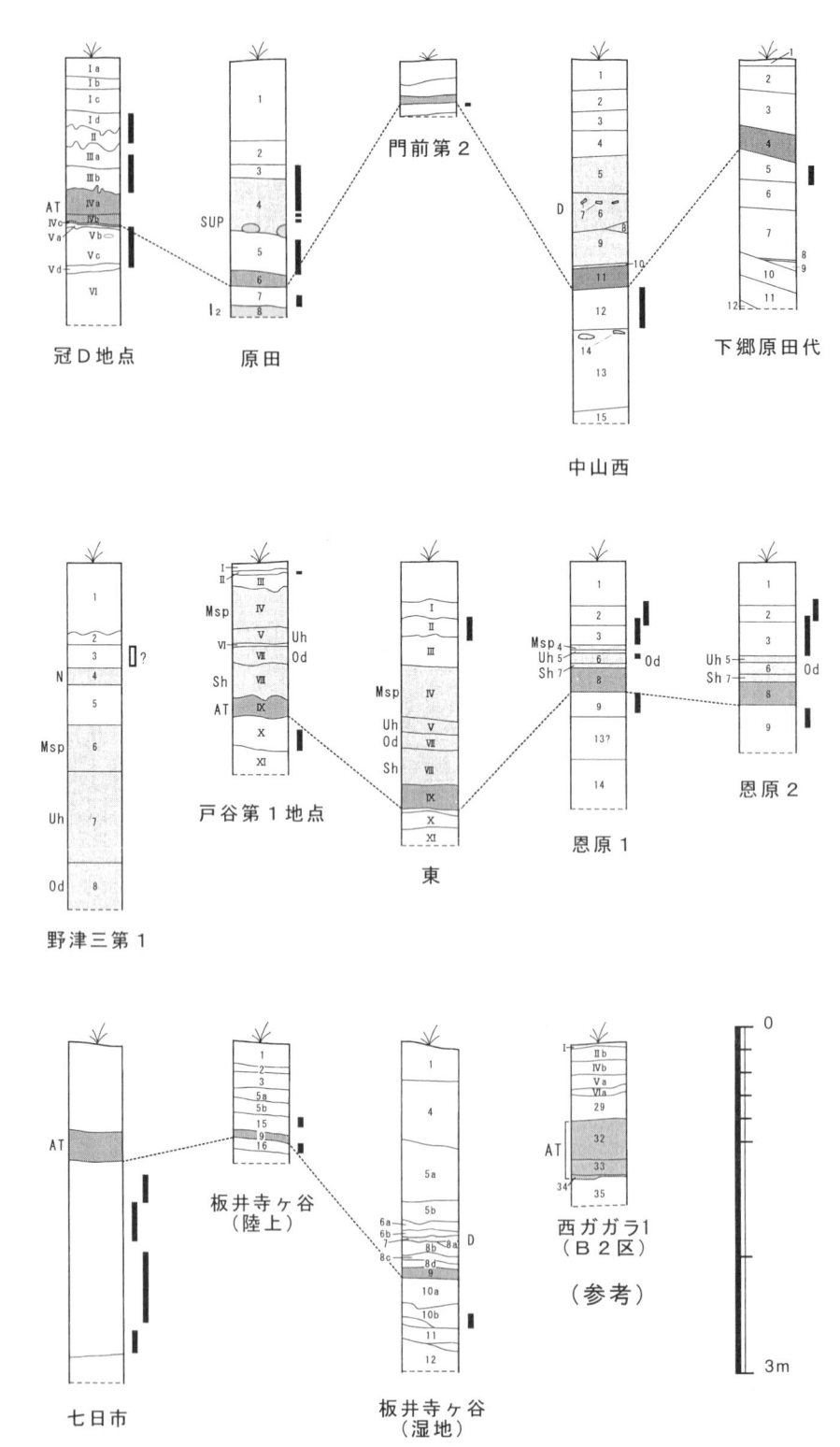

SUP：浮布火山灰　I₂：池田降下軽石　D：大山系火山灰　N：野津三火山灰　Nsp：弥山軽石層
Uh：上のホーキ　Od：オドリ火山灰　Sh：下のホーキ　AT：姶良Tn火山灰

図1　中・四国地方、近畿地方の主要遺跡土層対比図(1)（いずれも一次堆積の火山灰が検出された遺跡の堆積層を対比したもの。なお、原田遺跡は調査中のため、層位および出土層準は暫定的）

中・四国地方、近畿地方の地域編年　181

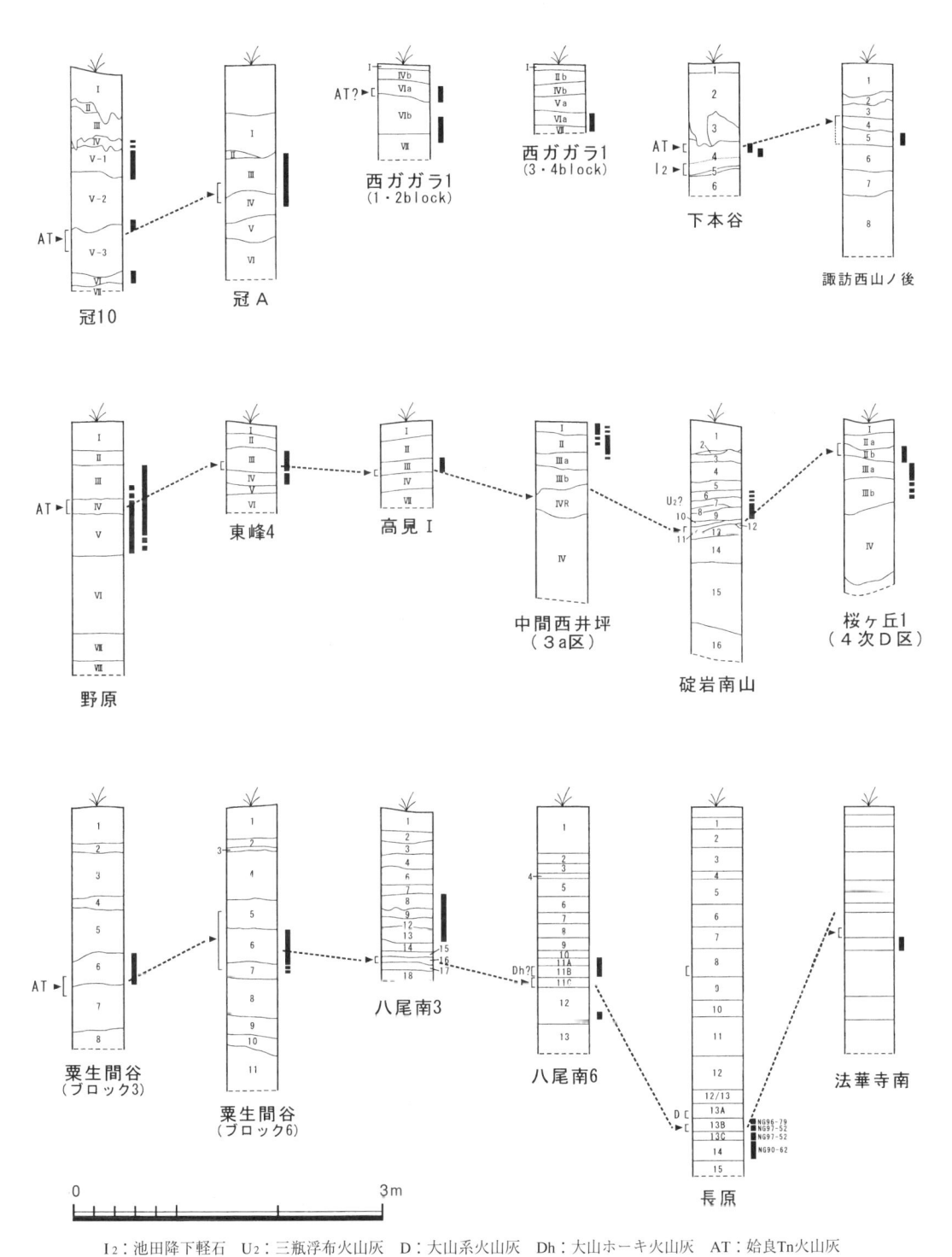

I₂：池田降下軽石　U₂：三瓶浮布火山灰　D：大山系火山灰　Dh：大山ホーキ火山灰　AT：姶良Tn火山灰

図2　中・四国地方、近畿地方の主要遺跡土層対比図(2)（火山ガラスのピークとして火山灰が検出されている堆積層を対比したもの）

クロボク下位（第Ⅰ層）～漸移層（第Ⅱ層）から槍先形尖頭器を主体とする石器群が検出されている（妹尾編著1989、藤野1992）。また、冠遺跡群では第10地点（12トレンチ）の試掘調査で3枚の文化層が検出されている（三枝1983）ほか、冠遺跡A地点で上下に2枚の文化層の存在が指摘されている（藤野1986）が、石器群の内容については不明である。原田遺跡は現在発掘調査中であり詳細は不明であるが、AT下位の7層、ATと浮布火山灰に挟まれた5層、4層の浮布火山灰から3層を出土層準とする3枚の文化層が検出されている（伊藤2005）。7層では台形様石器、石斧などが出土しており、上層の5層、3層の文化層は安山岩を主体とする石器群で、5層はナイフ形石器、角錐状石器を特徴とする石器群である。3、4層ではナイフ形石器、両面加工石器などが出土している。今後の調査研究の進展が期待される良好な遺跡である。野原遺跡群早風A地点遺跡では、第Ⅴ層を中心にナイフ形石器を主体とする石器群（Ⅰ期）、第Ⅳ層を中心として台形様石器を主体とする石器群（Ⅱ期）が出土している（平井1977、平井編著1979）。両者の平面分布は明確に区分されているが、出土レベルはかなり重複しているようである。明確な間層が存在していないことからすると、厳密な意味での上下関係を示しているわけではない。第Ⅳ層中にATの火山ガラスのピークがあるとされている（平井1984・1987）。戸谷遺跡第1地点ではAT直下の第Ⅹ層からナイフ形石器、台形様石器など、第Ⅱ層漸移層下部～第Ⅲ層ソフト・ローム層からナイフ形石器などが出土している（鎌木・小林1986b）。また、戸谷遺跡第4地点・第5地点では第Ⅹ層中位～下部でナイフ形石器、台形様石器などが出土するとともに、さらに下層の礫層上位砂質土（第ⅩⅩⅠ層か）から石英を主要石材とするチョッパー、チョッピング・ツゥールなどが出土したとされている（鎌木・小林1986）が、詳細は不明である。恩原1遺跡では良好な火山灰堆積層が認められ、AT下位の礫混じり粘土層から縦長剥片素材の二側縁ナイフ形石器を主体とする石器群（R文化層）、オドリ火山灰層上部の暗色帯から基部を尖らすナイフ形石器を主体とする石器群（O文化層）、ソフト・ローム層から横長剥片素材ナイフ形石器主体とする石器群（S文化層）、漸移層から削片系細石刃石器群（M文化層）の4枚の文化層が検出されている（稲田1986・1990、稲田編1996）。恩原2遺跡でもほぼ同じ様相を示すが、O文化層は検出されておらず、R文化層の様相も1遺跡とはやや異なっている（稲田編1996）。板井寺ヶ谷遺跡ではATを挟んで上下で石器群が出土しており、AT直下の黄色粘土からナイフ形石器を主体とする石器群（下位文化層）、ATの風化土層である暗灰色火山灰層から角錐状石器を主体とする石器群（上位文化層）が検出されている（山口編1991）。また、湿地部では上位文化層の上層に当たる堆積層から大山ホーキ火山灰が検出されている。七日市遺跡では、AT直下に堆積する灰白色シルト層（Ⅱ層）から4枚の文化層が検出されている。第1・2次調査ではⅡ層が17枚に細分されており、3層から剥片、石核（第Ⅰ文化層）、10層から台形様石器、ナイフ形石器を主体とする石器群（第Ⅱ文化層）、17層から極小のナイフ形石器石器を主体とする石器群（第Ⅲ文化層）が検出されている（久保・藤田編1990、藤田・中村編著1990）。直接の上下関係を示すのは、C区の石器ブロックのみであり、第Ⅱ文化層と第Ⅲ文化層の上下関係を確認することができる。第3次調査ではⅡ層（3層）から2枚の文化層が検出されている（山本ほか編2004）。下位文化層は第1・2次調査の第Ⅱ文化層に相当するとされており、第1次調査のB区、C区、G・H区ブロック群と同様な内容をもつ石器群である。上位文化層（第Ⅳ文化層）は第1・2次

調査の第Ⅲ文化層のさらに上層に堆積する層から検出されたとされており、ナイフ形石器、石斧などを含んでいる。

地域3の中間西井坪遺跡3a地区では大きく三つのブロック群が認識されており、石器の包含状態から上下2時期に分離されている（森下編2001）。上位石器群はⅡ層に主体をもち、下位石器群はⅢa層に主体をもつとされているが、ある程度上下関係を認識できるのはエリア1のブロック1Bのみである。いずれにせよ、明確な間層を挟んで検出されているわけではなく、上下の石器群はいずれも角錐状石器を主体とする石器群で、明確な型式学的差を指摘できるわけではない。

地域5の奥谷南遺跡では第Ⅻ層を中心にナイフ形石器、角錐状石器などが、第Ⅹ層下部を中心にナイフ形石器が、第Ⅷ層を中心に細石刃、細石核、槍先形尖頭器などが出土している（松村編2001）が、上下の文化層に帰属する遺物が大幅に混在している。平面的分布もほぼ重複し、層位的にまとまった形で石器群を認識することは困難な状況であり、とくに細石刃、細石核と槍先形尖頭器の層位的関係を検討することは不可能である。

地域6の峯ノ阪遺跡ではATを挟んで上下から石器群が検出されている（西藤・宮原・本村1996、光石1999）。正式報告がなされていないため詳細は不明であるが、ATを含む堆積層下の黒色粘土層からナイフ形石器（ペン先型）などの石器群、ATを含む層の上層に間層を挟んで横長剥片素材のナイフ形石器を主体とする石器群が検出されている。なお、奈良県桜ヶ丘遺跡第1地点第3次では第Ⅱb層および第Ⅲ層から石器群が検出され、第Ⅱb層にATの火山ガラスのピークがあるとされている（松藤・佐藤編1983）。桜ヶ丘遺跡第1地点は6次にわたる発掘調査が行われており、多くの調査区で第Ⅱb層および第Ⅲ層に対応する層から石器群が出土しているが、両層出土の石器群には基本的に共通する様相をもつとされている（久保1994aほか）。両層出土の石器群が時期差をもつ別文化層の石器群として理解できるのか、国府石器群がAT降灰以前に成立していたのかなど重要な課題を含んでいるが、大半の調査成果については正式報告がなされていないので、この問題に関しては今後の課題としておきたい。

上述の複数石器群が層位的に検出されている遺跡では基本的に火山灰が検出されているが、このほかにも火山灰検出遺跡が多数知られている。火山灰が一次堆積もしくはそれに準じる形で検出されている遺跡としては、地域1の鳥取県門前第2遺跡（辻2004、辻編著2005）、地域2の広島県地宗寺遺跡（三枝編1982）、島根県横道遺跡（河瀬編1983、藤野編2001）、岡山県小林河原遺跡（鎌木・小林1987）、フコウ原遺跡（鎌木・小林1987）、竜頭遺跡（鎌木・小林1987）、笹畝遺跡第1地点（鎌木・小林1987）、同第2地点（鎌木・小林1987）、牧野遺跡第5地点（鎌木・小林1986a、小林1988）、東遺跡（白石・小林2001、新谷2003）、中山西遺跡（下澤1995a）、城山東遺跡（下澤1995b）、下郷原田代遺跡№2地点（下澤1995c）がある。いずれの遺跡でもATが検出されており、小林河原遺跡をはじめとする蒜山高原の遺跡では、ATの上位に大山系火山灰（下のホーキ、オドリ、上のホーキ）が成層状態で堆積しており、層位的編年を容易にしている。地域1の門前第2遺跡、地域2の地宗寺遺跡、小林河原遺跡、中山西遺跡、城山東遺跡、下郷原田代遺跡ではAT直下の層から石器群が検出され、門前第2遺跡ではナイフ形石器を主体とする石器群、そのほかは台形様石器を主体とする石器群が出土している。また、地域2のフコウ原遺跡ではオドリ火山灰上部で

基部を尖らすナイフ形石器などが、竜頭遺跡、笹畝遺跡第1地点、同第2地点ではソフト・ローム層中からナイフ形石器を主体とする石器群が、牧野遺跡第5地点では漸移層～ソフト・ローム層から小型ナイフ形石器を主体とする石器群が、東遺跡では漸移層を中心に細石刃石器群、槍先形尖頭器石器群が出土している。このほか、断面抜取り資料であるが、地域2の広島県樽床遺跡群G地点ではATの上位層である漸移層下部～黄褐色土層から石刃素材の掻器が出土している。

このほかにも、土壌分析による火山ガラスなどの検出によって火山灰降下層準と検出石器群の関連が想定できる遺跡が一定数知られている。列挙すると、地域2の西ガガラ遺跡第1地点（藤野編2004）、下本谷遺跡（櫨井・鍛冶編1983）、地域3の愛媛県東峰遺跡第4地点（竹口・多田編2002）、兵庫県碇岩南山遺跡（芝編1995）、地域6の大阪府八尾南遺跡第3地点（福田編1989）、八尾南遺跡第6地点（山田編1993）、長原遺跡92－62次調査区（絹川1999）、長原遺跡89－37次調査区（趙編1997）、粟生間谷遺跡（新海編2003）、奈良県鶴峯荘遺跡第1地点（佐藤編2004）、法華寺南遺跡（井上2003）、地域7の土生池遺跡（竹内ほか編1985）などがある。いずれの遺跡でもATの降灰層準が想定されており、地域2の西ガガラ遺跡第1地点、下本谷遺跡、地域3の東峰遺跡第4地点、地域6の長原遺跡、法華寺南遺跡ではAT下位に相当する層準から、地域3の碇岩南山遺跡、地域6の八尾南遺跡第6地点、長原遺跡89－37次調査区、粟生間谷遺跡ブロック3・4、鶴峯荘遺跡第1地点、地域7の土生池遺跡などでAT上位に当たる層準から石器群が検出されており、八尾南遺跡第3地点はATと大山系火山灰の間に包含されるとされている。また、上述の碇岩南山遺跡では石器群検出地点の近くで火山灰分析が実施されており、ATとともに三瓶浮布火山灰（U_2）が検出されている。火山灰分析者は石器包含層の上部にU_2を比定している（成瀬・塩見・佐溝・中川1995）が、調査地点の層序と正確に対比することができないため、石器群との関係は現状では確定できない。

5. 中・四国地方、近畿地方における石器群の変遷

ここでは、前節でまとめた層位的事例にもとづきながら型式学的検討や素材生産の様相、石材利用の様相などの検討を勘案して、地域ごとの石器群変遷の様相を概観してみたい。

5.1　地域1：日本海沿岸地域（図3）

本地域では一括資料がきわめて少なく、本来の包含層を示す例もほとんどないことから、周辺地域の様相と対比しながら、型式学的な検討や利用石材などの検討から編年を行わざるをえない状況にある。

第Ⅰ期　島根県古曽志清水遺跡（伊藤・丹羽野2003）、東船遺跡（伊藤・丹羽野2003）、下黒田遺跡（鳥谷1989）など断片的な資料が知られているが、いずれも原位置遊離資料や定型石器を欠く資料など本来の石器群の内容が明らかではない。定型石器は比較的整った形状の台形様石器を主体とし、石核は打面転位が顕著で、寸詰まりのふぞろいな形状の剥片を主として生産している。石材は玉髄、瑪瑙、黒曜石を主としている。第Ⅰb期に属するものが多いと思われる。

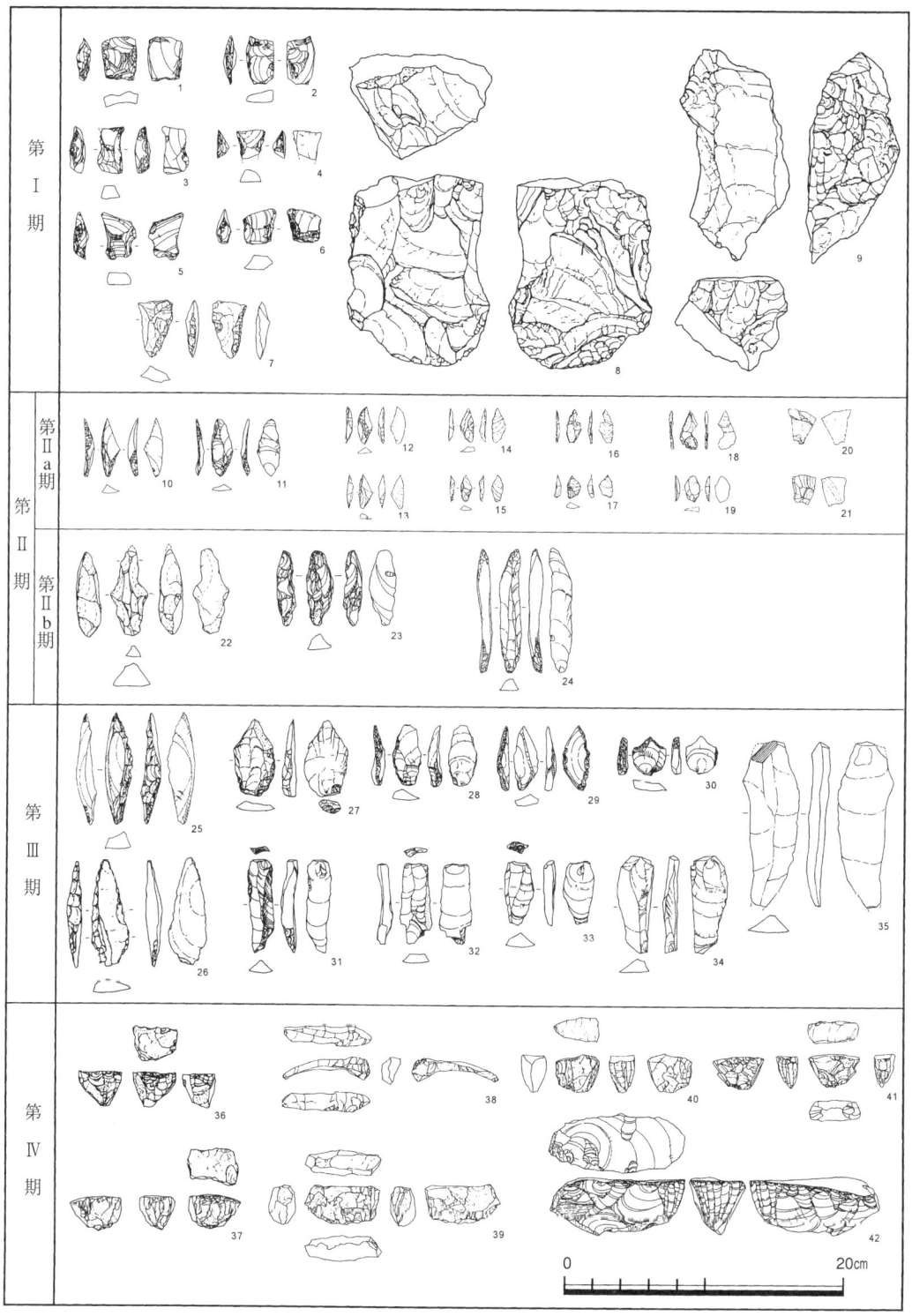

中・四国地方、近畿地方の地域編年　185

1～6：東船遺跡　7～9：古曽志清水遺跡　10・11：西山ノ後遺跡　12～21：門前第2遺跡　22：鳥ヶ崎遺跡　23：押平尾無遺跡　24：原畑遺跡　25：名和小谷遺跡　26：古曽誌平廻田遺跡　27～35：野津三第1遺跡　36：首谷遺跡　37：市場遺跡　38～41：正源寺遺跡　42：上神51号墳

図3　地域1（日本海地域）の石器群（各報告書より）

第Ⅱ期 鳥取県門前第 2 遺跡（辻 2004）、諏訪西山ノ後遺跡（佐伯・高橋 2005）が第Ⅱa期、島根県鳥ヶ崎遺跡（伊藤・丹羽野 2003）、鳥取県押平尾無遺跡（中・四国旧石器文化談話会鳥取実行委員会 2004）が第Ⅱb期に位置づけられる。門前第 2 遺跡は本地域では数少ない一括資料であるが、試掘調査であり詳細は明らかではない。小型の二側縁加工ナイフ形石器を主体とし、利用石材は現状では黒曜石のみである。縦長剥片剥離技術が存在するようである。諏訪西ノ山後遺跡では一括資料ではないが、縦長剥片素材のナイフ形石器 2 点、剥片、石核が出土している。ナイフ形石器はいずれも二側縁加工で、斜め整形を行っている。鳥ヶ崎遺跡では角錐状石器が 1 点採集されている。表面採集資料や原位置遊離資料のナイフ形石器のうち、この時期に属するものがある可能性はあるが、明確にできない。地域 2 の様相からすると、大山以東では第Ⅱb期では基部を尖らせるナイフ形石器を主体とする石器群が分布していた可能性がある。また、鳥取県原畑遺跡（稲田 1990）出土のナイフ形石器は杉久保型類似の形態であり、この時期に位置づけられるものかもしれない。

第Ⅲ期 島根県カンボウ遺跡（伊藤・丹羽野 2003）、古曽志平廻田遺跡（伊藤・丹羽野 2003）、野津三第 1 遺跡（稲田・日野 1993）などがあるが、いずれも原位置遊離資料もしくは表面採集資料である。しかし、野津三第 1 遺跡は表面資料であるため、石器の組合わせは不明であるものの、採集地は弥山軽石以下、上のホーキ、オドリ火砕流が厚く堆積していることから、採集資料は弥山軽石より上層の堆積物中に包含されていたと想定される。原畑遺跡では石刃素材の基部加工ナイフ形石器が採集され、カンボウ遺跡や古曽志平廻田遺跡では翼状剥片もしくは横長剥片素材の安山岩・黒曜石ナイフ形石器が出土している。野津三第 1 遺跡では、縦長剥片素材の基部加工を主体とするナイフ形石器や横長剥片素材のナイフ形石器が採集されている。前者はやや寸詰まりの形態である。石材は、黒曜石、安山岩を主体としている。地域 2 東部（蒜山・恩原高原など）の様相を参考にすれば、横長剥片素材のナイフ形石器が本格的に出現するのは第Ⅲ期であり、本地域も同様の傾向を示すものと思われる。また、原畑遺跡のナイフ形石器と野津三第 1 遺跡のナイフ形石器では時期差が存在する可能性がある。

第Ⅳ期 島根県杉谷遺跡（丹羽野 2004）、正源寺原遺跡（丹羽野 2004）、市場遺跡（伊藤・丹羽野 2003）、布志名大谷遺跡（伊藤・丹羽野 2003）、鳥取県上神51号墳（中・四国旧石器文化談話会鳥取実行委員会 2004）などがあるが、いずれも原位置遊離資料である。杉谷遺跡など削片系細石核と市場遺跡、上神51号墳など非削片系細石核が認められるが、舟底状の形状を呈するものが多い。削片系細石核は湧別技法にもとづくもので、非削片系細石核の中にも上神51号墳などホロカ型と評価されるものがあり、いわゆる北方系細石刃石器群に位置づけらるものがみられる。一方、非削片系細石核の多くは板状もしくは直方体状の厚手の素材の平坦面を打面として舟底状のブランクに仕上げるものが多く、野岳型に類するものは少ない。細石核の型式相互の年代を検討することは現状ではできない。また、槍先形尖頭器が採集あるいは単独出土しているが、確実に旧石器時代に属する資料を抽出するのは困難な状況である。

5.2 地域 2：中国山地地域（図 4・5）

もっとも豊富な編年資料が蓄積されており、層位的条件も良好である。しかし、第Ⅰ期、第Ⅱa

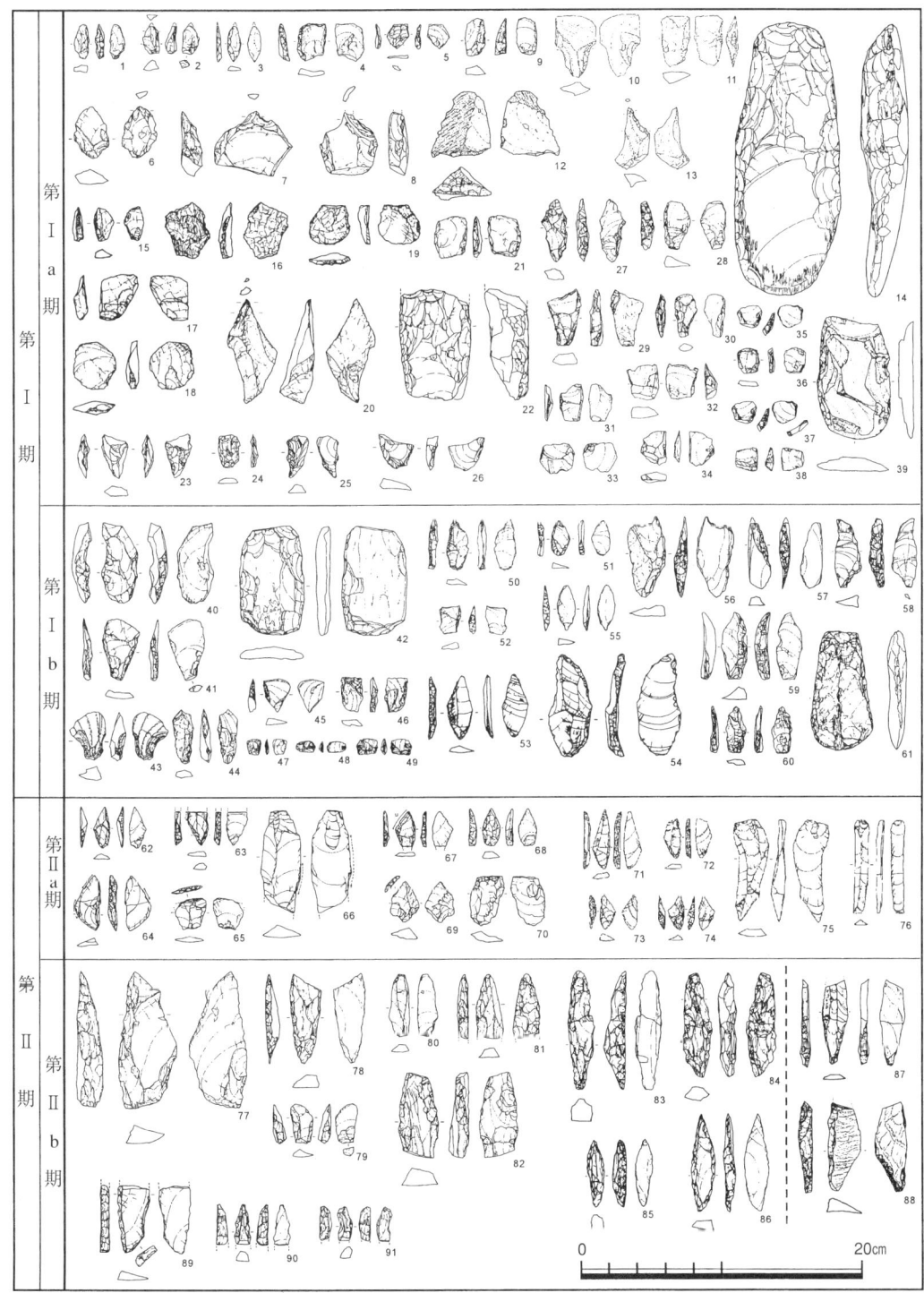

中・四国地方、近畿地方の地域編年　187

1～8・14：鴻の巣遺跡　9～13：冠遺跡D地点第Ⅲ文化層　15～20：地宗寺遺跡　21・22：西ガガラ遺跡第2地点第1・2ブロック　23～26：中山西遺跡　27～39：七日市第Ⅱ文化層B区、C区、G・H区ブロック群　40～42：西ガガラ遺跡第1地点第1・2ブロック　43～49：野原遺跡群早風A地点遺跡Ⅱ期　50～52：七日市第Ⅱ文化層S・T区ブロック群　53・54：戸谷遺跡第5地点X層　55～61：板井寺ヶ谷遺跡下位文化層　62～66：西ガガラ遺跡第1地点第3～5ブロック　67～70：毛割遺跡　71～76：恩原1遺跡　77～82：冠遺跡D地点第Ⅱ文化層　83～88：板井寺ヶ谷遺跡上位文化層　89～91：西ガガラ遺跡第2地点第3ブロック

図4　地域2（中国山地地域）の第Ⅰ期・第Ⅱ期の石器群（各報告書より）

期の資料を層位的に編年できる条件は整っておらず、現状ではAT直下の堆積層から大半の資料が出土している。

先第Ⅰ期 広島県下本谷遺跡西側丘陵、岡山県戸谷遺跡第4地点（鎌木・小林1986b）、同第5地点（鎌木・小林1986b）など、第Ⅰ期以前に位置づけることができる石器群が検出されている。下本谷遺跡では流紋岩を主体とするチョッパーや尖頭状石器などが、戸谷遺跡では石英を利用したチョパー、チョッピング・ツゥールなどが出土しているようであるが、詳細は不明である。

第Ⅰa期 広島県冠遺跡D地点第Ⅲ文化層（妹尾編著1989、藤野1992）、冠遺跡スキー場頂上地点第Ⅴb層（岩井・久下2001）、鴻の巣遺跡（藤野1989・1990）、地宗寺遺跡（三枝編1982）、西ガガラ遺跡第2地点第1a期（藤野編2004）、中山西遺跡（下澤1995a）、七日市遺跡第Ⅱ文化層B区、C区、G・Hブロック群（久保・藤田編1990）などがある。また、溝口遺跡は地域2と地域3の接点付近に当たり、ここに含めておきたい。台形様石器を主体とし、尖頭器様石器、石錐など先端を尖らす器種や石斧が伴う組成であるが、地宗寺遺跡、中山西遺跡など石斧が出土していない遺跡も多い。前半と後半の2時期に細分することが可能である。

第Ⅰb期 広島県西ガガラ遺跡第1地点第1b期（藤野編2004）、岡山県野原遺跡群早風A地点遺跡Ⅰ期（平井編著1979）、同Ⅱ期（平井編著1979）、戸谷遺跡第1地点（鎌木・小林1986b）、同第4・5地点（鎌木・小林1986b）、小林河原遺跡（鎌木・小林1987）、下郷原田代遺跡No2地点（下澤1995c）、兵庫県板井寺ヶ谷遺跡下位文化層（山口編1991）、七日市遺跡第Ⅱ文化層S・Tブロック群（久保・藤田編1990）、同第Ⅲ文化層（久保・藤田編1990）、同第Ⅳ文化層（山本編2004）などがある。西ガガラ遺跡、野原遺跡群早風A地点Ⅱ期、下郷原田代遺跡、小林河原遺跡など台形様石器を主体とする石器群と野原遺跡群早風A地点遺跡Ⅰ期、板井寺ヶ谷遺跡、七日市遺跡第Ⅱ文化層S・T区ブロック群、同第Ⅲ文化層、同第Ⅳ文化層などナイフ形石器を主体とするものがあり、いずれにも多くの場合石斧が伴っている。両者の関係は必ずしも明らかではないが、単純に時間的前後関係として理解できるものではないようである。台形様石器を主体とする石器群は現状では蒜山高原以西に分布しており、ナイフ形石器を主体とする石器群は岡山県以東に分布していることから、一部地域を重複させながらも分布域を異にする様相が認められる。ナイフ形石器を主体とする石器群は素材に縦長志向が認められるものが多いが、野原早風Ⅰ期、板井寺ヶ谷遺跡など打面残置の基部加工ナイフ形石器を主体とし、素材生産では打面転位を行いながら多様な剥片を生産する技術を主とするものと、戸谷遺跡第4・5地点など整った縦長剥片を素材として上下を切断気味に調整して一側縁あるいは二側縁加工のナイフ形石器とし、素材生産では一部に比較的整った縦長剥片を連続的に生産する技術を有するものが認められ、若干の時期差があるのかもしれない。また、この時期は明確な縦長剥片剥離技術（石刃技法）が認められるとともに、横長剥片剥離技術も成立しており、石核素材剥片の組織的な生産も行われている。

第Ⅱa期 山口県毛割遺跡（藤野1983）、広島県西ガガラ遺跡第1地点第2期（藤野編2004）、同第2地点第2期（藤野編2004）、岡山県恩原1遺跡R文化層（稲田編1996）などがある。ナイフ形石器を主体とする石器群で、整った縦長剥片（石刃）を伴うが、ナイフ形石器以外の器種は貧弱である。ナイフ形石器は二側縁加工を主体とする。恩原1遺跡では縦長剥片（石刃）を素材とし、中

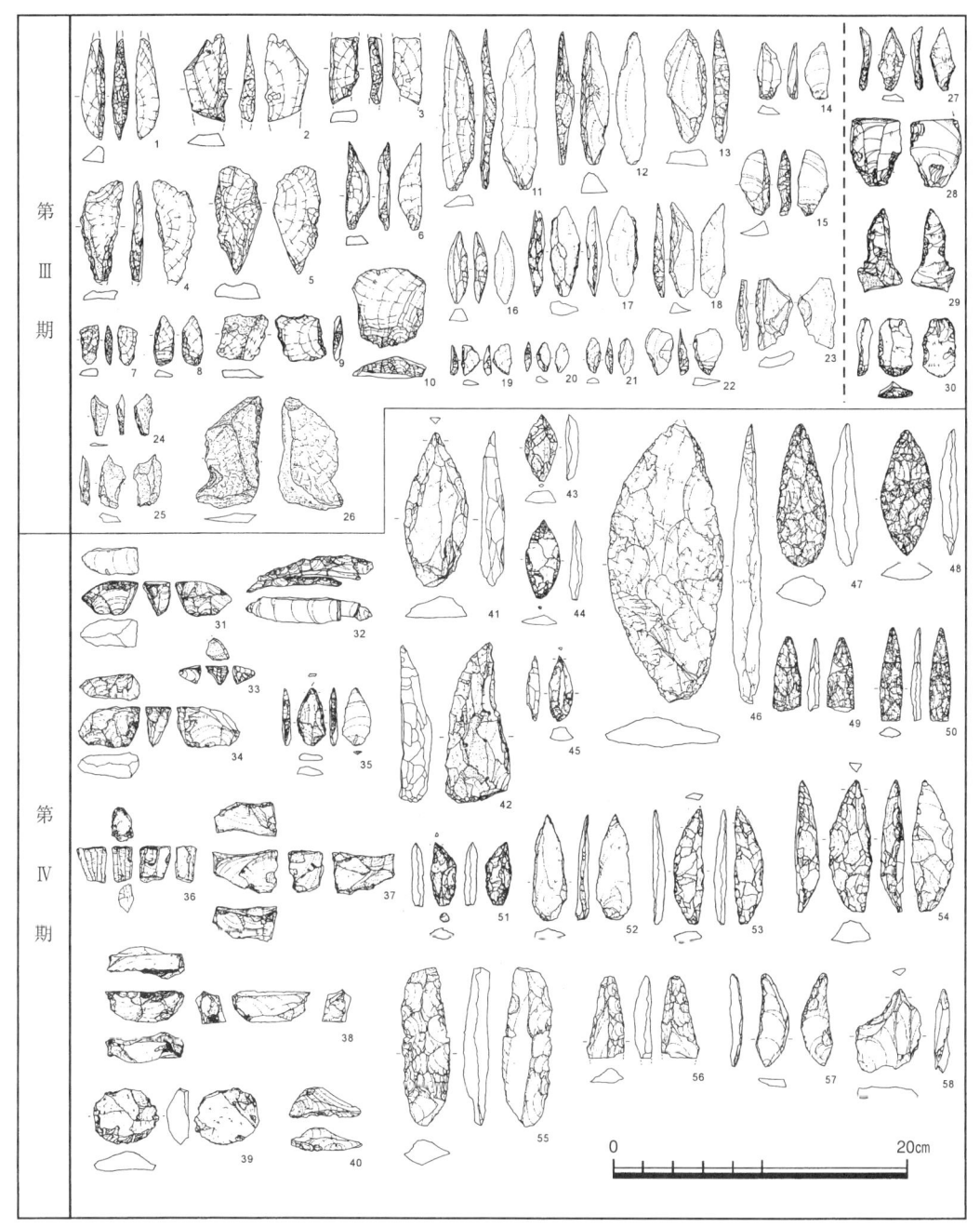

1～10：冠遺跡A地点　11～23：恩原1遺跡・2遺跡S文化層　24～26：牧野遺跡第5地点　27～30：樽床遺跡G地点
31～35：恩原2遺跡M文化層　36～40：東遺跡（細石刃石器群）　41～45・51～54：東遺跡（槍先形尖頭器石器群）
46～50：冠遺跡第10地点　55～58：冠遺跡D地点第Ⅰ文化層

図5　地域2（中国山地地域）の第Ⅲ期・第Ⅳ期の石器群（各報告書より）

型品を主体とするが、西ガガラ遺跡第1地点、同第2地点、毛割遺跡では小型を主体とし、必ずしも縦長剥片を素材としていない。また、冠遺跡スキー場頂上地点第Ⅲa層（岩井・久下 2001）では部分加工のナイフ形石器、両設打面の縦長剥片石核やそれに伴う比較的整った縦長剥片などが出土しており、この時期に位置づけられる可能性がある。

第Ⅱb期 広島県冠遺跡B地点（梅本 1983）、同D地点第Ⅱ文化層（妹尾編著 1989、藤野 1992）、西ガガラ遺跡第 2 地点第 3 期（藤野編 2004）、島根県原田遺跡（伊藤 2005）、板井寺ヶ谷遺跡上位文化層（山口編 1991）などがある。角錐状石器を主体とする石器群であり、2 時期に細分できる。前半は冠遺跡B地点、同D地点、板井寺ヶ谷遺跡、後半は西ガガラ遺跡が該当する。前半期では角錐状石器は中型品を主体とするが、後半では小型品である。また、板井寺ヶ谷遺跡ではナイフ形石器が伴わず、地域 3 の中間西井坪遺跡や地域 6 と共通した様相がうかがえる。また、岡山県フコウ原遺跡（鎌木・小林 1987）、恩原 1 遺跡O文化層（稲田 1996）では基部を尖らす基部加工ナイフ形石器を主体とする石器群が検出されているが、角錐状石器は伴出していない。地域 1 を中心に分布する石器群と思われる。岡山県を中心とする地域 2 東部では角錐状石器を主体とする石器群が検出されておらず、地域 1 と密接な関係を有しているものと想定される。

第Ⅲ期 広島県冠遺跡A地点（梅本 1983）、岡山県笹畝遺跡第 2 地点（白石・小林 1997）、牧野遺跡第 5 地点（鎌木・小林 1986a）、竜頭遺跡（鎌木・小林 1987）、恩原 1 遺跡S文化層（稲田編 1996）、原 2 遺跡S文化層（稲田編 1996）などがある。大きく 2 時期に区分でき、牧野遺跡第 5 地点を除くといずれも前半期である。前半期の石器群は横長剥片を素材とするナイフ形石器を主体としており、安山岩を主要石材とするものが多い。前段階には東部地域ではその存在が明確ではなかった横長剥片剥離技術を基盤とする石器群が広く分布しており、瀬戸内技法も一定の割合で組成している。笹畝遺跡第 2 地点、竜頭遺跡では角錐状石器に類似する石器がわずかに含まれており、角錐状石器あるいはそれに系譜をもつ石器が一部の地域ではこの時期まで残存しているのかもしれない。また、広島県樽床遺跡G地点（樽床遺跡群研究会 1986）では表面採集品ではあるが、縦長剥片素材の基部加工ナイフ形石器、掻器がまとまって採集されており、それらの多くは黒曜石製である。地域 1 と関連をもつ石器群と推定され、前半に位置づけられよう。後半に位置づけられるのは牧野遺跡第 5 地点のみであるが、小型ナイフ形石器を主体とし、横長剥片あるいは幅広剥片を生産している。

第Ⅳ期 広島県冠遺跡第10地点（三枝 1983）、冠遺跡C地点（梅本 1983）、東遺跡（白石・小林 2001、新谷 2003）、恩原 1 遺跡（稲田編 1996）、恩原 2 遺跡（稲田編 1996）などがある。冠遺跡C地点、恩原 1 遺跡、恩原 2 遺跡では細石刃石器群が、冠遺跡第10地点では槍先形尖頭器石器群が、東遺跡では両石器群が主要な分布域を異にして検出されている。両者の時間的関係について検討できる資料はないが、両石器群の主要な分布地域は現状では異なっている。細石刃石器群は削片系細石核と非削片系細石核が認められ、恩原 1 遺跡など削片系細石核は湧別技法にもとづくもので、いわゆる北方系細石刃石器群がほぼ純粋な形で残されている。地域 1 東部を含めた分布圏が想定される。東遺跡、冠遺跡C地点では非削片系細石核が出土している。板状あるいは直方体状の厚手の素材を利用して舟底状のブランクを製作しており、小口部を中心に細石刃の生産を行っている。本地域に広く分布する型式と思われる。

5.3　地域 3：瀬戸内地域（図 6・7）

もっとも古くから研究が行われてきた地域であり、備讃瀬戸を中心に多くの遺跡が知られるが、層位的研究の面ではあまり条件のよい地域ではない。しかし、近年の調査では愛媛県・香川県や兵

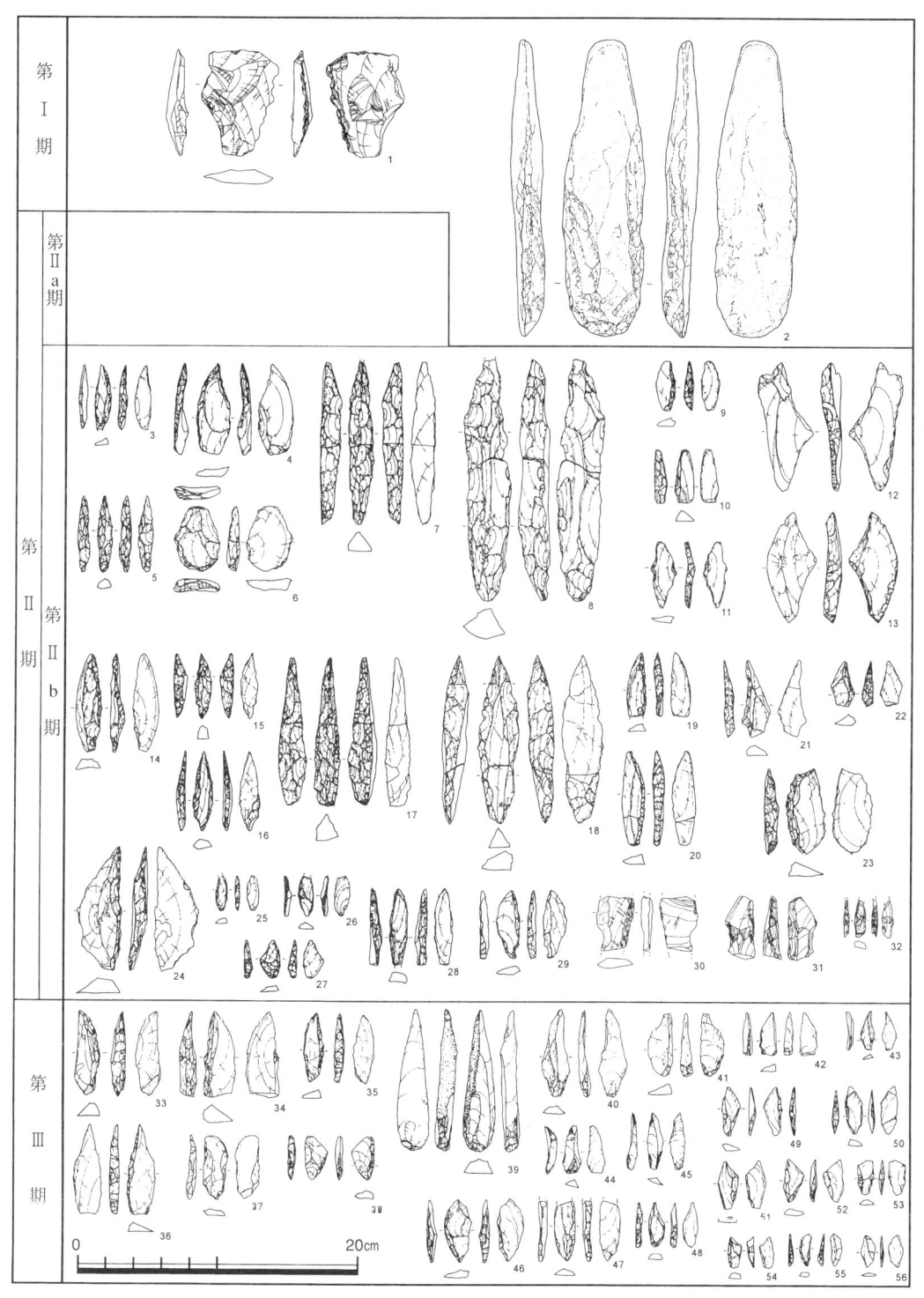

中・四国地方、近畿地方の地域編年　191

1・2：東峰遺跡第4地点　3～8：中間西井坪遺跡3a区エリア1・2　9～13：中間西井坪遺跡3b区
14～18：中間西井坪遺跡3c区　19～23：中間西井坪遺跡3a区エリア3　24～29：中間西井坪遺跡1b区
30～32：宝ヶ口Ⅰ遺跡　33～45：大浦遺跡　46～56：井島遺跡

図6　地域3（瀬戸内海地域）の第Ⅰ期～第Ⅲ期の石器群（各報告書より）

庫県の沿岸部で一括資料や広域火山灰の検出例が散見されるようになり、編年研究にも一定の進展が認められる。

第Ⅰ期 発掘調査資料としては愛媛県東峰遺跡第4地点（竹口・多田編2002）が挙げられるにすぎない。東峰遺跡では台形様石器、局部磨製石斧が出土しているが、ほとんど単独出土に近い状態であり、石器群の全容は不明である。第Ⅰa期に属するものと思われる。

第Ⅱ期 愛媛県宝ヶ口Ⅰ遺跡（多田1994）、香川県中間西井坪遺跡3a区エリア1・2（森下編2001）、同3c区（森下編2001）、同5区（森下編2001）、三条黒島遺跡（森下1997）などがあるが、いずれも第Ⅱb期に位置づけられるもので、第Ⅱa期の資料は現状では明確にできない。中間西井坪遺跡では地区ごとで石器群の様相が異なり、角錐状石器の様相も異なっている。3a区エリア1・2、3c区では角錐状石器を主体としてナイフ形石器をほとんど含まず、前者では大型・中型、後者では中型の角錐状石器を主体に製作している。5区、1b区ではナイフ形石器が主体で、少量の角錐状石器が伴う。角錐状石器は小型・中型で、5・6cm以下の形態が主体である。ナイフ形石器には小型の形態が一定量含まれている。また、3b区および3a区エリア3では角錐状石器を伴わず、瀬戸内技法関連資料が主体を占めている。これら各地区の石器群は出土層準が異なっており、時期差を示す可能性が高いが、出土レベルを単純に時期差に置き換えることができる状況でもない。この中間西井坪遺跡の様相やそのほかの角錐状石器を伴う石器群の様相から第Ⅱb期は大きく2時期に細分することが可能と思われる。前半は中間西井坪遺跡3b区エリア1・2、同3c区、三条黒島遺跡、後半は中間西井坪遺跡5区、同1b区、宝ヶ口Ⅰ遺跡である。前半では中・大型の角錐状石器を主体とし、瀬戸内技法関連資料を伴っている。後半では小型の角錐状石器が主体となり、切出し状や小型のナイフ形石器を一定量伴出する。中間西井坪遺跡3b区、同3a区エリア3は瀬戸内技法関連資料を主体とする石器群であるが、出土層準によって角錐状石器を主体とする、あるいは共伴する石器群を時期差と捉えることはできない。三条黒島遺跡や中間西井坪遺跡3b区エリア1・2、同3c区の様相からみて瀬戸内技法を主体とする石器群が共存する可能性が高く、広い意味で中間西井坪遺跡3b区、同3a区エリア3は同時期に存在するものとみておきたい。第Ⅱb期前半は状況に応じて瀬戸内技法を中心とするナイフ形石器製作と角錐状石器製作のあり方が変化するのであろう。

瀬戸大橋関係の調査では膨大な量の旧石器が検出されたが、基本的に一時期の石器群を抽出できる状況では出土していない。これらの遺跡は五色台をはじめとするサヌカイト原産地から本州側へ移動するルートに当たるとともに、瀬戸内低地の東西へと分岐する分水嶺でもあり、石材が搬出される重要なルートであることから、複数時期にわたって繰り返し居住が行われたと想定される。事実複数時期の遺物が集積的に分布域を形成しているようであり、主として第Ⅱb期～第Ⅳ期にかけて利用されたと思われる。しかし、たとえば香川県花見山遺跡（西村編1989）では角錐状石器の出土量が少なく、小型を主とすること、ナイフ形石器も5cm以下のやや小型の形態が主体であることなどの様相を指摘できるのに対して、香川県与島西方遺跡（大山・藤好編1985）では多量の角錐状石器が出土し各種の大きさを確認できること、ナイフ形石器についても各種の大きさを確認でき、中型を中心とする国府型や各種形態の小型ナイフ形石器などが認められるなど、遺跡によって石器の様相に相違が認められ、主要となる利用時期に多少の相違があった可能性を想定することが

第
Ⅳ
期

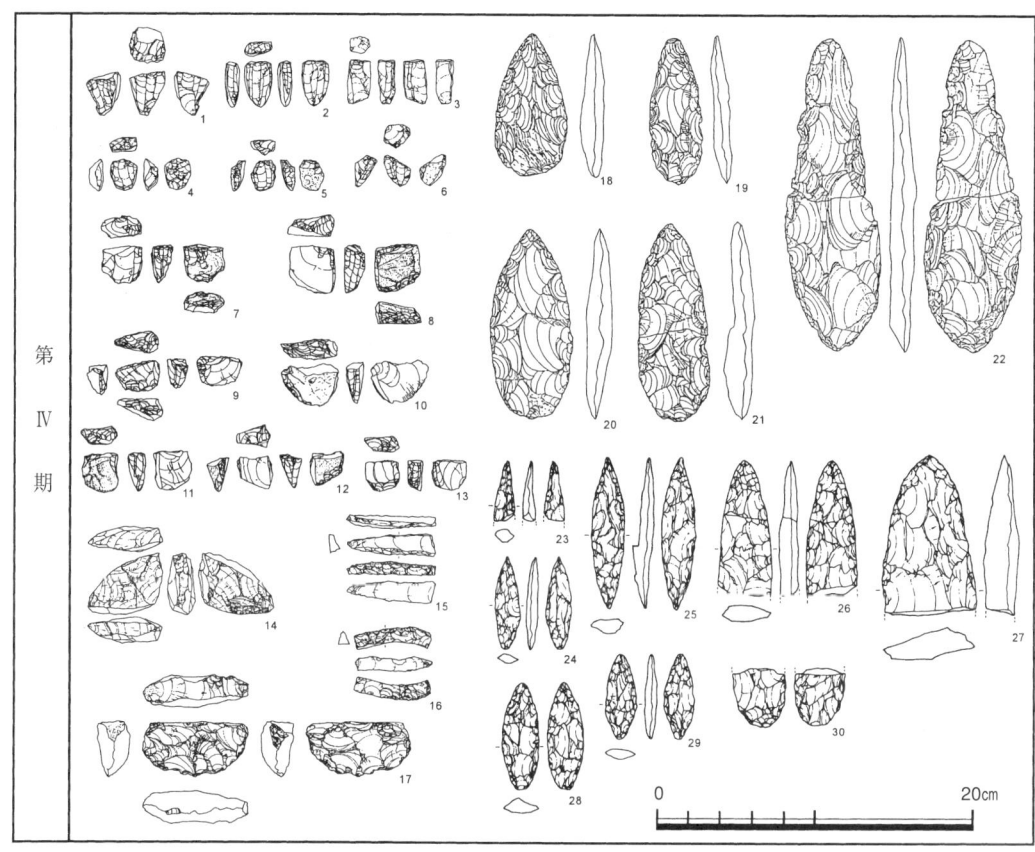

1〜6：南方遺跡　7〜13：花見山遺跡　14〜16：羽佐島遺跡（細石刃石器群）　17：川津遺跡
18〜22：国分台遺跡第7地点　23〜30：羽佐島遺跡（槍先尖頭器石器群）

図7　地域3（瀬戸内海地域）の第Ⅳ期の石器群（各報告書より）

できる。いずれにせよ、全体としてみれば、瀬戸大橋関連遺跡の主要形成期の一つが第Ⅱb期に当たっているとみて大過ないであろう。

　徳島県吉野川上中流域では、北岸を中心としてサヌカイト製の横長剥片を主体とする石器群が多数検出されている。堆積状況が良好な遺跡は少なく、一時期の石器群が検出されている遺跡は多くない。そうした中で、徳島県僧坊遺跡（氏家・栗林2001）および日吉谷遺跡（小泉編1994）は数少ない良好な出土状況を示している。僧坊遺跡ではナイフ形石器（国府型主体）、角錐状石器、削器などが出土したが、日吉谷遺跡では角錐状石器を含まず、ナイフ形石器（国府型主体）を主とする石器群が検出されている。上述の状況からみて第Ⅱb期の中に納まるものであろう。

　第Ⅲ期　香川県井島遺跡（鎌木1957）、兵庫県碇岩南山遺跡（芝編1995）、西脇遺跡（稲原1996）などがある。これらの遺跡では小型の各種形態のナイフ形石器を主体とし、第Ⅲ期後半の様相と考えられる。具体的な石器群として検出されていないが、すでに第Ⅱb期の中でのべたように、瀬戸大橋建設関連遺跡に第Ⅲ期前半を含めた第Ⅲ期に位置づけられる資料が多く含まれているものと思われる。地域2の様相からみて、瀬戸内技法は第Ⅲ期前半までは一定の割合で残存しているものと思われ、国府型ナイフ形石器を含む横長剥片素材のナイフ形石器を主体とする石器群を想定することが可能である。香川県与島西方遺跡（大山・藤好編1985）、大浦遺跡（秋山・藤好・真鍋編1984）

では角錐状石器の出土量が少なく、一定量の国府型ナイフ形石器が出土しているが、横長剥片素材のナイフ形石器は長さ5cm以下の大きさを主体として全般的に小ぶりである。ナイフ形石器関連資料の多くは第Ⅲ期前半および後半に位置づけられる可能性がある。両遺跡では縦長剥片素材のナイフ形石器が一定量出土しており、その中にかなりの割合で黒曜石製が認めれらる。すでに先学の指摘にあるように、第Ⅲ期には地域2に安山岩製横長剥片素材のナイフ形石器石器群が出現する裏返しの現象とみることができ、これら縦長剥片素材の基部加工ナイフ形石器も第Ⅲ期前半を中心に製作されたものと想定される。

第Ⅳ期　この時期の関連資料は多数存在するが、一括資料とみなせるものはいまだに検出されていない。山口県南方遺跡（山口県旧石器文化研究会1987）、川津遺跡（下瀬・藤野1994）、岡山県鷲羽山遺跡（山本1969）、愛媛県金ヶ崎遺跡（十亀1988）、香川県花見山遺跡（西村編1989）、羽佐島遺跡（秋山・渡部・真鍋1984）、国分台遺跡第7地点（竹岡1988）などがあり、細石刃石器群と槍先形尖頭器石器群が認められる。細石核の型式認定は研究者によって多少の相違が認められるが、非削片系細石核を主体として削片系細石核が若干存在する。削片系細石核は羽佐島遺跡、川津遺跡で報告されており、湧別技法に関連する資料と考えられる。非削片系細石核は、山口県西南部では野岳型もしくは類縁関係にある円錐形および稜柱状の細石核（黒曜石を主とし、水晶、頁岩などを利用）が分布するが、花見山遺跡など安山岩製板状素材の小口を利用して細石刃生産を行う型式が広く分布している。横方向からの打面作出と石核下縁部調整を行う細石核は西海技法との関連を想定する意見もあるが、土器との共伴例は現状では確認されていない。また、金ヶ崎遺跡では流紋岩製の舟底状細石核が一定量採集されており、船野型との関連が想定されている。羽佐島遺跡、国分台遺跡では槍先形尖頭器が多数出土しており、細石刃石器群と時間的併行関係、あるいは後出の関係にあるものと想定されるが、細石刃石器群同様、一括資料は基本的に検出されていない。

5.4　地域5：太平洋沿岸地域（図8）

現状で旧石器時代の遺跡として認識されている遺跡は非常に少なく、石器群の変遷や地域的特徴を考察することは容易ではない。

第Ⅰ期　明確にこの時期に位置づけられる資料は知られていない。

第Ⅱ期　高知県奥谷南遺跡Ⅻ層（松村編2001）、高知県和口遺跡（木村2003）を挙げることができる程度である。奥谷南遺跡ではチャート製ナイフ形石器、角錐状石器が出土し、第Ⅱb期に位置づけられる資料が出土している。Ⅻ層出土のナイフ形石器および角錐状石器は多くはなく、上層から出土した当該石器のうち本来同層に起源をもつ資料がどれほどあるのか確定できないが、縦長剥片素材を主体とした基部加工・一側縁加工ナイフ形石器と角錐状石器が共伴する可能性が高い。角錐状石器は長さ5cm以下の比較的小型の形態を主体としている。第Ⅱb期でも新期の様相を示している可能性がある。和口遺跡は複数の地点があり、表面採集資料を中心とする。国府型ナイフ形石器と角錐状石器が第4地点B地区、第5地点A地区などでかなりの点数採集されている。共伴する保証はないが、瀬戸内技法関連資料の濃密な分布域から角錐状石器が採集されており、同一石材を使用していることなどから共存の可能性が高い。

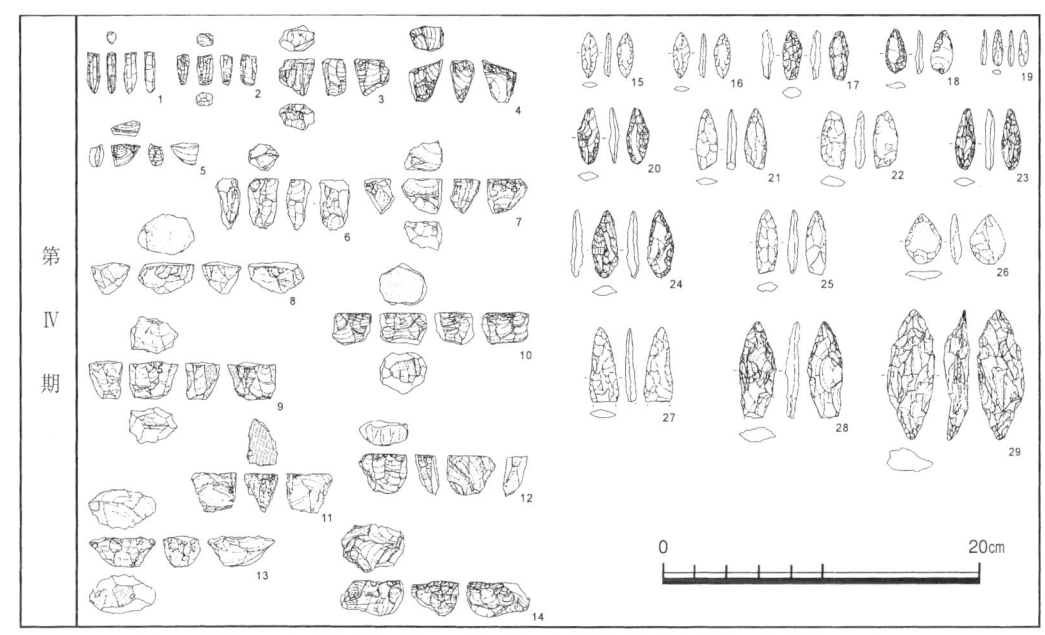

図8　地域5（太平洋沿岸地域）の第Ⅳ期の石器群（奥谷南遺跡、松村編 2001より）

第Ⅲ期　明確にこの時期に位置づけられる資料は明らかではないが、徳島県廿枝遺跡（天羽1975）、高知県奥谷南遺跡Ⅹ層下部（松村編2001）、新改西谷遺跡（中山編著2002）などがこの時期に位置づけられる可能性がある。奥谷南遺跡の組成はさらに検討する必要があるが、奥谷南遺跡を含めてチャート、凝灰岩などの小型ナイフ形石器が主体となっており、縦長剥片や打面転位型石核から生産された幅広剥片を素材としている。

第Ⅳ期　高知県奥谷南遺跡第Ⅷ層（松村編2001ほか）のほか、高知県高間原古墳（森田2004）など若干の単独資料などを挙げることができる程度である。奥谷南遺跡では細石刃石器群と槍先形尖頭器石器群が検出されている。層位的には分離できる状況ではなく、時期差あるいは共存のいずれかを判断するための分析が十分でないため、現状では結論できない。細石核は舟底状を呈するものと角柱状を呈するものがあり、系統を異にする型式が共存していると判断することも可能であるが、細石核の素材生産の様相からみれば大半が素材形状に対応する技術的バリエーションと理解することも可能である。また、これらの細石核はおおむね同一時期の所産とみなすことが可能と思われるが、十分検討できる状況ではない。槍先形尖頭器も同様であるが、小型品を主体としている。

5.5　地域6：近畿地方中央部（図9・10）

地域3とともに中・四国地方、近畿地方ではもっとも古くから研究が行われてきた地域であり、良好な一括資料も多くみられるが、近年まで後期旧石器時代後半に位置づけられる資料が大半であった。大阪平野では研究者の努力によって後期旧石器時代前半期およびそれ以前の資料が少しずつ蓄積されつつあり、奈良盆地でも後期旧石器時代前半期の良好な資料が検出されている。しかし、石器群の層位的編年を行うことが困難な状況に基本的変化はない。

第Ⅰa期　この時期の資料はきわめて少なく、奈良県峯ノ阪遺跡（西藤・宮原・木村1996、光石

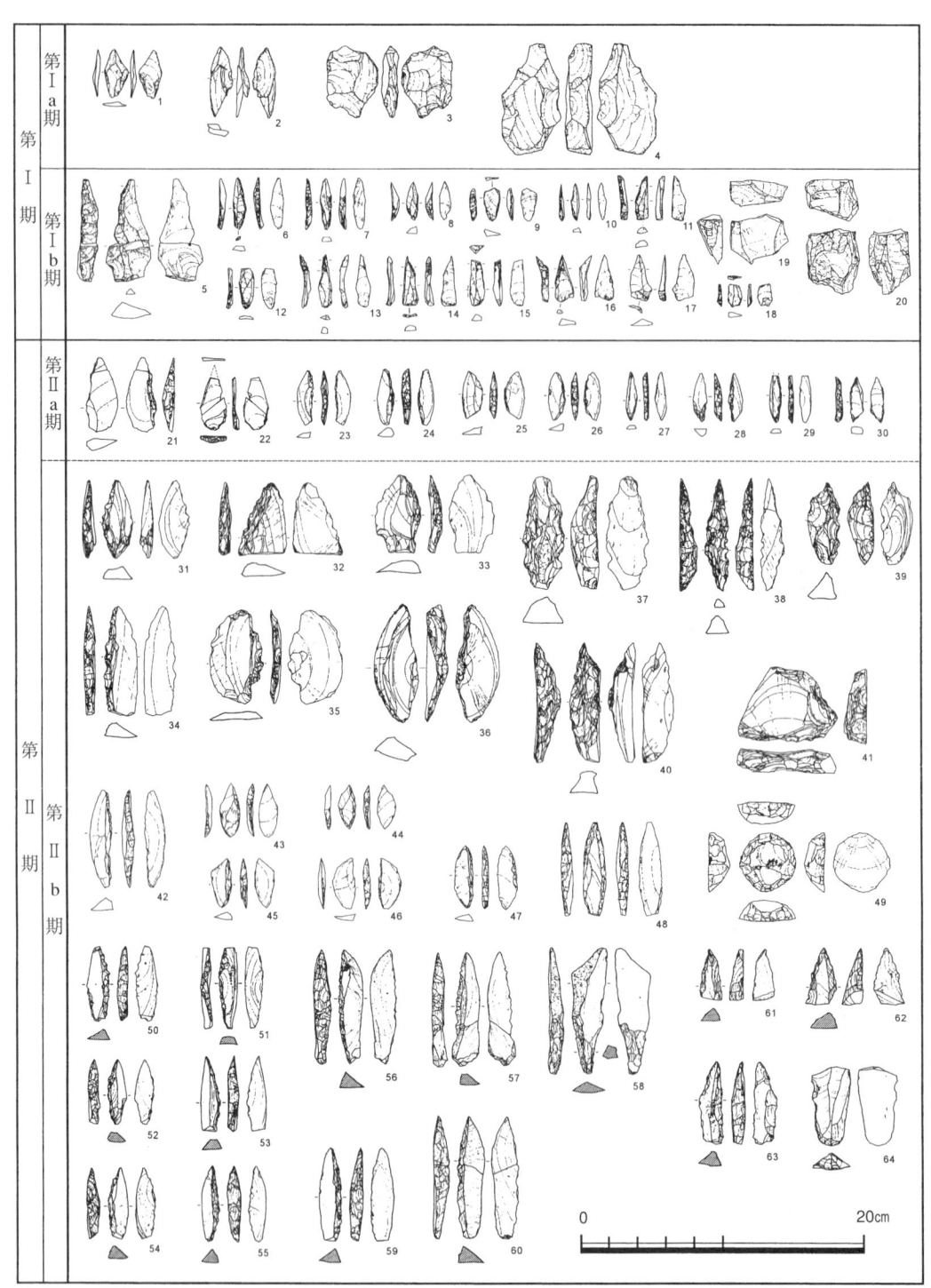

1~4：峯ノ阪遺跡　5~20：法華寺南遺跡　21~30：長野原遺跡89-37次　31~36：国府遺跡第3地点
37~41：国府遺跡第6地点　42~49：粟生間谷遺跡第6ブロック　50~64：郡家今城遺跡

図9　地域6（近畿地方中央部）の第Ⅰ期・第Ⅱ期の石器群（各報告書より）

1999）を挙げることができるのみである。定型石器がほとんどなく、ナイフ形石器（ペン先型）が認められる。石核素材は厚手の盤状剥片であり、表裏での打面転位を中心としながら横長剥片あるいは幅広剥片を生産している。

第Ⅰb期 この時期に位置づけられる資料も少なく、大阪府長原遺跡90－62次調査区（絹川1999）、奈良県法華寺南遺跡（井上編2003）を挙げうるにすぎないが、両石器群はかなり様相を異にしている。長原遺跡はナイフ形石器（ペン先型？）・台形様石器を主体とするもので、剥片素材の石核から生産された横長剥片をナイフ形石器・台形様石器の素材としている。石核素材は組織的に生産されているものと思われる。法華寺南遺跡は縦長剥片素材の小型ナイフ形石器を主体としており、ナイフ形石器以外の器種はほとんどみられない。板状あるいは厚手の直方体状の分割礫を石核素材として、小口部から細身で小型の縦長剥片を生産してナイフ形石器に素材を供給している。第Ⅰ期の地域2に広く分布する小型ナイフ形石器の系譜に連なるものであると同時に、南関東地方・東海地方にも系譜関係をもつ石器群と思われる。

第Ⅱa期 この時期に位置づけられる資料は明確ではない。ナイフ形石器を主体とし、横長剥片剥離技術を基盤とする石器群が広く分布している可能性を想定できるが、具体的な資料を提示できる状況にはない。第Ⅰb期の様相からみて一定量の小型ナイフ形石器が組成する石器群を充てることも可能である。また、第Ⅰb期にはすでに山口卓也が一部指摘しているように、打面調整、石核素材である板状（盤状）の組織的生産、素材剥片の底面への設定など瀬戸内技法の要素が出揃っているとみることが可能であり、この時期は瀬戸内技法、国府型ナイフ形石器が成立している蓋然性が高いことから、一定量の国府型ナイフ形石器を組成する可能性がある。こうした視点からすれば、森先一貴がAT前後で国府石器群成立直前の時期に想定する（森先2005）長原遺跡89－37次や八尾南遺跡第6地点などの小型ナイフ形石器と瀬戸内技法が共伴する石器群が第Ⅱa期位置づけられる可能性は高い。長原遺跡89－37次（絹川編2000）では中・大型の国府型ナイフ形石器とともに小型品が一定量存在し、縦長剥片素材のナイフ形石器も一定量伴っている。縦長剥片がかなり生産されており、厚手の剥片あるいは扁平な礫などを素材として小口から細身の縦長剥片を生産しており、ナイフ形石器の形態や素材生産の様相は第Ⅰb期の石器群に通じる様相をうかがうことができる。しかし、八尾南遺跡第6地点（山田編1993）については、角錐状石器と関連をもつ小型の周辺加工石器が存在すること、縦長剥片剥離技術があまり明確でないこと、縦長剥片が生産された可能性のある打面転位石核は円礫を素材とし、頻繁な打面転位を行っていることなどから、ここでは第Ⅲ期に位置づけたい。

第Ⅱb期 角錐状石器を指標としてみると、組成に含まれる石器群は、大阪府郡家川西遺跡（森田1980）、国府遺跡第6地点（石神1990）、楠葉東遺跡（久保1994b）、粟生間谷遺跡第6ブロック（新海編2003）など、本地域ではきわめて数が少ない。また、角錐状石器が一定量出土する郡家川西遺跡、国府遺跡第6地点ではその他の器種がほとんどなく、基本的にナイフ形石器も伴っていない。一方、楠葉東遺跡、粟生間谷遺跡では角錐状石器を伴うが、石器群の主体は横長剥片素材のナイフ形石器である。こうした角錐状石器を伴う石器群がきわめて少ない様相は、地域3の第Ⅱb期とは異なる状況を想定する必要がある。地域3でも述べたように、角錐状石器を主体とする石器群

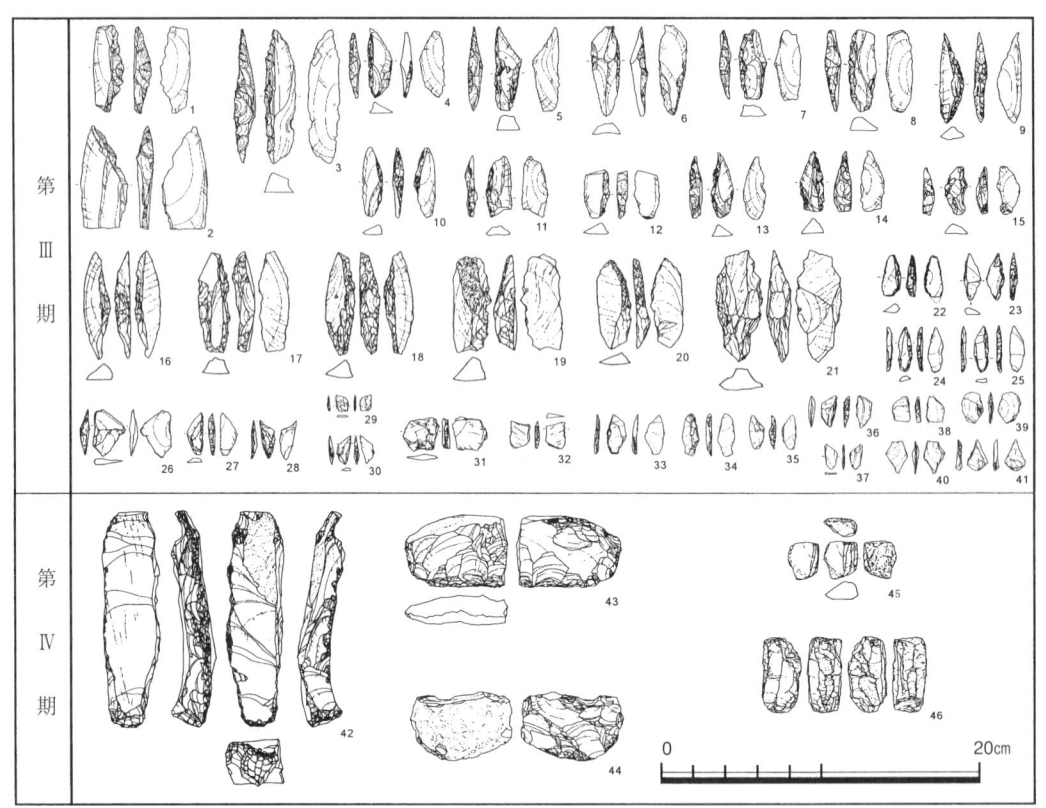

1～15：八尾南遺跡第3地点　16～21：津之江南遺跡C地点　22～25：八尾南遺跡第2地点　26～41：粟生間谷遺跡第1ブロック　42～44：誉田白鳥遺跡　45：讃良川河床　46：桜ヶ丘遺跡

図10　地域6（近畿地方中央部）の第Ⅲ期・第Ⅳ期の石器群（16～21・45は松藤1978、46は松藤1992、その他は各報告書より）

と瀬戸内技法関連資料を主体とする石器群（国府石器群）は時間的共存関係にあると想定されることから、本地域では大阪府国府遺跡第3地点（石神1990）、翠鳥園遺跡上層（高野・高橋編2001）、郡家今城遺跡（冨成・大船編著1978）、奈良県桜ヶ丘遺跡第1点遺跡（堀田・松藤ほか編1979、松藤・佐藤編1983）、奈良県鶴峯荘遺跡第1地点（佐藤編2004）などがこの時期に位置づけられるものと思われる。角錐状石器を含めた石器群の様相からすれば、2時期に区分できる可能性がある。

ところで、郡家今城遺跡は国府石器群の後半段階に当たり、瀬戸内技法の異所展開と原産地開発が結びつき、整った国府型ナイフ形石器が遠隔地へ伴出された時期と想定されている。第Ⅱb期以降、中・四国地方では大規模原産地である黒曜石・安山岩へと利用石材が次第に収斂していく傾向が認められ、ナイフ形石器文化期では第Ⅲ期にもっともその傾向が顕著となっている。こうした石材をめぐる動向は第Ⅱb期以降列島的規模でうかがうことができる。これに関して、近畿地方中央部においても二上山原産地開発の盛行期が問題となろう。二上山北麓地域では瀬戸内技法関連資料の出現率がきわめて高く、原産地の長期利用を想定するにせよ、国府石器群の盛行期と連動した石材の集中的利用が想定される。中・四国地方の様相と連動した石材開発の動きがあるとするならば、国府石器群の盛行期が第Ⅲ期までずれ込む可能性も想定しておく必要があろう。

第Ⅲ期　大阪府八尾南遺跡第3地点（福田編1989）、同第2地点（原田・長屋・三原・松藤1989）、

同第6地点（山田編1993）、津之江南遺跡（大船・冨成1976）、粟生間谷遺跡第1ブロック（新海編2003）などの石器群が含まれる。石器群の様相から2時期に区分できる。前半期は八尾南遺跡第3地点、津之江南遺跡など瀬戸内技法を一定の割合で含みながらも、その他の横長剥片を素材とするナイフ形石器が主体となる石器群で、ナイフ形石器以外の器種はほとんど認められない。後半は八尾南第2地点、粟生間谷遺跡第1ブロックなどで、小型のナイフ形石器を主体とする石器群である。八尾南遺跡第6地点は評価が難しい遺跡で、ナイフ形石器は小型品を主体とするが、極小の周辺加工尖頭器が共伴しており、角錐状石器との関連を重視すれば、この時期の前半に置くことができるかもしれない。

　第Ⅳ期　この時期のまとまった資料はいまだ検出されておらず、断片的な資料がいくつか知られているにすぎない。大阪府誉田白鳥遺跡（一ノ瀬1990）、讃良川河床（松藤1978）、奈良県桜ヶ丘遺跡（松藤1992）などがあり、大半が細石核あるいは細石核関連品である。細石核は湧別技法に関連する可能性がある削片系と地域3と関連をもつ非削片系が認められる。槍先形尖頭器については、明確にこの時期に位置づけられる資料は認められない。

5.6　地域7：紀伊半島

　紀ノ川（中）下流域を中心に、有田川下流域、日高川流域に遺跡の分布が集中しており、紀北地域の様相がある程度判明しているにすぎない。これらの大半は表面採集資料で、発掘調査による一括資料はわずかである。紀ノ川沿岸については大阪平野から連続する低地部とは和泉山地によって大きく隔てられており、地形単位として明確に区分できるが、奈良盆地南端部からのアクセスは比較的容易である。有田川付近までの資料は地域3（瀬戸内海地域）、地域6（近畿地方中央部）と共通した石器群が主体であり、今後の資料が増加すれば、複数の地域に区分する必要が生じるかもしれない。

　第Ⅰ期　和歌山県松瀬遺跡（巽・柳田1978）、古垣内（高津尾）遺跡（巽・柳田1978）がある。珪質頁岩（グレー・チャート）を使用し、定型石器はスクレーパー類などが出土しているのみで、打面転位を行いながら大型厚手の剥片を生産している。石器群の内容は十分明らかではないが、第Ⅰa期に位置づけておきたい（それ以前に位置づけられる可能性もある）。

　第Ⅱ期　まとまった資料は検出されておらず、和歌山県山東大池遺跡（中原1975）で角錐状石器が1点採集されていることから第Ⅱb期の石器群の存在が想定される程度である。

　第Ⅲ期　和歌山県土生池遺跡（竹内ほか編1985）、藤並遺跡（藤井・上田1985）などがある。土生池遺跡ではサヌカイトを主として利用し、国府型を含む横長剥片素材のナイフ形石器が主体である。藤並遺跡ではサヌカイト製横長剥片素材のナイフ形石器と頁岩製縦長剥片素材のナイフ形石器が一定量出土しており、様相の違いを示している。これらの遺跡のさらに南に位置する日高川流域では、壁川崎遺跡をはじめとして、表面採集資料ではあるが頁岩製縦長剥片素材のナイフ形石器が採集されている。様相は断片的で編年的位置づけも困難であるが、第Ⅱ期を含めて有田川を境に南側の地域は北側とは異なる様相を示す可能性が高く、地域5や東海地方の集団と密接な関連を有するものと思われ、それらの地域との関連させながら石器群の変遷をたどることが可能であると想定

第Ⅳ期 一括資料は検出されていないが、和歌山県壁川崎遺跡で一定量の細石器刃、細石核が採集されている。細石核は非削片系で、舟底形のブランクを呈である。東海地方や地域5とも関連をもつものと思われる。

6. まとめにかえて

中・四国地方、近畿地方の編年について、7地域に区分し概観した。現状では資料の蓄積が十分ではない地域もあり、石器群の位置づけや変遷について不明瞭な部分も多々あるが、石器群の様相を通じてみると、時期ごとに地域的なまとまりが変化している様子を大まかにつかむことができる。第Ⅰa期の様相は地域2を除くとほとんど不明であるが、第Ⅰb期には中国山地中央部付近を境に東西で様相が異なっている可能性が指摘できる。これは、列島規模での東西方向の集団関係を反映しているものと思われる。第Ⅱ期になると、東西とともに南北の様相の違いが明らかになりはじめる。第Ⅱa期はなお東西方向の動きが強いようであるが、具体的資料を提示できないものの、第Ⅰb期の様相から地域3、地域6では横長剥片剥離技術を基盤とした石器群が広く分布していると想定され、地域3、地域6という当該地方の中央部とその南北で大きく様相の異なる石器群が分布していた可能性が強い。第Ⅱb期は基本的にこの様相を引き継いでいるが、角錐状石器製作の様相は地域ごとで異なる。地域3は角錐状石器がもっと発達する地域で、地域2西部も地域3の様相に近い。地域5、地域6、地域7も角錐状石器を伴う石器群の分布する地域であり、地域6、地域7はあまりその存在が顕著ではない。地域6では角錐状石器を主体とする石器群も分布し、当該地域中央部を貫く地域が角錐状石器分布の核地域とみることができるが、地域3に比べるとその発達の様相は格段に弱い。また、地域1および地域2東部は角錐状石器の未発達あるいは拒否地域としてまとめることができる。第Ⅲ期には、第Ⅱ期の大枠を維持しながらさらに地域的様相が分化する一方で、地域3東部と地域2東部の関連が顕在化するなど南北の動きも認めることができる。中・四国地方は中国山地、四国山地という東西方向の大きな地理的障壁があり、東西に長い地形単位を形成している。東西に移動する際の一種の回廊の役割を果たしているものとみられ、人間集団の遊動にも大きな影響を及ぼしているものと想定される。また、これに安山岩・黒曜石という大規模原産地を有する石材環境や南北方向に流下する河川が関与して石器群の様相に変化を与えているのであろう。中・四国地方、近畿地方は、東に東海地方、中部山岳地帯、北陸地方、西に九州地方と接し、巨視的にみれば、中・四国地方の回廊状地形を通じて東西をつなぐ地域とみることが許されよう。

最後に、2、3の課題について述べ、まとめとしたい。

第Ⅰ期の資料は地域2（中国山地地域）を除くと、資料蓄積が不十分である。列島的に共通した石器が分布する時期ではあるが、石器群の内容は当該地方の小地域間でかならずしも同じではない。相互の時間的関係を検討することは困難で、大きくまとめざるをえないのが現状である。ここでは第Ⅰ期を2小期に細分したが、第Ⅰa期、第Ⅰb期をさらに細分することが可能であると思われる。今後の課題としたい。

第Ⅱa期についても地域1（日本海沿岸地域）、地域2を除くと該当資料を欠いている。時期区分の指標を整った縦長剥片の生産と縦長剥片素材を中心とする二側縁加工ナイフ形石器に置いているため、これらの石器群が分布しない地域については資料を抽出できていない可能性がある。とくに地域3（瀬戸内海地方）、地域6（近畿地方中央部）については横長剥片剥離技術を基盤とする石器群が成立していると想定されるところから、第Ⅰb期あるいは第Ⅱb期に含めた石器群の中にこの時期に属するものがあるかもしれない。

　第Ⅱb期、第Ⅲ期については、多くの資料が存在するが、地域2のうち岡山県北部を除くと、相変わらず層位的な編年は困難である。近年の火山灰分析などの地質学的な分析から、大まかな時期判定が可能になってきてはいるが、多様な分析が必要であろう。とくに、国府石器群の盛行期については、単純に石器型式学的な編年観のみならず、列島的な石材原産地の利用動向や石器群の構造、石器の機能などの問題とも連動させながら、その所属時期について今後さらに検討したい。

　なお、本稿を作成するに当たって、二上山博物館佐藤良二氏、橿原考古学研究所光石鳴巳氏、関西大学山口卓也氏から出土資料や文献に関して教示を受けた。また、米子市教育文化事業団佐伯純也氏には報告書刊行前の資料の掲載について快諾していただいた。なお、これに関連して、米子市西山ノ後遺跡出土資料（図4-10・11）については佐伯・高橋（2005）から転載した。

参考文献

秋山忠・藤好史郎・真鍋昌宏編　1984　『瀬戸大橋建設に伴う埋蔵文化財発掘調査報告書Ⅱ　大浦遺跡』本州四国連絡橋公団・香川県教育委員会。

秋山忠・渡部明夫・真鍋昌宏編　1984　『瀬戸大橋建設に伴う埋蔵文化財発掘調査報告Ⅰ　羽佐島遺跡(Ⅰ)』香川県教育委員会。

天羽利夫　1975　「徳島県の遺跡」『日本の旧石器文化　3　遺跡と遺物〈下〉』105～128頁、雄山閣出版。

石神怡　1990　「国府遺跡第3地点」『南河内における遺跡の調査Ⅰ　旧石器時代基礎資料編Ⅰ』大阪府文化財調査報告書第38輯、23～33頁、図版編2～15頁、㈶大阪文化財センター。

石神怡　1990　「国府遺跡第6地点」『南河内における遺跡の調査Ⅰ　旧石器時代基礎資料編Ⅰ』大阪府文化財調査報告書第38輯、33～40頁、図版編16～17頁、㈶大阪文化財センター。

一ノ瀬和夫　1990　「南河内域の旧石器出土調査地点」『南河内における遺跡の調査Ⅰ　旧石器時代基礎資料編Ⅰ』大阪府文化財調査報告書第38輯、7～22頁、図版編「誉田白鳥遺跡」73～74頁、㈶大阪文化財センター。

一ノ瀬和夫・水野昌光　1990　「はさみ山遺跡85－7区」『南河内における遺跡の調査Ⅰ　旧石器時代基礎資料編Ⅰ』大阪府文化財調査報告書第38輯、49～64頁、図版編41～51頁、㈶大阪文化財センター。

伊藤徳広　2005　「奥出雲町原田遺跡の発掘調査」『島根県における旧石器文化の様相　第22回中・四国旧石器文化談話会発表要旨・資料集』7～13頁、中・四国旧石器文化談話会。

伊藤徳広・丹羽野裕　2003　「島根県出土の旧石器時代の石器について」『古代文化研究』第11号、1～30頁、島根県古代文化センター。

稲田孝司　1986　「中国地方旧石器文化の諸問題」『岡山大学文学部紀要』第7号、75～94頁。

稲田孝司　1990　「日本海南西沿岸地域の旧石器文化」『第四紀研究』第29巻第3号、245～255頁。

稲田孝司　1996　「恩原2遺跡発掘調査成果の総括―恩原に居住した旧石器時代の回帰集団と植民集団」『恩原2遺跡』182～231頁、恩原遺跡発掘調査団。

稲田孝司編　1996　『恩原2遺跡』恩原遺跡発掘調査団。

稲田孝司・日野琢郎　1993　「鳥取県関金町野津三第1遺跡の石器群」『岡山大学文学部紀要』第19号、85〜96頁。

稲原昭嘉　1996　「明石市西脇遺跡出土の石器群について」『旧石器考古学』52、37〜48頁、旧石器文化談話会。

井上和人編　2003　『平城京左京二条二坊十四坪発掘調査報告 旧石器時代編〔法華寺南遺跡〕』奈良文化財研究所学報第67冊、㈱文化財研究所奈良文化財研究所。

岩井重道・久下実　2001　「発掘調査の概要」『冠遺跡群Ⅷ―冠遺跡群発掘調査事業最終報告―』13〜75頁、広島県教育委員会・㈶広島県埋蔵文化財調査センター。

氏家敏之・栗林誠治　2001　「僧坊遺跡」『四国縦貫自動車道建設に伴う埋蔵文化財発掘調査報告17 薬師遺跡・僧坊遺跡』徳島県埋蔵文化財センター調査報告書第34集、249〜357頁、徳島県教育委員会・㈶徳島県埋蔵文化財センター・日本道路公団。

梅本健治　1983　「冠遺跡、1980年度の調査」『中国縦貫自動車道建設に伴う埋蔵文化財発掘調査報告(4)』177〜347頁、広島県教育委員会。

大船孝弘・冨成哲也編著　1976　『津之江南遺跡発掘調査報告』高槻市教育委員会。

大山真充・藤好史郎編　1985　『瀬戸大橋建設に伴う埋蔵文化財発掘調査報告Ⅳ 与島西方遺跡』本州四国連絡橋公団・香川県教育委員会。

鎌木義昌　1957　「香川県井島遺跡―瀬戸内における細石器文化―」『石器時代』第4号、1〜11頁。

鎌木義昌・小林博昭　1985　「北京原人と同時代の原人がすんでいた!? 岡山・蒜山原の発掘調査レポート」『ゼピロス』No4、58〜62頁、山陽新聞。

鎌木義昌・小林博昭　1986a「岡山県牧野遺跡第5地点」『日本考古学年報』37、332〜336頁、日本考古学協会。

鎌木義昌・小林博昭　1986b「戸谷遺跡」『岡山県史』考古資料編、8〜14頁、岡山県。

鎌木義昌・小林博昭　1987　「岡山県北部の火山灰と石器群」『日本考古学協会1987年度大会研究発表要旨』19〜25頁、日本考古学協会。

鎌木義昌・高橋護　1965　「瀬戸内海地方の先土器時代」『日本の考古学Ⅰ 先土器時代』284〜302頁、河出書房新社。

河瀬正利編　1983　『横道遺跡―詳細分布調査報告―』島根県邑智郡瑞穂町教育委員会。

絹川一徳　1999　「大阪市長原遺跡14層出土石器群について」『「樋石島技法」の再検討』29〜38頁、近畿旧石器交流会。

絹川一徳編　2000　『大阪市平野区長原遺跡東部地区発掘調査報告Ⅲ 1997年度大阪市長吉東部地区土地区画整理事業に伴う発掘調査報告書』㈶大阪市文化財協会。

木村剛朗　2003　『南四国の後期旧石器文化研究』幡多埋文研。

久保弘幸　1989　「大阪湾岸地域における小型ナイフ形石器とその編年について」『旧石器考古学』38、83〜92頁。

久保弘幸　1994a「瀬戸内技法を伴う石器群の変遷」『瀬戸内技法とその時代』資料編、111〜123頁、中・四国旧石器文化談話会。

久保弘幸　1994b「楠葉東遺跡」『瀬戸内技法とその時代』資料編、84〜85頁、中・四国旧石器文化談話会。

久保弘幸・藤田淳編　1990　『七日市遺跡（Ⅰ）（旧石器時代の調査）―近畿自動車道舞鶴線関係埋蔵文化財報告書（XII-1）―』兵庫県教育委員会。

小泉信司編　1994　『四国縦貫自動車道建設に伴う埋蔵文化財発掘調査報告5 日吉谷遺跡』徳島県埋蔵文化財センター調査報告書第5集、㈶徳島県埋蔵文化財センター。

小林博昭　1988　「岡山県中国山地ソフトローム期における剥片剥離技術の一側面」『鎌木義昌先生古希記念論

文集』31〜69頁、鎌木義昌先生古希記念論文刊行会。

西藤清秀・宮原晋一・木村充保　1996　『三郷町峯ノ阪遺跡発掘調査概報』奈良県立橿原考古学研究所（『奈良県遺跡調査概報（第一分冊）』所収）。

佐伯純也・高橋彰司　2005　「諏訪西山ノ後遺跡」『第22回中・四国旧石器文化談話会発表要旨・資料集』中・四国旧石器文化談話会、1〜6頁。

三枝健二　1983　「冠遺跡、1979年度の調査」『中国縦貫自動車道建設に伴う埋蔵文化財発掘調査報告書(4)』135〜176頁、広島県教育委員会。

三枝健二編　1982　『地宗寺遺跡発掘調査報告―国道261号線道路改良工事に伴う埋蔵文化財の発掘調査―』広島県教育委員会・㈶広島県埋蔵文化財調査センター。

佐藤良二　1989　「近畿地方におけるナイフ形石器群の変遷」『旧石器考古学』38、121〜132頁。

佐藤良二編　2004　『鶴峯荘第1地点遺跡―二上山北麓におけるサヌカイト採掘址の調査―』香芝市教育委員会。

芝香寿人編　1995　『碇岩南山遺跡Ⅰ―御津北地区県営圃場整備事業に伴う埋蔵文化財発掘調査報告―』御津町埋蔵文化財報告書1、兵庫県御津町教育委員会。

下澤公明　1995a　「中山西遺跡の調査」『中国横断自動車道建設に伴う発掘調査2』岡山県埋蔵文化財調査報告93、12〜34頁、岡山県古代吉備文化財センター。

下澤公明　1995b　「城山東遺跡の調査」『中国横断自動車道建設に伴う発掘調査2』岡山県埋蔵文化財調査報告93、35〜79頁、岡山県古代吉備文化財センター。

下澤公明　1995c　「下郷原田代遺跡の調査」『中国横断自動車道建設に伴う発掘調査2』岡山県埋蔵文化財調査報告93、114〜149頁、岡山県古代吉備文化財センター。

下瀬洋一・藤野次史　1994　「山口県宇部市川津遺跡採集の細石核」『旧石器考古学』48、75〜82頁。

白石純・小林博昭　2001　「蒜山原東遺跡の発掘調査」『岡山理科大学自然科学研究所研究報告』第27号、125〜154頁。

新海正博編　2003　『箕面市粟生間東所在粟生間谷遺跡　旧石器・縄文時代編―国際文化公園都市特定土地区画整理事業に伴う旧石器・縄紋時代遺跡の調査―』㈶大阪文化財センター報告書第84集、㈶大阪府文化財センター。

妹尾周三編著　1989　『冠遺跡群　D地点の調査』㈶広島県埋蔵文化財調査センター。

十亀幸雄　1988　「芸予諸島の先土器時代資料」『遺跡』第31号、14〜33頁。

高野学・高橋章司編　2001　『翠鳥園遺跡発掘調査報告書―旧石器編―』羽曳野市埋蔵文化財調査報告書44、羽曳野市教育委員会。

竹内雅人ほか編　1985　『土生池遺跡第二次発掘調査概報　町道新設にともなう緊急発掘調査』古備町教育委員会。

竹岡俊樹　1988　「旧石器時代」『香川県史　第1巻通史編　原始・古代』72〜225頁、香川県。

竹口加枝美・多田仁編　2002　『東峰遺跡第2・4地点、高見Ⅰ遺跡―四国縦貫自動車道建設に伴う埋蔵文化財発掘調査報告書ⅩⅧ―双海町編』埋蔵文化財調査報告書第98集、㈶愛媛県埋蔵文化財調査センター。

多田仁　1994　「宝ヶ山Ⅰ遺跡」『四国縦貫自動車道埋蔵文化財調査報告書Ⅷ』47〜130頁、㈶愛媛県埋蔵文化財調査センター。

館邦典　1990　「城山遺跡」『南河内における遺跡の調査Ⅰ　旧石器時代基礎資料編』大阪府文化財調査報告書第38輯、78〜82頁、図版編75〜81頁、大阪府教育委員会。

巽三郎・柳田俊雄　1978　「和歌山県日高川流域の旧石器―松瀬遺跡出土資料を中心として―」『古代学研究』第86号、1〜17頁。

樽床遺跡群研究会　1986　『樽床遺跡群の研究』芸北町教育委員会。

中・四国旧石器文化談話会鳥取実行委員会　2004　「<集成>鳥取県内の旧石器資料」『鳥取県における旧石器文化の様相　第21回中・四国旧石器文化談話会発表要旨・資料集』29～41頁、中・四国旧石器文化談話会。

趙哲済編　1997　『大阪市平野区長原・瓜破遺跡発掘調査報告Ⅸ　1989年度大阪市長吉瓜破地区土地区画整備事業施行に伴う発掘調査報告書』㈶大阪市文化財協会。

辻　信広　2004　「門前第2遺跡」『鳥取県における旧石器文化の様相　第21回中・四国旧石器文化談話会発表要旨』8～14頁、中・四国旧石器文化談話会。

辻信広編著　2005　『鳥取県西伯郡名和町内遺跡発掘調査報告書』名和町教育委員会。

冨成哲也・大船孝弘編著　1978　『郡家今城遺跡発掘調査報告―旧石器時代遺構の調査―』高槻市文化財調査報告書第11冊、高槻市教育委員会。

鳥谷芳雄　1989　「下黒田遺跡」『風土記の丘地内遺跡発掘調査報告書Ⅳ―団原古墳・下黒田遺跡―』27～36頁、島根県教育委員会。

中原光正　1975　「紀北の先土器時代―ナイフ形石器の広がりについて―」『歴史手帖』第3巻第4号、18～21頁。

中山泰弘編著　2002　『新改西谷遺跡・勝楽寺跡　新改中部地区兼営圃場整備事業に伴う埋蔵文化財発掘調査報告書』土佐山田町埋蔵文化財発掘調査報告書第29集、土佐山田町教育委員会。

成瀬敏郎・塩見良三・佐溝780・中川毅　1995　「兵庫県御津町碇岩南遺跡をめぐる自然環境の復元」『碇岩南山遺跡Ⅰ―御津北地区県営圃場整備事業に伴う埋蔵文化財発掘調査報告書』38～68頁、御津町教育委員会。

新谷俊典　2003　『東遺跡Ⅰ』蒜山文化財報告1、蒜山教育事務組合教育委員会。

西川宏・杉野文一　1959　「岡山県玉野市宮田山西地点の石器」『古代吉備』第3号、1～9頁、古代吉備研究会。

西村尋文編　1989　『瀬戸大橋建設に伴う埋蔵文化財発掘調査報告書Ⅵ　花見山遺跡』本州四国連絡橋公団・香川県教育委員会。

丹羽野裕　2004　「山陰・中国山地における細石刃文化の様相」『中・四国地方旧石器文化の地域性と集団関係　中・四国旧石器文化談話会20周年記念シンポジウム論集』115～126頁、中・四国旧石器文化談話会。

丹羽野裕編著　2004　『出雲地方における玉髄・瑪瑙製石器の研究―恩田清氏採集資料と島根県出土の玉髄・瑪瑙製石器―』島根県古代文化センター調査研究報告書20、島根県古代文化センター。

櫨井勝・鍛冶益生編著　1983　『下本谷遺跡第4次発掘調査概報』広島県教育委員会。

原田昌則・長屋幸二・三原慎吾・松藤和人　1989　「八尾南遺跡第2地点」『旧石器考古学』38、19～60頁。

平井　勝　1977　「野原遺跡（早風A地点）発掘調査報告」『岡山県埋蔵文化財報告7』37～70頁、岡山県教育委員会。

平井　勝　1984　「先土器時代」『えとのす』第24号（吉備の考古学―吉備世界の成立と衰退）、38～44頁。

平井　勝　1987　「先土器時代―最初の足跡」『吉備の考古学　吉備世界の盛衰を追う』110～124頁、福武書店。

平井勝編著　1979　『野原遺跡群早風A地点』岡山県埋蔵文化財調査報告第32冊、岡山県教育委員会。

福田英人編　1989　『八尾南遺跡―旧石器出土第3地点―』大阪府文化財調査報告第36輯、大阪府教育委員会。

藤井保夫・上田秀夫　1985　「藤波地区遺跡」『野田・藤波地区遺跡発掘調査報告書　海南湯浅道路建設に伴う関連遺跡発掘調査』和歌山県教育委員会。

藤田淳・中村泰樹編著　1990　『七日市遺跡（Ⅱ）―国道175号線交通事故対策工事に伴う発掘調査報告書―』兵庫県教育委員会。

藤野次史　1983　「旧石器時代の遺物」『毛割遺跡』山口市埋蔵文化財調査報告第18集、11～20頁、山口市教育委員会・道川重機㈱。

藤野次史　1986　「中・四国地方における国府系石器群」『日本海地域における旧石器時代の東西交流』16～19

頁、北陸旧石器文化研究会・近畿旧石器交流会。

藤野次史　1989a「中国地方・近畿地方におけるAT下位の石器群について」『九州旧石器』創刊号、23～53頁。

藤野次史　1989b「鴻の巣遺跡の調査、旧石器時代」『広島大学統合移転地埋蔵文化財発掘調査年報』Ⅶ、22～47頁、広島大学統合移転地埋蔵文化財調査委員会。

藤野次史　1990　「鴻の巣遺跡の調査、旧石器時代」『広島大学統合移転地埋蔵文化財発掘調査年報』Ⅷ、15～32頁、広島大学統合移転地埋蔵文化財調査委員会。

藤野次史　1992a「広島県冠遺跡D地点第2次調査の概要」『広島大学文学部内海文化研究紀要』第21号、1～24頁、広島大学文学部内海文化研究室。

藤野次史　1992b「中国地方の後期旧石器時代石器群と使用石材」『1992年度中国四国歴史学地理学社会科教育研究大会発表要旨』16頁、中国四国歴史学地理学協会。

藤野次史　1999　「広島県における旧石器時代石器群」『考古学から見た地域文化―瀬戸内の歴史復元』9～30頁、渓水社。

藤野次史編　2001　「島根県横道遺跡の発掘調査」『石材からみた西日本における旧石器時代集団関係の研究―中国地方西部の石器石材に関する基礎調査―』25～82頁。

藤野次史編　2004『広島大学東広島キャンパス埋蔵文化財調査報告書Ⅱ　ガガラ地区の調査』広島大学環境保全委員会埋蔵文化財調査室。

藤好史郎　1985　『瀬戸大橋建設に伴う埋蔵文化財発掘調査報告Ⅳ　西方島遺跡』本州四国連絡橋公団・香川県教育委員会。

堀田啓一・松藤和人・柳田俊雄・佐藤良二・古森政次・麻柄一志編　1979　『二上山・桜ヶ丘遺跡―第1地点の発掘調査報告―』奈良県史跡名勝記念物調査報告第38冊、奈良県立橿原考古学研究所。

松藤和人　1978　「土器以前の文化」『大阪府史』第1巻古代Ⅰ、94～214頁、大阪府史編集専門委員会。

松藤和人　1980　「近畿西部・瀬戸内地方におけるナイフ形石器文化の諸様相」『旧石器考古学』21、119～134頁。

松藤和人　1992　「火山灰の降るなかで」『新版古代の日本』第5巻近畿地方Ⅰ、25～48頁、角川書店。

松藤和人・佐藤良二編　1983　『香芝町桜ヶ丘第1地点遺跡第3次発掘調査概報』香芝町教育委員会・奈良県立橿原考古学研究所。

松村信博編　2001　『奥谷南遺跡Ⅲ　四国横断自動車道（南国～伊野間）建設に伴う埋蔵文化財発掘調査報告書』高知県埋蔵文化財センター発掘調査報告書第63集、㈶高知県文化財団埋蔵文化財センター。

光石鳴巳　1999　「奈良県峯ノ阪遺跡の石器群」『「樋石島技法」の再検討』23～28頁、近畿旧石器交流会。

森先一貴　2005　「国府石器群の成立―大阪平野周辺部石器群再考―」『待兼山考古論集―都出比呂志先生退任記念―』111～127頁、大阪大学考古学研究室。

森下英治編著　1997　『四国横断自動車道建設に伴う埋蔵文化財発掘調査報告書第二十七冊　三条黒島遺跡・川西北七条Ⅰ遺跡』香川県教育委員会・㈶香川県埋蔵文化財調査センター・日本道路公団高松建設局。

森下英治編　2001　『四国横断自動車道建設に伴う埋蔵文化財発掘調査報告第三十七冊　中間西井坪遺跡Ⅲ』香川県教育委員会・㈶香川県埋蔵文化財センター、日本道路公団高松建設局。

森田克行　1980　「郡家川西遺跡　64-B・F地区の調査」『シンポジウム二上山旧石器遺跡をめぐる諸問題』18～23頁、帝塚山大学考古学研究室。

森田尚宏　2004　「四国太平洋沿岸」『中・四国地方旧石器文化の地域性と集団関係　中・四国旧石器文化談話会20周年記念シンポジウム論集』149～157頁、中・四国旧石器文化談話会。

柳田俊雄　1977　「瀬戸内東部及び近畿地方における旧石器時代研究の現状と問題点」『旧石器考古学』20、1～

13頁。

山口卓也　1983　「所謂瀬戸内系旧石器と横長剥片石核剥離技術伝統について」『関西大学考古学研究室開設参拾周年記念　考古学論叢』919～951頁、関西大学考古学研究室。

山口卓也　1995　「碇岩南山遺跡」『碇岩南山遺跡Ⅰ―御津北地区県営圃場整備事業に伴う埋蔵文化財発掘調査報告―』5～36頁、御津町教育委員会。

山口卓也編　1991　『多紀郡西紀町板井寺ヶ谷遺跡―旧石器時代の調査―　近畿自動車道舞鶴線関係埋蔵文化財調査報告書ⅩⅣ-1　考古学編』兵庫県文化財調査報告書第96-1冊、兵庫県教育委員会。

山田隆一編　1993　『八尾南遺跡Ⅱ　旧石器出土第6地点の調査』大阪府文化財調査報告書第44輯、大阪府教育委員会。

山本慶一　1969　「鷲羽山採集の石器と土器」『倉敷考古館研究集報』第6集、1～37頁。

山本誠ほか編　2004　『七日市遺跡　旧石器時代の調査』兵庫県文化財調査報告第272冊、兵庫県教育委員会。

九州西北部の地域編年

萩原　博文

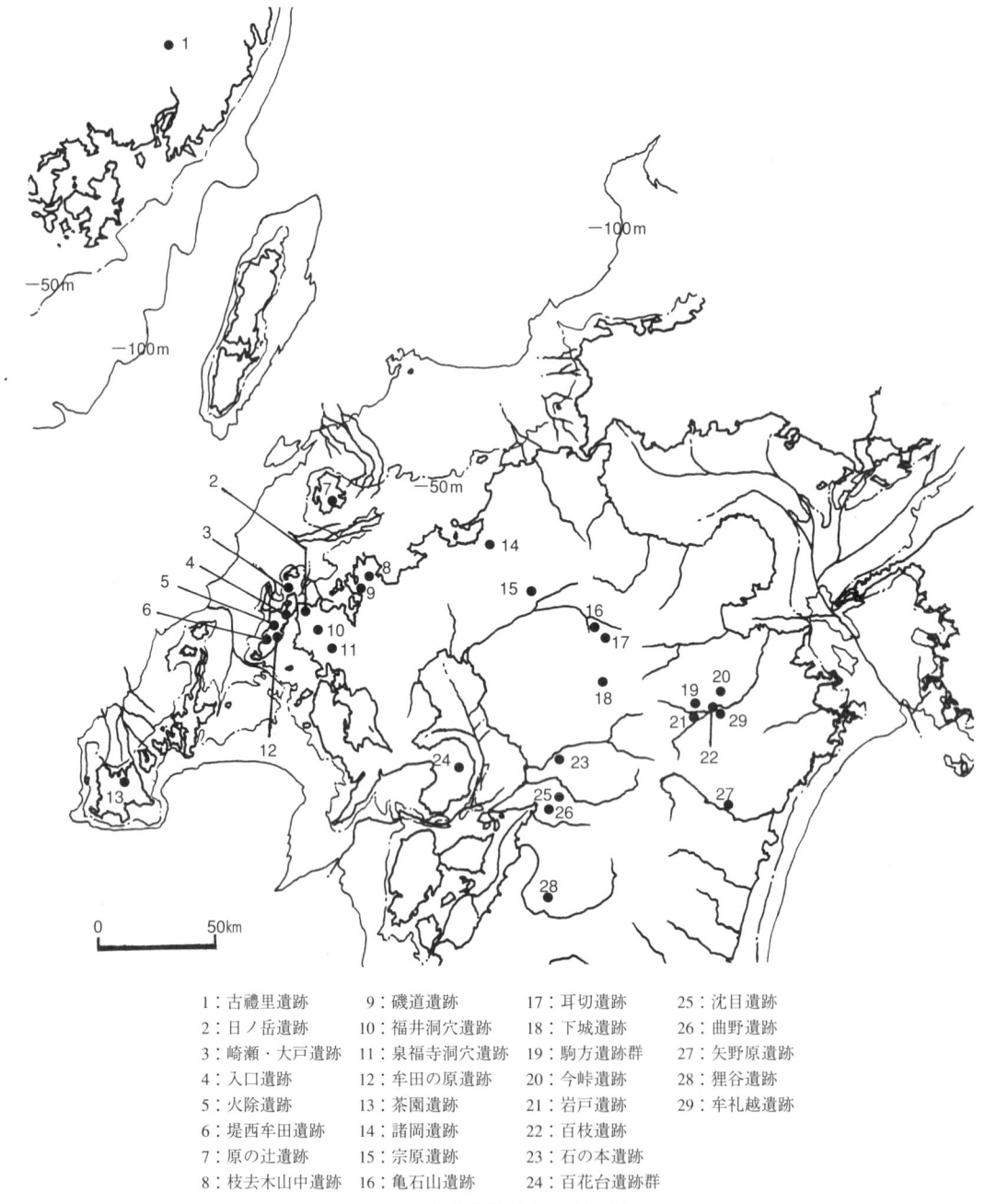

1：古禮里遺跡	9：磯道遺跡	17：耳切遺跡	25：沈目遺跡
2：日ノ岳遺跡	10：福井洞穴遺跡	18：下城遺跡	26：曲野遺跡
3：崎瀬・大戸遺跡	11：泉福寺洞穴遺跡	19：駒方遺跡群	27：矢野原遺跡
4：入口遺跡	12：牟田の原遺跡	20：今峠遺跡	28：狸谷遺跡
5：火除遺跡	13：茶園遺跡	21：岩戸遺跡	29：牟礼越遺跡
6：堤西牟田遺跡	14：諸岡遺跡	22：百枝遺跡	
7：原の辻遺跡	15：宗原遺跡	23：石の本遺跡	
8：枝去木山中遺跡	16：亀石山遺跡	24：百花台遺跡群	

西北九州地域の遺跡分布図

1. 編年の方法

　西北九州における旧石器時代石器群の編年的研究は、比較的早い時期に開始されている。当初は、少数の層位的事例をもとに石器型式を考慮し、編年が組み立てられている。研究の方法が変化するのは1980年頃である。姶良Tn火山灰（AT）や黒色帯が積極的に活用されるようになり、火山灰をもとにした石器群編年が研究の主流となり、現在に受け継がれている。

　編年研究においてもっとも重視すべきは出土層準であり、ATなどの火山灰鍵層や黒色帯を基準に地域間の対比が可能になる。複数の生活面が認められる場合は、石器製作技術や定形石器の形態的特徴などから、石器群編年の基本資料を得ることができる。石器群の編年は層位的成果にもとづき、器種の出現とそれが形態的に特殊化して型式が成立し消滅する過程を追求すべきである。ただし、器種・型式の消長が地域間で異なる場合もある。素材生産技術や細調整技術は、複数の器種・型式に採用される場合があり、これらの分析を通して石器製作システムの実態に迫り、大別編年研究に寄与するものと思われる。地域を限定すれば、石材組成の変化で編年を明らかにしうる場合もある。黒曜石を主石材とする西北九州においては、本来他の石材を素材とする器種が黒曜石の石器製作システムに組み入れられ、形態的に変化する場合がある。たとえば、剥片尖頭器、角錐状石器、今峠型ナイフ形石器などである（萩原 2004c）。これらの器種・型式の製作システムが、西北九州の集団に受け入れられ、変化する過程も編年を明らかにするうえで重要である。

　台形石器類を主体とする石器群において、剥片剥離技術は時間的に大きな変化はないものの、沈目遺跡、曲野遺跡、崎瀬遺跡を比較すると、石器製作システム総体が変化しており、石器組成や石材組成にも違いが認められる（萩原 2004b）。伝統的素材生産システムに若干の手を加え、新たに生み出した型式に応用する場合もあるし、新しい器種の製作を組み入れる例も認められる。

　定形石器は、時間の経過とともに形態的特徴などが変化するのが一般的である。たとえば剥片尖頭器は、初源期には朝鮮半島例と同じく細長の舌部をもつが、終末期は基部へのノッチを上位に施すようになり、細調整により素材を大きく変形するようになる。西北九州では黒曜石による石器製作システムの中に組み込まれ、基部の幅広化が進行し、小形製品が多くなる（萩原 1996）。

　遺物や遺構の出土状態や集団領域の研究も編年研究を行ううえで重要と思われる。後期旧石器時代後半期は、小地域単位で石器製作システムや保有する器種・型式が異なり、集団領域が比較的明確になる（萩原 2004c）。広域編年の構築は、このような集団領域を理解してはじめて可能になるものと思われる。石器製作技術などは集団間交流によって伝播する場合があり、その状況を詳細に究明することにより、特定器種・型式の変化過程を明らかにできると思われる。現在確認される遺跡は、集団の保有する道具のすべてが遺されているわけではない。よって、器種・型式組成によって編年を行う場合は常に危険が伴っている。それを和らげるために、遺構や遺物の出土状態を明らかにし、遺跡（キャンプ）の性格を究明（萩原 2004d）すべきと思われる。

2. 時期区分

　旧石器時代石器群の編年研究は出土層位を基本とし、石材、石器製作技術、器種・型式の形態的特徴などを総合的に判断している。日本の旧石器時代石器群は、後期旧石器時代相当期とそれ以前に大きく二分できる。後者は出土例が少なくその詳細は明らかでないが、前者は五期（1 〜 5 期）に区分される。

　前・中期旧石器時代相当期の石器群については、全国的に史料が少なくその実態は明らかでない。西北九州では、入口遺跡（塩塚 2004a・2005）や福井洞穴15層（芹沢 1999）などにおいて該期と思われる石器群が確認されている。これらの遺跡は、後期旧石器時代を特徴づける黒曜石製石器がまったく組成されず、現地材のみで構成されている。台形状剥片石器、舟形状石器、スクレーパー類を特徴的に組成しており、後期旧石器時代初頭と考えられている石の本遺跡 8 区（池田編 1999）との共通点も認められる。これらの石器群は朝鮮半島や中国大陸とまったく同じとはいえないが、共通の要素があり、東アジアレベルで考慮する必要があろう。

　後期旧石器時代第 1 期は、褐色ローム層上位と黒色帯下部に包含されている石器群である。台形石器・ナイフ形石器類が出現し、各種形態に分化し、器種として完成しようとする文化期で、石斧類を特徴的に組成する。局部磨製石斧は台形石器類との共伴例が多いが、曲野遺跡Ⅴ区（江本ほか 1984）や矢野原遺跡（秋成ほか 2003）などではナイフ形石器・台形石器類と共伴している。第 1 期は、幅広剥片を素材とする各種台形石器類に特徴があるが、石刃（縦長剥片）製ナイフ形石器を組成する遺跡もあり、基本的に両者は同時共存しているものと思われる。

　台形石器・ナイフ形石器類を調整する技術として折断、平坦細調整、急傾斜細調整、微調整があるが、第 1 期初頭には未発達で器種と特定の細調整技術との結びつきは弱い。ナイフ形石器類は一般的に急傾斜細調整と結びついているが、第 1 期は微調整や平坦細調整を施した例が顕著で、台形石器類との共有が考えられる。第 1 期後半には定形石器の素材生産技術と器体調整技術がほぼ完成し、その後におけるナイフ形石器群の展開は第 1 期の変容として捉えることが可能と思われる。

　第 2 期は黒色帯上位に包含されている石器群である。石刃技法と急傾斜細調整が強力に結びつき、ナイフ形石器類の製作が盛んとなっており、単一の石器製作サブシステムを指向していると考えられる。第 1 期は、幅広剥片剥離技術と台形石器類、縦長剥片剥離技術とナイフ形石器類という二つのサブシステムが認められたが、第 2 期は後者が極限に発達したものと思われる。堤西牟田遺跡第Ⅰ文化層（萩原編 1985a）などでは、ナイフ形石器類のみでなく掻器、削器、彫器の素材にも石刃が用いられ、単一に近いサブシステムが認められる。しかし、一方のサブシステムを構成していた幅広・横長剥片剥離技術も各地域集団に保持され、来るべきナイフ形石器文化後半期に備えていたと考えられる。

　第 2 期の石器群は、石刃技法による石器素材の均質化と調整技術の総合化をはかり、一つの完成した姿をみせた。この極限に発達した石刃・ナイフ形石器類製作システムは、多様な形態の石器製作が困難となり、AT降灰直前頃解体すると考えられる。おそらく寒冷化に伴う新たな生業システ

ムに対処するため、第3期になると複数の素材生産技術によって製作された剥片に調整を加え、多様な形態の器種・型式が生み出されたと思われる。

　第3期は、第2期に比べ遺跡・ユニット単位で剥片剥離技術と器種・型式の複雑な組合わせがみられ、類似する行動に対して複数の石器製作サブシステムが存在すると思われる。西北九州の一部の地域では石材組成も変化し、安山岩など非黒曜石材の割合が高くなる。AT降灰後には剥片尖頭器や角錐状石器がはじめて出現し、それぞれ独自のサブシステムを形成している。第3期の石器群は、褐色（ハード）ローム層下位に包含されているが、その初源的要素はAT降灰直前に出現するものと思われる。

　第3期後半は地方色豊かな石器群が発達するが、地域間で共通する要素も多数認められた。第4期の石器群は地域性がさらに強く、遺跡・ユニットにおける器種・型式組成は複雑になり、より小さな地域単位で独自の石器製作システムが発達する。また、特定器種・型式の結びつきが強固となり、同じような機能をもつ複数の石器製作サブシステムの開発が行われている。

　第4期は、錦江谷（小牧3A）型尖頭器、今峠型ナイフ形石器、枝去木型台形石器などの特徴的な器種・型式がみられ、遺跡・ユニットにおいては特定の石器（器種・型式）が大量生産されている。出土層準は褐色（ハード）ローム上位と思われる。この時代の地域集団は多様な器種・型式を保有しているが、キャンプ地（遺跡・ユニット）においては特定の石器との結びつきが強くなり、一部のサブシステムが顕在化している。

　第5期は旧石器時代の最終末に位置づけられ、百花台遺跡Ⅳ層や堤西牟田第Ⅳ文化層などのナイフ形石器群最終末の石器群と、土器出現前の細石刃石器群が該当する。該期石器群は、南九州ではサツマ火山灰下位の暗色土層下部に包含されているが、西北九州では褐色ローム層最上位にその出土層準がある。

　ナイフ形石器群終末には小形化、石器の形態的統一、組合わせ道具の開発という基本構造が認められ、細石刃石器群の出現と深く係わると考えられる。地域集団は複数の石器製作サブシステムを保有しており、一つのサブシステムは技術・形態的統一をはかりながら、道具というレベルにおいては複数の機能をもっていると思われる。

　出現期細石刃石器群の石器製作システムは、ナイフ形石器群の連続性の中で理解できる。細石刃石器群は主体的利器というべき細石刃製作サブシステムが極限に発達し、スクレーパー製作など従属するサブシステムで構成されている。これは、最終末期のナイフ形石器群と同じ構造と考えられ、特定の石器製作サブシステムが極限に発達したと評価することが可能であろう。細石刃の器体整形は、ナイフ形石器群に伝統的な折断手法が用いられ、一部には側縁への微調整も観察される。また、残核にも共通点が認められるのである。

　土器の出現によって縄文時代草創期に移行するが、西北九州では土器出現後も細石刃石器群が残存する。しかし、細石核の形態的特徴は大きく変化する。旧石器段階の位牌塔型や野岳型細石核は、磯道型石核などナイフ形石器群のものと共通点があるが、縄文時代のものはブランクを製作する西海技法によって特徴づけられる。しかし、野岳型に類似する角錐状のものも残存しており、細石核の形態によって明確に区別できないものもある。

3. 層位的事例

　石器群の編年は、具体的事例にもとづき考察せねばならない。編年研究の基準となる複数の生活面をもつ遺跡の代表として、石の本遺跡群（池田編 1999・2001）と堤西牟田遺跡（萩原 1985a・b）を取り上げる。

3.1　石の本遺跡群

　図1に示すように、石の本遺跡ではAT下位を中心に六つ以上の生活面が確認されている。とくに8区Ⅵb層と54区AT上位文化層は、3,000点以上の遺物が出土している。図1のⅥa・Ⅵb層は褐色ローム層、Ⅴe～Ⅴg層は黒色帯に相当する。図1に明らかなように、石器の形態的特徴は層位ごとに異なっている。また、石材組成にも違いが認められる。最下層（Ⅵb層）では安山岩の割合がきわめて高い（97％）が、AT上位ではチャートが88％を占めている。

　最下層のⅥb層は第1期初頭に位置づけられ、38区（図1-29）と8区（図1-30～32）において認められた。とくに8区はⅥb層より礫群、炭化材、土坑状遺構、炭化物集中が検出されている。これらの遺構の中で、礫群、土坑状遺構、炭化材は石器や炭化物集中の西端部近くに直線状に並んでいる。

　8区の出土遺物は、折断整形を施した台形状剥片石器、刃部磨製石斧、断面三角形状の舟形状石器、各種スクレーパー類、錐状石器など3,320点が検出されている（池田編1999）。石器石材の大半は安山岩であるが、砂岩（34点）、黒曜石（23点）、凝灰岩（12点）なども若干組成されている。本石器群の炭化物のβ線計数法による^{14}C年代は、33,000BP前後の値であり、^{14}C年代の測定値では最古といえよう。

　台形状剥片石器（図6-1～3）は、平坦細調整、微調整などによって整形しているが、調整は部分的で荒く、台形石器類成立前のものと思われる。黒曜石製楔形石器は周辺部に比較的入念な調整痕が認められるが、中央部で折れている。刃部磨製石斧（図1-32）は先端部のみが検出されているが、かなり広範囲に入念な研磨痕が観察される。

　図6-4～7は、本石器群を特徴づける先端部をつくり出した石器である。厚手剥片または残核を素材とし、断面は三角形または台形状を呈している。福井洞穴15層や入口遺跡の舟形状石器と共通点が認められる。本器種はこれ以降の石器群に認められず、前・中期旧石器段階の残存である可能性が指摘できる。このほか、多様な形態のスクレーパー類（図6-8～12）が出土している。側縁に調整を施したものが多いが、長軸の端部に細調整痕の認められるもの（図6-8・10）もある。細調整の手法は一般に荒く、鋸歯縁（図6-9～12）やノッチ状を呈するものが多い。図6-12は横広剥片の背面端部に大きな調整痕が認められ、第1期初頭を特徴づける大形削器と考えられる。

　石の本遺跡8区では111点の石核と多数の接合資料が得られており、石器製作システムの実態が比較的よく明らかにされている（池田編1999）。石核は、側縁から求心状に剥片剥離を行うもの（A類、図2-1～8）、平坦な剥離面あるいは自然面を打面とし垂直に近い打角で剥片剥離を行うもの

九州西北部の地域編年　213

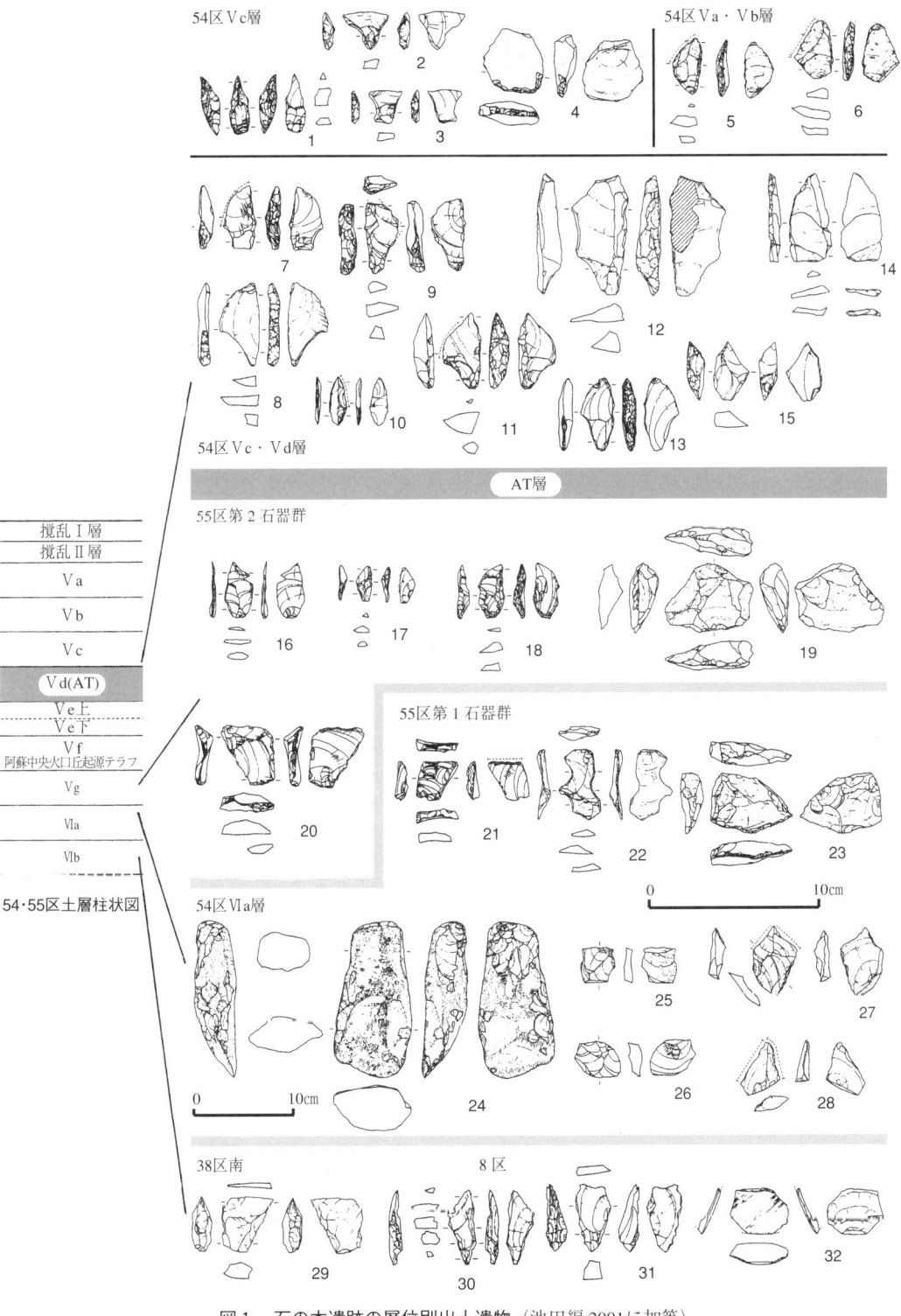

54区Vc層　　　　　　　　　　　　　　　　　　　　　　54区Va・Vb層

54区Vc・Vd層

AT層

55区第2石器群

55区第1石器群

54区Ⅵa層

38区南　　　　　　8区

図1　石の本遺跡の層位別出土遺物（池田編2001に加筆）

（B類、図2-9〜19）がある。B類は剥片剥離が進行すると、打面を転移し別の剥片剥離面を形成し、多面体を呈するようになる（図2-14・16）。このほか、小形の縦長剥片を剥離したと思われる小形石核（図2-20）がある。

A・B類から剥離された剥片は、規格性の乏しい三角形や台形状を呈しており、本遺跡の主体的利器といえる各種スクレーパー類や台形状剥片石器は、これを素材としている。大形スクレーパー類は礫を荒割りする段階で生じた剥片を用いているようである。このように石の本8区石器群は、素材生産技術が特定器種と結びついていない点に特徴がある。台形状剥片石器は、形状、調整技術においても特殊化は認められず、素材生産技術も他の器種と共有していると考えられる。このことが曲野遺跡など次の段階の石器群と大きく異なる点である。

石核素材は、礫を荒割りした大形不定形剥片、あるいはその荒割り剥片などを用いている。チョッパーやピック、石錐、尖頭状石器と報告されている（池田編 1999）大形で厚手の石器（舟底状石器）は、この段階で得られた剥片や残核を素材としている。沈目遺跡（清田編 2002）も、大形削器などは礫の荒割り剥片を素材としており、九州の後期旧石器時代初源期を特徴づけている、と考えられる。このようなあり方は、台形石器類成立後には認められず、前・中期旧石器時代の特徴である可能性がある。

石の本8区の残核は多様な形態であるが、礫の荒割り段階より考慮すると、これらは一つのシステムをなしていると考えられる。最初の段階では、礫の荒割りによって石核素材を得るとともに、削器など大形石器の素材にも用いられている。この段階では定形的剥片は剥離されておらず、さまざまな「形」であったと考えられる。剥離された素材の形状に合わせて、石器製作やいくつかの手法による剥片剥離が行われているのである。

第2段階は、荒割り過程で得られた大形剥片を素材とし、前述のような剥片剥離を行っている。接合資料や残核を観察すると、剥片剥離手法は素材の形態と強く相関しているようである。この過程で得られた剥片も定形的なものでなく、前述のように剥片剥離技術と定形石器に強い相関は認められない。本石器群は、きわめて作業効率の悪い石器群と評価でき、そのため定形石器に比べると多数の石核（111点）を必要としたと思われる。これは、沈目遺跡（清田編 2002）、静岡県ヌタブラ遺跡（高尾ほか 2003）、東京都武蔵台Ⅹb層（早川ほか1984）などにも認められ、該期の特徴といえるだろう。

Ⅵa層を出土層準とするのは、54区Ⅵa層石器群（図1-24〜28）と55区第1石器群（図1-21〜23）である（池田編 2001）。54区Ⅵa層石器群の石材は安山岩（61％）の割合が高いものの、チャート（29％）、黒曜石（2％）などが用いられ、8区Ⅵb層とは様相を異にする。安山岩はスクレーパー類、チャートは局部磨製石斧（図1-24）、ペン先状石器（図1-27・28）との結びつきが認められ、石器製作システムの変容が考えられる。安山岩製スクレーパー類は、8区Ⅵb層と同様のものと思われる。チャート製ペン先状石器の素材は特徴的な形状を呈し、それに対応する石核も認められることから、剥片剥離技術と定形石器の結びつきが想定できる。

55区第1石器群（図1-21〜23）は、Ⅵa層上位に遺物垂直分布のピークがある。安山岩（29％）に比べ、黒曜石（43％）、チャート（22％）の割合が高く、8区Ⅵb層や54区Ⅵa層と石材組成が異

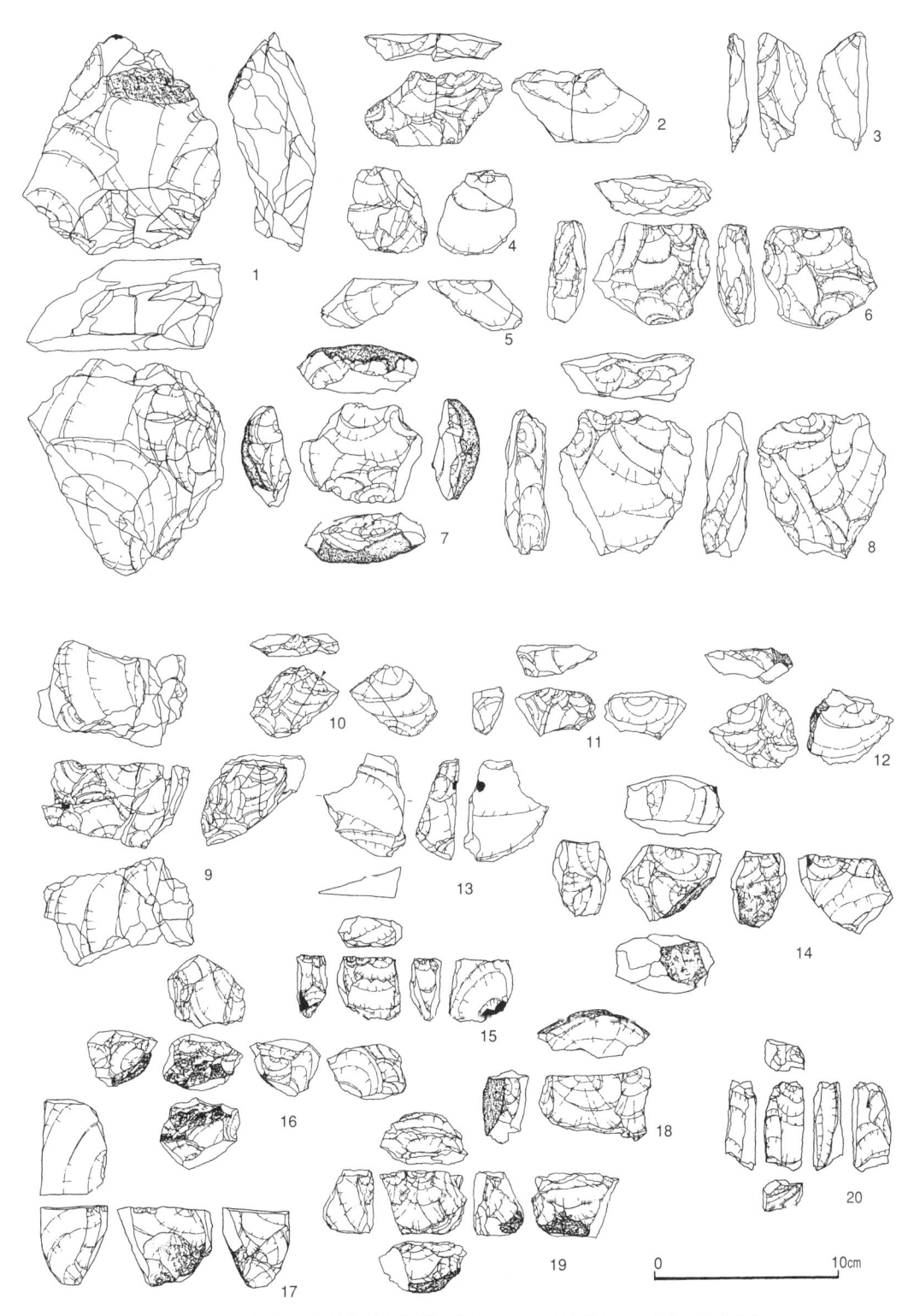

図2　石の本8区の石核と接合資料（萩原 2004a、池田編 1999をもとに作製）

なっている。黒曜石の割合が高い点はほぼ同層位の曲野遺跡石器群と類似するが、出土数（153点）が少なく、本来の傾向ではない可能性も否定できない。黒曜石製挟入石器（図1-22）や縦長剥片の存在から、石刃（縦長剥片）製ナイフ形石器の存在を予測させる。21は折断により台形状に仕上げたもので、台形石器類との共通点がある。

55区第2石器群（図1-16～20）は、遺物密集部南端部のVg層より3基の礫群が認められ、石器もほぼ同層準より検出されている（池田編2001）。石材は安山岩（65％）の割合が高く、第1石器群と比べると黒曜石（9％）、チャート（5％）はあまり用いられていない。しかし、ナイフ形石器・台形石器類は黒曜石、チャートが用いられているのに対し、安山岩はこれらの石器には用いられず、スクレーパー類や敲石、磨石、台石などに用いられている。ナイフ形石器類（図1-16～18）は、縦長剥片や幅広剥片を用いた二側辺加工や一側辺加工のもので、切出状を呈するもの（図1-17）も認められる。台形石器類は、部分的平坦細調整を施したもの、剥片の打点部を基部に設定した不定形のもの（図1-20）が検出されている。

このように、石の本遺跡群はAT下位で4枚の生活面が確認されている。これらは出土層準よりいずれも後期旧石器時代第1期に位置づけられる。主に石の本遺跡群の層位的成果により、第1期の細別編年が可能となっている。石材組成や器種組成、石材と器種の結びつきなどから、Ⅵb層とⅥa層の間に画期が認められる。黒色帯下部段階は、ナイフ形石器類がほぼ完成した姿をみせている。台形石器類の状況は明らかでないが、近接する曲野遺跡のあり方からⅥa層段階に特殊化した形態が出現しているものと思われる。Ⅵb層段階は在地石材を主体としているが、以後ナイフ形石器・台形石器などに遠隔地石材である黒曜石が用いられるようになり、石器製作システムが変化しているものと考えられる。

54区AT上位石器群は、三つの生活面が存在しているものと思われる（池田編2001）。AT上位ではチャート（88％）を主石材とし、安山岩（6％）、黒曜石（3％）などで構成される。大半の遺物は、AT直上のVd層上位からVc層下位の層準より検出されている。そのほか、Vc層より松浦地域産の良質黒曜石を素材とする原の辻型台形石器など、Va・Vb層より今峠型ナイフ形石器などが出土している。

54区Vc・Vd層石器群（図1-7～15）は、石器や炭化物が一見馬蹄形状に分布している。接合資料から、ほぼ同時に形成されたと考えられる。本石器群は、チャートを素材とする一側辺にノッチ状の抉りを入れた切出状のナイフ形石器（図1-7～9・11・13）に特徴があり、典型的な狸谷型ナイフ形石器（図1-11）も複数検出されている。縦長剥片を素材とする一側辺加工ナイフ形石器、横長剥片製のナイフ形石器も認められる。スクレーパー類は、安山岩やチャートなどの不定形剥片を素材とするもので、側辺や端部に調整を施したものである。

本生活面は多数の接合資料が認められ、石器製作の場と考えられる。母岩の荒割、剥片剥離、定形石器の製作という一連の工程が認められ、ナイフ形石器類の製作時に生じたブランティング・チップも検出されている。これらチャートの接合資料は、主にナイフ形石器類（一部スクレーパー類を含む）の製作に関わるものと思われ、第3期の熊本地方に特徴的なサブシステムと考えられる。

Vc層出土石器群（図1-1～4）は、松浦地方産黒曜石製の原の辻型台形石器（図1-2・3）、小形角

錐状石器（図1-1）、自然面の残る幅広剥片を素材とする円形刃部掻器（図1-4）などで構成されている。本石器群は前述のⅤc・Ⅴd石器群の南約10mの地点に点在しており、前者とは異なる石器群と思われる。しかし礫群などは存在せず出土量も少ないことから、その出土層準は明確でなく、Ⅴc・Ⅴd石器群との前後関係は確定とはいえないだろう。

Ⅴa・Ⅴb層からも遺物が検出されている（図1-5・6）が、これらは出土状態や石器素材にまとまりが認められない。遺構も認められず出土量も少ないため、出土層準などは明らかでない。ただ、Ⅴc・Ⅴd石器群にない今峠型ナイフ形石器を組成することから、異なる石器群が存在している可能性を指摘しておく。

石の本遺跡群においては、AT上位の石器群は54区Ⅴc・Ⅴd層を除いて良好な資料はなく、本遺跡においてナイフ形石器群後半期の細別編年は困難な状況にある。しかしながら、第3期における狸谷型ナイフ形石器と原の辻型台形石器の前後関係について、54区における層位的成果は参考になると思われる。

3.2 堤西牟田遺跡

堤西牟田遺跡は、黒色帯に対比される4層上位の3c層下部にATと思われる火山ガラスが認められる。図3のように8枚の生活面が確認され（萩原 1985a・b）、層位的事例の少ない松浦地方における石器群編年の基準遺跡となっている。各文化層の石材組成を図4に示した。多くの文化層で磨りガラス状の灰色黒曜石が主体を占め、腰岳あるいは松浦産と考えられる透明な黒色黒曜石の割合は低い。とくに磯道技法（石刃技法の一種）の発達するⅠ・Ⅳ文化層では、灰色黒曜石の割合が高い。Ⅱa文化層は、黒色黒曜石とともに安山岩の割合が比較的高く、他の文化層と異なっている。Ⅱb文化層の黒色黒曜石は、黄色の不純物の混入した特殊なものである。第3期に位置づけられるⅡa・Ⅱb文化層のみが黒色黒曜石の割合が比較的高く、編年的にも画期できると思われる。このように、堤西牟田遺跡の各文化層は石材組成が異なっており（図4）、時代によって石材供給関係に違いがあるものと思われる。Ⅰa文化層とⅣ文化層の灰色黒曜石にしても、産地は異なっていると考えられる。

Ⅰa文化層（図3-85～98）は、黒色帯に対比される4層最上部より検出された。ナイフ形石器類は、背面基部細調整を施した小形柳葉形ナイフ形石器（図3-85・86・89・90）を主体に、一側辺加工ナイフ形石器（図3-88）、端部加工ナイフ形石器（図3-91）で構成される。スクレーパー類は、石刃製エンドスクレーパー（図3-87）、抉入石器（図3-92～95）がある。石刃の分割品（図3-96）が多く、その端部に微調整を施したものもある。

磯道技法に関する良好な接合資料（図3-92・98などで構成）がある。打面に運搬時生じたキズ痕が認められ、本遺跡においては打面再生を行っておらず、一定の打面から石刃剥離作業を行っている。石核の側辺部で剥離された表皮の残るものは抉入石器に使用され、中央部で剥離された良好な石刃はナイフ形石器類の素材に用いられている。もっとも良好な素材を主体的利器に用い、他の器種の素材と差別化していると考えられる。このほか、西牟田技法に係わると思われる接合資料もあるが、詳細は不明である。本石器群は単純な内容であり、磯道技法による石器素材生産、その素材

剝片を用い複数の器種を製作する、という単一のサブシステムと考えられる。

Ⅰb文化層（図3-79～84）は3c層最下部に認められ、ナイフ形石器片（図3-79・80）、石刃（図3-83）、磯道型石核（図3-84）などが検出されている。資料が少なく詳細は不明だが、Ⅰa文化層とほぼ同じ石器群と考えられる。これらⅠa・Ⅰb文化層は、AT降灰前の第2期に位置づけられる。

Ⅱa文化層（図3-71～78）は、厚手横広剝片製角錐状石器（図3-73.74）とその未製品（図3-75）によって特徴づけられる。背面からの荒い調整によって側縁部を鋸歯状に整形した西北九州型角錐状石器であるが、明確な基部つくり出しは認められない。そのほか、ナイフ形石器片（図3-71）、厚手不定形剝片素材の削器（図3-76）、石核（図3-78）などが出土している。幅広剝片（図3-72）のみでなく石刃（図3-77）も検出されており、剝片剝離技術は多様であったと考えられる。

第7・42トレンチ3b層に包含されるⅡb文化層（図3-48～55）は、当初Ⅲ文化として捉えていた（萩原1985a）が、その後出土状態等を再検討し（萩原1995）、平戸南部地方における石材組成も考慮し第Ⅱ文化（後期旧石器時代第3期）として位置づけた。定形石器は、折断面を残す小形台形石器（図3-48）、抉入石器破損品（図3-49）のみで、石器群の全体像は把握できない。幅広剝片（図3-52～55）と石刃（図3-51）を組成する点は、Ⅱa文化層と同じである。

第7・42トレンチ3a層に包含されるⅢ文化層は二つの生活面に分けられるが、当初は帰属の不明な石器が多数存在した（萩原1985a）。その後、大半の石器を平面分布や出土層位、接合関係などを考慮し、3a層下部に出土層準をもつⅢa文化層と、主に3a層中位に包含されているⅢb文化層に分離することができた（萩原1995）。これらの石器群は、出土層位や定形石器の形態的特徴などから後期旧石器時代第4期に位置づけられる。

Ⅲa文化層（図3-40～47・56・57）は、柳葉形ナイフ形石器（図3-40）、打面残置の二側辺加工ナイフ形石器（図3-56）、一側辺加工ナイフ形石器（図3-57）、端部加工ナイフ形石器（図3-42）、台形石器類などが検出されている。台形石器類は、基部にも細調整痕のある不定形のもので、百花台型のカテゴリーに含められないと思われる。縦長剝片（図3-43・44・46・47）と幅広剝片（図3-45）が認められ、黒曜石礫を半割し平坦打面より側面へ剝片剝離を行った幅広剝片石核も出土している。

Ⅲb文化層（図3-35～39・58～70）は台形石器類を主体とする石器群で、二つのユニットからなる。台形石器類は百花台型台形石器（図3-60～67）を主体に、日ノ岳型に類似するもの（図3-68）、折断面を残すもの（図3-69）で構成される。百花台型台形石器には、三角形状を呈するもの（図3-63・65・67）が含まれている。日ノ岳型類似の台形石器などは比較的下位に包含されており、本石器の一部はⅢa文化層に帰属する可能性もある。

ナイフ形石器類の割合は低く、微細な調整によるものが多い。この点は、神の池遺跡B地点など百花台型台形石器を主体とする石器群と共通している。一側辺加工ナイフ形石器（図3-35・58）や二側辺加工ナイフ形石器がある。そのほか、抉入石器（図3-59）、削器（図3-36）などが出土している。石核は、図3-39のように正・背両面に剝片剝離面をもつもの、打面転移を繰り返し直方体を呈するものなどがある。また剝片の形状などから、中山型石核の存在が予測される。図3-70は地元産メノウを素材とする特殊な石核で、側面部と小口に剝片剝離面が認められる。

Ⅳ文化層（図3-3～34）は3a層上位より出土し、きわめて狭い範囲より本遺跡でもっとも多い

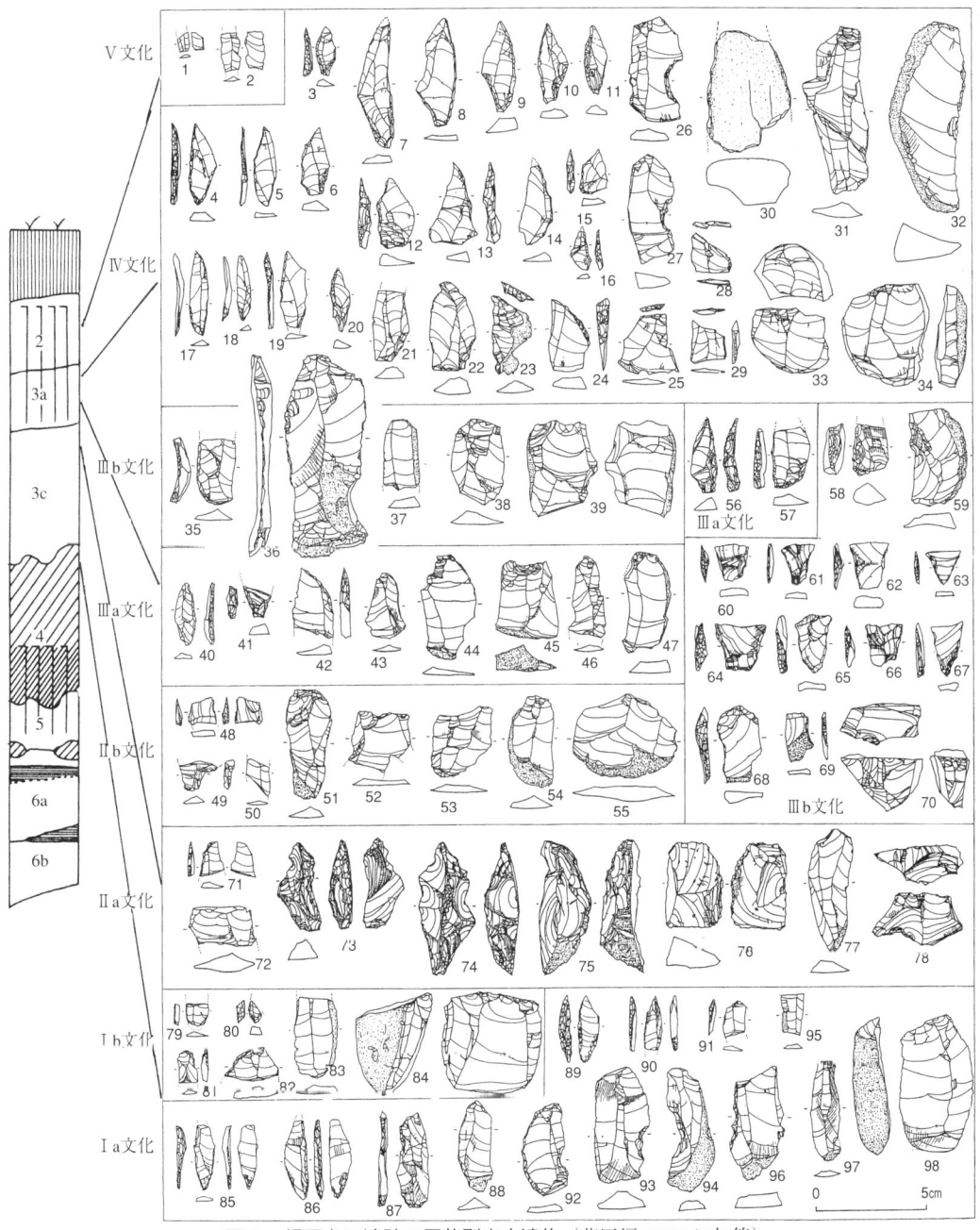

図3 堤西牟田遺跡の層位別出土遺物（萩原編 1985bに加筆）

3,076点の遺物が出土した。図5のように、直径1m前後の近接した遺物集中区が数ヵ所認められ、石器素材製作、ナイフ形石器などの石器製作作業が行われているが、その内容は微妙に異なる。

定形石器の大半はナイフ形石器類（97点）で、柳葉形ナイフ形石器（図3-17〜20）、刃部つくり出しの明確な三角形ナイフ形石器（図3-3〜11）、一側辺加工ナイフ形石器（図3-12〜16）、端部加工ナイフ形石器（図3-21〜25）があり、多様な形態が認められる。剥片の打面を残置したものも比較的多い。また図3-17・18のように、基部と先端部に細調整を集中したものが一定量あり、前田遺

跡や岩戸Bなど東九州の片鳥型ナイフ形石器との共通点が指摘できる。その中には、細石刃状の素材を用いたもの（図3-18）もある。スクレーパー類は14点認められ、縦長剥片素材の抉入石器（図3-26・27）と削器がある。台形石器は認められないが、台形状を呈する折断剥片（図3-28・29）が検出されている。

剥片剥離技術として、磯道技法・磯道型石核（図3-34）、西牟田技法・西牟田型石核（図3-33）がある。前者は、比較的良好な縦長剥片（石刃）を剥離しており、主に柳葉形・三角形ナイフ形石器の素材に利用されている。後者は、より幅広の剥片を生産しており、スクレーパー類や端部加工ナイフ形石器の素材生産を行っていたと思われる。

Ⅳ文化層は、第1～3ユニットで構成され、さらに第1ユニットは五つのサブユニットに分離できる（図5）。

第3ユニットは、ナイフ形石器類など811点が密集しているが、うち645点は水洗作業で検出された。これらの大半は直径1m弱の範囲に認められ、ブランティングチップなど細かな砕片の割合が高いことから、ナイフ形石器類の製作を行っていた空間と考えられる。しかも、ナイフ形石器類の多くは欠損品であり、ここでの作業は終了しているものと思われる。

これと対照的なのが第2ユニットで、打面を作出し表皮を1枚剥いだのみの石核、台石、ハンマーストーンが検出されている。遺物総数は449点と比較的少なく、ブランティングチップと砕片は水洗作業で検出された290点を含めて412点で、第3ユニットの53％である。ナイフ形石器類は14点と比較的多く、完形品も認められる。よって、ここでの石器製作作業は継続中であったが、何らかの理由で道具を置いたまま、遺跡を離れたと思われる。

第1ユニットはナイフ形石器類75点、スクレーパー類13点、ハンマーストーン3点、使用痕ある剥片13点など1,816点が検出された。本ユニットの出土数は他のユニットを圧するが、とくにスクレーパー類は他に第2ユニットで1点検出されているのみである。本ユニットは、遺物分布密度などによってさらに細分が可能である。第1aユニットはナイフ形石器類と磯道型石核、第1b②ユニットはナイフ形石器類と西牟田型石核、第1b③ユニットは西牟田型石核、第1cユニットはスクレーパー類に特徴がある。第1b①ユニットは、水洗作業で検出された微細遺物が350点と第1ユニットの中ではもっとも多く、ナイフ形石器類が濃密に分布することから、その製作を行っていた空間と考えられる。

第1ユニットは空間による機能の違いが考えられ、第1aユニットは磯道技法によるナイフ形石器素材の製作、第1b②・1b③ユニットは西牟田技法によるスクレーパー類・ナイフ形石器類素材の製作が行われ

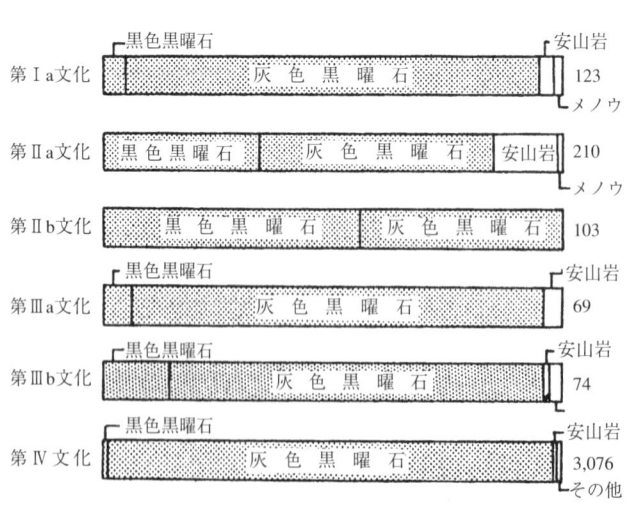

図4　堤西牟田遺跡の石材組成

九州西北部の地域編年 221

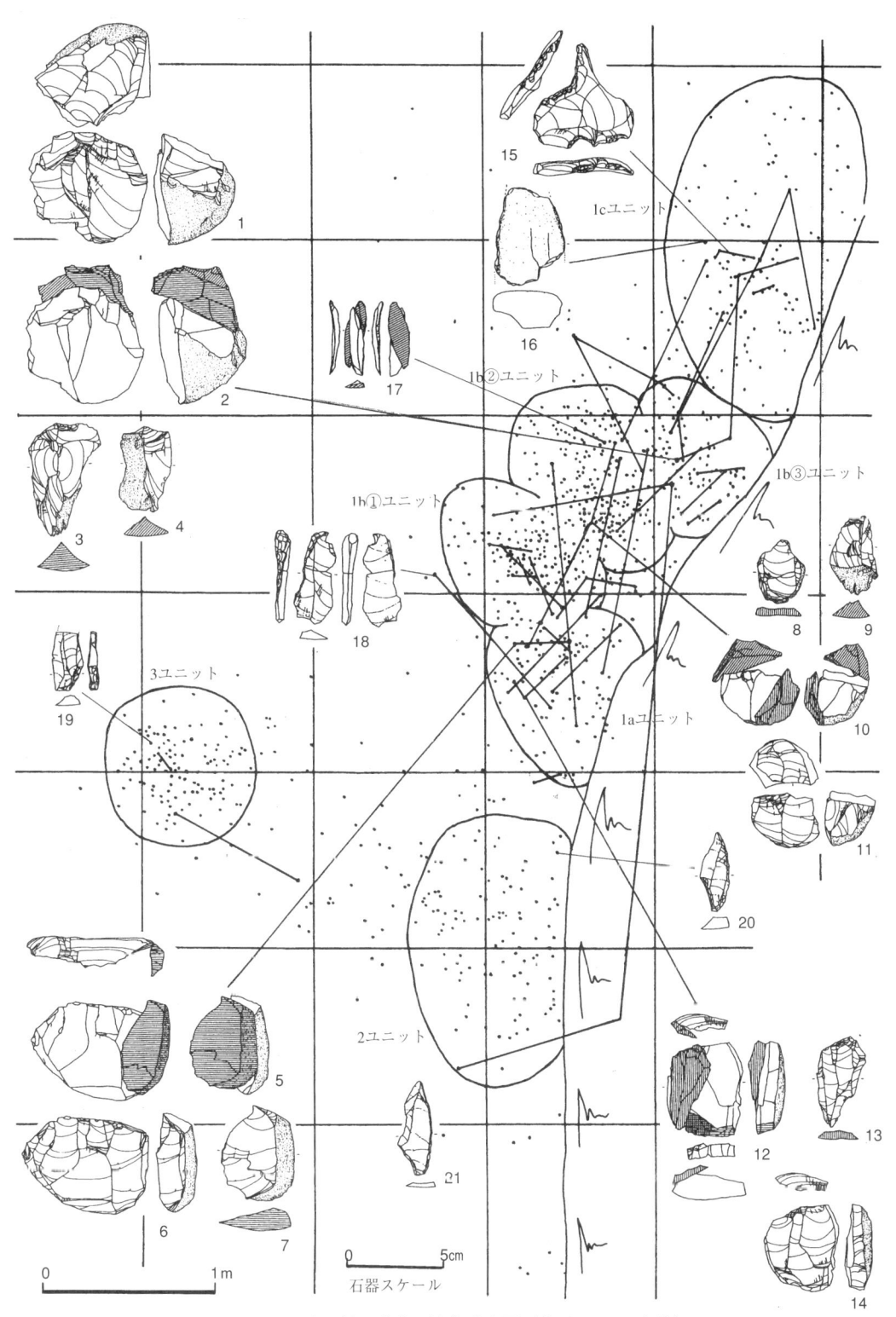

図5 堤西牟田第Ⅳ文化の遺物分布図（萩原2004dに加筆）

ていたと考えられる（図5）。水洗による微細遺物は、第1b①ユニット350点、第1b②ユニット260点、第1aユニット154点、第1b③ユニット140点が検出されている。このことから、第1b①・1b②ユニットを中心にナイフ形石器類の製作が行われていたと考えられる。第1cユニットの水洗作業による微細遺物は62点と少なく、抉入石器が多い点を考慮すると、道具製作を中心とする空間であったと思われる。接合資料から、第1b②・1b③ユニットで製作された剥片をもち込んでいる様子が確認された。第1ユニットの定形石器は破損品もあるが完成品も多く、多量のナイフ形石器類が製作されたものの、それらが使用されていない可能性を指摘できる。

　接合関係は、第1ユニット間で多数、第2ユニットとも1例あり（図5）、同時期に形成された可能性が強い。これらは、一直線状に配置されている点に特徴がある。ただ、第1a・1bユニットは中心部にまばらな分布が認められ、環状をなす可能性がある。この環状（半環状）の空間における石器製作は、磯道技法と西牟田技法という二つのサブシステムで構成され、前者は第2ユニット、後者は第1cユニットと結びついているようである。接合関係からも、両者は単独で存在するのでなく、関連し合って本文化層における石器製作システムを形成しているものと思われる。

　堤西牟田第Ⅳ文化層は、石器素材生産、石器製作、道具製作に関する複数の場があり、一つの「場」で複数の作業が行われていたと推定された。砂岩製ハンマーストーンは、第2ユニット1点、第1bユニット1点、第1cユニット2点検出されている。これも、定形石器の分布、石核など剥片剥離に係わる遺物の分布、接合関係などとともに、場（空間）の機能を明らかにするうえできわめて重要な意味をもつと考えられる。

　このように堤西牟田遺跡は、後期旧石器時代第2期（Ⅰa・Ⅰb文化層）、第3期（Ⅱa・Ⅱb文化層）、第4期（Ⅲa・Ⅲb文化層）、第5期（Ⅳ文化層）の石器群が検出された。しかも、第2・3・4期については複数の生活面が認められた。このような本遺跡の層位的成果によって、松浦地方における石器群の変遷過程に関し大きく貢献したのである。しかしながら、細別編年については出土資料が少なく、不明な部分を残している。

4. 各期石器群の代表的事例

　前項では、石の本遺跡群と堤西牟田遺跡の各文化層の概要を紹介し、石器群変遷の一端を明らかにした。しかし、2遺跡では西北九州旧石器時代石器群の全体像を明らかにすることはできないので、本項では各文化期の代表的遺跡を検討し、各期石器群の実態に迫りたい。

4.1　前・中期旧石器から後期旧石器初頭

　日本列島に前・中期旧石器時代相当期の石器群が存在するか否かについては、現在論争中である。筆者は該期石器群の存在について立場を明確にしており（萩原2004aなど）、ここでは、それらにもとづいて議論を進めたい。第2項で述べたように、該期石器群として入口遺跡下層と福井洞穴15層などを位置づけている。

　入口遺跡下層石器群（図6-23～37）は、A地点4層（赤色土）最上部とC地点3b層下部より検出

され、石器出土層準より上位からはじまる乾裂に3層中位の灰色粘土が充填されている。4層（赤色土）は、最終間氷期のいずれかの温暖期（酸素同位体ステージ5a・5c・5e）に形成された可能性が強く、3層中位の灰色粘土層は最終氷期の寒冷期（酸素同位体ステージ4）の産物と考えられ、石器群はその間に営まれたと考えるべきであろう。光ルミネッセンス年代、4層103,000±23,000BP、3b層下部90,000±11,000BP（長友・下岡2004）もこれを支持している。

本石器群は台形状剥片石器（図6-23～27）、舟底状石器（図6-28～31）、スクレーパー類（図6-32～37）によって特徴づけられる（塩塚2004a・2005）が、器種レベルの分化は明確でない。台形状剥片石器は、折断、斜め細調整、平坦細調整、微調整によって整形しているが、部分的で規則性もあまりなく、形態的バラエティに富む。刃部に微調整痕あるいは使用痕が観察できる例（図6-24～26）や先端の尖るもの（図6-23）がある。

舟形状石器（図6-28～31）は断面が三角形または台形を呈し、先端の尖るもの（図6-30）と先端部に細調整を加えたもの（図6-28・29・31）がある。後者は、稜部に何らかの調整を加えている。スクレーパー類（図6-32～37）は、端部に細調整を加えたもの（図6-32・34・35）、側辺に調整痕のあるもの（図6-33・36）などがある。調整は連続的に施さず、正背両面からの加撃痕の認められるものが多い。鋸歯状を呈するものもあるが、調整手法は大きな剥離と連続する細かな調整に特徴がある。

剥片剥離技術の全容は明確でないが、基本的には板状の素材を用意し、平坦な打面から側面へ剥片剥離を行っている。打面を転移し、剥離面を打面に用いる場合もある。一部の石核には、両極技法が用いられている。この石核から剥離された剥片は、図6-33・36のように広い打面に特徴がある。福井洞穴の堆積物の中で14～16層は福井川による堆積物と考えられ、石器が検出された層準は段丘礫層の下位に相当すると思われる。石器の出土した15層の^{14}C年代が、＞31,900BPであることから、立川ローム基底相当層より古い可能性が高い。入口下層石器群との新旧関係は明らかでないが、福井洞穴に入口4層に対比される赤色古土壌が認められないことから、より新しい段階のものと考えたい。

福井洞穴15層石器群は、両面調整の尖頭器状石器、両面調整の大型スクレーパー（図6-22）、鋸歯状の刃部をもつ小形削器（図6-20）、舟形状石器、縦長剥片、横広剥片などが出土している（芹沢1999）。本石器群は資料が少ないため、これらと風化状況の類似する1992年調査のTP-4出土資料（副島1993、川道2000・2004）で補う。

台形状剥片石器は入口下層例よりやや大形で、先端の刃部に微細な調整痕（使用痕）の認められるもの（図6-13）とペン先状のもの（図6-14）がある。舟形状石器は、先端が尖るもの（図6-15・17）が多いが、丸味を帯びるもの（図6-16）もある。図6-18はピック状の大形石器である。スクレーパー類は、厚手剥片に斜め細調整を施したもの（図6-19・20）、図6-21のような大形削器に特徴がある。福井洞穴石器群は大形石器に特徴があり、図6-21・22の削器類のほか先端部に調整を加えた石器などが検出されている。石核は求心状の剥片剥離を行う円盤状を呈するものを特徴的に組成する。

これらの石器群は、黒曜石産地である松浦地方に位置するにも関わらず黒曜石をまったく組成せず、在地石材のみで構成されている点に特徴がある。この点が後期旧石器時代初頭の石の本8区Ⅵ

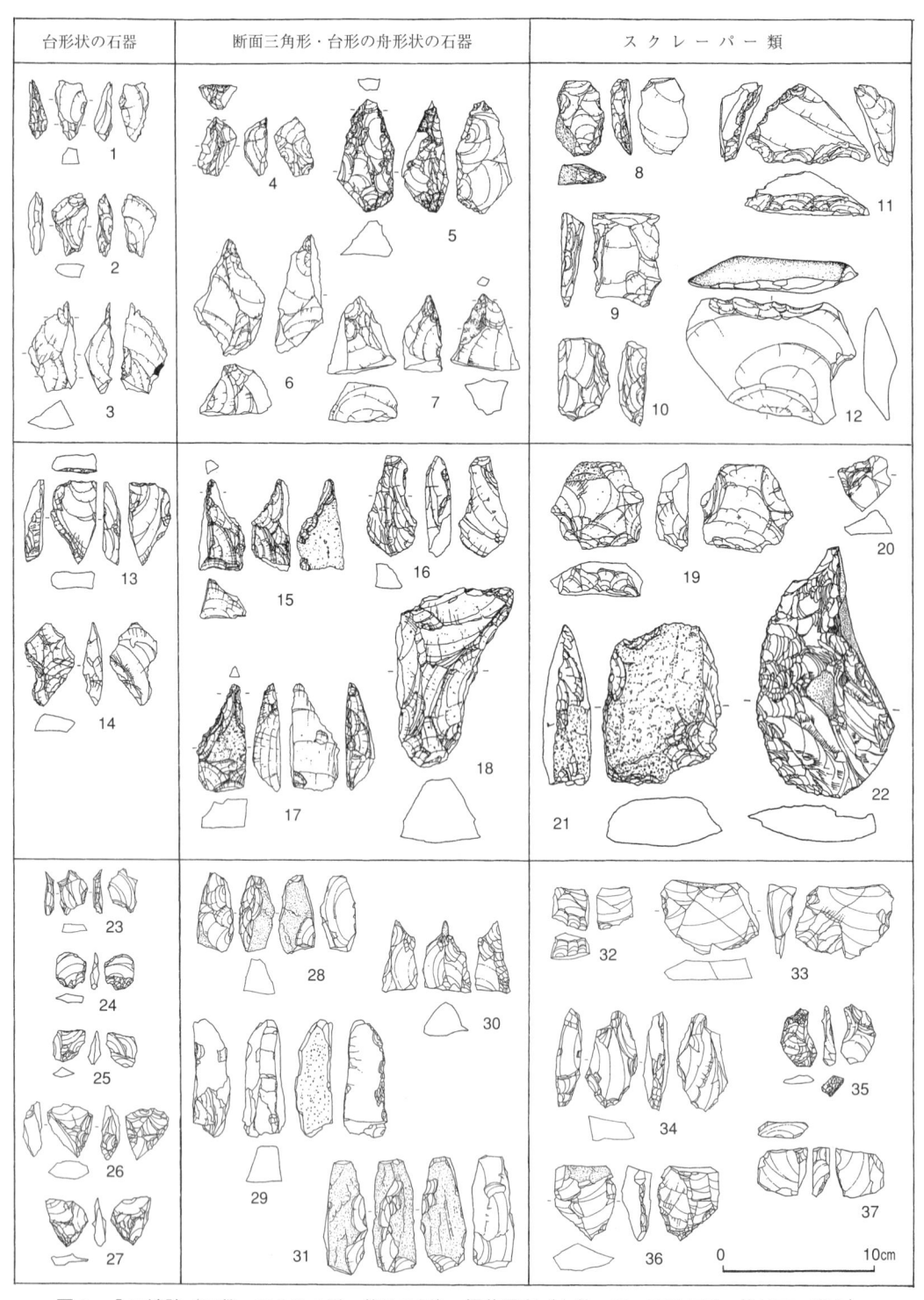

| 台形状の石器 | 断面三角形・台形の舟形状の石器 | スクレーパー類 |

図6　入口遺跡（下段。29のみ4層、他は3b層）、福井洞穴（中段。20・22は15層、他はTP-4出土）、石の本8区（上段）の石器（萩原2004）

b層石器群（図6-1～12、図2）と異なる点である。石の本8区は、入口下層・福井15層石器群との共通点も多いが、局部磨製石斧など後期旧石器時代第1期との共通点もあり、要素の出現をもって時代を画期すれば、石の本8区は後期旧石器時代に位置づけられることになる。

4.2　後期旧石器時代第1期

　西北九州の後期旧石器時代第1期をもっとも特徴づけるのが、黒曜石製台形石器類と石斧の存在だとすれば、石の本8区や沈目遺跡（清田編 2002）などは第1期初頭に位置づけられよう。これらの石器群は、前述の中期旧石器段階の資料との類似点が多く、器種と石材の結びつきなどにおいてもⅥa層（黒色帯直下）段階とは区別できる。

　黒色帯直下石器群を代表する大分県大野川流域の牟礼越遺跡第Ⅰ文化層（橘編 1999）は、台形石器類7点、彫器1点、スクレーパー類3点、石斧1点などで構成される。本石器群は小形の剥片石器を主体とし、台形石器類には形態的分化が認められ、黒曜石製品が組成されている。大野川流域の旧石器時代石器群は流紋岩を主体とし、黒曜石はあまり用いられていないので、台形石器類と黒曜石の強い結びつきが考えられる。台形石器類の調整手法として折断手法は認められず、平坦細調整と斜め細調整を用いているが、素材の変形度は少ない。スクレーパー類には、やや大形の剥片の背（裏）面に大きな調整痕の認められるものがあり、石の本8区、沈目と類似している。剥片剥離技術として多様な幅広・横広剥片剥離技術があるが、縦長剥片石核も1点認められる。

　曲野遺跡も黒色帯直下に包含され、台形石器類42点、削器2点、加工痕ある剥片と使用痕ある剥片34点、石核24点などが検出されている（江本ほか 1984）。石核に比べ定形石器の数が多く、しかも黒曜石の割合が高くなっている。

　台形石器類は急傾斜細調整がよく発達し、日ノ岳型台形石器や百花台型に類似する小形で整ったものがすでに成立している。平坦細調整も認められるが、定形化したものは認められない。本遺跡の台形石器類は、形状や調整手法の安定しないものを含んでいるが、形態的特殊化の進んだものを組成する点が大きな特徴といえる。石器組成は、小形削器を若干含むがほぼ台形石器類一色といえ、大形削器などは認められない。台形石器類など主体的利器が、石器組成の大半を占めるというあり方は西北九州に一般的であり、黒曜石を主石材とする点とともに、後期旧石器時代の基本形がここにあると考えられる。

　礫の荒割り過程で生じた大形剥片は検出されているが、それを素材とする大形削器は組成されていない。小形黒曜石礫は荒割り過程がない場合がある。江本直は、打面の状況から石核を3種類に分類している（江本ほか 1984）。単一打面石核は、自然打面、剥離面平坦打面、調整打面の3者がある。両設打面石核は上下面に打面をもつもので、打面は自然面の場合と剥離面を用いたものがある。この中には、求心状の剥片剥離を行う石核が含まれている。打面転移石核は多様なものを含んでおり、多面体を呈するものや求心状剥離を行ったものなどがある。曲野遺跡の剥片剥離技術は、礫の荒割り過程を欠いたものが多く、著しい小形化、打面調整など異なる点もあるが、前述の石の本8区や沈目遺跡と基本的には同じであると考えられる。

　曲野遺跡の剥片剥離技術は、ほぼ単純に台形石器類の目的剥片を得るためのものと考えられるが、

台形石器類のための素材生産技術は特殊化せず、伝統的な素材生産技術によっていると考えられる。台形石器類は調整技術の統一化の傾向が認められるものの、多様な形態がみられ用途も複数であった可能性が強い。曲野石器群は、伝統的剥片剥離技術を保持しながら新たな器種・型式を製作している、という点に特徴がある。

4.3　後期旧石器時代第2期

　熊本県耳切遺跡A地点第Ⅱ文化層は黒色帯上位に出土層準があり、二側辺に加工を施したナイフ形石器などが検出されている（村崎編 1999）。本遺跡のナイフ形石器類には、柳葉形・三角形ナイフ形石器、一側辺加工ナイフ形石器が認められ、分厚い縦長剥片を素材とし、正面と背面からの急傾斜細調整に特徴がある。台形石器類は形態的バラエティがあり、部分的な平坦細調整を施すものと急傾斜細調整によるものがある。明確な石刃技法は認められず、幅広剥片を用いた石器も多い。石刃技法を保有していない点は前述の堤西牟田第Ⅰ文化層と異なる点であり、第2期石器群も多様なあり方があると考えられる。

　大分県大野川流域の駒方遺跡群や百枝遺跡C地区は、AT直下の黒色帯最上位より石刃製ナイフ形石器類を主体とする石器群が検出されている（栗田ほか 1985、橘 1985・1987、吉留 1984）。百枝C第Ⅲ文化は、いずれも石刃を素材とする大形細身の柳葉形ナイフ形石器、厚手の三角形ナイフ形石器、打面残置の一側辺加工ナイフ形石器、端部加工ナイフ形石器とともに、短形縦長剥片を素材とする円形刃部掻器などが検出されている。ナイフ形石器類は背面基部細調整があまり認められず、この点が松浦地域の堤西牟田第Ⅰ文化などと異なる点である。駒方遺跡群のナイフ形石器類はやや小形だが、ほぼ同じ形態的特徴をもっている。これらの各石器群はスクレーパー類や彫器が発達しない点に特徴があり、松浦地域に特徴的な石刃製抉入石器は認められない。

　松浦地域で該期石器群を代表するのは、前述の堤西牟田第Ⅰ文化層や入口B地点の石器群（塩塚 2004b）である。入口B地点B区は、直径 1m弱の密集部が認められ（図7）、同一個体と思われる石刃核（図7-7）や石刃の接合資料（図7-1〜5）が出土し、周辺に三角形ナイフ形石器（図7-9）、ハンマーストーン（図7-6・8）が検出されている。B区石器群は、ほぼ石刃技法に関わるサブシステムのみで構成されているが、ナイフ形石器のような定形石器製作の痕跡は小規模で、良好な石刃は他の空間へもち出されたと考えられる。

　隣接するA区の同層準では、石刃製の大形三角形ナイフ形石器、一側辺加工ナイフ形石器、彫器や幅広剥片製両面平坦細調整の台形石器類が検出されている。B区が石刃技法による単一のサブシステムなのに対し、A区は石刃技法に加え、安山岩の求心剥離石核や台形石器類の製作に関わると思われる不定形幅広剥片の接合資料が検出されている。

　入口B地点の石刃技法は、一見堤西牟田第Ⅰ文化層の磯道技法に類似するが、平坦打面を基本としやや厚手のものを剥離している。ナイフ形石器類もやや大形で三角形ナイフ形石器を主体とし、柳葉形ナイフ形石器を主体とする堤西牟田第Ⅰ文化層とは異なる。むしろ大分県大野川流域の百枝Cや駒方古屋との類似点がある。ただし背面基部調整は顕著で、西北九州の該期石器群と共通する。

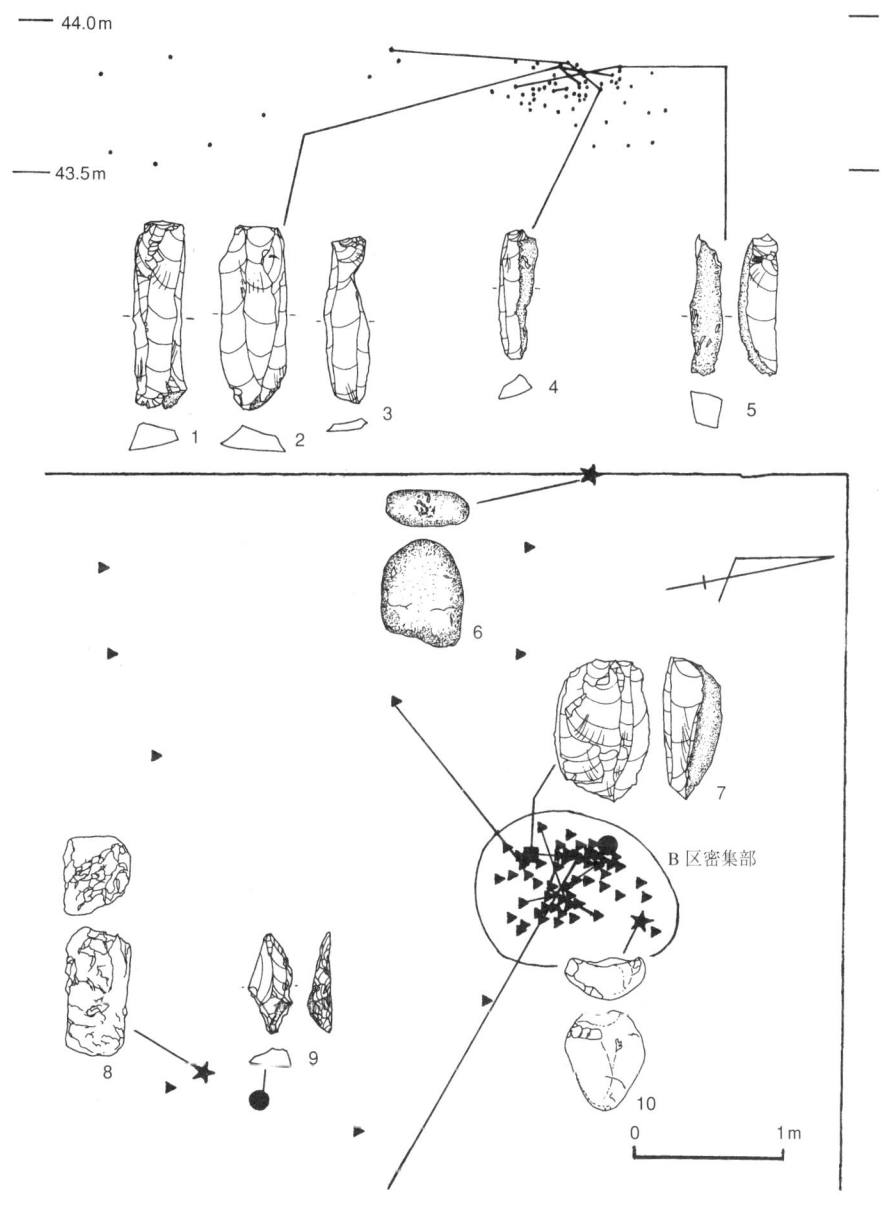

図 7 入口遺跡B地点B区遺物密集部の遺物分布図（萩原 2004d）

4.4 後期旧石器時代第 3 期

前述のように、第 3 期石器群は地域固有の特徴的な型式が現れている。ここでは、西北九州をもっとも特徴づける原の辻型台形石器を主体とする遺跡を取り上げる。

入口A地点のAT上位石器群は原の辻型台形石器を主体とする石器群で、広範囲から多数の石器が検出されている。これと共伴する器種は、小形のナイフ形石器類、剥片尖頭器、円形刃部（鋸歯状を呈するものを含む）掻器などである。石器素材は黒曜石を主体とするが、安山岩、メノウも一定量組成されている。素材生産技術は多様で、それぞれ基本的に器種・型式と結びついている。

A地点694b区は380点の遺物が検出された（塩塚 2002）が、その大半（319点）は3aユニットに

分布している。石材の大部分は黒曜石であるが、安山岩（22点）、メノウ（13点）も含まれている。定形石器の大部分は原の辻型台形石器で、製品16点と未製品等が数点認められる（図8-2～6・8・12～15・17・18）。ほかには、メノウ製小形スクレーパー（図8-16）が1点検出された。原の辻型と異なる石器製作システムとして縦長剥片（図8-10）が認められるが、調査区の南端部に分布することから、別の集中部に属するものと思われる。

　3aユニットは剥片・砕片を中心とするが、これらの大部分は原の辻型の素材生産と細調整に関わるものである。求心状石核の側面調整に関わるもの（図8-7）、ブランティングチップ（図8-9）の接合例も認められる。数個の小形原石がもち込まれ、その分割、石核素材の獲得、原の辻型台形石器の素材剥離、石器素材への細調整、道具製作という一連の作業が3aユニットを中心に行われていたと思われる。2・3bユニットは、剥片・砕片の数が少なく、その一部の工程に関する作業が行われていた空間と考えられる。

　入口遺跡の原の辻型台形石器を伴う石器群は本ユニットの周辺部にも分布しているが、一部未報告のため、その全容は明らかでない。そのため、百花台東遺跡（松藤ほか1994）を取り上げ検討

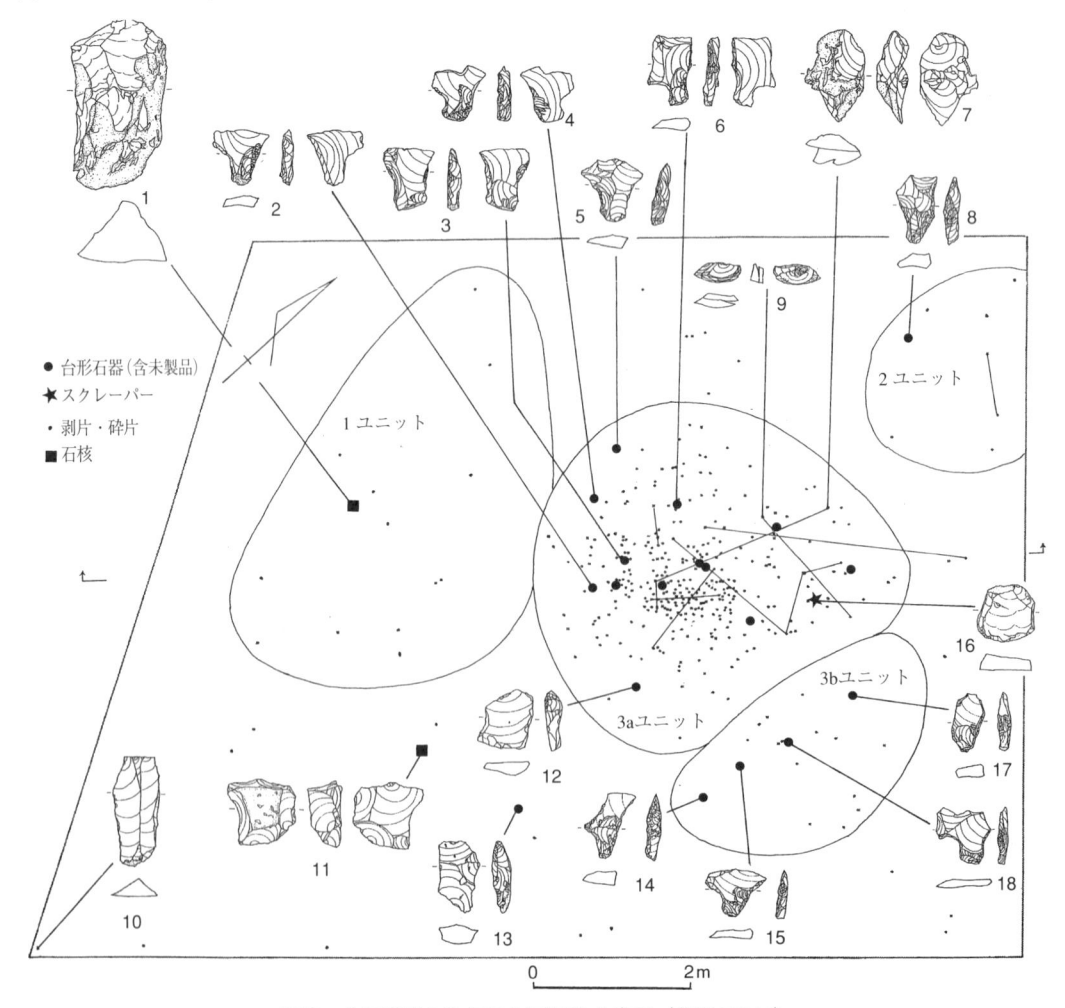

図8　入口遺跡A地点694b区遺物分布図（萩原 2004d）

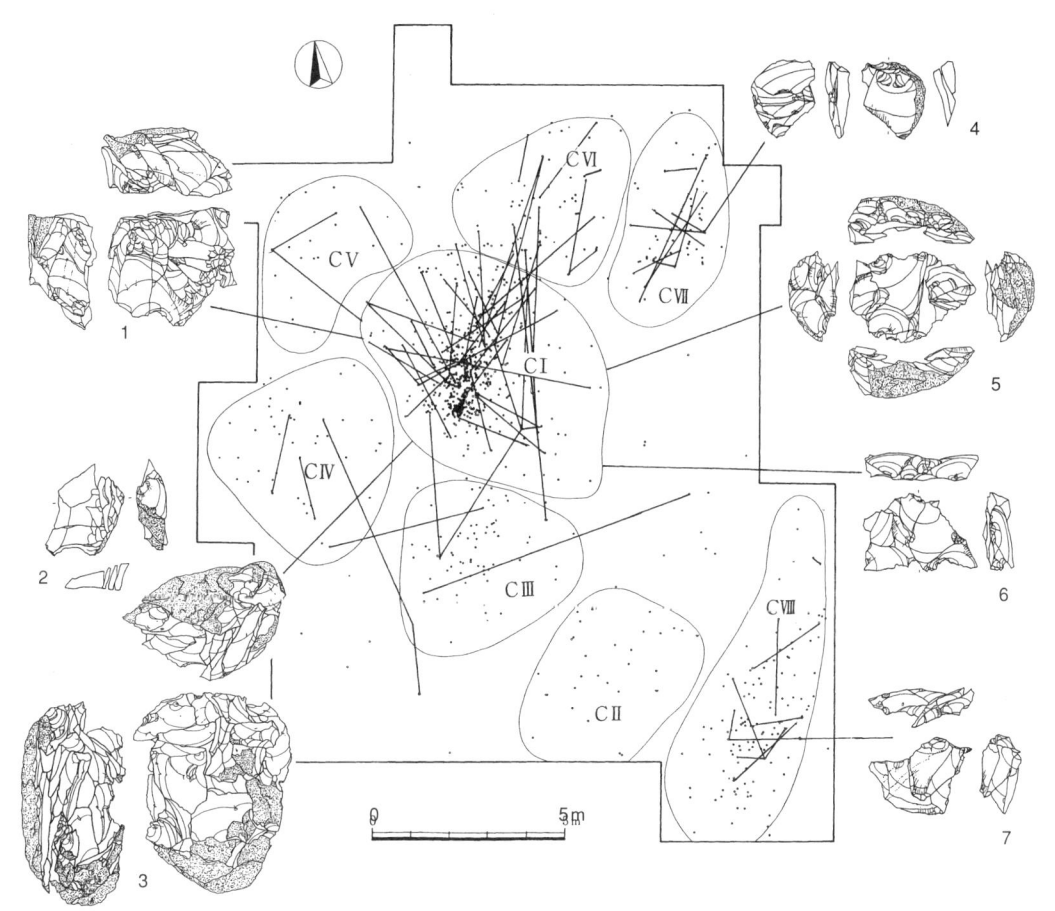

図9　百花台東遺跡の遺物分布と接合関係（萩原2004d、松藤ほか1994をもとに作製）

したい。本石器群は、剥片尖頭器・中原型ナイフ形石器と原の辻型台形石器を主体とする石器群で、ほかに角錐状石器、掻・削器、彫器、錐器が検出されている。遺物総数は945点である。

本石器群は図9のように（半）環状のユニット分布が認められ、その内部に位置するCⅠ集中部でもっとも多量の遺物が検出されている。CⅠ集中部とCⅢ・CⅤ・CⅥ集中部には接合関係が認められ、CⅢ・CⅣ集中部間にも接合例がある（図9）。これに対し、CⅡ・CⅦ・CⅧ集中部は独立的である。炭化物集中や被熱箇所は後者に認められ、作業内容が異なっている。

CⅠを中心とする集中部は、原の辻型台形石器の製作に関するほぼ全工程が認められる。黒曜石礫がもち込まれ、素材剥片の製作、細調整による石器製作が行われている。原の辻型台形石器にも単独搬入品があるが、安山岩やシルト質頁岩を素材とする剥片尖頭器は石器製作工程が認められず、石器素材もしくは製品（半製品）レベルで搬入されている。本石器群は、原の辻型台形石器に関する石器製作システムが突出し、剥片尖頭器などは一部の工程のみが行われているのである。

4.5　後期旧石器時代第4期

第4期は、前述の堤西牟田Ⅲb文化層の百花台型台形石器のように、特定の器種・型式が大量生産されている点が特徴の一つとなっている。これらはその地域を特徴づける石器で、固有の石器製

作システムが認められる。

　宗原遺跡（水ノ江編 1994）は角錐状石器を主体とする石器群である。サヌカイト製の大形三面加工品と黒曜石製の小形製品がある。剥片尖頭器消滅後、角錐状石器が大量生産される状況は南九州にも認められ、九州に一般的であったと思われる。

　大戸遺跡A地区の台形石器類は、両面に平坦細調整を施し両側縁がノッチ状を呈する枝去木型（図10-20～26）のみで構成されている（萩原・加藤 1990）。下城遺跡（緒方・古森 1980）や日ノ岳遺跡Aユニット（下川・立平 1981）に比べると小形化しているが、バチ形という基本形に変化はない。平坦細調整は刃部を除く両面に施し、断面がレンズ状を呈するのが基本だが、背面への細調整が部分的なもの、一側辺に折断面を残すものもある。接合資料や個体別資料から、枝去木型台形石器の剥片剥離技術は次のように想定される。黒曜石の大形球形礫を素材とし、打面転移を頻繁に繰り返し、長幅比1：1程度の幅広剥片と、これよりやや縦長の剥片が剥離されている。枝去木型は、これらの中で厚手大形のものが選ばれている。

　枝去木型台形石器のほか、薄手石刃素材の柳葉形ナイフ形石器（図10-16）、やや厚手剥片素材の三角形ナイフ形石器（図10-17）、一側辺加工ナイフ形石器（図10-18）、きわめて小形の黒曜石製今峠型ナイフ形石器（図10-19）、削器類（図10-27～29）などが出土している。西北九州の黒曜石製今峠型ナイフ形石器は原の辻型台形石器の影響が認められ、大半の資料は台形石器類に近い形態である。

　火除遺跡（萩原 1991）の石器群（図10-1～15）は、松浦地域においては特異な石器群といえ、安山岩製品の多い点や定形石器の形態的特徴において、他の石器群と異なっている。また本石器群は、堤西牟田Ⅲb文化などにみられる百花台型台形石器のような主体を占める器種・型式は存在しない。

　縦長剥片素材のナイフ形石器は、背面基部に平坦細調整を施した柳葉形ナイフ形石器（図10-1）、一側辺・端部加工ナイフ形石器（図10-2～6・9）、基部加工ナイフ形石器（図10-7・8）がある。一側辺・基部加工ナイフ形石器には打面を残置するものがあり、基部加工ナイフ形石器は剥片尖頭器の影響を受けていると思われる。横長剥片素材の特徴的な一側辺加工ナイフ形石器（図10-10）も組成されている。

　今峠型ナイフ形石器は、一側辺に急傾斜細調整を施したもの（図10-11）、右側辺の調整手法が原の辻型台形石器と類似するもの（図10-12）、大戸A地区例のように背面基部細調整を施したものがある。原の辻型類似品の中には舌状の基部をつくり出したものもある。台形石器類は、折断面に細調整を施したもの（図10-14）が少数共伴し、その中には石刃を素材とするものもあるが、技術・形態的特殊化は認められない。このほか、粗雑な細調整の角錐状石器、部分的に平坦細調整を施した尖頭器、掻器（図10-15）などがある。

　剥片剥離技術は多様で、ナイフ形石器類や尖頭器に用いられている安山岩も安定的に保有されている。石刃・縦長剥片剥離技術の実態は明確でないが、先端の尖る先細り石刃が多数検出されている。横広・横長剥片剥離技術は多様で、求心剥離石核や打面転移を繰り返すものがある。図10-10のナイフ形石器は、厚手幅広剥片を素材とする石核から剥離されているが、目的剥片は1～2個得

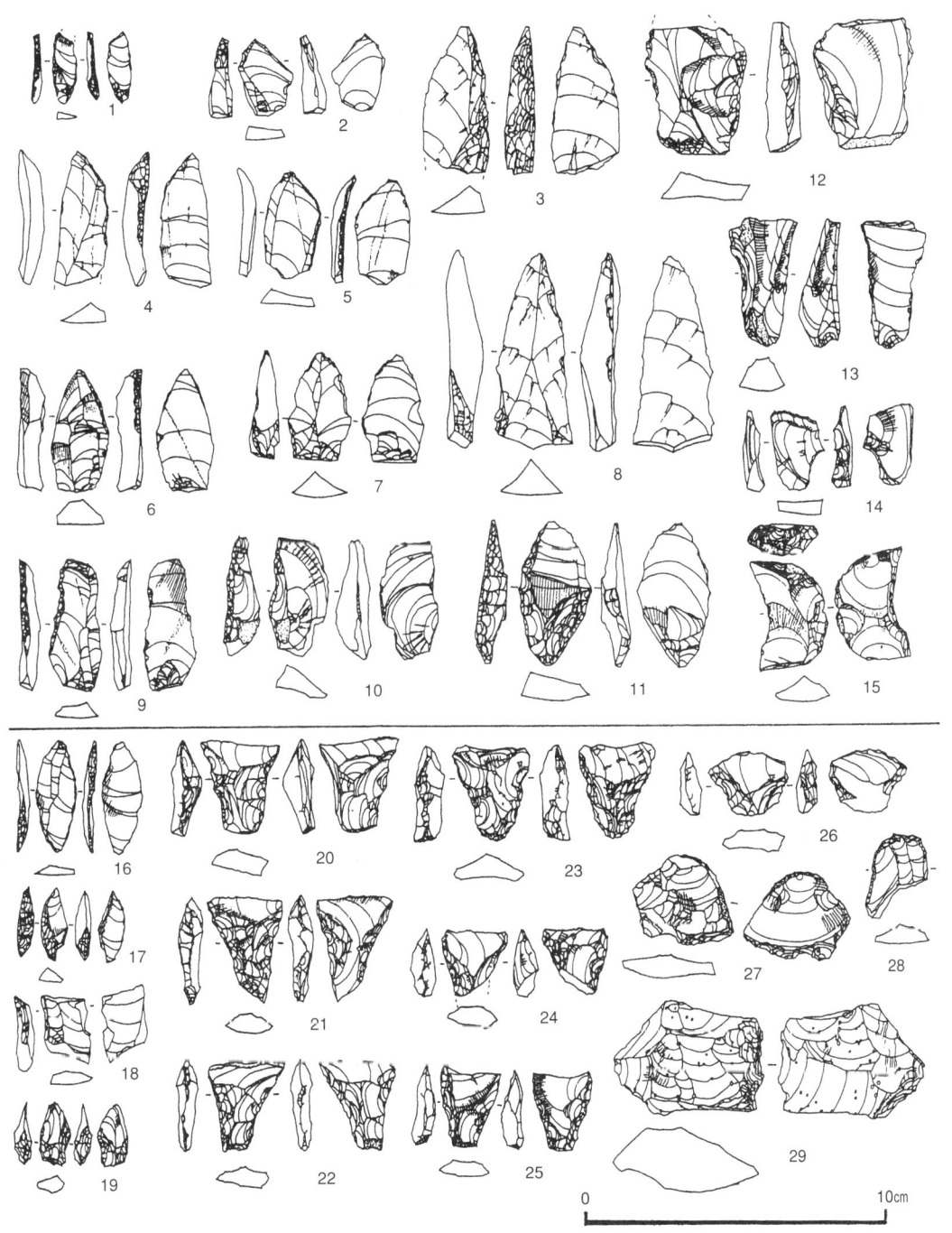

図10 火除遺跡（上段）、大戸遺跡A地区（下段）の石器（萩原1995）

られるにすぎない。

4.6 後期旧石器時代第5期

前述の堤西牟田Ⅳ文化層はナイフ形石器群最終末に位置づけられる。ほぼ同時期の石器群として、小形の百花台型台形石器を主体とする百花台4層など、多様なあり方が考えられる。

百花台遺跡4層（百花台Ⅲ）は、百花台型台形石器を主体とする石器群の最終段階に位置づけら

れ、大量の百花台型と小形石刃、抉入石器、削器などが出土している（麻生・白石 1976）。ナイフ形石器類はまったく出土せず、百花台型は細長・幅広製品に分化し、他遺跡に比べ小形化傾向が著しいのが本石器群の特徴である。本石器群の大部分は、百花台型台形石器の製作に関わるものであり、この点は前述の堤西牟田Ⅳ文化層と同一の構造と思われる。九州のナイフ形石器群終末期は小形化指向、石器の形態的統一、組合わせ具の開発が認められ、この基本的構造が細石刃石器群の出現に深く関与するものと思われる。

　九州ではこの直後、細石刃石器群が出現する。その出現過程は明らかでないが、当初は位牌塔型や茶園型と呼ばれる扁平細石核によって特徴づけられるようである。茶園遺跡Ⅴ層は、細石核28点、細石刃422点、ブランク9点など1,907点が検出されている（川道1998）。

　2種の扁平細石核は技術・形態的特徴において大きな違いはないが、背面の状態により二つに細分される（川道1998・2002）。これらは急斜な打面をもつ点に特徴があり、基本的には打面調整を行っていない。茶園型（図11-1～6）は背面が自然面で構成される点に特徴があり、背面からの加撃で側面調整を行っているものが多い。位牌塔型細石核（図11-7～9）は、側面から背面へ調整を行っているものであるが、一部に自然面を残すものもある。打面は急傾斜を呈し、調整は細石刃剥離作業面に限定し施されている。

　角錐・角柱状を呈する野岳・休場型（図11-13～15）は打面が平坦で、一般的に打面細調整が顕著である。多様な形態が認められ、図11-10～12は茶園・位牌塔型と野岳・休場型の中間形態といえる。野岳・休場型は、西南日本旧石器時代の細石核としてもっとも一般的であり広い地域に分布している。茶園Ⅴ層は扁平を呈する茶園・位牌塔型細石核が主体を占めているが、このような石器群は大分県亀石山遺跡などに良好な調査例がある（今田2003）。なお九州では、野岳・休場型と類似する細石核が土器出現後にも認められる。

4.7　縄文時代草創期の石器群

　旧石器時代最終末を特徴づけた細石刃石器群は、西北九州では土器出現後の縄文時代草創期に比較的長期間存続する。これらについては、泉福寺洞穴や福井洞穴の層位的成果によってその実態が明らかにされている（麻生編1984、鎌木・芹沢1965など）。

　西北九州における土器出現後の細石刃石器群は、西海技法によって特徴づけられる。西海技法は、黒曜石を分割することにより、あるいはそれにさらに加撃することにより細石核素材を生産する。細石核は典型的な福井・泉福寺型を主体とするものの、野岳型に近いものや板状を呈するものまで多様な形態が含まれている。こられの過程で生じた剥片の一部は、削器や彫器の素材に利用されている。これらの総体が西海技法として理解され、このサブシステムは時間の経過とともに、微妙に変化していると考えられる。

　泉福寺洞穴の細石核は、すべて西海技法によって製作されているが、各層に特徴的な形態が組成されている。10層は小口の両端に2面の細石刃剥離作業面をもつ泉福寺10層類型（織笠1991）が認められ、8c層では作業面と打面が平行に近いきわめて縦形の泉福寺8層類型がまとまって検出されている。8層類型は、狭い打面調整部と細石刃剥離作業面が直角に近く整えられている。細石

九州西北部の地域編年　233

茶園型

位牌塔型

野岳・休場型

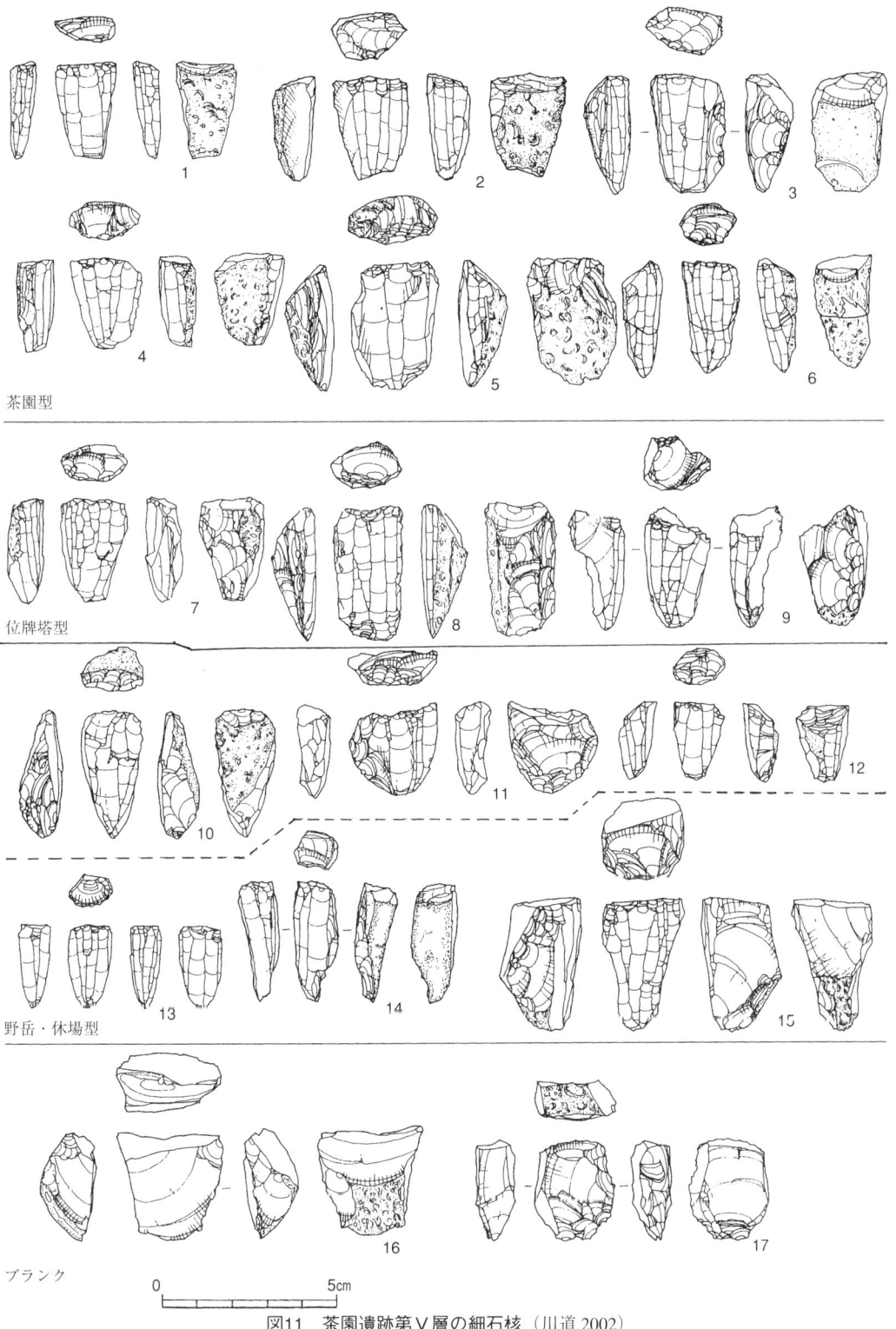

ブランク

0　　　5cm

図11　茶園遺跡第V層の細石核（川道2002）

核の層位的変化は、豆粒文土器や隆線文土器における特徴的な新しい要素の出現と一致している。

爪形文土器や押引文土器と共伴する第6・5層の細石核は縦形スポールの割合が高く、佐賀県唐津市周辺に特徴的な縦形細石核の割合も高い。槍先形尖頭器が新たに組成され、西海技法が崩壊していく過程にあると思われる。日本列島全域で土器出現後も細石刃石器群が残存していると思われるが、西北九州はもっとも遅くまで残存している可能性がある。

5. 九州西北部における石器群の変遷

5.1 前・中期旧石器から後期旧石器時代へ

前・中期旧石器時代から後期旧石器時代初頭の石器群として、入口遺跡下層、福井洞穴15層、石の本8区、沈目遺跡などがある。前述のように、該期石器群は台形状剥片石器、舟底状石器、スクレーパー類によって特徴づけられるが、そのほか錐器、基部加工石器、両面調整の石器、石斧類、礫器などが検出されている。

前・中期旧石器時代に関しては、日本列島全域を考慮しても検出資料はきわめて少数で、その存在を認めない研究者も多い。よって現段階では、前・中期旧石器時代石器群の内容を明確に示すことはできない。しかし、黒色帯直下の石の本8区Ⅵb層に対比できる資料は、全国的に多数の出土例がある。これらは、後期旧石器時代第1期を特徴づける諸要素の出現は認められるものの、その後展開するナイフ形石器や台形形石器を主体とする石器群とは大きな違いがある（萩原2004a）。たとえば西北九州は黒曜石の使用が認められ、局部磨製石斧を組成している。また、大形削器が多量に検出され、台形石器類には特殊化した形態が認められない。

該期石器群には多様なあり方が認められるが、それらの詳細な分析によって前・中期旧石器時代から後期旧石器時代への移行過程が明らかになるものと思われる。

5.2 後期旧石器時代前半期の石器群

第1期は、図1に示した石の本遺跡の層位別出土例から明らかなように、層位による石器群変遷が明らかとなっている。第1段階は、Ⅵb層に包含される石の本8区や沈目遺跡などで、石器製作システム、石材組成、石器組成などにおいて、Ⅵa層や黒色帯下位の石器群と違いが認められる。

黒色帯直下のⅥa層では、曲野遺跡、石の本54・55区、牟礼越遺跡などで検出されているが、石器群の内容はそれぞれ異なっている。曲野と牟礼越は台形石器類を主体とするが、牟礼越は石の本8区段階の要素を残し、曲野には黒曜石製日ノ岳型台形石器が認められ、特殊化した型式がすでに出現している。石刃（縦長剥片）製ナイフ形石器の存在は明らかでないが、石刃（縦長剥片）の存在や矢野原遺跡の様相（秋成ほか2003）などから、Ⅵa層段階にはすでに存在していたものと思われる。石の本54区はペン先状石器が認められ、この段階の石器群は遺跡・文化層において異なった様相を呈する。

黒色帯下位の石器群として、石の本55区、耳切遺跡A地点（村崎編1999）などがある。石の本55区は切出形を含むナイフ形石器類が認められ、細調整技術は急傾斜細調整を主体とし、台形石器類

においても平坦細調整は認められない。耳切A地点は、曲野遺跡と同様台形石器類が主体を占めるが、調整手法は平坦細調整が主体で、急傾斜細調整による日ノ岳型台形石器は認められない。

第1期は局部磨製石斧と台形石器類を基本的に含んでいるが、遺跡・文化層においては主体的利器に違いが認められる。台形石器類も多様な形態を含むが、型式による期間的変異はかならずしも明らかでない。

松浦地方は多くの遺跡で黒色帯が認められないため、石器群の時間的位置は明らかでないが、不定形の台形石器、基部加工ナイフ形石器を共伴する牟田の原遺跡（萩原・加藤1990）、日ノ岳型など多様な台形石器類が検出された崎瀬遺跡（萩原1992）などの石器群が第1期に所属すると考えられる。

第2期は良好な層位的検出例はなく、西北九州では層位による細別編年は困難で、型式学的な方法によらざるをえない。

大分県大野川流域では、百枝遺跡C地区（栗田ほか1985）、駒方古屋第1地点（橘1985）、駒方古屋第2地点（橘1987）、駒方C（吉留1984）などで流紋岩製石刃を素材とするナイフ形石器類を主体とする石器群が検出されている。これらは、比較的大形の二側辺加工ナイフ形石器、打面残置の一側辺加工ナイフ形石器、端部加工ナイフ形石器によって特徴づけられる。

これと類似する石刃製ナイフ形石器類は、長崎県島原半島の百花台D遺跡E地区（副島ほか1988）、百花台2地区（村川ほか1994）などに認められる。ただ、これからは背面基部細調整を有する二側辺加工ナイフ形石器によって特徴づけられる点で、大野川流域のものとは異なる。入口B地点B区の石器群はこれと同様のものと思われ、磯道技法とは異なる厚手の石刃を用いた背面基部細調整のある二側辺加工ナイフ形石器、両面細調整の台形石器類などが検出されている。耳切A地点黒色帯上位石器群も同様のナイフ形石器類が認められる（村崎編1999）が、明確な石刃技法は認められず幅広剥片を用いた石器も多い。

黒色帯最上位の堤西牟田I文化層は、磯道技法による石刃を素材とする小形の柳葉形ナイフ形石器（背面基部細調整を施している）と比較的大形の抉入石器によって特徴づけられる。本石器群は石刃製作、石刃製石器（ナイフ形石器・削器類）製作、急傾斜細調整によるナイフ形石器類、斜め細調整による抉入石器製作という、単純な石器製作システムである。このようなあり方は石刃・ナイフ形石器類製作が極限に達したと考えられ、石刃製器種の多様化が促進された完成された姿と思われる。

第2期末は、このような石刃技法・ナイフ形石器類製作サブシステムによって特徴づけられるが、入口B地点B区にみるように台形石器類製作に関わるサブシステムが残存しているものと思われる。松浦地域の枝去木山中遺跡（田島1990）や日ノ岳遺跡III層（下川・立平1981）は、ナイフ形石器類と台形石器類の共伴する石器群であるが、これらの形態的特徴などから第2期前半に位置づけられよう。諸岡遺跡（山口・副島1976）もほぼ同時期の石器群と考えられる。

5.3 地域集団の発展と旧石器時代の終焉

狸谷遺跡（木崎ほか1987）のAT直下石器群（狸谷I）は二側辺加工ナイフ形石器を主体とする

（木崎ほか 1987）が、百枝Cなどと比べると小形化が著しく、石刃との結びつきも弱い。切出形石器や円形刃部掻器を安定して組成する点も、駒方遺跡群や百枝Cなどに認められない特徴である。二側辺加工ナイフ形石器は柳葉形ナイフ形石器と三角形ナイフ形石器に形態分化し、用途の違いが明確化してくる。このように器種・型式組成が豊富となり、それに対応し多様な縦長・幅広・横広剥片剥離技術が発達している。

切出形石器や円形刃部掻器はAT降灰直後石器群に特徴的な要素で、器種・型式の豊富さとそれに伴う多様な石器製作サブシステムの存在もナイフ形石器文化後半期の特色である。一般的にはAT降灰をもって画期されている（木崎 1988など）が、筆者は、狸谷Ⅰ以降をナイフ形石器文化後半期と位置づけている。南九州は一般的に石刃技法の発達が弱く、切出形石器や円形刃部掻器の出現はこれに先行するため、AT降灰直後の剥片尖頭器の出現をもって後半期ははじまる、とする意見もあるかと思われる。

第3期は、第2期を特徴づけた石刃・ナイフ形石器類・急傾斜細調整サブシステムが解体し、器種・型式の豊富さに対応する複数のサブシステムが発達する。剥片尖頭器、角錐状石器、狸谷型ナイフ形石器、原の辻型ナイフ形石器、国府型ナイフ形石器などである。柳葉形・三角形ナイフ形石器はAT降灰直後は維持されているものの、西北九州を除きその存在は稀薄となる。

出土層位による細別編年は困難だが、器種・型式の形態的特徴の変化によって編年が可能である。たとえば、剥片尖頭器・角錐状石器は図12のように変化すると考えられる（萩原 1996）。第1段階の剥片尖頭器は、図12-25のように古禮里遺跡など韓国のものと同様細長の舌部をもつが、しだいに不定形となり、後半期には図12-3や図12-10のように基部のノッチを上位に施すようになる。また図12-4のように、角錐状石器に近い形態も出現する。松浦地域は当初安山岩製が主体であったが、しだいに黒曜石製石器製作システムの中に組み込まれると考えられる。角錐状石器は、当初図12-28に代表される縦長剥片素材の小形製品であるが、次の段階には図12-23・24のような大形製品が出現する。その後地域的変異が著しくなるが、西北九州は図12-13・14のような黒曜石製の西北九州型角錐状石器が支配的となる。第3期末には、図12-5のように舌部が明確なものが現れる。剥片尖頭器は第3期において消滅するが、角錐状石器はその後も存続し、第4期初頭に大量生産されている。

第3期の石器群は、円形刃部掻器を組成することも特徴の一つである。西北九州では、原の辻型台形石器を主体とする石器群に刃部が鋸歯状を呈する円形掻器が特徴的に組成されている。堤隆氏は、皮革利用と強く結びついた掻器を寒冷適応システムとして解釈している（堤 2000）。そうであれば、最終氷期極寒期は第3期のいずれかに位置づけられることになる。第3期の年代は、最近の大隅半島北西部における東九州自動車道関連遺跡（桐木・耳取・前原和田遺跡など）の調査結果によると、P17（22,610±140BP AMS法）より古くなり、20,000BP頃とされる最終氷期極寒期の年代と整合しない。

このように、最近の層位的成果やAMS法による^{14}C年代によると、最終氷期極寒期は第4期に位置づけられることになるが、これらの年代については今後さらに検討すべき課題と考えられる。

第4期は、第3期後半に顕在化した地域性がさらに顕著となり、小さな地域単位で独自の石器製作システムが発達する。角錐状石器、槍先形尖頭器、柿崎型ナイフ形石器、今峠型ナイフ形石器、

九州西北部の地域編年　237

| 剥　片　尖　頭　器 | 角　錐　状　石　器 |

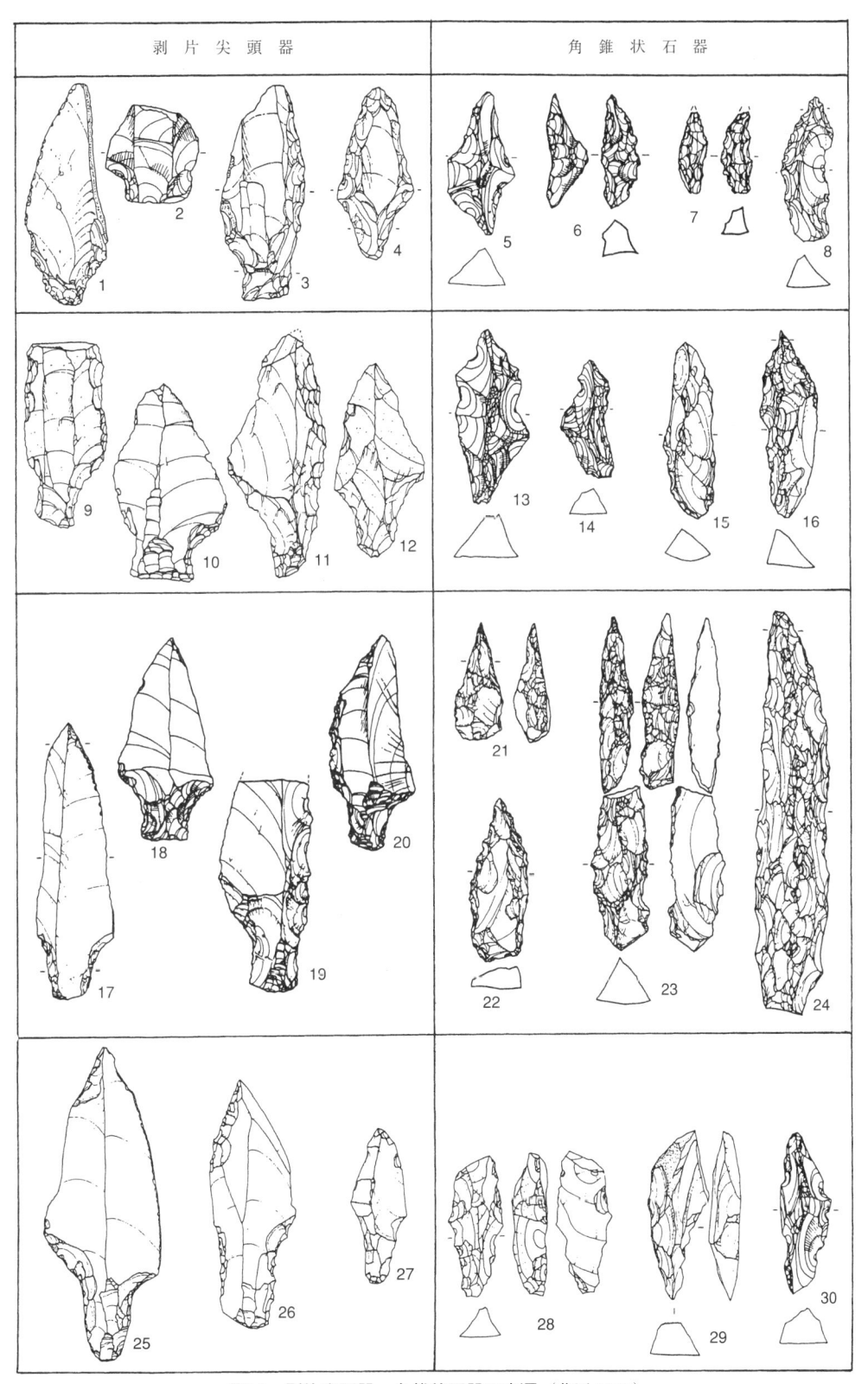

図12　剥片尖頭器・角錐状石器の変遷（萩原1996）

枝去木型台形石器、百花台型台形石器など、同じような機能をもつ複数の石器製作サブシステムが発達する。台形石器類の形態変化などにより細別編年が可能であるが、第4期の石器群は複雑な様相を呈し、現状では時間的位置の明らかでないものもある。

　第3期後半の原の辻型台形石器は松浦地域産黒曜石を用いた特徴的な石器で、松浦地方を中心に北部九州や山口県西部に分布し、これが地域集団（群）の領域を示すとともにそのアイデンティティを象徴するものといえよう（萩原2004c）。第4期には柿崎型ナイフ形石器、枝去木型台形石器、百花台型台形石器も同様の分布傾向であり、その関係が維持されている。今峠型ナイフ形石器は九州全域に分布するが、原の辻型台形石器の影響を受けた黒曜石製西北九州類型は、ほかの型式より狭い現長崎県を中心に認められ、これらの分析によって単位集団の行動領域が推定される。また、これらの製作技術の変容過程の分析によって、地域集団間交流連鎖による伝播の実態が明らかになると思われる。

　第5期は、ナイフ形石器群の最終末と土器出現前の細石刃石器群を位置づけている。ナイフ形石器群は、前述の堤西牟田Ⅳや百花台Ⅲのように定形石器の小形化、形態の統一化、組合わせ道具の開発という基本構造が認められ、石器製作に関する特定のサブシステムが極限に近い完成をみせる。このようなあり方は細石刃石器群とよく類似しており、第5期に位置づけた。

　九州における細石刃石器群の出現過程は明らかでないが、位牌塔型細石核など初源期細石核の形態的特徴から、ナイフ形石器群との関連性がうかがえる。細石刃石器群の細別編年は、主に細石核の形態変化を基準としているが、船野型の位置づけなど今後に残された課題もある。

　西北九州の細石刃石器群は扁平の位牌塔

表1　西北九州旧石器時代の編年表

時　代	時期区分	松浦地域	西北九州	周辺地域
縄文文化	草創期	泉福寺5・6層 泉福寺8層 泉福寺10層		
後期旧石器時代（ナイフ形石器文化）	5期	福井4 福井7 堤西牟田Ⅳ	茶園 百花台Ⅲ	前田
	4期	神の池B 火除 日ノ岳Ⅱ	下城2	
	3期	崎瀬2 川原田 牟田の原Ⅱ	百花台東 石の本54区Ⅴc・Ⅴd層	岩戸D　最終氷期極寒期？
		AT		
		上原		狸谷Ⅰ
	2期	堤西牟田Ⅰ 日ノ岳Ⅲ 枝去木山中	百花台E地区 耳切A第Ⅱ文化層	駒方古屋 百枝CⅢ
	1期	崎瀬4 牟田の原Ⅰ	石の本55区第1 曲野 石の本54区Ⅵa層 石の本8区	牟礼越Ⅰ 岩戸3
前・中期旧石器時代		福井15 入口		

型・茶園型細石核とともに、角錐状を呈する野岳・休場型細石核によって特徴づけられる。後者は、西南日本の広域に比較的均質の石器群が認められる。このようなあり方は第3・4期における地域性が顕在化する現象と対極にあり、集団関係に変化が生じたと考えられる。

　西北九州では、土器の出現とほぼ同時に西海技法による細石核が出現し、南九州でも地域固有の細石核が認められる。土器出現期の細石刃石器群の細別編年は、泉福寺洞穴や福井洞穴の層位的成果により明らかにされているが、縄文時代草創期の九州には神子柴文化の要素も認められ、複雑な様相を呈しているようである。

参考文献

秋成雅博・藤木聡・松本茂　2003　「宮崎県域における旧石器資料の検討（1）—北方町矢野原遺跡第Ⅰ文化層（AT下位）石器群—」『古文化談叢』第50集、125〜152頁。

麻生優編　1984　『泉福寺洞穴の発掘記録』長崎県佐世保市教育委員会。

麻生優・白石浩之　1976　『百花台遺跡』『日本の旧石器文化』第3巻、191〜213頁、雄山閣。

池田朋生編　1999　『石の本遺跡群』Ⅱ、熊本県教育委員会。

池田朋生編　2001　『石の本遺跡群』Ⅳ、熊本県教育委員会。

今田秀樹　2003　『高瀬Ⅲ遺跡・亀石山遺跡』大分県天瀬町教育委員会。

江本直ほか　1984　『曲野遺跡』Ⅱ、熊本県教育委員会。

緒笠昭　1991　「西海技法の研究」『東海大学文学部紀要』第54号、63〜96頁。

緒方勉・古森政次　1980　『下城遺跡』Ⅱ、熊本県教育委員会。

鎌木義昌・芹沢長介　1965　「長崎県福井岩陰—第一次調査の概要—」『考古学集刊』第3巻第1号、1〜14頁。

川道寛　1998　『茶園遺跡』長崎県岐宿町教育委員会。

川道寛　2000　「福井洞穴第15層石器群の再評価」『九州旧石器』第4号、33〜52頁。

川道寛　2002　「茶園遺跡の再評価（1）—位牌塔型と茶園型の間に—」『九州旧石器』第6号、202〜208頁。

川道寛　2004　「福井洞穴駐車場部分の新資料」『平戸市史研究』第9号、79〜90頁。

木崎康弘　1988　「九州ナイフ形石器文化の研究—その編年と展開—」『旧石器考古学』第37号、25〜43頁。

木崎康弘ほか　1987　『狸谷遺跡』熊本県教育委員会。

清田純一編　2002　『沈目遺跡』熊本県城南町教育委員会。

栗田勝弘ほか　1985　『百枝遺跡C地区』大分県教育委員会。

塩塚浩一　2002　「入口遺跡694地区発掘調査」『平戸市史研究』第7号、61〜74頁。

塩塚浩一　2004a　「入口遺跡A・C地点発掘調査の概要」『平戸市史研究』第9号、41〜56頁。

塩塚浩一　2004b　「入口遺跡B地区（741地区）発掘調査報告」『平戸市史研究』第9号、57〜78頁。

塩塚浩一　2005　『市内遺跡確認調査報告書』Ⅳ、平戸市教育委員会。

下川達彌・立平進　1981　『日ノ岳遺跡』長崎県立美術博物館。

芹沢長介　1999　「前期旧石器研究の展開」『岩宿時代を遡る』5〜16頁、笠懸野岩宿文化資料館。

副島和明　1993　『福井洞穴—駐車場建設工事に伴う範囲確認調査報告書—』長崎県吉井町教育委員会。

副島和明ほか　1988　『百花台広域公園建設に伴う埋蔵文化財緊急発掘調査報告書—百花台D遺跡—』長崎県教育委員会。

高尾好之ほか　2003　『ヌタブラ遺跡発掘報告書』静岡県本川根町教育委員会。

田島龍太　1990　『枝去木山中遺跡』佐賀県唐津市教育委員会。

橘　昌信　　　1985　『駒方古屋遺跡発掘調査報告書』別府大学付属博物館。
橘　昌信　　　1987　『駒方古屋遺跡第2次・第3次発掘調査報告書』別府大学付属博物館。
橘昌信編　　　1999　『牟礼越遺跡』大分県三重町教育委員会。
堤　　隆　　　2000　「掻器の機能と寒冷適応としての皮革利用システム」『考古学研究』第47巻第2号、66〜84頁。
長友恒人・下岡順直　2004「入口遺跡のIRSL年代測定」『平戸市史研究』第9号、110〜114頁。
萩原博文　　　1991　『神の池遺跡B地区Ⅱ・火除遺跡Ⅱ』長崎県平戸市神の池遺跡調査会。
萩原博文　　　1992　「崎瀬遺跡第4文化層の台形石器について」『人間・遺跡・遺物2』19〜27頁、発掘者談話会。
萩原博文　　　1995　「平戸の旧石器時代」『平戸市史・自然考古編』223〜318頁。
萩原博文　　　1996　「西南日本後期旧石器時代後半期における石器群の構造変容」『考古学研究』第43巻第3号、62〜85頁。
萩原博文　　2004a「日本列島最古の旧石器文化」『平戸市史研究』第9号、3〜40頁。
萩原博文　　2004b「台形石器類の出現過程―九州の事例に基づいた分析―」『山下秀樹氏追悼考古論集』85〜94頁。
萩原博文　　2004c「ナイフ形石器文化後半期の集団領域―西北九州を中心に―」『考古学研究』第51巻第2号、35〜54頁。
萩原博文　　2004d「入口B地点の石器分布と旧石器時代のキャンプに関する予察―集団の組織や社会構造の解明へ向けて―」『平戸市史研究』第10号、45〜76頁。
萩原博文編　　1985a『堤西牟田遺跡』平戸市教育委員会。
萩原博文編　　1985b『西中山遺跡・堤西牟田遺跡（Ⅱ）・平戸城跡緊急発掘調査報告書』平戸市教育委員会。
萩原博文・加藤有重　1990　『大戸遺跡Ⅱ・牟田の原遺跡Ⅱ・津吉遺跡群Ⅱ・平戸城跡Ⅱ』平戸市の文化財31。
早川泉ほか　　1984　『武蔵台遺跡Ⅰ』都立府中病院内遺跡調査会。
松藤和人ほか　1994　『百花台東遺跡』同志社大学文学部考古学調査報告第8冊。
水ノ江和同編　1994　『宗原遺跡』福岡県教育委員会。
村川逸朗ほか　1994　『県道国見雲仙線改良工事に伴う埋蔵文化財緊急発掘調査報告書』長崎県教育委員会。
村崎孝広編　　1999　『耳切遺跡』熊本県教育委員会。
山口譲治・副島邦弘　1976　「諸岡遺跡」『日本の旧石器文化』第3巻。
吉留秀敏　　　1984　「駒方C遺跡の調査」『大野原の先史遺跡』14〜72頁、大分県教育委員会。

九州東南部の地域編年

宮田　栄二

242

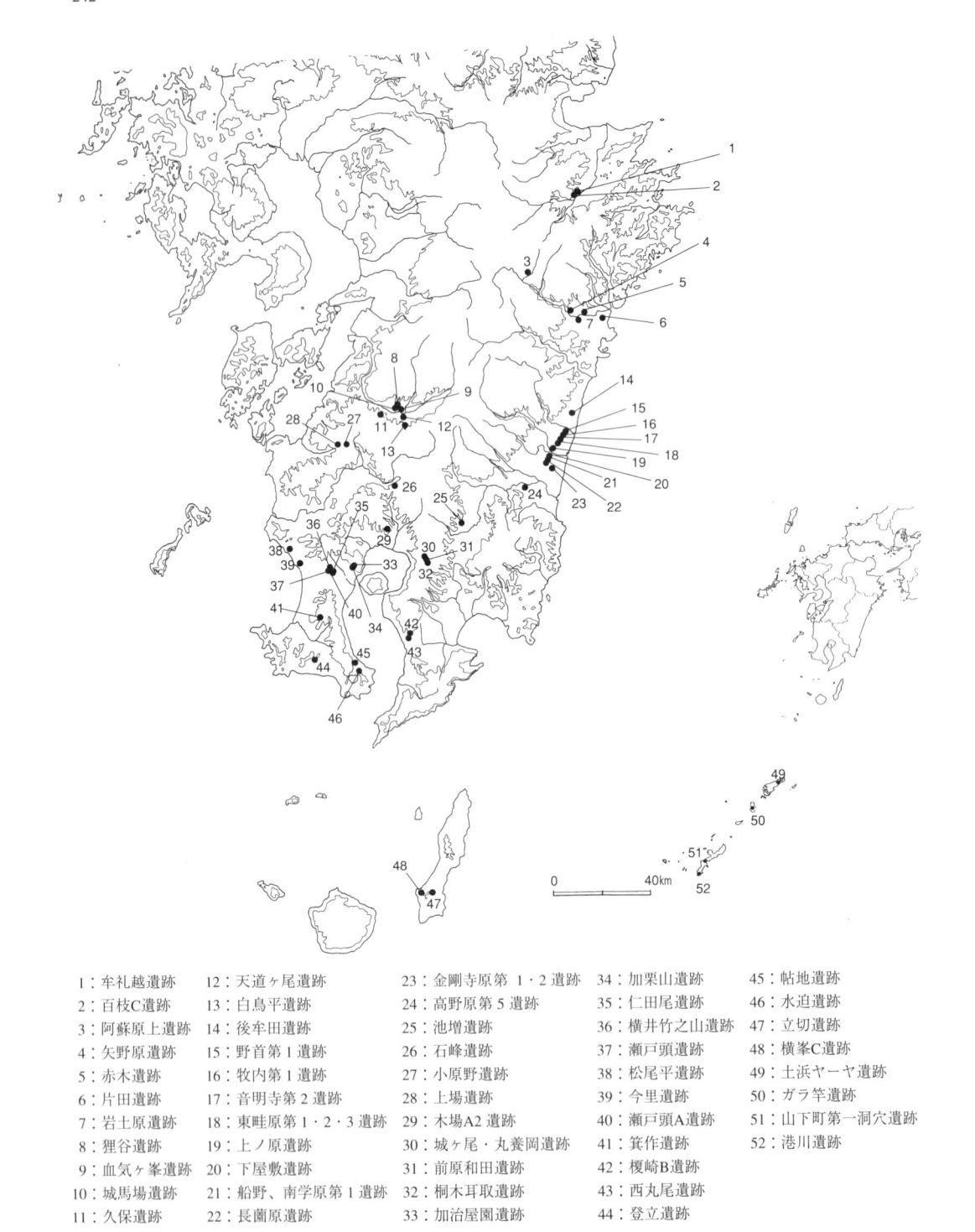

1：牟礼越遺跡	12：天道ヶ尾遺跡	23：金剛寺原第1・2遺跡	34：加栗山遺跡	45：帖地遺跡
2：百枝C遺跡	13：白鳥平遺跡	24：高野原第5遺跡	35：仁田尾遺跡	46：水迫遺跡
3：阿蘇原上遺跡	14：後牟田遺跡	25：池増遺跡	36：横井竹之山遺跡	47：立切遺跡
4：矢野原遺跡	15：野首第1遺跡	26：石峰遺跡	37：瀬戸頭遺跡	48：横峯C遺跡
5：赤木遺跡	16：牧内第1遺跡	27：小原野遺跡	38：松尾平遺跡	49：土浜ヤーヤ遺跡
6：片田遺跡	17：音明寺第2遺跡	28：上場遺跡	39：今里遺跡	50：ガラ竿遺跡
7：岩土原遺跡	18：東畦原第1・2・3遺跡	29：木場A2遺跡	40：瀬戸頭A遺跡	51：山下町第一洞穴遺跡
8：狸谷遺跡	19：上ノ原遺跡	30：城ヶ尾・丸養岡遺跡	41：箕作遺跡	52：港川遺跡
9：血気ヶ峯遺跡	20：下屋敷遺跡	31：前原和田遺跡	42：榎崎B遺跡	
10：城馬場遺跡	21：船野・南学原第1遺跡	32：桐木耳取遺跡	43：西丸尾遺跡	
11：久保遺跡	22：長薗原遺跡	33：加治屋園遺跡	44：登立遺跡	

九州東南地域の主要遺跡分布図

はじめに

　九州東南部とは、九州を斜めに縦断する九州山地により区分した地域割である。行政区分では鹿児島県および宮崎県の全体と、熊本県南部の人吉盆地つまり球磨川中流から上流域までをも含むことになる。この地域区分は西北九州の良質黒曜石産地と東九州の流紋岩産地や頁岩産地とも対応しており、その石材に起因する細石刃文化期の福井型細石刃核と船野型細石刃核の対極性にも対応し、妥当性のあるものといえよう。編年対象地域は鹿児島・宮崎を中心とするが、大分県南部の大野川流域は旧石器時代遺跡が多く調査されている隣接地であり、随時ふれていきたい。

　九州東南部における旧石器時代の編年は、60年代から80年代前半に調査されて、これまで編年示準とされていた大分県岩戸遺跡、同百枝遺跡、宮崎県赤木遺跡、同片田遺跡、鹿児島県小牧3A遺跡、同上場遺跡などで出土した石器が基準となっていた。それらの編年基準はATを基準にした層位的位置と石器群の型式学的評価や石器組成であった。

　ところが近年、東九州自動車道建設に伴う大規模調査が実施され、これまでにない新たな層位的成果が得られている。それはこれまでの編年観を大幅に見直す必要性に迫らせるのに十分なものといえる。なお、本稿は中間発表と大幅に変更した部分がある。

1. 編年の方法

　これまでも九州旧石器時代編年の指標の一つとなっていたのが、広域に分布する姶良Tn火山灰（以下ATとする）と、AT下位に認められる暗色帯や黒色帯と石器群の層位的位置関係である。このほかの各種火山灰やパミスなどの火山噴出物と石器群との位置関係は、石器群の時期的な評価と比較に際してきわめて有効となっている。

　近年の調査成果の一つとして、九州東南部には分布範囲が限定される狭いローカルなものであるが、以下のようなテフラが石器群の上下の位置で認められ、各石器群の時間的関係が明らかになったことである（テフラの年代は、奥野・福島・小林2000によるATを基準とした層厚対比である）。

小林軽石	15 ka		
桜島P15	21ka		
桜島P17	23ka		
AT	24.5ka		
姶良深港テフラ	26.5ka		
姶良大塚軽石	30ka	種Ⅳ火山灰	35ka
霧島アワオコシ	41ka	種Ⅲ火山灰	44ka
霧島イワオコシ	50ka		

このようなテフラの存在により明らかになった石器群の前後関係を、基本的な編年の方法として第一に重要視した。

次に単純時期石器群の抽出と検証を基本とした。一文化層の中でも石器群総体は複数時期におよぶ可能性もあり検討する必要がある。

AT上位については、鹿児島県薩摩半島地域や宮崎平野部は平均して堆積が薄く、そのため複数時期の石器群が混在している可能性について検討する必要がある。しかし、近年調査された鹿児島東部に位置する大隅半島北部では、P15やP17などの複数の火山噴出物を含む土層の良好な厚い堆積が認められており、基準的な石器群の前後関係を明らかにすることが可能となった（図1の桐木耳取・城ヶ尾遺跡の土層柱状図参照）。

一方、AT下位については鹿児島地域で入戸火砕流が厚く堆積しているため、調査例が少ないのに対し、宮崎平野部が上記のように複数の火山噴出物を有し良好な堆積となっていることと、近年多くの石器群が調査されていることから、編年基準とすることができる（図1の高野原遺跡第5地点・音明寺第2遺跡参照）。

また同一文化層のものについては、石器群エリアや石器群ブロックの最小単位を基準とし、複数時期の混在の可能性を排除して石器組成の検討および石器形態の変遷から検証を行う必要がある（図2参照）。逆に、連続する2枚の自然堆積層に異なる文化層が与えられている場合でも、石器群の検討や接合関係の有無などを考慮して時期設定を判断する。つまり、九州の旧石器研究において船野遺跡におけるナイフ形石器と細石器との共伴という学史的事例を教訓にして、複数時期の石器群が混在している可能性の高いものを除外し、また後続する時期のない石器群を基準遺跡として選定することにした。以上のような単純時期石器群の抽出と火山灰等による層位的な位置づけとを重ね合わせ検討することにより編年を行った。

九州東南部において、ほとんどの石器群は後期旧石器時代に該当するものであることから、AT以前を後期旧石器時代前半としてⅠ期～Ⅲ期に区分し、AT以後の後期旧石器時代後半についてはⅣ期～Ⅶ期のナイフ形石器文化期と、Ⅷ～Ⅹ期の細石刃文化および縄文時代草創期を含む細石刃石

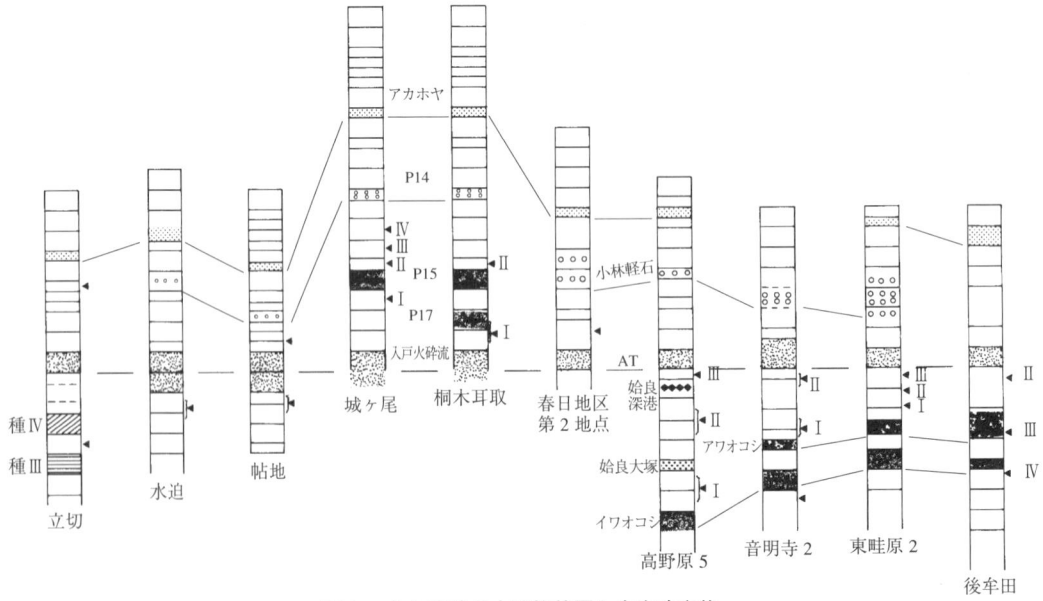

図1　主な遺跡の土層柱状図と火山噴出物

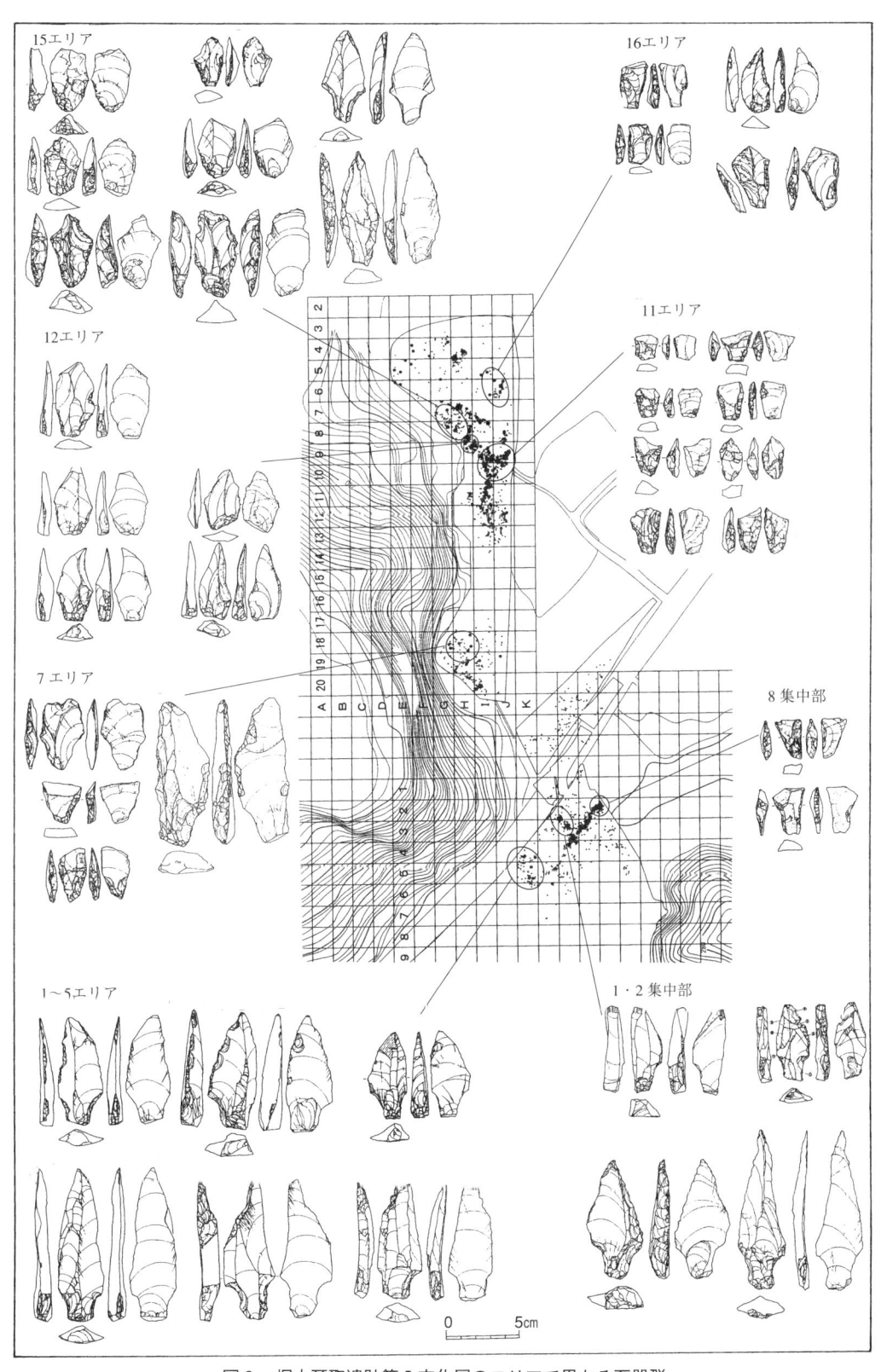

図2 桐木耳取遺跡第Ⅰ文化層のエリアで異なる石器群

器群として区分する。なお、後期旧石器時代以前と推定される一部の石器群については、今回 0 期として取り扱う。

また、九州東南部という地域は、それぞれ石材環境が異なる小地域に細分できる。宮崎県北部から大野川流域では流紋岩が多用され、宮崎南部では頁岩やホルンフェルスが多く、鹿児島薩摩半島では複数産地の黒曜石や頁岩そして鉄石英・玉髄など多種の石材が使用されており、球磨川流域ではチャートが使用石材の主体となっている。このような主たる使用石材の違いは、たとえば同一技術を保持する場合でも、各地域の石材産地や石材の特質による剥片剥離の違いなどのようにみかけ状の差異として生じることも予想され、そして得られる剥片の大きさに起因する石器の大きさの違いとなることもあり、注意が必要となる。

2. 九州東南部の石器群変遷

今回、九州東南部の旧石器時代について細分することに心がけ、以下のような石器群の変遷を考えた。なお、この時期区分では細石刃石器群の中に縄文時代草創期の一部まで含んでいるが、それは九州東南部の地域的な特徴といえるからである。

2.1 後期旧石器時代以前
2.1.1 0 期

音明寺第 2 遺跡（山口 2003）の第 1 文化層はアワオコシの上位に位置するⅧ・Ⅸ層から出土したものであるが、それより下位のⅪ～ⅩⅢ層にかけて出土した資料は文化層名がつかずに図化・報告されている。ここのⅩⅡ層が約 5 万年前のイワオコシであり、出土資料の半数はⅩⅢ層での出土であることからイワオコシの下部に相当している。文化層名がついていないのは資料が自然礫の可能性もあるためとされている。出土資料は 7 点あり、いずれも石材は砂岩である。これらの資料がすべて自然礫とは考えられず、礫器と敲石については石器の可能性があると思われる。

一方、後牟田遺跡のⅢｂ文化層やⅣ文化層（橘・佐藤・山田 2002）についても、現状では九州内での編年的位置づけはなされていないが、Ⅲｂ文化層の鋸歯縁石器やⅣ文化層の削器や磨石などについて、筆者は人為的な石器の可能性を認めており、0 期として考えておきたい。

また、同様に一部の研究者を除き石器の認定において疑問視されている大野遺跡群D遺跡のⅧa、Ⅷｂ層（和田 2002、北森 2003）の出土資料についても、筆者はすべてを石器とは考えていないものの、図 3 に示したものなどは人為的剥片としての打点や二次加工が明瞭であり、確実に人為的な石器と判断している。これも後期旧石器時代のものとは様相が異なり、とりあえず 0 期としておきたい。

0 期は旧石器捏造事件に起因する一連の前～中期旧石器時代拒否反応のためか、否定的な研究者が多い。石器群の特徴は、石器としての認定が困難なものが多いが、大型剥片石器と小型剥片石器の 2 種が認められている。

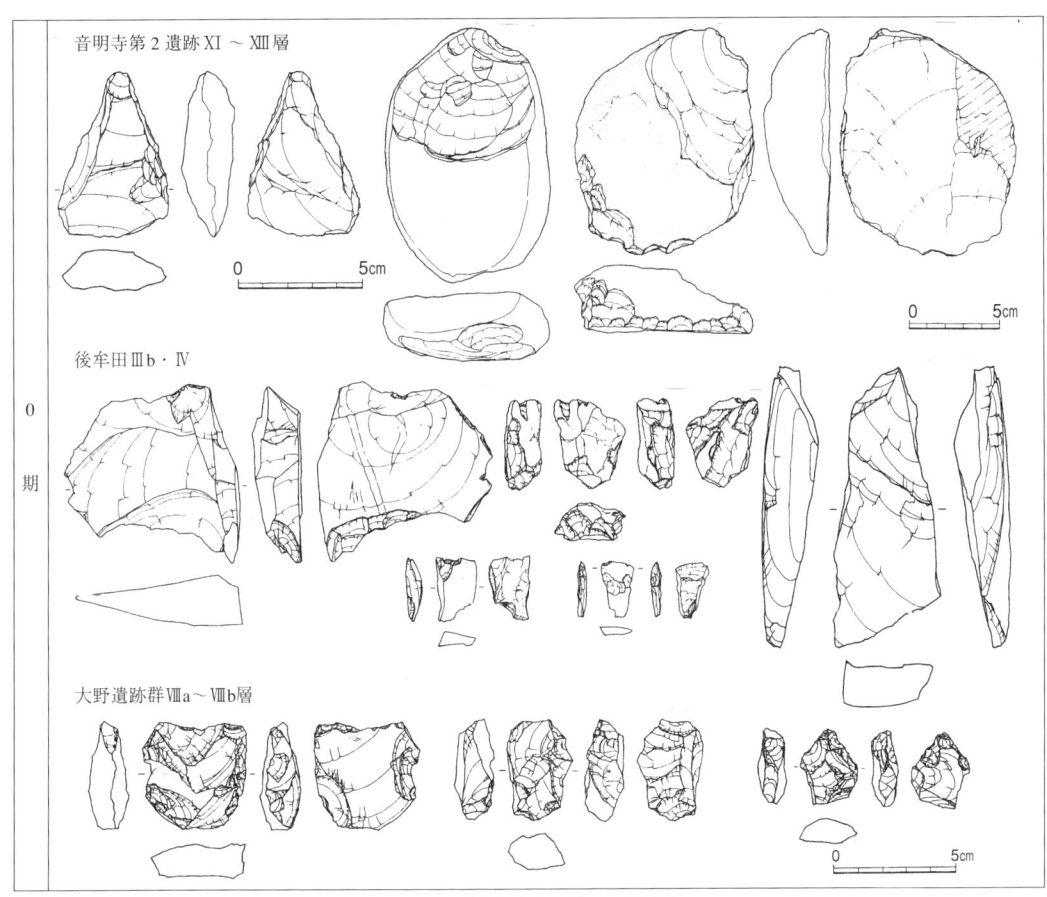

図3 九州東南部0期の石器群

2.2 後期旧石器時代前半

2.2.1 Ⅰ期

層位的には姶良大塚軽石の下位または相当層に位置する。高野原遺跡第5地点Ⅰ文化層（日高ほか2004）、音明寺第2遺跡Ⅰ文化層、後牟田遺跡Ⅲ文化層が該当する。また、種子島の種Ⅳ下位に位置する横峯C遺跡Ⅰ文化層（坂口・堂込2000）と立切遺跡ⅩⅢ層（田平2002、田平・野平2003）の石器群もⅠ期として比定しておきたい。

高野原第5地点では頁岩製の大型削器や緑色珪質頁岩製剥片の接合資料が出土している。礫群は検出されていないが、赤化した礫が3点出土している．

音明寺第2遺跡Ⅰ文化層では磨石・敲石・台石の礫塊石器が半数を占め、また砂岩やホルンフェルスを使用した人型の剥片石器や礫器・斧形石器などが出土している。出土している礫の約一割は赤化が認められていることから近辺に礫群の存在が推定できる。

後牟田遺跡Ⅲ文化層では大型の剥片を使用した基部加工石器や鋸歯縁石器そして斧形の石器があるほか、多くの磨石・敲石・石皿などの礫塊石器が共伴している。鋸歯縁石器は後期旧石器時代初頭に盛行する器種であり（佐藤2002）、大型剥片の広い平坦面から粗い二次加工が施されている。礫群は4基検出されている。

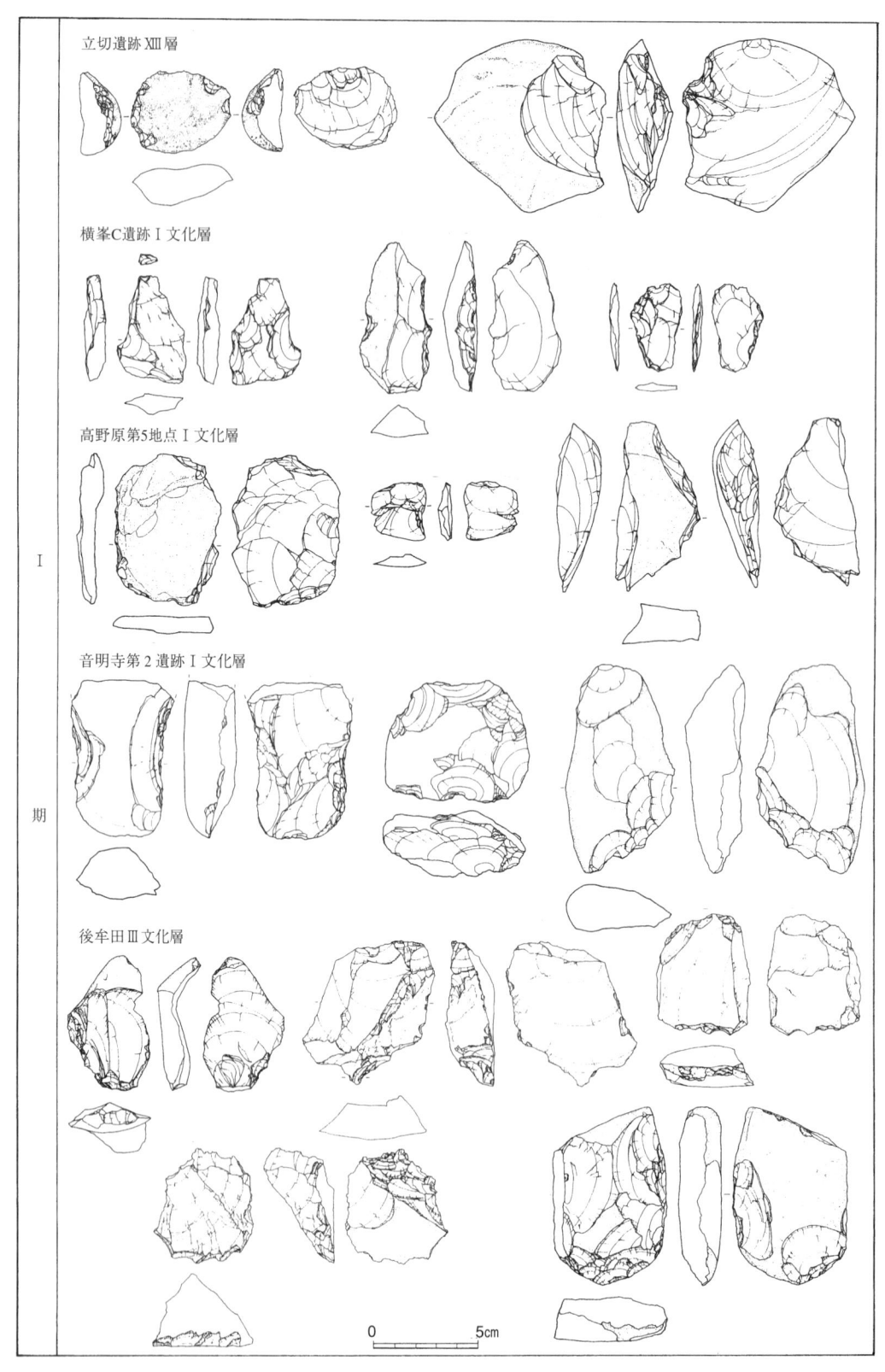

図4 九州東南部Ⅰ期の石器群

このように宮崎県で発見されているⅠ期の石器群は、大型の剥片を利用した鋸歯縁石器や斧形の石器が共通しており、また磨石・敲石類の礫塊石器が多いという特徴がみられる。

これらと時期的に対比できる可能性のあるものとして種子島に所在する横峯C遺跡と立切遺跡の石器群が考えられる。

横峯C遺跡では掘込みをもつ礫群も3基検出されている。礫群内の炭化物によるAMS法^{14}C年代は31,280±690y.BPなどが得られている。最新の調査成果（石堂・中村2005）として、遺跡近辺で採取できる砂岩を使用し、粗い二次加工を施した鋸歯縁石器や斧形の石器が出土している。

一方、立切遺跡ⅩⅢ層では多量の磨石・敲石・台石・砥石などの礫塊石器のほか、斧形石器、鋸歯縁石器と刃部磨製石斧が2点出土している。刃部磨製石斧の1点は礫皮面が残る砂岩の大型横長剥片を素材とし、草履形を呈するものであり、同時期の関東で出土しているものと形態的にも技術的にも共通しているものである。もう1点は基部を敲打調整により明確に意識したもので、表裏全体にていねいな研磨が施され、これまでにない形態である。また第3次調査では、これまでの地点とは離れた地点から削器や斧形の石器、石核と剥片の接合資料が出土しており、これらはⅩⅢ層の中でも出土面が下位であり、時期的に少し古く位置づけられる。遺構としては掘込みをもつ礫群1基のほか、性格不明の大型土坑と地床炉と考えられる赤化した焼土跡がこれまで24ヵ所みつかっている。焼土の炭化物によるAMS法^{14}C年代は、30,480±210y.BPである。

このほか、この時期に該当する可能性が高いものとして上場遺跡（池水1967）6層下部出土のチョッパーなど大型石器群の一部が位置づけられる（橘2000、杉原2002）。

九州西北部では、黒色帯下位に位置する石ノ本遺跡群8区（池田1999）Ⅵb層や沈目遺跡（木崎・清田2002）Ⅵb層が該当する。前者は鋸歯縁石器、ピック、尖頭状石器などが特徴的であり、台形様石器は折断が主体で平坦剥離はみられない。後者も大型の剥片を素材とした鋸歯縁石器が特徴的である。

2.2.2　Ⅱ期

層位的には黒色帯の中部から下部にかけての位置に相当するものである。後牟田遺跡Ⅱ文化層や高野原遺跡5地点Ⅱ文化層、矢野原遺跡第Ⅰ文化層が該当する。Ⅱ期の石器群は主として平坦剥離による台形様石器の存在が特徴であり、Ⅰ期の大型剥片石器と異なり小型の剥片石器が多い。この時期に該当する遺跡は九州東南部では少ない。

後牟田Ⅱ文化層では台形様石器、部分加工ナイフ形石器、削器などがあり、高野原遺跡Ⅱ文化層では同様に台形様石器、削器、楔形石器などが出土している。高野原遺跡で使用されている石材は黒曜石、チャート、流紋岩、頁岩などであり、頁岩やチャートの接合資料では平坦打面から縦長剥片が連続して製作されている。矢野原遺跡Ⅰ文化層（谷口ほか1995、秋成・藤木・松本2003）では、水晶、チャート、流紋岩を石材とする台形様石器、ナイフ形石器、掻器、削器、石斧、敲石、磨石などが出土している。また上場遺跡6層石器群の一部にも台形様石器が特徴的に認められ、Ⅱ期に該当する時期が含まれている。ほかに球磨川上流域では血気ヶ峯遺跡第二石器文化（和田2001）が該当する。遺構として高野原遺跡では礫群が2基検出されている。

また隣接地では大野川流域に所在する牟礼越遺跡Ⅰ文化層（橘1999）が該当する。九州西北部

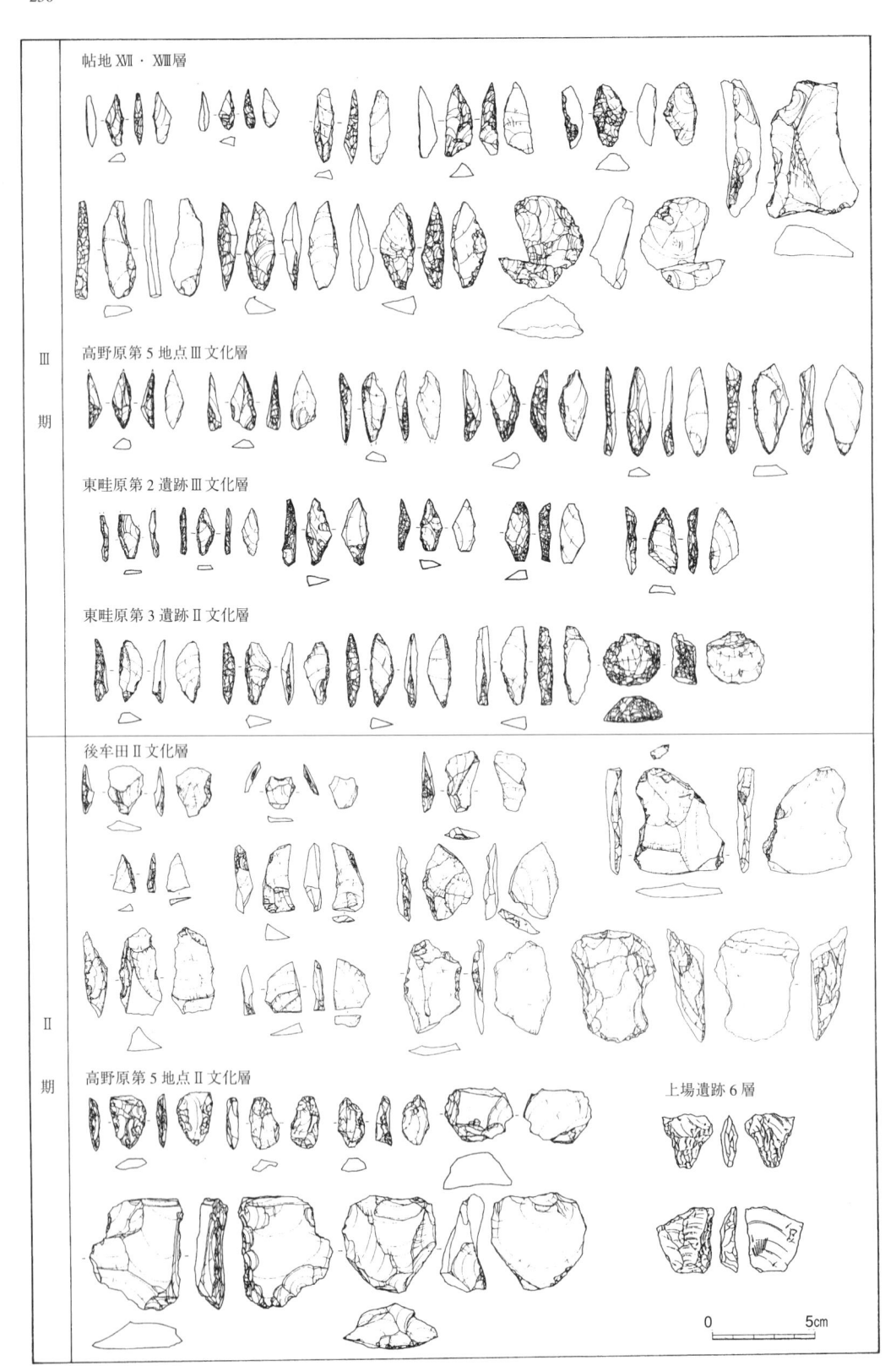

図5　九州東南部Ⅱ・Ⅲ期の石器群

では曲野遺跡や耳切遺跡が該当する。

2.2.3 Ⅲ 期

AT直下に位置する。遺跡は帖地遺跡ⅩⅦ・ⅩⅧ層（永野 2000）、東畦原第 2 遺跡Ⅲ文化層（倉薗ほか 2005）、東畦原第 3 遺跡Ⅱ文化層（福松・横田・金丸 2004）、高野原遺跡 5 地点Ⅲ文化層が該当する。ほかにも音明寺第 2 遺跡Ⅱ文化層や永迫第 1 遺跡Ⅸ層（廣田 2004）、水迫遺跡12・13層（下山・鎌田ほか 2002）がある。また球磨川流域では狸谷Ⅰ石器文化（木崎 1987）や久保遺跡Ⅰ石器文化（木崎 1993）が、隣接地では大分県百枝Ｃ遺跡Ⅲ文化層（清水・栗田 1985）が相当する。このようにⅢ期になると遺跡数がかなり増加している。

Ⅲ期は縦長剥片を素材とし、打面を裁断するように二側縁加工を施したものや一側縁加工のいわゆる茂呂型ナイフ形石器が主体であり、ほかに石器組成として掻器、削器、敲石などが伴っている。帖地遺跡ⅩⅦ・ⅩⅧ層では近くに産する頁岩や鉄石英・玉髄のほか比較的遠隔地産となる黒曜石など多様な石材が使用されている。ナイフ形石器は縦長剥片を素材とした二側縁加工や一側縁加工のものがみられ、長さ 2 ㎝程度の小型品や 4 ㎝程度の中型品が認められる。石器組成は掻器や削器などである。石核は打面を移動しながら剥離する多面体のものが出土している。

東畦原第 2 遺跡Ⅲ文化層では、この前後の時期がホルンフェルスや頁岩を主石材としているのに対し、チャートを主要な石材にしているという違いがみられる。これは、この時期のナイフ形石器が珪質の強い石材を指向していることを示す。ナイフ形石器は縦長剥片を素材とし小型で細身のものが多い。

狸谷Ⅰ石器文化のナイフ形石器はチャート製の縦長剥片を素材とし、久保Ⅰ石器文化では黒曜石とチャートを使用した二側縁加工ナイフ形石器や一側縁加工ナイフ形石器がみられる。

剥片剥離は高野原遺跡第 5 地点や永迫第 1 遺跡・音明寺第 2 遺跡で石核と剥片の接合資料があり、それによるとあまり打面転移をせずに縦長剥片を連続して剥ぐものや、打面を転移しながらサイコロ状に剥ぐ多面体石核が認められている。

この時期の石器群は多くの遺跡で礫群を伴う。

2.3 後期旧石器時代後半

2.3.1 Ⅳ 期

AT直上に位置する石器群である。該当する遺跡は片田遺跡、金剛寺原第 1 遺跡、春日地区遺跡群第 2 地点（加藤ほか 2003）などがある。

石器群の特徴は二側縁加工ナイフ形石器と掻器などが主体となり、剥片尖頭器と三稜尖頭器は含まないということである。この剥片尖頭器を含まないことと、ナイフ形石器の形態がAT下位のものの系譜をひき、その技術的類似性などからAT直後の一つの時期として設定されたのは、片田遺跡や金剛寺原第 1 遺跡の資料によるもの（橘 1990）であった。このAT直上の石器群が、直下の石器群の系譜がたどれ、二側縁加工ナイフ形石器が継続するという編年案は、九州内で多くの支持を得ている。

この時期の基準資料として近年調査された春日地区遺跡群第 2 地点の石器群資料があげられる。

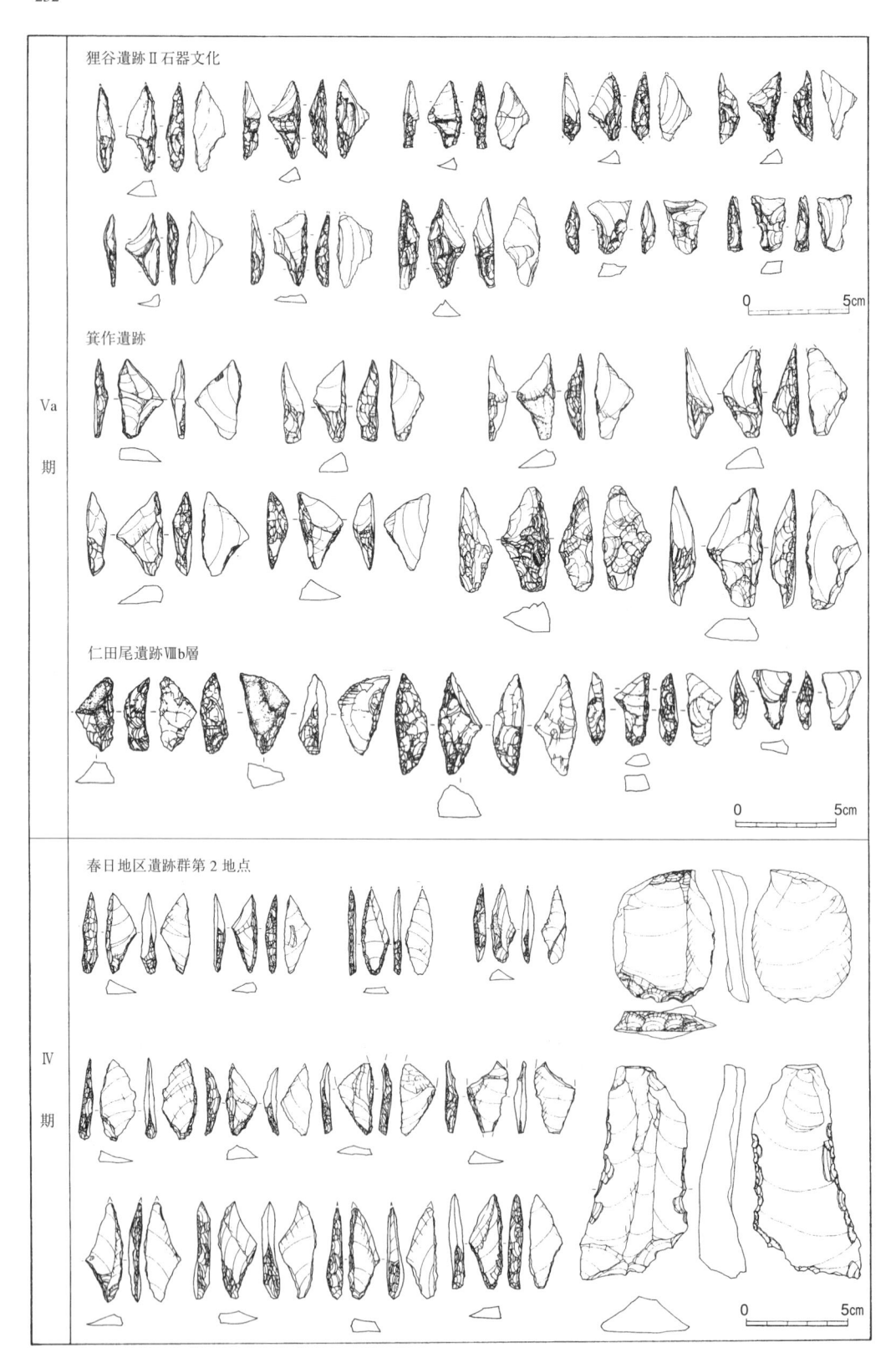

Ⅴa期	狸谷遺跡Ⅱ石器文化 箕作遺跡 仁田尾遺跡Ⅷb層
Ⅳ期	春日地区遺跡群第2地点

図6　九州東南部Ⅳ・Ⅴa期の石器群

ナイフ形石器は総計35点出土しており、いずれも縦長剥片を素材とし、剥片の打面を断ち切るような二側縁加工が施されているものや一側縁加工のものが認められる。石器組成は掻器や大型削器、磨石、敲石などであり、剥片尖頭器や三稜尖頭器は共伴していない。ナイフ形石器の形態は縦長剥片を素材とするが、AT下位のⅢ期のものと整形や加工が類似するものだけでなく、幅広剥片が素材で切出し形に近い形状が多く認められ、規格的な大きさもAT下位のものと比較すると大型であり、異なる背景が考えられる。

この時期に該当する石器群は鹿児島の薩摩半島や大隅半島ではみつかっていない。入戸火砕流が厚く堆積する地域では植生がほぼ壊滅したと推定され、AT火山灰のみが降灰した地域と違い、植生の回復が遅れている状況が推定される（木崎1988、宮田1995）。

なお、九州旧石器文化研究を長くリードしている木崎編年では、AT上位をⅢ期と呼称しておりAT直上の初頭については岩戸遺跡D文化層を標識遺跡とし、それに片田遺跡をあてている。その結果、岩戸Dの剥片尖頭器を古く位置づけているが、岩戸Dについては複数時期の混在の可能性が推測され、検討が必要と思われる。また片田遺跡の三稜尖頭器は同一層からの出土ではない。

2.3.2　Ⅴ期

Ⅴ期もATの直上あるいは入戸火砕流（シラス）の直上部に位置し、P17の下位に位置することから、時期的に限定された期間と判断される。

ここでは石器群の内容の差異を基準としてⅤa、Ⅴb、Ⅴcに細分する。この時期のみa、b、cに細分するのは、これらの時期がかなり密接した比較的短いものであると考えられるからである。

（1）　Ⅴa期

幅広剥片を使用した厚みのある切出し形のナイフ形石器、いわゆる狸谷型ナイフ形石器（松藤1992）を指標とする時期である。該当する遺跡は狸谷遺跡Ⅱ石器文化と仁田尾遺跡、長薗原遺跡（時任・山田2002）のブロック1、そして最近報告書が刊行された箕作遺跡（宮下・角張2004）などが挙げられる。

狸谷Ⅱではナイフ形石器46点、剥片尖頭器2点、小型の三稜尖頭器4点、掻器と削器が各々5点出土している。このようなナイフ形石器と剥片尖頭器や三稜尖頭器との組成比率の違いは、石器群の性格の違いに起因する考え（木崎1988）に対して、時期的な差異と考える必要がある。

最近報告された箕作遺跡は、狸谷型ナイフ形石器を主体とするこの時期のものであるが、いずれも剥片尖頭器や三稜尖頭器はまったく出土していない。石材は近辺の川辺町宮ノ上などを産地とする珪質頁岩が使用され、狸谷型ナイフ形石器に掻器や削器などが伴っている。石核は打面と作業面を交替・転移しながら剥片剥離を行うものや、剥片素材で小口部分から剥出するもの、あるいは周囲から求心状に剥ぐものがあり、目的剥片としての幅広剥片を生産している。

宮崎では長薗原遺跡ブロック1の資料が該当し、狸谷型ナイフ形石器のみで剥片尖頭器も三稜尖頭器も認められず、大分の駒形津室迫遺跡では比較的大型の狸谷型ナイフ形石器が出土しており、同様に剥片尖頭器などは出土していない。

このことは狸谷型ナイフ形石器が主体となる時期には剥片尖頭器は共伴しない可能性が高いことを示唆しており、すなわち狸谷Ⅱ石器群の剥片尖頭器は時期が異なる可能性を考慮する必要がある

（岩谷 1998）。

　(2)　Ⅴb期

　剥片尖頭器が主体となる時期である。

　剥片尖頭器は九州のAT上位を象徴する器種であり、これまで剥片尖頭器と三稜尖頭器は小牧3A遺跡出土例などのように共伴すると考えられ、長い間南九州旧石器時代の編年の指標とされてきた経緯がある。その後も薩摩半島では両石器が共伴している遺跡が少なからず存在していることから同一時期と考えられてきた。

　今回、基準とする遺跡は大隅半島北部に所在し、隣接した桐木遺跡（中原 2004）と桐木耳取遺跡（長野・大保 2005）のⅠ文化層である。これらの遺跡は連続する同一遺跡であり、調査起因者と報告書名が異なるのみであり、このⅠ文化層はP17該当層とその下位に位置している。桐木耳取遺跡第Ⅰ文化層では、出土エリアやブロックにより異なる3群の石器群が確認された。一つは剥片尖頭器が主体となるもので、南側の1～7エリアに集中している。北側エリアは台形石器が主体の11エリアと、基部加工ナイフ形石器や今峠型ナイフ形石器が主体となる12エリアに明瞭に区別できる。また15エリアでは特徴的に基部をまるく整形する基部加工ナイフ形石器と剥片尖頭器が共伴している。このように、Ⅰ文化層として報告されているが、石器群ブロックやエリアという細かい分布区域では明瞭に区別できることから時期的な差異を有すると判断できる（図2参照）。ちなみにⅠ文化層からは合計90基の礫群が検出されているが、調査担当者によると検出面の差異が確認されており、つまり複数の時期が存在すると判断される。桐木遺跡についても同様に剥片尖頭器が主体となる第1・2集中部と、台形石器が主体となる第3・8集中部に区別できる。

　このような一文化層であっても、P17の下位に位置する剥片尖頭器の石器群と、基部加工のナイフ形石器や今峠型ナイフ形石器石器群という異なる時期の石器群が存在し、そして両者は近接した時期であることを示している。この基部加工ナイフ形石器は、素材剥片や加工部位など製作技術的に剥片尖頭器が形骸化したものと理解される（稲原 1986、木崎 1988）ことから、剥片尖頭器石器群が古く位置づけられる。出土層位的にも剥片尖頭器石器群がより下位の17層から出土している。以上の理由から剥片尖頭器石器群をⅤb期とし、基部加工ナイフ形石器と今峠型ナイフ形石器はⅤc期とした。

　剥片尖頭器は先細りの縦長剥片を素材とし、基部を両側縁からノッチ状に整形加工したものであり、あるいは平行する二側縁の剥片の場合は片側全体に二次加工を施して尖った先端部を形成するものである。桐木耳取遺跡Ⅰ文化層では他の石器器種が少数の部分加工ナイフ形石器と削器のみであり器種は単純である。また縦長剥片素材で平坦な打面を残す三稜尖頭器の類似資料が1点みられるが、これは削器と考えておきたい。一方、桐木遺跡では剥片尖頭器のリダクションによる彫器が出土している。

　剥片尖頭器の再加工のチップは認められるが、素材剥片の石核は出土せず、製品はすべて持込みであり、他の剥片尖頭器が出土している遺跡などと共通している。

　また横井竹ノ山遺跡Ⅶ層も石器組成は剥片尖頭器とナイフ形石器、削器などであり、三稜尖頭器はまったく認められない。

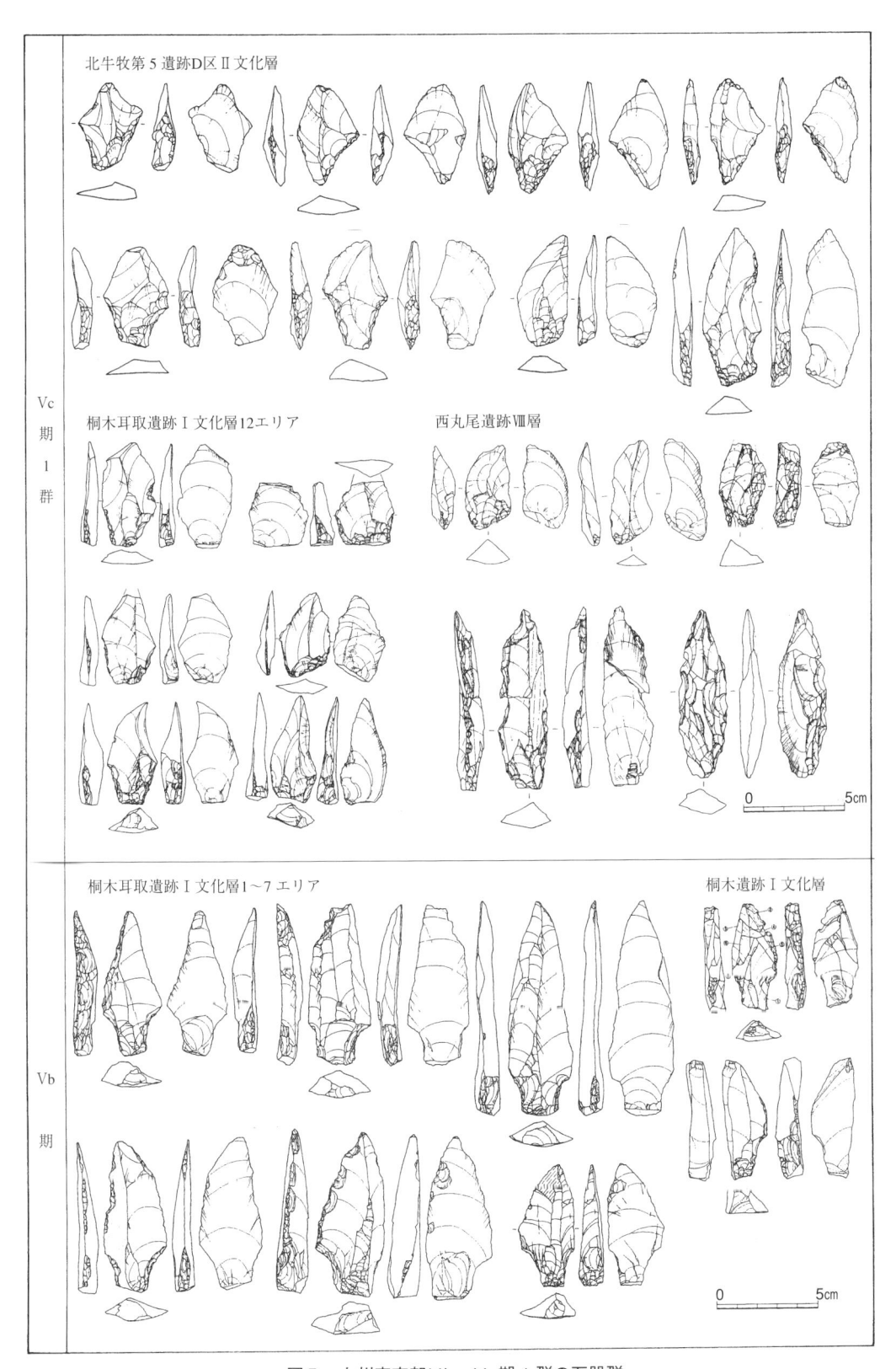

九州東南部の地域編年　255

北牛牧第5遺跡D区Ⅱ文化層

桐木耳取遺跡Ⅰ文化層12エリア　　西丸尾遺跡Ⅷ層

Vc期1群

0　　　5cm

桐木耳取遺跡Ⅰ文化層1〜7エリア　　桐木遺跡Ⅰ文化層

Vb期

0　　　5cm

図7　九州東南部Vb・Vc期1群の石器群

このように剥片尖頭器と三稜尖頭器が共伴しない遺跡例が最近の調査では増加傾向にある。このことからAT直上の石器群について剥片尖頭器が主体となる石器群と、ナイフ形石器などが主体となる石器群との差異は、遺跡の生業の差や遺跡の性格の違いといったものではなく、時期的な差異によるものと判断できよう。

　つまり、複数の時期のものが混在しない遺跡では、基本的に狸谷型ナイフ形石器と剥片尖頭器および三稜尖頭器は共伴しないといえる。

　以上のことから、剥片尖頭器は突然九州中に拡散し、その時期ほかの器種はあまり製作されなくなり、そして短期間に消滅するものであり、存続期間はきわめて短かったものと判断される。剥片尖頭器は韓半島でもスヤンゲ遺跡など多くの遺跡で出土しており、韓半島からの系譜（松藤1987）と九州と韓半島との文化的交流の存在を示唆している。なお、剥片尖頭器の機能については槍先としての刺突具の評価が主であったが、切削具としての機能（宮田2004b）も見直されている。

（3）Ｖｃ期

　桐木耳取遺跡Ⅰ文化層北側エリアの石器群を基準とする。基部加工のナイフ形石器や今峠型ナイフ形石器、そして台形石器が主体となる石器群を指標とする時期である。北牛牧第5遺跡D区Ⅱ文化層（草薙・山田2003）の石器群も基準となる。

　Ｖa期で説明したように桐木耳取遺跡Ⅰ文化層では、P17の下位に剥片尖頭器を主体とする南側エリアと、他に基部加工ナイフ形石器や今峠型ナイフ形石器などを主体とする12エリアと台形石器を主体とする11エリアに明確に区分できる。これらの北側エリア石器群は混在する状況はまったく認められず、それぞれ個別の石器群として評価できる。ただし、両石器群の時期的な前後関係とその有無は明確でなく、共通した調整加工が認められることから、ここではＶｃ期1群として基部加工ナイフ形石器と今峠型ナイフ形石器の石器群、Ｖｃ期2群として台形石器主体の石器群とに区別しておく。

　第1群の特徴は今峠型ナイフ形石器の存在である。ここで今峠型ナイフ形石器について簡単に整理しておく必要があろう。

　今峠型ナイフ形石器は、打面を水平に置いた場合に剥片主軸が「ノの字」形を呈する先細りの斜軸剥片を使用し、主に基部のみに簡単な二次加工を施したものである。五馬大坪遺跡で今峠型が主体となる石器群が検出されて以降、この今峠型ナイフ形石器を主体とする時期が一時期存在することは、それが最初に出土した大分地域で既に指摘されていた（高松1995）。五馬大坪遺跡出土の今峠型ナイフ形石器は、それまで今峠遺跡などでみられた、打面はそのままで頭部調整状の加工が顕著に施されるものと異なり、素材剥片の打面に背面から加工を行うものが主体であり、加えてその調整した打面から背面に平坦剥離を施すものも認められた。綿貫俊一はこれまでのものを集成し、地域性として西北九州までの広がりをもつ大坪類型と東九州の今峠類型に区別した（綿貫1989）。その後、大坪類型について萩原博文は、それが西北九州に多く分布し、製作技術として背面から打面への調整と、その調整面から背面の平坦剥離が行われ、対辺の調整加工がノッチ状に加工されて基部を形成する特徴が原の辻型台形石器と共通するとして、西北九州類型と呼称した（萩原2004）。今峠型ナイフ形石器に関する総合的な研究は鎌田洋昭により行われており、剥片剥離技術や基部形

態の分析などを通じて編年的位置づけを行い、AT直後からナイフ形石器文化の終末期直前までの長期間を推定した（鎌田1999）。

近年、北牛牧第5遺跡で今峠型が主体となる石器群が検出され、ここではこれまでの形態のほか、打面と対辺の調整加工を行い茎状の基部を形成する特徴的なものがあり、今峠型剥片尖頭器（綿貫2004）や北牛牧型ナイフ形石器（秋成2005）の呼称案が出されている。本稿では今峠型ナイフ形石器を次のように区分しておく。

  今峠型1類……打面をそのまま残し頭部調整状の調整加工が顕著で、全体形状をほとんど変えないもの。綿貫の今峠類型に相当する。

  今峠型2類……剥片の打面を取り除くように背面から調整加工するもの、加えてその調整部から背面に平坦剥離を施すもの、対辺も調整加工して基部とするもの、綿貫の大坪類型、萩原の西北九州類型に相当する。

  今峠型3類……素材剥片の打面と対辺に腹面から調整加工を施し茎状の基部を形成するもの、柄の装着を強く意識したもので、綿貫の今峠型剥片尖頭器、秋成の北牛牧型ナイフ形石器に相当する。

今峠型ナイフ形石器に施される調整加工は、急角度の刃潰し加工ではなく、スクレイパーエッジ状のものが特徴的である。

桐木耳取遺跡I文化層12エリアでは、先細りの縦長剥片を使用し基部の両側を直線的に二次加工した基部加工ナイフ形石器が主体的で、客体的に今峠型ナイフ形石器1類が共伴して認められた。この基部加工ナイフ形石器は、素材剥片が「ノの字」形剥片ではなく縦長剥片を使用するものであり、今峠型3類とは素材剥片の差異、つまり石核と剥片剥離技術の違いに起因すると考えられる。調整加工は基本的に基部のみに施され、調整角度などの技術も基本的に同一のものでスクレイパーエッジ状の整形で共通している。なお、今峠型ナイフ形石器に関して安斎正人は、AT下位の剥片モード系に繋がる基部加工尖頭形剥片石器として評価（安斎2000）しているが、桐木耳取遺跡の基部加工ナイフ形石器は石刃モードという違いになる。

西丸尾遺跡VIII層もこの時期に該当するものであり、黒曜石や粘板岩製の基部加工ナイフ形石器が主体となり、今峠型ナイフ形石器1類は客体的に出土している。ほかに粘板岩製の両面加工尖頭器も共伴している。このような両面加工の尖頭器は南九州の特徴的存在とされており、小牧3A遺跡や前山遺跡で剥片尖頭器とともに出土しているが剥片尖頭器の時期ではなく、基部加工ナイフ形石器との基部整形の技術的近縁性からこのVc期と考えている。

このような基部加工ナイフ形石器の存在は、これまでの木崎編年では剥片尖頭器が主体となるIII期前半とは大きく区別され、III期後半の特徴とされていたものである。

北牛牧第5遺跡D区II文化層は、五馬大坪遺跡と同様に今峠型ナイフ形石器を主体とする石器群であり、「ノの字」形を呈する素材剥片が利用され、基部加工が施されているものである。基部加工は打面側と対辺の部分に腹面からの調整加工が施され茎状の基部が形成されるものが多い。今峠型1類が3点、2類が1点のほかはすべて3類である。北牛牧第5遺跡の今峠型ナイフ形石器に使用されている石材は砂岩と頁岩が大部分であり、わずかに出土している他形態のナイフ形石器が黒

曜石を使用しているのと異なり、その石材志向は剥片尖頭器と共通している。またこれらの剥片に対応する石核は出土しておらず、剥片尖頭器と同様に遺跡外からの持込みの可能性が高い。

北牛牧遺跡や桐木耳取遺跡でも三稜尖頭器は認められず、この時期もまだ三稜尖頭器は共伴しない可能性が高いが、西丸尾遺跡では破片が2点出土しており検討が必要である。

福岡市那珂遺跡（小畑1995）群41次調査資料でも今峠型ナイフ形石器が2点とスクレイパーなどが出土しているが、剥片尖頭器と三稜尖頭器は認められない。

今峠型ナイフ形石器は背面の左側に、剥片のポジ面である底面が認められるものも少なくなく、底面をもつ瀬戸内技法の影響を受けていると理解される（小畑1995）が、石材の経済的な消費という視点からの検討も必要である。

Ⅴc期の2群は台形石器が主体となる石器群である。桐木耳取遺跡第Ⅰ文化層11エリアと前原和田遺跡（大保ほか2002）XVI層および松尾平遺跡（新町・長野ほか1995）を基準とする。

桐木耳取遺跡第Ⅰ文化層11エリアの台形石器は剥片の側縁部を刃部とするもののほか、剥片の末端部縁辺を刃部とし両側縁部に調整加工を施したものとが認められる。調整加工は急角度のブランティングは少なく、スクレイパーエッジ状の整形加工が多く、Ⅴc期1群の整形加工と共通する。

前原和田遺跡XVI層はP17が含まれる層であり、P17下位の剥片尖頭器の時期とは層序的にも上位である。石器群は台形石器が主体であり、わずかに切出し形のナイフ形石器が含まれる。なお、この石器群はP17とP15の中間層であるXV層まで認められ、これが遺物の浮上がりでなければⅥ期の直前まで継続する可能性がある。台形石器は側縁を刃部とし片側の調整は打面や折断部から平坦剥離するものや、剥片末端を刃部とするものが認められる。桐木遺跡第8集中部の台形石器も打面を残し、背面に頭部調整状の平坦剥離を施すものがあり、今峠型1類と類似する特徴とも考えられる。

薩摩半島では松尾平遺跡が該当し、数点の基部加工ナイフ形石器に18点の台形石器が共伴しているが、三稜尖頭器はまったく認められない。台形石器は打面部の調整加工は平坦剥離であり、また調整加工は急角度のほかにスクレイパーエッジ状のものが多く認められる。

このⅤc期1群の基部加工ナイフ形石器および今峠型ナイフ形石器石器群と、2群の台形石器石器群は、前段階の剥片尖頭器石器群と後続する三稜尖頭器石器群とをつなぐ時期にあり、前後の時期より遺跡数が少ないのは、この時期がヴュルム氷期最寒冷期に相当するためと考えている。

2.3.3 Ⅵ期

三稜尖頭器が主体となり盛行する時期である。P15の上位に位置する。三稜尖頭器はこれまでにない器種であり、形態的に槍先として使用される刺突具である。この時期ヴュルム氷期最寒冷期のピークを過ぎ、気候や環境の変化に伴う狩猟対象動物が大型獣の絶滅により中型獣への変化が推定され（春成2001）、それに適応して狩猟具も変化したものと推定される。

三稜尖頭器は長さ10cm程度の大型から、5～6cmほどの中型や3cm程度の小型まで各種のサイズが認められ、素材には縦長剥片や横長剥片が使用されている。整形加工は二面加工のほか三面加工や周縁部加工も認められ、比較的ていねいな整形を目的とした二次加工により尖った基部と先端部が形成される。三稜尖頭器に関しては、これまで剥片尖頭器と共伴すると考えられていたが、今回記してきたように基本的にこれらは共伴しない可能性が高いと考えている。

九州東南部の地域編年　259

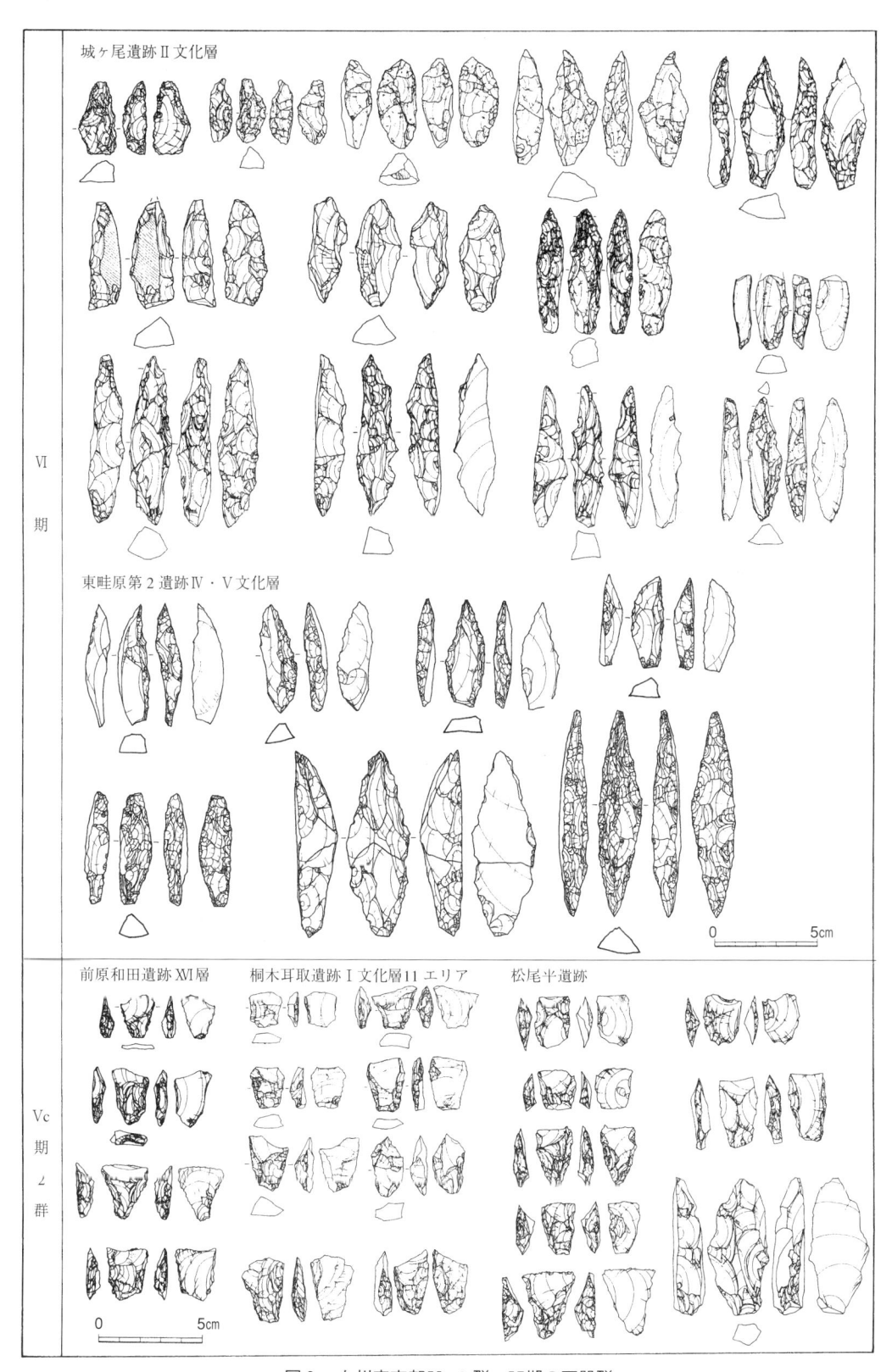

図8　九州東南部Ｖｃ2群・Ⅵ期の石器群

基準遺跡として城ヶ尾遺跡（有馬・馬籠ほか 2003）のⅡ文化層があげられる。城ヶ尾遺跡や前原和田遺跡も鹿児島東部に位置しており、AT上位の土層堆積がきわめて良好である。これらの遺跡で三稜尖頭器石器群の層位的位置は桜島P15の上位になる。

また宮崎の例として東畦原第2遺跡Ⅳ・Ⅴ文化層、勘大寺遺跡（長友・金丸 2005）と牧内第2遺跡第Ⅱ文化層（加藤・金丸 2005）があげられる。

城ヶ尾遺跡Ⅱ文化層では横長剥片を素材とするものが主であり、規格的には大型や小型のものも認められるが、5～6㎝程度の中型品のものが多い。整形加工は二面加工や三面加工のほか基部部分のみの三面加工も認められる。使用される石材は頁岩、黒曜石、玉髄などであり、黒曜石と玉髄のものは中型品が多くなっている。石器組成には瀬戸内技法による国府型ナイフ形石器が特徴的に含まれるほか、基部をていねいに加工した縦長剥片素材のナイフ形石器も特徴的に認められる。

今回は層位的比較が困難なため一時期として扱ったが、Ⅵ期とした三稜尖頭器の時期は今後細分できる可能性が高い。たとえば形態的なまとまりとして、木場A2遺跡では長さ3㎝程度の小型三稜尖頭器のみであり、中型や大型が主となる時期とは時期差が考えられる。

2.3.4　Ⅶ期

小型ナイフ形石器や小型台形石器が主体となるナイフ形石器文化終末期の石器群と、その直前に位置づけられる中型ナイフ形石器や尖頭器の石器群に細別できる。Ⅵ期の三稜尖頭器が主体となり盛行する時期から、突然小型ナイフ形石器が製作される時期に変化するのではなく、中型のナイフ形石器が製作される移行段階がある。三稜尖頭器はこの時期も共伴するが、石器組成の中で中心的な道具としてナイフ形石器と交替すると考えられる。なお、薩摩地域において三稜尖頭器は小型ナイフ形石器の時期まで小型化したものが存在するが、数量はきわめて少なくなる。

（1）　Ⅶa期

城ヶ尾遺跡Ⅲ文化層を基準とする。また小原野遺跡Ⅳ・Ⅴ層（中村 1999）の一部もこの時期に比定できる。終末期の2～3㎝の小型ナイフ形石器と比較すると、一回り大きい4～5㎝サイズのナイフ形石器や尖頭器が主体となる。この時期は基本的に三稜尖頭器が共伴すると考えられる。ナイフ形石器は石刃状の縦長剥片が素材となり、打面を一部残す基部加工ナイフ形石器などが認められ、中型の刺突具的な形態となる。この中には基部も整形して全体形を木葉形に整える尖頭器も認められるようになる。

小原野遺跡Ⅳ・Ⅴ層は三稜尖頭器を主体とするⅥ期から、Ⅶb期の小型ナイフ形石器の時期までの複合する石器群である。ここでナイフ形石器と分類されているものの中に、先細りの剥片を使用し基部をていねいに整形して木葉形に仕上げるものが認められる。これはナイフ形石器の概念と異なるもので、木葉形尖頭器として理解すべきものであり、小原野型尖頭器と仮称（宮田 2004b）している。小原野型尖頭器は日東産黒曜石のほかガラス質安山岩を多用しており、桑ノ木津留産黒曜石を多用するⅦb期の小型ナイフ形石器の一群とは石材的にも差異が認められる。

宮崎では唐木戸第3遺跡Ⅳ文化層の一部が該当し、類似する石器が出土している。

（2）　Ⅶb期

最近、鹿児島や宮崎でこの時期の石器群が多く認められるようになってきた。基準遺跡として城

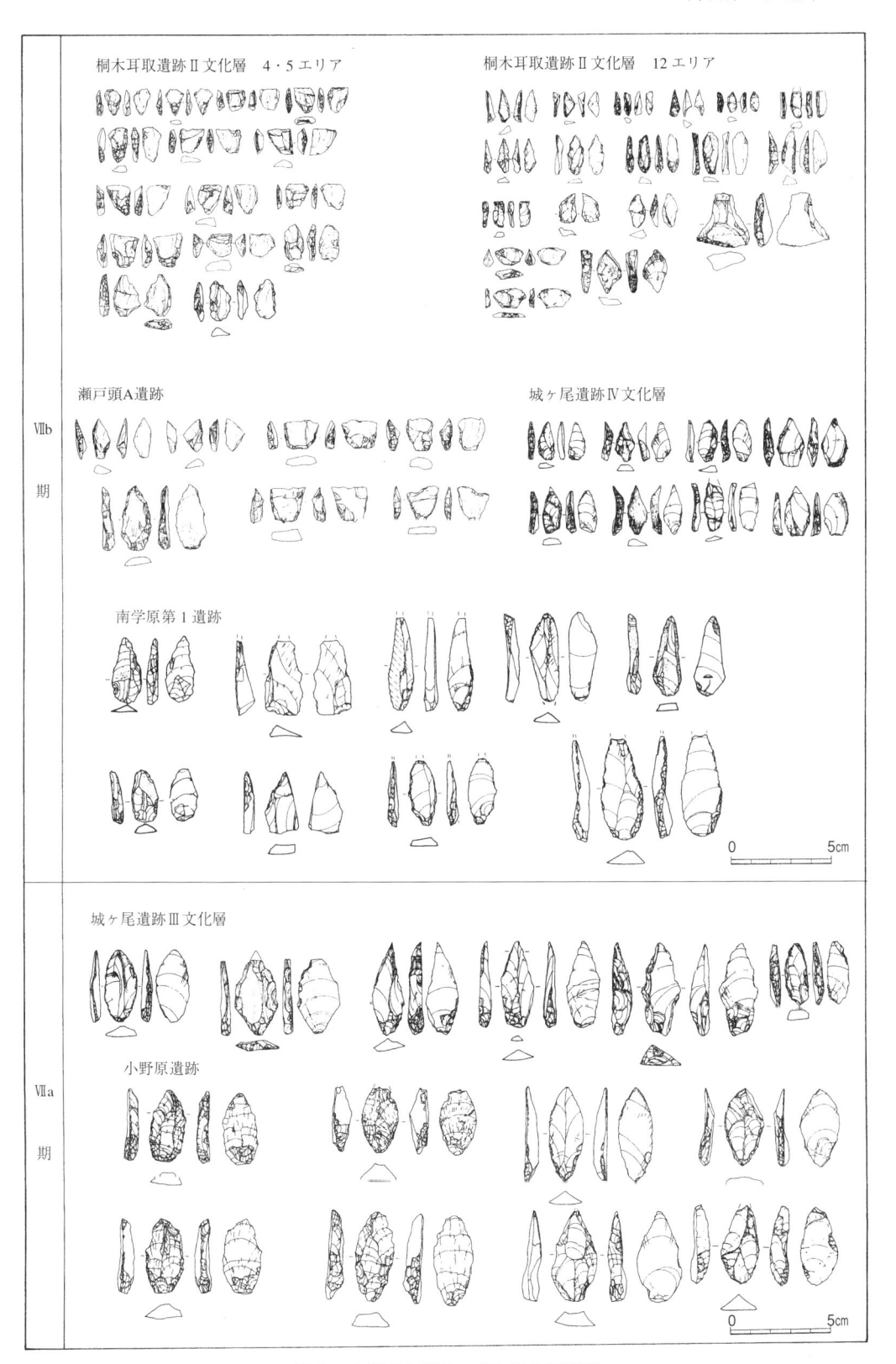

VIIb期	桐木耳取遺跡Ⅱ文化層 4・5エリア　　桐木耳取遺跡Ⅱ文化層 12エリア 瀬戸頭A遺跡　　　　　　　　　　城ヶ尾遺跡Ⅳ文化層 南学原第1遺跡
VIIa期	城ヶ尾遺跡Ⅲ文化層 小野原遺跡

図9　九州東南部Ⅶa・Ⅶb期の石器群

ヶ尾遺跡Ⅳ文化層、桐木耳取遺跡Ⅱ文化層などがあげられる。

城ヶ尾遺跡Ⅳ文化層では長さ2～3cm程度の小型ナイフ形石器が主体であり、素材剥片は縦長剥片のほか横長剥片も認められる。ここでは前後時期の混在を思わせる三稜尖頭器や細石器はあるが、台形石器は出土していない。

南学原第1遺跡（山田・日高2002）や小田元第2遺跡3文化層（伊藤・島田2003）のナイフ形石器は長さが3～5cmであり、城ヶ尾遺跡の2～3cmとの大きさの違いが認められるが、これは使用されている石材の違いと考えられる。つまり城ヶ尾遺跡の石材は黒曜石・玉髄・頁岩であり、一方、宮崎のものは流紋岩やホルンフェルスが主として使用されていることによるものである。小田元第2遺跡では頁岩製が主であるが黒曜石製のナイフ形石器も1点あり、その形態や大きさは城ヶ尾遺跡と同様に1.5cmの小さいものである。

次に薩摩半島地域に所在する瀬戸頭A遺跡（桑波田・長崎2005）の石器群は、大きさが2cm程度の小型ナイフ形石器と台形石器が主体となっている。石材は黒曜石が多く、わずかに蛋白石や頁岩が使用されている。薩摩半島ではほかに西ノ原B遺跡や登立遺跡があり、ここでは小型の三稜尖頭器も認められている。

耳取遺跡Ⅱ文化層では、エリアにより大きさ1.5～2cm程度のナイフ形石器を主体とする石器群と、台形石器が主体となる石器群とに分かれている。この台形石器が主体となるものは、わずかに先行すると推定されることから、本来ならⅦb期1群として他と区別すべきものであるが、系譜など不明な点が多く今回は分離を行わない。

南学原第1遺跡は有名な船野遺跡（橘1975）の隣接地であり、石器は小型で細身の剥片基部や片側先端に加工を施したナイフ形石器が特徴である。この遺跡では船野遺跡と同様に細石器や三稜尖頭器が混在している。小田元第2遺跡では三稜尖頭器は認められていない。

このような細身のナイフ形石器は岩戸遺跡6層上部（柳田1989）や前田Ⅲ遺跡Ⅻ層（高橋・綿貫1989）で出土しているものと共通しており、片島型ナイフ形石器（綿貫1978）と呼称されている。これらの遺跡でも三稜尖頭器や台形石器は共伴していない。このように大分から宮崎の東九州地域は基本的に台形石器や三稜尖頭器は共伴しないのが特徴であり、鹿児島地域とは差異が認められる。ナイフ形石器終末期の南九州における東側と西側との違いは、石材の差や台形石器が発達する西北九州地域との文化的かつ地理的な距離の有無を起因とする地域性（鎌田2004）と考えられる。

この時期の剥片剥離技術は、剥片素材の石核を小口部分から連続的に剥離する特徴的なものが多くの遺跡で認められている。

また、これらの石器群は細石器文化の直前に該当することより、細石器と混在する例が多いようである。

2.4　細石刃文化および細石刃石器群

Ⅷ期からⅩ期は細石刃石器群であり、Ⅷ・Ⅸ期が細石刃文化、Ⅹ期は縄文時代草創期に該当する。細石刃石器群の出現は他地域からの波及であるが、その急速な九州全体への拡散は、その前時期の

小型ナイフ形石器などが細石刃と同様の組合わせ石器として利用されていたことが背景にあると考えられる（松藤1989）。

2.4.1　Ⅷ期

最初の細石刃石器群は野岳・休場型細石刃核（鈴木 1971）単純期（宮田 1993）として捉えられる。該当する遺跡は多くなく、西丸尾遺跡Ⅶb層や今里遺跡（中原 2002）そして上ノ原遺跡（谷口・山田 2002）などである。これまで九州で出土している細石刃核について、船野型や典型的な福井型以外の細石刃核はすべて野岳・休場型と呼称される場合が多く、そのため細石刃核型式の拡大解釈や誤解が生じる要因と指摘（橋本 1992、栗島 2000）されていた。筆者は、茶園型や位牌塔型と呼ばれるものを含め打面幅が広く打面が後方に傾斜するものと、角錐形・角柱形を呈するもののみを野岳・休場型とし、その他の作業面を小口部にもつものなどは野岳・休場系の稜柱型と分類し、時期と型式を区別した（宮田 2004a）。

これまで東九州の流紋岩地域では、この石材が多用される船野型のみであり、細石刃文化期の古い石器群の存在が認められなかったが、大野川流域の宮尾原遺跡（諸岡 2004）でチャート製の野岳・休場型が出土し、流紋岩地域でもその存在が確認され、出現期における空白地域が埋まった意義は大きい。

西丸尾Ⅶb層では近くの高隈山で産する水晶が石材として多用された典型的な野岳・休場型であり、今里遺跡では上牛鼻産黒曜石による背面加工が施された位牌塔型とされるものも含まれるが、野岳・休場型として一括しておきたい。

上ノ原遺跡Ⅲ文化層では、これまで船野型細石刃核の専用石材と考えられていた流紋岩製の野岳・休場型細石刃核が出土し、流紋岩地域における典型的な野岳・休場型の存在が示された。

西丸尾Ⅶb層ではこの時期の遺構として礫群が4基検出されている。

2.4.2　Ⅸ期

東九州地域に船野型が出現し、南九州全体に拡散する時期として捉えられる。船野型は流紋岩や頁岩などの非黒曜石石材が多用される特徴があり、非黒曜石地域である東九州地域に多い。宮崎全体に拡散する場合は、これまでの打面幅が広く作業面長が短い船野1型に加えて、打面幅が狭く作業面長が長い船野2型が認められるようになり、宮崎南部では在地石材特有の砂岩や頁岩を使用した畦原型となる。また、鹿児島地域の薩摩半島や大隅半島では黒曜石製の船野型も認められるようになり、野岳・休場型1・2型と共伴している状況となる。

宮崎地域では船野、赤木、池増、新屋敷、長薗原の各遺跡が該当し、鹿児島地域では石峰、星塚、帖地遺跡、榎崎Bなどがあげられ、遺跡数がかなり増加する。

この時期の遺構として、榎崎B遺跡では掘込みをもつ礫群が9基と建物跡と推定されるピット群が検出されている。

2.4.3　Ⅹ期

新たに福井型細石刃核が特徴的に認められる時期である。ただし非黒曜石地域であるため、在地石材として流紋岩や頁岩が多用される東九州は、大分も含めて船野型が主体となる。船野型は2型が主となり、加えて上下田型（橘 1989）と呼称される素材剥片の広い平坦面を側面に用いる3型

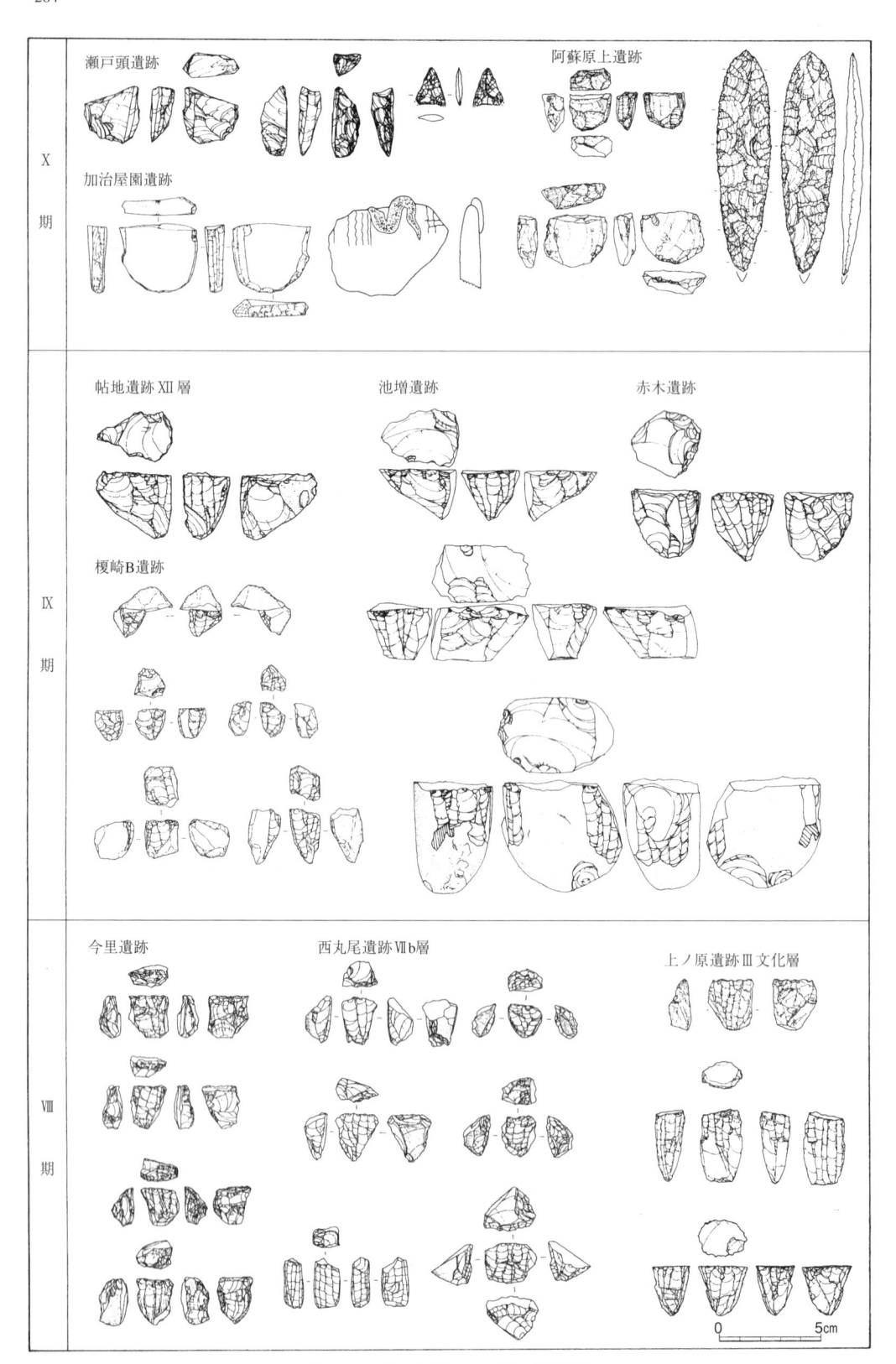

図10 九州東南部Ⅷ～Ⅹ期の石器群

に変遷する。

阿蘇原上遺跡（松本 2003）ではチャート製で打面は側方からの連続した剥離で形成される福井型が主となり、爪形文土器や尖頭器と共伴している。

隣接する大分地域では牟礼越遺跡 5 文化層で流紋岩製の福井型と船野型が共伴している。薩摩半島では横井竹ノ山遺跡、成岡遺跡の一部、瀬戸頭A遺跡、枦掘遺跡、大栫遺跡などが該当し、大栫遺跡などでは針尾産黒曜石が使用された福井型が、在地の石材を利用した福井型や板状素材で小口に作業面をもつ野岳・休場系の稜柱型と共伴している。

横井竹ノ山遺跡では石鏃や無文土器が共伴しており、加治屋園遺跡では短い貼付けをもつ土器が共伴している。

3．各地域の石器群変遷

東南九州の中で宮崎平野、薩摩半島、大隅半島、薩南諸島、南西諸島に区分して、各地域の石器群変遷について述べる。各地域は石材環境などが異なり、また隣接する瀬戸内地域や西北九州との地理的に近い地域からの影響などが異なっている。

3.1 宮崎平野

この地域特有の石材として、北部で流紋岩、南部では砂岩や頁岩・ホルンフェルスが産出し、それぞれ各遺跡で多用されている。黒曜石は明確な産地は特定されていないが、霧島系とよばれる不純物の少ないものがみられるほか、わずかに日東系や上牛鼻産のものも認められる。宮崎内の旧石器時代石器群編年は、これまで各河川流域単位ごとに行ったもの（藤木 2002）のほか、近年の層位的出土例を基にしたもの（秋成・藤木・松本 2005）がある

石器群はⅠ期からⅩ期まで各時期にわたり確認されている。とくにAT下位については姶良深港、姶良大塚、イワオコシなどのテフラが認められることから、九州における旧石器時代編年の基準地域となりうる。

後期旧石器時代前半については、Ⅰ期に後牟田遺跡Ⅲ文化層、音明寺第 2 遺跡Ⅰ文化層、高野原遺跡第 5 地点Ⅰ文化層が、Ⅱ期に後牟田遺跡Ⅱ文化層、高野原遺跡第 5 地点Ⅱ文化層、Ⅲ期に高野原遺跡第 5 地点Ⅲ文化層、東畦原第 2 遺跡Ⅲ文化層、東畦原第 3 遺跡Ⅱ文化層が該当する。このように高野原遺跡第 5 地点では、各Ⅰ・Ⅱ・Ⅲ文化層がそれぞれⅠ期・Ⅱ期・Ⅲ期に該当しており、AT下位の標識遺跡となる。Ⅲ文化層では石核と剥片の接合資料があり、打面を転移しながら剥片剥離を行い、比較的幅広で短い剥片が得られている。

しかし、AT上位については土層の堆積が薄く、薩摩半島地域と同様に複数時期の石器群が混在している遺跡が少なくなく、慎重な取扱いが必要である。

Ⅳ期に春日地区第 2 地点と金剛寺原第 1 遺跡が該当し、Ⅴa期には長薗原遺跡ブロック 1 を他のブロックと異なり石器群が混在していないことから入れておきたい。次にⅤb期の剥片尖頭器が主体となる時期について、剥片尖頭器は多くの遺跡で出土しているが、複数の時期の石器群と混在し

ている可能性が高いものが多いと思われる。ここでは上ノ原遺跡と下屋敷遺跡Ⅰ文化層の石器群の一部が該当するとしておく。

Ⅴc期1群では北牛牧第5遺跡のD区Ⅱ文化層が今峠型ナイフ形石器を主体とするものであり、基準遺跡となる。Ⅵ期の三稜尖頭器が主体となる時期は、東畦原第2遺跡Ⅳ・Ⅴ文化層や牧内第2遺跡2文化層、唐木戸第3遺跡Ⅲ文化層が該当する。Ⅶb期の小型ナイフ形石器の時期には、南学原第1、唐木戸第3遺跡Ⅳ文化層、小田元第2遺跡3文化層が該当する。

細石刃文化のⅧ期では上ノ原遺跡Ⅲ文化層が、Ⅸ期では特徴的な船野型細石刃核が主体となる船野第1、長薗原遺跡などが該当する。

3.2 宮崎北部

五ヶ瀬川流域が相当し、石材は北側に位置する祖母・傾山で良質な流紋岩が産出しており、これが五ヶ瀬川で転石となり石器石材として多く利用されている。また上流域ではチャートが産し石材とされる。

Ⅱ期として矢野原遺跡Ⅱ文化層が該当し、台形様石器などが出土しており、水晶やチャートも石材として利用されている。

AT上位のⅣ期の遺跡は片田遺跡があり、Ⅴb期としては矢野原遺跡Ⅱ文化層が該当し多くの剥片尖頭器が出土しているが、Ⅵ期と混在している可能性がある。

細石刃文化期のⅨ期では赤木遺跡が、Ⅹ期では岩土原遺跡と阿蘇原上遺跡が該当する。阿蘇原上遺跡ではチャートを石材とする福井系の細石刃核と爪形文土器や尖頭器が共伴している。岩土原遺跡では福井系の細石刃核と土器が出土している。

3.3 薩摩半島

この地域の石材環境は、黒曜石が三船、上牛鼻、日東系、上青木と多くの産地が所在しており、それぞれその近くの遺跡で多く使用されている。また、黒曜石以外にも枕崎付近が鉄石英や玉髄産地として知られ、良質な珪質頁岩は川辺町宮ノ上付近に産地が発見されている。チャートは薩摩川内市月屋山に産し、遺跡で使用されている。東南九州の中では地理的に西北九州に近いことから、腰岳産や針尾産の黒曜石も少なからず認められる。

入戸火砕流（シラス）が約200mと厚く堆積しているため、AT下位の石器群は南薩地域や北薩地域にわずかに所在しているのみである。また、偶然にもシラスが堆積してない部分もみられ、そこでは前山遺跡のようにAT下位の石器群が発見されている。

Ⅰ期やⅡ期に該当する遺跡は、上場遺跡6層でそれぞれチョッパーや大型剥片石器と台形様石器が出土しており、その可能性が高いと推定される。なお現在、上場遺跡報告書刊行会が整理作業を進めており、刊行後に再評価したい。Ⅲ期は南薩の水迫遺跡や帖地遺跡で小型の縦長剥片を素材とする茂呂型の二側縁加工ナイフ形石器が出土している。

AT上位については調査事例が多数あるものの、全体的に土層の堆積が薄く複数時期の石器群が混在しているものが多い。

Ⅳ期に該当する石器群はまだ認められず、Ⅴa期の狸谷型ナイフ形石器を主体とする石器群は、仁田尾遺跡Ⅷ層、箕作遺跡、前畑遺跡などで検出されている。Ⅴb期としては剥片尖頭器が出現する時期であるが、混在の可能性が少ないものとして横井竹ノ山遺跡があげられ、Ⅴc期2群として松尾平遺跡が挙げられる。Ⅵ期の三稜尖頭器が主体となる時期では小原野遺跡や東郷坂A遺跡が、Ⅶ期の小型ナイフ形石器や台形石器の時期では瀬戸頭A遺跡、西ノ原B遺跡などがある。

Ⅷ期の細石刃文化では、今里遺跡や床並B遺跡で野岳・休場型が多く出土している。

Ⅹ期では大拵遺跡で針尾産の黒曜石を使用した福井型があり、横井竹ノ山遺跡や加治屋園遺跡で土器が共伴している。

3.4 大隅半島

本地域の中部に位置する高隈山では粘板岩や水晶を産しており、近接する西丸尾遺跡などで石材として利用されている。また、本地域の東側に接する宮崎南部では良質な珪質頁岩を産しており、石材とされている。黒曜石は霧島系が多く使用され、ほかに三船産や日東系のものもわずかながら使用されている。

姶良カルデラの周辺地域という地理的条件から入戸火砕流が厚く堆積しており、AT下位については調査不能であり調査例はない。

AT上位では北部で土層堆積が発達しており、加えてP15やP17などの火山噴出物が堆積して、石器群の編年的な上下関係が認識可能な地域である。

Ⅳ期については薩摩半島と同様に該当する遺跡は検出されていない。Ⅴb期では桐木遺跡Ⅰ文化層、桐木耳取遺跡Ⅰ文化層の南側エリアが、Ⅴc期では桐木耳取遺跡Ⅰ文化層の北側エリアや西丸尾遺跡Ⅷb層が該当する。

Ⅵ期の三稜尖頭器が主体となる時期では、城ヶ尾遺跡Ⅱ文化層、前原和田ⅩⅢ層などが該当する。Ⅶ期のナイフ形石器終末段階として桐木耳取Ⅱ文化層、城ヶ尾Ⅳ文化層が該当する。細石刃文化のⅧ期は西丸尾遺跡Ⅶb層が野岳・休場型単純期として該当し、Ⅸ期には黒曜石礫素材を使用した榎崎B遺跡や桐木遺跡Ⅳ文化層が、Ⅹ期に桐木遺跡Ⅴ文化層が該当し土器も共伴している。

なお宮崎県南西部で都城盆地に所在する池増遺跡では、頁岩を主石材とする船野型や畦原型細石刃核が多数出土しており、Ⅸ期に該当する。

3.5 球磨川中・上流域

本地域付近は仏像構造線があることから、古生界のチャートが多く産することで知られている。チャートは球磨川の転石の大部分を占め、石器石材としても多用されている。

AT下位において、血気ヶ峯遺跡Ⅱ文化層は台形様石器が認められⅡ期に該当し、それより下位のⅠ文化層は出土遺物が少なく明確ではないが、Ⅰ期に該当する可能性が高い。

Ⅲ期の二側縁加工ナイフ形石器の時期では、狸谷遺跡Ⅰ石器文化と久保遺跡Ⅰ石器文化が該当する。

AT上位の狸谷遺跡Ⅱ石器文化は狸谷型ナイフ形石器の標識遺跡であり、Ⅴa期に位置づけられる。

Ⅴb期の剥片尖頭器が主体となる時期では、剥片尖頭器の出土は多くの遺跡で認められているが、複数の時期が混在していると思われる。Ⅴc期1群の基部加工ナイフ形石器と今峠型ナイフ形石器の時期は岩清水遺跡が該当しており、石器石材のほとんどはチャートが使用されている。Ⅵ期の三稜尖頭器が主体となる時期は、天道ヶ尾遺跡Ⅸ層（西住・本山 1990）の第4ブロックと白鳥平B遺跡が該当する。

細石刃石器群のⅨ期では城・馬場遺跡第2地点Ⅴ層（宮坂 1991）が該当し、黒曜石細礫利用の細石刃核が出土している。Ⅹ期では狸谷遺跡と白鳥平B遺跡があり、いずれも土器が共伴している。ただし、白鳥平B遺跡は石鏃主体で細石刃が加わるが、細石刃核は出土していない。

3.6 薩南諸島

種子島と屋久島が対象となるが、屋久島では旧石器時代文化はまだ発見されていない。

種子島の地質は四万十帯の熊毛層群や茎永層群であることから、この地域の石材は砂岩や雑色性の頁岩が産しており、各遺跡で特徴的に使用されている。

Ⅰ期に該当する横峯C遺跡Ⅰ文化層と立切遺跡ⅩⅢ層石器群は、種Ⅳ火山灰の下位で出土しており、磨石・敲石類や局部磨製石斧、斧形石器、鋸歯縁石器などが認められている。また横峯C遺跡では種Ⅳ上位でもⅡ文化層が存在し、大型削器や礫群が検出され、その礫群の^{14}C年代は種Ⅳ下位のものにきわめて近い年代が得られており、ほぼ同一時期とみなすことができる。

AT上位の石器群においても横峯C遺跡Ⅲ文化層が認定されているが、出土遺物は磨石1点のみであり、時期の比定は困難である。

細石刃文化のものは、船野型細石刃核が立切遺跡Ⅴ層およびほか3ヵ所の遺跡などで出土しており、Ⅸ期として位置づけられる。

3.7 南西諸島

沖縄本島の本部半島や徳之島などで良質なチャートが産している。

沖縄本島では旧石器時代とされている人骨の発見は以前からある。山下町第一洞穴ではヒトの大腿骨や頚骨が発見され、木炭の^{14}C年代測定で32,000±1,000y.BPが測定され、港川フィッシャーではほぼ完全な人骨が発見され、18,250±650y.BPの年代が測定されている。ところが石器としては山下町第一洞穴から敲石が確認されているのみであり、これ以外はまったく出土していない。

近年徳之島のガラ竿遺跡の確認調査では、ATよりかなり下位のローム層から磨石が出土しており、層位的に黒色帯の下位に位置するローム層に対比できることから、Ⅰ期の可能性が考えられる。また、奄美大島に所在する土浜ヤーヤ遺跡では、AT下位のⅢc層から磨製石斧の再加工と推定される研磨面のある剥片や剥片石器が出土しており、これまで武蔵野台地Ⅶ層下部段階として評価されている（佐藤 1991）。ここでは大型剥片石器や礫塊石器の欠如からⅡ期の可能性を考えておきたい。またⅢb層はAT上位に位置づけられ、削器や剥片が出土しており^{14}C年代測定では18,600±230y.BPの結果が得られている。さらに喜子川遺跡（田村 1995）ではAT付近から剥片や楔形石器が出土している。

表1　九州東南地域の編年表

	沖縄・奄美	薩南諸島	球磨川流域	薩摩半島	大隅半島	宮崎平野	宮崎北部
X			白鳥平B 狸谷	加治屋園 横井竹ノ山	桐木V		阿蘇原上 岩土原
IX		立切V層	白鳥平A 城・馬場V層	石峯 星塚	榎崎B 桐木IV	池増 船野第1 長薗原・下屋敷	赤木
VIII				今里	西丸尾VIIb層	上ノ原III	
VIIb				登立 西ノ原B 瀬戸頭A	耳取II 城ヶ尾IV	南学原第1 唐木戸第3 IV層 小田元第2・3	
VIIa				小原野IV・V層の一部	城ヶ尾III	唐木戸第3 IVの一部	
VI	港川人骨 土浜ヤーヤ		天道ヶ尾IX層 第4ブロック 白鳥平B	小原野IV・V層の一部 東郷坂A	城ヶ尾II 前原和田XIII層 九養岡XIV・XV層	東畦原2 IV・V 牧内第2・2 唐木戸 第3 III	
					P15		
Vc			1群 石清水	1群 堂園平 ／ 2群 松尾平	1群 西丸尾VIII／桐木耳取　2群 前原和田VI／桐木耳取	1群 北牛牧第5D II 野首第1 IIの一部	
Vb				横井竹ノ山VIII層	桐木I 桐木耳取I	下屋敷Iの一部 上ノ原IIの一部	矢野原II
Va			狸谷II	仁田尾VIIIb層 箕作		長薗原ブロック1	
IV						春日地区第2地点	片田
				AT			
III			狸谷I 久保I	帖地XVII・XVIII層 水迫12・13層		高野原第5 III 東畦原第2 III 東畦原第3 II	
II		土浜ヤーヤ	血気ヶ峯第二	上場6層		高野原第5 II 後牟田II	矢野原I
I	山下町第一洞穴	ガラ竿	横峯C I 立切XIII層	血気ヶ峯第一	上場6層下部	高野原第5 I 音明寺第2 I 後牟田III	

　奄美や沖縄地域では、九州本土で通常みられるナイフ形石器などの定型石器がみられず、そのため本土とは異なる不定形石器石器群（加藤1996）として位置づけられているが、磨製石斧の存在など九州本土との共通点も指摘できる（宮田1998）。

おわりに

　九州東南部という地域区分の中で、最新の層位的調査成果をもとに旧石器時代石器群の編年を行った。本地域は土層堆積も発達し、かつ基準となる火山噴出物が多く認められており、石器群変遷は層位的出土にもとづく基本的な編年方法を基準にした。他の地域と比較するとII期の遺跡が少なく細分できなかったが、AT上位については多くのテフラに恵まれ細分が可能であった。なお本地域と西北九州との対比および整合性が今後の課題となろう。

参考文献

〈報告書〉

有馬孝一・馬籠亮道・長野真一　2003　『城ヶ尾遺跡』鹿児島県立埋蔵文化財センター発掘調査報告書60。
池田朋生　1999　『石の本遺跡群Ⅱ』熊本県文化財調査報告178集。
石堂和博・中村真理　2005　『横峯C遺跡』南種子町埋蔵文化財発掘調査報告書12。
伊藤栄二・島田正浩　2003　『小田元第2遺跡』高岡町埋蔵文化財調査報告書29集。
牛ノ濱修ほか　1981　『加栗山遺跡・神ノ木遺跡』鹿児島県埋蔵文化財発掘調査報告書16。
牛ノ濱修・旭慶男　1988　『土浜ヤーヤ遺跡』鹿児島県埋蔵文化財発掘調査報告書47。
大保秀樹ほか　2002　『九日田遺跡・供養之元遺跡・藤原和田遺跡』鹿児島県立埋蔵文化財センター発掘調査報告書36。
小畑弘己編　1995　『那珂14-那珂遺跡群38次・41次・46次調査概要報告書』福岡市教育委員会。
加藤学・金丸琴路　2005　『牧内第2遺跡』宮崎県埋蔵文化財センター発掘調査報告書第108集。
草薙良雄・山田洋一郎　2003　『北牛牧第5遺跡・銀座第3A遺跡』宮崎県埋蔵文化財センター発掘調査報告書第80集。
倉薗靖浩ほか　2005　『東畦原第2遺跡』宮崎県埋蔵文化財センター発掘調査報告書第98集。
木崎康弘　1987　『狸谷遺跡』熊本県文化財調査報告90集。
木崎康弘・清田純一　2002　『沈目遺跡』城南町文化財調査報告12。
桑波田武志・長崎慎太郎　2005　『瀬戸頭（ABC）遺跡』鹿児島県立埋蔵文化財センター発掘調査報告書85。
坂口浩一・堂込秀人　2000　『横峯C遺跡』南種子町埋蔵文化財発掘調査報告書8。
島田正浩　2003　『小田元第2遺跡』高岡町埋蔵文化財調査報告書29集。
清水宗昭・栗田勝弘　1985　『百枝遺跡C地区』三重町教育委員会。
下山覚・鎌田洋昭ほか　2002　『水迫遺跡Ⅱ』鹿児島県指宿市教育委員会。
新町正・長野真一ほか　1995　『松尾平遺跡・安徳遺跡』市来町埋蔵文化財発掘調査報告書3。
高松永治・宮下貴浩　1990　『金剛寺原第1遺跡・金剛寺原第2遺跡』宮崎市教育委員会。
高橋信武・綿貫俊一　1989　『横枕B遺跡・前田遺跡』直入町教育委員会。
橘　昌信　1999　『牟礼越遺跡』三重町文化財調査報告書第5集。
橘　昌信・佐藤宏之・山田哲　2002　『後牟田遺跡』後牟田遺跡調査団・川南町教育委員会。
谷口武範・山田洋一郎　2002　『上ノ原遺跡』宮崎県埋蔵文化財センター発掘調査報告書第58集。
田平祐一郎　2002　『立切遺跡』中種子町埋蔵文化財発掘調査報告書4。
田村晃一　1995　「喜子川遺跡第3次・第4次発掘調査報告書」『青山史学』14、1～64頁。
出口浩ほか　1990　『横井竹ノ山遺跡』鹿児島市。
時任和守・山田洋一郎　2002　『長薗原遺跡』宮崎県埋蔵文化財センター発掘調査報告書第57集。
長友久昭・金丸琴路　2005　『勘大寺遺跡（一次調査）』宮崎県埋蔵文化財センター発掘調査報告書第110集。
長野真一・大保秀樹　2005　『桐木耳取遺跡』鹿児島県立埋蔵文化財センター発掘調査報告書91。
永野達郎　2000　『帖地遺跡（旧石器編）』喜入町教育委員会。
中原一成　2002　『今里遺跡』鹿児島県立埋蔵文化財センター発掘調査報告書33。
中原一成　2004　『桐木遺跡』鹿児島県立埋蔵文化財センター発掘調査報告書75。
中村守男・森田誠　1999　『小原野遺跡』鹿児島県大口市教育委員会。
日高広人　2002　「南学原第2遺跡」宮崎県埋蔵文化財センター発掘調査報告書第50集。
日高広人・武井眞知子・柳田裕三　2004　「高野原遺跡第5地点」宮崎県埋蔵文化財センター発掘調査報告書第

89集。

廣田晶子　2002　『高野原遺跡』高岡町埋蔵文化財調査報告書23集。

廣田晶子　2004　『永迫第1遺跡』高岡町埋蔵文化財調査報告書30集。

松本茂　2003　『阿蘇原上遺跡』宮崎県埋蔵文化財センター発掘調査報告書第71集。

弥栄久志ほか　1981　『加治屋園遺跡』鹿児島県埋蔵文化財発掘調査報告書14。

宮坂孝宏　1991　『城・馬場遺跡第2地点』熊本県文化財調査報告書119。

宮下貴浩・角張淳一　2004　『箕作遺跡』金峰町埋蔵文化財発掘調査報告書18。

宮田栄二　1992　『西丸尾遺跡』鹿児島県埋蔵文化財発掘調査報告書64。

諸岡郁　2004　『宮尾原遺跡』三重町教育委員会。

山口昇　2003　「音明寺第2遺跡」宮崎県埋蔵文化財センター発掘調査報告書第81集。

山田洋一郎・日高広人　2002　『南学原第1遺跡・南学原第2遺跡』宮崎県埋蔵文化財センター発掘調査報告書第50集。

和田好史ほか　1995　『上ノ寺遺跡群　鬼塚古墳・上ノ寺A遺跡・石清水遺跡』人吉市文化財調査報告。

和田好史ほか　2002　『大野遺跡群』人吉市文化財調査報告第20集。

〈論文〉

秋成雅博・藤木聡・松本茂　2003　「宮崎県域における旧石器資料の再検討―北方町矢野原遺跡第Ⅰ文化層（AT下位）石器群―」『古文化談叢』第50集、125～152頁。

阿部敬　2004　「後期旧石器時代前半期後葉の九州地方における石器群構造」『旧石器考古学』65、69～86頁。

安斎正人　2000a　「台形様・ナイフ形石器石器群(2)―構造変動研究法の階層的秩序―」『先史考古学論集』第9集、1～28頁。

安斎正人　2000b　「台形様石器と台形石器―台形様・ナイフ形石器石器群(3)―」『九州旧石器』第4号、53～70頁。

池水寛治　1967　「鹿児島県出水市上場遺跡」『考古学集刊』3巻4号、1～21頁。

稲原昭嘉　1986　「剥片尖頭器に関する一考察」『旧石器考古学』32、33～54頁。

岩谷史記　1998　「狸谷Ⅴ層石器群における特徴的なナイフ形石器について―狸谷型ナイフ形石器の研究―」『肥後考古』11、81～102頁。

奥野充・福島大輔・小林哲夫　2000　「南九州のテフロクロノロジー―最近10万年間のテフラ―」『人類史研究』12～23頁。

奥野充　2002　「南九州に分布する最近約3万年間のテフラの年代学的研究」『第四紀研究』41－4、225～235頁。

小畑弘己　1987　「西南日本の楔形石核とその系譜について」『東アジアの考古と歴史』岡崎敬先生退官記念論集、1～29頁。

小畑弘己・宮田栄二　1999　「地域研究50年の成果と展望　九州地方・南西諸島」『旧石器考古学』58、55～63頁。

加藤学　2003　『祇園原遺跡・春日地区遺跡第2地点』宮崎県埋蔵文化財センター。

金丸武司・永友良典　1997　「山田町池増遺跡出土の細石核」『宮崎考古』15号、52～59頁。

鎌田洋昭　1997　「ナイフ形石器文化の終末の様相と細石器文化の開始について」『九州の細石器文化』1～30頁。

鎌田洋昭　1999　「今峠型ナイフ形石器について」『人類史研究』11、135～157頁。

鎌田洋昭　2004　「九州における細石器文化開始期について―ナイフ形石器文化終末期の様相を踏まえて―」『九州旧石器』第8号、99～116頁。

木崎康弘　1988　「九州ナイフ形石器文化の研究―その編年と展開―」『旧石器考古学』37、25～43頁。
木崎康弘　1993　『久保遺跡』熊本県教育委員会。
木崎康弘　1996　「槍の出現と気候寒冷化―地域文化としての九州石槍文化の提唱―」『旧石器考古学』53、43～56頁。
木崎康弘　2002　「ナイフ形石器文化の変遷と中期旧石器要素の変容」『九州旧石器』第6号、133～152頁。
北森梨恵子　2003　「熊本県人吉市大野遺跡群D遺跡」『考古学Ⅰ』129～165頁。
栗島義明　2000　「神子柴文化の拡散と展開―九州地域における草創期初頭の諸問題」『九州の細石器文化』Ⅲ、33～42頁。
桑波田武志　2004a「石清水型削器考」『縄文の森から』第2号、1～10頁。
桑波田武志　2004b「ナイフ形石器後半期における南九州の狩猟具的様相」『九州旧石器』8号、47～56頁。
佐藤宏之　1991　「日本列島内の様相と対比」『石器文化研究』3、129～140頁。
佐藤宏之　1992　『日本旧石器文化の構造と進化』柏書房。
佐藤宏之　2000　「日本列島旧石器文化のフレームと北海道及び九州島」『九州旧石器』第4号、71～82頁。
佐藤宏之　2002　「後牟田遺跡第Ⅲ文化層の編年的意義と行動論」『後牟田遺跡』382～396頁。
杉原敏之　2002　「上場6下石器群の再評価」『シンポジウム上場遺跡2002』資料、17～23頁。
鈴木忠司　1971　「野岳遺跡の細石核と西南日本における細石器文化」『古代文化』23-8。
高松永治　1995　「東九州のAT降灰以降のナイフ形石器文化」『姶良火山噴火後の九州とその人びと』九州旧石器文化研究会20回研究会・シンポジューム資料集、43～48頁。
谷口武範・山田洋一郎　1995　『打扇遺跡・早日渡遺跡・矢野原遺跡・蔵田遺跡』宮崎県教育委員会。
橘　昌信　1975　「宮崎県船野遺跡における細石器文化」『考古学論叢』3、1～69頁。
橘　昌信　1978　「大野川中流域における旧石器時代研究の基礎調査(1)今峠遺跡」『別府大学博物館研究報告』2、15～21頁。
橘　昌信　1989　「船野型細石核のバリエイション」『おおいた考古』2、1～10頁。
橘　昌信　1990　「AT（姶良Tn火山灰）上位のナイフ形石器文化」『史学論叢』21、35～51頁。
橘　昌信　2000　「九州における中期旧石器時代と後期旧石器時代成立期前後の石器群」『別府大学博物館研究報告』20、1～33頁。
田平祐一郎・野平裕樹　2003　『立切遺跡』中種子町教育委員会。
西住欣一郎・本山千絵　1990　『天道ヶ尾遺跡（Ⅱ）』熊本県文化財調査報告111集。
橋本勝雄　1993　「略説 日本細石器文化研究の現状と課題」『史館』24。
萩原博文　1995　「姶良火山噴火前の石器文化について」『姶良火山噴火後の九州とその人びと』九州旧石器文化研究会20回研究会・シンポジューム資料集、4～8頁。
萩原博文　1996　「西南日本後期旧石器時代後半期における石器群の構造変容」『考古学研究』第43巻第3号。
萩原博文　2004　「ナイフ形石器文化後半期の集団領域」『考古学研究』第51巻第2号、35～54頁。
春成秀爾　2001　「更新世末の大型獣の絶滅と人類」『国立歴史民俗博物館研究報告』第90集、1～52頁。
藤木　聡　2002　「宮崎県域における旧石器時代研究の現状と課題」『宮崎考古』18、20～32頁、宮崎考古学会。
松本　茂　2003　「東南部九州における細石刃石器群編年に関する覚書」『富山大学考古学研究室論集 蜃気楼』27～45頁。
松本　茂　2005　「九州地方のナイフ形石器終末期とその前後」『石器文化研究』12、5～24頁。
松藤和人　1987　「海を渡った旧石器"剥片尖頭器"」『花園史学』8号、8～19頁。
松藤和人　1989　「小型ナイフは組み合わせ石器か？」『旧石器考古学』38、153～156頁。

松藤和人　1992　「南九州における始良Tn火山灰降灰直後の石器群の評価をめぐって」『考古学と生活文化』21〜36頁。

松藤和人　2004　「日本列島における後期旧石器文化の始源」『日本列島における後期旧石器文化の始源に関する基礎的研究』79〜118頁。

宮田栄二　1988　「南九州の細石器文化―福井型細石刃核の波及について―」『鹿児島考古』22、58〜70頁。

宮田栄二　1993　「九州地方南部の細石刃文化」『細石刃文化研究の新たなる展開Ⅰ』1〜19頁。

宮田栄二　1995　「始良火山噴火後のナイフ形石器文化―南九州の石器文化」『始良火山噴火後の九州とその人びと』九州旧石器文化研究会20回研究会・シンポジューム資料集、10〜16頁。

宮田栄二　1996　「南九州における細石刃文化終末期の様相」『考古学の諸相』坂詰秀一先生還暦記念論文集、961〜978頁。

宮田栄二　1998　「南九州の旧石器文化」『日本考古学協会1998年度沖縄大会資料集』53〜62頁。

宮田栄二　2002　「鹿児島県の非黒曜石石材と原産地」『Stone Sources』1、21〜24頁。

宮田栄二　2002　「南九州ナイフ形石器文化の集団と領域に関する予察－西丸尾遺跡を遺した集団の活動領域と移動」『九州旧石器』第6号、170〜178頁。

宮田栄二　2004a　「九州地方―九州細石刃石器群の東西対極構造と集団―」『中・四国地方旧石器文化の地域性と集団関係』中・四国旧石器文化談話会20周年記念論集、159〜172項。

宮田栄二　2004b　「剥片尖頭器と三稜尖頭器―折れと破損率及び使用痕からの視点―」『山下秀樹氏追悼考古論集』129〜138頁。

村崎孝宏　2003　「始良Tn火山灰以前の石器群に関する基礎的研究―耳切遺跡A地点第1石器文化石器群を中心として―」『先史学・考古学論究』Ⅳ、1〜16頁、龍田考古会。

柳田俊雄　1988　「東九州の石刃技法の変遷」『古代文化』40-7、1〜18頁。

柳田俊雄　1989　「九州地方後期旧石器時代の終末期におけるナイフ形石器の形態的特徴―西北・東九州を中心に―」『旧石器考古学』38、143〜152頁。

綿貫俊一　1978　「大野の旧石器遺跡」『社会部紀要』第11号、25〜36頁。

綿貫俊一　1989　「今峠型ナイフ形石器の分布と地域差」『五馬大坪遺跡』192〜201頁。

綿貫俊一　1992　「長者久保・神子柴文化並行段階の九州」『古文化談叢』28、1〜33頁。

綿貫俊一　2002　「九州の旧石器時代後期初頭石器群」『九州旧石器』第6号、19〜131頁。

和田好史　2001　「人吉市・球磨地方のAT層下位の石器群について―熊本県人吉市鬼木町血気ヶ峯遺跡の石器文化を中心として―」『ひとよし歴史研究』4号、1〜21頁。

北海道の地域編年

寺崎　康史

1：奥白滝1遺跡
2：上白滝8遺跡
3：上白滝7遺跡
4：旧白滝5遺跡
5：タチカルシュナイ V遺跡・C地点
6：岐阜第2遺跡
7：広郷8遺跡
8：置戸安住遺跡
9：桜岡3遺跡
10：嶋木遺跡
11：共栄3遺跡
12：大成遺跡
13：南町2遺跡
14：稲田1遺跡
15：川西C遺跡
16：若葉の森遺跡
17：札内N遺跡
18：上似平遺跡
19：空港南A遺跡
20：勢雄遺跡
21：柏台1遺跡
22：祝梅三角山遺跡
23：丸子山遺跡
24：ユカンボシC15遺跡
25：美々4遺跡
26：美々5遺跡
27：美々8遺跡
28：美沢1遺跡
29：美沢3遺跡
30：美沢10遺跡
31：オバルベツ2遺跡
32：神丘2遺跡
33：桔梗2遺跡

後期旧石器時代前半期の主な遺跡分布図

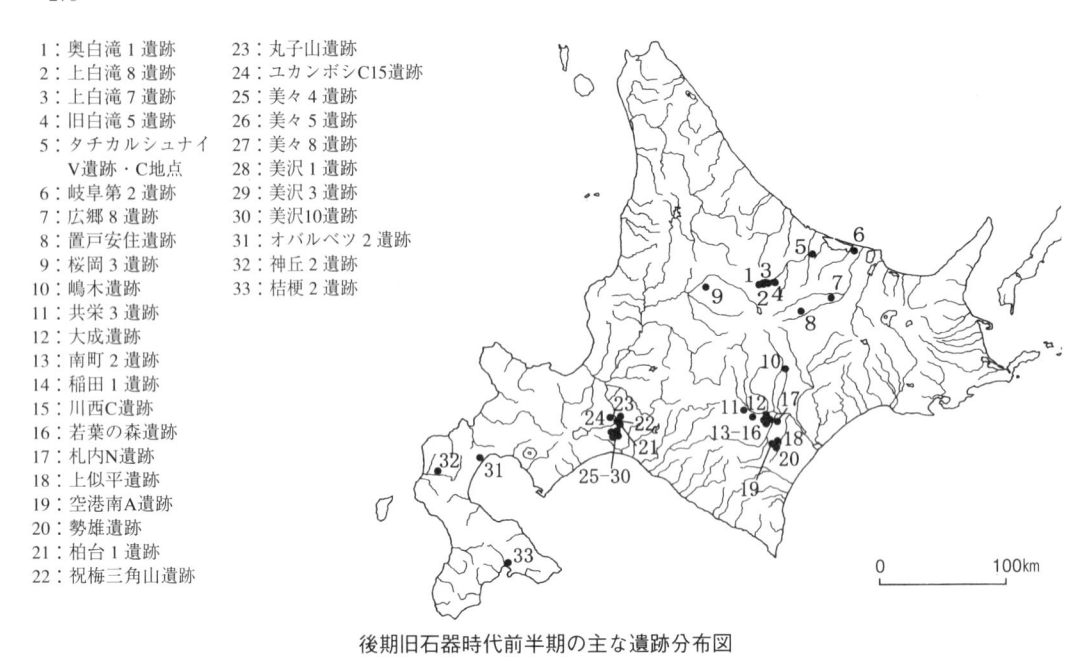

1：豊別A遺跡
2：浅茅野遺跡
3：オショロッコ遺跡
4：札滑K地点遺跡
5：モサンル遺跡
6：西町1遺跡
7：桜ヶ丘遺跡
8：日進2遺跡
9：タチカルシュナイV遺跡
10：幌加沢遠間地点遺跡
11：服部台遺跡
12：服部台2遺跡
13：奥白滝1遺跡
14：上白滝8遺跡
15：上白滝2遺跡
16：上白滝5遺跡
17：上白滝6遺跡
18：上白滝7遺跡
19：北支湧別遺跡
20：白滝第4地点遺跡
21：白滝第30地点遺跡
22：旧白滝5遺跡
23：水口遺跡
24：間村遺跡
25：吉田遺跡
26：上口遺跡
27：大正遺跡
28：北進遺跡
29：中本遺跡
30：本沢遺跡
31：広郷遺跡
32：広郷20遺跡
33：北上台地遺跡
34：日出11遺跡
35：吉井沢遺跡
36：北栄40遺跡
37：紅葉山遺跡
38：吉村遺跡
39：増田遺跡
40：緑丘B遺跡
41：豊坂21遺跡
42：置戸安住遺跡
43：日東遺跡
44：射の山遺跡
45：桜岡3遺跡
46：嵐山2遺跡
47：東麓郷1遺跡
48：東麓郷2遺跡
49：越川遺跡
50：元町2遺跡
51：元町3遺跡
52：みどり1遺跡
53：みどり4遺跡
54：豊岡7遺跡
55：居辺17遺跡
56：暁遺跡
57：落合遺跡
58：稲田1遺跡
59：大空遺跡
60：南町1遺跡
61：南町2遺跡
62：札内N遺跡
63：泉町A遺跡
64：空港A遺跡
65：空港B遺跡
66：上似平遺跡
67：勢雄遺跡
68：北斗遺跡
69：納内3遺跡
70：上幌内モイ遺跡
71：オサツ16遺跡
72：丸子山遺跡
73：オルイカ1遺跡
74：メボシ川2遺跡
75：柏台1遺跡
76：静川5遺跡
77：都遺跡
78：峠下1遺跡
79：昆布西1遺跡
80：立川1遺跡
81：樽岸遺跡
82：オバルベツ2遺跡
83：ピリカ遺跡
84：大関校庭遺跡
85：石川1遺跡
86：新道4遺跡
87：湯の里4遺跡

後期旧石器時代後半期の主な遺跡分布図

1. はじめに

1954年の樽岸遺跡にはじまる北海道旧石器文化研究は50年余を経たいま、新たな局面を迎えている。

その一つは、1995年から㈶北海道埋蔵文化財センターにより調査が開始された白滝遺跡群の成果が徐々に公開されつつあることである。現在のところ、白滝遺跡群18遺跡から出土した石器総数は約463万点を数え、重さにして約10tに達するといわれる（鈴木・直江 2005）。この一連の調査を除くと、北海道においてはこれまでにおよそ170ヵ所の旧石器時代遺跡が発掘調査され、その出土点数は概数で150万点ほどであるので、その3倍にのぼる量の石器がここ10年で得られたわけである。白滝遺跡群は、赤石山という巨大な黒曜石原産地を背後に控えた遺跡であるので、この遺物量は当然といえるかもしれない。しかし、白滝遺跡群の発掘調査の意義は、その出土量もさることながら、野外調査での高速・高精度の遺物取上げと室内整理における徹底した接合作業という質の高さにある。この膨大な資料を相手にした地道な取組みにより、石器研究の基本単位である石器ブロックが抽出され、これらのブロック間にまたがる豊富な接合資料が得られており、原石採取から石器製作、搬出に至る石器製作活動の過程が追究されている。また、原産地遺跡であるがゆえに石器製作の全工程を遺存している場合もあり、これまで比較的小規模な消費地遺跡により断片的に考察されていた石器製作技術の解明が飛躍的に進んでいる。

もう一つは、2003年帯広市大正3遺跡において、黄褐色ローム層から爪形文を含む多種の刺突文様をもつ土器が発見されたことである。複数個体から得られた土器内面の付着炭化物の加速器質量分析（AMS）法による放射性炭素年代測定値[1]は、12,500～12,000yBPに集中することが判明した（北沢・山原 2005）。江別市大麻1遺跡の室谷下層式土器に次ぐ待望の縄文時代草創期に相当するこの土器の発見は、北海道における縄文時代の開始に関する問題を提起するものであり、いままでまったくといっていいほど不透明であった北海道旧石器時代の下限年代を考えるうえで、一定の基準を与えるものとなろう。

本稿では、旧石器時代の下限年代についてはいまだ不明確なところを残すものの、これまで提示された白滝遺跡群の成果を採り入れつつ、大正3遺跡の土器の年代によって与えられた枠組みの中で、本地域における旧石器時代の編年的考察を試みたい。

2. 編年の方法

本地域の旧石器時代研究史を概観した場合、当初より編年研究がなされ、とりわけ細石刃石器群の変遷に関する研究がその主流であったといってもよいであろう。このような後期旧石器時代を対象とする研究が大勢を占める中で、前期・中期旧石器問題にいち早く取り組み、いまなお数々の提起をしているのは横山英介である。横山は木古内町釜谷4遺跡Ⅴ層から出土した総数7点の資料が後期旧石器時代を遡る可能性のあるものとして報告している（横山 1991）。筆者はそれらを観察す

る機会を得たが、ピックとされたものは片面が礫面、もう一面は平坦な面から構成されるが、器面の剥落が激しく、この平坦面が剥離面かどうかは判断できない。また、二次加工とされたものには明確な打点は観察できない。これ以外の6点には剥片剥離の際の明確な打点・打瘤が観察できず、礫面と自然破砕面（いわゆる節理面）から構成されるものと判断した。このように7点の資料は人工的な剥離の痕跡が認められないものであった。これらの不確かな資料によって、前期・中期旧石器時代の存在を主張するのは無理があろう。釜谷4遺跡の資料については、竹花和晴によって遺跡が立地する地形面および堆積物の年代的見地、近隣の良質石材を用いていない石材選択の不自然さ、諸外国から得られている石器形態学上の知見から、前期旧石器の石器であることに否定的な見解が提示されている（竹花2004）。一方、鶴丸俊明・髙倉純・出穂雅実らによって下川町ルベシの沢遺跡の調査が継続されている（髙倉ほか2001・2004）。この下層石器群については、ロシア・アルタイ地方のシベリア・ムスティエ文化との技術的関連が指摘されており、遺物の出土層準や堆積状況など今後の調査による解明が待たれる。このように本地域にあっては、現在のところ前期・中期旧石器時代の遺跡と遺物は明確でないため、本稿では後期旧石器時代を対象とする。

　本州地方にあっては、1960年代末から1970年代にかけ、相模野台地や武蔵野台地において層位学的な石器群の編年研究が行われるようになり、また、姶良Tn火山灰（AT）をはじめとする広域テフラの検出により、地域間の編年対比が可能となった。しかし、北海道にあっては、土壌の発達が悪いことに加えて、融凍攪拌作用などの周氷河作用により、包含されている遺物の保存状態がよくなく、そのような研究は望むべくもなかった。また、ATなど本州地方と対比できる広域テフラも遺跡内から検出された例がなく、彼我の石器群間の比較を困難なものとしている。

　北海道の旧石器時代の編年において鍵層となりうるテフラの数は少ないものの代表的なものを挙げると、約12,000年前に降灰したとされる濁川テフラ（Ng、柳井ほか1992）、約17,000年前の恵庭aテフラ（En-a、加藤1994）、約30,000年前の大雪御鉢平テフラ（Ds-Oh、中村・平川2000）、約42,000年前の支笏第1テフラ（Spfa-1、柳田1994）などがある。中でもEn-aは当該地域の編年研究を進めるうえで大きな役割を果たしてきたが、これまでにEn-a上位あるいは下位いずれかより石器群を出土した遺跡は33ヵ所ほどで、道内発掘遺跡数の2割に満たない。このうち、同一地点においてEn-aを挟んでその上下より石器群が重層的に出土した遺跡は5ヵ所のみである。En-aなどの鍵層は絡まないものの、石器群が間層を挟んで上下から発見された例に至っては、今金町美利河1遺跡A地区（長沼編1985）、遠軽町タチカルシュナイ第V遺跡B地点（吉崎編1973）などを数えるにすぎない[2]。

　このように層位的事例に恵まれず、同一の層位において複数の時期にわたる石器群が混在している可能性が強い北海道地域の編年研究を進めることはきわめて難しく、石器の形態、製作技術、石器組成などの比較による相対的な新旧の序列を判断する方法に頼らざるをえない。この場合、比較単位としての石器群をどのように抽出し認定するのかが問題となろう。視覚的な分布上のまとまり（ブロック）を基本単位とし、ブロック間の接合関係をもとに石器製作技術、器種構成、石材構成などの比較を行い、ブロック群（＝石器群）を認定する方法が一般的にとられている[3]。ブロック間にまたがる複数の接合資料の存在は石器群の一括性をより高めるものであるが、接合資料が得ら

れなくとも遺存状態のよい、あるいは平面分布の把握が可能な石器群を分析対象とすることができよう。1999年時点ではおおまかに13の石器群に分類していたが（寺崎・山原 1999、寺崎 1999b）、その後新たに1群を追加した（寺崎 2003）。

本稿においては若干の変更を加えているが、この14群分類を踏まえている。なお、指標となりうる石器型式名あるいは器種名をもって各石器群を呼称することとし、煩雑さを避けるため説明順に1〜14群とする。

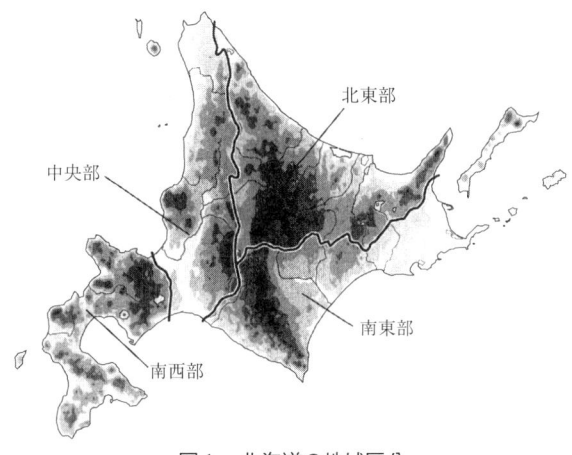

図1　北海道の地域区分

筆者らは細石刃石器群の出現をもって後期旧石器時代後半期とし、それ以前を前半期とした（寺崎・山原 1999）。細石刃・周縁加工された左刃彫器という新出の石器器種、そして細石刃および石刃剥離技術が一体となった石器群構造の出現は、後期旧石器時代を区分するにふさわしい画期であると考えてのことである。前述の14群をこれにあてはめると、前半期5群、後半期9群となる。現在のところ、これらの石器群を時間軸上に厳密に配置することはできないため、前半期3期、後半期5期に再編し、本州地方から得られている石器群との対比や放射性炭素年代を参考としつつ、これらの変遷を考えることとする。

北海道はその地形から、南西部・中央部・北東部・南東部の四つに大区分されており（小疇・野上ほか 2003）、本稿でもこの地域区分に従うものとする（図1）。

3．後期旧石器時代前半期石器群の概観

3.1　台形様石器を主体とする石器群（1群）

ここでいう台形様石器とは、長幅比が1.0前後の貝殻形・扇形・台形・矩形・三角形の剥片を用い、剥片の鋭い縁辺を刃部とし、刃部以外の部位に軽微な加工が施される石器である。剥片の末端部に加工が施されるもの（図2-2・3・4・21・22・29）、側縁部を中心に加工が施されるもの（図2-7・8・13・15・48・50）、腹面の基部付近を中心に平坦剥離加工が施されるもの（図2-10・19・20・26・27・36〜38・40・41・44〜46）がある。台形様石器を主体とする石器群は、函館市桔梗2遺跡（長沼・石川 1988）、千歳市祝梅三角山遺跡（吉崎・横山ほか 1974）、清水町共栄3遺跡（山原 1992）、帯広市若葉の森遺跡（北沢 2004）、遠軽町奥白滝1遺跡石器ブロック1〜6（長沼ほか 2002）・上白滝8遺跡石器ブロック1〜9・11〜13（長沼ほか 2004）など北海道全域において出土している（遺跡分布図参照）。

共伴する石器には削器、掻器（図2-24・25・51・52）、石錐（図2-16・17・34・35・51）があるが、量的には少ない。

奥白滝1遺跡、上白滝8遺跡において得られた豊富な接合資料から、以下のような剥片剥離技術

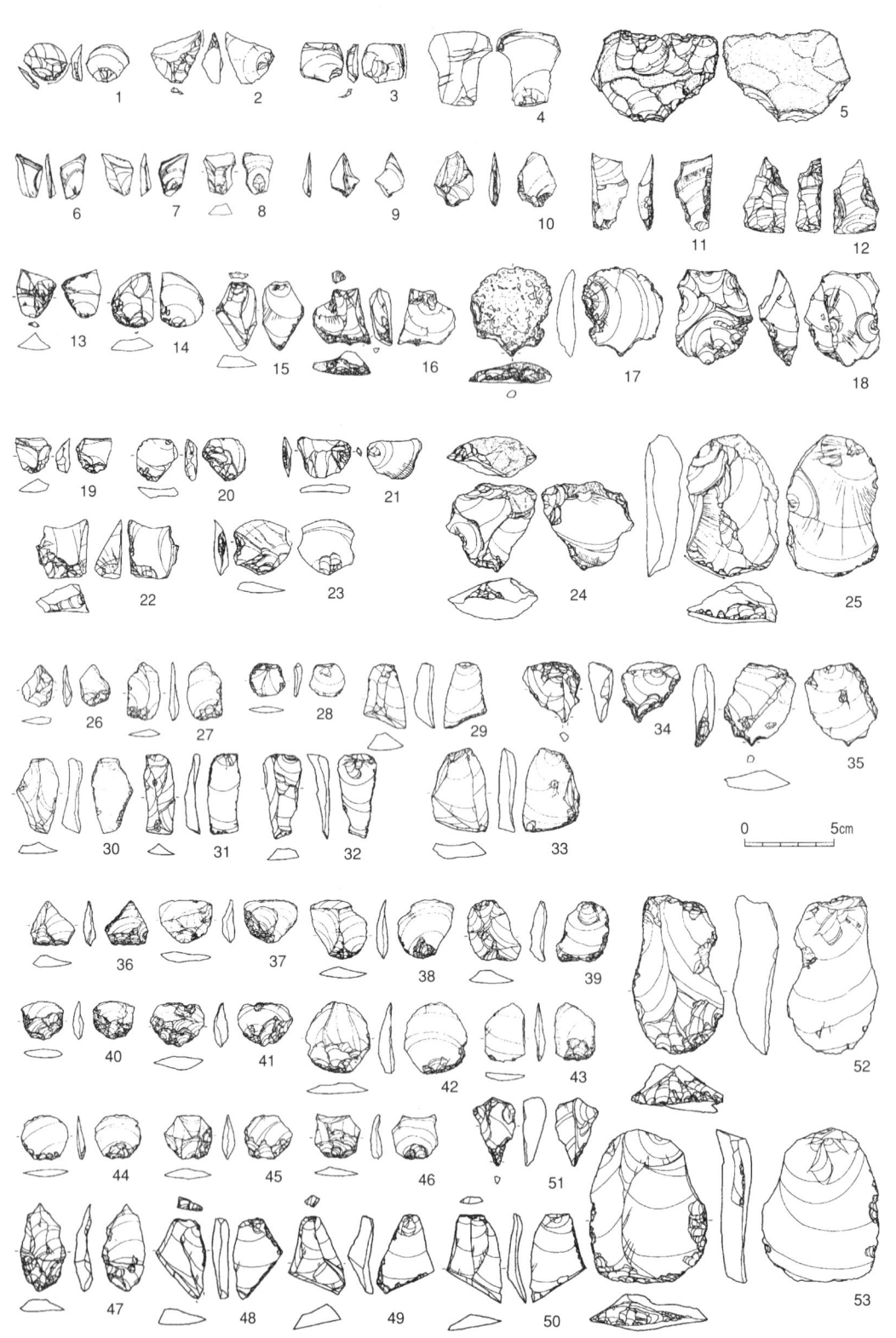

1～5：桔梗2　6～12：祝梅三角山　13～18：若葉の森　19～25：共栄3　26～33：奥白滝1・石器ブロック1～3
36～53：上白滝8・石器ブロック1～13

図2　1群石器群

の類型分類がなされている（直江 2004）。

　　Ⅰ類　扁平な石核の平坦面で剥離作業を行うもの
　　　Ⅰa類　片側の平坦面で作業を行うもの
　　　Ⅰb類　両側の平坦面で作業を行うもの
　　Ⅱ類　素材の小口面で剥離作業を行うもの
　　　Ⅱa類　素材の広い面を打面に固定するもの
　　　Ⅱb類　素材の小口面を打面に固定するもの
　　Ⅲ類　打面と作業面を頻繁に転移するもの
　　　Ⅲa類　打面と作業面を1～数打ごとに入れ替える交互剥離を基本とするもの
　　　Ⅲb類　打面と作業面の転移に規則性がみられないもの

　転礫を用いる場合はⅢ類の剥離技術により作業が進行し、その初期段階に剥離された大型の剥片がⅠ類・Ⅱ類の石核素材となっている。また、剥離の過程でⅢa類→Ⅲb類、Ⅰ類→Ⅱ類、Ⅱ類→Ⅲa類と剥離技術が変化することがあるとされ、Ⅰ～Ⅲ類の剥片剥離技術が同一の母岩に共存することが判明している。

　角礫を用いる場合は、Ⅱb類・Ⅲa類の技術により縦長剥片を多く剥離している。縦長剥片の特徴は、厚手で打面が大きく、バルブが発達するもので、その生産には石刃技法のような規格性はみられない。また、縦長剥片と製品との結びつきは非常に薄い。

　Ⅰ～Ⅲ類いずれも打面・頭部調整などの石核調整を行わない点が共通している。

　祝梅三角山遺跡、共栄3遺跡、若葉の森遺跡ではEn-a下位より石器群が出土している。祝梅三角山、共栄3、奥白滝1、上白滝8、若葉の森の各遺跡において放射性炭素年代測定値が得られている。祝梅三角山遺跡では露頭より採取した炭化物の年代が21,450±750yBP、共栄3遺跡においても包含層から採取した炭化物の年代が18,000yBPより古いと測定されている。奥白滝1遺跡では石器ブロック4に近接した炭化木片ブロック18から採取した炭化物により15,850±150yBP、16,030±130yBP、18,250±190yBPの年代値（AMS）が得られている。上白滝8遺跡の炭化木片ブロックからは12,420±100yBP～24,380±160yBPという幅をもった年代値（AMS）が得られている。いずれの測定値も、石器を包含する層の年代を示しているかもしれないが、石器ブロックが遺された年代を示すとは厳密にはいえず、採用には検討を要する。若葉の森遺跡ではスポット1に伴う焼土中の炭化材から23,930±220yBP、24,410±240yBP、スポット4に伴う焼土中の炭化材から24,410±220yBP、24,670±230yBP、27,640±230yBPという年代値（AMS）が得られている。調査者によると焼土は石器群が遺された後の自然現象による可能性があり、石器群が遺された下限の年代を示すという。このことから、若葉の森遺跡の石器群の年代は24,000年以上前であるといえよう。

3.2　掻器を主体とする石器群（2群）

　石器群に石刃を伴うグループ（2a群）と石刃を伴わないグループ（2b群）に細分できる。

　2a群は石器の素材に明確な石刃を用いる割合が高い石器群であり、帯広市川西C遺跡（北沢・山原 1998）に代表される。川西C遺跡では15ヵ所のブロックがあり、そのうち4ブロックに焼土が伴

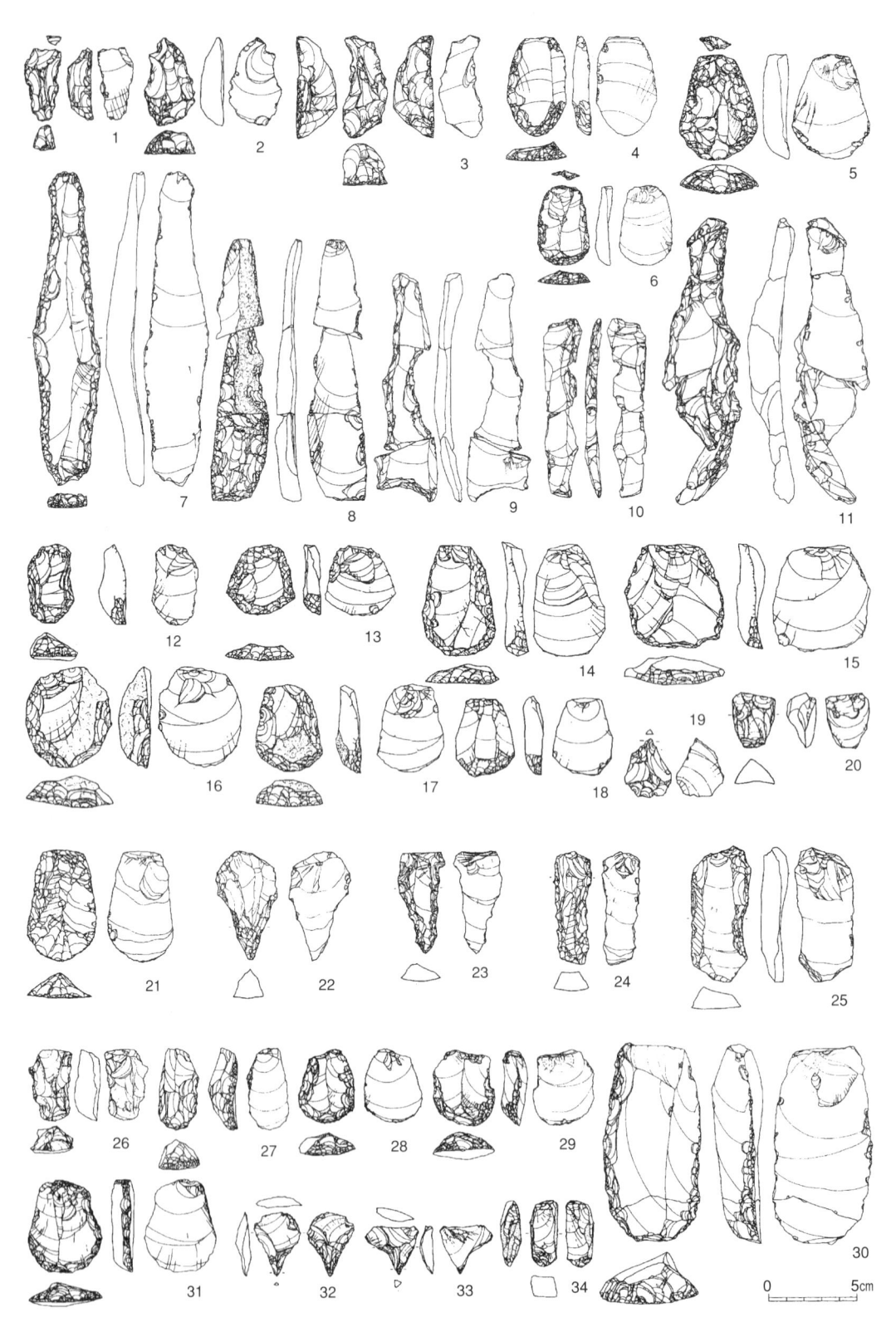

1～11：川西C　12～20：嶋木　21～25：丸子山　26～34：柏台1

図3　2群石器群

っている。石器群は細部加工剥片、削器（図3-7）、掻器、彫掻器、彫器、石錐、楔形石器などの剥片石器から構成されており、これらの約7割が石刃を素材としている。削器は折れ面のみられるものが多く、折れた後にさらに加工され削器として、あるいは折れ面を打面として樋状剥離が施され彫器として用いられていることが接合資料により明らかになっている（図3-8～11）。各ブロックには掻器が安定して組成しており、最大幅が器体の中央部よりやや下部にあるもの（図3-4～6）、側縁に急角度の調整が施され、舟底形石器に類似する形態をもつもの（図3-1・3）がある。

石刃核をはじめとする石刃剥離の過程を示す資料が遺跡内からは出土しておらず、石刃剥離技術については不明な点が多いが、残された石刃の観察から以下のことがわかる。稜形成は稜上から一側面に対して施され、ほかの面は自然面・素材面のものが多い。打面の幅と厚さは器体のそれとほぼ同じくらい大きく残される。作業面側からの打面調整が顕著であるが、打面側から作業面側への頭部調整はほとんど施されない。

顔料原材およびその関連資料も出土している。

現在のところ、川西C遺跡と同様の内容をもつ石器群の類例はないが、その可能性が高い石器群として帯広市空港南A遺跡（後藤1983）がある。この遺跡からは石刃素材の掻器、彫器が出土しており、彫器は石刃の折れ面から樋状剥離を施したものである。川西C遺跡・空港南A遺跡、いずれもEn-a下位からの出土である。

2b群は上士幌町嶋木遺跡に代表される石器群である。1984年以降の発掘調査により掻器をもっとも多く有し、削器、楔形石器、石錐、尖頭石器などから構成される石器群が発見されている（辻1985、加藤・山田1988）。類似する石器群としては、帯広市南町2遺跡スポット1（北沢・山原1995）、千歳市丸子山遺跡En-a下位石器群（田村・高橋1994）、同市柏台1遺跡「不定形剥片石器群」（福井・越田1999）がある。嶋木遺跡の石器群は然別降下軽石層の下位、他はEn-a下位からの出土である。石器群に伴う遺構としては、嶋木遺跡では礫群、南町2遺跡では焼土、丸子山遺跡では炭化物ブロックがあり、柏台1遺跡では八つの石器ブロックのうち七つに礫群を、六つに炉を伴う。上白滝8遺跡石器ブロック10（長沼ほか2004）も本群に含まれるであろう。

掻器は拇指状、円形を呈するものが多く、厚みのある幅広あるいは縦長剥片が素材として選択されている。後半期細石刃石器群にみられる石刃端部に刃部を設定するような規則性はなく、剥片の側縁部あるいは頭部、背腹面までもこだわらずに刃部を設けている。円形のものは、打面部を除くほぼ全周に調整が施される（図3-13～17・28・29・31）。また、側縁に急角度の調整を施すもの（図3-12・26・27）もある。石錐（図3-19・32・33）、楔形石器（図3-20・34）が組成する。

嶋木遺跡からは撥形の台形様石器が抽出されている（山原1996）。上白滝8遺跡からも1点のみではあるが急角度の加工がみられる台形状の石器があり、1群とは加工の度合いの異なる器種として注意されるが、類例が少なく不明な点が多い。

剥片剥離技術には1群でみられたⅠa類（剥片ないし分割礫を素材にして、剥離作業面を1面に固定し、周縁から求心状に剥片を剥離するもの）、Ⅱa類（剥片ないし分割礫の主要剥離面に打面を固定し、その周辺で剥片を連続的に剥離しているもの）、Ⅲ類（打面・作業面を固定せず、90°の打面転移を繰り返す剥離方法）がある。打面・頭部調整などの石核調整を行わないのは1群同様であ

る。Ⅰa類により得られた剥片は、平面形が逆三角形や扇形を呈する小型で薄手なものが多く、背面にポジティブな面をもつものもある。鋭利な縁辺を直接利用したと考えられる。Ⅱa類やⅢ類からはより厚手で大型の剥片が剥離され、各器種の素材として用いられている。この中には、背面に腹面と同一方向の剥離面と数条の稜を有するものが少なくなく、連続した縦長剥片の剥離工程が予想されるが、石刃技法のような規則性は認められない。

丸子山遺跡、柏台1遺跡では2a群同様の顔料用の鉱物が石器群に伴い、嶋木遺跡、南町2遺跡、柏台1遺跡からは顔料の付着した台石が出土している。

石材の特徴としては、南町2遺跡、丸子山遺跡、柏台1遺跡では黒曜石の割合が全体の5割から6割を占め、ほかの石材として、南町2遺跡では安山岩・メノウが、丸子山遺跡、柏台1遺跡では頁岩・チャート・安山岩・メノウなどが用いられている。

なお、嶋木遺跡からは1987年の調査において細石刃核1点、細石刃4点が出土したとされるが（加藤・山田 1988）、細石刃とされたものは両側縁が平行しない不整形なものであり、後半期にみられる細石刃と同列に扱うことはできない。

2群は川西C、空港南A、嶋木、南町2、丸子山、柏台1の各遺跡においてEn-a下位より石器群が出土している。いずれの遺跡においても放射性炭素年代測定値が得られている。川西C遺跡ではスポット3に伴う焼土より採取した炭化木片の年代が$21,780\pm90$yBP、スポット4に伴う焼土より採取した炭化木片の年代が$21,400\pm190$yBPである（AMS）。空港南A遺跡の石器とともに発見された炭化物の年代が$23,850^{+4,480}_{-2,850}$yBP、嶋木遺跡においては包含層から採取した炭化木片の年代が$25,500\pm1,200$yBPと測定されている（小坂・野川 1971）。南町2遺跡のスポット1に伴う焼土から得られた炭化木片により$19,610\pm270$yBPの年代値が得られている。丸子山遺跡では石器ブロックに伴う炭化物ブロック30から$21,940\pm250$yBPの年代値が得られている。柏台1遺跡では石器ブロックに伴う炉跡の炭化木片から、$20,390\pm70$yBP〜$22,550\pm180$yBPの幅に含まれる8点の年代値（AMS）が得られている。空港南A遺跡、嶋木遺跡の測定値は石器を包含する層の年代を示している可能性はあるものの、石器ブロックが遺された年代を示すとは厳密にはいえない。しかし、川西C、南町2、丸子山、柏台1の各遺跡の年代値は石器ブロックに伴う焼土あるいは炉跡の炭化木片から得られたものであるので、石器群が遺された年代を示すといえる。以上のことから、2群の年代は23,000〜19,000yBPであるといえよう。

3.3 小形削器を主体とする石器群（3群）

この石器群は、数cm程度の小形削器を主体とする一群である。更別村勢雄遺跡（明石・辻 1978）、帯広市上似平遺跡下層（北沢・山原 1987）、幕別町札内N遺跡（大矢 2000）を挙げることができる。勢雄遺跡、上似平遺跡下層では少量ながら石刃を伴っている。石刃はやや小型ではあるものの、打面の大きさや打面調整の顕著さをみると、基本的には川西C遺跡と同じ特徴をもつ。共伴する石器には掻器、石錐、楔形石器などがみられるが、掻器はきわめて少ない。また石刃素材の石器は削器に限定されている。

勢雄遺跡、上似平遺跡下層、札内N遺跡の石器群はいずれもEn-a下位より出土している。上似平

遺跡下層において放射性炭素年代測定値が得られており、石器ブロックとともに発見された礫群に伴う炭化木片の年代が$32,500^{+\infty}_{-12,000}$yBPと示された。前半期の中ではもっとも古い年代値であるが誤差の幅も大きく、ただちに石器群の年代とすることはできないであろう。

3.4 広郷型尖頭状石器を主体とする石器群（4群）

　広郷型ナイフ形石器は北見市広郷8遺跡からはじめて出土したもので、発見当初から、その調整のあり方が関東地方のナイフ形石器のようなブランティングとは異なることが指摘されていたが（宮1985a）、原則的に素材の一側縁をそのまま残すことから、ナイフ形石器という範疇で捉えられてきた（図4-10〜14）。今金町神丘2遺跡B群（寺崎編1990）のナイフ形石器についても同様のことがいえよう（図4-1〜3）。しかし、上白滝7遺跡石器ブロック4〜10（長沼ほか2000）・上白滝8遺跡石器ブロック61（長沼ほか2004）の調査においては、従来の広郷型ナイフ形石器に加えて、置戸型尖頭器（戸沢1967）のような素材の全周に調整剥離が及ぶもの（図4-22〜24・33・34）の共伴が明らかとなった。このことについては、ナイフ形石器のように刃部としての縁辺を残すのは尖頭状の形態を整形することを目的とした柔軟な素材利用であった（鈴木2004a）と考えた方が合理的なため、本稿では、従来広郷型ナイフ形石器と呼称していた石器型式を、佐藤（2003）による「広郷型尖頭状石器」という用語に改める。

　上白滝7遺跡石器ブロック4〜10からはこれまでにもっとも多くの広郷型尖頭状石器が出土し、豊富な接合資料も得られており、この石器群の全体像が明らかとなったといえよう。広郷型尖頭状石器は、平面形状が柿の種子状を呈するもの（図4-22〜25）、石刃・縦長剥片を素材とし、その形状を大きく変化させずに基部もしくは先端部を加工したもの（図4-26）、台形状のもの（図4-27〜29）の三つに分類されている（坂本2003）。

　その他の器種として掻器と彫器がある。広郷8遺跡、神丘2遺跡の掻器は幅広の剥片を素材とし、調整がほぼ全周におよぶ円形のものが多い（図4-6〜9・20）。広郷8においては広郷型尖頭状石器にみられるような平坦剥離により背面が調整される例（図4-21）、最大幅は器体の中央部付近にあり、刃部がやや尖る例もある（図4-18）。一方、上白滝7遺跡・上白滝8遺跡では石刃素材あるいは縦長剥片の端部に円い刃部が形成されるものであり、最大幅は器体の下半部の刃部付近にくるものが多い（図4-31・32）。彫器は少量ではあるが、上白滝7遺跡・上白滝8遺跡において明確に伴っている。上白滝7遺跡では交叉刃のもの（図4-30）、上白滝8遺跡では先端部に作出された打面から左肩に直線的な彫刀面が作出されたもの（図4-37）などである。広郷8遺跡からも交叉刃のものが出土している（図4-17）。

　剥片剥離技術の主体は石刃剥離技術である。稜形成、打面調整がほとんどみられないもので、頭部調整は顕著であるという特徴をもつ。一度平坦な打面が確保されると、その打面から連続して石刃は剥離され、打面が再生されることは稀である。石刃剥離に際しては、作業面の稜の頂部と頂部の間を打撃するため、石刃の打面幅は広く、石刃も幅広である。また、打瘤が発達しているのも特徴である。石刃剥離の進行した石核を利用し、そこから求心状の剥離を行ったものもある。

　一方、量的には少ないが、非石刃技法として1群にみられた素材の広い面を打面に固定する剥片

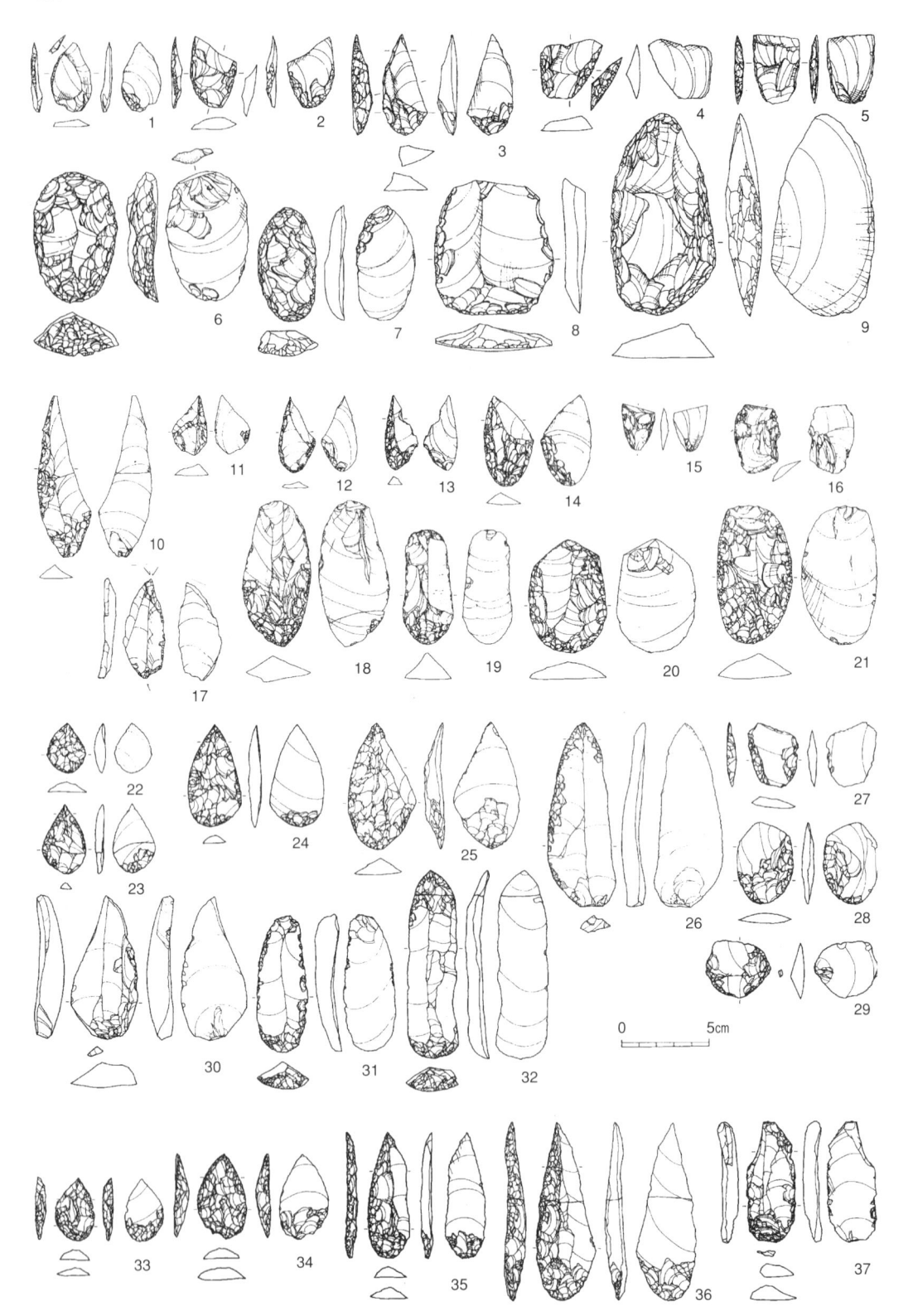

1〜9：神丘2・B　10〜21：広郷8　22〜32：上白滝7・石器ブロック4〜10　33〜37：上白滝8・石器ブロック61

図4　4群石器群

北海道の地域編年　287

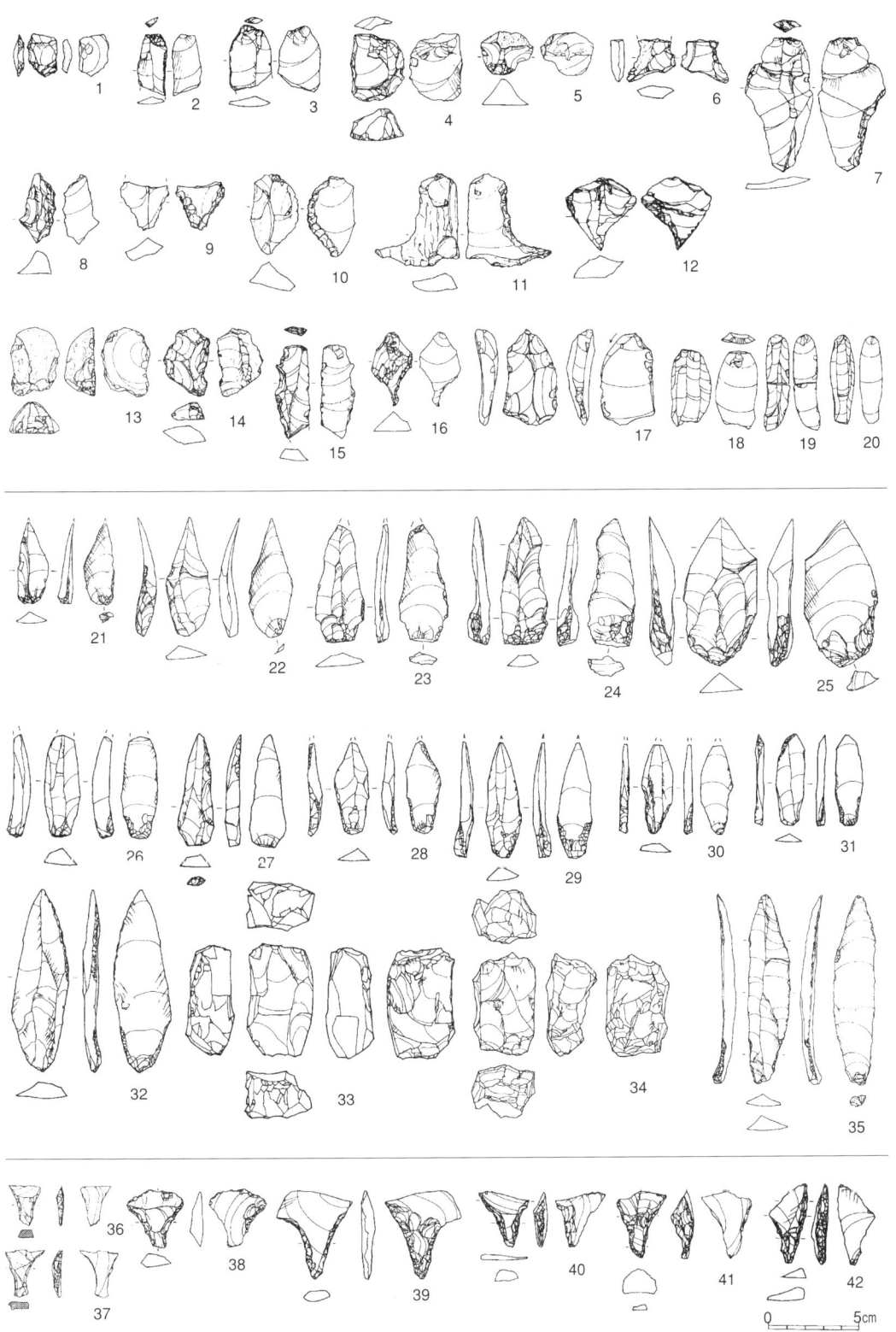

1～7：上似平下層　8～12：札内N　13～20：勢雄　21～25：神丘2・B　26～34：オバルベツ2　35：四十九里沢A　36・37：湯の里4
38：美里洞窟　39：上白滝8・石器ブロック30～35　40：上白滝8・石器ブロック36～55　41：旧白滝5・高位部　42：上白滝8・斜面部

図5　3群石器群（上段）・5群石器群（中段）・台形石器・ナイフ形石器（下段）

剥離技術Ⅱa類、打面と作業面を交互に入れ替えるⅢa類などがある。一部の尖頭状石器の素材となった寸詰まりの剥片は、これらの剥片剥離技術と結びついている。

いずれの遺跡においても、En-aのような鍵層となるテフラと絡むことはない。上白滝7遺跡石器ブロック5・6に近接あるいは重複する炭化木片ブロックがあるが、旧石器時代とは大きくかけ離れた放射性炭素年代測定値が得られている。

3.5 基部加工ナイフ形石器群（5群）

長万部町オバルベツ2遺跡ブロック3において8点のナイフ形石器が発見されている（大島・谷岡ほか2000）。先端部右側縁のみに調整がみられるもの（図5-27）のほかは主に基部に調整加工が施されるものである（図5-26・28～31）。調整加工の方向は、1点が腹面から背面への調整であり（図5-30）、1点が錯向調整（図5-28）、他は背面から腹面への調整である。これらのナイフ形石器のほかに剥片石器は認められていない。原石状態へ復元された石刃剥離の過程を表わす接合資料が得られている。稜形成がなされており、石刃剥離に先立ち細かな打面調整がそのつど施されるが、頭部調整は認められない。180°打面転移がなされている。

今金町神丘2遺跡からは4群石器群に伴い、5点の基部加工のナイフ形石器が出土している（寺崎編1990）。ナイフ形石器の打面はすべて残置されており、平坦な単剥離面のものが多い。オバルベツ2遺跡でみられたような錯向調整のものが2点ある（図5-24・25）。1点のナイフ形石器を含む接合資料が得られており、180°打面転移がなされている。また、ナイフ形石器に伴うと思われる石刃には稜形成、打面調整の痕跡が認められる。

これらのほかに、採集資料ではあるが、上ノ国町四十九里沢A遺跡（松崎・寺崎2004）の基部加工のナイフ形石器がある（図5-35）。

4群同様、鍵層との関連は捉えられておらず、放射性炭素年代測定も行われていない。

前半期・後半期いずれに帰属するかは不明であるが、最近類例が増えつつある石器器種に台形石器がある。知内町湯の里4遺跡例（畑編1985、図5-36・37）、北見市美里洞窟例（宮1985b、図5-38）が従来知られていたが、近年になって上白滝8遺跡ブロック35（図5-39）とブロック45（図5-40）からそれぞれ1点（長沼ほか2004）、旧白滝5遺跡高位部（図5-41、高橋ほか2003）と服部台2遺跡ブロック45（未報告）から各2点の台形石器が出土している。素材背面と腹面の剥離方向が一致しているのは美里洞窟例のみで、これは石刃状の素材を想定しうるが、白滝遺跡群の例はいずれも背面と腹面の剥離方向が直交あるいは斜交するものであり、打面転移が行われた石核から剥離された横長剥片が素材として用いられたものと思われる。いずれも一側縁を残して、素材打面部および末端部に急角度の加工が施される。美里洞窟例は左右対称であるが、その他はどちらかの一側縁の刃部端が突出する形状を呈する。図5-38～40の腹面にはバルブを除去するような加工が施されている。上白滝8遺跡からは台形石器のほかに、縦長剥片素材を斜めに用い、両側縁に急角度の加工を加えることにより切出形に整形されたナイフ形石器が出土している（図5-42）。いずれの遺跡においても1～2点が出土したのみであり、現在のところ石器群として認定できるものではないが、

今後まとまった発見の可能性がある。

4. 後期旧石器時代後半期石器群の概観

4.1 蘭越型細石刃核石器群（6群）

　蘭越型細石刃核を指標とする細石刃石器群である。蘭越型は蘭越町立川1遺跡出土の細石刃核を基にして吉崎昌一によって命名され（吉崎1959）、赤井川村都遺跡を調査した木村英明によって技術的な検討が加えられ、蘭越技法が規定された（木村1978）。その後、柏台1遺跡（福井・越田1999）、オバルベツ2遺跡（大島・谷岡ほか2000、佐藤2002）の調査により、その石器群の内容が知られるようになった。両遺跡からは蘭越技法に関する接合資料が豊富に得られており、おおよその工程を追うことが可能となった。これらを総合すると、以下のようにまとめることができよう。①石核素材には扁平な礫もしくは剥片が用いられ、短軸に打面部が、長軸に作業面があらかじめ設定される。背縁、下縁を交互剥離あるいは片側剥離によりつくり出したものが石核母型として準備される。横断面形は作業面側が厚く、背縁側が尖る卵型をなす。縦断面は楔形であるが、作業面を正面とした場合、右側面が平坦で、左側面が膨らみを有する反D字形を呈する例がある。打面相当部は主に側方あるいは周辺より平坦に調整される。②作業面相当部側からの打撃により打面が作出される。③調整打面の場合もあるが、多くの場合単剥離打面から目的剥片が剥離される。柏台1の接合資料によると得られた目的剥片の大きさは、長さで2〜12cm、幅で0.5〜2.5cmの開きがあるとされ、われわれが便宜的に分類するところの石刃と細石刃が連続して量産されていたこととなる。ただし、この点に関しては両者の間に器面調整の変質などにみられる不連続性の指摘もある（山原2003）。確かに柏台1の接合資料からすると、剥片剥離の初期段階では側面と作業面の区別が明瞭ではなく、作業面以外からも目的的な石刃・縦長剥片が剥離されている可能性が高く、また下縁からの石刃剥離も稀ではない。これに対して、細石刃剥離は同一作業面から規則的に行われており、石刃から細石刃へ漸移的に目的剥片が変化したとは必ずしもいえない。この点に関してはさらなる検討が必要である。いずれにしても、蘭越技法にあってはその順序はともあれ、打面調整・打面再生・目的剥片剥離・側面調整を繰り返し、器体は相似的に減少する。打面再生は例外なく作業面側から行われ、しばしば背縁稜まで取り込むものがある。目的剥片剥離の過程では稜調整による作業面の修正も行われている。細石刃の特徴としては、石核素材の形状（作業面を正面とした場合、右側面が平坦で、左側面が膨らみを有する反D字形）を反映して湾曲する平面形を呈するものがある。また、細石刃剥離が右側面にまで及ぶことがある。

　6群石器群は上記の遺跡のほかに湯の里4遺跡（畑編1985）、今金町美利河1遺跡（長沼編1985）、下川町西町1遺跡（今井1999）などから出土している。北東部・南東部においてはまとまった発掘出土例はなく、北見市開成3遺跡（鶴丸1981）、北見市藤谷遺跡（鶴丸1978）、上白滝8遺跡（長沼ほか2004）において、それぞれ蘭越型細石刃核が1例あるのみである。

　美利河1遺跡、オバルベツ2遺跡、柏台1遺跡の石器群をみるかぎり、石器組成は単純で、細石刃核（図6-7〜11）、細石刃（図6-1〜6）のほか、石刃素材に周辺加工を施した左刃の彫器（図6-

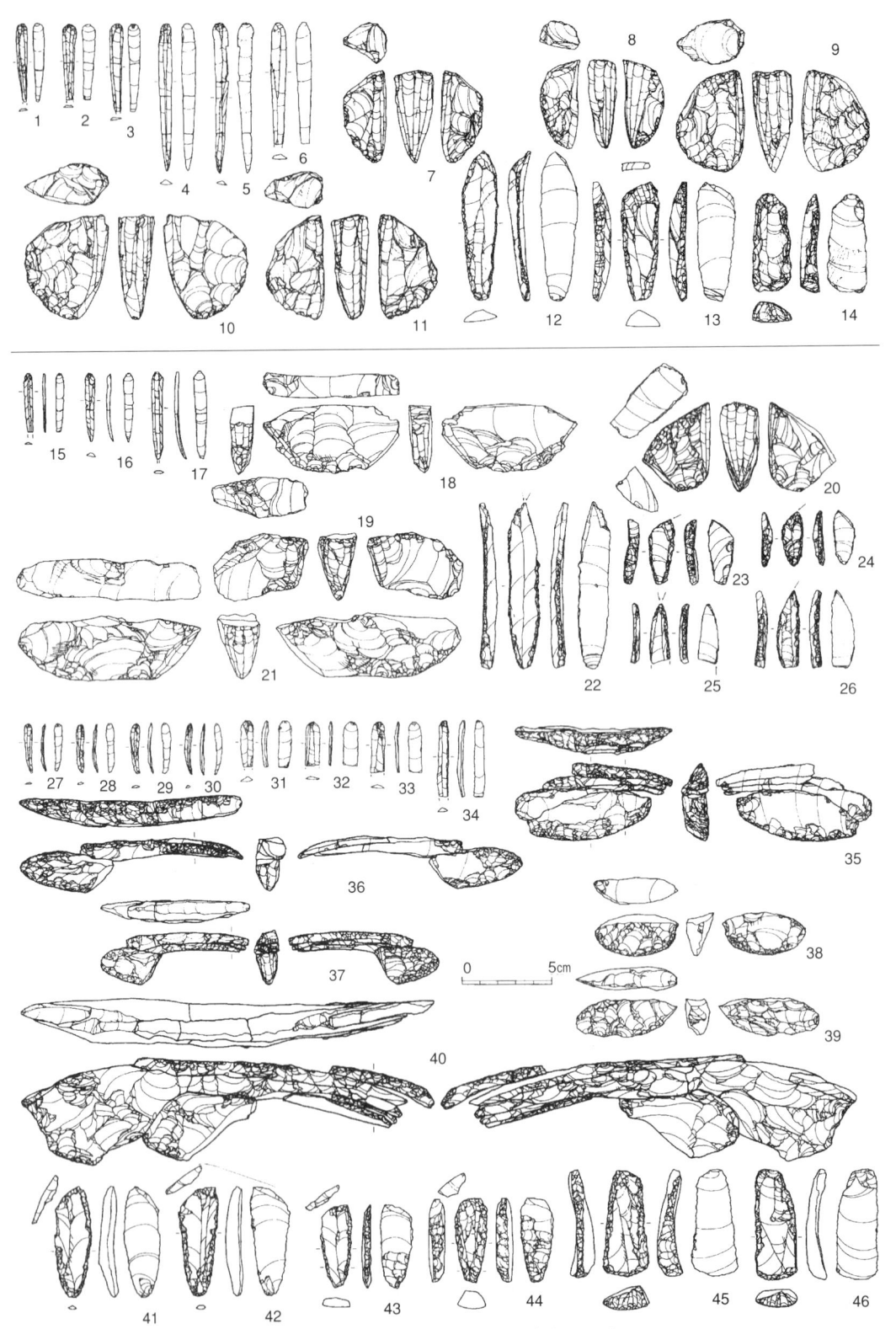

1～14：柏台1　15～26：オバルベツ2　27～46：上白滝8・石器ブロック14～19

図6　6群石器群（上段）・7群石器群（下段）

12・13) と石刃素材の掻器 (図6-14) を伴う。湯の里4、美利河1、柏台1の3遺跡においてかんらん岩およびコハク製の玉製品を伴出する。

6群は柏台1遺跡においてEn-a下位より石器群が出土している。また発掘資料ではないが、斜里町越川遺跡において黒ゴマスコリアと呼ばれるテフラの下位から蘭越技法に関連すると思われる資料が断面採集されている (曽根・米村ほか1991)。美利河1、オバルベツ2、柏台1の各遺跡において放射性炭素年代測定値が得られている。美利河1遺跡では石器ブロック4に伴う炭化木片の年代が19,800±380yBP、オバルベツ2遺跡ではブロック1に伴った炭化木片が20,500±200yBPという結果が得られている (AMS)。柏台1遺跡においても石器ブロックに伴う炉跡から採取した炭化木片の年代の7例が18,830±150yBP～20,790±160yBPの幅に収まる (AMS)。

4.2 峠下型1類・美利河型細石刃核石器群 (7群)

峠下型細石刃核は、「峠下型彫器」として倶知安町峠下1遺跡においてはじめて注意された (名取・松下1961)。その後、訓子府町増田遺跡において、素材準備から細石刃剥離に至る工程が復原された (小野ほか1972)。帯広市暁遺跡、上白滝8遺跡において接合資料をもとに細石刃製作技術が検討されている (山原1998b、鈴木2004b)。これらのことから、以下のようにまとめることができよう。

①石核素材には石刃あるいは剥片が用いられ、腹面からの剥離により素材縁辺に調整が施された片面調整石器が石核母型として準備される。素材長軸に打面部が、短軸に作業面が設定される。打面相当部には腹面から長軸に対して直交する横位の調整 (側方調整) が連続的になされている。また、作業面逆端部に腹面調整が行われる例もある。②作業面の稜形成が行われ、これは削片剥離の打面準備を兼ねているものと思われる。削片剥離は、素材の背面を表に、腹面を裏にして置いた場合、右から左に向かって形成される場合が大多数である。削片剥離は3～5回が主体的であり、上白滝8遺跡例からすると削片が他端にまで抜ける例が多い。複数の削片を剥離する際にも、それに先立って側方調整がなされている。暁遺跡例では削片剥離後に、下縁などからの側面調整が行われることが明らかになっている。③細石刃剥離は打面形成点側で行われる。剥離される細石刃は石核素材の形状 (作業面を正面とした場合、右側面が平坦で、左側面が膨らみを有する反D字形) を反映して湾曲する平面形を呈するものがある。また、細石刃剥離が腹面側にまで及ぶことが多い。打面再生は頻度が高いと思われ、その際も、打面再生剥片剥離に先立って側方調整が施されている。

峠下型細石刃核は、作業面の長さと器体調整のあり方から1類と2類に細分できる (寺崎1999)。峠下型細石刃核1類 (以下、峠下型1類) はその細石刃作業面が約3cm以下で、石核素材背面には周辺部のみの調整加工が施される。峠下型細石刃核2類 (以下、峠下型2類) は、石刃および剥片より製作され、細石刃作業面が約3cm以上と大型で、石核素材背面には器面全体に及ぶ調整が加えられる例が多い。しかし、この2者を分ける作業面長の3cmというのはあくまで目安であって絶対的な基準ではない。最終的にはそれらが属する石器群全体の特徴により判断されるものである。峠下型1類には以下に述べる美利河技法による細石刃核を伴う例が多い。

美利河技法は美利河1遺跡出土の4点の接合資料により提唱され (長沼編1985、長沼1990)、新道4遺跡の調査により追認された (千葉ほか1988、千葉1993)。①石核素材には礫もしくは剥片を

用いる。この場合、将来の打面相当部を見越した形状のものが選択される。打面相当部および下縁から対向する調整により全体を舟形に整形したものが石核母型として準備される。打面相当部には側方調整が施される。②断面四角形の平形の削片によって打面が準備され、水平な打面が得られるまで2枚目以降の削片がとられるが、この過程においても打面および下縁側から器体調整が行われる。③細石刃剥離は打面形成点から行われる。細石刃剥離が進行する過程においても器体調整は行われ、残核形状は相似的に小さく、しかも精緻な両面調整体になっていく。

新道4遺跡においては、豊富な接合資料により峠下型1類と美利河型細石刃核が同一の技術体系により製作されていることが明らかになった。峠下型1類と美利河型の明確な共伴例は、美利河1遺跡ブロック1～3、オバルベツ2遺跡第Ⅱ地点（図6-15～26、佐藤2002）においても認められている。北東部において、その可能性がある遺跡として北見市北進遺跡（菅野・久保1980）・同市大正遺跡（大井1963）がある。

上白滝8遺跡石器ブロック14～19からは、この7群に属すると思われる石器群がまとまって出土している（図6-27～46）。本石器群に関しては、鈴木宏行により細石刃を起点とした技術構造の復元が試みられている（鈴木2004b）。それによると、石刃と剥片がほぼ同等の比率により細石刃核の素材として利用されており、相対的に薄い石刃には削片剥離に伴う面的な側面調整頻度が低く（細石刃剥離技術A類）、相対的に厚い剥片にはその頻度を高くする（細石刃剥離技術B類）ことで同一規格の細石刃核を製作しているとされる。つまり、2種類の素材に適応した細石刃剥離技術は、同一規格の細石刃を剥離するための変異にすぎないことを明らかにした。石核母型は、A類では主に縁辺部を中心とした加工により準備されるが（図6-35・36）、B類では両面調整体を準備するものもあり（図6-37～39）、石核素材の可能性のあるものもある（図6-40）。

細石刃関連資料以外では彫器、掻器がある。彫器は石刃を素材とし、周辺加工した後、右辺から左辺に彫刻刀面が形成されている（図6-22～26・41～44）。掻器は石刃の端部に直線的な刃部を有するものが特徴的である（図6-45・46）。両器種とも6群石器群のものに類似する。

剥片剥離技術は石刃剥離技術が主体である。新道4遺跡からは稜調整、打面調整をもつ接合資料が得られている。上白滝8遺跡においては、石核調整を行わない単剥離打面の石核から頭部調整をもつ石刃を剥離する技術と、調整打面の石核から頭部調整を有する石刃を剥離する技術の2者が認められる。

7群が鍵層となるテフラとの関係でまとまって出土した例はないが、柏台1遺跡・A地区より美利河技法を示す接合資料が、また更別村勢雄遺跡Ⅰ区からは峠下ないし美利河技法による削片（山原1990）が、En-a下位から出土している。美利河1遺跡石器ブロック3に伴う炭化木片の放射性炭素年代は18,200±230yBP、20,100±335yBP、20,900±260yBPである。上白滝8遺跡石器ブロック14～19では炭化物ブロック1の放射性炭素年代は12,460±60yBP、12,420±100yBPであるが（AMS）、石器ブロックとの関係は明確ではない。

4.3 峠下型2類・札滑型細石刃核石器群（8群）

8群を特徴づけるのは峠下型2類細石刃核と湧別技法による札滑型細石刃核である。それぞれが

単独で出土する石器群と両者が共伴する石器群がある。峠下型2類については前述した。札滑型は湧別技法によるものである。吉崎（1961）によって提唱されたこの技法は、その後接合資料も増え、おおよそ以下の手順にまとめることができる。①石核素材には礫もしくは剥片を用いる。両面調整石器を用意して石核母型とする。しかし、当初考えられていた尖頭器のような左右対称形ではなく、将来の1次削片の稜となる縁辺がやや水平に、これに対する縁辺が曲線を描く非対称の形態であり、また削片剥離の打点部に相当する縁辺が直線状・ノッチ状に整形されることが指摘されている（島田・山科 1998）。②打面は石核母型の長軸方向に沿った削片剥離により形成される。この際の打点は、前述の直線状・ノッチ状に整形された辺に設定され、稜を潰すという前処理が施されている（筑波大学遠間資料研究グループ編 1990、山原 1998b）。1次削片として舟形削片、2次以降の削片として平形削片が剥離される。③削片剥離によって生じた平坦面を打面として、一端もしくは両端において打面形成側より細石刃剥離を行う。湧別技法によりながらも、残核として札滑型と白滝型の2種類の細石刃核がある。札滑型は白滝型よりも大型である。白滝型のように打面に擦痕がつけられない。また、打面形成後に側面調整が施されることがある。舟形削片は細石刃核としても利用されることがある。

　峠下型2類と札滑型細石刃核が遺跡内で共伴している例は、暁遺跡第1地点（佐藤・北沢 1986、北沢編 1989）、訓子府町緑丘B遺跡（加藤・大井 1961）、訓子府町北栄40遺跡（橋爪 1990）において認められる。南西部の湯の里4遺跡B群は従来峠下型2類を主体とする石器群と認識されていた。しかし、細石刃には峠下型2類から剥出されたと考えられる小型で平面形が湾曲している一群のほかに、札滑型からの細石刃であると考えられる、より大型で側辺が直線的な一群がある。このように峠下型2類単独と考えられる細石刃石器群に断片的にではあるが、湧別技法の痕跡を残す遺跡は多く、今後既知の峠下型2類単独の石器群も注意が必要である。二つの異なる技術型式をもつ石器群は道内全域に広がっているものと考えられる。

　暁遺跡第1地点においては、ブロック内で峠下型2類と札滑型が共伴している。両者の技術的な検討が加えられ、二つの細石刃製作方法が遺跡内で連動していないことが指摘されている（山原 1998b）。緑丘B遺跡においても、その石器群の再検討から、暁第1地点との類似性が指摘されている（山田 1999）。この非連動性を裏づけるように、黒曜石の原産地分析の結果、暁遺跡では峠下型2類が十勝三股産、置戸産を用い、札滑型が白滝産を用いて製作されていることが判明している（北沢 1996）。技術型式と特定の黒曜石原産地の結びつきがあるといえよう。このことは、湯の里4遺跡の原産地分析からも理解でき、峠下型2類から剥離される細石刃が十勝三股産を用い、札滑型から剥離されたと推定される細石刃が白滝産を用いて製作されている（寺崎 2005）。

　札滑型細石刃核を主体とする石器群は、白滝遺跡群・上白滝2遺跡石器ブロック3〜6・10（長沼ほか 2001）がある。近年になり千歳市オルイカ2遺跡（阿部編 2003、広田編 2005）、厚真町上幌内モイ遺跡（乾編 2006）など中央部での類例が増えている。南西部においては函館市石川1遺跡（長沼・石川 1988）を挙げることができよう。筆者は以前、本石器群を白滝型細石刃核石器群に含めていたが、裏面基部加工を有する彫器や円形の両面調整石器など石器組成の類似性から、むしろ本群に近いものと捉え直したい。

294

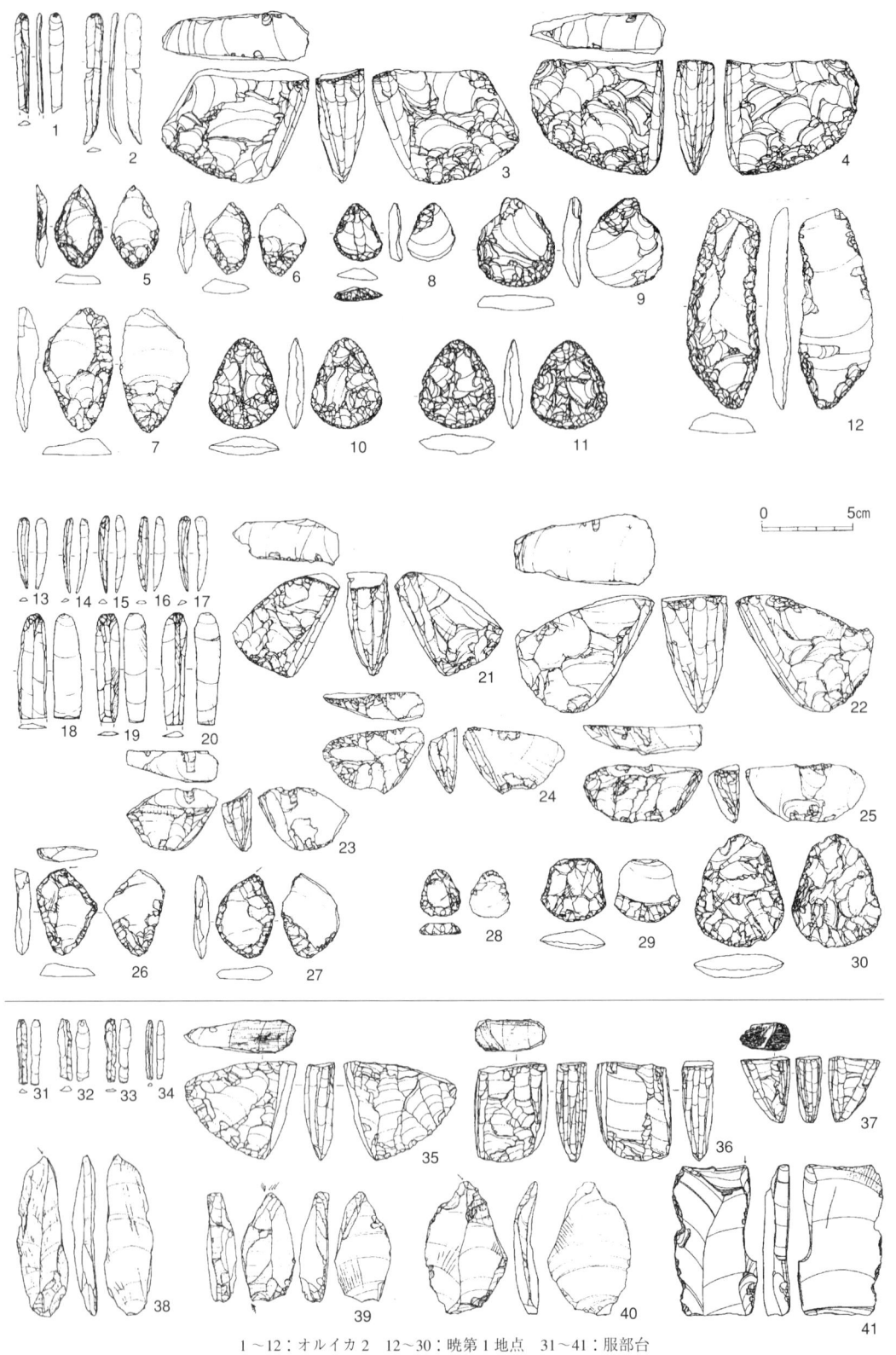

1～12：オルイカ2　12～30：暁第1地点　31～41：服部台

図7　8群石器群（上段）・9群石器群（下段）

一方、峠下型 2 類を主体とする石器群は、北見市本沢遺跡（大井・久保 1972）、今金町ピリカ遺跡D地点（寺崎編 2001、同 2002）などがある。

石器組成では斜刃のいわゆる荒屋型彫器を特徴的に伴う（図7-5〜7・26・27）。掻器は円形を呈するものが多くなる（図7-8・9・28）。刃部裏面に調整のある掻器もある（図7-29）。両面調整技術が確立し、両面調整石器（図7-10・11・30）や量的には多くないが尖頭器が組成する。ピリカ遺跡D地点では、剥片尖頭器類似の石器や有舌尖頭器を伴出している（寺崎編 2002）。

暁遺跡、オルイカ 2 遺跡、上幌内モイ遺跡の各石器群がEn-a上位から出土している。

暁遺跡第 1 地点のⅣ層上部から採取された炭化物により14,700±250yBPの放射性炭素年代が得られている。ピリカ遺跡D地点のブロック 1 の範囲が採取された炭化木片により、14,770±80yBP、14,950±90yBP、14,980±90yBPの年代が得られている（AMS）。石川 1 遺跡石器ブロック 2 には炭化木片を含む焼土が伴っており、炭化木片から13,400±160yBPの放射性炭素年代が測定されている。オルイカ 2 遺跡においては、石器ブロック 1 と石器ブロック 3 より採取された炭化材の放射性炭素年代測定がなされており、前者から14,630±50yBP、後者から12,740±60yBP、14,690±70yBPという年代値が得られている（AMS）。また、上幌内モイ遺跡においては、石器集中とほぼ分布を同じくする焼土および炭化物集中から採取された炭化物により、14,565±50yBP、14,560±50yBP、14,650±80yBPという年代が得られている（AMS）。

4.4　白滝型細石刃核石器群（9 群）

湧別技法による白滝型細石刃核を主体とする石器群である。白滝型は、札滑型に比べて薄く扁平な石核母型を用い、打面を形成した打点側に擦痕を付し、その部分で細石刃剥離を行うものである。

発掘調査による出土事例としては、白滝第30地点（吉崎 1961）、白滝服部台遺跡（杉原・戸沢 1975）、置戸町置戸安住遺跡A・E地点（戸沢 1967）、タチカルシュナイ第Ⅴ遺跡C地点上層（吉崎編 1973）などきわめて少なく、道埋文センターによる白滝遺跡群の調査ですら服部台 2 遺跡の耕作土から出土したのみである。また石器組成をあらわす良好な石器群も少ない。

一方、本州地方では新潟県樽口遺跡A-MS文化層において、白滝型細石刃核を主体とした石器群が発見されており、豊富な接合資料から細石刃製作技術が明らかにされている（立木 1996）。これによると、細石刃核の素材には小型の礫もあるが、主に厚手の剥片を用いている。厳密に両面体の作成を行っておらず、平面形は角張った楕円形となる場合が多い。母型の長軸方向に舟型削片・平型削片の剥離により、母型の最大厚部まで縦割りする。細石刃剥離に至るまでに削片剥離が14〜15回に及ぶことがある。打面側からの側面調整が頻繁に行われ、この調整は片側に集中する傾向がある。細石刃剥離の直前に擦痕がつけられ、この擦痕は削片削出面の末端部までつけられる傾向がある。打面に擦痕がつけられた範囲で細石刃剥離が行われ、打面再生が行われるものもある。細石刃作業面を両端に設ける場合があり、この際の新たな打面形成は新たな作業面側から行われている。両端から細石刃剥離が進んだ結果、錐体・柱体に近い形状を示す残核もある。北海道の白滝型細石刃核の観察からは、打面からの側面調整はほとんど行われず、行われたとしても非連続的で奥行きが浅いものであるとした（鶴丸 1979）。樽口例の異なる点は、打面からの側面調整が片側に頻繁に

行われることである。これが本州へ渡ってからの変異かどうかは定かではないが、細石刃剥離工程に関しては、樽口例が細かい点まで北海道の白滝型にみられる諸特徴を踏襲していることから、今後北海道の白滝型にも側面調整がなされる例があるかもしれない。

白滝型細石刃核にどのような器種がセットとなるのかは不明な点が多い。白滝服部台遺跡（図7-31～41）では、剥片あるいは石刃を素材とした交叉刃の彫器、左上から右下への樋状剥離を有する彫器が出土している。

丸子山遺跡において、白滝型細石刃核が1点のみであるが、En-a上位から出土している。本群石器群からは放射性炭素年代は得られていない。

4.5　幌加型細石刃核石器群（10群）

幌加型細石刃核の製作方法は、元来舟底形石器製作技術としてモーランによって規定されたものである（Morlan 1967）。幌加型は剥片の主要剥離面もしくは礫の打割面から周辺部を剥ぎ落として打面の形状を整え、必要に応じて下端からの調整も加えて底縁を形成し、舟形の石核母型を準備した後、その一端あるいは両端より細石刃を剥離するものである。打面に平坦な礫面をそのまま用いるものもある。

遠軽町ホロカ沢Ⅰ遺跡（白滝団研 1963）、同町幌加沢遠間地点（筑波大学遠間資料研究グループ編 1990、Kimura 1992）、上白滝8遺跡（長沼ほか 2004）、置戸安住遺跡C地点（戸沢 1967）、西興部村札滑遺跡K地点（桑原 1975・1977）、タチカルシュナイ第Ⅴ遺跡C地点上層（吉崎編 1973）、暁遺跡第4地点（北沢編 1988）、湯の里4遺跡（畑編 1985）などから出土している。幌加型細石刃核は佐久間（2000）により集成されている。これによると、1遺跡からの出土点数が1～3点と少なく、石器集中地点から離れて単独で出土する例が多い。また、広郷型・峠下型・白滝型などの他形式の細石刃核を、共伴とはいえないが隣接して出土する例が多いとされる。

しかし、近年になり、白滝第4地点遺跡からは幌加型細石刃核（図8-5～7）が主体をなし、他型式の細石刃核を伴っていない石器群が得られている（松村・瀬下 2002）。細石刃は幅広で、末端が腹面側に彎曲するものがある（図8-1～4）。彫器は交叉刃のものが特徴的であり（図8-12）、搔器は石刃を素材とし端部のみに調整が施されるもの（図8-9）と、ほぼ全周に調整が施されるもの（図8-8・10・11）がある。また、美幌町元町2遺跡第7号ブロックからは、細石刃核の打面に擦痕を有するものがまとまって出土している（日本考古学協会釧路大会実行委員会 1999）。

暁遺跡第4地点スポット3石器群がEn-a上位から出土している。上記の遺跡からは本群の年代を示す放射性炭素年代測定値は得られていない。

4.6　忍路子型細石刃核石器群（11群）

忍路子型細石刃核は当初、「オショロッコ形彫刻刀」として吉崎昌一により注意され（吉崎 1959）、北見市吉田遺跡の調査において細石刃核としての機能が考えられるようになった（加藤ほか 1970）。鶴丸（1979）による細石刃剥離に至る工程は以下のようである。①尖頭器状もしくは半月形を呈する両面調整石器が石核母型となる。②縁辺に沿うように断面三角形の削片を剥離したあと、1・2回

北海道の地域編年　297

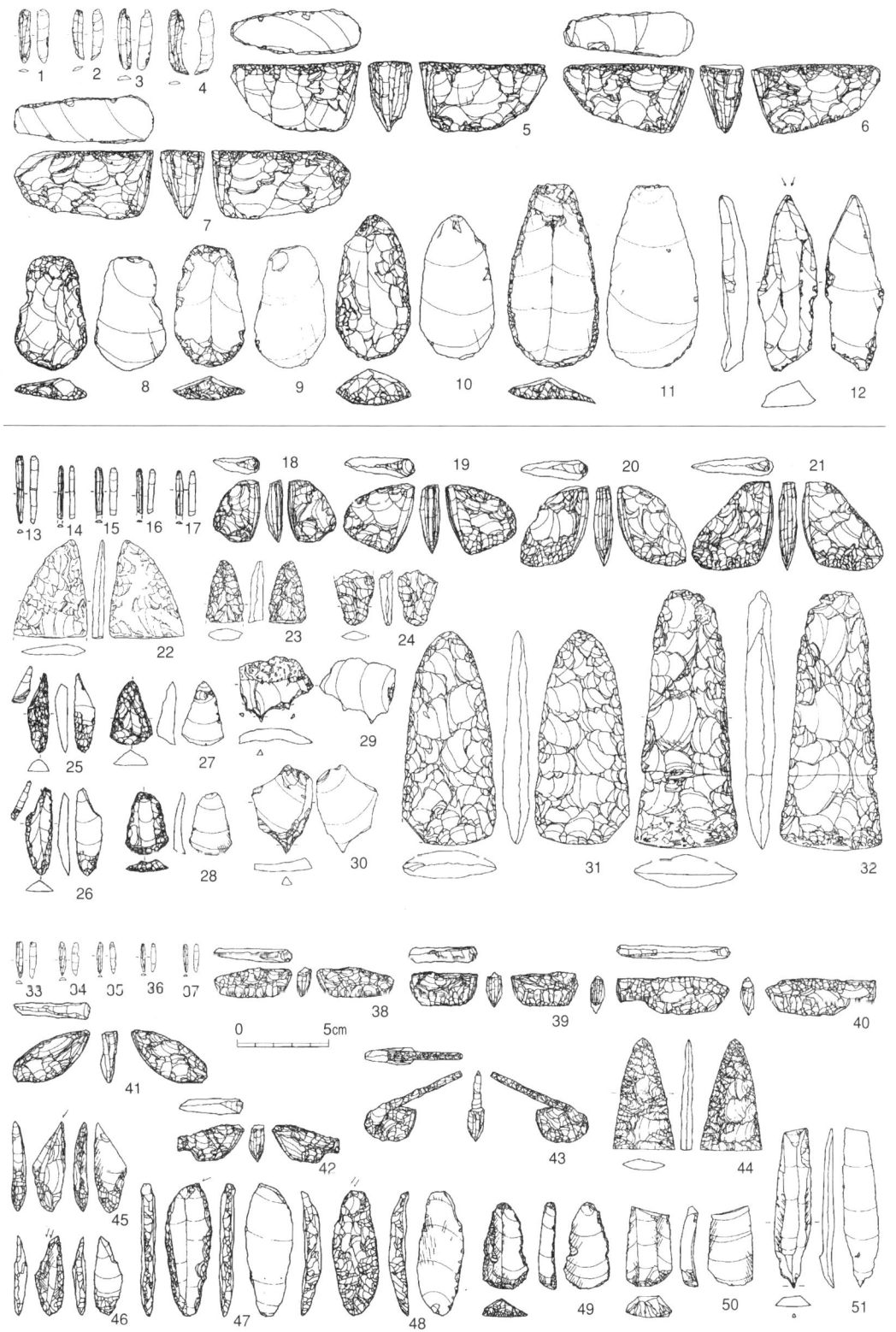

1～12：白滝第4地点　12～32：居辺17　33～51：オサツ16

図8　10群石器群（上段）・11群石器群（下段）

の細かい調整を作業面側から行う。打面形成剥離が他端に抜けることはきわめて稀である。③細石刃剥離は一端のみにおいて行われるのが通常であるが、両端のものもある。残核の特徴は、打面幅が石核の最大幅を取ることはない点と、細石刃作業面が石核長軸に対し直交する形でみられるもの（a類）とほぼ器体中央で打面と斜交する形でみられるもの（b類）の2者があることである。

　鶴丸により指摘されたa類とb類の2者は、コアリダクションの度合いの差である可能性がある。ただし、単なる残核形態の差にとどまらない、石核母型そのものが異なると思われる2者があり、筆者はその形態と器体調整加工のあり方から忍路子型細石刃核を1類、2類に分けた（寺崎1999b）。

　忍路子型1類は細石刃核母型に木葉形状を呈する両面調整石器を用いるが、湧別技法同様に左右非対称の母型を準備する例が多い。

　上士幌町居辺17遺跡（大矢編2001）からは、一辺が直線的で他辺が外湾する半月形を呈する石核母型が多数出土しており、直線的な方を打面部に想定していると思われる。打面が石核長軸に対して斜交する細石刃核が多い（図8-18～21）。細石刃は両側縁、背面稜ともに直線的なものが多い（図8-13～17）。尖頭器は半月形のもの（図8-22）、細身のものがある（図8-23・24）。彫器は斜刃のもの（図8-25・26）、彫刻刀面が石器長軸に対して平行するもの、彫刻刀面が背面側に現れるもの、の3種類がみられる。掻器は基部が尖るものが特徴的である（図8-27）。石錐では1個体に複数の突出部をもつ多頭錐が特徴的である（図8-29）。1類細石刃核の類例は、北見市水口遺跡（畑・田原1975）、吉田遺跡（加藤ほか1970）、上口遺跡（加藤ほか1970）、訓子府町日出11遺跡（橋爪1985）、美幌町元町3遺跡（荒尾・高山1988）、帯広市大空遺跡（北沢・山原1997）、千歳市メボシ川2遺跡（田村1983）、八雲町大関校庭遺跡（三浦・柴田1993）などがある。日出11、吉田、元町3、大空、メボシ川2の各遺跡において有舌尖頭器を伴っており、舌部と身部の境が明瞭で舌部が棒状をなす「立川型」、身部の短い「エンガル型」、先端が丸みを帯びる「祝梅型」などである。日出11、吉田、メボシ川2、居辺17の各遺跡において局部磨製石斧が伴っており、刃部が直線的な撥形をなすものと刃部が尖るものがある。

　2類は、母型に両側縁が平行する柳葉形を呈する両面調整石器を用い、打面は石核長軸に沿って平行して設けられる例が多い。2類の代表例は、千歳市オサツ16遺跡である（大島1997、図8-33～51）。石核母型には両側縁が平行する柳葉形を呈する両面調整石器を用いるとしたが、オサツ16遺跡B地点の接合資料（図8-43）から、石核母型は1類同様、半月形を呈するものもあると考えられる。細石刃は最長でも2cmという小形のものである（図8-33～37）。彫器は1類に伴うものと同様な斜刃のもの（図8-46・47）、彫刻刀面が石器長軸に対して平行するもの、彫刻刀面が背面側に現れるもの（図8-45）の3種類がみられる。器面に面的な調整が加えられるものもある（図8-48）。掻器は基部が尖るものが特徴的である（図8-49）。2類細石刃核の類例は、鷹栖町嵐山2遺跡（石川1987）、北見市北上台地遺跡（大場ほか1984）、吉井沢遺跡（大場ほか1983）などがある。有舌尖頭器は嵐山2遺跡、北上台地遺跡において出土しており、舌部と身部の境が不明瞭となり、斜状平行剥離により器面の調整が行われるものもある。石斧が伴うことは確実であるが形状は不明である。

　大空、メボシ川2、オサツ16の各遺跡において、En-aより上位に石器群が出土している本群の年

代を示す放射性炭素年代測定値は得られていない。

4.7　広郷型細石刃核石器群（12群）

「多面体彫器」「射的山型彫器」といわれていたものが、北東部の北見市間村・吉村遺跡の資料分析により細石刃核としての機能があったと考えられるようになった（加藤ほか 1971）。その後、鶴丸により最初の発見地である北見市広郷遺跡の名称が用いられ、広郷型が設定された（鶴丸 1979・1989）。上川町日東遺跡においては細石刃核に細石刃が接合する資料が得られている（長沼ほか 2000）。これらの知見から得られた広郷型細石刃核における細石刃剥離方法を総合すると、以下のように説明できるだろう。①石核素材には厚手の石刃が用いられる。②素材背面を表、打面相当部を上に置いた場合、細石刃剥離は石刃の右側縁で行われる。③石刃端部に細石刃核の打面を腹面からの急角度の剥離によって形成する。この場合、作業面側からの打撃により打面を形成することもあるらしい。④細石刃剥離は石刃の側縁を削りとるように石核の中心部に進む。日東遺跡の接合状況から、器体長軸と細石刃剥離作業面との交叉する角度（平均20～23°）を維持しながら細石刃剥離が進行する。細石刃を剥離するたびに作業面からの打面調整が行われている。ゆえに細石刃どうしが接合しても同一打面とはならない例が多い。⑤素材の周縁部はまったく調整しない例もあるが、作業面形状を維持するための調整が行われる例もある。⑥両端に打面をもつ例も多いが、そのときにも同様な手順を踏むため、両側縁に細石刃剥離面が形成される。この場合、極端に剥離が進んだものは棒状の残核となる。

細石刃は両側縁、背面の剥離面ともに直線的な形態をもつものが多く、断面は他群のものより甲高である（図9-1～4）。

石器組成としては彫器、搔器、削器がある。彫器は石刃素材で器体長軸にほぼ直交するような打面を調整面や折れ面によって形成し、側刃型の彫刀面を作出するもの（図9-7）が伴うことが多いが、11石器群のものと変わらないもの、交叉刃のものが加わる。搔器は石刃素材で両端部に刃部が形成されているもの（図9-9）がある。小型の搔器が特徴的である。

白滝第4地点遺跡（松谷 1987）、美幌町みどり1遺跡（荒生・北嶋 1991）においては舌部が棒状を呈する有舌尖頭器が伴出している（図10）。美幌町元町2遺跡第1号ブロック・北見市中本遺跡第8号ブロック（ともに日本考古学協会釧路大会実行委員会 1999）では、舌部と身部の境が不明瞭な有舌尖頭器が出土している（図10）。

上白滝2遺跡石器ブロック9からは当該期の長大な石刃の剥離工程を示す良好な接合資料が得られている。大型の原石を用い、交互剥離による一直線の稜線に画された左右の側面と平坦な裏面、打面と相対する底面という5面から構成される母型を準備している。入念な打面調整と頭部調整により打面が山形に調整され、その縁は擦られているのが特徴的である。石刃を剥離するたびに打面調整が行われるため、作業面の高さは順次減少することとなる。底面からも石刃は剥がされるが、打面転移というよりは作業面調整が主な目的であったろう。同様の石刃核は、幌加沢遠間地点（筑波大学遠間資料研究グループ 1990）、置戸安住遺跡（高倉ほか 1997）、美利河1遺跡C地点（日本考古学協会釧路大会実行委員会 1999）、同遺跡K地点（宮尾 1997）などにある。黒松内町樽岸遺跡

（武内ほか1956）も同類である。

広郷型細石刃核は暁遺跡第1地点スポット3（佐藤・北沢1986）において、1例であるがEn-a上位から出土している。日東遺跡石器ブロック1に共伴していると考えられている炭化物集中の炭化材から16,560±120yBP、16,940±80yBPという互いに近似した放射性炭素年代測定値（AMS）が得られている。

4.8 紅葉山型細石刃核石器群（13群）

紅葉山型細石刃核は北見市紅葉山遺跡ではじめて出土した（藤本1964）。奥白滝1遺跡石器ブロック7～10より良好な資料が得られている（長沼ほか2001）。細石刃は腹面のバルブが発達し、末端が腹面側に湾曲するものが多い。背面の剥離面構成はほとんどが腹面と同方向であるが、中には逆方向のものもあり、他群の細石刃とは異なる特徴である。細石刃核は細石刃剥離がほぼ全周し、円錐形をなすもの（図9-15～17）と、細石刃剥離が石核の側面などの一部でしか行われない錐体、柱体のもの（図9-18）がある。打面はいずれも求心的な調整のものが多い。奥白滝1遺跡の接合資料によると剥離工程は2種類に分かれるという。一つは角礫や亜角礫を原石の状態で遺跡に搬入し、打面作出後、自然の稜を利用して石刃剥離を進行させ、細石刃核や掻器の素材となる石刃を剥離するものである。両設打面もある。もう一つは平坦な裏面から側面調整を行い、両側面を中心に石刃剥離を行うもので、交互剥離による稜形成をする場合もある。どちらも打面再生→打面調整→石刃剥離を繰り返す。石刃剥離の延長上で細石刃剥離が行われているものは剥片素材が多い。

共伴する器種には彫器、掻器、石錐がある。彫器は石刃や縦長剥片を用い、器体長軸にほぼ直交するような打面を調整面や折れ面によって形成し、側刃型の彫刀面を作出するものである。掻器は石刃を素材としたものが多く、刃部が薄いもの（図9-21）と厚いものがあり、いずれもほぼ全周に軽微な二次加工が施されている。厚手の剥片を用いた円形掻器もある。石錐は石刃素材である（図9-20）。

発掘調査により出土した紅葉山型細石刃核は上記2遺跡のほかに、置戸安住A地点においてまとまって発見されているにすぎない。南西部においては峠下1遺跡（名取・松下1961）、蘭越町昆布西1遺跡（児玉・大場1957）より採集されている。いずれも黒曜石製である。

奥白滝1遺跡ブロック8に隣接した炭化物集中の炭化材から15,270±150yBP、15,570±130yBP、15,570±190yBPという近似した結果が得られている（AMS）。

4.9 小形舟底形石器を主体とする石器群（14群）

細石刃を組成しない小形舟底形石器を主体とする石器群である。舟底形石器はモーランによる幌加技法により幌加型細石刃核と同様な手順を踏んで製作され、大型で加工の粗いもの（粗製品）と小型で精緻な加工のもの（精製品）があるが、その分類基準は明確ではない。精製品には甲板面の長さが2～5cm、幅が1cm以内、高さが1cm内外のものが多く、その端面には数条の樋状剥離痕があり、ここから剥離された「微小石刃」を目的剥片とする考え方もある（山原1999）。そうであるならば「微小石刃」は細石刃であり、本群を細石刃石器群と捉えることもできる。

帯広市落合遺跡スポット1～5出土の石器群を代表例とする（北沢1992、山原1999、山原2002）。

北海道の地域編年　301

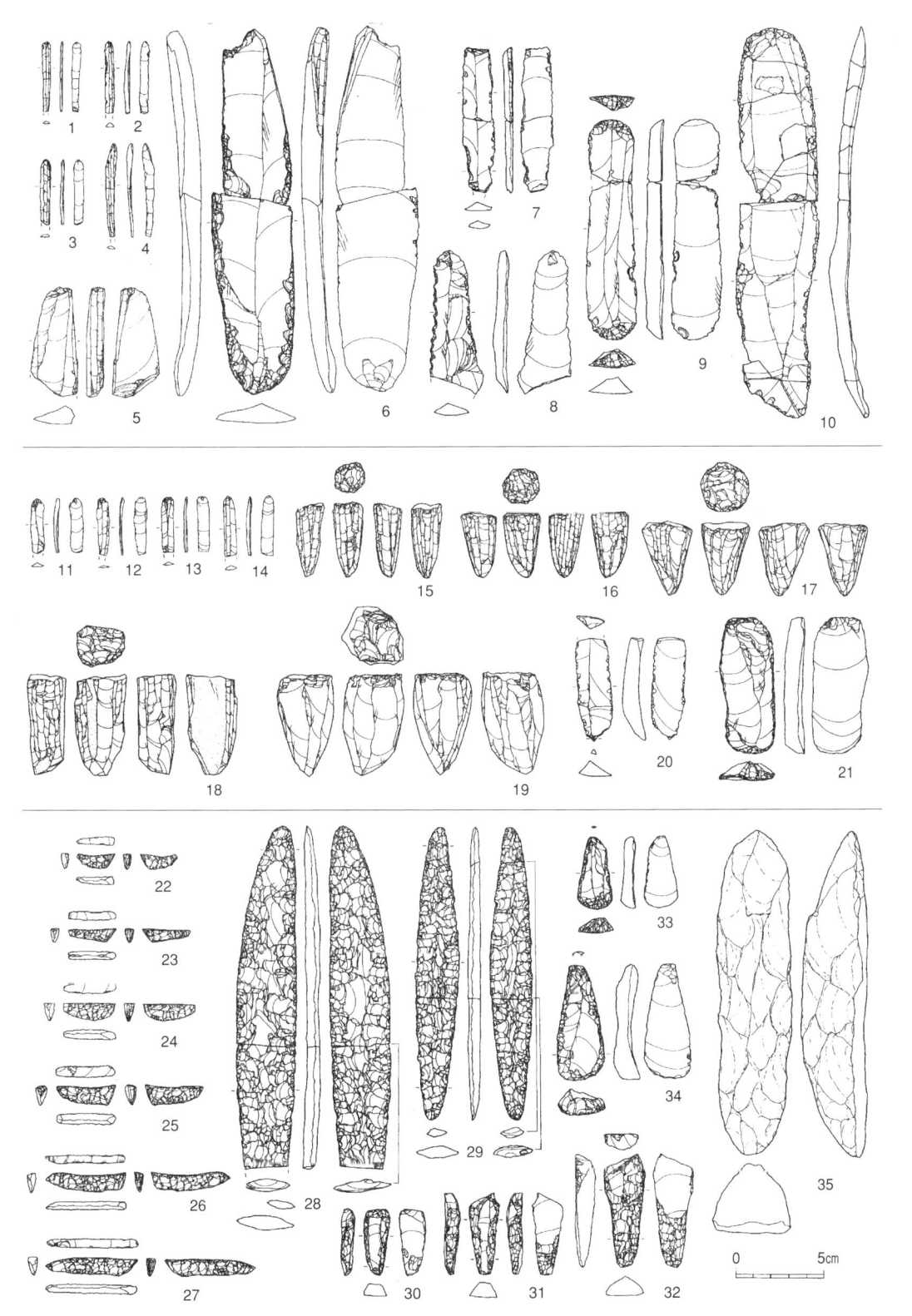

1〜10：上白滝2・石器ブロック9　11〜21：奥白滝1・石器ブロック7〜10　22〜35：上白滝5・石器ブロック6〜11

図9　12群石器群（上段）・13群石器群（中段）・14群石器群（下段）

左右非対称の尖頭器、両面調整石器の折断面から側縁に樋状剝離が施された石器、周縁加工の左刃彫器、搔器、削器、石錐が主な石器器種である。彫器は彫刻刀面と器体長軸が鈍角に交わる横刃の特徴的な形態をもつものである。同様の石器群は、帯広市南町1遺跡（北沢・山原1995）からも得られているが、南町1遺跡スポット1からは粗製品の舟底形石器が多く、一方落合遺跡スポット3～5からは精製品の舟底形石器が多いという差異がある（山原1999）。白滝遺跡群においても、上白滝2遺跡石器ブロック11・12、石器ブロック13（長沼ほか2001）、上白滝5遺跡石器ブロック6～11（長沼ほか2001）から本群の良好な石器群が出土している。上白滝5遺跡からは、大型で厚さ1cmに満たない薄手で細身の尖頭器（図9-29）、左右非対称形の尖頭器（図9-28）、前述した横刃の彫器（図9-30～32）、加工が精緻で一端または両端に樋状剝離がある小型舟底形石器（図9-22～27）、搔器（図9-33・34）、横断面形が三角形の片刃石斧（図9-35）が出土している。北見市中本遺跡（1968年発掘資料、加藤・桑原1969）、下川町モサンル遺跡（芹沢編1982）も本群に含まれる。上白滝5遺跡を除く各遺跡において、両面調整石器を折断し、その折断面から側縁に樋状剝離を施すという共通性が看取される。また、上白滝5、中本、モサンルの各遺跡において、横断面形が三角形の片刃石斧を伴う。落合遺跡、南町1遺跡からも石斧が出土している。南町1遺跡、上白滝2遺跡石器ブロック13からは有舌尖頭器がそれぞれ1点であるが共伴している。南西部においては、美利河1遺跡B地区出土の石器群が本石器群に該当しよう。

いずれの石器群においても石刃剝離技術が主体であり、単剝離打面からの石刃剝離が特徴的である。

落合遺跡、南町1遺跡においては、En-a上位より石器群が確認されている。落合遺跡スポット3からは遺物の分布範囲と重複するような炭化物の分布が認められ、採取された炭化物から18,590±140yBPという測定値（AMS）が得られている。しかし、遺物の出土レベルのピークが炭化物層より上にあることから、炭化物層の形成時期とスポット3の形成時期との関連性は低いとされる。上白滝2遺跡の石器ブロック12および13には分布が重なる炭化木片ブロックがそれぞれあり、9,940±40yBP～11,520±70yBPの幅の中に収まる6点の測定値（AMS）が得られている。また、上白滝5遺跡石器ブロック6からは、遺物分布範囲内に赤色土と炭化木片ブロックが近接してあり、炭化木片ブロックより採取された炭化木片から18,530±150yBP、18,870±140yBPという近似した測定値（AMS）が得られている。しかし、報告者は石器集中域と赤色土、炭化木片ブロックの3者の厳密な同時性は確認できないため、測定値は石器群の上限年代を示す可能性があると指摘するにとどめている。

5. 石器群の変遷

前半期石器群を5群に後半期石器群を9群に分類した。

これらを鍵層であるEn-aとの関係でみると、1群・2群・3群・6群がその下位からの出土例があり、7群を構成する一部も柏台1遺跡A地区においてEn-a下位から出土しており、7群も下位に含まれる可能性が高い。これらに対し、8群・10群・11群・14群はEn-a上位からの出土例がある。丸

子山遺跡からは白滝型細石刃核が、暁遺跡からは広郷型細石刃核がそれぞれ1点であるがEn-a上位より出土しているので、9群・12群も上位に位置すると考えてよいであろう。4群・5群・13群はEn-aとの関係では相対化できない石器群といえる。また14石器群の中で、Ds-OhやSpfa-1の下位から石器が出土したことはない。地質学的層位との関係ではこれ以上の編年研究はできない。発掘調査による所見からは、美利河1遺跡において7群→12群、タチカルシュナイ第V遺跡B地点から8→9群の新旧関係が捉えられているにすぎない。そこで、石器群間の共伴関係、石器組成あるいは技術構造上の類似性から、以下のように前半期を3期、後半期を5期に再編し、本州地方から得られている石器群との対比や放射性炭素年代値を参考としつつ、8期の変遷を考えてみたい。

第1期：14石器群の中でも、もっとも古いと考えられるのが1群石器群である。桔梗2、共栄3、若葉の森、奥白滝5、上白滝8の各遺跡においてはおおよそ3種類の剥片剥離技術が観察されているが、1a類とした剥片素材の石核で、背面を打面に腹面を作業面として1枚ずつずらして剥離を行う技術が一定量認められている。この技術は「類米ヶ森技法」（麻柄2005）であり、東北地方日本海側および北陸地方に分布する前半期前葉の石器群に類似している。本州以南のほとんどの「類米ヶ森技法」には、石刃技法と刃部磨製石斧が密接に関連している。共栄3遺跡や若葉の森遺跡、奥白滝1遺跡からは縦長剥片を志向した接合資料があり、上白滝8遺跡ではより明確な形で板状・棒状角礫から縦長剥片を剥離している接合資料が得られている。しかし、長大な角礫を入手しながらも規格的な石刃剥離には至っていないことから、石刃が本石器群に組成する可能性は低いであろう。また、道内の該期においては刃部磨製石斧の出土例が1例もない。このように、まったく同一の石器群とはいえないものの、第1期は本州地方の石器群とある一定の関連をもっていたと考えられる。武蔵野編年でいうIX層段階に対比される（佐藤1992）。

第2期：4群・5群石器群を第2期とする。この中でもオバルベツ2遺跡出土の基部加工ナイフ形石器は、その形態的特徴から本州地方東北部に顕著に認められる東山系のナイフ形石器と対比できる。四十九里沢A遺跡採集品も同様であろう。ただし、オバルベツ2遺跡のナイフ形石器の基部加工は腹面調整あるいは錯向調整が特徴的であり、背面調整を基本とする東北地方の東山系ナイフ形石器とは異なる。オバルベツ2遺跡の石刃剥離技術は両端に打面を設け、稜調整、打面調整など各種調整技術を備えており、頭部調整を行わないのが特徴である。これらは山形県乱馬堂遺跡（長沢1982）など東山系ナイフ形石器を主体とする石器群の石刃剥離技術に類似するものである。オバルベツ2遺跡でみられたナイフ形石器の基部調整のあり方は、神丘2遺跡B群の基部加工ナイフ形石器についても同様の特徴が看取でき、神丘2遺跡に単剥離打面のものが多いことを除けば類似点が多いといえる。

神丘2遺跡B群においては基部加工ナイフと広郷型尖頭状石器が共伴している。広郷型尖頭状石器は南東部・中央部ではいまだまとまった出土例がみられないものの、全道的に展開したことが予想される石器群である。上白滝7遺跡から復元された石刃剥離技術は、オバルベツ2遺跡でみられたそれとはまったく異なり、稜調整・打面調整をせずに頭部調整のみで石刃を剥離するのが主流である。上白滝7遺跡の剥片剥離の中心は、石核調整を伴わない石刃技法であるが、この中には石刃剥離終了後、さらに求心状の剥離を行う例のほか、作業面と打面を入れ替えながら多方向から剥離

作業を行うもの、チョピングトゥール状の交互剥離をするもの、剥片素材の石核から寸詰まりの剥片剥離を行うものも認められた。これは第1期に特徴的にみられる技術である。このような剥片剥離技術とともに、広郷型尖頭状石器にみられる平坦な調整は、上白滝8遺跡や共栄3遺跡の台形様石器の主剥離面にみられる平坦な調整に類似している。これらのことから広郷型尖頭状石器は、第1期の強い影響のもとに北海道独自に成立した可能性もある。東山系ナイフ形石器は岩手県大渡Ⅱ遺跡（中川編1995）や新潟県樽口遺跡においてAT層準を挟んでその上下より確認されているので、第2期は武蔵野編年でいうⅥ・Ⅴ層段階に対比されるであろう。

第3期：2群石器群を第3期とする。石刃剥離技術を有するグループ（2a群）と有しないグループ（2b群）があり、両者の関係は不明である。いずれも石器群の中に占める掻器の割合が顕著である。また、両者ともに明確な刺突具が明らかでない。2b群の円形掻器には前段階の広郷型尖頭状石器を主体とする石器群のそれと酷似するものもあることから、その連続性がうかがえる。

2a群の石刃剥離技術は稜調整を伴い、打面は大きいものの、微細な打面調整を密に施すものである。頭部調整はほとんどなされない。

当該期は礫群・焼土・炉址などの暖房性機能をもったと考えられる遺構が普遍的に検出されていることも特徴である。また、石器以外の遺物では顔料関連遺物がほとんどの遺跡において発見されていることも特徴となっている。炉址・掻器・顔料関連遺物の関係は皮革製品の加工と無関係ではあるまい（福井2003、寺崎1999c）。これは、極寒冷化への適応現象とみてとることも可能ではないだろうか（堤2000）。遺構が多いことと関連して放射性炭素年代のデータが多く測定されており、それらの年代が23,000～19,000yBPに納まる。出穂・赤井（2005）によると、これまでに道内の旧石器遺跡の調査で得られた放射性炭素年代のうち、鍵層であるEn-aとの対比が確実で、炉址に伴う測定値は3遺跡22件のみであるという。そのうちの10件が2群石器群の測定値であることは重要である。これらの測定値（平均値約21,800）は、本石器群の年代を示している蓋然性が高い。

そう考えると、第3期は年代的には武蔵野台地のⅣ層下段階に当たり、最終氷期最寒冷期の石器群といえよう。また、前半期においてその他の石器群とした台形石器、ナイフ形石器は形態的特徴からⅣ層下段階にみられるものに類似することから、当該期に位置づけることも可能であろう。

3群については、石刃の特徴が川西C遺跡出土の石刃に類似していることから、当該期に含まれる可能性が高いが、資料が断片的であるので、類例の増加をまってその位置づけを確定したい。

第4期：6群と7群石器群を第4期とする。En-a下位相当の細石刃石器群である。両群が同一遺跡から出土しているのは、美利河1遺跡、オバルベツ2遺跡、柏台1遺跡であるが、いずれにおいてもブロックを違えており、ブロック間の接合関係はない。このことから、両群は時間的な前後関係を有している石器群であると思われるが、現在のところそれを決定する確証はない。両群は現在のところ、南西部・中央部に比較的濃密に分布している。

両群の技術基盤はともに石刃剥離技術であるが、石刃剥離から細石刃剥離へと移行あるいは転換してゆく6群と、石刃（剥片を含む）の剥離の目的が各種の楔形細石刃核を生産することにあった7群では技術構造上の大きな違いがある。7群には石刃剥離技術による細石刃核製作とは別立てに礫素材から細石刃核を製作する方法もあった点も6群とは異なる。

7群については、上白滝8遺跡の分析により、石刃・剥片という2種類の素材に適応した細石刃剥離技術が存在したことが明らかにされたが、そのうちの剥片あるいは石核素材に用いられた技術は湧別技法であるといえる。筆者は以前、6群および7群に両面調整石器はみられないことを強調したが（1999a）、少なくとも白滝遺跡群においてはこの段階に両面調整技術が出現している可能性がある。ただし、石刃剥離技術とは別立てに両面調整技術が存在していたのかは明らかではない。また、6群の蘭越技法は一般的な石刃剥離技術がそうするように石核母型の長辺を作業面に用いるのに対して、7群の峠下技法・美利河技法は石核母型の長辺を打面に用いるという細石刃剥離技術の違いがある。しかし、両群はこのように石核母型の用い方の違いはあるものの、石刃剥離技術の中に細石刃剥離技術が組み込まれた形で成り立っている石器群といえるであろう。共伴している彫器・掻器の形態も両群では類似している。今後は、両群の時間的前後関係がどうであるのか、また、それぞれに地域性があるのかどうか、あるとすればその差異が生じる背景を考察しなければならないだろう。

　第5期：第5期とした8群石器群は、両面調整技術が確立する段階である。石刃技法と両面調整技術が明確に分離して存在し、白滝や置戸などの良質な黒曜石原産地が本格的に開発され、石材と技術が強く結びつくようになる。幌加沢遺跡遠間地点や置戸安住遺跡では、細石刃製作工程における特定の作業段階（原石の搬入から両面調整石器の製作、削片剥離、石核調整）を集中的に行っていたことが判明している（木村1995、島田・山科1998）。北東部のこれら黒曜石原産地に近い場所で製作された両面調整石器が、中央部のオルイカ2、上幌内モイ両遺跡のような消費地遺跡へもたらされていることは明らかである。黒曜石製両面調整石器はさらに南西部の石川1遺跡においても断片的に発見されている。しかし、ここでの両面調整石器の製作はすでに在地の頁岩、めのう質頁岩に置き換わっている。中央部・南西部のこれらの遺跡では石刃を製作した痕跡がまったくないか、あったとしても少量である。また、彫器、掻器、削器などの素材は両面加工の際に剥出される調整剥片を用いている可能性が高い。この状況は本州地方の「北方系削片系細石刃石器群」に類似しているといえる。上記の中央部と南西部の札滑型細石刃核を主体とする石器群にあっては、峠下型2類を伴出していないが、一方、峠下型2類を主体とする石器群においては、石刃剥離技術を主な技術基盤としている。

　本州地方には峠下型2類のような残核は知られておらず、湧別技法札滑型のみが本州地方へ拡散している。この本州側の湧別技法の受容については、両面調整石器が携帯性に優れているという面もさることながら、既に本州地方では石刃剥離技術が廃れており、石槍製作において培われた両面調整技術を流用しやすかったという事情があったのではないであろうか。

　オルイカ2、上幌内モイ両遺跡から得られている放射性炭素年代値はよくまとまっており、14,000年代中頃を示している。上幌内モイと石川1の両遺跡からは、石器集中と分布が重なる焼土から回収された炭化木片から得られた放射性炭素年代値は、14,500～13,500yBPを示している。本州において札滑型細石刃核を出土している新潟県荒屋遺跡の土壙に伴う炭化物から得られた放射性炭素年代（AMS）が約14,100yBPであり（芹沢・須藤2003）、当該期の年代と調和的である。

　第6期：9群・10群が第6期である。両群ともに遺跡数が少なく、不明な点が多い。白滝型細石

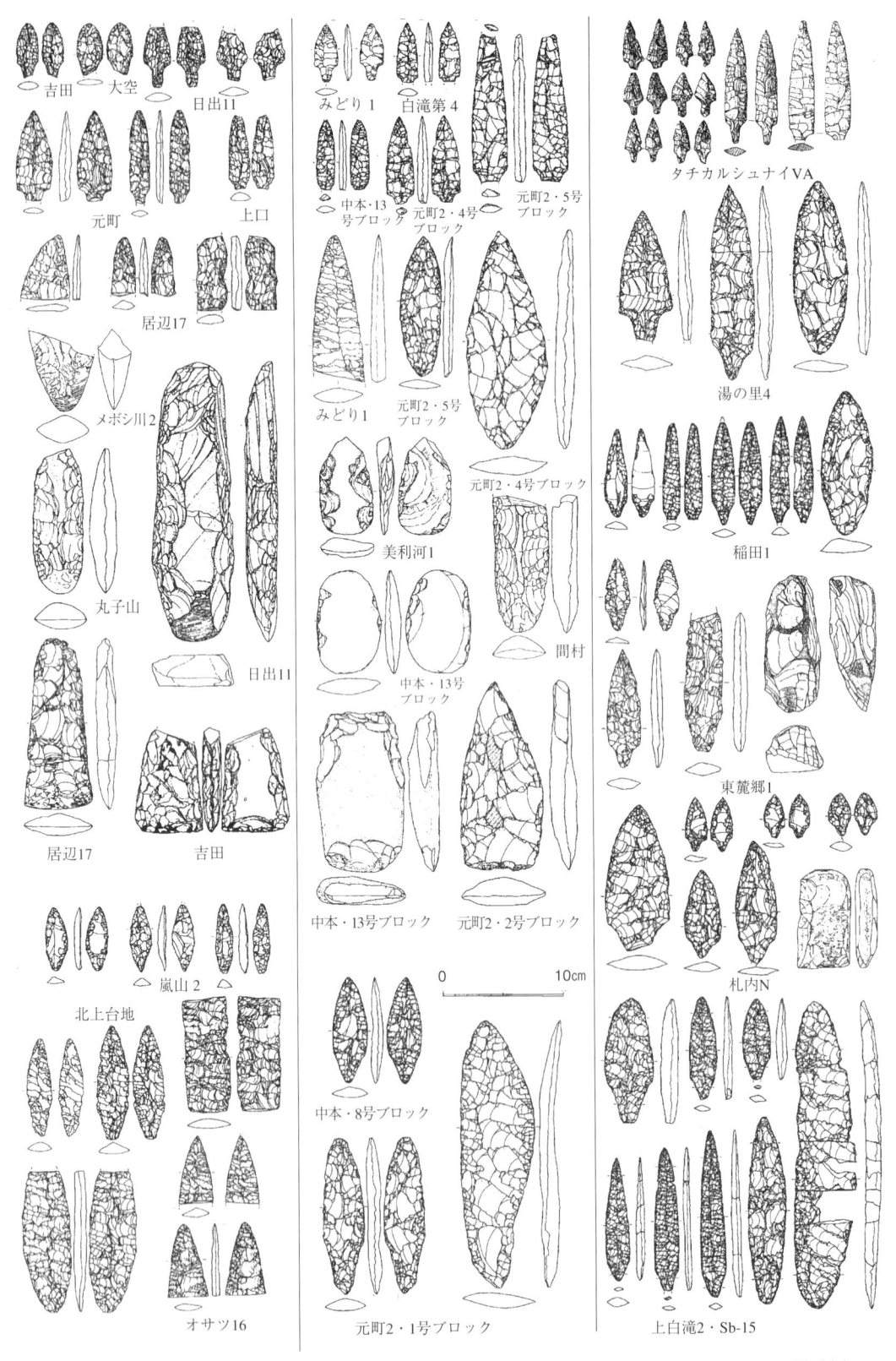

図10　11群石器群（左）・12群石器群（中）に伴う有舌尖頭器・尖頭器・石斧と有舌尖頭器石器群（右）

刃核は札滑型細石刃核に比べ器体が薄く、調整がより精緻である。タチカルシュナイ第Ⅴ遺跡B地点の層位的事例からも札滑型→白滝型が確認されている。幌加型細石刃核は従来、他型式の細石刃核の客体的な存在として知られており、単独で石器群を形成するのかどうかは不明であるが、白滝第4地点遺跡のように幌加型細石刃核が単独で石器群を形成する例も報告されている。タチカルシュナイ第Ⅴ遺跡C地点上層において白滝型との共伴例があることと、元町2遺跡では白滝型同様の擦痕が打面部につけられる例があることから、白滝型細石刃核石器群に近い時期の石器群と考え、一段階設けたものである。

新潟県樽口遺跡、同上原E遺跡（佐藤2002）からは白滝型細石刃核、幌加型細石刃核が発見されているので、この時期までは本州地方に影響をもたらしていたのであろう。

石器組成は明確ではないが、彫器、掻器は第5期のものとは異なるようである。幌加型細石刃核はその後小形舟底形石器として変容し、その後の石器群に関与すると思われる。

第7期：11群と12群が第7期である。第5期においてみられた石刃剥離技術と両面調整技術の分化がさらに進み、石刃は長大化・規格化が認められ、両面調整石器を母型とする細石刃核は第4期の札滑型細石刃核、第5期の白滝型細石刃核を経てさらに薄く精緻になる。忍路子型の打面作出方法は、湧別技法に比べ器体の減少が少なく素材運用の効率化（山原1998a）が図られている。

同様のことは石刃素材の細石刃核についてもいえ、峠下型は石刃の側面に調整を加え、長軸方向に削片を剥離し平坦な打面を準備するという工程を踏むが、広郷段階になると、石刃の一端にノッチ状の調整を加えるだけで打面を準備している。規格性の高い石刃縁辺には既に稜が形成されているので、簡単な調整ですんだであろう。

このように二極分化を進めた細石刃剥離技術であるが、共伴している器種には類似しているものが多くみられる。有舌尖頭器・局部磨製石斧という第4〜6期にはない新しい要素がみられる。彫器・掻器も形態が多様となり、とくに彫器は、周縁加工の左刃彫器や彫刻刀面が背面に設定されるもの、背面に平坦剥離が全面的に施されるものの3種類の形態があり、機能分化が進んだ現れであろう。石錐も量的に安定している。忍路子型細石刃核石器群は1類から2類への推移を示す層位的出土例はないものの、細石刃核器面の調整加工技術の差異（2類では斜状平行剥離が多くみられる）から認められてよいであろう。有舌尖頭器においては「立川型」、「エンガル型」、「祝梅型」が忍路子型1類石器群に一斉に登場し、忍路子型2類石器群になると、舌部と身部の境が不明瞭なものへと変化する。有舌尖頭器の器面調整加工も忍路子型2類になると細石刃核同様斜状平行剥離が顕著となる。その他の器種にも精緻な押圧剥離により面的な加工が施されるようになる。石斧は忍路子型1類石器群に特徴的で、弧状あるいは直線状の刃部をもち、両刃で表裏とも刃部がよく磨かれる特徴を有する（図10参照）。

広郷型細石刃核石器群においても有舌尖頭器・局部磨製石斧が伴出する。石斧は礫面を多く残す剥片素材のものが特徴的である。細石刃核からみると、両面調整加工技術による忍路子型と、石刃素材の広郷型とはまったく相容れない2者であるが、有舌尖頭器では忍路子型2類に共伴するものと広郷型に共伴するものは類似する。彫器の形態においても共通するものが多い。現在のところ、忍路子型細石刃石器群と広郷型細石刃石器群を時間的前後関係で捉えることはできない。

表 1　北海道地域後期旧石器時代の編年表

時代	時期区分		南西部	中央部	南東部	北東部
縄文時代	草創期		───	大麻1	大正3	───
後期旧石器時代	後半期	8期	美利河1・B地区	───	落合 南町1	中本 モサンル 上白滝5・Sb6〜11 上白滝2・Sb11〜13
		7期	美利河1・ⅢA 美利河1・ⅢB (12群) 立川Ⅰ・Ⅱ (11群) 大関校庭 (11群)	オサツ16 (11群) 丸子山 (11群) メボシ川2 (11群)	札内N 稲田1 大空 (11群) 居辺17 (11群)	広郷20 (12群) 上白滝2・Sb9 (12群) 日東 (12群) 嵐山2 (11群) 北上台地 (11群) 上口 (11群) 水口 (11群)
		6期	(峠下) (9群)	(丸子山) (9群)	暁第4地点 (10群)	白滝第4地点 (10群) 置戸安住A・E (9群) 服部台 (9群) タチカルシュナイⅤ・C
		5期	石川1 湯の里4 ピリカD	オルイカ2 上幌内モイ	暁第1地点 上似平	上白滝2・Sb3〜6,10 幌加沢遠間地点 置戸安住B・C 緑丘B 北栄40 本沢
					En-a	
		4期	新道4 (7群) 美利河1 (6・7群) オバルベツ2 (6・7群) 都 (6群)	柏台1 (6・7群)	(勢雄Ⅰ) (7群?)	上白滝8・Sb14〜19 大正 (7群) 北進 (7群) (越川) (6群?)
	前半期	3期	───	柏台1 (2b群) 丸子山 (2b群)	川西C (2a群) 帯広空港南A (2a群) 嶋木 (2b群)	上白滝8・Sb10 (2b群)
		2期	神丘2・B群 (4・5群) オバルベツ2 (5群)			置戸安住E (4群) 上白滝7・Sb4〜10 (4群) 上白滝8・Sb61 (4群) 広郷8 (4群)
		1期	桔梗2	祝梅三角山	共栄3 若葉の森	上白滝8 ・Sb1〜9、11〜13 奥白滝1・Sb1〜3

　さて、上記のほかに細石刃・細石刃核を伴わず有舌尖頭器・尖頭器を主体とする石器群がある。これらの石器群を細石刃石器群に後続するものとし、一つの階梯を設定する立場もあるが、有舌尖頭器および石斧の形態から、忍路子型か広郷型細石刃石器群かのどちらかに属するものであり、石器群の中に細石刃を伴っていないだけであろう。

　第8期：第8期は14群石器群である。二極分化は第7期同様であるが、細石刃を組成しないことが大きな違いである。有舌尖頭器を伴う石器群はあるものの、量的には非常に少ない。

　本州地方においては、細石刃石器群の終焉の後、隆起線文土器段階以前に左右対称の優美な尖頭器、片刃石斧に特徴づけられる神子柴・長者久保文化が介在する。北海道地方において、現段階で

はこの時期を設けることはできないが、第7期から第8期にかけてその片鱗をうかがうことができる。

現在のところ、神子柴・長者久保石器群については、大陸から北海道を通して本州への伝来を考えるよりは、その逆の北海道への北上（安斎 2003）の方が理解しやすいであろう。ただし、有舌尖頭器についても本州以南の隆起線文土器群の組成から受容したという見解（佐藤 2005）には賛同しかねる。北海道における有舌尖頭器の初源はピリカ遺跡D地点の調査所見から第 5 期に遡り、本州地方とは独自に展開したと考えている。

なお、13群石器群については第 6 期〜第 8 期のいずれかに位置づけられると考えるが、現在のところ不明といわざるをえない。

6．おわりに

以上、北海道の後期旧石器時代石器群を14群に分類し、さらに第 1 期から第 8 期にわたる石器群の変遷を概観してきた。

前半期の編年は、その大筋において佐藤宏之の予察（1992）に近いものとなった。しかし、その後の氏の補論（佐藤 2000・2003）とは後期旧石器時代最古の石器群の設定と石刃石器群の出現などをめぐっていくつかの異なる点がある。佐藤編年の「成立期石器群」には、本稿の 3 群とした 3 遺跡が含まれている。これらの 2 遺跡からは明確な石刃が出土しており、佐藤編年によるならば最古の段階から石刃剥離技術を保有していたことになる。今後、3 群の編年的位置づけを行うとともに、第 1 期に先行する成立期（初期台形様）石器群が設定できるのか検討したい。佐藤編年の「前半期後葉」を本稿では第 2 期と第 3 期に分けた形となっている。第 2 期と第 3 期の前後関係を示す証左は得られていない現況では、両期が確実に編年的に序列化できるのか不明な点が多い。中央部・南東部における広郷型尖頭状石器群の確認とその編年的位置の確定が急務であり、そのことにより、北海道における石刃石器群の出現の様相を明らかにすることができるであろう。

後半期については、各期の存続期間が問題となろう。放射性炭素年代測定値の蓄積により第 4 期の年代は21,000〜18,000yBP、第 5 期は14,500〜13,500yBPをあてることができると考えられるが、石器群の内容からすると第 4 期と第 5 期はスムーズに移行すると考えられるので、この間隙はあまりにも大きいといわなければならない。帯広市大正 3 遺跡の土器より得られた放射性炭素年代を参考として、北海道の後期旧石器時代の下限年代を仮に12,500yBPとすると、第 6 期から第 8 期までを約1,000年間に編成しなければならなくなる。各遺跡間の石器組成の変異性が高い当該期石器群の比較をするに当たっては、細石刃核の技術型式あるいは有舌尖頭器の有無のみではなく、彫器や掻器などの定量的な属性分析（加藤ほか 1970、山原 2004、髙倉 2004など）は有効である。また、常呂パターン仮説（加藤・桑原 1969）により説明できる可能性もあろう。いずれも、1970年前後に提示された研究法であるが、今日的課題でもあるといえよう。

本稿では通史的な石器群の編年を中心に論じたが、各期における地域的な石材獲得方法や石材構成の相違、または遺跡形成のあり方などにふれることができなかった。今後の課題としたい。

註

1）本稿中における放射性炭素年代は非較正年代を用いる。AMS法による測定値には（AMS）と表記し、この場合は同位体分別補正年代である。（AMS）の表記のないものは放射性測定法による数値である。

2）同一遺跡において間層を挟まずに石器包含層の重層が認められた遺跡として、美幌町みどり1遺跡（荒生1991）、タチカルシュナイ第V遺跡A・C地点（吉崎編 1973）、メボシ川2遺跡（田村 1983）がある。このほかに同一地点ではないが、段丘堆積物の対比からその前後関係が検討されている例がある。白滝団体研究会（1963）によると、白滝第13・31地点の石器が下位の砂礫層中に、第30・32・33地点の石器が上位の段丘細粒堆積物に包含されており、層位学的に上下関係にあるという。白滝第31地点は二次堆積とされたが、第13地点については二次堆積ではないとされるが（吉崎 1961）、その根拠は不明である。第13地点では地表下2mから石器が出土したとされるが、その後の調査からもその深度からの遺物の確認はなされていない（松谷1987）。

3）たとえば、白滝遺跡群における石器の平面分布状況は放射状・条線状を呈しており、この石器の移動の要因は周氷河性のソリフラクションであると考えられている。これらは厳密には本来の位置を保ってはいないものの、その平面分布域の形状や狭い範囲で接合する状況から著しく移動や攪乱を受けていないものとされ、現在のところ270ほどの石器ブロックが視覚的に分離されている。そして、この中でも同一の石器製作技術をもち、接合関係により同時性が得られたブロックどうしを束ねたまとまりを石器群とし、15ほどの石器群に分類している。

参考文献

明石博志・後藤聡明　1978　『上似平遺跡』帯広市教育委員会。
明石博志・辻秀子　1978　『勢雄遺跡』みやま書房。
阿部明義編　2003　『千歳市オルイカ2遺跡』㈶北海道埋蔵文化財センター。
荒生健志・高山ゆかり　1988　『元町3遺跡』美幌町教育委員会。
荒生健志・北嶋ゆかり　1991　『みどり1遺跡』美幌町教育委員会。
安斎正人　2003　『旧石器社会の構造変動』同成社。
石川　朗　1987　『鷹栖町　嵐山2遺跡』㈶北海道埋蔵文化財センター。
出穂雅実・赤井文人　2005　「北海道の旧石器編年」『旧石器研究』第1号、39～54頁。
乾哲也編　2006　『上幌内モイ遺跡(1)』厚真町教育委員会。
今井真司　1999　『西町遺跡』下川町教育委員会。
大井晴男　1963　「北海道北見市大正遺跡発掘調査報告」『考古学雑誌』第49巻2号、1～16頁。
大井晴男・久保勝範　「北見市本沢遺跡―第一次報告―」『北見郷土博物館紀要』第2集、1～25頁。
大島秀俊　1997　『オサツ16遺跡(2)』北海道文化財保護協会。
大島秀俊・谷岡康孝・長谷川徹　2000　『オバルベツ2遺跡(2)』北海道文化財保護協会。
大場利夫・近堂祐弘・久保勝範・宮宏明　1983　「吉井沢遺跡発掘調査報告」『北見郷土博物館紀要　考古学関係特輯号（I）』第13集、1～37頁。
大場利夫・近堂祐弘・久保勝範・宮宏明　1984　「北上台地遺跡発掘調査報告」『北見郷土博物館紀要　考古学関係特輯号（II）』第14集、14～83頁。
大矢義明　2000　『札内N遺跡』幕別町教育委員会。
大矢義明編　2001　『上士幌町・居辺17遺跡』上士幌町教育委員会。
小疇尚・野上道男・小野有五・平川一臣　2003　『日本の地形2　北海道』東京大学出版会。

小野爾良・加藤晋平・鶴丸俊明　1972　「北海道訓子府町増田遺跡の第一次調査」『考古学ジャーナル』第71号、6～13頁。

加藤茂弘　1994　「恵庭a降下軽石層の降下年代とその降下前後の古気候」『地理学評論』67A−1、45～54頁。

加藤晋平・大井晴男　1961　「北海道常呂郡訓子府町緑丘B遺跡」『民族学研究』第26巻1号、24～30頁。

加藤晋平・桑原護　1969　『中本遺跡』永立出版。

加藤晋平・畑宏明・鶴丸俊明　1970　「エンドスクレイパーについて」『考古学雑誌』第55巻3号、13～23頁。

加藤晋平・大井晴男　1971　「多面体彫器の問題—北海道東部間村・吉村両遺跡から—」『考古学ジャーナル』第57号、13～23頁、ニューサイエンス社。

加藤晋平・山田昌久　1988　「北海道河東郡上士幌町嶋木遺跡の石器文化」『歴史人類』第16号。

菅野友世・久保勝範　1980　「北見市北進遺跡発掘調査報告特輯」『北見郷土博物館紀要』第10集、1～52頁。

北沢　実　1992　『帯広・落合遺跡』帯広市教育委員会。

北沢　実　1993　『帯広・大空遺跡』帯広市教育委員会。

北沢　実　1996　「帯広市暁遺跡出土遺物の原材産地について」『北海道旧石器文化研究』28～30頁。

北沢　実　2004　『帯広・若葉の森遺跡』帯広市教育委員会。

北沢実編　1988　『帯広・暁遺跡3』帯広市教育委員会。

北沢実編　1988　『帯広市暁遺跡の発掘調査』十勝考古学研究所。

北沢実・山原敏朗　1987　『帯広・上似平』帯広市教育委員会

北沢実・山原敏朗　1995　『帯広・南町遺跡』帯広市教育委員会。

北沢実・山原敏朗　1997　『帯広・稲田1遺跡』帯広市教育委員会。

北沢実・山原敏朗　1998　『帯広・川西C遺跡』帯広市教育委員会。

北沢実・山原敏朗　2005　「十勝地方の旧石器研究の現状」『第19回東北日本の旧石器文化を語る会』予稿集、41～48頁。

木村英明　1978　「余市川・赤井川流域の先土器石器群について」『北海道考古学』第14輯、77～92頁。

Kimura Hideaki(ed.)　1992　Reexamination of the Yubetsu technique and study of the Horokazawa Toma Lithic Culture.

木村英明　1995　「黒曜石・ヒト・技術」『北海道考古学』第31輯、3～64頁。

桑原　護　1975　「札滑遺跡」『日本の旧石器文化』雄山閣。

桑原　護　1977　『札滑遺跡K地点の石器群』

小坂利幸・野川潔　1971　「北海道十勝国上士幌町における旧石器包含層の^{14}C年代『地球科学』26、84～85頁。

児玉作左衛門・大場利夫　1957　『狩太遺跡』狩太町教育委員会。

後藤聡明　1983　『北海道帯広空港南A遺跡』北海道十勝支庁。

坂本尚史　2003　「広郷型ナイフ形石器を伴う石器群への一理解」『古代文化』第55巻第4号。

佐久間光平　2000　「北海道の細石刃石器群における『ホロカ技法』の問題」『佐藤広史君追悼論文集　一所懸命』121～135頁、佐藤広史君を忍ぶ会。

佐藤訓敏・北沢実　1986　『帯広・暁遺跡2』帯広市教育委員会。

佐藤訓敏・北沢実　1987　『帯広　上似平遺跡2』帯広市教育委員会。

佐藤宏之　1992　『日本旧石器文化の構造と進化』柏書房。

佐藤宏之　2003　「北海道の後期旧石器時代前半期の様相」『古代文化』第55巻第4号。

佐藤宏之　2005　「北海道旧石器文化を俯瞰する」『北海道旧石器文化研究』第10号、137～146頁。

佐藤雅一　2002　「新潟県津南段丘における石器群研究の現状と展望」『先史考古学論集』第11集、1～52頁。

佐藤　稔　2002　『オバルベツ2遺跡(2)』長万部町教育委員会。

島田和高・山科哲　1998　「明治大学考古学博物館収蔵資料（旧石器時代）の再検討・再評価」『明治大学博物館研究報告』第3号、23～67頁。

白滝団体研究会　1963　『白滝遺跡の研究』地学団体研究会。

杉原荘介・戸沢充則　1975　『北海道白滝服部台における細石器文化』明治大学文学部考古学研究室。

鈴木宏行　2004a「Ⅷ-2　上白滝8遺跡『白滝Ⅰ群』以外について」『白滝遺跡群Ⅳ』㈶北海道埋蔵文化財センター。

鈴木宏行　2004b「原産地遺跡における細石刃石器群の技術構造」『シンポジウム　日本の細石刃文化Ⅲ』八ケ岳旧石器研究グループ。

鈴木宏行・直江康雄　2005　「白滝遺跡群の調査」『第19回東北日本の旧石器文化を語る会』予稿集、13～22頁。

芹沢長介編　1982　『モサンル』東北大学文学部考古学研究会。

芹沢長介・須藤隆　2003　『荒屋遺跡第2・3次発掘調査報告書』東北大学大学院文学研究科考古学研究室・川口町教育委員会。

曽根敏雄・米村衛・隅田まり　1991　「北海道、越川遺跡における約2万年前の細石刃様の石器」『第四紀研究』第30巻第2号、107～114頁。

髙倉純　2004　「掻器の形態的変異とその形成過程」『旧石器考古学』65、1～65頁、旧石器文化談話会。

髙倉純・出穂雅実・中沢祐一・高瀬克範　1997　「常呂川流域における細石刃石器群の採集資料」『北海道旧石器文化研究』第2号、15～24頁。

髙倉純・出穂雅実・中沢祐一・鶴丸俊明　2001　「北海道上川郡下川町ルベの沢遺跡の旧石器時代石器群」『古代文化』第53巻第9号、43～50頁、古代学協会。

髙倉純・出穂雅実・鶴丸俊明　2004　「北海道上川郡下川町ルベの沢遺跡の調査」『日本考古学協会第70回（2004年度）総会　研究発表要旨』15～18頁。

髙橋和樹・鈴木宏行・愛場和人・直江康雄　2003　「北海道白滝遺跡群（旧白滝5遺跡）の調査」『第17回東北日本の旧石器文化を語る会』予稿集、18～21頁。

武内収太・湊正雄ほか　1956　『樽岸』市立函館博物館。

竹花和晴　2004　「評論・北海道南西部で発見された所謂「前期旧石器」の考察」『北海道考古学』第40輯、139～155頁、北海道考古学会。

田村隆　2001　「重層的二項性と交差変換」『先史考古学論集』第10集。

田村俊之　1983　『メボシ川2遺跡における考古学的調査』千歳市教育委員会。

田村俊之・高橋理　1994　『丸子山遺跡における考古学的調査』千歳市教育委員会。

千葉英一　1993　「新道4遺跡における細石刃石器群の検討」『先史学と関連科学』5～23頁、吉崎昌一先生還暦記念論集刊行会。

千葉英一・大沼忠春ほか　1988　『木古内町新道4遺跡』㈶北海道埋蔵文化財センター。

立木宏明編　1996　『樽口遺跡』新潟県朝日村教育委員会。

筑波大学遠間資料研究グループ編　1990　『湧別川』遠軽町教育委員会

辻秀子　1985　「嶋木遺跡」上士幌町教育委員会。

堤隆　2000　「掻器の機能と寒冷適応としての皮革利用システム」『考古学研究』第47巻第2号、66～84頁、考古学研究会。

鶴丸俊明　1978　『むかしむかし－るべしべを知る－』留辺蘂町教育委員会。

鶴丸俊明　1979　「北海道地方の細石刃文化」『駿台史学』第47号、23～50頁。

鶴丸俊明　1981　「先土器文化の遺跡」『北見市史　上巻』347～446頁。

鶴丸俊明　1989　「東アジアにおける細石刃製作技術」『季刊 考古学』第29号、62〜65頁。

鶴丸俊明　1991　「旧石器的石器の技術」『季刊 考古学』第35号、42〜44頁。

寺崎康史　1995　「広郷型ナイフ形石器について」『今金地域研究』第1号、7〜14頁。

寺崎康史　1999a「北海道細石刃石器群理解への一試論」『先史考古学論集』第8集、71〜88頁。

寺崎康史　1999b「細石刃石器群の変遷とその終末」『日本考古学協会1999年度大会 研究発表要旨』11〜12頁。

寺崎康史　1999c「北海道における最新の発見について」『岩宿遺跡発掘50年の足跡』23〜26頁、笠懸野岩宿文化資料館。

寺崎康史　2003　「北海道地方における後期旧石器時代初頭の文化」『日本旧石器学会第1回シンポジウム予稿集 後期旧石器時代のはじまりを探る』60〜65頁。

寺崎康史　2005　「北海道南西部の旧石器時代における黒曜石の利用」『北海道旧石器文化研究』第10号、101〜108頁、北海道旧石器文化研究会。

寺崎康史編　1990　『神丘2遺跡』今金町教育委員会。

寺崎康史編　2001　『ピリカ遺跡Ⅰ』今金町教育委員会。

寺崎康史編　2002　『ピリカ遺跡Ⅱ』今金町教育委員会。

寺崎康史・山原敏朗　1999　「北海道地方」『旧石器考古学』58、3〜10頁、旧石器文化談話会。

寺崎康史・宮本雅通　2003　「北海道東部の細石刃石器群」『シンポジウム 日本の細石刃文化 Ⅰ』25〜52頁、八ヶ岳旧石器グループ。

戸沢充則　1967　「北海道置戸安住遺跡の調査とその石器群」『考古学集刊』第3巻第3号、1〜44頁、東京考古学会。

直江康雄　2004　「Ⅷ-1 上白滝8遺跡「白滝Ⅰ群」（Sb-1〜13）について」『白滝遺跡群Ⅳ』321〜337頁、㈶北海道埋蔵文化財センター。

直江康雄・長崎潤一　2005　「北海道後期旧石器時代前半期の石材消費戦略」『北海道旧石器文化研究』第10号、45〜58頁、北海道旧石器文化研究会。

中川重紀編　1995　『大渡Ⅱ遺跡発掘調査報告書』㈶岩手県文化振興事業団埋蔵文化財センター。

長沢正機　1982　「乱馬堂遺跡発掘調査報告書」新庄市教育委員会。

長沼　孝　1990　「美利河1・石川1遺跡の分析」『北海道考古学』第26輯、31〜42頁。

長沼孝編　1985　『今金町美利河1遺跡』㈶北海道埋蔵文化財センター。

長沼孝・石川朗　1988　『函館市 桔梗2遺跡』㈶北海道埋蔵文化財センター。

長沼孝・越田雅司・佐藤剛　2000　『日東遺跡』㈶北海道埋蔵文化財センター。

長沼孝・鈴木宏行・坂本尚史・直江康雄　2000　『白滝遺跡群Ⅰ』㈶北海道埋蔵文化財センター。

長沼孝・鈴木宏行・直江康雄　2000　『白滝遺跡群Ⅱ』㈶北海道埋蔵文化財センター。

長沼孝・鈴木宏行・直江康雄　2001　『白滝遺跡群Ⅲ』㈶北海道埋蔵文化財センター。

長沼孝・鈴木宏行・直江康雄　2003　『白滝遺跡群Ⅳ』㈶北海道埋蔵文化財センター。

中村有吾・平川一臣　2000　「大雪御鉢平テフラの岩石記載学的特徴」『火山』第45巻第5号、281〜288頁。

名取武光・松下亘　1961　『峠下遺跡』倶知安町教育委員会。

日本考古学協会1999年度釧路大会実行委員会　1999　『海峡と北の考古学 シンポジウム・テーマ1 資料集Ⅰ』

橋爪　実　1985　『日出-11遺跡』訓子府町教育委員会。

橋爪　実　1990　『北栄-40遺跡』訓子府町教育委員会。

畑宏明編　1985　『湯の里遺跡群』㈶北海道埋蔵文化財センター。

畑宏明・田原良信　1975　「水口遺跡」『日本の旧石器文化』2、77〜92頁。

広田良成編　2005　『千歳市オルイカ2遺跡(2)』㈶北海道埋蔵文化財センター。
福井淳一　2003　「北海道における旧石器時代の顔料」『旧石器考古学』64、9〜22頁、旧石器文化談話会。
福井淳一・越田賢一郎　1999　『柏台1遺跡』㈶北海道埋蔵文化財センター。
藤本　強　1964　「北海道常呂郡留辺蘂町紅葉山遺跡発掘調査報告」『考古学雑誌』第50巻2号、13〜23頁。
麻柄一志　2005　「後期旧石器時代前葉の剥離技術―米ヶ森技法の出現と展開―」『旧石器考古学』66、31〜45頁、旧石器文化談話会。
町田洋・新井房夫　2003　『新編　火山灰アトラス』東京大学出版会。
松崎水穂・寺崎康史　2004　「上ノ国町四十九里沢A遺跡東端地点採集のナイフ形石器について」『北海道旧石器文化研究』第9号。
松村愉文・瀬下直人　2002　『白滝第4地点遺跡』白滝村教育委員会。
松谷純一　1987　『白滝第4地点』白滝村教育委員会。
三浦孝一・柴田信一　1993　『大関校庭遺跡』八雲町教育委員会。
三浦正人・菊池慈人・阿部明義・広田良成　2005　『千歳市オルイカ2遺跡(2)』㈶北海道埋蔵文化財センター。
宮　宏明　1985a『広郷8遺跡（Ⅱ）』北見市。
宮　宏明　1985b「美里洞窟遺跡出土の台形様石器について」『考古学ジャーナル』第244号、24〜26頁、ニューサイエンス社。
宮尾　亨　1997　「北海道今金町美利河1遺跡K地点」『第11回東北日本の旧石器文化を語る会予稿集』47〜59頁。
柳井清治・鴈澤好博・古森康晴　1992　「最終氷期末期に噴出した濁川テフラの層序と分布」『地質学雑誌』第98巻第2号、125〜136頁。
柳田　誠　1994　「支笏降下軽石1（Spfa−1）の年代資料」『第四紀研究』第33巻第3号、205〜207頁。
山田　哲　1999　「北海道の前半期細石刃石器群についての研究」『先史考古学論集』第8集、1〜70頁。
山原敏朗　1992　『清水町上清水2遺跡・共栄3遺跡(2)・東松沢2遺跡・芽室町北明1遺跡』㈶北海道埋蔵文化財センター。
山原敏朗　1993　「北海道における台形様石器を伴う石器群について」『考古論集』潮見浩先生退官記念論文集。
山原敏朗　1996　「北海道における細石刃文化以前の石器群について」『帯広百年記念館紀要』第14号、1〜28頁、帯広百年記念館。
山原敏朗　1998a「北海道の旧石器時代終末期についての覚書」『北海道考古学』第34輯、77〜92頁。
山原敏朗　1998b「北海道帯広市暁遺跡の細石刃製作技術について」『北方の考古学』野村先生還暦記念論集、1〜22頁。
山原敏朗　1999　『帯広・落合遺跡2』帯広市教育委員会。
山原敏朗　2002　『帯広・落合遺跡3』帯広市教育委員会。
山原敏朗　2003　「北海道東部の細石刃石器群」『シンポジウム　日本の細石刃文化Ⅰ』512号。
山原敏朗　2004　「十勝地域における周縁加工左刃彫器群の技術形態学的特徴」『考古学論集』河瀬正利先生退官記念論文集、25〜40頁。
横山英介　1991　「第1章　旧石器時代」『釜谷4遺跡』13〜21頁、木古内町教育委員会。
吉崎昌一　1959　『立川』市立函館博物館。
吉崎昌一　1961　「白滝遺跡と北海道の無土器文化」『民族学研究』第26巻1号、13〜23頁。
吉崎昌一編　1973　『タチカルシュナイ遺跡　1972』遠軽町教育委員会。
吉崎昌一・横山英介ほか　1974　『祝梅三角山地点』千歳市教育委員会。
R.E.Morlan　1967　The preceramic period of Hokkaido; an outline, *Arctic Anthropology* Ⅳ-1.

シンポジウム
旧石器時代の編年的研究

出席者（50音順）
安斎　正人　東京大学大学院人文社会系研究科助手
国武　貞克　日本学術振興会特別研究委員
佐藤　宏之　東京大学大学院人文社会系研究科助教授
須藤　隆司　長野県佐久市教育委員会文化財課
高尾　好之　沼津市教育委員会文化振興課文化財調査係長
寺崎　康史　北海道今金町教育委員会学芸員
萩原　博文　平戸市教育委員会文化振興課長
藤野　次史　広島大学大学院文学研究科助教授
宮田　栄二　鹿児島県立埋蔵文化財センター
柳田　俊雄　東北大学総合学術博物館教授

1. 総合討論の趣旨

佐藤 それでは、今回のシンポジウムのメインイベント・討論会を開始したいと思います。司会は私、東京大学の佐藤宏之が担当させていただきます。壇上には、北海道から西北九州、東南九州までの発表者の方々に、すでにご登壇いただいております。ただし関東に関しては、発表者の田村さんが所用によりお休みですので、田村さんの"弟子"の国武さんが討論会に参加下さいました。

討論会にあたり、まず簡単に内容について説明したいと思います。討論会に予定している時間は3時間ですが、そんなに長くはないので、いくつかテーマを絞って進めていきたいと思います。

まず最初に、各発表者の方に、昨日または本日のご自分の発表で説明が足りなかった点あるいは補足をしたいという点がありましたら、説明していただきます。ただし、その説明の中には、自分の担当された地域編年とその隣接地域の編年との比較という問題を念頭に、発表者間相互の質問やコメントというのを含めていただきたい。地域編年間の相互比較という問題が十分討議されればいいのですが、もし不十分な場合には、改めて地域編年の相互比較というテーマを別立てして討議を試みたいと思います。

一応、ここまでを前半部とさせていただきます。後半部では、まず皆様方からの質問票にもとづいて、それにお答えするという時間を取ります。その後、今度は先ほどの地域編年の相互比較とはまた少し視点を変え、時間的な比較という問題を各地の発表者の方にお願いします。そこでは、各地域における移行の様相についてお話をいただきたい。

日本列島の旧石器時代の移行期には、大きくみると3時期あります。まず、後期旧石器時代以前から後期旧石器時代初頭にかけての移行期。続いて、各発表者の方が皆、ほぼAT（姶良丹沢火山灰）降下期を挟んで前半と後半という二大別をされているように、後期旧石器時代前半期から後半期へかけての移行の様相について。さらに時間があれば、後期旧石器時代後半期の終末から縄文時代草創期にかけての移行のお話をしてもらおうと思います。

最後にもっとも重要なテーマである各地域の編年と、列島ないしは本州といった、より大きな地理的単位での編年との関係について所見を述べていただき、まとめにしたいと思います。それは具体的にいえば、前半期／後半期の境目のような大きな画期、あるいは地域ごとに異なる小画期を設けられた方がたくさんいたのですが、そうした大画期ないしは地域ごとの小画期が、どれほどの空間的な範囲で適用できるのか、あるいは有効であろうかという見通しを語っていただきたい。このような順序で討論会を進めていきたいと思っています。

それでは最初に、各発表者から、ご自分の発表に対する補足説明ないし発表者間での質問やコメント、あるいは地域編年の相互比較というものを含めてお一人ずつお話をお願いしたいと思います。では、国武さんからお話をよろしくお願いします。

2.　地域編年と相互比較

東関東地方

国武　今日は、昨日発表されました田村さんの代理ということで、私ができる範囲内で補足の説明をさせていただきます。

　昨日配られました補足のA3のプリントと、それから田村さんが提出された編年表（表1）がシンポジウムの資料ということですが、この編年表について補足の説明をしたいと思います。

　この編年表ではまず第一に、房総半島を大きく三つの地域に分けるというかたちをとっています。房総半島は、中央部にある印旛沼を中心としてYの字形に分水嶺が伸びていますが、房総半島の北西部を下総台地西部分水界区、東部を土気－銚子分水界区、南部を丘陵中央分水界区と三つの地域に分けて編年が提示されてます。

　各遺跡の名前が挙げられていますが、遺跡の前に番号がついていて、この番号には欄外に石器群コードという注があります。この石器群コードについては、田村さんが『考古学Ⅲ』に発表になられました論文「この石はどこからきたか」の第2部に詳しく解説されています*。この場で簡単な補足として、この論文を参照に概要を述べさせていただきます。

＊田村隆　2005　「この石はどこからきたか―関東地方東部後期旧石器時代古民族誌の叙述に向けて―」『考古学Ⅲ』1～72頁。

　古い方からみると、もっとも古い石器群は丘陵中央分水界区の草刈遺跡東部地区の武蔵野ローム上部から検出されたc13というブロックです。これは昨日の解説のとおり、斜軸尖頭器と端部整形石器を特徴とする石器群で、これが1番です。

　2番は同じ遺跡の草刈東部c77で端部整形石器群です。2番はもっとも古相が丘陵中央分水界区に検出されており、その後すべての分水界区に広がっています。3の石器群は台形様石器の石器群で、これも丘陵中央分水界区から土気－銚子分水界区、下総台地西部分水界区の三つの地域に広く分布しています。

　出土層位としては、Ⅸ層下部を中心にⅩ層からⅨ層の下半分ということになります。1から3までは剥片モードの石器群です。

　4番が石刃モードの石器群になります。もっとも古い例としては土気－銚子分水界区の4b石器群、東峰御幸畑東遺跡で、これは昨日詳しく解説がありました。

　4番の石器群というのは、Ⅸ層の石刃石器群を指しますが、時期はⅩ層・Ⅸ層下部からⅨ層中部・上部まであります。通時的にみると、目的とする石刃製刺突具の製作方法との関連で、石刃生産技術に変化が観察される。a、b、cという細分がされていますが、これは消費石材パターンで分かれています。

　4aは珪化岩製の石刃石器群で、主に北関東の珪質頁岩を用いた石刃石器群です。4aの代表には、下総台地西部分水界区の中山新田Ⅰ遺跡が挙げられています。これはⅨ層下部ですが、Ⅸ層中部あるいは上部の時期には土気－銚子分水界区の御幸畑西遺跡エリア1が挙げられています。これらは

シンポジウム 旧石器時代の編年的研究

表1 員弁関東編年案（略案。番号は石器群コード）

	丘陵中央分水界区			土気−銚子分水界区			下総台地西部分水界区			
	剥片モード	石刃モード	両面体モード	剥片モード	石刃モード	両面体モード	剥片モード	石刃モード	両面体・瀬戸内運	石刃モードB
			11g 南河原			11g−鍬田甚兵山南			11g 地国穴台・瀬戸運運	縄文草創期
			11f2 向郷菩提			11f2 南大溜袋				12b'向郷菩提
			11f1 六通神社南			11f1 円妙寺・林小原子台			1e 西の台5b	12b 木戸場
			11e 南河原坂3H			11e 浅間台			桐ヶ谷新田	12a 十余三稲荷峰
			山田台No1			東峰西笠峰			11c 平賀一ノ台	12a 山田台No4B
			武士7B						11b 御山皿a	
		9下鈴野2文	11b 南河原坂		9天神峰最上3a	11c 東内野		9御山皿b	11a 権現後3文	
		武士6文		10東内野	十余三稲荷峰3文		8仮山台	9荒野前上層		姶良Tn火山灰
8山田台No8文Ⅲ				10香山新田安戸台			7権現後3文	6b−本桜南10		
10武士5文							7−本桜南11	北大作		
7草刈り東部c26				7岩山中袋	6c栗野Ⅰ		7向			
今富新山					飯仲金掘B			6c権現後4文		
武士4文					宮内			若葉台2文		
				挟み割り				6a野見塚7文		
		4a山田台No8文Ⅳ		5赤河				五本松Ⅲ		
		ヤジリ		東峰御幸畑西2文			4c当口・鐘塚	4b五本松Ⅱa		
				弓ツ塚			3中山新田Ⅰ	4a中山新田Ⅰ		
4c台山Ⅱ				4a御幸畑西エリア1	4a御幸畑西エリア1		2御山Ⅱ			
関畑Ⅱ				4b古込			大林Ⅷ			
3六ノ台2文				3御幸畑西エリア2						
2六ノ台L/N				2御幸畑西エリア3	2−鍬田甚兵山南					
関畑Ⅰa				東峰御幸畑東						
2草刈東部c77										
										立川ローム層
1草刈東部c13										武蔵野ローム層

＊もっとも古層を示す石器群が中央分水界区に位置し、石刃石器群の西部の継起性と中央・西部の対照的なパターン化に注意。

時期と技術に違いがあるが、同じ石材が消費された石刃石器群のため4aとなります。

　4bは黒曜石製の石刃石器群です。これもやはりⅩ層・Ⅸ層下部からⅨ層中部・上部に至る各時期にみられる石器群です。先ほど挙げた東峰御幸畑東遺跡が古相ですが、Ⅸ層中部・上部の時期には、下総台地西部の五本松遺跡Ⅱaが挙げられています。このように、段階として前後するものではなくて、石材消費パターンで異なるものが古い時期から新しい時期まで並存する点がこの編年表の特徴です。

　4cは、一番左側の丘陵中央分水界区にあり、これは石刃を保有するけれども、剥片製小型ナイフ形石器が卓越する石器群です。台山Ⅱ、関畑Ⅱ、関畑Ⅰbが代表で挙げられています。これはⅨ層中部から上部に産出し、田村さんが提唱された二項的モード論において、剥片モードの変容過程が指摘される時期の石器群です。つまり、技術的には台形様石器から小型の剥片性のナイフ形石器への変化が観察され、前時期の一般剥片生産を基盤とする石器群の変換群とされる石器群です。

　このほかに房総半島東部の土気－銚子分水界区に特有な石器群5があります。これは「挟み割り」と太字で書いてあり、赤羽根遺跡等が挙げられています。この地域に分布する第四紀の砂礫層中の非常に小さな礫を素材に用いて両極剥離を行い、細石刃状の削片あるいは小石刃を多量生産する技術です。この技術は田村さんにより遠山技法と定義され、削片は埋め込んで利用する方法が推定されています。

　6はⅦ層、Ⅵ層、Ⅴ層の石刃石器群です。やはりa、b、cに細分されており、これも石材消費パターンで分けられています。6aは珪化岩で主に黒色緻密安山岩や黒色頁岩を使う大型の石刃石器群です。下総台地西部分水界区の野見塚第7文化層、五本松第Ⅲ文化層が代表として挙げられています。

　6bは火砕泥岩を素材とする石刃石器群です。代表としてATより上の下総台地西部の石刃モードの一本桜南、北大作が挙げられています。これは昨日、田村さんより解説があったので省略しますが、型式学的な理解が可能であるというご説明でした。6bはこれら以外にⅦ層からⅥ層にかけて、主に土気－銚子分水界区においてたくさん検出されています。

　6cは黒曜石を素材とする石刃石器群です。黒曜石の産地は4bと同じく高原山産と信州産の両方が利用される特徴があります。Ⅵ層を中心とする石器群です。

　7は、各種珪化岩を素材とする一般剥片生産を基盤とする石器群です。権現後3文化層、一本桜南、向遺跡が挙げられています。Ⅳ層からⅤ層にかけて検出される鋸歯状の刃部をもつ角錐状石器や切出形のナイフ形石器が特徴とされています。

　8も7と同じく一般剥片生産を基盤としますが、高原山黒曜石を素材として鋸歯縁あるいは平坦調整による小型のナイフ形石器の製作が特徴とされます。丘陵中央分水界区の山田台No.8遺跡と、それから下総台地西部分水界の復山谷遺跡が挙げられています。7よりも後出する傾向があります。

　9はⅢ層下部に検出される各種珪化岩を素材とする石刃石器群です。これもやはり3地域に分布しており、それぞれで石材消費パターンが異なるという特徴があります。

　10は多様な石材を素材にした一般剥片生産を基盤にして、剥片製の小形ナイフ形石器が特徴となる石器群です。代表として土気－銚子分水界区の東内野遺跡が挙げられています。東内野遺跡は著

名な東内野型尖頭器のタイプサイトで、両面体モードの11cが卓越するが、これに剥片製の小形ナイフ形石器に特徴づけられる10が並存します。

前後しましたが、11は小型の石槍の石器群です。これが消費石材によってa、b、c、d、e、fに細分されています。まず11aは下総台地西部の両面体モード、権現後第3文化層が挙げられています。これは先ほどの石器群7に平行して残されている石器群で、Ⅴ層からⅣ層にかけて検出される小型石槍の石器群です。石材は、高原山産もしくは信州産の黒曜石を主に用いており、石槍の形態は角錐状石器に類似するものの基部を念入りにつくり出したものや、あるいは先端・突起部だけを平坦剥離で尖らせたものと、いろいろ個性的な形態の石槍が伴う石器群です。

11bは男女倉型の尖頭器が型式的な特徴とされる石器です。下総台地西部分水界の御山遺跡Ⅷa文化層が代表として挙げられています。西関東と同じく信州産黒曜石でもつくられますが、御山のように高原山産黒曜石が多用される傾向にある。この石器群は御山Ⅷb文化層の石器群9とほぼ同時期だろうと考えられます。

11cは、先ほどの東内野型尖頭器を特徴とする石器群があり、東内野遺跡が代表として挙げらます。石材は各種珪化岩、とりわけ房総半島の南部の嶺岡山地で産出する珪質頁岩と、宇都宮丘陵に産出する黒色緻密質安山岩、高原山周辺に産出する珪質頁岩、それから会津盆地以西の火砕泥岩などが利用されています。

11dは表1には挙がっていませんが、これは火砕泥岩を主に利用した中型木葉形の両面体の石槍の石器群です。代表例として四街道市池花遺跡第3文化層、船橋市西の台遺跡Ⅲ層下部などが挙げられます。

11eは小型で面取りがなされていない石槍石器群です。11eは石材により二分されており、11e1が信州産もしくは高原山産黒曜石を主体とし、11e2が珪質頁岩などの各種珪化岩を主体とします。

11fは比較的大型両面体を組成する石器群です。11f1はその中でも石材として北関東あるいは関東北部もしくは東北の良質な珪質頁岩や各種珪化岩を使った、総体的に大型な石槍をもつ石器群です。これは同じような産地に産出する石材による石刃が伴うという特徴がありまして、やはり田村さんが『考古学Ⅰ』に発表された論文「林小原子台再訪」で詳しく検討されています*。

*田村隆　2003「林小原子台再訪―東部関東における長者久保―神子柴石器群―」『考古学Ⅰ』1〜51頁。

11f2はそれと違って、石材が房総半島の内部の万田野層という台地内の礫層の礫を使った比較的中型・小型の石槍がつくられる石器群です。大型・中型・小型と3種類の大きさがつくり分けられているとされており、南大溜袋遺跡や向郷菩提遺跡が挙げられています。これらの石器群では下総台地では今のところ土器を伴っていません。

編年表の最上段が土器を伴う石器群です。有舌尖頭器を特徴とする石器群11gです。石材は台地内の礫層を素材とするということで、11f2と同じ石材消費パターンになります。

12が細石器石器群です。aとbに細分され、12aが野辺山型細石核で、12bが船底形細石核で特徴づけられます。大型の石槍石器群である11と基本的にはパラレルな関係が想定されており、とくに12bは札滑型であることから両面体モードと密接な関係が想定されています。以上で編年表の補足説明を終わります。

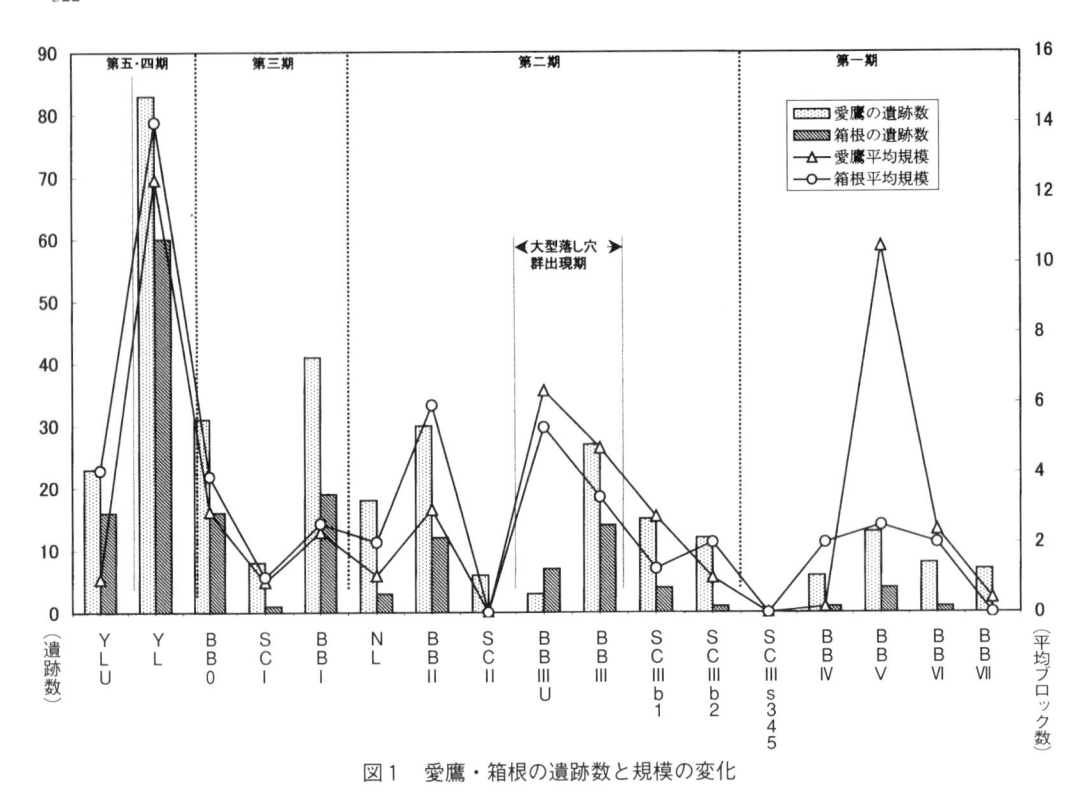

図1　愛鷹・箱根の遺跡数と規模の変化

次に隣接地域へのコメントですが、東海地域の高尾さんの発表にコメントさせていただきます。遺跡規模とブロック数の関係についての検討がありました。この地域で特徴的な陥し穴がたくさん出現する時期の遺跡では、一つの遺跡で非常にブロック数が急増することが折れ線グラフと棒グラフの図によって非常に明示的に説明されました（図1）。この現象はやはり前時期の環状ブロック群によるブロック数の急増と同じぐらい大きな変化であって、何か重要な背景があるのではないかと思われました。

再び東部関東編年表に戻りますと、同じような時期に突然ブロック数が増える現象はやはり房総でも認められ、丘陵中央分水界区の剥片モードの4c石器群というのがそれに当たるのではないかと思われます。つまり、石器群3もしくは石器群2が残される時期には環状ブロックが顕著にみられますが、その後石刃モードが顕著となる石器群4aでは、ブロック数が非常に小規模になり、その後の石器群4cになるとブロック数が急増すると考えられます。

これは、たとえば石器群4aである東峰御幸畑西エリア1は、報告者の永塚俊司さんの分析では少数のブロックが扇状に残され、これが累積するためブロックが重扇状に分布すると指摘されています*。田村さんは、Ⅸ層下部の環状ブロック群からⅨ層中部・上部では重扇状ブロック群へと変化するという指摘をされています。ブロック数の増減をみてみますと、この変化により減少するようです。

　＊永塚俊司　2000　「第2章 旧石器時代」『新東京国際空港埋蔵文化財発掘調査報告書 XIII—東峰御幸畑西遺跡（空港No.61遺跡）—』第Ⅰ分冊、23〜373頁。

その後、おそらく少し時期を新しくすると、石器群4cでは一つの遺跡で大量にブロックが集合す

る傾向があります。これは環状でも重扇状でもなく、塊状に多数のブロックが集合して分布します。これは中央分水界区だけでなく、3地域に万遍なく同様の遺跡が検出されています。これらの遺跡は石器群4aと比べての多数のブロック数が残されている点で、東海地方のブロック数増減の画期に類似します。つまり環状ブロック群（石器群2・3など）→重扇状ブロック群（石器群4a）→塊状のブロック群（石器群4c）という変遷にみられるブロック数の増減パターンが、東海地域のグラフの変動とよく一致するのではないかと思われます。同じ時期に何か同一の背景があったのであろうかと考えているところです。

佐藤 昨日の田村さんの発表では、時間の関係で編年に関する細かい説明がなかったので、配布された編年表について少し細かい説明をいただきました。それでは続いて、今の国武さんのコメントと質問を含めて、今度は東海地方について高尾さんにお願いします。なお、高尾さんの昨日のお話は愛鷹・箱根地域が中心でしたから、もう少し地域を広げてコメントなり補足説明をいただけるとありがたいと思います。

高尾 初日にあえて避けておいたところを触れてほしいということですが、4期の話をする中で多分、その辺のことを解決していかなければならないと思っています。

最初に補足説明の方ですが、基本的に昨日申し上げましたように、編年自体は95年に静岡県考古学会として発表した5期編年を採らせていただきます*。その後、その段階では発見されていなかった上部ロームの最下層から相当数遺跡の発見があり、いろいろな石器が出ているわけですけれども、その辺の位置づけは、まだ未発表資料が多いということでなかなか取扱いが難しい。

＊静岡県考古学会シンポジウム実行委員会（編）1995『愛鷹・箱根山麓の旧石器時代編年』

そこで感想ということでいいますと、BBⅦ層から出ている石器群は2系統というか、2種類ぐらいあり、それは層位的に前後するというかたちでは取られていない。一つは富士石遺跡のBBⅦ層相当層で、そこから出ている石器群は黒曜石をかなり使った、それまでわかっているBBⅥ層の石器群に非常によく似たものが出ています。しかも石斧も伴いそうだということです。

富士石遺跡の前に調査されていたBBⅦ層の石器群は、頁岩あるいはフォルンフェルスの礫を使った礫状のもの、あるいは剥片類が数点出ているという。そういう状況の石器群があるのですが、これが一緒に今出ているという状況ではないものですから、これらの位置づけをどうしていくかということがあります。その辺を含めて、前回はⅠ期を前半と後半、つまりⅥ層段階を前半、BBⅤ以降BBⅣまでを後半というかたちに分けていたのですが、そのBBⅦ層の石器群をどう扱うかというところで、このⅠ期を考えていかなければならないのかなと思います。

今回は、ここであえて明言したくないので破線で入れたのですが、関連する遺跡というか、これを考えていく中で大井川の中流域の本川根町にスタブラ遺跡という遺跡があり、そこの資料をどういう位置づけるかということも、これに含めて考えていかなければならないと思っています。一応今までのⅠ期としたところに破線を引いて、その下は宿題にさせてくださいということでおいてあります。ただ私の意識の中では、やはりⅥ層段階よりは若干古いのではないかと思っています。

Ⅱ期につきましても95年当時のとおり、3段階ぐらいに設定できるだろうと思います。それはナイフ形石器というか、二側縁加工のナイフ形石器が出現して、それがどんどん質的にも量的にも発

展していく段階としてみていくと、葛原沢Ⅳ遺跡でその出現がみられて、中見代Ⅰ遺跡とⅡ遺跡の段階でそれが定着してくる。西大曲遺跡の第3あるいは中見代第ⅠのBBⅢあたりでナイフ形石器が圧倒的に多くなり、主体的な石器群になる。それで、AT降灰直後のニセローム、清水柳北遺跡でかなり小型のナイフ形石器が出てくるのですが、石器組成としては非常に単純で、Ⅱ期の中に含めていいのかなと考え、ここまでをⅡ期としてます。

Ⅲ期もシンポジウム当時は一応3段階に設定しています。まず第1段階としては、周辺加工の尖頭器の出現、それから小型の円形の掻器の組成というところをもってⅡ期とⅢ期を分けたので、これをまず最初の段階とし、第3段階は角錐状石器が安定的に組成される石器群。そして、角錐状石器が組成されたりされなかったりという段階をその間（第2段階）に挟んであるという設定にしています。

それからⅣ期については、シンポジウムの段階では3段階に分けています。砂川期をモデルにして、それとは違うものというか、それが崩れていく段階というか、それを三つの段階に分けています。今回私は、将来的に3段階になるのか4段階になるのかという、細分ということを否定しているわけではないのですが、拓南東遺跡というⅣ期後半のいい資料が出ていますので、その資料以外の石器群をとりあえず前半というふうに一括りにして、それをまたさらに分けていく作業をしていきたいと思っています。

その際に、今回西の方、愛知から岐阜、三重あたりの資料を取り扱わなければいけなかったのですけれども、ここに小型のナイフ形石器がかなり入ってくる。愛鷹のⅣ期前半の石器群、あるいは後半に入ってしまうのかもしれないけれども、その辺がみえづらくなっている、あるいはかなり累積的、重複する遺跡が多いのではないかという指摘の中に、この小型のナイフという存在がかなりあるのではないかと思うんです。この辺をうまく分けていかないと、前半をきれいにまとめるということは難しいのかなと思っています。そういう作業をやっていきたいと思っております。

それから土器につきましては、細石器の段階ということで、これも分かれるのかもしれませんが、愛鷹においては野岳や休場型の段階と船野型などが前後で出てきている中で、2段階ぐらいに分けられるのかなということで発表するつもりだったのですが、昨日はそこまでいかなかったので、今日はこれは補足させていただきたいと思います。

それから隣接地域へのコメント・質問ですが、まずⅢ期の後半、西大曲遺跡のBB0とか子ノ神遺跡第Ⅱ文化層とか、このあたりには信州系の黒曜石がかなり入っています。しかも蓼科産だと思うのですが、それとその次（第Ⅳ期）に出てくる有樋尖頭器が蓼科産の黒曜石との関わりの中で、かなり中部高地の方との関係が強くなっているという感じがするんです。その辺の様相を須藤さんにお聞きしたい。

須藤 Ⅲ期後半の話は別として、男女倉型有樋尖頭器に関して蓼科産黒曜石が多いということですが、私が『考古学Ⅲ』に書いたこと*に絡めて、その辺の事情を説明しますと、有樋尖頭器はいかにも信州で発生したかのようなかたちで今まで議論されてきたのですが、信州の黒曜石原産地ではどこでもつくっているかというと、今のところほとんどが男女倉遺跡に限定されている。ヘイゴロゴーロ遺跡がその下流にありますが男女倉遺跡に限定されるという、非常に特殊性があるというこ

となんです。つまり、中部高地にはたくさん黒曜石原産地遺跡があるんですけれども、有樋尖頭器がつくられている原産地は非常に限定的だという傾向がみられるということです。

*須藤隆司　2005　「杉久保型・砂川型ナイフ形石器と男女倉型有樋尖頭器—基部・側縁加工尖頭器と両面加工尖頭器の技術構造論的考察—」『考古学Ⅲ』73〜100頁。

その中で、なぜ男女倉が選ばれたかということですが、男女倉の原石はちょっと不純物が多いんですけれども、サイズ的に非常に大きい。男女倉型有樋尖頭器をつくるという一つの要件として、大型の形態を必要としていたらしい。それがつくり出せる大型の石材があることから男女倉が選ばれたわけです。

蓼科産黒曜石の問題ですが、今のところ蓼科の遺跡群の中にそういった有樋尖頭器の製作的な遺跡はありません。逆にいうと、一部私の発表の中で大型の石槍群、第Ⅴ期の中に入れた資料に大反遺跡というのがありますが、これがいわゆる蓼科産黒曜石のグループです。つまり、蓼科産グループの中には、これも不純物が多く含まれるんですけれども、要するに大型の石槍がつくれる原材があることの一つの証明ですので、その辺の需要があって、そちら側に運ばれた男女倉型尖頭器の傾向が蓼科産に出るというのはそういうことに関わってくるのではないかと考えております。

東海地方

佐藤　整理させてもらいます。今の高尾さんのご質問、第Ⅲ期の後半、第3段階でよろしいのですか。これは角錐の時期ですか。

高尾　そうです。

佐藤　その時期に合わせて蓼科産の黒曜石を使用した有樋尖頭器が入っているという意味ですか。そうではないですよね。

高尾　とは違うんですけれども、続けて蓼科といいますか、信州系の石材が続いてくるというところに何か……。

佐藤　その辺で信州系との関係はということなんですね。ということは、この段階に信州系の、たとえば男女倉などにみられる角錐が静岡東部側に入っているのかどうかということでしょうか。

高尾　はい、そうです。

佐藤　そういう観点について、須藤さんいかがですか。

須藤　今の説明は男女倉型有樋尖頭器だけですが、Ⅲ期後半の蓼科産黒曜石の主要な形態というのは角錐ですか？

高尾　角錐だけに限らなくていいのですが、この辺のつながりから有樋尖頭器の話を聞きたかったので、一応その話で。

佐藤　少し細かい話に入りましたので、議論をもう少し大きく引き戻そうと思います。今高尾さんにコメントをいただいた中で、Ⅳ期の問題、休場ローム層の問題に触れていただきました。この地域は、層位的な出土事例・条件としては列島の中でももっとも優秀な地域に含まれると思いますが、いつも一番問題になるのはBB0以降の、休場ローム層内の編年の問題、層位的出土の問題だろうと思います。高尾さんは、この問題についていろいろとコメントされていましたが、要するに休場ロ

ーム層の中ではなかなか層位的に石器群を区分できないということを確認させていただいてよろしいでしょうか。

高尾 はい。層位的にはまったく無理だと思います。

佐藤 そうした場合にお聞きしたかったのは、実はこの休場層の編年を組むに当たって、たとえば相模野台地とか、あるいは磐田原とか、そうした隣接地域の編年を参照してどのような見通しが考えられるのかということです。その辺をご説明願えないでしょうか。

高尾 磐田原でもちょっとわからないんですけれども、愛鷹山麓の休場層の石器群の中には、たとえば特殊な石材、黒曜石以外で水晶ばっかり使っているような平畦遺跡とか、黒曜石以外あるいは黒曜石でも多分産地は一つだろうというような石器群があります。そういうものの石器の組成を一つ一つとらえていって、それをその中にあるもの、ないものというのをはじきながら、一つの石器のまとまりというものをとらえていく中で、ある遺跡ではこれとこれはいつも一緒に出てくるとか、出てこないとかというようなことを観察し、その中で段階分けはできないのかなと。そういう操作をしていくしかないのかなと思っております。

石材のほうも黒曜石に関しては蛍光X線による産地同定をかなり多用していますが、石器の接合資料ができるというような状況にはない。まれにはありますが、そういう中で同時性をみつけていくのはなかなか愛鷹では難しいものですから、そういう遺跡ごとのよいまとまりの石器群をみつけていって、その中で足し算・引き算をして何とか段階を設定していきたいと考えています。

中部地方

佐藤 それでは続いて須藤さん、中部地方をお願いします。須藤さんの発表でも若干地域に偏りがあるような気がしましたので、その辺について少し補足説明をお願いしたいと思います。

須藤 中部地方の区割りで昨日の発表の中で今回は省かせていただいたという部分で、岐阜のほうは高尾さんの領域に入りましたので、北陸の関係について若干触れてみたいと思います。

北陸は富山・石川・福井ですけれども、ここは新潟と同じように野尻湖と関わる北信越の一つの地域を形成していると理解している範囲ですが、そこの石器群としては、まず第Ⅰ期の遺跡として富山県のウワダイラ遺跡・白岩藪ノ上遺跡といったような遺跡があります。それらには、刃部磨製の石斧がまずあるということです。それから台形石器のグループですけれども、とくにこの辺は田村さんが注目し、端部整形石器というふうに評価された、従来いわれてきたウワダイラ型のナイフ形石器というのが非常に特徴的です。この辺がⅩ層まで、千葉県の御山遺跡と同等でⅩ層段階に位置づくのかどうかは別としても、いずれにしても端部整形石器・刃部磨製石斧を伴うグループですので、第Ⅰ期のⅩないしⅨ層段階相当に収まるということは妥当だと思います。

それから第Ⅱ期に相当するもの、この辺をATとの絡みで多少は問題が残るんだと思いますが、従来の評価の中では富山県の直坂Ⅰという石器群がATより以前の段階、第Ⅱ期の段階に位置づけられています。その内容は、今回の第Ⅱ期の中で表現すれば、樽口遺跡A-KH文化層のナイフ形石器形態、基部が尖った尖基の柳葉形尖頭器、薄型石刃を使った、そういったものが存在するというかたちで一つの評価ができます。

第Ⅲ期の部分ですけれども、この時期の特徴としては、とくに前半段階的ととらえられるのがやはり国府型のナイフ形石器、国府型の厚手の尖頭器グループです。遺跡としては福井県の西下向遺跡がそのグループとして評価されているものです。

　第Ⅲ期の中でとらえられるもう一つの様相としては、私のレジュメの中では樽口遺跡B-KH文化層に比較できるもの、樽口遺跡の中で打面を基部に残すような幅広の基部加工のナイフ形石器があります。いい換えると幅広の木葉形の尖頭器類、それに比較できるような資料が富山県の野沢A遺跡に存在しています。

　次の第Ⅳ期に相当する部分ですが、この辺が一つの解釈の問題で新しい議論の部分になるわけですけれども、私の図で挙げた第Ⅳ期の1番から4番に相当するもの、要するに横剥ぎの素材を使ったいわゆる国府、瀬戸内型という表現がされてきたナイフのグループは、通常の国府と違って、調整加工のあり方が裏面加工を、背部側の調整に裏面加工を用いている（図2）。そういう面では、基部側の方を裏に入れたり表に入れたり、見方によれば砂川だったり、杉久保と同じような、要するに両方、表裏に調整加工を入れるということで、その意味では面的な調整加工でつくられたナイフといったものがあります。

　これは従来、麻柄さんが指摘した直坂Ⅱ型というナイフ形石器に相当するもので、これが私の考え方では、多分このつくり方が違っていて、表現の仕方が面的調整のグループだろうということで、この段階に置いている。また、野尻湖は主に杉久保の地域なので、直坂Ⅱ型の分布圏はそういった北陸に主体があったんだろうと考えています。

　周辺のコメントについていうと、後半の議論に関わってくることなんですが、この中部地方で東信あるいは中部高地というのは、地域的な様相としては関東地方の様相に非常に似ている。その辺の議論は従来からなされている相模野の段階編年等で十分理解できる範囲ですけれども、それに比較すると北信越の日本海側の部分、野尻湖地域の内容というのが、それとはまったく違った地域性があるということで、この地域を解明するということが非常に重要なテーマになると思います。

　それで、先ほど休場ロームの層位的な話が出てきましたが、野尻湖には実は層位がたくさんあるんですけれども、結局層厚がないということに加え、やはり条件がよかったと思うんです。たとえば、原産地ではたくさん遺跡があるといっても、いろいろな種類の石器が混ざって出るようなことはあまりないのですが、この地域にはたくさんのいろいろな種類の石器が同じ地点、同じブロックから積み重なるようなかたちで出てくるという現象がある。そういう意味では層位がたくさんあって総体の変遷は追えるんですけれども、編年を組み立てるときに、基本的に層位が基準だよといい切れるかどうかというと、その辺は問題を残さざるをえないというような状況です。

　そこでとくに問題となるのが、この第Ⅲ期で挙げた野尻湖でいうところのⅤa層、野尻湖では町と県で掘った層位名が少し違うんですけれども、上Ⅱ最下部というのとⅤa層という層です。この辺がちょうど後半の議論になる画期に相当するだろうという時期の内容です。つまり、南関東地方のⅦ層からⅤ層の、要するにAT前後のものをちょうど挟んでしまった層なので、この辺の理解が非常に難しいのですが、私のこの第Ⅲ期と分けた一つの基準としては、角錐、国府、剥片尖頭器をも視野に入れるような打面を残す厚型幅広の基部加工形態の尖頭器類といったものを挙げていま

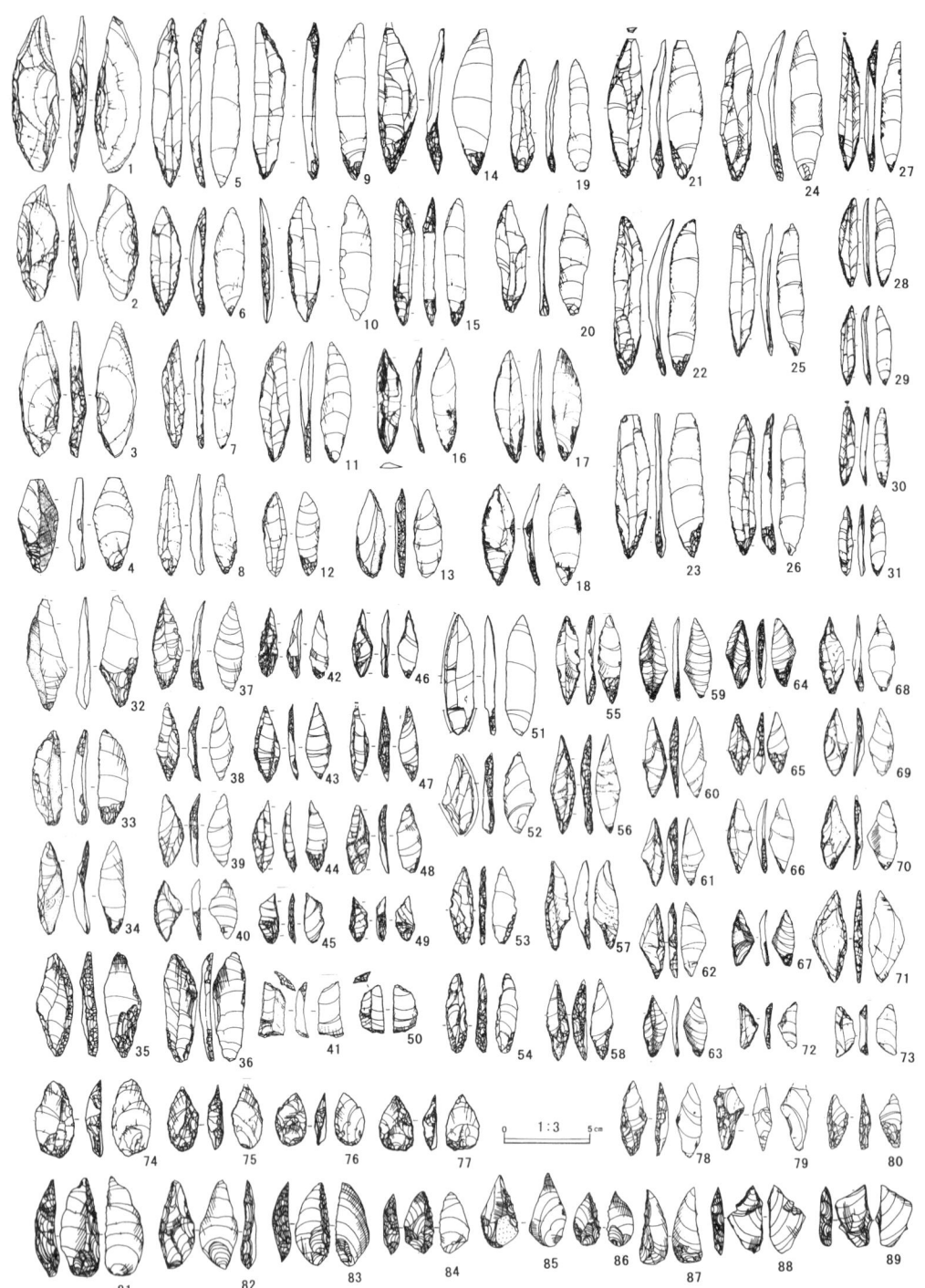

1〜4：西岡A遺跡Ⅲb文　5：東浦遺跡上Ⅱ上部文　6〜10：上野原遺跡上Ⅱ上部文　11〜13：貫ノ木遺跡個人住宅地点上Ⅱ上部文　14〜18：下モ原Ⅰ遺跡　19：上ノ平遺跡A地点　20：荒川台遺跡　21〜23：上ノ平遺跡C地点　24〜26：吉ヶ沢遺跡B地点　27〜31：樽口遺跡B-KSU文　32〜34：雪不知遺跡　35〜36：小坂遺跡　37〜41：御小屋之久保遺跡　42〜50：追分遺跡第3文化層　51〜52：三沢遺跡　53〜54：菅の平遺跡　55〜67：丘の公園第2遺跡　68〜73：天神堂遺跡　74〜77：西の腰B遺跡　78〜80：渋川遺跡第2地点　81〜84・88・89：男女倉遺跡J地点　85〜87：男女倉遺跡B地点

1〜4・7・8：ガラス質黒色安山岩　5〜6・9・15・17・19〜31：珪質頁岩　16・18・32〜50・55・59・63〜65・67〜70・72〜89：黒曜石　53〜54：珪質粘版岩　71：ホルンヘルス

図2　中部地方の第Ⅳ期の石器

す。

それからもう一つ問題なのが、秋田の狸崎B（むじなざき）と九州の狸谷（たぬきだに）の問題です（図3）。第Ⅲ期に置いたのですが、柳田さんは多分、狸崎はもうちょっと古いとお考えだと思いますので、その辺をコメントしていただきたいと思います。

東北地方

柳田 先に東北地方の編年について話し、その後に触れたいと思います。まず、私のフィールドである東北地方の南部・福島県で調査をしたとき、やはり北関東と同じような暗色帯あるいは黒色帯、さらにそれに絡むようにATがあって、そこに前後するような位置から石器が発見されるということに気づいたのが層位的編年の出発点でした。そして、それを北へさかのぼっていくと、いわゆる白河－盛岡の奥羽脊梁山脈の東側に当たる地帯に沿ったかたちで、暗い層とあるいは脱色したような層から前後して石器が発見される。これは、すでに上萩森遺跡では菊池さんたちが指摘されていたことですが、そういう層のつながりを考えて、その中から、またはその下からあるいはその上から出てくるものを共時的な層と認識して、北上川あるいは阿武隈川、またはその周辺地域でつないだところ、暗色帯がATとの絡みで存在する。そして石器群の顔つきがその暗色帯といわれた層のものがある程度共通している。また、それより上から出てくる石器群もある程度共通している。

それは何かというと、暗色帯から出てくるものは未調整の石刃技法であり、台形様石器が伴う一群であるということです。それから、その上からは調整技術の発達した、かつての「真正の石刃技法」といわれてきた石器群が出てきている。そして、さらにポイントが含まれてくるものを新しい時期に入れようということで細分してみました。

また、東北地方の西側の秋田・山形でも、そういうような暗色帯に対応する層がみえる。やはり七曲台遺跡群とか能代地域など、古い石刃技法が暗い層の中に入っている。山形では従来調査されてきたものは、ほとんどが暗い層よりもっと上位の層、いわゆる表土に近い層から発見されています。

東北地方では単純ないい方をしますと、表土をめくると黄色い層が出てきて、そしてさらに掘り下げていくと脱色したようなやや暗い層が出てくる。そして、もう一度掘り下げると黄色い層が出てくる。その中で石器群をみていくと、暗色帯の抜けた層、暗色帯の中、暗色帯より上位の層、このような層序区分でⅠ期からⅢ期に分けました。

Ⅰ期に関しては従来いわれてきた福島の平林遺跡、これは暗色帯の下から、いわゆる抜けた層あたりから出てくる。さらには、石刃などを伴わない台形様石器群の一群もどちらかというと暗色帯の下部、あるいはさらにその抜けた層から出てきている。こういうものはⅡ期としては古いものではないと考えています。この一群は平林遺跡とは一応分けてⅡ期としておきました。ただ、今のところ、平林遺跡に相当する石器群が平林遺跡しかないので、ちょっと疑問符をつけておきましたが、ひょっとするとⅡ期の中に入ってくる可能性もあります。

それから、Ⅱ期の上位になりますが、調整技術があまりみられないような石刃技法が出てくる。そして、さらに新しい段階に米ケ森技法あるいは類米ケ森技法が入ってくる。ATは、場所によっ

330

熊本県狸谷遺跡

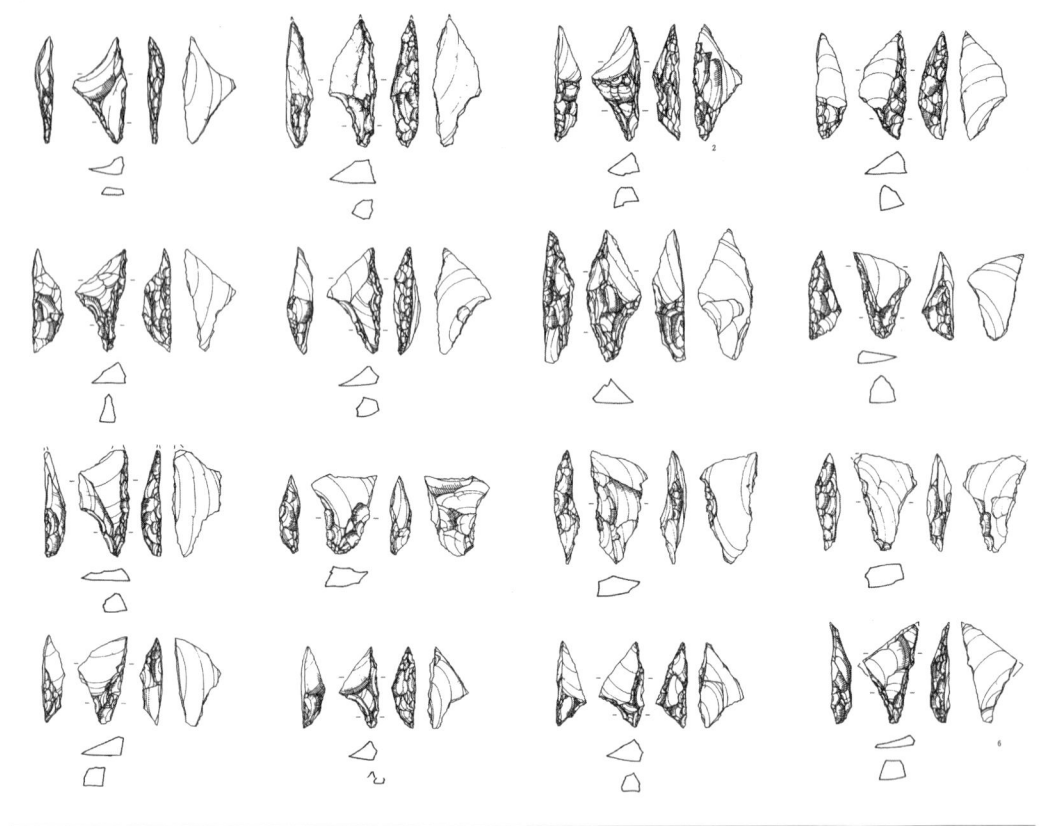

秋田県狸崎B遺跡

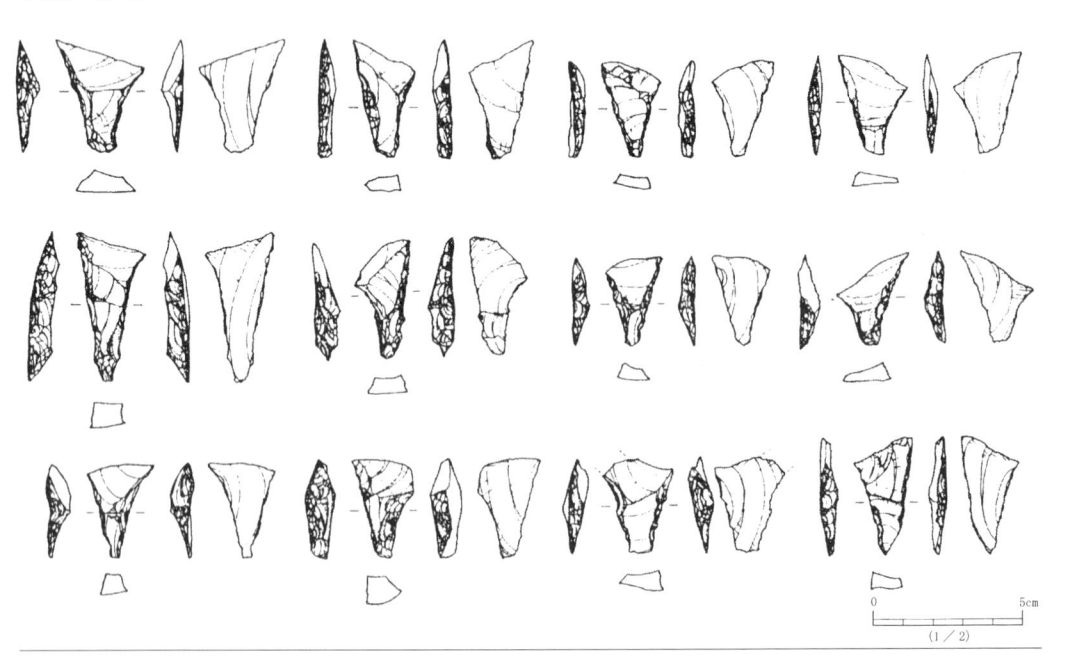

図3　狸谷遺跡および狸崎B遺跡出土の切出形石器

てはこの暗色帯の上部、あるいは真ん中ぐらいに入っているところもあります。ATや暗色帯を基準に、その上位の石器群をⅢ期にしました。

Ⅲ期は、ポイントをもたない一群ともつ一群とに分けました。この時期は調整技術の発達した石刃がみられ、いろいろな石刃技法を構造的に分けていった方がいいとか、いろんな意見があります。この時期には打面調整はある、稜形成の調整もある、頭部調整もあるということで、あまり明確に分けられない。ナイフの形態、あるいは石器組成の違いといっても、彫刻刀やエンド・スクレイパーをみんな伴っており、分けるのがむずかしい。そこでここでは、従来いわれてきたようにポイントを伴わないグループをⅢa期、それを伴う新しい段階をⅢb期に分けました。

ATは、東北地方の場合は噴火した供給地より離れているので薄く、あるところとないところがある。石器との関係で発見されているところは、はっきり分かっているのが岩手県峠山牧場Ⅰ遺跡A地区です。あと小出Ⅰ遺跡もあるといわれていますが、ちょっと疑問符がつけられている。ATのみだと能代までみつかっています。今後、いずれ調査が進めば石器との関係で押さえられるところも出てくるのではないでしょうか。

山形は、加藤稔さんが調査された頃はまだATが発見されていなかった時期でしたので、今後調査があれば確認作業がなされていくと思います。上ミ野A遺跡、お仲間林遺跡では確認されています。

次に、隣接地域ということですが、東北では狸崎遺跡の資料について、角をもったようなナイフに関して縦長剥片などをみていると、やはり調整技術がみられないということで、狸崎のセットは古い一群でとらえられるのではないかと考えています。これは九州の狸谷遺跡上層の石器群に似ていますが、この一群はATや暗色帯の上から出てくる。

それから、私からの地域的な隣接地域の質問ですけれども、ATを前後して大渡Ⅱ遺跡あるいは樽口遺跡で、確かにAT直下に稜形成あるいは調整技術の発達した石刃技法とナイフがありますが、ただし、それはAT直下のいわゆる泥炭層中での石器だと思います。それで関東の国武さんにお聞きしたい。調整技術の発達する稜形成あるいは打面調整が入ってくる石刃技法に関してですが、千葉でも点々とATの下からも出ていると思うんですが、その辺を教えていただきたい。一応私は、東北では暗色帯の中にはないと今のところ考えています。千葉ではそういう技術が時々みえるので、その出現の様相と解釈をどういうふうになされるかお聞きしたいと思います。

国武 調整技術の発達した石刃生産技術がいつから房総で出現するのかという質問ですが、先ほどの編年表でいうと、打面再生と稜調整の両方が適用された石刃生産技術としてはⅨ層下部の石器群4aである柏市中山新田Ⅰ遺跡がその典型になります。これは打面も再生され稜も調整されますが、しかしながら等質な厚さの石刃が多数連続して生産されているわけではないようです。石核調整技術の各要素はすでにⅨ層下部に出揃うようですが、これらの技術的な要素がすべて完備されバランスよくかみ合って、薄手で先細りするねじれの少ない石刃が多量に連続生産できる洗練された石刃生産技術はⅨ層中部に確認されています。田村さんにより八千代市仲ノ台遺跡の例が注意されていましたが、最近Ⅸ層中部から上部にかけて同様の資料が多数報告されております。

編年表でいうとやはり石器群4aになりますが、土気－銚子分水界区の石刃モードの御幸畑西遺跡

エリアⅠがそれに当たります。その石材は福島県の会津盆地以西の火砕泥岩を利用したものもありますが、むしろそれは少数派で、そこまでいかないで栃木県北部の高原山の周辺で採れる第三紀の珪質頁岩、とりわけ寺島累層産出と推定される火砕泥岩を利用した石刃生産がこの時期の石器群4aの特徴といえます。

石刃の単品としてはⅩ層からあるわけですが、打面再生や稜調整をはじめとする石核調整技術の各要素はⅨ層下部にすでに出揃い、先に述べた意味での精製石刃生産技術はⅨ層中部に確立していたとみていいと思います。

柳田 東北とは全然違った様子になりますね。やはり、調整技術の発達した石刃技法の存在はちょっと薄くみえますけれども、私のいう暗色帯にはありません。今のところ秋田にもありませんし、山形の岩井沢遺跡でも確認されていない。だから、今後調査事例が増えて、調整技術が発達したものが一つ下から出てくるということがあるかもしれません。大渡Ⅱ遺跡にしろ、樽口遺跡の時期にはきちっと入っていますので、それに先行するものが東北でもいずれどこかから発見されるかもしれませんね。

佐藤 先日、東北大学から上ミ野遺跡の第1次・2次発掘調査報告書*が出されましたが、この上ミ野の第1次・2次資料と狸崎というのは関係ないのでしょうか。

*羽石智治ほか（編）　2004　『最上川流域の後期旧石器文化の研究1―上ミ野A遺跡　第1次・2次発掘調査報告書―』東北大学大学院文学研究科考古学研究室。

柳田 狸崎B遺跡の方が角をしっかりもっている点で、形態的には似ていないと思います。どちらかというと、むしろ最近出てきた秋田縄手下遺跡という一群に似ていますね。あのグループの中に角がしっかり出てくる形態があって、むしろその中のグループとしてとらえたほうがいいのではないかと考えています。ですから、ATの上位にある上ミ野A遺跡の第1次・2次調査のナイフは、九州の狸谷型のナイフの方に似ていると思います。

佐藤 この辺の問題が実は一番難しい。

須藤 先ほどの柳田さんの説明の中にあった狸崎に伴うナイフですけれども、おそらくイメージで記憶にあるのは、要するに調整石核ではない打面を残すタイプのナイフがあったと思うんです。柳田さんの考え方にはそういうものから調整技術が進んだ石刃技術に変化するという前後関係の考え方があるのだと思うのですけれども、まさにここに挙げた第Ⅲ期の幅広の基部加工の一群というのは、打面が広く残されているのはほとんど調整加工のないグループの石刃を素材としたナイフという基本的な理解でいいと思うんです。そういう意味では第Ⅲ期のここにもっていくことも可能な理解じゃないかと思います。

そこで、今度は大もとの九州の方には狸谷があり、それからもう一つ原の辻があって、図4には、そういったグループの形態の台形石器あるいはナイフ形石器といったらいいのか、その中間形態のようなものが並んでいる。この九州のこの形態的なバラエティー・多様性と、樽口や狸崎で出ている私が第Ⅲ期に分けた形態と比較してみて、萩原さんはどのように思われますか。

萩原 樽口や狸崎の資料（石器）を詳細にみたことがないので何ともいえないのですが。原の辻型台形石器というのは非常に特徴的な製作技術であり、素材生産や細調整法に関して強い規制があり

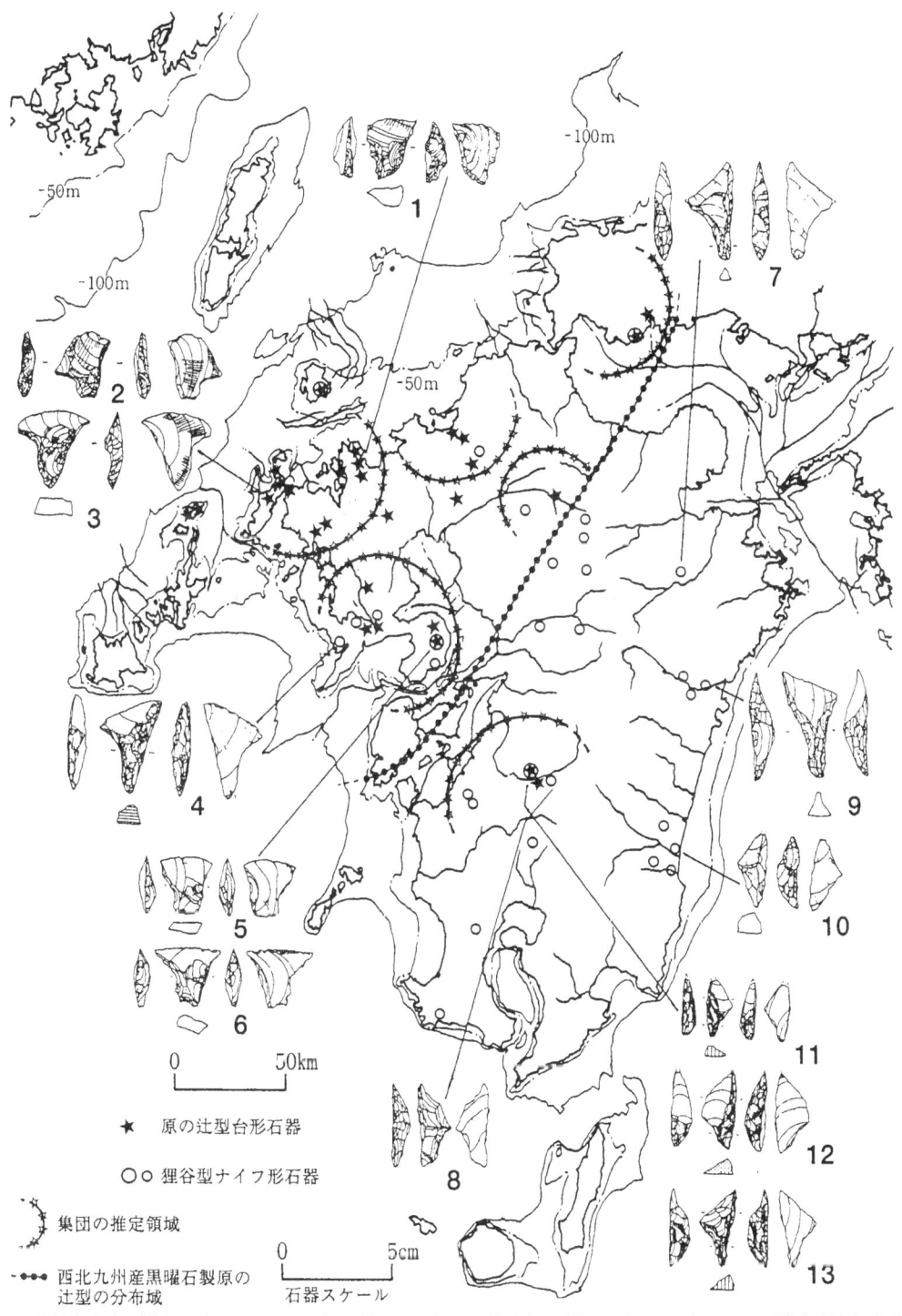

シンポジウム 旧石器時代の編年的研究 333

1：日の出松遺跡（田島編 1993）　2～3：入口遺跡（塩塚 2004）　4：柿泊遺跡（宮下・高田 1997）　5～6：百花台東遺跡（同社大学考古学研究室編 1994）　7：駒方津室迫遺跡（橘編 1992）　8：鼓ヶ峰遺跡（西住 1988）　9：笠下遺跡（小野 1990）　10：剛寺原第 1 遺跡（宮下編 1990）　11～13：狸谷遺跡（木崎 1987）

図 4　原の辻型台形石器と狸谷型ナイフ形石器の分布図

ます。この型式は九州と山口県西部以外では発見されていないと思います。それに比べて、狸谷型ナイフ形石器と呼んでいる石器はやや規制が緩やかであり、一般的な切出形石器との区別化が困難なものがあります。図4でいえば7みたいな石器は、本来狸谷型ナイフ形石器に含めない方がよいと思っています。そういった意味で樽口遺跡や上ミ野A遺跡などの石器は切出形石器の中の一部として考えた方がよいのではないかと思います。あくまでもたまたま類似したのではないかという気がします。

佐藤 わかりました。このままこの問題について議論を続けると、予定している他のテーマを討論する時間がなくなりそうなので、私の方で勝手にまとめさせてもらいます。実は、この種の形態的に類似した切出形石器は、この時期前後に九州から北海道までずいぶん広い範囲で出土していて、なおかつ特定のまとまりをもたずに石器群の一部を構成するという出土の仕方が多いんです。この現象をどう考えるかというときにもっとも鍵を握るのは、九州の狸谷の問題と秋田の狸崎の石器群をどう考えるかという点です。その評価によっては位置づけがだいぶ変わってくる。

　もう一つ問題なのは、今萩原さんがいわれたように、狸谷型ナイフ形石器の定義の問題でして、これには狭義と広義があります。狭義の定義によれば、形態的特徴に加えて原の辻型台形石器同様、器体正面に平坦剥離が入り、素材は横打剥片製であるものに限定されます。製作技術は非常に規格的であり、狭義の狸谷型ナイフ形石器は九州島内において原の辻型台形石器と時期的にほぼ並行して存在しながら、互いに排他的に分布します。一方、広義の狸谷と呼んでいる石器は、平面形態上やバッキング方法の類似などによって対比されていますので、九州島に限らず切出形石器の一形態として全国的にみられると考えられています。どちらの見方を採用するかによって、かなり意見が変わるということが起こります。

　それでは、続いて近畿、中・四国の藤野さんにバトンタッチということでよろしくお願いします。

近畿、中・四国地方

藤野 まず最初に個別の石器群の補足をさせていただいて、昨日はまとめの部分にまったく触れなかったのでそれを簡単にまとめて、最後に周辺地域についていくつか質問させていただきたいと思います。

　まず最初の個別石器の補足ですけれども、角錐状石器の編年について多少補足をしておきたいと思います。地域3とした瀬戸内沿岸地域には一番中心になる香川県中間西井坪遺跡がありますが、そこの層位について補足しておきます。

　この遺跡では谷埋土を除くと、基本層が大きく4層に区分され、第3層は3a層と3b層に細分されています。石器群が出てくるのは1層から3b層で、層位的にはもっとも下部に当たる3b層では上部を中心としています。昨日は大きく5群に分けてお話をしましたけれども、大きくいうと、1層から2層に中心をもつものと、さらに下層の3a層から3b層上半部に中心をもつものがあります。ただ、その石器群の様相に関しては、出土層準によって並べても、たとえば角錐状石器の形態あるいは組合わせが順序よく変化するようなかたちになっていません。大雑把にいいますと、大型・中型を中心とするようなものが下層にあって、上層のほうに小型でなおかつナイフ形石器を主体とするよう

なものがあるというぐらいの変遷は認められそうだというのはあります。

　角錐状石器自体は、組合わせとか形態に一定の発展があるというふうに考えています。一番発達する中部瀬戸内の中では、型式学的には分けることは可能だと思いますけれども、層位的には難しいということをまず一つ補足をしておきたいと思います。

　二つ目は、これもまた中部瀬戸内の地域3としたところですが、第Ⅲ期に基部加工の縦長剥片素材のナイフ形石器が特徴的に存在する。図5の第Ⅲ期のところです。39から45までに基部加工の縦長剥片素材のナイフ形石器を挙げています。39番はサヌカイト製で、そのほかは黒曜石です。

　これらの黒曜石製の基部加工ナイフ形石器に関しては、地域2あるいは地域1との関わりにおいて考えられるのではないかというお話をしましたけれども、39のようなかなり細身の縦に長い素材を用いて基部加工を施しているサヌカイト製のものに関しては、必ずしも同じ時期に置けるかどうかというのは検討課題であると思っています。もう一つ古い第Ⅱb期に位置づけることも可能ではないかということを補足をさせていただきます。

　次に、昨日まとめられなかったまとめの部分で、地域全体としてみた場合に時期ごとにどういうまとまりがあるかということを少し補足させていただきます。

　まず第Ⅰ期のうちの第Ⅰa期に関しては、地域2を除くと地域6の中の峯ノ坂があるぐらいで、ほとんど様相がわかりません。しかし、台形様石器を主体とする石器群というのが、中・四国、近畿全般に広がっているのではないかと予想をしています。

　第Ⅰb期になると、これもまた資料的な偏りがあり、地域2を中心とした地域しかわからないのですが、一応大きく二つの様相に分かれるのではないかと思います。一つは台形様石器を主体とする石器群があり、これはより西のほうに広がりをみせている。一方、ナイフ形石器を主体とするものがあり、それはより東のほうに主体をもっている。ナイフ形石器を主体とするものをみると、一定量の縦長剥片の生産をしているところからみて、東海地方とか関東の方につながりをもつようなものがあり、その前者の台形様石器を主体とするものはもともとの地元の石器群の系譜につながるもので、それが同時並存的に存在するのではないかというふうに考えています。

　次の第Ⅱa期に関しては、これも地域的な資料の偏りがあるので十分な様相を述べることはできないんですが、大きくは三つぐらいの地域に分けられる可能性があると思っています。一つは地域1と地域2を含めた地域です。ここでは縦長剥片素材の斜め整形を主体としたナイフ形石器と、石刃もしくは縦長剥片を生産するような技術がある。地域3から地域6にかけてのいわゆる瀬戸内低地の回廊状の地形部分に関しては、おそらく横長剥片素材を基盤とするような石器群が広がっているのではないかと思っています。地域5あるいは地域7とした太平洋沿岸地域に関しては、様相はまったく不明ですけれども、チャートおよび頁岩地帯としてちょっと様相の違うものが広がっている可能性があると予想していますが、実態としてはまったくわかりません。

　次の第Ⅱb期ですけれども、これは大きく3地域に分けられる可能性もありますが、現状の資料では二つぐらいの地域に分けられると思っています。一つは日本海沿岸の地域1と地域2の中国山地の東部を含めた部分で、この地域では必ずしも縦長剥片素材ではないんですが、縦長指向の素材を用いて基部をとがらすようなナイフ形石器というのが広がっている。

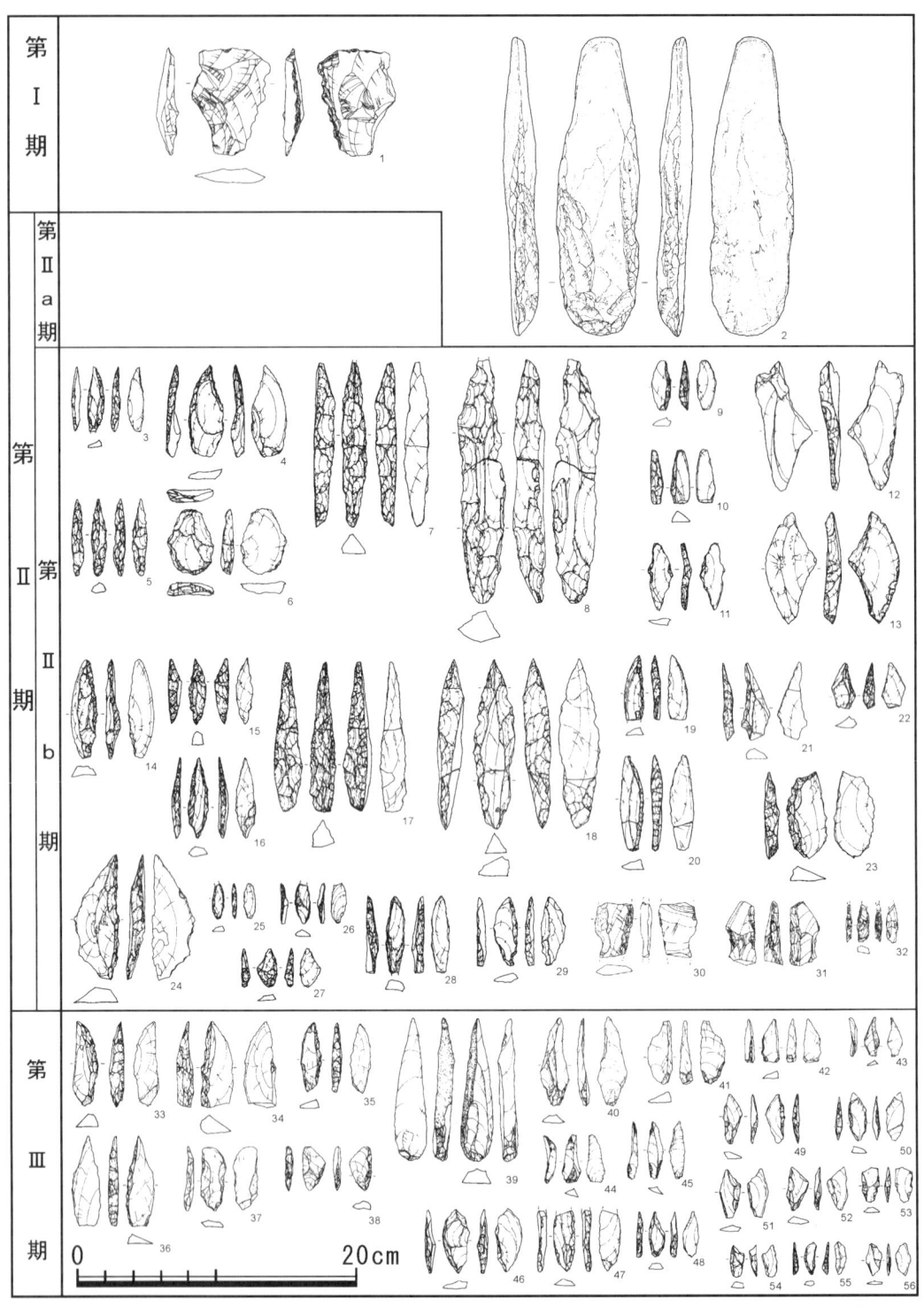

1〜2：東峰遺跡第4地点　3〜8：中間西井坪遺跡3aエリア1・2　9〜13：中間西井坪遺跡3b区　14〜18：中間西井坪遺跡3c区　19〜23：中間西井坪遺跡3aエリア3　24〜29：中間西井坪遺跡1b区　30〜32：室ヶ口Ⅰ遺跡　33〜45：大浦遺跡　46〜56：井島遺跡

図5　地域3（瀬戸内海地域）の第Ⅰ期〜第Ⅲ期の石器群

中央部分に位置する地域3と地域6、その南側に位置する地域5と地域7では、角錐状石器を伴う石器群が広がっています。それは、もちろん中部瀬戸内がいちばん発達する様相を示しますけれども、それぞれの地域によってそのあり方は異なっているだろうと予想しています。

　次の第Ⅲ期になると、いわゆる瀬戸内系石器群といわれる横長剥片を素材とする石器群の広がりが一定範囲広がっていくという様相がみられます。これは地域2、地域3、それから地域6、地域7の北半部に関していえます。また、中国山地の東部も基本的にはそうした横長剥片を素材とする石器群が広がっている。さらに、一部は地域1まで進出しているというような状況です。しかし地域1は、縦長剥片素材を基盤とした基部加工のナイフ形石器が特徴的に広がっている地域としてまとめることができます。

　一方、太平洋側に関しては、地域5、地域7で縦長剥片を素材とした二側縁加工および一側縁加工のナイフ形石器を主体とする石器群が広がっており、これは南九州から東海地方にかけてつながりをもつような石器群だろうと思っています。

　最後に第Ⅳ期ですけれども、これは細石刃石器群と槍先形尖頭器石器群が広がっている時期です。細石刃石器群に関しては、きわめて大雑把にみると、中・四国地方に関しては同様な形態の、つまり板状だとかあるいは直方体状の素材を用いて端部から細石刃を剥がす細石核が広がっている可能性が強い。野岳系といわれるものに関しては、山口県の西南部を除くと、それだけで構成される石器群は現状ではみつかっていないということになります。

　問題は、近畿地方をいったいどう考えるかということです。現状ではほとんど関連の資料がみつかっておりません。レジュメの中に北方系の細石刃に関連するようなものを少し挙げており、そのほかいわゆる稜柱状の細石核が1点か2点あったと思うんですが、この辺ももう少し調べなければいけない。非常に希薄な状態で、槍先形尖頭器もほとんどありません。では、この時期に人は住んでいなかったのかという話になりますが、関連の資料はあるけれども非常に少ないし、まだほとんど発見されていないというのが一つの考え方です。

　それからもう一つは、第Ⅳ期全体ということではないのですが、細石刃石器群に対応する前半とかあるいは初期の段階は、ひょっとしたら小型のナイフ形石器みたいなものがまだ残存している段階があるのかもしれないというのが、当面の作業仮説としてはありうると思っています。以上が全体的な様相です。

　次に、周辺地域との関わりで南九州を担当された宮田さんにお聞きしたいのですが、第Ⅴ期はa、b、cに分けてますが、この細分時期の層位的な上下関係はどうなっているのか、あるいは時間幅はどの程度あるのかといったことを教えていただきたいと思います。

　それから、東側の隣接地の東海の地域ですけれども、小型のナイフ形石器は私が担当した地域ではいくつかの時期に出てきます。小型のナイフ形石器を主体とするものもあれば、単純に伴うだけというようなものがありますけれども、小型のナイフ形石器の動向を教えていただきたい。

　最後はこれは直接私のところと関係がないのですが、先ほどお話の中で、東海地方に3期の後半から4期にかけて、蓼科系黒曜石が入ってきて、それに関連して男女倉型の尖頭器が第4期に存在するというお話がありました。これに関連して、茅野市の夕立遺跡は有樋尖頭器が一定量出ている

遺跡ですけれども、そういうものが八ヶ岳の南麓に形成されるのは、先ほどの話と関連するのではないかと思ったものですから、時間があれば須藤さんにコメントしていただければと思います。

佐藤 それでは宮田さんから簡潔にお話願います。

宮田 私がⅤ期をa、b、cに分けていることですが、なぜここだけⅤ、Ⅵ、Ⅶとしないでa、b、cとしたのかは、まず時期的にかなり短いということがあります。つまり桐木遺跡などの調査成果によると、Ⅴ期はP17*の下位に位置するということより、Ⅴ期はATからの時間差にして1,000年ぐらいしかない。そういう時期であるというのが一つの理由です。

> ＊P17は櫻島起源の火山噴出物であり、約23,000年前という噴出年代が知られている。分布範囲は大隈半島中央部のみの狭いローカルなものであるが、AT（24,500年前）ときわめて近く、また近年の調査によりP17前後の石器群が多く検出されていることもあり、石器群の時期的な比較や評価に際してきわめて有功となっている（宮田）。

それからはっきりいえば、層位的な裏づけがあるかというと、そのa、b、cについては今のところありません。ないのですが、Ⅴaは、たとえば仁田尾遺跡とか狸谷遺跡Ⅱの石器文化の場合、狸谷型の多量のナイフ形石器の中に剥片尖頭器が1点もしくは2点入るか、あるいは混在かよくわかりませんが、そういった状況です。それから、Ⅴbは剥片尖頭器が主体となりますから、ここに何らかの差があるのではないだろうかということで、まずa、bに分けたんです。

Ⅴcについては、いわゆる今峠型のナイフの時期なんですが、これも具体的に一つの時期としてとらえられるのかというような問題もありますが、これまでこの時期については、まだ新しい段階、あとの段階の時期として理解されたり、あるいはAT以後の数段階の時期として九州では理解されていたことになるかと思います。それが桐木遺跡、耳取遺跡では、剥片尖頭器と同じP17の下位のところで出てきているということで、これも一つの時期だろうと考えられます。そして、ここだけではなくて、そういうのが単独で出ている遺跡、たとえば大分の五馬大坪遺跡とか、あるいは今峠遺跡とかがあるということで、ここはa、b、cに分けたということになります。

それからもう一つ、小型ナイフの動向ですけれども、図6の小型ナイフは、宮崎方面は前田遺跡Ⅲとかあるいは岩戸遺跡の6上などで同系統のものが大分と同じように認められます。それから薩摩半島の西側では、小型のナイフと小型の台形石器が共伴しているというのが今の出土状況です。

佐藤 それでは高尾さん、東海の状況をお願いします。

高尾 東海の小型のナイフのことで少しお話をさせていただきますが、二側縁のナイフ形石器が出現するのはⅡ期以降で、図7の模式図をみて下さい。Ⅱ期以降のナイフ形石器の代表的なものを並べているんですけれども、大型のものの横に小型のものがいくつか置いてあります。小型のナイフ形石器は二側縁加工のナイフ形石器が出現して間もないころからのものが組成されます。層位的にはb1あるいはBBⅢの下部、それからBBⅡ、それからBB0下部ということになりますが、この辺のナイフ形石器は案外小型は小型のものでまとまる傾向があり、大型は大型のものでまとまる傾向がある。そして、それはかなり大型の石刃を伴っているという傾向があるかと思います。

その出方ですが、あるときには層を違えて、あるいは遺跡をかえてというかたちで出るものですから、それらが時期的に交互にこの地域にやってきたという印象をもつこともあります。もし仮に長い大きなナイフ形石器が東のもので、小型のナイフ形石器が西のものであるとすると、ちょうど

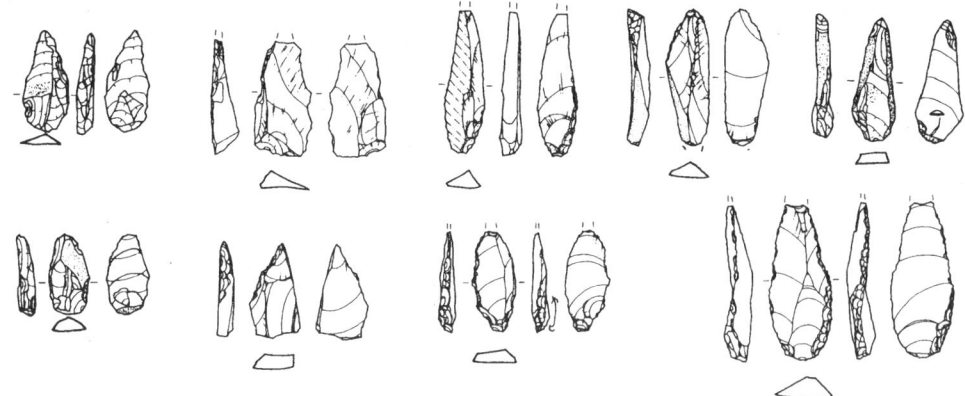

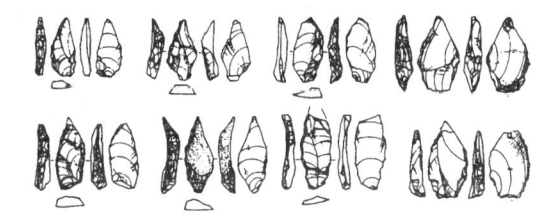

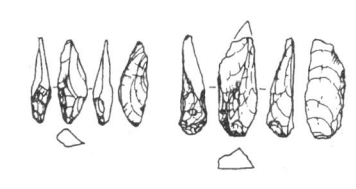

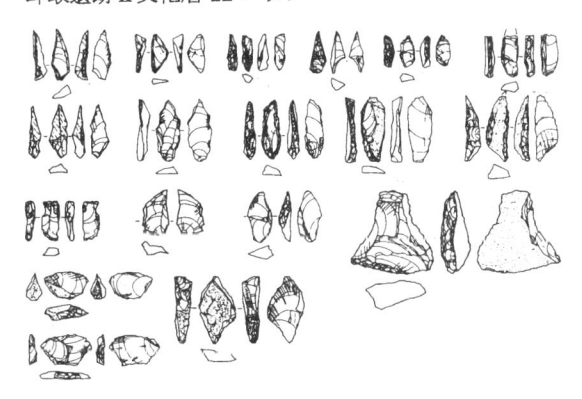

南学原第1遺跡

城ヶ尾遺跡Ⅳ文化層

耳取遺跡Ⅱ文化層 12 エリア　　　　　　　　　耳取遺跡Ⅱ文化層 4・5 エリア

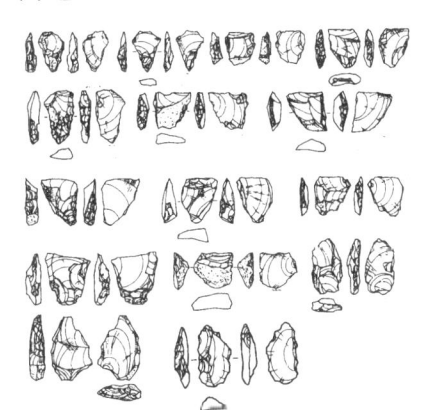

瀬戸頭A遺跡

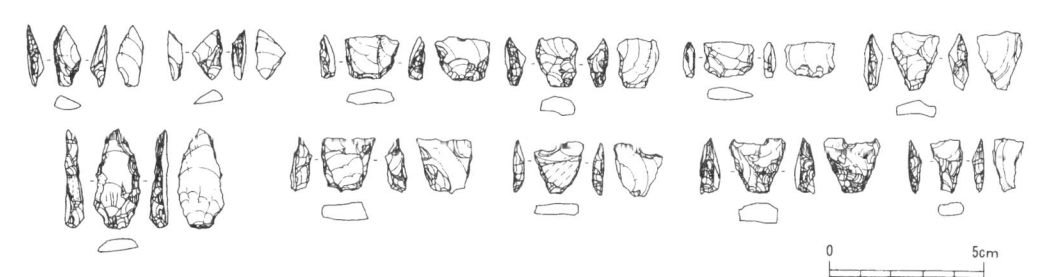

0　　　　5cm

図6　東南九州のⅦ期の石器群（南学原第1遺跡、城ヶ尾遺跡Ⅳ文化層、
　　　瀬戸頭A遺跡、耳取遺跡Ⅱ文化層12エリア、4・5エリア）

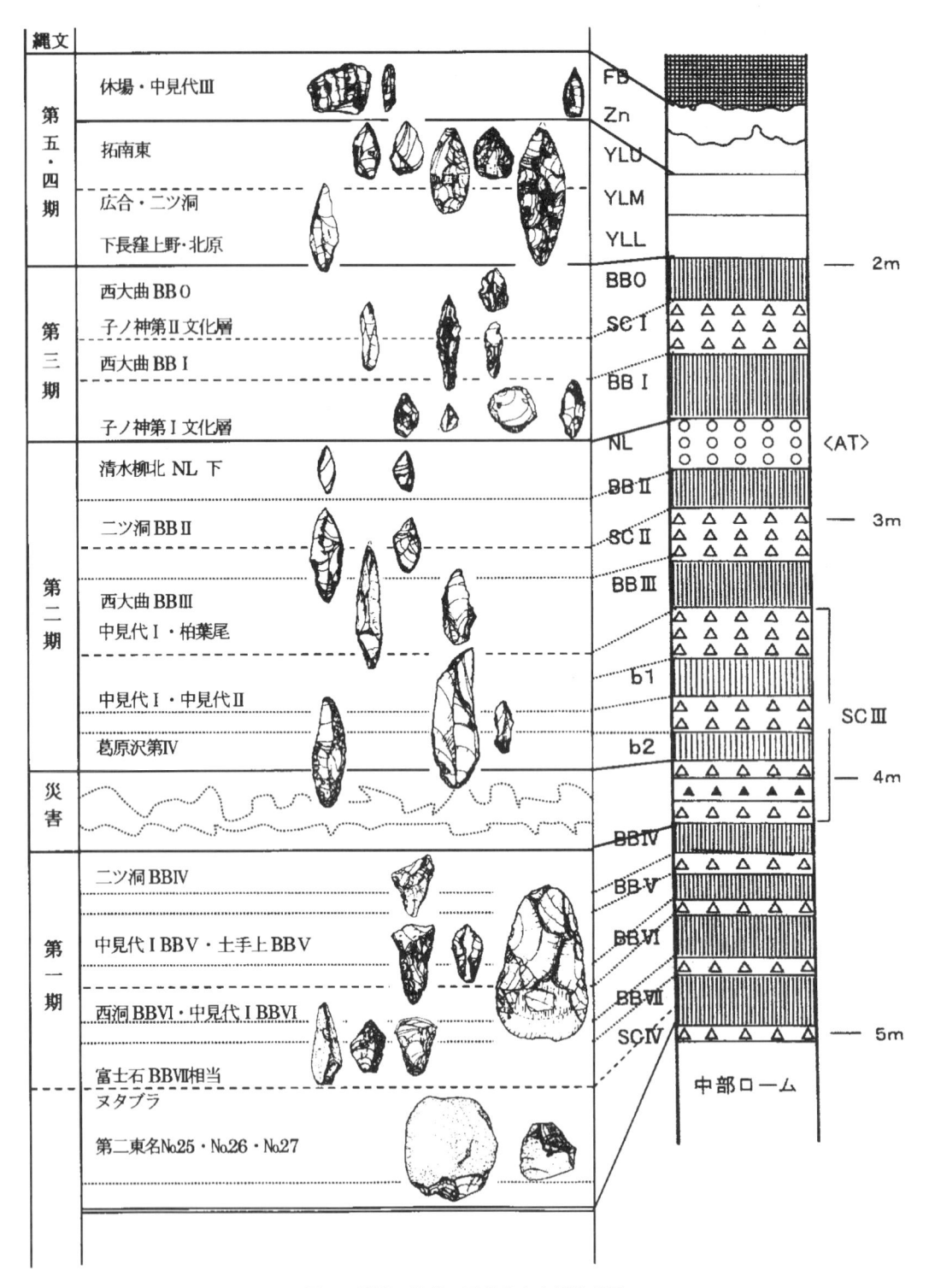

図7 愛鷹・箱根の層位的出土例模式図

東海地域は東と西のものが交互に行ったり来たりしているような状況としてとらえられるのかなという感想をもっています。

Ⅲ期になっても、角錐状石器あるいは大型の石刃の中に混じって、まとまっては出ないが小型のナイフ形石器が入ってくるといった状況です。

それからⅣ期になると、石器群の細分をかなり困難にしている要因として、小型のナイフ形石器がかなり入ってきているという状況がある。そんな出方をしています。ですから、ナイフ形石器が愛鷹に出現してからずうっと、小型と大型のものが交互にとか、時には組成の一部として時期を限定せずに突然現れるというような様相です。

佐藤 それでは須藤さん、夕立遺跡についてお願いします。

須藤 夕立遺跡の大きな特徴は、要するに原産地遺跡ではないということです。原石を移して原産地以外の場所で製作するという、いわば中継地というか、そういった性格の遺跡なんです。男女倉型有樋尖頭器のように原産地でつくってそれが周辺に回っているというパターンもあるわけですが、夕立遺跡の場合は違うようです。関東地方においても、国武さんの論文*を読んでいただければいいのですけれども、西武蔵野遺跡とか、いくつかそういった原石をもち込んでつくっているという中継遺跡というような遺跡のあり方がみえてきた。ですから、そういった遺跡の性格、あるいは夕立から愛鷹山麓までどうつながっていくのかということを考えるうえでは、非常に重要な遺跡であることは確かです。ただ残念ながら、まだ報告書が出ていない。

*国武貞克　2003　「両面体調整石器群の由来―関東地方Ⅴ層・Ⅳ層下部段階から砂川期にかけての石材消費戦略の連続性―」『考古学Ⅰ』52～77頁。

佐藤 小型ナイフ形石器の件ですが、実はこれも先ほどのタヌキ対ムジナと同じように、北海道を除いて日本列島中、非常に広範囲に各時期にわたって突如出現してくる石器群です。互いに系統関係にある石器群かどうかも全然わかりません。この小型ナイフは、関東地方においても立川ローム層の最下部から上層にかけて断続的に出てきています。ぽつぽつと突然出現したり、あるいは石材受給環境の影響を受けて小型の原石利用が行われているときに出てきたりとかするのですが、いろいろな条件によりいろいろな状況で出てくるようで、しかも形態的に互いにきわめて類似するため、編年が非常に難しいというのが現状でしょう。本当は、各地の小型ナイフ形石器をどのように理解するか、しかも小型ナイフ形石器は後期旧石器時代の初頭ぐらいから出てきますから、それについても議論したいのですが、時間の関係もありますので、今回は触れたということで先に進めさせていただきたいと思います。

それで、次にいよいよ九州地方に上陸しまして、東南九州を宮田さん、お願いします。

九州地方

宮田 先ほどの小型のナイフですが、私のイメージでついナイフの終末の話をしたのですが、聞かれたところはATの下位だったようで、それは図8になります。その図にあるように、かなり小型のナイフが出ています。石材は地元のものを使っており、図の一番上の帖地遺跡のⅩⅦ・ⅩⅧ層とか、指宿の水迫遺跡ⅩⅡ・ⅩⅢ層など、薩摩半島の南の石器群は玉髄とか鉄石英がたくさんある地

帖地遺跡 XVII・XVIII層

東畦原第 2 遺跡 III 文化層

東畦原第 3 遺跡 II 文化層

高野原遺跡第 5 地点 III 文化層

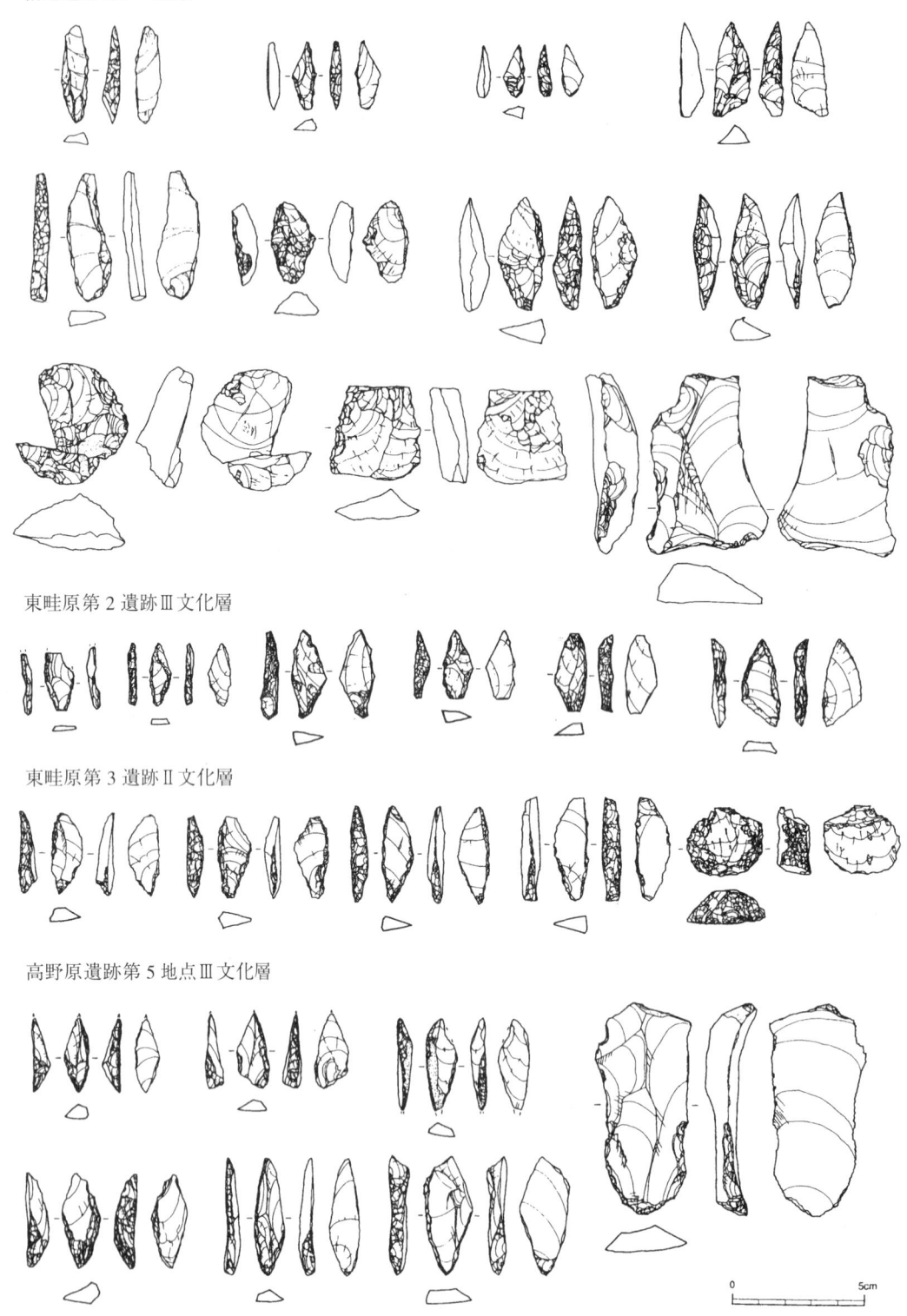

0　　　　　5cm

図 8　東南九州の III 期の石器群（帖地遺跡 XVII・XVIII、東畦原第 2 遺跡 III 文化層、
　　　東畦原第 3 遺跡 III 文化層、高野原遺跡第 5 地点 III 文化層）

域ですので、それらを石材にしている。そして、このような石材的な関係もあるのでしょうが、ほかよりも小さな形状になっています。

　それで南九州ですが、昨日編年の方法で話をしましたように、私自身もいいのかなと思うぐらいに分けてみたんですけれども、問題は剥片尖頭器と三稜尖頭器は共伴するのかとか、あるいはそれらが別々の時期のものか、時期的にどうかということ、その辺を中心に最近の宮崎とか鹿児島、とくに宮崎が多いのですが、一番新しい情報、つい 2、3 週間前に送られてきた報告書*などをみて、今回の編年表に示しました。私自身もまだあまり消化していない面もありますが、剥片尖頭器と三稜尖頭器はそれぞれ単独の時期として認定できるのではないかということで、前後の時期と混在のないような石器群を選んだのがこの変遷表の遺跡名です。

＊倉薗靖治ほか（編）　2005　『東畦原第 2 遺跡』宮崎県埋蔵文化財センター発掘調査報告書第98集ほか 4 冊。

　近隣の遺跡との関係ですが、この図表には書いていませんが、たとえばⅢ期、これは百枝C遺跡の 3 文化層、それから駒方遺跡、Ⅴa期では駒方津室迫遺跡、Ⅴb期では津留遺跡、Ⅴc期では五馬大坪遺跡、今峠遺跡、Ⅵ期では岩戸遺跡 6 層下部、Ⅶ期では岩戸遺跡の 6 上などが大分県側の遺跡になります。

　これまで九州全体としてとらえることが多かったんですが、自然層の堆積がかなり薄く、なかなか層位的な出土例がわかりにくい。鹿児島の西部もそうです。それこそ細石器が出てくるチョコ層からシラスの上部まで40～50cmしかない。その中にAT上位の時期が全部あるという遺跡群と、最近調査された鹿児島の東部の場合のように、層位が 2 m以上ある遺跡もある。そこでは間層もかなり挟まれています。これまでは無理に分離して一つの層をa文化、b文化、c文化としていた石器群ではなくて、間に遺物がまったくない間層があり、そして包含層があるという石器群がある。そういう混在がない石器群を具体的に並べたらどうなるかということで、今回はその辺に力を注いだわけです。

　もう一つ、よくわからないのがこのⅠA、ⅠB期ですが、ただこのⅠAについては、ここに挙げている遺跡や昨日の発表で触れた大野遺跡群のD遺跡のⅦ層とかⅧb層なども、ちゃんと人為的なものがあることは認識した方がいいのではなかろうかということでⅠA期として取り上げています。ただ、それが後期の初頭なのか移行期なのかというのはまた別問題だと思います。

　隣接地域については、今峠型の時期についてどれくらいが考えられているのかおききしたいんですが……。。

佐藤　それでは萩原さん、宮田さんの質問に対するコメントも含めてお願いします。

萩原　まず、今峠型ナイフ形石器の話からしたいと思います。今峠型ナイフ形石器に関して、九州ではいろいろな研究がなされていると思いますが、今峠型ナイフ形石器は今までの理解からいくと、AT直上ぐらいに出現してかなり時間幅があるという考え方が一般的な理解ではないかと思っています。しかしながら今峠型ナイフ形石器と一括している石器は、形態的にも調整技術などいろんな意味でかなり多様なものを包含している。これらを時期的に一括することはできないのではないかと思います。

　そういう意味からすると、たとえば図 9 にある耳取遺跡の今峠型ナイフ形石器は桜島P17火山灰

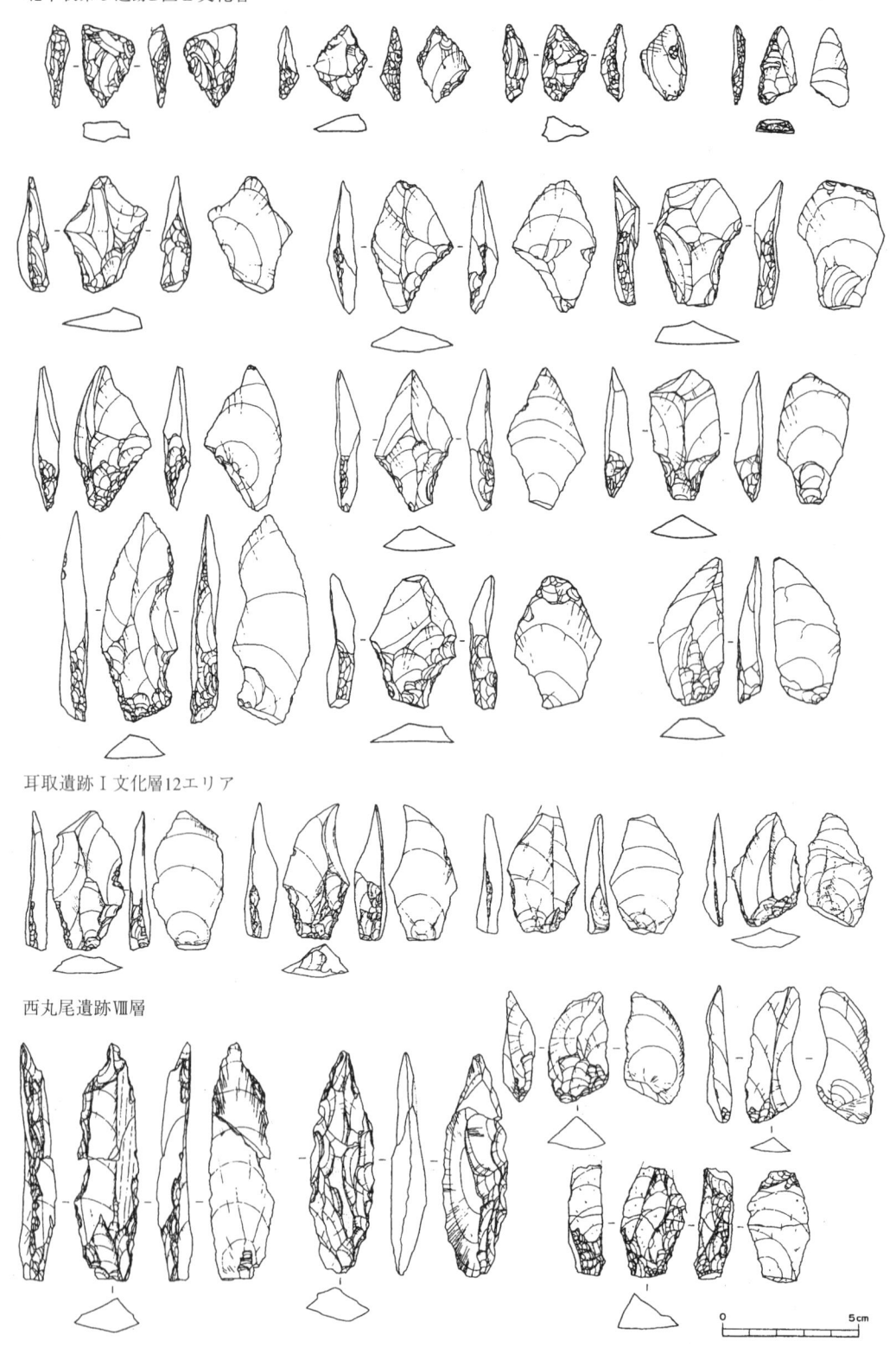

図9　東南九州Vc期の石器群（北牛牧第5遺跡D区Ⅱ文化層、耳取遺跡Ⅰ文化層12エリア、西丸尾遺跡Ⅷ層）

の下位より出土したことを確認されたと思うのですが、それと同じ図9の西丸尾遺跡の今峠型ナイフ形石器や北牛牧第5遺跡の今峠型ナイフ形石器は形態的にも違うのではないかと思っています。西北九州の黒曜石製今峠型ナイフ形石器は、原の辻型台形石器との類似点が認められる。はたしてこれらがすべて同じ型式として理解できるのかというと、若干疑問があると思っています。私としては黒曜石製の今峠型ナイフ形石器については、原の辻型台形石器の消滅後に展開する型式と考えている。つまり、今峠型ナイフ形石器は時間的な形態変化が認められ、地域差があるものと考えているわけです。

北海道地方

佐藤 それでは最後に北海道の寺崎さん、お願いいたします。

萩原 その前に北海道に質問があるんですが……。九州での細石刃石器群の始まりと終末を考えると、まだ明確な年代測定例は少ないのですが、一応始まりについては野岳型細石核あるいは位牌塔型細石核といっている扁平細石核が一番古いといえるのではないかと思われます。その年代についてみてみると、茶園遺跡のAMS法による^{14}C年代の測定値が15,450±190BPということで、大体九州では16,000年ぐらい前にはじまって1万2千数百年前に消滅するということがほぼわかってきた。それで、北海道の方はどうなのかと思って質問させていただきました。

佐藤 では寺崎さん、それも含めて全体をよろしくお願いします。

寺崎 私が前半期としたものの中に、本州地方のナイフ形石器に使われる調整技術であるブランティングといわれるものが、北海道ではおしなべてみられない。それが本州地方と異なる部分かなと思います。たとえば川西C遺跡の削器とかオバルベツ2遺跡の基部加工のナイフ形石器など、個別の遺跡ではブランティングと呼んでいいような急峻な加工が行われるのですが、そういった技術が定着してはいないということが北海道の特徴の一つとして挙げられると思います。

それと、石材の話をまったくしなかったんですが、北海道では石狩低地帯を境として道南部が頁岩で、道東・北部が黒曜石を用いるというふうに分けられる。しかし、私はすべての時期を通して石材による技術の違いは多分なかったのではないかと考えています。たとえば、広郷型尖頭状石器についていえば、道東北部では黒曜石でつくられているものが、道南部では頁岩でもつくられている。細石刃核についても、道東北部で黒曜石を用いてつくられるものは道南では頁岩に置き換わっているということで、石材に関してはそれほどの障害にはならなかったと考えています。

先ほどの萩原さんの質問ですが、北海道では私の編年表にもあるように、柏台1遺跡から出土した蘭越型細石刃核石器群に伴う炭化物の^{14}C年代が20,200年前とか20,500年前とかに、かなりまとまっています（図10）。ですから、2万年前前後から細石刃が出現すると考えられます。蘭越型は非常に完成された細石刃石器群ですので、さらにその前にもっと初源的なものがある可能性があります。それが峠下1類と美利河型ではないかと考えたんですけれども、これらもおおよそ2万年前としていいと思います。

では、その終末はいつなのかとなると、全道的にはよくわからないのですが、帯広市の大正3遺跡の土器が12,300年前ということですので、これが北海道における縄文土器のはじまりとすると、

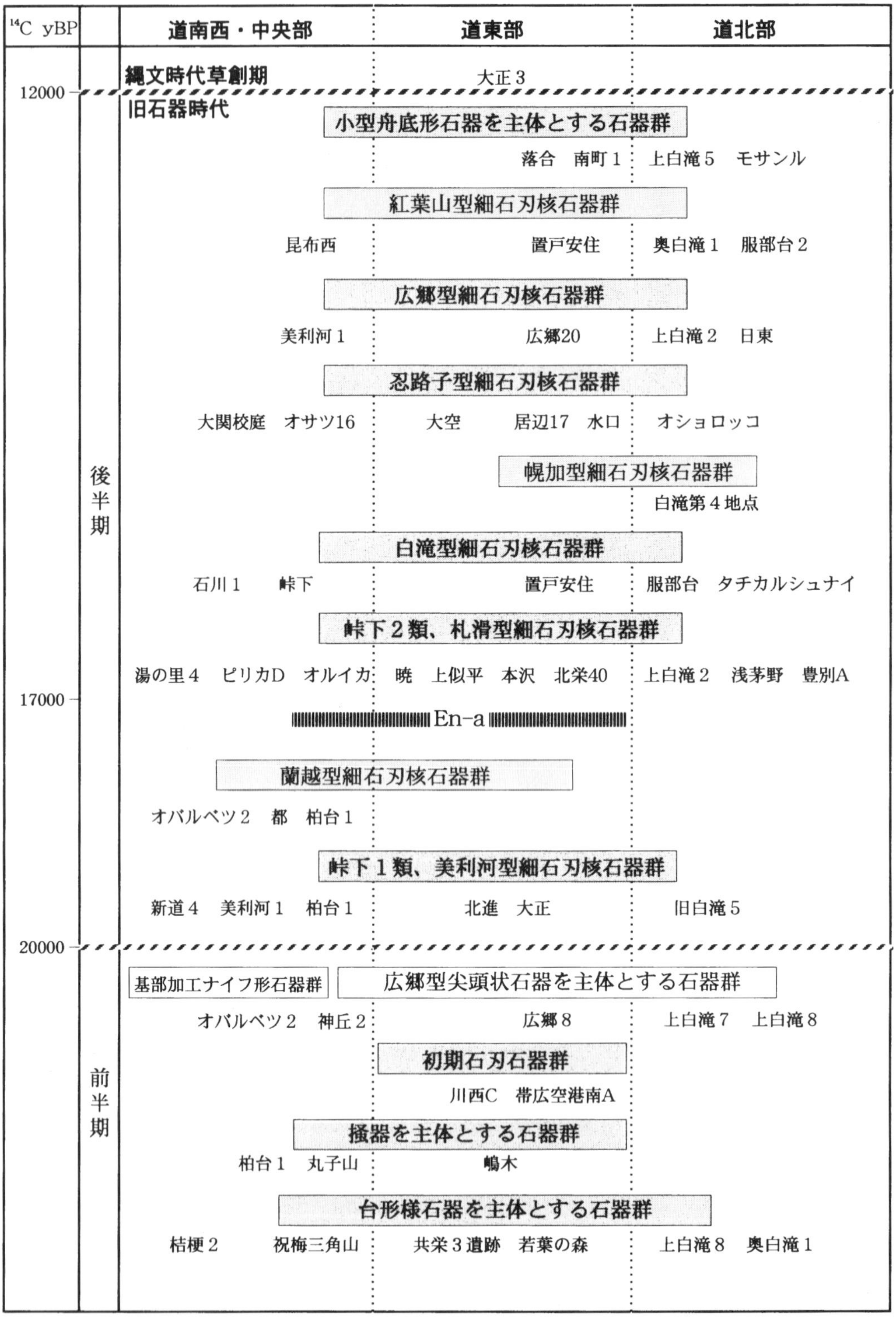

¹⁴C yBP	道南西・中央部	道東部	道北部
12000 —	縄文時代草創期	大正3	
	旧石器時代		
	小型舟底形石器を主体とする石器群		
		落合　南町1	上白滝5　モサンル
	紅葉山型細石刃核石器群		
	昆布西	置戸安住	奥白滝1　服部台2
	広郷型細石刃核石器群		
	美利河1	広郷20	上白滝2　日東
	忍路子型細石刃核石器群		
	大関校庭　オサツ16	大空　居辺17　水口	オショロッコ
	幌加型細石刃核石器群		
			白滝第4地点
	白滝型細石刃核石器群		
	石川1　峠下	置戸安住	服部台　タチカルシュナイ
	峠下2類、札滑型細石刃核石器群		
	湯の里4　ピリカD　オルイカ	暁　上似平　本沢　北栄40	上白滝2　浅茅野　豊別A
17000 —	▓▓▓▓▓▓▓ En-a ▓▓▓▓▓▓▓		
	蘭越型細石刃核石器群		
	オバルベツ2　都　柏台1		
	峠下1類、美利河型細石刃核石器群		
	新道4　美利河1　柏台1	北進　大正	旧白滝5
20000 —			
	基部加工ナイフ形石器群　**広郷型尖頭状石器を主体とする石器群**		
	オバルベツ2　神丘2	広郷8	上白滝7　上白滝8
	初期石刃石器群		
		川西C　帯広空港南A	
	搔器を主体とする石器群		
	柏台1　丸子山	嶋木	
	台形様石器を主体とする石器群		
	桔梗2　祝梅三角山	共栄3遺跡　若葉の森	上白滝8　奥白滝1

後半期 / 前半期

図10　北海道地方後期旧石器時代の篇年試案表（枠内ウスアミの石器群は前後関係が不明のもの）

そのあたりまでが細石刃石器群、その間には神子柴・長者久保文化的なものが入っていますが、大体その幅で細石刃文化というものを考えています。

近隣地域については、東北地方で第Ⅱ期から第Ⅲ期にかけて石刃技法が調整が未発達なものから発達した石刃技法になっていきますが、北海道でもやはりそういった技術的な変化が考えられるのではないかと思います。つまり、広郷型尖頭状石器段階の石刃技法は非常に調整が未発達ですが、その後川西C遺跡のような完成された石刃技法がある。その観点からすると私の編年表とは逆転しており、その辺の前後関係はまだわからないですけれども、そういった見通しがつくのかなということを感じました。

それと、柳田さんが行われている暗色帯の確認の取組みですが、そういった取組みは非常に有効な方法だと思います。北海道でも層位的事例が少ないことから、そのようなローム層の中での何かしらのメルクマールになるものを探していく取組みは必要だというふうに感じました。

最後に、柳田さんに質問なんですが、第3期に分けているAグループとBグループですが、その関係について、そういった新旧関係があるのかということと、東山型とか杉久保型、金谷原型などと昔からいわれていますが、そのようなナイフの型式学的な分類がこの3期の中で有効なものなのかどうかをお聞きしたいのですが……。

柳田 金谷原型、東山型、杉久保型とあるんですけれども、今回は意識的に使わないようにしました。最近若い世代の森先一貴さんは乱馬堂型石器群といっていますが*、私はどう呼んでよいのかちょっとわからないです。ただよくみますと、ATに近い位置のグループの中にどうも金谷原的な、基部が尖って打面がわずかに残るというグループがあるのかなと。それから、東山的なものに関しては、ATより上位の調整技術の発達のした石刃技法の中に、ナイフの形態のいろんなバリエーションがありますが、人によってこれを東山だとか東山でないとか、いろいろな言い方がされていますが、私はあまり使いたくないと考えています。

※森先一貴　2004　「杉久保型尖頭形石器の成立とその背景―東北日本日本海側石器群の批判的検討―」『考古学Ⅱ』41～75頁。

それから、杉久保型は基部が尖がって細身のものです。東北では、その代表的なのが横道遺跡の石器群です。神山型の彫刻刀と伴うようなものです。これは新しい段階の時期に考えています。しかし、新たに調整技術の発達した石刃技法の中で、ナイフ、いわゆる基部を加工していくもの、あるいは先端を加工していくもの、これらを形態的にもう一度見直してみるということが大事ではないかなと思っています。

3. 会場からの質問

佐藤 一通り発言していただきましたが、質問票を受け付けておりましたので、ここでそれに簡単にお答えしておきたいと思います。

まず、東大の総合博物館の吉田邦夫さんから、「ここ1、2年で旧石器時代の^{14}C年代測定データがかなり蓄積されているので、改めて考古学的なコンテクストを明らかにしたコンパイルが必要だ

ろう。その際に、最新の較正曲線の問題をどうするか等々の問題があるのではないか」という質問をいただきました。これについては、このシンポジウムだけで解決するのはなかなか難しい事柄なので、日本旧石器学会等の学会や研究会がありますし、そういった場やわれわれの研究チーム等でいずれお答えしたい、あるいは取りかかりたいと思います。

　二つ目の諏訪間順さんからは、「各地域で最寒冷期、LGMに位置づけられる石器群は何か。その年代は？　なぜそこに位置づけられるのか」という質問がきています。これはここで扱う時間がありませんので、宿題とさせていただきたいと思います。各地域で最寒冷期に位置づけられる石器群は何かということを念頭に置いて原稿を書いて下さい。これは多分重要な指摘だろうと思います。

　3番目は伊藤栄治さんから、近畿地方におけるAT以降の編年についての質問をいただいていますが、これは具体的なご質問なので、関係する地域の近畿を担当された藤野さんにお答えしていただきたいと思います。

藤野　伊藤さんから非常に詳しい質問をいただいておりまして、本来ならこれを全部読んでお答えすべきだと思いますけれども、いただいたものは一連の質問だと思います。昨日の発表の中でもお話をしましたが、従来、近畿地方におけるAT以降の編年は瀬戸内技法が核にあって、その崩壊過程として型式学的に編年するというのが一つの考え方であったということです。

　これに関しては、今申しましたように、型式学的な編年というのがやはり前提だろうと思います。それに少しずつ層位的な事例を加えていこうという努力をしていますけれども、残念ながら現状においては明確な層位的事例によってこれまでの型式学的な編年が証明されたことはないと思います。ただ、火山ガラスのピーク等を参考にすると、大きく二分ぐらいはできるだろうと思います。

　質問の中に、瀬戸内技法の崩壊過程とナイフ形石器の小型化によって解釈するという編年的枠組みは現在どれほど有効かというのがありますが、今申し上げた現状からすると型式学的には有効だろうと思います。小型のナイフ形石器の一群というのはいろんな時期にあって、そういうことを前提にして考えた場合には、もちろん現在近畿地方中央部でみつかっている小型のナイフ形石器、とくに後半期あるいは最終末として位置づけられているものがすべて最終末でいいかどうかという検討は当然しなければいけないだろうと思っています。

　ただ大枠として、ナイフ形石器の小型化というのは後半期の編年においては有効であろうと考えているわけです。これは、おそらく伊藤さんが従来から考えられていることと関連して質問をいただいたんだと思うんですけれども、小型のナイフ形石器というのをすべて新しい時期に押し込んでいいのかということが根底の疑問としてあるのだろうというふうに、この質問を受け取ったわけですが、その意味においては伊藤さんの従来主張されていること、つまり近畿の編年というのは逆転させても構わないのではないかという考え方は、これも一つの型式学的な考え方だと思いますし、成り立ちうるだろうと思います。

　個別的な石器群の評価というのは非常に難しくて、ここで一つ一つ挙げていけばいいんですけれども、時間的な制約でできません。AT下位にあるような小型の石器群の流れというか、とくに近畿地方でいうと瀬戸内技法とか、あるいは有底剥片のうち、小型のものの位置づけは非常に問題があるだろうと思っています。それ自体はATの前、とくにATの直前よりも一つ前の段階だと思います

けれども、その辺から出現してきて、ずっと息が長くてほとんどナイフ形石器の終末まである。その様相としては、その一つとして小型のナイフ形石器が後半期の中のいくつかの段階にあっても、それは問題がないというふうに思っています。

ただ後半期の中で、小型の一群で構成されるものがどこにあるかというと、主体的にやはり終末期を中心としてあるだろうと思います。それより前の段階にいろんな形で組成されるのももちろんあると思いますけれども、それだけで構成されるものが一時期を成すかということについては、設定することは可能でしょうが、順序よく説明するのはなかなか難しい状況にあると個人的には考えています。

4. 列島規模の変動期

佐藤 それでは移行の様相とか、地域編年と列島編年の関係について集中的に討論していただきたいと思います。

まず最初は、空間的な問題ではなくて時間的な問題で、各地域の編年の中で移行の段階、移行プロセスの段階がいくつかあると思われます。先ほどの話からもうかがわれるように、やはり後期旧石器時代は前半・後半に分かれるのではないか。しかもその画期はAT前後にくる。そういった前半期から後半期への移行、それから資料のある地域では、いわゆる後期旧石器以前の段階から後期初頭の移行の問題、それから後期旧石器時代から縄文時代への移行の問題というものを各地域でどう考えているかということと、あるいはそうした各地域編年の画期が列島全体、列島編年といってもいいと思うんですが、より広い地域でどの程度に適用可能かなどについて討論したいと思います。

それでは、北海道からお願いしたいと思います。

北海道地方

寺崎 まず、後期以前と考えられる石器は、忠類村ナウマン象化石包含層出土品、歌登町採集品、南茅部臼尻B、木古内町釜谷4遺跡出土品などがあり、前2者については実見していませんが、その資料の調査自体に問題があるものが多いと思います。後2者については、石器としての認定が困難なものであると思っています。最近では下川町ルベの沢遺跡の調査がなされ、成果の公表が待たれています。

前半期と後半期の画期を私は細石刃の出現をもって分けたわけですが、これは北海道という特殊事情の多いところに通用するもので、全国的な区画としてはふさわしくないのかもしれません。あるいは、前半期に台形様石器を主体とする石器群と掻器を主体する石器群には石刃技法が認められないですから、石刃技法の出現をもって分けるという方法もあるかと思いますが、その辺がまだ遺跡数が少ないということもあって明確ではありませんので、前半期と後半期の画期を細石刃があるかないかで分けたいと思っています。

この前半期と後半期への移行の状況についても、まだ詳しくわかっていません。どうして細石刃が出現するのかは、大陸との関係も見渡さなければならないので、今の段階でははわからないです。

次に旧石器時代から縄文時代への移行については、オショロッコ型細石刃石器群と広郷型細石刃石器群の段階に有舌尖頭器が出てくるわけですが、この有舌尖頭器は本州地方の有舌尖頭器とはまったく関係がないといったら語弊があるかもしれませんが、ほとんど関連のないものだと思っています。局部磨製石斧もこの有舌尖頭器とおおよそ同時期に現れます。この辺から神子柴・長者久保文化の片鱗がみえるんですが、その次に、従来からいわれているモサンルとか、帯広市落合遺跡、北見市中本遺跡、それと近年では白滝遺跡群の上白滝5遺跡とか8遺跡という遺跡がありますが、こういった細石刃を伴わない小型舟底形石器を主体とする段階を設けています。ですから、この段階が神子柴・長者久保文化併行期で、その後本州と同じように縄文時代に移行していくのではないかと考えています。

　草創期の遺跡は、本州の隆起線文・爪形文に対比できるようなものが大正3遺跡だと思うんですが、北海道ではその後、有段の口縁部をもつ室谷下層式の土器までの間がまだみつかっていませんので、全道的に草創期という時期区分を設定できるのかどうかはこれからの問題です。でも、まず間違いなくあるんだろうと思います。遺跡の立地が違っていますので、今までの旧石器の遺跡を調査していては、この草創期の遺跡は多分みつからないと思います。立地を考慮して新たな遺跡をみつけていかなければならないと考えています。

　ですから、旧石器時代から草創期への移行というのは、本州地方とまったく同一ではないでしょうが、非常に似た状況で縄文時代に移行するのではないかと考えています。

佐藤　広郷型細石刃石器群とオショロッコ型細石刃石器群に伴う有舌尖頭器は本州地方の有舌尖頭器とは関係ないということですが、そうすると寺崎さんの編年では小型舟底形石器を主体とする石器群が最終末になり、神子柴・長者久保タイプということになる。とすると、その前の段階に有舌尖頭器があるということですか。

寺崎　そうです。もしかしたら、その前段階の峠下2類といっている細石刃石器群段階まで有舌尖頭器がさかのぼる可能性もあります。

佐藤　いわゆる本州以南における有舌尖頭器の出現過程とは逆だということになりますね。

寺崎　そういうことです。

九州地方

佐藤　それでは続いて九州地方、萩原さんお願いします。

萩原　西北九州のナイフ形石器群の最終末については、図11の下段に示したように、百花台型台形石器の一群と小型ナイフ形石器の一群、とくに基部に調整を施した小さな細長のナイフ形石器の二つの様相（二つ以上あるかもしれませんが）が認められます。これは南九州においてもほぼ同じではないかと考えています。南九州の方は図6のⅦ期の石器群ですが、基本的に同じような内容と考えられます。石器群の地域的な違いはありますが、同じような形態をしていると思います。

　ほかの地域、もっと東の方と比べても、この段階に九州では両面調整の尖頭器が欠落しているということはいえると思うのですが、基本的な石器群の流れには大きな違いはないと感じています。

　小型ナイフ形石器については、これと同じような石器群がAT直前ごろにあるのではないかと思

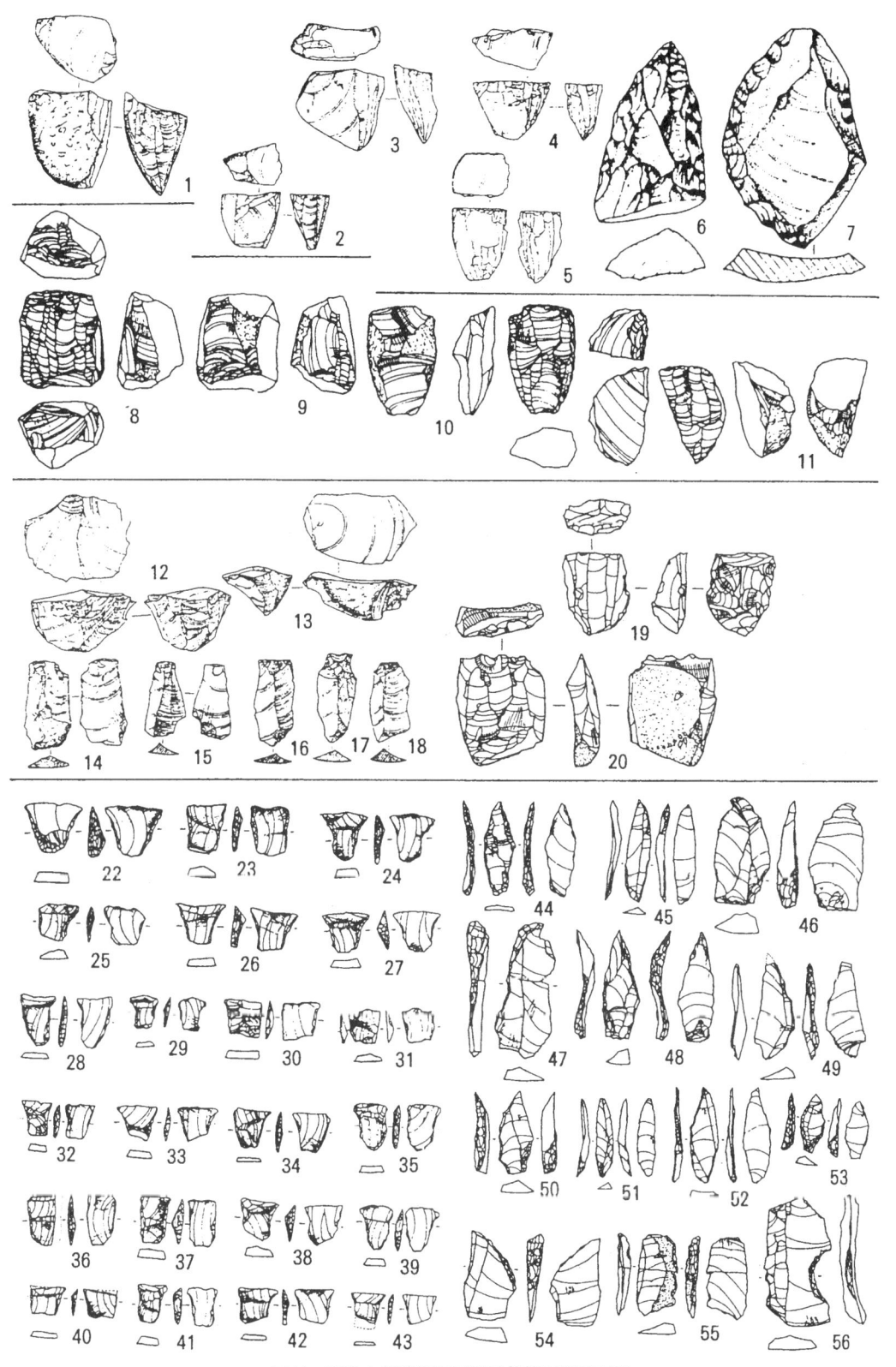

図11　西北九州後期旧石器時代第5期の石器

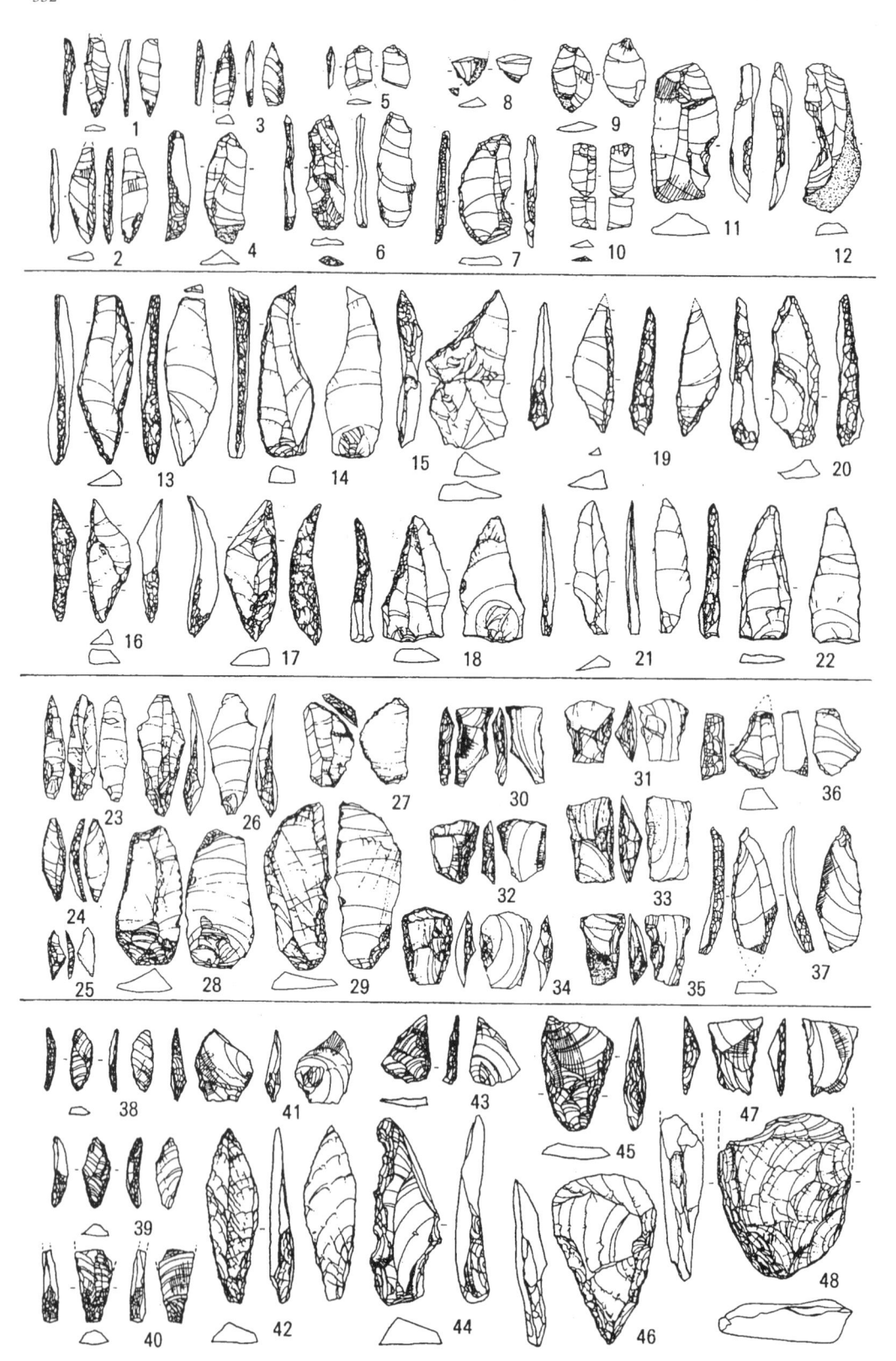

図12 西北九州後期旧石器時代第2期の石器

っています。これは、南九州（第Ⅲ期）では図8、西北九州では図12と一致するのではないかと思われます。一応ナイフ形石器群の前半期をATぐらいに置きますと、九州では前半期の終末とナイフ形石器群の終末に、同じような小型ナイフ形石器が認められます。その過程が違っていますので、その点については時間をかけて列島的規模での変化の過程を理解し、西北九州の旧石器時代石器群の編年を考えたいと思っています。

それから、後期旧石器時代の初頭については、その前の段階がまだ明確になっていない状況だと思いますので、現状においては、この点についてはもう少し時間をかけて該期の資料の集積がないとよく理解できない、解釈できない状況ではないかと思っています。

旧石器時代の終末については最近資料が増加し、その内容がしだいに明らかになってきました。九州では、縄文時代への、土器出現への移行については細石刃石器群において生じています。細石刃石器群の中に土器が出現してくるのは間違いない事実だと思います。

そう考えると、突然変異的でなく徐々に変化していく様相が九州では考えられます。この点についてはほかの地域に似たような例もあるし、本州では神子柴石器群が間に介在してきます。九州でも神子柴型に近いような石器要素といいますか、石器そのものはあるんですが、九州では石器群総体の内容が異なっており、比較的新しい時期に位置づけられる可能性があります。

旧石器時代から縄文時代への移行は、大局的には西南日本で同じような過程で変化しているのではないかと思われます。特徴的な器種・型式が広域に認められるのも事実であり、列島規模での石器群変化の様相は基本的部分において共通点があると思っています。

そして、しかもその変化、次への様相というのは、新しい要素が次々と出現し、しだいに変化しているように思われます。その流れはそれぞれの地域で少しずつ違っているのではないかと考え、これを基準に石器群の編年を組み立てたいと思っています。

佐藤 それでは続きまして、宮田さんお願いします。

宮田 東南九州も西北九州と同じようなんですが、私の資料でいいますと図8と図9のあたりがちょうどAT前後の前半と後半との境になります。Ⅲ期は石刃というか、縦長剥片を使った二側縁加工のナイフ。それからⅣ期についても同じような縦長剥片などを使った打面を折り取るようなナイフ形石器が継続している。ATを挟んでもこういうような継続性がみられるということです。

ただし、南九州の中でもこういうⅣ期の石器群というのは薩摩半島のシラスや火砕流が堆積した地域ではみられないので、そこでちょっと断絶があるのかなと考えています。そのあとⅤa期といいますか、図3に示した狸谷型のナイフ形石器が広がるということになります。

それから、旧石器と縄文との移行期ですが、これは先ほど萩原さんのお話のように、やはり切替わりにおいて細石刃の残存があります。確かに福井型とか泉福寺型とかいわれる細石刃核が入ってきて、そのときには土器もある。おそらくほかの地域では、細石刃核というか細石器は既にないんだろうけれども、南九州ではまだ細石刃がつくられているということです。それは、西北九州においても泉福寺洞穴とか福井洞穴と同じような状況にあると思っています。

それから一番最初の移行期については、どこを移行期にするのかといった問題もあるのでしょうが、今後、検討していきたいと思います。

近畿地方、中・四国地方

佐藤 それでは続きまして近畿、中・四国地方について、藤野さんお願いします。

藤野 まず古い方からですが、どこから後期旧石器かという問題は非常に難しい。現在の資料では、先第Ⅰ期に位置づけたものに関しては様相がわかりませんから、十分な評価はできませんが、少なくともここで第Ⅰ期に位置づけた石器群とはかなり様相が違うということが挙げられます。

とりあえず現時点では、第Ⅰ期以降を後期旧石器に位置づけておこうと思っています。では、第Ⅰ期の石器群全部が後期旧石器の初頭まで古くなるのかということになると、これは非常に難しい問題があり、もう少し古いものがあってもいいかなという気はしています。その辺は今後の課題にさせていただきたいと思います。

次に、前半と後半のどこで線を引くかという話ですが、私はとりあえずは第Ⅰ期と第Ⅱ期の間で線を引きたいと思っています。ただ、第Ⅱ期になると大きく石器群が変わってきますから、これはいいとして、第Ⅱ期へ移行する状況というのが実はもう既に第Ⅰb期の中に用意をされているので、一応この第Ⅰb期を前半から後半への移行する段階ととらえています。

ですから、どこで線を引くんだという話になると非常に難しいんですが、徐々に変わっているというのが実情ではないかと思っています。前半の段階で、共通的にみられる要素としては、近畿以西は九州も含めて、東日本に比べて縦長剥片剥離技術あるいは石刃技法という要素がまったくない、もしくは非常に希薄であるという観点で、大きく一つの地域としてまとめられるのではないかと思っています。

それが第Ⅰb期の段階なんですが、これは相互にどの時期に当てるかという細かな検証をしていかないとなかなか列島的に変化があるかどうかという話は難しいと思うんです。ですが、とりあえず第Ⅰb期に位置づけた段階を経て、列島全体としても大きく第Ⅱa期で変化しているのではないか。ただ、この辺はさらに検討が必要かと思います。

それから縄文時代への移行の問題も、私の扱った地域では非常に難しいところがあります。でも、槍先形尖頭器石器群自体はとくに細石刃石器群の並行期に位置づけられるような石器群が全域にみられるわけではなくて、地域2とした中国山地を中心に分布している状況ではないかと思っています。細石刃石器群に関してはほぼ全域に認められて、中国山地の中にも入ってきているという状況です。

次の段階、細石刃石器群がどこまで続いて縄文時代の石器群に移行していくのかという問題は、さらに検討する必要があると思いますけれども、従来瀬戸内で位置づけられている下縁調整を施し、横打調整によって打面をつくり出す細石核というのは、これが福井型に関連しているのではないかとよくいわれるんですが、何しろ劣悪な地層状態ですので、土器を伴った例は残念ながら今のところまったくありません。

ただこれに関連して、瀬戸内の地域に限らず中・四国の地域は、板状もしくは直方体の素材を用いて小口から細石器を剥がすものがかなり広範に分布している地域であることを考えると、単純に下縁調整を施し、横打調整をするような細石核が全部新しいとみてよいかどうかということもさらに検討が必要かと思います。

それと、あとは有茎尖頭器の問題があります。これは、やはり山間部を中心に広がっておりますけれども、ほぼ全域に分布するとみられることから、細石刃石器群の下限の年代を極端に新しくするのはどうかなと個人的には思っております。

東北地方

佐藤 それでは東北地方について、柳田さんお願いします。

柳田 東北に関しては、古い時期の石器は今までいろいろあったんですけれども、全部駄目ということで、残ったところは金取遺跡、柏山館遺跡といった岩手県内の調査された資料で、これらが古い石器群として生き残っています。ただ、全体像がわかりませんが、宮城と山形にまだ石刃をもたない古手の一群として、量的には少ないが出ている。たとえば、宮城県上ノ原山遺跡でバンバンといわれている川崎スコリア層の下から台形・四角形の剥片が出ています。

移行期の問題として考えるのは、福島県平林遺跡の資料でしょうか。これをどうやって位置づけていくか。まさしく移行期の石器群、後期旧石器の初頭の石器群という呼び方で、いろいろ解釈がなされています。そして最近の層位的なこと、暗色帯との関係で調べていくと、これらは確かに暗色帯の下から出ている。この平林遺跡の石器群をみると、大型の剥片類が結構多く剥がされていて、古い様相にもみえる。ただ、縦長の剥片もかなりあるということで、石刃もみられる。この石器群は約400点ぐらいの資料があるんですけれども、もう一度これをどんな視点でみていくかが、前期から後期への移行期の問題を見直す点で重要だと考えます。

それから後期旧石器時代の前半・後半の時期の問題ですが、東北にもATが岩手県くらいまであるので、ATや暗色帯とそれに対応できる層との関係を整理し、上なのか下なのかで前半・後半に分けたらどうだろうか。そして、石器群の顔つきからみた場合、石刃技法の中での前半期の石器群は調整技術の未発達なもの、それより上から出てくるものは調整技術が発達したものと今のところ考えられるので、その移行期の石器群をどういうふうにとらえていくかが重要になってくる。

先に房総での事例が出て、もうIX層の段階にこういう調整技術の発達したものが入っているという指摘があったんですけれども、東北では今のところは暗色帯に入っているものがない。その辺の相違はどうなのかということです。

とくに米ケ森技法といわれたものは、調整技術の未発達な石刃技法の石器群の後半の段階に伴うのではないかという考えがありますので、この一群と調整技術の発達した石刃技法をもち、基部の尖った金谷原遺跡のナイフのグループでしょうか、そういった形態のものとの共伴があるのかどうかを押さえていくことだと考えています。

そういった意味で、第一次調査の米ケ森遺跡の中で調整技術の発達した基部の尖がった石刃製のナイフ、それからエンド・スクレイパー、彫刻刀が伴っている一群、それと第二次調査で発見された米ケ森技法との共伴関係です。これは別だ、一緒だとかいわれていますが、今の段階では別々だという人が多いのですけれども、もう一度そこらへんのことを確認していくのが、これからの移行期の石器群の様相をみていく場合に重要なことになるのではないかと考えています。

中部地方

佐藤 続いて中部地方について、須藤さんお願いします。

須藤 シンポジウム冒頭の安斎さんの趣旨説明にあったように、技術構造論的なかたちで表現しなければいけないのですが、それを短時間でやることは不可能なので、示準石器的なものを基準に画期の基準を述べたいと思います。

　後期旧石器時代の初頭、これに関しては竹佐中原遺跡と石子原遺跡などの問題が残されているわけですけれども、私の考え方としては、一つには刃部磨製石器と端部整形石器、それから石刃製の基部加工のナイフあるいは基部加工の尖頭器の出現をもって後期旧石器時代とするという考えです。

　後期旧石器時代の前半と後半との画期、これはATの問題があるんですが、石器の形態としては大型で厚型の各種の尖頭器、多様な種類の尖頭器の出現をもって前半と後半の画期とします。

　もう一つ、その後半期の中でどうしてもこの地方で触れなければいけないことは、面的加工の尖頭器の出現です。それによって、この地方には中部高地における面的加工と砂川型の尖頭器(砂川型ナイフ形石器)という地域社会、それから野尻湖から新潟方面に広がる杉久保型尖頭器(杉久保型ナイフ形石器)をもつ明確な地域社会が形成されるという画期が存在します。

　それで、最後の後期旧石器時代から縄文時代に至る間の理解の方法ですが、そこに移行期といったような、杉原荘介さんのいう原土器時代といった時代の枠組みが必要なのかどうなのか。杉原さんの原土器時代はそもそもが神子柴だけではなくて、確か北方系の細石器を含めて原土器時代だったと思いますが、そういった解釈の中での槍の問題、細石器の問題というものがたくさんある。とくに神子柴の出現期はどこかという説明がうまくできないわけです。

　示準石器としては、大型の石斧、大型の磨製石斧、これが年代的に区分できるか、出現の時期が明確に区切れるのかどうか、それが証明できればそれが一つの画期の基準だろうと考えています。

東海地方

佐藤 では、続いて高尾さんお願いします。

高尾 まず後期旧石器の初頭あるいはそれ以前、移行期の問題ですが、愛鷹山の一番古い石器はBBⅦ層で、富士石遺跡のBBⅦ層はほとんど中部ロームに近い所から出ているんですけれども、ここは面的な調整のある台形様石器もあるし、刃部磨製の石斧も伴っていそうな状況があります。

　もし刃部磨製の石斧が伴う伴わないというところで線を引くことができるとすれば、おそらく富士石遺跡のほうは後期旧石器の初頭、一番古い段階ということになると思います。その石器群は信州系の黒曜石もかなり入っていますし、はじめてこの地域を訪れた人たちが残した石器という雰囲気はまったくしません。そういうところをみると、やはりそれより古い段階がきっとあるだろうと個人的には思います。

　そうやってみてみますと、たとえば第2東名のNo.25、26、27各遺跡の石器群、あるいは台地はまったく違うんですが大井川中流域の上位段丘に位置するヌタブラ遺跡の資料などがどの辺に位置づけられるのか。まだその辺が資料が少なく、石斧が伴うのか伴わないとかという話はできないけ

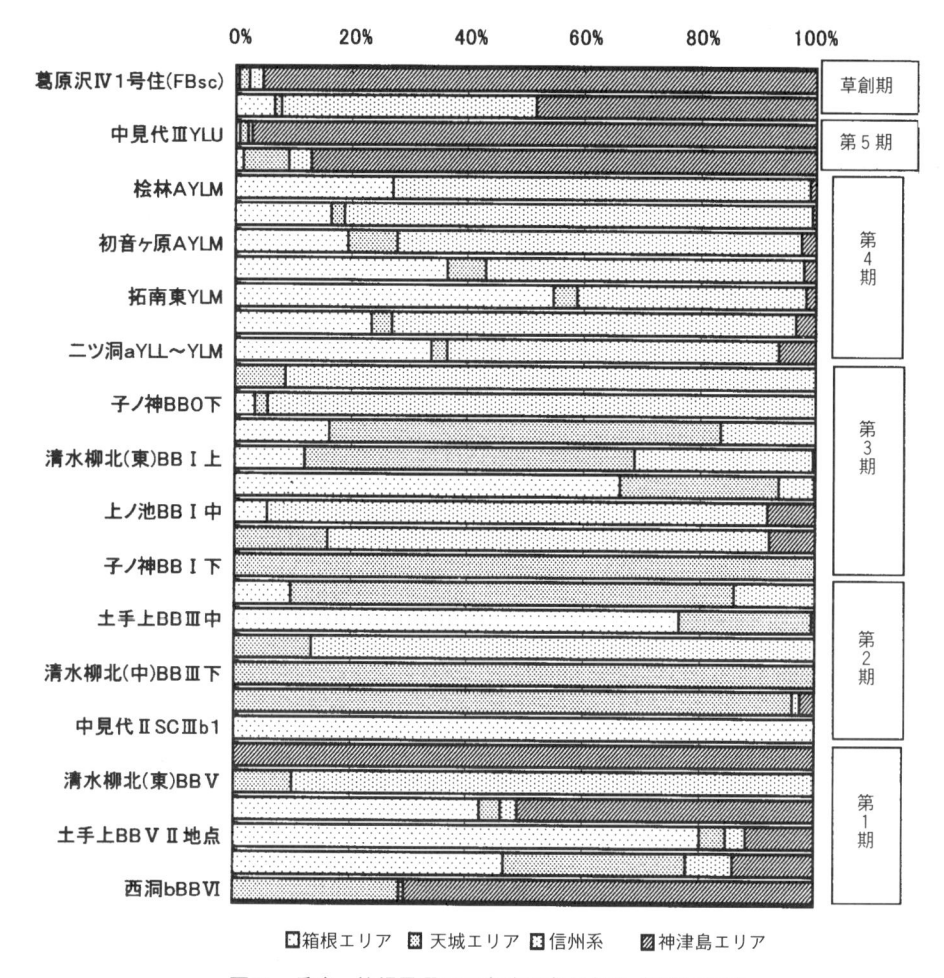

図13　愛鷹・箱根黒曜石原産地組成の変遷（池谷 2002）

れども、ヌタブラ遺跡をみる限りでは、あの面積を掘って石斧が出そうな雰囲気はありませんでした。そういうことから、若干それよりも古い（後期旧石器への）移行期あたりに位置づけられるのかなというような気持ちはあります。

それから、前半と後半という分け方ですが、私が2期と3期を分けた根拠として、やはり尖頭器の出現ということを考えていますので、それをもって分けたい。

草創期については、石材からみたりしたのですが、5期から草創期にかけて図13に示すような神津島産の黒曜石がかなり入ってくる。この辺のつながりからすると、おそらく神津島産の黒曜石を使った細石器の中から草創期の土器の出現というのを考えてもいいのかなと思います。

それから、確実なところでは、隆起線文土器がかなり愛鷹山麓で出ているんですけれども、隆起線文土器がまとまって出る所を追っていくと、やはり九州の方に行くのかなと思います。神津島産の（海の）黒曜石があるというところから、南の海を回って愛鷹にというような、まったく物語のような話ですけれども、そんなイメージをもっています。

東関東地方

佐藤 それでは東関東地方について、国武さんお願いします。

国武 まず後期のはじまりですが、丘陵中央分水界区できわめて連続的な資料が得られているという特色があります。石刃石器が組成に加わるに至るまでの剥片モードの連続的な変遷が丘陵中央分水界区でおさえられており、この点がこの地域の資料的な特色といえます。

　次に後期の前半と後半の画期についてですが、やはり前半期は東北・関東ともに石刃製の刺突具の主体が基部加工尖頭形の石刃であり、しかも後半期と比べると長いものを調達することに腐心しているという点が前半期の特徴といえます。その基盤となる石刃生産技術については、先ほどの柳田さんのご指摘等を考慮しますと、房総では東北地方に先行して洗練化が達成されていたことが明らかになっています。これは田村さんの2001年の論文「重層的二項性と交差変換」で指摘されているように*、日常的に石刃生産に利用する珪質頁岩の産地が遠いために、良質な珪質頁岩の消費を各嗇家的に行わざるをえない珪質頁岩産地の隣接地であればこそ、技術の洗練化が進展した結果と評価されます。

*田村隆　2001「重層的二項性と交差変換―端部整形石器範疇の検出と東北日本後期旧石器石器群の生成―」『先史考古学論集』第10集、1～50頁。

　具体的にいうと、基部加工尖頭形石刃の素材である先端先細りの石刃を調達するために技術的にもっとも有利なのは、板状の原石を縦に用い小口面に作業面を設定する、安斎さんのいう小口面型の石刃生産を基本とし、かつその板状の石核ブランクに稜調整等の各種の石核調整を組み合わせる方法で、この生産方法がもっとも確実かつ安全な素材生産技術と考えられる。これは先ほどご指摘のあった金谷原遺跡の接合資料にみられる石刃生産技術です。

　しかしながら、板状の珪質頁岩を常に消費することができる地域は、やはり第三紀の珪質頁岩産地が集合している会津以北・以西の地域に限られる。房総半島ではⅨ層下部から板状の原石を石刃石核に使うことを諦めて、小円礫が石刃生産の素材となっています。つまり、安斎さんのいわれる周縁型の石刃生産技術です。円礫から石刃を連続生産するためには、打面調整や作業面の作出、稜の調整といった各種の石核調整技術が不可欠です。先ほどの石器群4a、中山新田Ⅰ遺跡にみられたように、Ⅸ層下部で石核調整技術の諸要素が出揃ったのはこのためと考えられます*。

*安斎正人　2003『旧石器社会の構造変動』83～88頁、同成社。

　このように先端が先細りするねじれの少ない石刃を一定量生産する必要がありますが、しかしながら円礫から石刃をとる場合、たいてい先端が丸くなってしまいますから、それを回避するために各種の石核調整を洗練させる必要が生じたと考えられます。したがって房総の後期旧石器時代前半期の場合、第三紀の珪質頁岩を石刃石材として利用するにも関わらずその産地が遠かった点こそが、東北地方に先行してⅨ層中部に石刃生産技術の洗練が進められた生態的な原因ではなかったかと思います。

　後半期との画期については、このような石刃石材の獲得方法が集団全体による領域内の季節移動の過程に埋め込まれていたのか、あるいはロジスティックな獲得戦略へと変化したのか、つまり中心的な生業領域から石材を採りに行きそこへ帰ってくるというかたちに変化したのか、という石材

獲得戦略の変化が一つのメルクマールになるだろうと考えています。単純化していうならば、前者から後者への変化が前半期と後半期の画期を評価するうえで大切な視点になるだろうと思います。昨日の東海地方の高尾さんのご発表で、池谷さんの2002年の研究事例*を引かれながら、東海Ⅳ期の信州産黒曜石のナイフ形石器は製品だけが入ってくる現象を指摘されましたが、この現象は刺突具そのものの調達方法が今いったようにロジスティックな獲得方法に変化したためと私は評価しています。ちょうど関東地方の男女倉型尖頭器の調達方法と類似し、同様な現象は東部関東の東内野型尖頭器の調達方法にもみられます。西部関東の砂川石器群では東海Ⅳ期前半と同様の石刃製の狭義のナイフ形石器が各遺跡内で素材生産から行われますが、しかし原石の獲得方法そのものがロジスティックに変化していると評価されます。刺突具が主に利用された生業領域に、製品の形でまとめてもちこまれるか、あるいは原石の状態でまとめてもちこまれるかの違いについては、石材産地と生業領域との距離の違いに起因すると考えています。

　＊池谷信之　2002　「黒曜石の分布圏とその変動」『第2回 考古学研究会東海例会 発表レジュメ』

　刺突具あるいは石材調達の方法がロジスティックなかたちに変化したこの時期は、男女倉、杉久保、砂川という技術形態学的に地域的な個性が分立した時期でもあります。したがって、行動論的にも技術形態論的にもまさにこの時期こそが、前半期・後半期を画するのにもっとも適した時代だろうと考えております。

　ただ、このような変化は、実はATの降灰直後ぐらいからはじまっているようで、昨日の田村さんの補足資料にありましたが、ATの降灰以後、関東地方ですと第Ⅰ黒色体の下部から中部にかけて突然大形の基部加工尖頭形石刃が関東地方に出てきます。房総では北大作遺跡と一本桜南遺跡が指摘されていましたが、やはり武蔵野台地でも府中市武蔵台東遺跡Ⅴ層中部文化層や三鷹市東京天文台遺跡ⅢのⅤ層文化層があり、同様の現象としてとらえられます。これは型式学的な検討から樽口遺跡や茶臼山遺跡とつながるという指摘が田村さんからありました。国府型ナイフの東日本への大きな動きと重なるかあるいは少し早い時期になると思われますが、全国的な画期の一つとして検討すべき項目ではないかと思われます。

　もっとも東京天文台遺跡ⅢのⅤ層文化層では西大曲BB1と非常によく似た尖頭状石器が伴っており、後出する形態の整った大型の角錐状石器とは明らかに異なるものです。

佐藤　もう少しかいつまんでお話ただけませんか。

国武　東海地方の西大曲BB1で検出された尖頭状石器の形態的な特異性を考慮するならば、AT降灰直後にそういう大型の尖頭状石器もまた、どういう経路かわかりませんが、関東地方にもほぼ同時期にざっと広がっているという点で、間地域的な画期の一つとして注目する必要があり、またその後の後半期への変化を考えるうえでも大切なのではないかと思われます。

　最後に縄文への移行について簡単に申しますと、編年表の石器群11f1から石器群11gへの変化において、技術と石材消費パターンが連続的に変化しており、この点から連続的な変化を想定しています。

5. 討論の総括

佐藤 地域編年の問題、とくに移行の評価をどうするかというのを述べていただいたわけですが、おそらく皆さんもだいたい同じような考え方で移行期をとらえているのだろうという印象をもっています。

とくに前半期と後半期の差というのは、どのメルクマールを採用するかによるのですが、大きくいえば、前半的な統一的石器群構造、遺跡構造、地域社会構造があるという時期から、後半期のより地域集団が分立するような、あるいは地域社会が分立するような様相へと移行するプロセスでしょう。そのプロセスを各地域特有のメルクマールを使って説明しているのが、北海道を除いた各地域の事情であるという印象を受けました。

北海道はその前半期段階がよくわからないという状況なので、仮説的だろうと思いますが、前半期と後半期の境を細石刃の出現で区切っています。細石刃の出現は非常に大きな区分点になるだろうというわけです。

前半期／後半期の問題でいいますと、西日本地域ではやはり瀬戸内技法の影響というのをどう評価するかというのが、後半期の初頭の評価に非常に大きく関わっているという印象を受けました。中部高地周辺では、中央部の尖頭器石器群とその南北に展開する杉久保石器群とか砂川石器群の関係、すなわち尖頭器石器群の影響下に構造的に出現する石刃石器群をどう評価するかというのが、おそらくメルクマールとして重要になっている。また東北では、前半期以来一貫して基部加工尖頭形石刃石器群が展開する地域として押さえられるので、その中で後半期型の石刃技法が展開するというプロセスで押さえられるのだろうという印象を受けました。

これらにもとづいてさらに議論を深めたいのですが、もう既に時間が来てしまいました。最後に、簡単にコメントしたい方がいらしたらどうぞ。

須藤 非常に難解な問題として、北海道と本州の関係をどうやったらつかめるのかということがあります。寺崎さんのご指摘にあるように、札滑型の細石核が入ってきた時期は一つ認められるんですが、それ以前にどういう現象があるかというところで、今回の『考古学Ⅲ』論文の中で先走った感じで一部書いてみました。2万年前の蘭越型の柏台1における細石刃のつくり方、要するに細石刃技術ですが、そこにバイフェース的な技術が存在するわけです。その技術の影響が本州の槍の出現に関わっているんじゃないかという一つの発想をもっていて、これをもう少し展開したいなというような感想が一つあります。

その中でもう一つのいろんな材料がないかということで指摘すれば、中部地方の一つの事例としては新潟の荒沢という遺跡に赤色顔料が出ている遺跡があるということですが、北海道にも柏台1遺跡、さらにはもうちょっと古い段階の川西C遺跡や嶋木遺跡という赤色顔料の出ている遺跡が存在します。その赤色顔料の使われ方ですが、もちろん本州でもっと古くからあるかもしれませんが、もしかしたらその辺の関係も北海道と本州をつなぐ一資料ではないか。石器ばかりではなくてそういう視点もあるのではないかということを一言。

佐藤　ただ、それに答えるのは厳しいと思いますね。ほかにどなたかございますか。

柳田　私は九州と東北を研究していたんですが、技術基盤としての剥片の取り方に石刃技法というものがありますが、もしATの下に共通して暗色帯があるとすれば、そこの石刃技法の類似性と相違性、それに伴う石器組成、とくにナイフの整形技術などにもう少し光をあてて、その基盤にあるものとはいったい何なのかを検討すべきと考えます。私の知っている限りでは、九州においてはATの下の石刃技法は調整技術を発達させていないし、またAT降灰以降にあっても調整技術がまったくみられない。東北と九州との石刃技法の発達というか、その地域性の違いについても、もっと詳しく比較してみたいと思っています。

　それと、千葉の方で暗色帯の中に古い段階から調整技術の発達した石刃技法があって、なぜそこに古いのがあるのかということも知りたいことの一つです。

佐藤　大変重要な指摘だと思います。それでは、最後に安斎さんのほうから簡単にコメントをいただいて、この討論会を閉めたいと思います。

安斎　今回の討論は、あくまでも編年と型式、その両輪を同時にやらなければならないだろうと思っていました。けれども、都合で編年に絞りました。編年をやっている中で浮き上がってきた問題は、小型石器とか切出形石器とかいろいろ出ましたけれども、やはり型式も同時に点検しておかなければならないということです。それが課題として残ったなと思っています。

　いずれは今回の型式論を基底に置きながら、あるいは念頭に置きながら、さまざまな名称で呼ばれたり、列島全体に出る類似している形態のものを含めて、それぞれの器種をどのようにみるかという問題を一度追っていきたい。

　基本的には石器として現れた表現型、私たちが観察できて、あるいは私たちがみた感じで分けることのできる部分の編年であったり型式であるわけです。そうすると、私たちが思い出すのは分類学・編年学の基本であった生物学の方で、表現型で分けていた種別というものが、遺伝子型・DNAで分けたとき、その系統が従来考えられてきたものと異なるものが生じたということです。それだけでなくて、遺伝子型が異なる系統的に全然関係ないものどうしが、ある偶然性か何かわかりませんけれども、類似した表現型をとる場合もあるということです。

　これは生物学だけかというと、私のように進化論的な視点で人文科学あるいは旧石器をみようと思っている者にとっては、やはり人文科学の中においても遺伝子型的なもの、あるいは目にみえない部分、それを"構造"とよんでもいいですし、須藤さんがちらっといいましたように示準石器で分けるだけではなくて、その背景にある構造的なもの（あるいは動作連鎖的なこと）にどのようにアプローチできるか、あるいは私たちが大胆にそれにもとづいて分けたときに、従来の表現型とずれは生じてこないのか、ということが課題であるだろうと思います。

　編年と型式というもの、つまり表現型で私たちがとらえているものをまず理解したうえで、そうして現れたものの背景にあるもの、それは行動であったり技術であったり、いろいろなシステムあるいは"社会"とよんでみたりする、基本的には目にみえなくて想定しているものを、現れたもの、すなわち石器から追究することです。それは1対1、つまり表現型を観察して客観的にあるいは機能的に追っていけば、その背後に構造というものが対応して現れるとは思えません。

そういうわけで、この表現型とその背後にあるような、私たちが構造と呼んでいるようなもの、あるいは社会でも結構ですけれども、そこへどうアプローチするかということを将来の課題として、今回の成果にもとづいて近々もう一度、型式というものをしっかり押さえてみたいと考えています。
佐藤　これにて討論会は閉めさせていただきます。発表者の皆さん、どうもありがとうございました。

日本旧石器時代編年研究の進展
―シンポジウムを通じて―

佐藤　宏之

1. シンポジウムのねらい

　今回のシンポジウムでは、北海道から九州までの日本列島を八つの地域に分けて、各地域で活躍されている研究者の方々に、それぞれの地域の編年の現状と問題点等についての研究成果を発表していただいた。さらにそれを受けて、全員をパネラーとした総合討論を行った。その記録はすべて本書に収録されている。

　このシンポジウムのねらいは二つあった。一つは、最近の考古学的調査の進展と資料の蓄積および研究の視点や方法の革新を受けて、地域間にかつてみられた著しい資料や研究の蓄積の齟齬が解消されつつある各地域の旧石器時代編年の現状を確認し、地域編年相互の対比を検討することにあった。編年研究の基本は、昔も現在も地域編年の確立とその相互比較にもとづく広域編年の試みにあるからである。いわば、横（時間軸）の関係性の追求である。さらに、こうした地域間の相互対比のうえで、縦の時間軸を通した旧石器時代全体に及ぶ社会・文化の変遷過程を検討することも目的とした。およそ列島においては、後期旧石器時代の出現、後期旧石器時代前半期～後半期、後期旧石器時代終末～縄文時代初頭といったおおよそ三つの移行期が存在するが、それらの移行の様相は、どれほどの空間的範囲に適応可能であるかを議論した。日本列島の後期旧石器時代に広くみられる構造変動の時空間を俯瞰することは、将来の東北アジア・東アジアの構造変動史構築につながる営為と考えている。

2. 地域編年の相互対比

　第一のねらいについては、各地域の編年的様相を担当した研究者に、とくに隣接地域との関係について相互に検討してもらうことを通して、いくつかの考古学的現象に共通してみられる時間的変化に着目した。以下注目されるトピックについて、とくに総合討論で問題にされたテーマを中心にいくつか検討してみたい。

(1) 前半期の人口増と社会形成―東海と東関東―

　東海地域の愛鷹・箱根地区では、最近二十数年間に急増した調査成果の蓄積によって、AT（姶良丹沢火山灰）降下以前の後期旧石器時代前半期を通じた、基準層位ごとの遺跡数や単位遺跡当たりの遺物集中出土地点（ブロック）数の漸進的増加が認められた。この現象は、大局的には人口増大（おそらく人口密度の増大も含まれる）を意味していよう。そして、さらに注意深く検討すると、その増加傾向はグラデュアルな直線的な変化ではなく、何回かの増減を繰り返しながら形成された複雑なプロセスであったことが、高尾好之によって報告された。

前半期に3回ほど認められるピークのうち最初のものは、環状ブロック群（環状集落）の、次は陥し穴猟の盛期と一致する。そして前半期末期に最後のピークが認められる。この傾向は、愛鷹・箱根という希有の層位的出土例に恵まれた地域をしてはじめてはっきりと確認可能な考古学的変遷過程であるが、愛鷹・箱根に限らず、列島のかなり広い範囲でも確認することができる。

　さらに注目されるのは、愛鷹・箱根地区とは対照的に層位的出土状況に恵まれていない東関東地方でも、この傾向が確認できる点である。国武貞克によれば、下総台地を中心とした東関東では、台形様石器を主とする剥片モード石器群（2～3）をもち環状ブロック群が盛行するIX層下部ではブロック数が急増するが、その直後に出現する石刃モード石器群（4a）によって形成される"重扇状ブロック群"が出現するIX層中・上部では一転してブロック数が減少し、次に出現する剥片モード石器群（4c）に伴う"塊状ブロック群"では再び増加するという。

　愛鷹・箱根地区と東関東は、少なくとも遺跡数や遺跡単位でのブロック数の増加傾向はよく連動しており、列島の広い範囲に認められる環状集落の形成要因が愛鷹・箱根や東関東のそれと共通するとすれば、後期旧石器時代前半期社会の成長プロセスには、広範囲にわたる共通要素を仮定することができよう。そしてそのプロセスは、これまで漠然と想定していたような緩慢で単層の直線的な増加ではなく、種々の社会的要因が複雑に錯綜するサイクリックな変動であった。このことは、前半期の石器群構造にみられる汎列島的な等質性と変遷過程にも矛盾しない（佐藤1992）。

(2)　東海・中部の有樋尖頭器

　本州以南の後期旧石器時代後半期は、前半期にみられた石器群構造の等質性が解体し、各地の固有な地域性が顕在化する。たとえば中部地域では、後半期前葉になると、黒曜石原産地を中心に尖頭器石器群が顕著に発達することが知られている。このうち特徴的な技術形態を有することで知られる男女倉型有樋尖頭器は、南関東をはじめとする東海・中部・東北等の広域に分布が認められる。

　この男女倉型有樋尖頭器は、信州では男女倉遺跡群内にのみ製作遺跡が認められるが、同時期の愛鷹・箱根では蓼科産黒曜石を使った有樋尖頭器が搬入される現象がみられている。愛鷹・箱根では、この時期以前の段階である角錐状石器の石材にも蓼科産黒曜石が利用されることから、後半期のはじまりにおいて、信州産黒曜石を介した中部地方の地域社会集団との交通関係が誕生したことを強く示唆している。

　後期旧石器時代前半期は列島的な等質性が看取されるため、地域間を横断する広域編年の構築は比較的容易であるが、地域社会が形成され石器群構造の地域化が進行する後半期では、地域を越えて供給・受容される男女倉型有樋尖頭器のような石器を通して、地域編年間の対比を行うことができる。

　その際重要なことは、なぜ・どのようにして・何を契機としてそのような交換が行われたかを、具体的に明らかにすることにある。全体を平板な地域文化間の関係性に置き換えて理解していたこれまでの説明方法では、このような石器を通した集団の行動戦略の具体像を描くことはできなかった。石器の動きの中には、当時の集団が有していた冷徹な経済要件と、受容可能な技術や生活システム、緊張と同盟という両義的集団関係等が強く反映しているからである。

　男女倉型有樋尖頭器が男女倉遺跡群でもっぱら製作された理由は、須藤隆司も述べているように、

男女倉型有樋尖頭器製作の要件としての大型で良質という石材条件を十分満たすのは、男女倉産黒曜石にほぼ限られるためであろう。ただし男女倉遺跡群は、愛鷹・箱根からみれば中央高地を挟んだ反対側（日本海側）にある。だから、いまだ現地で製作遺跡は確認されていないが、太平洋側斜面にある蓼科産黒曜石を利用した男女倉型有樋尖頭器が東海地方に運ばれたのであろう。この現象に注意すれば、男女倉型有樋尖頭器の東海への搬入は、集団間の交換関係を主因とすると考えるよりも、集団の行動戦略に大きく関係した可能性が高いことを示唆している。当該期が、最終氷期最寒冷期LGMに相当し、中央高地の周年利用がきわめて困難であった可能性が高いことも関係すると思われる（佐藤 1991）。

(3) 休場ローム層の細分

列島でもっとも層位的出土例に恵まれた愛鷹・箱根地区にあって、例外は休場層の細分の問題である。休場層は、後期旧石器時代後半期中葉のいわゆる「砂川段階」から終末期（野岳・休場型細石刃石核期）にかけての時期にほぼ相当するが、愛鷹山麓では当地域に特徴的なスコリア層を形成する規模での火山灰の降下がこの期間なかったようで、その肉眼的または土壌の科学分析的な細分は困難である。箱根山麓の層序にもとづき上・中・下と暫定的に3細分が行われているが、愛鷹山麓では同一遺跡での文化層の重複をこの基準で分離することは難しい。遺物包含層が成層をなし一定の厚さを有するとしても、必ずしも機械的な文化層の分離ができない例のあることを、この事例はよく示している。

このような場合には、高尾が実践するように、同時性を有する遺跡単位の石器群の抽出と、それを基礎とした単位の相互比較を蓄積する編年学の基本に立ち返って検討を重ねる方法が有効であろう。その際には、隣接地域の編年との比較が重要な視点となる。ただし、それは、単に類似形態やパターンの対比に終始するだけでは不十分で、それらの特徴を形成した先史集団の領域や行動戦略を十分に加味した検討でなければならない（中村 2006）。

(4) タヌキとムジナ―広域型式の比較―

切出形石器は、かつてナイフ形石器の一形態とする理解が有力であったが、列島全体を見渡すと、ナイフ形石器とは連動しないで独自の時空間に存在しているため、現在では別器種と考えた方がよい。後期旧石器時代前半期から出現し、同後葉から後半期前葉にかけて列島全体に広く認められる。その製作技術は多様で、ナイフ形石器の素材生産技術である石刃・縦長剥片剥離技術によって生み出される石刃や縦長剥片を素材にする石刃モードはもちろんのこと、横長・幅広剥片剥離技術によって生産される各種の多様な横長・幅広剥片をトリミングして製作される剥片モードの場合も多い。いわば、各地の集団が保有する技術システムによって生産されると換言してもよい。したがって、各地で生み出される切出形石器は、多様な形態と技術基盤を有している。

しかしながら、その中には、型式学的特徴を共有する切出形石器があり、その代表には熊本県狸谷遺跡（木崎編 1987）を指標とする「狸谷（タヌキダニ）型ナイフ形石器」（松藤 1992）と、秋田県狸崎（ムジナザキ）B遺跡（菅原・石川 1993）を指標とする切出形石器群がある。後期旧石器時代後半期前葉に属する。両者の形態はともによく類似するが、両石器群を直接比較すると、前者は厚手で小型であるのに対して後者は薄手で相対的に大型であるという相違がある。形態上も、前者

に比して後者はやや幅広で刃先と側縁がつくる角が尖り気味になるという特徴があるが、完全に分離可能なものではない。問題となるのは、九州と東北地方の中間地域にも同様の形態的特徴を有する切出形石器が分布するが、どちらかの型式に整然と区分することが困難である点にある。

この両者を特徴とする切出形石器は、やや時間幅を有しながらもホライズンをなす可能性があり、そうだとすれば、後期旧石器時代後半期前葉の列島を横断的に対比可能なメルクマールになりうる。

したがって、問題となるのは、両者を含んだ当該期の切出形石器の型式学的検討であるが、残念ながら全体を通した検討はなされていない。「狸谷型ナイフ形石器」と通称される切出形石器には、狭義と広義の二つの理解がある。ともに形態的な特徴は共有するが、狭義の定義によれば、「狸谷型ナイフ形石器」は、横打剥片を素材とし、原の辻型台形石器と同様、器体正面の高まりを除去するため抉りの深い側縁側から調整剥離が加えられるという技術的特徴をもつものに限定される。一方広義によれば、こうした調整加工は観察されないが、形態的に類似するものを「狸谷型ナイフ形石器」とよんでいる。よって広義に理解した場合、狸崎タイプの切出形石器との区別は不明瞭となる。したがって現段階では、狭義の理解にとどめよという萩原博文の提案に賛成しておきたい。

いずれにせよ、編年研究と型式学的研究は車の両輪である。今後の進展を期待したい。

(5) 国府系石器群

近畿を代表する後期旧石器時代後半期の石器群は国府系石器群である。近畿地方における後半期の編年は、かつては瀬戸内技法の単純な崩壊過程として理解されてきたが、列島の他地域において、1万年以上の時間幅を有するこの期間を通じて、ただ一つの変化の方向とプロセスが支配した地域は存在しない。また、近年調査された羽曳野市翠鳥園遺跡（高野・高橋編 2001）では、扇状地堆積物中に単一の文化層が検出されている。地質学的検討を加味した調査者の見解によれば、遺跡は河川堆積物で形成された河川際に短期間に形成され、その後再び冠水したため、時間的同一性のきわめて高い遺跡がよく保存されていることになる。翠鳥園石器群には、上記の伝統的編年観では時間差・編年差とされた大型の国府型ナイフ形石器から中・小型の国府系ナイフ形石器が同時存在しているため、この伝統的な編年では理解することができない。

大きさと特徴の異なる狩猟具（ナイフ形石器）が共存することは、狩猟採集生活を送るうえで当然の現象であり、列島他地域でも普遍的に観察できる。翠鳥園遺跡においては、大型狩猟具として国府型ナイフ形石器が定義どおりの瀬戸内技法によってつくられ、同時に中・小型の狩猟具として、かつて宮田山型等と呼称された二側縁加工のナイフ形石器が、これも"櫃石山技法"等と呼称され、列島の時空間に広く認められる一般的剥片剥離技術によって生産されていたと考えられる。

近畿地方では、後期旧石器時代後半期初頭までは列島の他地域同様、石刃・縦長剥片剥離技術がみられるが、主要利用石材であるサヌカイトの性質に規制されたため、瀬戸内技法ないしその類似の横長剥片剥離技術が石器の素材を供給するという地域の支配的な技術構造を、後半期の伝統に選択した。列島各地でみられるように、石刃技法の単純な一線的変化が編年のメルクマールになることはもはやない。横長剥片剥離技術においても同様であると想定できよう。

一方国府系石器群は、切出形石器群や有樋尖頭器、角錐状石器などと同様、後半期の列島社会において地域間に広域に影響を与えている。国府石器群自体は、主体は東瀬戸内地方の大阪湾周辺地

域に分布が限られるが、その影響を強く受容した石器群である国府系石器群は、東瀬戸内地方を越えて東部九州、中国・四国地方の瀬戸内側、日本海側を中心とした中部地方西部および北部から東北地方の一部に広がりをみせている。さらに国府関連資料とよばれる、国府系の断片的な資料とその影響を強く受けて変容した在地の技術からなる石器群は、より広範囲に認められる。しかしながら、このような距離に応じて影響度が弱まる同心円的な国府系石器群の影響関係を基本としながらも、山形県越中山遺跡（加藤 1975）や新潟県御淵上遺跡（中村 1971）、愛媛県和口遺跡（木村 2003）など、大阪湾を遠く離れた地域に国府石器群によく類似した遺跡が点在する事実は、国府系石器群における単純なフォールオフ・モデルを描くことに警鐘を鳴らしている。

　地域間の交渉関係が社会的状況を反映しているとすれば、その関係は重層的かつ複雑であることを意味しよう。大阪湾沿岸において国府石器群ないし国府系石器群が後半期の長期間にわたって存在していた可能性が強いため、上記した地域の石器群が編年上の単純なホライズンをなすかどうかは検討の余地が大きい。その多くは、後半期前葉に属すると考えられるが、すべてではないだろう。

　ちなみに、最近調査が進む宮崎県では国府系石器群の存在が相次いで報告されている。層位的分離が困難である例が多いため、層位にもとづく後半期の編年は難しい。しかしながら、後期旧石器時代において瀬戸内海は陸化し、しかも草原的環境が優先する独自の自然環境帯を形成していた可能性が高いため、国府系石器群の荷担集団は、本来この環境に適応した生業＝行動戦略を有していたのではないだろうか。

(6)　九州地方の編年

　この宮崎県の最近の成果を取り入れた東南九州の新しい編年案が、宮田栄二によって本シンポジウムで提出された。三稜尖頭器（角錐状石器）・剥片尖頭器・各種のナイフ形石器などの九州島に特有または分布の中心がある石器類は、共伴しながら段階を追って通時的に変遷するというのがこれまで有力な理解であったが、宮田はそれに対し、各石器を中心とした個別の石器群とそれにもとづく固有の段階が短期間に変遷したと考えている。この理解は、最近著しく調査事例が蓄積されている鹿児島県北部～宮崎県南部の組織的発掘例にもとづいているため傾聴に値するが、問題はその適応範囲であろう。

　もともと九州島は地形が複雑なため地形単位が分立しがちであり、ために石器群には著しい地域差が認められる。シンポジウムでの発表にもあるとおり、西北九州と東南九州という大別は依然として有効であろうが、問題はその内部の地域性の理解であろう。九州においては地域単位の把握がまずは急がれよう（佐藤 2000）。

　そのうえで、九州で数多く提案されている各種の石器型式の概念的・実体的な有効性を確認する必要がある。たとえば、今回議論された今峠型ナイフ形石器の問題が挙げられる。大分県今峠遺跡を指標として設定された今峠型ナイフ形石器は、これまで類品に乏しく時間的位置づけも不明瞭であった（鎌田 1999）。最近、宮崎県下でこの種の石器がまとまって検出される例が増え、同時に鹿児島県桐木遺跡（中原編 2004）や同桐木耳取遺跡（長野編 2005）では、P17火山灰（23,000BP）とAT火山灰（24,500BP）の間の地層から検出されたという報告が宮田によってなされた。したがって、このナイフ形石器は萩原や鎌田の指摘するように、国府系石器群の影響下に出現した可能性が

高くなった。とすると、宮崎平野のような同じ地域に同時に存在する国府系石器群との関係性が問題となろう。このあたりの整理は今後の課題である。

(7) 小型ナイフ形石器

　小型ナイフ形石器は、従来終末期ナイフ形石器文化を象徴する石器と考えられてきたが、必ずしもそうはいえないことは、筆者はかねてから主張し、そして今回藤野次史によって再度指摘された。中・四国、近畿に限らず、本州以南の列島全体には、後期旧石器時代前半期前葉から小型ナイフ形石器が登場し、基本的には終末期まで各地の石器群にしばしば認められている。ただし、必ず共伴するというわけではなく、その消長は複雑である。しかしながら、よくその存在が目立つのは、後期旧石器時代後半期初頭と終末期であろう。従来この2者を区別できず、一括して終末期として扱う例が多かったが、大阪府粟生間谷遺跡（新海編 2003）など最近その分離に努める報告例が増えている。両者は、平面形態のうえでは一見するとよく似ているが、素材と加工法に異なりを認めることができる。後半期初頭の小型ナイフ形石器は、厚手の先細りする素材を用いてわずかに加工を加える例が多いのに対し、終末期のものは薄手の素材をトリミングして仕上げる例が多い。これは、前者にはしばしば小口面型石刃技法が伴うことが多いのに対し、後者は周縁型の小型石刃技法によって素材生産がなされる場合が多いためである。

　ただし、このような基準は普遍的なものではない。小型ナイフ形石器は、台形様石器に置換して出現する例にもあるように、基本的には構造内に布置されておかしくない石器であるため、編年的区別の基準は多様であるはずである。

(8) 地域編年の整備—東北・北海道の課題—

　列島各地の地域編年は、関東以西の地域においては整備されつつあるようだ。したがって、地域編年間の問題を議論した総合討論において提出された各論も、この地域を中心としている。その直接的な要因としては、地域内に層位的出土に恵まれた遺跡や地区を含んでいたり、発掘調査例が著しいため、資料の蓄積とその編年的な分解能が高まったためである。さらに、こうして蓄積された多様な資料を分析するためには、従来の単純で平板な解釈モデルでは限界があるため、社会生態的アプローチや行動論・構造変動論のような新たな解釈の枠組が提案され実践されたためである。

　そうした意味で、本シンポジウムで柳田俊雄が示した層位的把握にもとづく編年案の提示といった努力にも関わらず、東北地方の地域編年の整備が遅れているのは残念である。東北地方は恵まれた層位的出土例に乏しく、一部を除いて調査事例の着実な増加がみられない。たとえば、最近調査された青森県八戸市田向冷水遺跡（杉山 2004）は、岩手県以北の太平洋岸ではじめての旧石器時代遺跡の調査例であり、有肩の尖頭形石刃石器と楔形石器からなるきわめて特異な石器群が検出された。おそらく、この地域で従来編年的に空白であった後半期中葉を埋める基準資料となる可能性が高い。

　このように、東北地方やそしておそらく道東・道北といった北海道の一部の地域では、いまだ対比されるべき未検出の石器群が存在している可能性が指摘できる。

　北海道は、本州以南と大きくその石器群の様相を異にしている。その理由は、旧石器時代において北海道は、本州とは切り離された大陸からの半島であったという地理的条件が大きく作用してい

る。そのため固有の状況が著しい。列島内との関係では、当然東北地方との関係が問題となるが、東北地方の編年的整備が遅れているため、相互の対比は確定的ではない。北海道の後期旧石器時代は、本州以南に比べて寒冷気候の影響がより強く、土壌攪乱現象が著しい。そのため、安定した層位的出土状態に乏しく、単一の石器群の単位を押さえるといった基礎的分析さえ困難な場合が多々ある。白滝遺跡群のように多時期にわたる資料が豊富に検出された遺跡では、基本となるパリンプセストの分離が困難をきわめた。列島全体でもそうだが、とくに北海道地域の編年研究には、今後地考古学 geoarcheology 的視点を導入した調査と分析が必須となろう（出穂・赤井 2005）。

詳しくは別稿を参照願いたい（佐藤 2005）。

3. 移行期の様相

列島には旧石器時代に大きく三つの移行期"後期旧石器時代の出現、後期旧石器時代前半期から後半期への移行、後期旧石器時代から縄文時代への移行"があるという見解は、従前より研究者間で一致している。問題は、その具体像の描き方とそのプロセスに対する説明および解釈の問題であろう。シンポジウムの二つ目のねらいである。

総合討論においても、この三つの存在は承認され、しかも本州以南の地域ではおおむね時期も一致した。とくに後期旧石器時代前半期から後半期への移行期については、AT火山灰の降灰が目安とされている。わずかに、関東地方においてはⅥ層上部段階をどちらに含めるかについて議論が分かれており、また九州地方においても、AT降灰直後の二側縁加工ナイフ形石器群段階を認めるかどうかが、研究者間で齟齬が認められる。いずれにせよ、西南日本ではおおむね国府系石器群ないしその直前段階の角錐状石器の出現時期をもって後半期の開始と理解されており、国府系石器群の波及しない九州島域では、三稜尖頭器・剥片尖頭器等の出現をその画期ととらえている。地域編年の整備が遅れている東北地方では、とりあえずAT降灰をメルクマールとしているが、その前後の石器群構造の革新については明瞭ではない。

後期旧石器時代初頭の移行期については、その前段階をどのように理解するかにかかっているため、発表者間でニュアンスの違いがみられた。後期旧石器時代から縄文時代への移行期も同様である。この二つの問題は、編年研究の問題であると同時に時代や文化理解の問題にも関わるため、今回の総合討論では深く議論することができなかった。また機会をあらためて討議してみたい。

なお、北海道については、後期旧石器時代前半期から後半期への移行期についても固有の区分を行っている。それは主に前記した理由による。北海道においては本州以南とは異なり、大陸系の細石刃石器群の本格的な登場が早く、しかも本州以南の石器群と共通性を有する前半期から、細石刃文化と呼称可能な後半期に大きく転換する。したがって、細石刃石器群が登場する段階から後半期と考える。いまのところ、最古の細石刃石器群は千歳市柏台1遺跡（福井編1999）であり、21,000～20,000BP前後のことである。したがって、本州以南の年代的メルクマールであるAT火山灰の降下年代（24,500BP）よりも少し年代的には新しい。

4. おわりに

今回のシンポジウムでは、地域編年の相互比較をメインテーマとした。そのため、移行の様相については議論を深めることはできなかった。論じきれなかったテーマについては他日を期したい。

しかしながら、今回のシンポジウムでは従来の同種のシンポジウムと比べて、より実体的な議論をある程度深めることができたのではないかと自負している。それは、これまでの多くの議論が実体の不明瞭な文化を単位とした伝播や文化圏に仮託して語られていたのを避け、編年の背後にある人や集団の行動のレベルを想定しながら、さらにその社会や地域がどのように構成されていたかを検討したためであろう。石器が似ているかどうかは、単に地域文化の嗜好・志向を反映しているだけではなく、石器を使い利用した人の日常的な行動や戦略、社会的関係、保持する技術システムとの関係等を反映した複雑な活動の結果なのである。それを時空間に紐解くのが編年研究の目的であろう。着実に研究パラダイムは革新しつつある（佐藤1992）。

参考文献

出穂雅実・赤井文人　2005　「北海道の旧石器編年―遺跡形成過程論とジオアーケオロジーの適用―」『旧石器研究』1号、39〜55頁。

加藤　稔　1975　「越中山遺跡」『日本の旧石器文化』第2巻、112〜137頁、雄山閣。

鎌田洋昭　1999　「今峠型ナイフ形石器について」『人類史研究』11号、135〜157頁。

木崎康弘編　1987　『狸谷遺跡』熊本県教育委員会。

木村剛朗　2003　『南四国の後期旧石器文化研究』幡多埋文研。

佐藤宏之　1991　「〈尖頭器文化〉概念の操作的有効性に関する問題点」『長野県考古学会研究叢書』1号、124〜134頁。

佐藤宏之　1992　『日本旧石器文化の構造と進化』柏書房。

佐藤宏之　2000　「日本列島後期旧石器時代のフレームと北海道及び九州島」『九州旧石器』4号、71〜82頁。

佐藤宏之　2005　「北海道旧石器文化を俯瞰する―北海道とその周辺―」『北海道旧石器文化研究』10号、137〜146頁。

新海正博編　2003　『粟生間谷遺跡―旧石器・縄紋時代編―』大阪府文化財センター。

菅原俊行・石川恵美子　1993　「狸崎B遺跡」『秋田市秋田新都市開発整備事業関係埋蔵文化財発掘調査報告書』11〜186頁、秋田市教育委員会。

杉山陽亮　2004　「田向冷水遺跡の調査」『第18回東北日本の旧石器文化を語る会　予稿集』17〜20頁。

高野学・高橋章司編　2001　『翠鳥園遺跡発掘調査報告書―旧石器編―』羽曳野市教育委員会。

長野真一編　2005　『桐木耳取遺跡』鹿児島県立埋蔵文化財センター。

中原一成編　2004　『桐木遺跡』鹿児島県立埋蔵文化財センター。

中村孝三郎　1971　『御淵上遺跡』長岡市立科学博物館。

中村雄紀　2006　「後期旧石器時代後半の居住形態の地域的様相―愛鷹・箱根第3期・第4期の遺跡群―」『東京大学考古学研究室研究紀要』20号、1〜36頁。

福井淳一編　1999　『千歳市柏台1遺跡』北海道埋蔵文化財センター。

松藤和人　1992　「南九州における姶良Tn火山灰降下直後の石器群」『考古学と生活文化』21〜35頁、同志社大学考古学シリーズ刊行会。

執筆者一覧 (五十音順)

安斎　正人（あんざい・まさひと）
1945年生。
東京大学大学院人文社会系研究科助手。
＜主要著書論文＞　『旧石器社会の構造変動』（同成社、2004年）、「〈神子柴・長者久保文化〉の大陸渡来説批判」（『物質文化』72、2002年）、「石器から見た人の行動的進化」（『考古学Ⅰ』2003年）。

佐藤　宏之（さとう・ひろゆき）
1956年生。
東京大学大学院人文社会系研究科助教授。
＜主要著書論文＞　『北方狩猟民の民族考古学』（北海道出版企画センター、2000年）、『食料獲得社会の考古学』（編著、朝倉書店、2005年）、『ロシア極東の民族考古学』（六一書房、2005年）。

須藤　隆司（すとう・たかし）
1958年生。
長野県佐久市教育委員会文化財課。
＜主要著書論文＞　『石槍革命―八風山遺跡群―』（新泉社、2006年）、「杉久保型・砂川型ナイフ形石器と男女倉型有樋尖頭器」（『考古学Ⅲ』2005年）。

高尾　好之（たかお・よしゆき）
1956年生。
沼津市教育委員会文化振興課文化財調査係長。
＜主要著書論文＞　「愛鷹山南麓・箱根西麓の後期旧石器時代石器群編年試案」（『地域と考古学―向坂鋼二先生還暦記念論集―』1994年）。

田村　隆（たむら・たかし）
千葉県立中央博物館歴史学研究科。

寺崎　康史（てらさき・やすふみ）
1960年生。
北海道今金町教育委員会学芸員。
＜主要著書論文＞　「広郷型ナイフ形石器について」（『今金地域研究』第1号、1995年）、「北海道細石刃石器群理解への一試論」（『先史考古学論集』第8集、1999年）、「北海道南西部の旧石器時代における黒曜石の利用」（『北海道旧石器文化研究』第10号 2005年）。

萩原　博文（はぎわら・ひろふみ）
1949年生。
平戸市教育委員会文化振興課長。
＜主要著書論文＞　『平戸オランダ商館』（長崎新聞社、2003年）、「縄文草創期の細石刃石器群」（『日本考古学』第12号、2001年）、「ナイフ形石器文化後半期の集団領域」（『考古学研究』第51巻第2号、2004年）。

藤野　次史（ふじの・つぎふみ）
1955年生。
広島大学大学院文学研究科助教授。
＜主要著書論文＞　「中・四国地方におけるナイフ形石器文化期の剥片素材石核の様相」（『旧石器考古学』61、2001年）、「後期旧石器時代前半期石器群と地域性の成立」（『中・四国地方旧石器文化の地域性と集団関係』2004年）、『日本列島の槍先形尖頭器』同成社、2004年）。

宮田　栄二（みやた・えいじ）
1955年生。
鹿児島県立埋蔵文化財センター。
＜主要著書論文＞　「南九州における細石刃文化終末期の様相」（『考古学の諸相』1996年）、「南九州の縄文時代草創期」（『日本考古学協会2000年度鹿児島大会資料集　旧石器から縄文へ』2000年）、「剥片尖頭器と三稜尖頭器」（『山下秀樹氏追悼考古論集』2004年）。

柳田　俊雄（やなぎだ・としお）
1949年生。
東北大学総合学術博物館教授。
＜主要著書論文＞　「会津笹山原遺跡の旧石器時代石器群の研究―石刃技法を主体とする石器群を中心に―」（『郡山女子大学紀要』第31集第2号、「東北地方中南部地域の『暗色帯』とそれに対応する層から出土する石器群の特徴について」（『Bulletion of the Tohoku University Museum』 No.3、2003年）。

＊シンポジウムのみ出席
国武　貞克（くにたけ・さだかつ）
日本学術振興会特別研究委員

旧石器時代の地域編年的研究

2006年5月30日発行

編 者 安 斎 正 人
　　　 佐 藤 宏 之
発行者 山 脇 洋 亮
印 刷 ㈱深 高 社
　　　 モリモト印刷㈱

発行所　東京都千代田区飯田橋　㈱同 成 社
　　　　4-4-8 東京中央ビル内
　　　　TEL 03-3239-1467　振替 00140-0-20618

ⓒAnzai Masahito & Satou Hiroyuki 2006. Printed in Japan
ISBN4-88621-358-8 C3021